社会工作实务译丛　主编 刘 梦　副主编 范燕宁

老年社会工作
生理、心理及社会方面的评估与干预
第五版

Social Work with Older Adults
A Biopsychosocial Approach to Assessment and Intervention
Fifth Edition

[国籍不详] 凯瑟琳·麦金尼斯-迪特里希（Kathleen McInnis-Dittrich） 著
吕 楠 隋玉杰 译

中国人民大学出版社
·北京·

主编简介

刘 梦 浙江师范大学二级教授，博士生导师。教育部高等学校社会学类专业教学指导委员会委员，兼任国际社会工作教育协会中国代表、理事，中国社会工作教育协会副会长，浙江省民政厅社会工作师协会常务副会长，九三学社中央妇女工作委员会委员。担任《中国社会工作研究》编委，*International Social Work*、*Critical Social Policy* 和 *Frontiers in Public Health* 杂志编委。曾任中华女子学院副院长。主要研究领域为：性别研究、家庭暴力理论与实践、儿童保护、妇女社会工作、社会工作教育研究等。出版专著4本，译著7本，主编教材6本，参编8本。在国内外杂志上先后发表中文论文40余篇、英文论文30篇，主持了国家社科基金项目"社会工作介入家庭暴力综融性服务模式研究"等课题2个，主持省部级和国际组织资助的项目16个。

副主编简介

范燕宁 曾任首都师范大学政法学院社会学与社会工作系主任、教授。中国社会工作教育协会理事、中国人学研究会理事。主要研究方向为：社会发展理论、社会问题，社会工作价值观、矫正社会工作。先后在《中国社会科学》《哲学研究》《哲学动态》《社会主义研究》《光明日报》等重要报刊发表有关研究论文数十篇。主要代表性论著有：《新时期中国发展观》《邓小平发展理论与科学发展观》《社会工作专业的历史发展与基础价值理念》《社区矫正的基本理念和适用意义》等。主要译著、译文有：《社会工作概论》（第九版、第十一版）、《契合文化敏感性的社会工作课程》等。

深深的爱，给比尔

总　序

中国的社会工作在经过了将近20年的发展之后，进入了一个快速发展阶段。2006年，党的十六届六中全会作出了建设宏大的社会工作人才队伍的重大战略部署，提出建立健全社会工作人才培养、评价、使用、激励的政策措施和制度保障。在2007年召开的党的第十七次全国代表大会上，党中央强调要在经济发展的基础上，加快推进以改善民生为重点的社会建设，要统筹抓好以高层次人才和高技能人才为重点的各类人才队伍建设。

作为社会工作教育者，在社会工作的春天到来的时候，需要回答这样一个问题：我们准备好了吗？纵观这些年的社会工作教育和专业发展，我们可以看到，中国的社会工作发展取得了很大的成就：200余所高校开办了社会工作专业，每年可以培养近1万名本科毕业生；差不多有30%～40%的毕业生会从事本专业的工作；在上海，社会工作作为一个职业，已经形成了初步的规模；深圳市政府投入了大量财力、物力，以政府购买社会工作专业服务的形式来扶持社会工作专业化的发展；首次社会工作者职业水平考试将于2008年6月在全国展开……但是，与此同时，我们还要看到在教育和实务领域存在的不足和问题：专业师资缺乏、研究不足、教学与实务脱节、毕业生出路过窄、实务领域的专业性不强等等。社会工作是一门新兴的、从国外引进的专业，从教育的角度来看，系统地学习国外的知识和经验，是建立适合本土社会文化环境知识的基础和关键。

为了不断提高中国社会工作教育和实务水平，中国人民大学出版社与我们一起策划了本译丛的翻译和出版工作，希望通过系统介绍国外实务领域的经典教材或专著，给国内社会工作专业的师生和实务工作者打开一个窗口，提供一个学习和参考的机会，更多地了解国外同行们在不同的实务领域中的经验和教训。在本译丛书目的选择上，基本上体现了这样几个特点：

第一，权威性。本译丛中的每本书都是在国外教学和实务领域得到认可的、具有一定影响力的著作。有些书已经几次再版、多次修订和更新，作者都是相关领域中享有很高声望的学者和实务工作者，他们不仅在著作中给读者提供了丰富的实务知识和坚实的理论基础，还把自己的一些研究成果融入其中，帮助读者将知识、技能和研究有机地结合起来。

第二，系统性。虽然本译丛关注的是不同的实务领域，但是每本书又是一个独立的系统。在每个领域中，作者们都将社会工作的专业价值观、职业伦理、工作原则与本领域的特点和需要紧密结合起来，构成了一个系统、完整、重点突出、各具特色的知识体系，从这些著作的内容来看，它们不仅是社会工作专业知识在某个实务领域的运用，而且是在某个实务领域的发展和深化。

第三，全面性。本译丛收入的著作涵盖了社会工作的各个实务领域，从儿童服务到老年人服务，涉及不同的人群，为读者呈现出了国外社会工作实务领域的全貌。希望这样的选题能够让读者了解国外社会工作实务的内涵和外延，更加深入、全面地理解社会工作实务的过程、方法和技能，推动中国社会工作的专业化发展进程。

第四，时效性。我们希望所选著作能够有针对性地服务于中国社会工作专业发展的现状，因此，在选择时遵循了这样几个原则：首先是近几年中出版的著作；其次是著作要将实务与研究有机结合起来，能够呈现社会工作研究服务于实务的特点；最后是侧重国内目前发展比较薄弱的领域，例如医疗社会工作、学校社会工作、家庭社会工作、妇女社会工作等。我们希望对这些领域的引入和介绍，能对中国相关的课程开设和实务发展，发挥一定的指导和参考作用。

第五，参照性。虽然本译丛探讨的实务领域都发生在欧美国家，但是我们相信，社会工作专业之所以能够在世界各国发展起来，是因为社会工作专业中蕴涵了全球普遍适用的原则，它对人和人的尊严与权利的尊重，对社会公正和人类福祉的追求，是社会工作在不同社会形态中得以传播的基础。因此，我们坚信，在其他国度中的实务经验，也一定会对我们开展实务工作有所启发和参照。

本译丛的策划得到了首都师范大学社会工作系教授、博士生导师范燕宁，中国人民大学社会工作系隋玉杰博士，以及中国人民大学出版社潘宇博士的大力支持。在译丛书目的选择过程中，我们进行了多次讨论、商议和斟酌。在书目确定之后，我们邀请了北京高校中从事社会工作教育、具有很好的英文水平或者有过出国留学经历的教师参与了翻译工作，以保证翻译水平。在此对上述参与策划和翻译的各位同人表示衷心的感谢。

翻译是一个再创作的过程，专业著作的翻译，除了需要具备很好的英文理解水平之外，还需要有扎实的专业基础和较好的中文功底，因此难度很大。尽管所有的译者都在认真努力地工作，可能也难免会出现一些失误和不足，希望广大读者能够不吝赐教。

刘　梦

2008年5月1日

前　言

毫无疑问，老年社会工作是社会工作实践中最热门的领域，未来也将持续占据这一地位。"婴儿潮"初期出生的人已经进入退休状态，每天都有约1万人进入65岁。在这一代人的一生中，没有任何一种社会制度是一成不变的。"婴儿潮"一代将构建"成功老龄化"的新元素，并形成新的模式。他们还将面临一些无法想象的挑战。老年社会工作正处于研究的最佳契机，无限的创新可能性在等着下一代的社会工作者实现！

和往常一样，我始终觉得自己拥有莫大的幸运，能够在个人和专业领域遇到一群杰出的老年人，并与他们一起工作。作为一名女性，我的外祖母挑战了她那一代人的所有传统，她的宗旨是"做重要的事，并乐在其中"。事实上，为老年人服务的社会工作就是这样。我在新奥尔良市中心城市住房项目、威斯康星州奥奈达印第安人保留区、阿巴拉契亚山脚、波士顿的老年人住房甚至是我的瑜伽课上所认识的那些老年人，都使我成为一个更好的社会工作者和更好的人。能做这份工作，我感到十分幸运。

在撰写本书的第一版时，我还在快乐地安度初入中年的时光。作为一名研究人员和实践社会工作者，我既了解专业文献，也将这些理论运用于实践。与老年人一起工作一直是我全身心投入职业生涯的热情所在。在撰写本书第五版的时候，我刚刚加入了老年人的行列，不再是远远地研究它了。我仍然认为我十分了解如何将本书中的专业文献和材料运用到实践中。然而，由于过去20年的个人经历，我对一些领域的了解要多于其他领域。当关节炎再次出现时，我痛苦地想起了旧的曲棍球伤。我经历了作为一个远程照护者的心痛，也经历了埋葬父母和兄弟姐妹的痛苦。我已经完成了自己和其他人的预留医疗指示，并且知道在做出艰难决定之前进行对话是多么重要。我看到过一些朋友表现出失智症的早期迹象，或者与抑郁的阴云做斗争。和每个上了年纪的房主一样，我也会考虑我在院子里是否工作太久，或者在新英格兰典型的冬天拉吹雪机是否太具挑战性，以及如果我坚持这样做会发生什么。然后，有时候，根本不去想这些，是我最快乐的事！与从前相比，相对于"我可以"，我更理解了放弃的含义。

我也知道，有很多老年人有能力也有意愿继续过忙碌而富有成效的生活。作为一个坚信志愿服务重要性的人，我在Ethos（波士顿老龄问题地区机构）当志愿者时，体验到了指导其他老年人如何使用老年医疗保健计划的乐趣。我支持一个叫作"老进步派"的群体，他们在对待移民、经济适用房和最低工资等公平问题上无所畏惧。我一直积极倡导改善公共交通和无障碍医疗。随着退休的临近，我仍然愿意投入解决老年人所面临的这些问题，但我也期待继续享受长久而幸福的婚姻，乘着一艘名为"时间还来得及"的帆船航行。

本书提供了关于老年社会工作领域的综述，以老龄化过程中的生理、心理、社会变化作为基础，来评估在老年问题干预措施的设计和执行过程中，老年人所具有的优势和面对的困难。《老年社会工作》是为本科生和研究生编写的。它侧重于老年人个体的社会工作实践干预，老年人的支持系统和老年人群体，旨在涵盖从鼓励老年人锻炼到鉴别和诊断抑郁症、失智症和谵妄等疾病的复杂过程的基本主题。本书的最后几章涵盖了一些重要的宏观实践问题，如创建老年友好社区，交通和住房倡议，收入计划和健康保险。书中的内容提醒我们，即使社会工作者对社会的影响不像更宽泛的社会环境系统一样强大，但是至少其影响会比更小的家庭系统强大。如果没有足够的收入、安全的住房和持续的保健，即使是身体和精神状况最健康的老年人也无法有很好的发展，所有这些都是由与老年人的个人社会工作关系以外的力量决定的。社会工作专业在针对组织、社区和政策领域的社会变革方面有着悠久的传统。

与其他许多介绍老年社会工作的书有所不同，本书包括一个单一卷内的全面的主题阵列。它包括传统的和补充与替代干预方法，认识到老龄化人口在多个方面的异质性。它可以被视为老年社会工作内容的"一站式购物"。关于性别、种族、族裔和性取向等的多样性的内容都被整合到每个话题的讨论中。

主题设置

使用过本书早期版本的教师将会看到本书保留了一些原本的内容，同时添加了一些新的内容以及一个额外的章节。每一章都包含了更多关于文化多样性和性取向的内容，并关注 LGBT 老年人面临的特殊问题。临床导向的章节包含了更多的案例材料与问题，以供课堂讨论。每一章都有学习整合活动，为学生如何将新材料应用到他们自己的领域或社区提供建议。这些想法也可以为项目或论文服务，这取决于学生的兴趣。我在波士顿学院社会工作学院（Boston College School of Social Work）的研究生对我的每一个想法都进行了"实地测试"。学生们对自己的社区在这些社会工作实践领域有多少发展有非常热情的反应。其他活动则要求学生更深入地研究本书所涵盖的主题。

《老年社会工作（第五版）》有什么新内容？

- 关于"婴儿潮"一代作为老年人将面临的独特挑战的新内容，包括对阿片类药物成瘾和丙型肝炎的详细讨论。
- 增加了有色人种老年人在生理和心理健康服务系统中的经验的内容。
- 关于 LGBT 老年人的大量新内容。
- 将有关老年人决策能力的内容贯穿全书。
- 增加了一章——第十三章"支持'原居养老'的社区项目：老年友好社区、交通和住房倡议"。本章强调了宏观社会工作的内容。
- 更多强调技能发展的案例和讨论问题。
- 在每一章结尾的学习活动，为课堂项目或个人论文提供建议。这些活动促进了章节中的材料与学生在实地实习或社区工作中的经验的整合。

下面是对每一章的主要更新内容的摘要。

第一章"老年社会工作的背景"：
- 更新老年人的统计信息。
- 对"婴儿潮"一代的老龄化经历会给这一领域带来什么改变进行深入讨论。
- 将综合护理和临终关怀作为实践领域的附加内容。
- 关于从事老年相关工作的回报的强化讨论。

第二章"生理上的变化与老年人的身体健康"：
- 把从根本上限制热量摄入作为延长寿命的一种方法。
- 深入讨论不同群体的老年人之间存在健康差距的问题。
- 关于"婴儿潮"一代中令人不安的丙型肝炎流行的内容。
- 更全面、更详细地讨论促进健康老龄化的行为和做法。

第三章"老年期心理与社会生活方面的调整"：
- 详细讨论了水化作用和营养在维持健康认知功能方面的作用。
- 关于老年人适应力的发展及其重要性的更深入的讨论。
- 将酷儿理论添加到老龄化描述性理论列表中。
- 对构成"成功老龄化"的当前范式的批判性检查。

第四章"老年人生理、心理与社会生活状况评估"：
- 深入介绍对有认知局限性的老年人进行决策能力评估的重要性。
- 详细介绍评估情绪、认知和社会功能的循证工具。
- 对社会工作者与翻译员一起工作的讨论。

第五章"老年人认知与情绪问题的区辨性评估及诊断"：

- 关于抑郁症在两性之间的差异的附加内容。
- 在轻度认知障碍与失智症之间进行更多的探讨。
- 展示了不同类型的非阿尔茨海默病失智症。
- 将在本章课堂讨论问题中提出的每一个案例作为发展学生的区辨性评估技能的一种手段。

第六章"对老年人抑郁症、焦虑症和失智症的干预":
- 对老年失智症患者的行为管理技术的扩展讨论。
- 扩大了关于使用药物来稳定失智症的讨论。
- 加强了关于有色人种老年人所面临的心理健康治疗障碍的内容,包括污名化、文化障碍和健康护理提供者的偏见。

第七章"老年人社会生活与情绪问题的补充与替代干预方法":
- 社会工作者在老年人治疗干预中纳入补充与替代干预方法方面的作用。
- 探讨幽默和娱乐对老年人良好心理健康的治疗益处。
- 关于国家创意老龄化中心的扩充内容。

第八章"老年人药物滥用与自杀问题的预防":
- 关于酒精依赖治疗的筛查、简短干预、转诊治疗模式的广泛讨论。
- 讨论使用和滥用阿片类药物和其他处方药物的老年人数量增加问题。
- 介绍针对老年人常见心理健康问题所开的药物。
- 进一步讨论为什么老年人会考虑自杀,包括经济压力的影响或功能障碍的发展。
- 增加了《美国社会工作者协会伦理守则》和自杀案例中强制报告高危老年人的内容。
- 一个附加的案例示例,随后是帮助学生学习识别老年人自杀意念的技能的讨论问题。

第九章"对虐待与疏于照护老年人问题的处理":
- 对于缺乏充分决策能力的老年人,在经过对比和比较后,法定安排完全监护、不完全监护以及托管人和收入代理人。
- 扩大照护者压力问题的覆盖范围,因为它有助于减少虐待与疏于照护老年人的现象。
- 社会工作者关于虐待老年人的强制性报告的补充材料。
- 扩大有色人种老年人脆弱性的覆盖面。
- 讨论当前针对老年人的金融诈骗。
- 关于有色人种老年人受到的虐待与疏于照护问题的附加报道。
- 案例后的课堂讨论问题,帮助学生识别自我忽视案例引发的伦理困境。

第十章"灵性与老年社会工作":

- 增强了男性灵性方面的内容，以及它与女性灵性方面的区别。
- 增加了指导方针，让老年人把写回忆录作为一种灵性锻炼方式。
- 基于性别、种族、族裔和性取向，扩大了对宗教在老年人生活中的作用及其重要性的讨论。

第十一章"老年人的提前护理计划和临终护理"：
- 探讨"善终"对老年人及其家庭意味着什么。
- 当老年人及其家庭开始关于提前护理计划的对话时提供意见和资源。
- 在第一部分提出关于提前护理计划和预留医疗指示文件范围的讨论，以强调其重要性。
- 更全面地讨论不抢救指示，更详细地介绍医生对维持生命的治疗的指令。
- 详细比较本章中讨论的不同临终文件和预留医疗指示，确定它们的目的和法律地位。
- 使用预留医疗指示时关于种族、族裔和宗教差异的附加内容。
- 增加了关于LGBT老年人在完成预留医疗指示时所面临的独特挑战的内容。
- 通过课堂讨论问题，帮助学生发展在困难时期与老年人及其家庭合作的技能。
- 通过课堂讨论问题，帮助学生学习识别老年人可能如何使用保护机制处理预支哀伤的案例。

第十二章"与老年人照护支持系统的协作"：
- 扩大老年人的支持系统的范围，包括同性恋伴侣和选择的家庭。
- 关于种族和族裔群体护理的附加材料。
- 举行家庭会议的具体指导方针。
- 增加照护负担和照护压力的来源部分，并提出确定照护者压力的具体建议。
- 更多关于照护者压力调节和支持照护者的方法的内容，包括促进照护者的自我效能感。
- 为老年人提供在线支持小组的选择。
- 一个案例，面对需要照护的老年人，其重点是家庭如何开始制订和实施照护计划。
- 以祖父母养育孙辈为例，提出讨论性问题，帮助学生培养支持祖父母养育孙辈同时保持与孩子缺席的父母的联系的技能。

第十三章"支持原居养老的社区项目：老年友好社区、交通和住房倡议"：
- 讨论"原居养老"的概念，并关注那些可能无法从当前居住地的养老过程中获益的人口。
- 介绍世界卫生组织确定的老年友好社区的八大宜居领域，并举例说明这些领域如何影响老年人项目。
- 比较自然老化社区和乡村运动为老年人提供服务的背景。

- 探索老年司机面临的挑战，开车对老年人的重要性，以及实施驾驶能力评估的建议。
- 讨论可作为合理选择的其他交通方式，如公共交通、志愿者司机、补贴出租车和叫车服务。
- 确定老年人可获得的居住选择，包括拥有住房和有补贴或无补贴的房屋租赁。
- 对老年人群体中日益严重的无家可归问题的调查。

第十四章"老年人的收入计划、健康保险和支持服务：未来的挑战和机遇"：

- 关于这个国家之前的经济条件和一直持续到退休时期的债务导致即将退休的一代人所面临的金融挑战的报道。
- 包括退伍军人在内的老年人随着年龄增长可获得的福利。
- 更新《患者保护和平价医疗法案》的内容。
- 基于《患者保护和平价医疗法案》对医疗保险优势计划的更改，更新老年医疗保健计划 D 部分的变更信息。
- 对相较于那些年龄合适的老年移民，"年龄不合适"的老年移民面临的挑战的讨论的总结。
- 关于老年人口增长给社会和社会工作专业带来的挑战和机遇的扩展讨论。

致　谢

　　我想感谢本书第五版的审稿人，感谢他们对补充和改进的建议。这些审稿人包括：Donna Drucker，Florida Atlantic University；Denise Gammonley，University of Central Florida；Mary Hart，California University of Pennsylvania，GTY 320 Alternatives in Long Term Care；Martha Ranney，California State University，Long Beach；and Tracy Wharton，University of Central Florida。

　　特别感谢我在波士顿学院社会工作学院的学生们，他们非常诚实地表示他们希望看到与早期版本相比的改变，而且这帮学生没人把自己教授写了一本教科书当成什么大不了的事，还非常直率地提出了修改意见。教学是学术生活中最大的乐趣，通常也是最令人谦卑的乐趣。

　　深切地感谢我的丈夫比尔·迪特里希，感谢他这么多年来的爱、耐心、支持和幽默。他的爱是我生命中的锚。正如罗伯特·勃朗宁所说的："和我一起变老吧，这将会是最美好的日子。"我们就在这段旅程上！

凯瑟琳·麦金尼斯-迪特里希

目 录

第一章 **老年社会工作的背景** / 1
21世纪的人口老化 / 2
老年人群体的人口特征 / 3
优势视角下的老年社会工作 / 9
老年社会工作实务的应用场景 / 10
直接服务的发展领域 / 18
老年社工的宏观实务 / 19
老年社会工作中的个人问题与专业问题 / 21
从事老年相关工作的回报 / 25
小结 / 26
学习活动 / 27
参考文献 / 27

第二章 **生理上的变化与老年人的身体健康** / 30
年老带来的生理上的变化 / 31
身体为什么会衰老？ / 34
老年期生理方面的变化 / 36
尿失禁问题 / 48
艾滋病/艾滋病病毒感染、丙型肝炎病毒感染与老年人 / 51
健康老龄化的影响因素 / 55
年龄歧视和身体健康 / 61
小结 / 61
学习活动 / 62
参考文献 / 63

第三章　老年期心理与社会生活方面的调整 / 67
伴随年老而来的认知方面的变化 / 68
老龄化社会理论 / 75
社会心理维度的成功老龄化 / 84
心理与社会生活方面的变化对老年社会工作实务的意义 / 86
小结 / 88
学习活动 / 89
参考文献 / 90

第四章　老年人生理、心理与社会生活状况评估 / 92
如何评估老年人生活中的优势资源及其面临的主要挑战 / 92
做生理、心理与社会生活状况评估的目的是什么？/ 93
实施老年人评估需特别考虑的问题 / 95
实施评估的条件 / 98
综合性评估的内容 / 100
综合性评估示范 / 114
小结 / 117
学习活动 / 117
参考文献 / 118

第五章　老年人认知与情绪问题的区辨性评估及诊断 / 120
区辨性评估与诊断 / 121
老年人的抑郁症 / 121
失智症 / 129
谵妄 / 137
区辨抑郁症、失智症与谵妄 / 139
焦虑症 / 142
焦虑症的区辨诊断 / 147
小结 / 149
学习活动 / 149
参考文献 / 150

第六章　对老年人抑郁症、焦虑症和失智症的干预 / 153
干预过程 / 154
老年人干预和处置工作的障碍 / 156
污名化和文化障碍 / 157
健康护理提供者的偏见 / 157

与老年人建立工作关系 / 158
对抑郁症和焦虑症的干预 / 159
人生回顾疗法 / 168
抑郁症和焦虑症的医学干预 / 172
治疗抑郁症和焦虑症的小组干预方法 / 174
小组干预的过程 / 175
失智症的行为管理干预 / 181
小结 / 190
学习活动 / 191
参考文献 / 192

第七章　老年人社会生活与情绪问题的补充与替代干预方法 / 195

补充与替代干预方法 / 196
创造性艺术对老年人的好处 / 197
社会工作在辅助治疗中的作用 / 198
音乐的治疗作用 / 199
艺术作为一种治疗活动 / 204
按摩疗法 / 208
动物辅助治疗 / 210
娱乐疗法 / 213
需要注意的问题：乐趣和幽默作为治疗方法 / 215
小结 / 217
学习活动 / 218
参考文献 / 219

第八章　老年人药物滥用与自杀问题的预防 / 222

老年人的饮酒与酗酒问题 / 223
老年人酗酒的治疗 / 231
药物滥用、误用与药物依赖 / 236
老年人自杀问题 / 242
小结 / 250
学习活动 / 251
参考文献 / 252

第九章　对虐待与疏于照护老年人问题的处理 / 256

日益受人关注的虐待与疏于照护老年人问题 / 257
老年人受虐待与疏于照护的发生率 / 258

哪些情况属于虐待与疏于照护老年人？/ 259
老年人受虐待与疏于照护的风险因素 / 264
成为施虐者的高风险因素 / 267
了解恶意对待老年人的原因 / 268
评估老年虐待与疏于照护问题 / 270
制定防止虐待与疏于照护老年人的干预措施 / 274
养老院中的虐待与疏于照护老年人问题 / 277
处置老年人拒绝接受保护性服务问题 / 279
小结 / 282
学习活动 / 283
参考文献 / 284

第十章　灵性与老年社会工作 / 286

界定灵性与宗教的含义 / 287
社会工作专业与灵性的关系 / 293
几个注意事项 / 295
将灵性纳入老年社会工作实践中 / 297
小结 / 304
学习活动 / 305
参考文献 / 306

第十一章　老年人的提前护理计划和临终护理 / 309

临终关怀是老年社会工作的一部分 / 310
开始关于提前护理计划的交流 / 312
预留医疗指示 / 314
姑息性治疗和临终关怀 / 323
死亡过程 / 326
社工在老年人濒临死亡时的作用 / 328
丧亲与哀伤 / 331
丧亲老年人的社会工作干预 / 338
小结 / 341
学习活动 / 342
参考文献 / 343

第十二章　与老年人照护支持系统的协作 / 346

老年人的支持系统 / 347
美国的照护情况 / 347

照护他人的压力 / 355
面向照护者的社会工作干预 / 359
祖父母养育孙辈 / 365
小结 / 369
学习活动 / 370
参考文献 / 370

第十三章 **支持原居养老的社区项目：老年友好社区、交通和住房倡议** / 374
原居养老 / 375
老年人的交通选择 / 382
老年人的居住选择 / 389
小结 / 397
学习活动 / 398
参考文献 / 399

第十四章 **老年人的收入计划、健康保险和支持服务：未来的挑战和机遇** / 402
社会保险和公共救助项目 / 403
老年人收入支持项目 / 403
老年医疗保健计划：老年人的健康保险 / 407
老年人的就业相关项目 / 411
为老年人提供的支持服务 / 412
未来有哪些挑战和机遇？ / 417
学习活动 / 419
参考文献 / 420

附录 / 422
索引 / 430
译后记 / 431

第一章

老年社会工作的背景

学习目标

- 讨论美国老年人口当下的社会及经济指标。
- 分析"婴儿潮"一代是如何在随后的 15 年里改变社会与健康服务体系（需求更多，资源更少）的。
- 探索老年社会工作在不同的直接服务和宏观服务场景下的应用。
- 让读者充分意识到在老年社会工作中所面对的诸多个人和专业上的潜在挑战。
- 探讨与老年人一起工作时的收获。

章节概述

21 世纪的人口老化

老年人群体的人口特征

优势视角下的老年社会工作

老年社会工作实务的应用场景

直接服务的发展领域

老年社工的宏观实务

老年社会工作中的个人问题与专业问题

从事老年相关工作的回报

21世纪的人口老化

21世纪面临的最大挑战之一是在美国以及全世界范围内人口老龄化的高速发展。2030年，美国在1946—1964年人口高速增长期出生的人口进入了老年期，这意味着美国1/5人口的年龄将在65岁及以上（Administration on Aging，2016）。社会体系，包括卫生保健系统、教育、收入维持与社会保险方案、工作场所，特别是社会服务，必定要为之彻底改变。在本章的随后内容中，我们将详细探讨"婴儿潮"这一代人变老以后给整个社会及医疗服务系统带来的深刻影响。作为老年人及其家庭的社会服务主要提供方之一，社会工作者需要掌握大量的工作技能和资源来满足其需求。老年社会工作是整个社会工作专业中快速发展的一个领域。美国国家老化研究所预计，美国需要6万至7万社会工作者来满足这一快速增长的人群的社会需求（National Association of Social Workers，2006）。本章试图详尽地探讨老化过程的相关知识，并为社会工作实务从业人员介绍相关的预估及干预技术。

老年人群体构成的多样性

老年的开端通常被认为是65岁。这是因为65岁是常见的退休年龄，而不是因为人在65岁会在社会维度或者生理维度发生特定的改变。65~74岁被定义为初老期。很多初老期的老年人并不认为自己处于老年期。他们可能刚刚退休或者仍然在工作，大多数有较少的健康问题，并积极参与社会活动。这些老年人可能会持续多年工作，抑或致力于他们热爱的活动，例如写作、绘画、音乐以及旅游。他们通常会通过参与志愿活动或者政治活动的方式持续地参与到社区活动和社会互动中。

75~85岁被称为中老期。中老期的老年人可能开始感受到更多的健康方面的问题。他们的活动范围可能会受到更多的限制，他们在社会互动中被更多地认为是"老年人"。大部分中老期的老年人不再工作，相对于初老期的老年人更可能有丧偶的经历。在这一时期，如果老年人仍倾向于在本地社区持续生活，那么他们可能需要来自社会和社区的社会支持性资源来支持他们"居家养老"的生活方式。他们对来自外部的社会资源的依赖往往会随着年龄的增长而快速上升。85岁以上被认为是老老期或者高龄期。高龄期的老年人通常会有较为严重的健康问题，并在吃饭、洗澡、穿衣、上厕所以及步行等诸多方面需要辅助和照护。值得一提的是，刚退休的初老期老年人的需求常常是积极参与社会活动，保持积极向上、丰富多彩的生活方式。而出于健康方面的原因，体弱长者的社会需求与初老期老年人是非常不同的。而大多数老年人的情况常常处于上述两者之间：他们在大多数情况下是可以独立生活的，并能较好地扮演自己的社会角色，完成一系列相关任务；与此同时，他们需要一些具体的社会、生理健康以及精神健康方面的服务来帮助他们维持这种独立性。

文化、种族、性别、人生经历以及性取向等因素导致了每个老年人独一无二的老龄化体验。有些老年人在他们的成年期经历了种族、性别或者性取向等方面的歧视。而这些因素对他们的社会经济地位都有着长期的影响。还有些老年人在童年时期就因为没有充足的医疗资源而遭受诸多健康问题，而这些疾病常常会持续到老年期。离婚率的高速增长以及传统家庭结构的减少导致了家庭结构的复杂化。这些变化都会导致个人获得的社会支持性资源水平产生巨大的变化。有些老年人擅长利用现代科技，而有些老年人则无法利用现代科技为自身创造更大的便利和价值。有些老年人在他们生命的早期有过使用社会服务的经历，而很多老年人则一直到生命的最后阶段才开始接触相关的社会服务。为了更好地与老年人群体协同工作，社会工作者需要更好地了解和尊重每一个老年人的独特性和个人差异性。这一观点在本书随后的章节中会被反复诠释。

本章焦点

本章旨在介绍美国老年人群体的人口特征。本章亦对多种专业社会工作角色进行了简单介绍，例如直接服务提供方和更为宏观的服务场景。直接服务包括社会服务、居家护理、综合护理、老年照护管理、独立及辅助式生活住宅、成人日间护理、养老院、医院及临终关怀和姑息治疗等。社会工作也在法律服务以及退休前规划等领域起到重要作用。宏观层面的专业社会工作角色包括本地、本州和本区域的发展规划、立法宣传、科研以及工商业咨询。本章会进一步深入探讨这些富有价值且具有挑战性的专业社会工作角色及其影响因素。

老年人群体的人口特征

老年人口的增长

2015年，1/7（约14.9%）的美国人口年龄超过65岁。到2030年，当"婴儿潮"的最后一波同期群到65岁时，老年人口在美国总人口中的比例将超过20%，即超过7 200万人（见图1-1）（U. S. Census Bureau, 2010）。85岁及以上的高龄老年人口增长速度最快，而这一部分人口对健康和社会服务的需求也最大。

老年人口中增长最快的是有色人种老年人（见图1-2），到2030年他们将占老年人口总数的28%，而在2005年他们只占老年人口总数的18%（Federal Interagency Forum on

Aging-Related Statistics，2016）。这一增长不仅要归功于儿童卫生保健的改善——它增加了有色人种活到 65 岁的可能性，还要归功于在整个生命周期中控制和治疗传染性疾病能力的提高。尽管如此，由于要毕生面对经济方面的压力，再加上有长期健康问题的概率要大得多，有色人种老年人延长了的老年期摆脱不了这些问题所导致的后果。对有色人种老年人来说，活得更长并不直接意味着活得更好。有色人种老年人在变老过程中所遇到的特殊问题和挑战是本书中反复出现的主题，并贯穿全书始终。

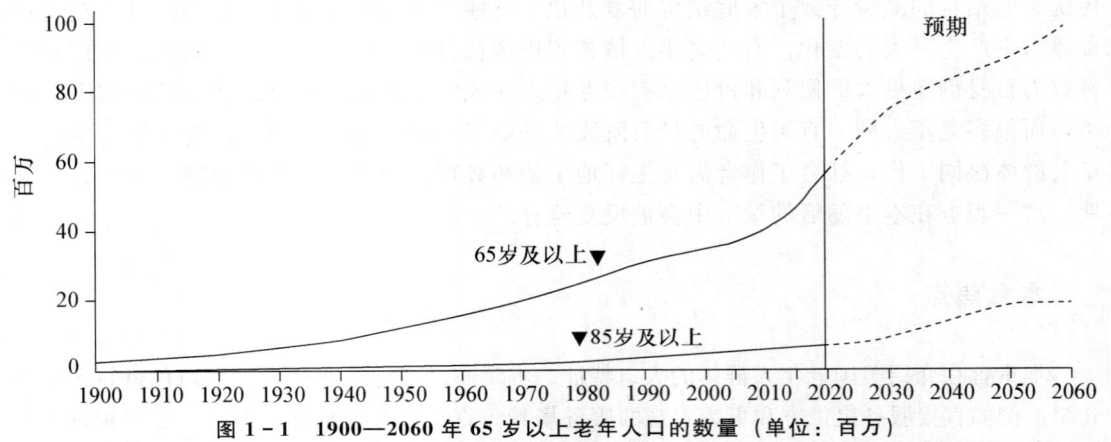

图 1－1　1900—2060 年 65 岁以上老年人口的数量（单位：百万）

资料来源：U. S. Census Bureau. *Annual Estimates of the Resident Population by Sex, Age, Race, and Hispanic Origin of the United States：April 2010 to July 2014*.（PEPASR6H）；U. S. Census Bureau, Table 1；Projected Population by Single Year of Age, Sex, Race and Hispanic Origin for the United States：2014—2060（NP2014 _ D1）.

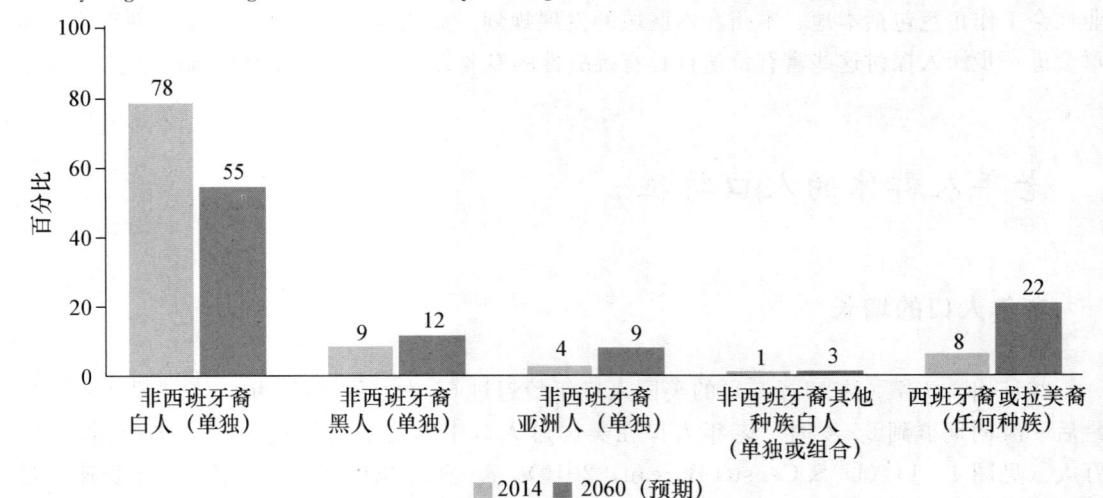

图 1－2　2014 年和 2060 年按种族和西班牙裔划分的 65 岁以上人口的百分比

资料来源：U. S. Census Bureau. *Annual Estimates of the Resident Population by Sex, Age, Race, and Hispanic Origin of the United States：April 2010 to July 2014*.（PEPASR6H）；U. S. Census Bureau, Table 1；Projected Population by Single Year of Age, Sex, Race and Hispanic Origin for the United States：2014—2060（NP2014 _ D1）.

预期寿命与婚姻状况

2018 年出生的男孩和女孩的预期寿命分别是 79 岁和 83 岁（Social Security Administration, 2018）。20 世纪初期出生的婴儿的预期寿命则仅为 47.3 岁（National Center for Health Statistics, 2011）。女性的预期寿命比男性更长（80.4 岁 vs. 75.4 岁）。预期寿命也会随着一个人的年龄增长而变化。目前，65 岁男性的预期寿命为 84.3 岁，而 65 岁女性的预期寿命是 86.6 岁（Federal Interagency Forum on Aging-Related Statistics, 2016）；85 岁女性的预期寿命还有 6.8 年，男性则为 5.7 年。65 岁和 85 岁可以被看作人生的重要里程碑。活到 65 岁或者 85 岁意味着个人相对人口平均水平更为健康，并可能活得更久。人口预期寿命的种族差异也很值得注意。如果一个黑人能活到 85 岁，那么他或者她的预期寿命会比白人参照组要多 1.5 年。

在 2016 年，老年男性相对老年女性来说更有可能处于已婚状态（70% vs. 45%）。这主要是由人口预期寿命的性别差异所导致的（Administration on Aging, 2016）。尽管目前老年男性和女性未处于结婚状态大多数是因为丧偶，但近年来离婚率的快速上升（1980 年 5.3% vs. 2016 年 14%）也不容忽视。

居住安排

相对于老年女性，更多的老年男性与配偶同住（73% vs. 47%；Administration on Aging, 2016）。老年女性独居的可能性是老年男性的近两倍。46% 的 75 岁及以上女性老年人处于独居状态。这种居住安排上的差异产生的主要原因之一是预期寿命：女性往往常会比自己的配偶寿命更长。

近年来，美国家庭居住安排的最显著的变化之一就是越来越多的祖父母承担起照护孙子女的责任。这种家庭居住安排的增长主要是由于以下原因：从军、入狱、由毒品滥用而导致的弃婴行为。在 2015 年，美国约有 290 万隔代抚养的家庭（Administration on Aging, 2016）。这类家庭在非裔美国人、印度裔美国人、阿拉斯加原住民和西班牙裔美国人中比例较高。与美国白人家庭相比，上述美国家庭也在低收入和较差的健康状况方面面临更高的风险。值得注意的是，这类隔代抚养家庭模式往往意味着老年人在自己的个人资源捉襟见肘，难以满足自己的个人需求的同时，还要满足儿童的生活需求。

在 2015 年，美国 54% 的老年人住在以下 10 个州：加利福尼亚州、佛罗里达州、得克萨斯州、纽约州、宾夕法尼亚州、俄亥俄州、伊利诺伊州、密歇根州、北卡罗来纳州和新泽西州。30% 的老年人居住的区域被视为"中心城市"，53% 的老年人住在郊区，剩下 17% 的老年人住在小城市和乡村。小城市和乡村常常在老年人口所需的健康和社会服务等资源方面相对紧缺（Federal Interagency Forum on Aging-Related Statistics，2016）。

尽管住在养老院的老年人中90%年龄在65岁及以上，但是这部分人仅仅占到老年人口的3.1%（Administration on Aging，2016）。普通人通常的看法是大多数老年人最终会因为健康原因而在养老院度过人生最后的时光。但是这其实不是事实。值得注意的是，住在养老院的老年人口在老年人口总数中所占的百分比随着年龄的上升而快速增长［1%（65~74岁老年人口）vs. 9%（85岁及以上女性）；Administration on Aging，2016］。

贫困

1972年的《老年补充保障收入援助计划》（Old Age Assistance to Supplemental Security Income）所带来的改变、最低限度社会保障津贴的确立，以及政府资助的老年人健康护理计划的扩展，都使20世纪60年代以来老年人口总体的贫困状况有所改善。截至2016年，美国约有29%的65岁及以上老年人口的收入低于贫困线（Federal Interagency Forum on Aging-Related Statistics，2016）。2016年，9.7%的女性老年人以及7%的男性老年人因为收入较低，依然被归为贫困人群（National Women's Law Center，2016）。我们如果对贫困人口的相关统计数据进行进一步分析，就会发现在工作年龄时期处于贫困状态的人群最有可能在晚年收入偏低或者陷入贫困。同男性老年人相比，女性老年人更可能经历丧偶或者独居，进而导致只能依靠自身收入生活。事实上，对女性来说，贫困在她们的生命历程中并不是一件新鲜事：单身母亲独自抚养孩子所面对的经济压力、时断时续的就业经历，以及长期从事收入较低的职业都会导致贫困（National Women's Law Center，2016）。

有色人种老年人的贫困率偏高。有18.4%的非裔美国老年人口的收入低于贫困线。西班牙裔老年人和亚裔/太平洋岛民老年人的贫困率分别为17.5%和11.8%（Administration on Aging，2016）。贫困在女性群体中更为普遍：20.6%的黑人女性、19.8%的拉美裔女性、13%的亚裔女性，以及22.4%的美洲原住民女性的收入低于美国贫困线（National Women's Law Center，2016）。女性和有色人种前半生的低收入使他们在退休后领取的社会保障津贴也较低。有限的收入使个人没有可能积累财富，诸如拥有固定资产或储蓄，而且低收入的工作很少有退休金计划。因此，当低收入雇员退休的时候，他们可能没有足够的经济资源来保证自己的收入高于贫困线。相对而言，较高收入水平的雇员有更高的社会保障津贴，财富积累得更多，并且更有可能有私人的退休金（Social Security Administration，2018）。综上所述，老年人退休时期的收入与其前半生的收入状况息息相关。

另外，有数以百万计的老年人口，尽管没有被归为贫困人口，但依然为每月的基本生活开支而发愁。社会保障金（social security check）的平均水平是每月1 314美元。在接受福利救济的人群中，21%的已婚人士和43%的单身人士将社会福利津贴视为其主要收入来源（占其收入的90%及以上；Social Security Administration，2018）。尽管每月1 314美元的收入水平超过了贫困线，但是这份收入依然十分微薄。在美国，户主年龄为65岁及以上的家庭中，约有1/3在满足基本生活开支以后没有结余，抑或陷入债务之中。根据特拉温斯基和AARP2012年的研究，将近400万美国老年人在他们房屋上的欠债超过其房屋的市值，抑或没有资产。这些研究发现表明，尽管贫困老年人口的数字在下降，但老年人口的经济福祉仍处于缺乏保障的状态。

就业

目前，约有18.9%的65岁及以上老年人口仍处于就业状态。这一指标在2002年以后一直持续增长（Administration on Aging，2016；Bureau of Labor Statistics，2017）。相对于当下的老年人群体，"婴儿潮"时期出生的人口中预计会有更多的人在65岁以后持续工作。"超过3/4的'婴儿潮'时期出生的人口将工作视为退休后人生规划的重要组成部分。"（Bureau of Labor Statistics，2017）但是，这些老年人群体更可能寻找过渡性工作（bridge jobs）类型的工作机会。这样的工作可以使他们工作更少的时间、更灵活地选择工作地点，由此作为他们正式退休前的过渡。社会保障方案对退休年龄的修改、保证性退休金（guaranteed retirement pensions）的下降，以及个人用于退休后生活的储蓄有所减少的趋势，都预示着即将步入老年的"婴儿潮"一代会比当今的退休老年人群体工作更多的年头。

健康状况与残障

2012年，60%的老年人口身患至少两项慢性疾病（Ward，Schiller，& Goodman，2012）。心脏病、关节炎、癌症、心血管疾病、慢性呼吸道疾病和糖尿病是65岁及以上人口中最常见的慢性疾病（Federal Interagency Forum on Aging-Related Statistics，2017）。年届85岁时，超过半数的老年人需要在行动、洗澡、准备饭菜或是其他日常生活活动中有他人的协助（Centers for Disease Control and Prevention & the Merck Company Foundation，2007）。尽管如此，3/4的65~74岁老年人和2/3的75岁及以上的老年人自评健康状况良好或非常好（Administration on Aging，2016）。这意味着身患慢性疾病的老年人可能将慢性病症状视为可控的情况，而不将其视为必然的衰弱。

老年人经济上是否宽裕与健康状况有错综复杂的联系。长期贫困会限制老年人获得有品质的医疗保健服务，造成营养不良，导致心理上的困扰，所有这一切都会影响一个人的健康状况。对低收入的有色人种老年人来说，其晚年会证明终其一生一直没有足够的医疗保健服务会导致的后果。慢性疾病会使他们对生活更加无能为力。因为经济上不宽裕，他们对医生开的处方不能完全遵照执行，或者该配的眼镜购买不起。贫困老年人可能不得不在要吃饭还是要治病之间做出抉择。

急性或慢性疾病所造成的经济上的负担会瓦解中产阶级老年人的经济储备，很快使他们从经济无忧变为贫困。这种情况的发生在很大程度上要归结于老年人的卫生保健资助机制。老年医疗补助计划这一为低收入人群设立的健康保险计划，只适用于那些低收入的、没有什么财产的老年人。许多低收入老年人既可以申领老年医疗补助，也可以享受老年医疗保健——后者是联邦健康保险计划，覆盖了93%的年龄在65岁及以上的人口。不需要进行收入审查。这两个计划结合在一起，绝大部分的健康护理开支可以得到报销，但是对低收入老年人来说，要获得这一切仍然是个问题（Administration on Aging，2016）。老年医疗保健计划仅为老年人报销部分医疗开支，不足以提供足够的保障。对中上收入阶层的老年人来说，除了老年医疗保健计划，他们常常还会购买医疗保险补充险种，即私人保险，以覆盖老年医疗保健计划没有包括的部分。对那些既没有资格享受老年医疗补助又负担不起补充保险的老年人来说，明显会有一些卫生保健方面的支出没有着落。全美健康状况统计中心估计，由于医疗补助系统覆盖面不全，近10%的老年人在卫生保健方面的需求没有得到满足，并且其中大部分人是贫困者、女性和有色人种（National Center for Health Statistics，2011）。这部分人定期做身体检查的可能性最小，最不可能接种流感和肺炎疫苗，或者及早对糖尿病和高血压做筛查，又或者采取医疗措施防止疾病恶化，所以一旦生病就很可能比较严重。对大多数慢性疾病来说，预防的费用要少于治疗的费用，但是有部分老年人负担不起采取预防措施的费用。

对老年人群体人口特征的概述让我们看到65岁及以上人口正在增长，并且在21世纪会继续快速增长。尽管老年人口中慢性疾病的发病率较高，但大多数老年人并非疾病缠身，也没有贫困潦倒或住进养老院。虽然绝大多数老年人要应付时不时出现的健康问题，但是他们仍然是社会中积极、投入、有贡献的成员，完全驳斥了认为老年人身体病弱、与社会隔离、生活悲惨的刻板印象。然而，在经济方面，美国的有色人种老年人、老年妇女和高龄老年人的生活却风雨飘摇，无所庇护。如果这样的趋势继续下去，那么虽然老年人的寿命会继续延长，但是延长了的寿命未必健康，除非长期贫困问题和卫生保健体系不健全问题能够得到解决。

"婴儿潮"时期出生的人口将会如何改变21世纪的人口老龄化？

如前所述，"婴儿潮"时期出生的人口将会给21世纪的人口老龄化进程带来巨大的变化。1946—1964年期间出生的人口数量本身就在诸多社会体系（例如教育和医疗）中产生了诸多影响。这一代人教育水平相对更高，更可能占据专业或者管理等职位（Frey，

2010)。但是，更好的教育水平和前半生中更多的经济积蓄并不能确保其退休之后衣食无忧。根据科利森 2016 年的研究，"婴儿潮"一代的退休储蓄金额的中位数是 147 000 美元。这个储蓄水平不足以为社会保障收入（social security income）提供充足的支持。2/3 的"婴儿潮"时期出生的人口计划在 65 岁及以后继续工作，甚至根本不打算退休。这是一个可以弥补不充足储蓄的计划。但是这个计划能否实现取决于老年人能否保持健康，进而长期稳定地持续工作（Collinson, 2016）。这一代人相对之前年代出生的人而言，拥有更长的预期寿命。其部分原因是更先进的健康护理知识（Manton, 2008），以及医疗系统的快速发展——后者使得我们能更有效地治疗感染以及传染病（Population Reference Bureau, 2016）。但是，这一代人并没有对老年慢性疾病，如高血压、关节炎、癌症以及心脏病免疫（Lin & Brown, 2012）。这些疾病都会影响老年人持续稳定工作的能力。

与此同时，相对于在这一时期之前出生的人来说，这一代人有更高的离婚率和分居率（Administration on Aging, 2016; Population Reference Bureau, 2016）。因此，他们相对来说亲生子女数量更少，继子女数量更多，这就可能导致家庭关系的弱化以及更少的来自家庭的照护支持（例如金钱和工具型支持）。这一局面在未来可能导致更为严重的后果，尤其是当患有阿尔茨海默病的老年人口数量剧增的时候（2017 年为 500 万，预计在 2050 年增至 1 400 万；Alzheimer's Association, 2018）。如果我们在未来没有找到治疗阿尔茨海默病的方法，且以上预测成为现实，那么国家的健康和服务系统都将不堪重负。

"婴儿潮"一代在种族构成上更为多元化。到 2050 年，将有 46% 的老年人口来自少数族裔，其中西班牙裔为最多（U.S. Census Bureau, 2010）。虽然种族差异本身不会带来挑战，但是少数族裔群体中较低的教育水平、更大的健康差异和更低的终身收入等指标，以及这些指标给老年人健康带来的诸多挑战会产生严重的社会问题（Villa, Wallace, Bagdasaryan, & Aranda, 2012）。而白种人中的老年人群体的经济优势日益增长。

优势视角下的老年社会工作

老年人群体的人口特征可能会让你质疑社会工作专业能否为其提供实质性的帮助，尤其是在老年人口经常面对有限的收入和慢性疾病等问题的时候。如果社工只专注于老年人生活里的负面信息，就会给社工和老年人都带来过度的压力。本书采用优势视角，专注于老年人个人及其社会关系中的优势资源，进而寻找解决老化问题的具体方案。优势视角聚焦于能力，而不是问题，"促进希望和自力更生"（Saleebey, 2013, p.2）。为了更有效率地在老年人群体中开展社会工作，社工必须信任老年人有继续成长的能力，能够适应老化过程，及时做出调整，并对自己的照护安排有足够的决策和判断能力。

本书聚焦于老年人所面对的具体挑战，具体包括生理健康、精神健康、物质滥用、忽视、家庭关系、住房交通，以及临终时期的诸多问题。需要特别指出的是，我们采取了优势视角作为理论框架，指导我们的具体社会工作实务。优势视角专注于案主在自己的生活中，是如何通过各种应对策略和问题解决技巧来解决生活中的实际困难的（Fast & Chapin, 2000；Probst, 2009）。一个老年人在决定出售自己的住房，并搬到其他住所的时候，往往需要依靠内在力量和社会支持来帮助他做这个艰难的决定。一个在老年时期染上酒瘾的人其实在生理和情绪上有足够的能力来控制自己对酒精的病态依赖。优势视角其实强调了社会工作实务的一个基本原则，那就是案主自决。如果社工在设定项目工作目标的时候，所设定的目标并不和老年人的需求保持一致，他就很可能发现老年人没有参与项目的动力或者缺乏合作意愿。"需求应该由案主创造，而不是由社工创造。"（Glicken, 2004, p.5）社工的角色是帮助老年人探索和发现他们的能力、资源以及工作目标，帮助老年人链接个人或者社区资源来达成这些目标，并在必要的时候提供协助。在这本书中，你会发现优势视角是如何被应用于老年社会工作实务的。如果你感兴趣，那么我推荐你去阅读以下书籍，这些书籍对于优势视角有更为深入的讨论（Fast & Chapin, 2000；Glicken, 2004；Probst, 2009；Saleebey, 2013）。

老年社会工作实务的应用场景

老年人对社会服务的需求内在差异性较大，具体包括从打扫房间和准备食物等相对有限的服务需求，到长期照护服务或者康复服务等相对较广泛的服务需求。相对应，社工的角色也多种多样，从中介者、倡导者、个案管理者或者咨询师等传统角色，到教练、瑜伽老师、灵性导师等非传统角色。养老院和医院是最常见的老年社会工作的工作场景。但是对于那些对服务老年人充满热情，并具备专业技能的社工来说，这些工作场景仅仅代表着一小部分工作机会。仅有4.1%的老年人居住在养老院。社会服务机构、居家护理机构、老年照护管理、成人日间护理机构，以及其他一些社区养老服务机构是为老年人提供直接服务或临床服务的更为常见的工作场景。法律服务以及退休前规划项目也是老年社会工作的其他工作类型。这些工作都为现有的社会工作服务提供了重要的补充。社工在宏观老年服务干预层面扮演重要角色，例如投身于社区组织、公共教育、本地（包括老年人所在州和区域）规划、老龄友好社区建设，以及致力于相关立法倡导的组织。社工在老年领域的未来发展不可限量，充满想象空间。

社会服务机构

在大型社区里,社会服务机构提供范围广泛的专为老年人设立的辅导、权益代言、个案管理和庇护服务。这些服务既可能由当地的老年人工作委员会、地区老龄机构或社会服务部门主办,也可能由宗教机构(诸如天主教社会服务机构、路德宗社会服务机构、犹太教家庭服务机构等等)提供。老年人或者他们的家人同有共同宗教信仰的机构一道工作可能会感觉更有信心。在一些小型社区或者乡村地区,老年人服务可能由一些区域性的组织〔例如地区老龄机构(Area Agency on Aging,AAA)或老龄和残疾资源中心(Aging and Disability Resource Center,ADRC)〕或是服务其他人群的机构中擅长老年社会工作实务的社工来提供。AAA 和 ADRC 的组织概括以及机构目标将会在第十四章进行详细讨论。

根据工作任务的复杂程度,拥有社会工作学士(BSW)和社会工作硕士(MSW)学位的毕业生在上述机构均有相应的工作机会。最早与社会服务机构中的社工接触的人常常是某位关心家人的家庭成员,他不太清楚该怎样着手为家人申请服务。社工除要实施评估,确定什么服务可能会对老年人有帮助外,还可以扮演一个重要角色,即充当照护服务管理者,提议从各类机构中申请哪些服务,并协调各项服务。在有些个案中,体弱老年人的家人成了工作对象。尽管家人可以为老年人提供有效的照护,但是他们可能会感到照护责任压力很大。因此,参加支持性小组或教育性小组,获得喘息服务能让他们受益。由于这一接触常常出现在有突如其来的危机的情况下,因此老年人及其家人可能需要得到宽慰和支持以及可靠的信息以应对混乱的局面。

居家护理机构

在诸如流动护士协会之类的居家护理机构的员工队伍中,常常有老年社工。他们是老年服务团队的组成部分。尽管居家护理的主要关注点是提供与健康有关的服务,诸如量血压、在外科手术后换药或是监控患糖尿病的老年人的血糖水平,但是社工仍然可以扮演重要的角色,处理老年人心理和社会需求方面的问题。中风的老年人可能需要接受药物治疗和血压监测,但是还可能需要人帮忙料理家务、做饭或协助出行。社工可以安排这些支持性服务,协调整个护理方案。因长期健康问题而被困在家中的老年人常常会与社会严重隔离,为他们安排定期的老年人电话问询服务或是志愿者友好拜访,或许能让他们从中受益。从事居家护理服务的老年社工常常会提供支持性或心理咨询类的直接服务,或者为老年人提供转介服务,为其匹配社区其他机构的相关服务资源。从事这些工作的人员往往需要有社会工作硕士学历背景。

社工的另一个重要责任,是帮助老年人做好接受家庭护理的经济安排。社工要为老年人奔走呼吁，让其能得到按照私人保险、老年医疗补助计划或者老年医疗保健计划应当得到的护理。要解决这些问题，可能需要打大量的电话，需要多次与人打交道，这对一个生病的老年人来说是难以亲力亲为的。当老年人按现有的保险规定申请所需的服务不够格时，就常常需要社工有别的创意，帮助老年人获得额外的经济资源，如和老年人的家人一起想办法或者找出老年人能负担得起的费用低的社区服务。如果老年人的病情加重，那么社工可能需要和老年人一道确定护理安排方面的事宜，诸如安排生活协助服务或老年人日间护理服务，以便让他得到更多的支持。社工拥有的社区服务和经济援助方案方面的知识对家庭护理来说有极大价值。这些职位可以由社会工作本科和硕士毕业生来担任。

综合护理

在2010年的《患者保护和平价医疗法案》(the Patient Protection and Affordable Care Act) 的影响下，老年社工的一个最新的工作角色是综合管理情景下的行为保健专家。行为和生理健康保健专家为了给高风险人群以及那些有复杂慢性医疗情况的患者（例如老年人）提供更好的服务，会合作采取综合护理的方式来提供服务（Stanhope, Videka, Thorning, & MeKay, 2015）。在传统模式下，初级保健服务是在临床情境下提供的。而行为保健服务常常是在其他情境下提供的，而且往往没有医务人员配合工作。在综合护理模式下，服务提供者通常按照服务人数收费，并将行为保健服务整合进生理健康保健服务中去。这种工作模式能够提供更为全面的照护，并能持续监控一些个人健康质量的重要影响因素（Mann et al., 2016）。这种工作模式与社会工作的价值观是吻合的，例如，个人福祉是受到生理、心理、社会以及灵性等诸多因素影响的。在美国，相关社会保险的报销要求之一是服务提供者具有社会工作硕士学位。

例如，在初级保健机构工作的社工可能被要求去为刚出院在社区康复的老年人服务。在办公室会谈中，社工常常能遇到刚出院的案主，并负责评估他需要什么类型的服务或者行为治疗，进而帮助他安全地居住在家里，降低他重新住院的概率。社工可能会发现案主在洗澡和普通家务方面能自理，但是在准备食物和药物管理方面有时会遇到困难。如果案主不规律饮食或者不按时服药，那么他可能会很快重新入院。社工可能发现，某个患者非常乐意出院，但是他有一点轻度的抑郁症。即便是轻度的抑郁症对一个人也会有较大的影响，导致该案主没有足够的精力去照护自己，例如做一顿饭或者记得按时服药。此时，社工的角色是在整个健康照护团队的配合下，帮助老年人缓解抑郁症状，制订简便的用餐计划，并寻找到一个有效的办法来处理好老年人的处方。这是一种多专业合作的工作方法，可以用来有效地帮助案主提高自己生理和行为等方面的健康水平。其关键点就在于社工可以帮助老年人及其家庭尽早地发现风险因素，并且采取一种积极的姿态在危机发生之前进行有效的干预。相关组织及其所提供的高质量、高效率、低成本的服务将会在第十四章得到详尽阐述。

老年照护管理

21世纪，越来越多的家庭要忙于应付来自全职工作、琐碎的家务以及不同住的年老家庭成员等多方面的需求。对那些没有足够的时间、知识和精力来有效应对上述全部事务的家庭来说，与社区社会服务机构的老年照护管理专业人员进行沟通协商是非常重要的一个解决途径。老年照护管理是最新也是发展最快的老年社会工作实务领域之一，为社会工作毕业生提供了广阔的职业发展空间和机会。

大多数充当老年照护管理员的人是社工、护士或者其他受过专门培训的人员或健康护理人员，他们既可能以独立的专业人员的身份开展工作，也可能与一个健康护理或社会服务机构联手开展工作。老年照护管理员向家庭成员或其他照护对象提供服务，帮助计划、落实和协调给老年人的多种服务（Aging Life Care Association，2018）。这些人员具有专业知识，能评估老年人的生理、心理和社会需要，并能在社区里找到合适的服务来满足这些需要。这对社工来说是一个非常理想的角色。

老年照护管理员整体上的责任是确定对老年人来说最适宜的居住安排，协调让老年人安享晚年所需要的支持性服务。它既可能简单到给一位轻微中风后的老年人安排健康监测服务，也可能复杂到把老年人另安置到支持性住所或养老院生活（Aging Life Care Association，2018）。老年照护管理员提供的服务包括评估和筛查，安排和监察居家帮助，向老年人及其家人提供支持性辅导、危机干预，甚至在老年人的家人对上了年纪的父母需要什么或想要什么方面有相反的意见时提供家庭调解以解决冲突。他们也可能会充当老年人分散在天南地北的家人的联系人，向老年人的家人通报老年人的情况，或者是在老年人的身体或心理健康、经济或社会生活方面有变化时警示其家人。

老年照护管理的费用比较高，收费标准大概为每小时50～200美元。具体收费金额取决于工作类型、复杂程度、服务提供所在地区，以及照护管理者的资历（Aging Life Care Association，2018）。尽管老年照护管理员认定的支持性服务的费用往往被包括在公共和私人保险承担的家庭健康护理服务的范围内，但在一般情况下，这些费用没有包含在老年医疗保健计划、老年医疗补助计划或传统的私人健康保险中。

独立及辅助式生活住宅

建在社区中的特殊的老年人独立生活住宅，如中低收入者的住宅区，常常会聘用社工来提供多种社会服务。老年公寓的社工常常会策划一些老年人服务项目，诸如帮助老年人赴约或是落实老年人去购物中心的交通工具，安排参加游戏、听音乐会之类的社交活动的机会，推广就地活动。社工亦可能帮助老年人根据自身的健康状况和需求的变化做出重要决策，例如决定是增加额外的家庭护理服务，还是安排老年人过渡到有更多辅助式服务的住所。

老年人在社区中可以得到的一个服务选项是入住辅助式生活住宅。辅助式居住（assisted-living）是一种住宿性质的、长远的居住安排，它的用意是在提供支持性居家服务的同时，最大限度地提升体弱老年人独立生活的能力（Argentum，2018）。辅助式居住模式适宜于身体机能介于住在老年公寓中生活完全可以自理的老年人与住在养老院中接受护理的老年人之间的那部分人。一些支持性住所是一个大型的综合性设施的组成部分。这个设施是所谓的"一条龙"照护设施（a continuum of care facility）。老年人在生活仍然能够完全自理的时候可以购买或者租住其中的一套公寓。他们在健康状况下降的时候便需要加大支持力度，搬到同一设施中半自理的居住单元，最终可能会入住毗连的护理设施中。

值得注意的是，在辅助式生活住宅中老年人可以得到的支持自己独立生活的服务的质量和数量有很大的差别（Argentum，2018）。把一些设施称作"提供饮食和社交活动的不动产商品"更为准确，而另一些设施则是综合性的健康护理机构，提供范围广泛的物理环境、健康和社交生活方面的支持，它们的的确确给老年人提供了健康、高品质的照护（Cutler，2007）。尽管诸如照护协调员或服务协调员之类的职位要用到社会工作专业的技巧，但是辅助式生活住宅行业并没有要求也没有规定要聘用专业社工。拥有社会工作学士或硕士学位的毕业生可以在这些机构找到雇用机会。需要注意的是，社会工作硕士毕业生在此行业相对更有竞争力。

在高品质的辅助式生活住宅中，工作的落脚点是让每个入住的老年人都尽可能多地保留独立生活的可能性。住在独立生活住宅中的老年人通常有自己的厨房和浴室。其每月开销包括租金、设备使用费、饮食计划费和家务料理费。其他服务，如洗衣、私人照护或出行等按个人需要提供，它们也是整个护理计划的组成部分。而辅助式生活住宅入住费用昂贵（一般每月在3 000美元至5 000美元之间），一般来说只有中高收入的老年人才能负担得起（Genworth Financial，2014）。但是，某些州试图通过老年医疗补助计划来为低收入人群降低辅助式生活住宅的相关开支。这是因为相对于将老年人安置在养老院，辅助式生活住宅的成本相对更低（Centers for Medicare and Medicaid Services，2018）。

辅助式生活住宅致力于创造一个治疗性的环境，即辅助式居住的目的是帮助老年人通过多种多样的、最大限度地行使选择权和自控权的活动，保持和改善身心功能状况。社工会为即将入住的老年人做接收评估，全面查看其医疗方面、功能发挥方面、心理方面的长处和不足。这些评估在识别老年人可能需要的补充服务（比如，家政服务、协助洗澡或穿衣，或者是减轻社会隔离感的社交活动等）中发挥着重要作用。

老年人及其家庭需要相关信息和社会支持来成功入住辅助式生活住宅。对老年人来说，下决心离开自己的家，即使是搬进有个人隐私的公寓，也可能是一种创伤体验。老年人可能需要专业人员的支持以走出悲伤和抑郁（Edelman, Guihan, Bryant, & Munroe, 2006）。辅助式生活住宅可以提供各种各样的具有一定挑战性的社会性和娱乐性活动，帮助老年人更快地适应本地生活，把入住的地方当成自己的新家。在这类设施中，社工的另一个重要角色是帮助居民在私人独处与参与社会活动之间找到恰当的平衡。社工常常是多学科团队的一分子，这个团队的成员还有护士、职业治疗师、物理治疗师和娱乐治疗师。

成人日间护理机构

介于独立居住与专业老年人护理场所之间的是成人日间护理机构。成人日间护理机构能为在一天当中某些时段需要固定护理的孱弱老年人制定个人化的医疗和社会服务方案。典型的使用这一服务的老年人与其家人或其他照护人生活在一起，甚至能实现生活半自理，不过他们在身体、认知、情绪或社会交往上有障碍。这些老年人不需要全天护理，甚至不需要全天有人照看，但是在一些日常活动上确实需要有人协助。这种类型的护理也让照护人从中受益，他们可以得到宝贵的缓解性护理服务。成年子女如果能够在白天工作或者偶尔想喘息一下的时候获得替代性护理服务，可能就会更愿意和老年人生活在一起（National Adult Day Services Association，2018）。

大多数成人日间护理机构只接收能积极参与制定自身的服务方案并同意把自己安置到这类机构的老年人。这种类型的护理的关注点是让老年人最大限度地在自身照护事宜上有自我选择和自控感。有少数中心也接收患失智症的老年人，包括阿尔茨海默病患者。这些老年人可能做不到完全参与做相关决定的过程。

社会工作者会同老年人一道做大量的安置前的准备工作并落实服务计划。他们会同老年人一起探讨自己的需要和兴趣，并从成人日间护理机构提供的多种多样的康复性和娱乐性服务中挑选自己想要的服务。一些老年人可能由于中风或心脏病发作需要物理治疗或职业治疗，以弥补丧失的功能。其他一些老年人可能需要其他人监督服药。社工在成人日间护理机构做的是事务性工作，负责协调和满足孱弱老年人一天当中所有的身体上的需要。在这一场所，社工可能会充当护理管理员。

对于在成人日间护理机构的社工来说，开展小组工作是一项十分重要的职责。在大多数成人日间护理机构，老年人会隶属于一个特定的小组，这个小组定期见面，谈论成员遇到的问题。话题可能涉及与家人和照护人之间的问题、对朋友和小组成员的关心，或者围绕较为固定的主题，诸如营养、足部护理或者关节炎进行。小组会成为成人日间护理机构老年人的一个关注点。如果他们一直与社会隔离，那么小组便为他们提供了保持或更新社交技巧的机会。小组也在让护理机构的新成员感到受欢迎并了解机构的运作方式上有建设性作用。

除了开办治疗性小组和举办多种多样的社交与娱乐性活动外，社工还会单独约见每位老年人，做辅导、开展维权倡导活动或者是解决问题。在一个群体活动占主导的机构中，这种个别关心对于维护老年人的尊严、帮助社工监察老年人的身心健康状况发挥着重要的作用。有些时候，老年人可能不太愿意让其他小组成员知道自己内心深处的个人问题，如家庭问题、抑郁、大小便失禁等，同社工的私下讨论能让他们受益良多。

老年人在不参加小组活动或者不见社工的时候，常常会参加范围广泛、多种多样的符合其特定兴趣的活动小组。成人日间护理机构中的这类小组有健身小组、音乐小组、教育小组、时事小组、艺术和手工小组、创造性写作小组等。

养老院

对老年人来说，最恐惧的一件事就是在养老院终了生命。这一恐惧能说明为什么老年人会不遗余力地维持自理能力。养老院被老年人视为送去等死、被家人遗弃和置之脑后的地方。对某些老年人来说，这一恐惧可能不无道理，养老院的确在护理孱弱老年人的一系列服务中扮演着重要角色。当老年人不能独立生活、需要按部就班的护理时，养老院可能是唯一适合的服务场所。

随着老年人口不断增加，人们预计养老院的数量也会相应地增加。然而，1995—2005年，实际上养老院的数量减少了16%，但床位数增加了9%。这意味着如今的养老院可能在规模上比以前有所增大，并且只在数量更少的地方可以入住养老院（Centers for Medicare and Medicaid Services，2015）。整体上，养老院数量的减少反映出老年人在健康护理方面可以做的选择有所改善。老年人现在可以选择借助花费不那么高的家庭医护服务更长时间地留在自己家中。

养老院的社工的主要职责是向老年人及其家人提供支持性和教育性服务（Vourlekis & Simons，2006）。社工早在老年人入住养老院之前就已经着手做老年人及其家人的工作，为他们安排入住前的参观访问，做初步的评估，确定入住最适合老年人需求的服务有哪些，并制订财务安排。入住养老院每月的费用有可能超过 6 000～14 000 美元，除非是有时间限制的停留，否则私人保险或老年医疗保健计划不会定期为其提供帮助（Centers for Medicare and Medicaid Services，2018）。有些老年人可能只在很专业的护理场所中住几个月，比如，在患急性病或术后恢复的时候，所以，社工的工作也可能包括制订出院计划。

养老院中的社工还扮演的一个重要角色，就是做入住老年人的家人和朋友的工作。将家人安置到养老院常常会让家庭成员感到内疚和焦虑。尽管在此之前他们采取过的不这么突变的措施没有奏效，但是他们还是有可能觉得自己在遗弃老年人。让老年人的家人和朋友与入住老年人保持联系，找资源解决老年人入住养老院带来的经济方面的开销，消除伴随老年人入住而来的不愉快的感受，这些是在养老院工作的社工通常的职责。

医院

大约40%的住院病人年龄在65岁以上，对这一人群的护理费用占所有卫生保健费用的一半（Agency for Healthcare Research and Quality，2008），其主要原因是这一人群存在慢性健康问题。慢性健康问题的复杂性使老年人医务社会工作成为康复工作的重要组成部分。医务社工提供范围广泛的多种服务，如危机干预、病人权益倡导、病人教育、家庭联络工作、照护管理、制订出院计划等（Volland & Keepnews，2006）。

住院对任何年龄的人来说都是一个危机事件，但对老年人来说，他们总会恐惧住院是通向养老院或坟墓之路。老年人可能会对即将做手术感到焦虑，或者对听到的医学术语迷惑不解。他们可能担心自己回家后的康复过程会出现问题。家人可能担心自己所爱的人得到的护理太少，或者被诱导违背自己的意愿使用生命维持设备。总之，对老年人及其家人来说，医院有可能是一个非常混乱的环境。在医院里面做的危机干预，是帮助老年人及其家人重新稳定情绪，开始了解病况，将要做的事分出轻重缓急，并制订出短期的行动计划。社工开展工作的重点是帮助住院老年人解决心理、社会方面的需求，而医务人员关注解决老年人生理健康方面的问题。

老年人医务社工的另一个适当角色是病人权益的代言者。老年人可能会对医院中冷冰冰的、没有人情味的气氛心怀恐惧，感到混乱。他们可能需要有人帮忙表达自己的需求，或者代表他们维护权益。举例来说，一名中国妇女可能需要一个翻译，需要特殊的饮食或者想与中药治疗师见面。社工可以跟其他护理人员沟通协商，设法在服务对象的要求与卫生保健制度许可之间找到最佳的结合点。部分病人权益倡导工作是对病人开展教育，同老年人及其家人一起更好地了解当前的疾病及其疗程。病人教育工作的目的是为老年人赋权。老年人对自己的病情知道和了解得越多，他们的掌控感就越好。当他们感到自身也是治疗工作的一部分时，就更可能积极参与到自己的治疗中。

社工还可以充当住院老年人与其家人间联络的桥梁。老年人的家人需要了解老年人究竟得了什么病，该病的预后如何，住院后该做些什么打算。对许多家庭来说，同医务社工接触是他们生平第一次与社会服务系统打交道。在此之前，他们一直靠自己尽力照护老年人，并不知道可以得到很多种社区服务。制订出院计划是医务社工的另一项重要工作，做这一工作需要建立并协调老年人出院后的支持性服务。流动送餐、家庭病床、处理日常杂事、料理家务等服务能在提供宝贵支持的同时，非常有效地帮助老年人维持独立生活。

社工在协助老年人及其家人做出生命尽头的艰难决定中也扮演着教育、支持性角色。他们协助老年人决定在什么情况下接受使用维持生命的机器，决定心脏病发作后是否接受心脏复苏手术，或者决定在他们自己已经没有行为能力的时候谁来代为确定医护措施。这些都是很艰难的工作。

临终关怀或姑息性治疗

社工也经常参与到临终关怀或姑息性治疗的服务中来。临终关怀或姑息性治疗是一种慰藉性服务，一种用来帮助那些患有严重或者威胁生命的疾病的案主缓解痛苦的服务。这类服务不仅被提供给那些处在生命最后阶段的案主，也可以被提供给被医生诊断只剩下最后的六个月或者更短时间的生命的案主。

社工的服务角色包括为这些案主及其家庭提供情绪支持，以及帮助这些案主及其家庭链接必要的资源来减少疾病在情绪和生理等方面带来的问题。在一些临终关怀或姑息性治疗的工作场景下，社工和护士是多专业团队的领导者，他们合作完成初步的预估和其他临终关怀或姑息性治疗服务，例如医学监察、行为管理以及灵性关怀。在其他的一些场景下，健康照护提供方领导团队进行工作，社工在团队中扮演支持性的角色。社工在临终关怀或姑息性治疗方面的一些具体工作将在第十一章得到详尽的阐述。相关社会保险的报销要求之一是服务提供者具有社会工作硕士学位。

直接服务的发展领域

尽管我们已经对社工在大多数的传统领域里的工作角色进行了充分讨论，但考虑到老年人口的快速增长，社工在其他的老年服务领域还有无限的可能性。例如，不管是在公立还是私立部门，法律服务和退休前规划项目都需要大量社工的参与。

法律服务

法律和社会工作有着长期且有时过于动荡的历史。尽管这两个专业都以问题解决为导向，但这两个专业之间的冲突聚焦于解决问题的方法和途径。这一点正是跨专业合作中非常重大的一个挑战。法律专业使用了对于现有的法律和判例的非常严苛的理解，对于现行的行政制度和规章有非常明确的限定。一般来说，法律专业倾向于使用基于更多的事实和更少的情绪的方式来解决问题。社会工作专业则专注于案主社会问题的社会心理、生理、影响因素（Slater & Finck, 2012; Taylor, 2006）。

但是，只要这两个专业各自的专精领域被清晰地阐释和划分，它们就可以非常高效地合作。这类合作在老年法律服务方面是非常有益处的。例如，帮助一个老年人及其家庭设立医疗委托代理人或者在老年失智症个案中评定认知能力就非常需要两个专业的精诚合作。当一个老年人虽然有足够的能力，但是在管理个人财产方面需要帮助时，律师和社工都是团队中非常重要的角色，他们可以帮助老年人设定监护人（Sember，2008；Slater & Finck，2012）。另一个例子是当一个老年人面对的问题具有非常明显的社会和法律后果（例如住房）的时候。老年人可能因个人的健康水平出现突然下滑，忘记按时支付房租。这就可能导致他被从住所驱逐。暂缓将老年人从住所强制驱逐是律师的工作责任。社工则需要针对住房危机提供一些长期的解决方案，比如寻找一个合适的方法来支付房租，确定第三方为财务代理，或者考虑将老年人转移到一个更为安全的居住环境。老年法律服务的一个快速增长的需求点是祖父母照护孙子女的相关法律问题。孙子女的抚养权、财务支持以及在住房方面遇到的歧视可能会给这一群体带来一系列的社会和法律方面的挑战（National Academy of Elder Law Attorneys，2017）。律师在应对复杂的儿童福利法律体系方面起到了不可替代的作用，而社工则在帮助老年人及其孙子女应对社会和精神健康等方面的挑战方面起到更大的作用。最好的解决方案通常是基于跨专业的高效合作。

退休前规划项目

退休前的规划经常被认为等同于财务规划，但是足够的收入其实并不足以应对退休所带来的全部挑战。可以很清晰地看到，随着"婴儿潮"一代进入退休的年龄段，老年服务的需求在急速增长。退休前规划最容易被忽视的部分是从全职工作向退休阶段过渡时期的社会心理层面的转变。对那些主要通过工作来定义自己和主要依靠工作来获得社会联系的人来说，退休可能是一件非常具有挑战性的事情。退休以后人们应该做些什么呢？他们怎么对自己的生活进行重新定义，并且维持享受生活与保持生产力之间的平衡呢？退休以后，配偶之间应该如何维持他们的关系（尤其是当他们长期在一起生活，而不是像工作的时候有各自独立的生活时）呢？更重要的是，对那些患有严重慢性疾病的老年人和无法承担退休后的生活的老年人来说，他们将面对哪些挑战呢？社会工作的专业性体现在深入了解人们福祉的生理、心理、社会维度的影响因素，而上述问题与社会工作的这一专长密切相关。社会工作专业在这一工作进程中的角色才刚刚开始发展，例如在公共和私立部门中的员工协助计划（employee assistance programs）。最振奋人心的是，社会工作在这一领域里的具体角色还没有被完全定义。下一代的老年社工将决定社会工作在退休前规划项目领域的具体角色和作用。

老年社工的宏观实务

社工在直接服务领域里的作用是显而易见的，老年社工在宏观领域里的作用也是非常有价值的，具体包括社区实务、规划、立法和政治倡导（包括社会工作学士、硕士层面的实务）。美国有一个非常完备的联邦老年服务网络（基于《1965年美国老年人法案》），具体包括在本州区域或国家层面为老年人提供一系列的服务，与此同时，为满足老年人的需求而做一些系统的规划，在立法系统里为老年人的福利进行政策倡导。社工的一些宏观实务就是在这一个架构中进行的。老年服务网络及其相关项目会在第十四章得到详尽的阐述。其他在私立和社区机构工作的老年社工，也在致力于为老年人的福祉进行立法和政治倡导及规划。

社区实务

专注于满足老年人需求的社区实务的精髓在于动员和赋权老年人去积极地解决自身的问题。具体的工作方式是专注于解决社区集体问题，而不是专注于解决个人危机问题。相关的社区工作包括很多工作背景，小到集合住宅，大到一个镇或者市。在较小的社区背景下，社工可以帮助老年人改进公共交通、组织犯罪行为联防小组，抑或是改善铲雪设施（Massachusetts Senior Action Council，2018）。社工也可以通过组织老年人向市政府提交请愿书来寻求免除财产税，通过改善邻里中心来改进健康和社会服务，抑或是开发应急方案来应对天气和健康等相关的紧急情况。

公共教育是宏观社会工作实务在社区中实践的重要内容。例如，当老年医疗保健计划D部分（处方药覆盖计划）在2006年开始实施的时候，老年人非常需要关于这个计划的简单清晰的信息和指南。在个人或者社区层面开展相关的教育项目通常是社工的责任。这就要求社工不但在老年医疗保健计划方面有比较丰富的知识，而且对老年人的需求和顾虑有比较清晰、全面的认识。因为老年人对这些项目持续性的关注和咨询，州政府已经为相关人士就老年医疗保健计划、补充保险计划以及医疗保险优势计划等项目建立了州政府健康信息项目（State Health Information Programs）。这些项目在第十四章有更为详细的阐释。

相类似的项目包括关于艾滋病、金融诈骗预防、家庭安全、预立医疗指示等的项目。这些项目我们稍后会讨论。公共教育并不仅仅是告诉人们他们需要了解的信息。它不仅包括对于信息的重要性的全面解读，也需要社工耐心地聆听老年人的问题和顾虑。

规划

社工也会在州政府规划办公室、老年人地区代表处和老年与残障资源中心开展相关工作。规划包括探索社区需求和社区资产、制定发展规划、评估现行和未来的政策和项目（Wacker & Roberto，2014）。简单地建立一些老年中心并不能有效地满足"婴儿潮"一代老年人群体的需求。解决危机的关键点在于，为这一代独特的老年人群体有针对性地开发替代性住宅、健康和娱乐项目。规划包括一个全面的需求预估、对于当下的人口特征转变非常全面而深入的认识，以及对如何资助现有和新的服务有足够的敏感性。例如，城市老年人和郊区老年人的需求有哪些不一样的地方？哪些应急项目需要被开发，用以在自然灾害、疫情或者极端天气发生时更好地保护老年人？哪些项目需要被开发，用以满足那些依然需要去工作，但是需要更灵活的工作安排的老年人？哪些项目可以用来帮助老年人更好地适应信息技术的发展？这些都是公共规划办公室需要面对的诸多挑战，他们不但需要知道现在哪些事情是有效的，也需要知道未来的社会需求是什么。

立法和政治倡导

倡导和赋权是社会工作专业的核心内容，这具体体现为社会工作从服务对象角度看问题，代表诸多弱势群体的利益。美国大多数的老年服务项目和服务是由联邦政府和州政府赞助的。换句话说，相关老年服务大多需要立法和行政机关的支持才能得以运行。社工在立法倡导中的角色包括提高老年人对与其利益相关的立法进程的公众意识，并要求立法议员满足其相关要求。立法进程是非常复杂的，因此对不了解相关内情的老年人来说难以理解。美国社会工作者协会（National Association of Social Workers，NASW）就精神健康相关法律（例如 mental health coverage parity laws）、社会工作教育贷款豁免、移民权利、年龄和性别歧视、老年人财产税减免等问题为会员和案主争得了利益和支持。

NASW 有专门的政治行动委员会项目（Political Action for Candidate Election）来支持那些在一系列社会福利问题上与 NASW 政治纲领保持一致看法的候选人。他们通过筹款、竞选捐款以及公开支持候选人的方式在选举中支持候选人（National Association of Social Workers，2018）。社会工作专业在立法和政治倡导方面的角色是从本地、州服务以及联邦多个层面开展工作，致力于为那些受到政策和项目直接影响的案主提供倡导和赋权服务。

老年社会工作中的个人问题与专业问题

一方面，做老年社会工作无论是就个人而言还是就专业而言都非常有收获；另一方面，开展这一工作也需要社工一方有高度的自我意识。在所有的干预工作中，社工都会将个人情绪带入助人过程，但是在老年社会工作中，这一问题更为复杂。与处理酗酒、吸毒、家庭功能失调或家庭暴力等社会问题（从事这些领域的社会工作可能会也可能不会给本人带来影响）不同的是，从事老年社会工作会触及每个人终究要面对的衰老以及自己和家人终要离开这个世界的问题。衰老这一人所共有的过程会有意无意地影响老年社会工作。社工要面对一些极为重大的问题，包括有生以来接收的年龄歧视信息的微妙影响，对老年人的反移情，以及自立与依赖的冲突。

个人和社会态度方面的老年歧视

年龄歧视（ageism）指的是仅仅基于年龄而对年长的人抱有偏见和刻板印象（Butler，1989）。这些刻板印象通常是负面的，传达了老年人社会价值较低，因此理应受到低人一等或不平等的待遇的信息。年龄歧视在一个人自孩提时代起通过观察父母、媒体和社会对待老年人的态度就已经逐渐形成了。父母可能在无意间表露出自己上了年纪的父母和祖父母是个累赘，他们苛刻、需求多或者令人不愉快。即便是父母简单的看法，像"我希望我以后不会像奶奶这样"或者"如果我老糊涂了就让我永远睡过去"之类，都可能会被孩子从字面上理解。每次父母在说自己这里痛那里痒的时候都称"我可能是老了"，这种微妙的讯息会成为清楚的表达：变老注定与疼痛和衰弱联系在一起。

一方面年龄歧视作为一种态度阻碍每个人调整自己，适应正常的因变老而带来的变化；另一方面它也为更具破坏性的社会主张充当了挡箭牌。年龄歧视提供了合理的借口，以保持生产力的名义将人们推出劳动力市场，而没有周详地考虑当这些人的生活不再围着工作这一主旋律转时会怎样。年龄歧视合理化了隔离式的居住安排、低标准的医疗照护和总体上对老年人的贬损态度。尽管当今的商业领域和社会生活领域不再容忍明目张胆的种族歧视或性别歧视言论以及公开的歧视活动，但是年龄歧视态度和言论极少受到人们的质疑。

反移情

反移情（countertransference）是社工表现出对特定当事人有脱离现实的、往往不恰当的感受，扭曲了助人关系（Nathan，2010；Reidbord，2010）。社工对老年案主的情绪和态度，可能基于社工自身的过往人际交往经历，而不是基于当下老年案主的真实特点。与老年人一起工作的时候，反移情的产生和发展有两个主要原因。社会上流行的年龄歧视观念可能会导致社工不愿意和老年人一起工作，因为年老经常与死亡和疾病联系在一起。在潜意识层面，社工可能会觉得自己的工作是在浪费时间。因为人老以后最终的归宿是死亡，社工的努力可能无济于事。当社工让其过往经历影响到现在的社会关系的时候，反移情也会发生。

例如，一名年轻的社工被安排为一位老年女性服务，帮助她找到一个合适的照护中心。这个转变对于这位老年人是一个比较痛苦但是非常必要的人生经历。当社工去这位老年人的家中拜访时，老年人坚持要用曲奇饼和茶来招待她，结果她们用了几个小时完成家访，而不是即时处理完工作。当她的督导咨询她关于老年案主的照护中心安排时，这名年轻的社工犹豫了一下，然后答复说她认为老年人的家庭做出这样的安排是不合适的，因为老年人想要在家中居住，而且她在家中能获得足够的服务资源来维持她独立生活。这名社工其实并没有在家访中跟老人探讨有关照护中心的话题，因为这一话题可能会导致尴尬的局面。在督导和社工进行充分交流后，督导发现社工在几年前曾经无意中听到她的母亲和她的祖母讨论过这一问题。她记得她的祖母说："如果我必须离开我的家，那么我还不如死了算了。"她的祖母的确在入住照护中心后不久就去世了。老年案主在类似决策上的犹豫不决对这名年轻的社工来说是一种对潜意识的暗示，让她回忆起自己生活中的一段比较痛苦的经历。为了降低自己的痛苦和愧疚，社工试图帮助她的案主避免面对同样的问题。社工的这种试图"拯救"老年人的心态可能会在无意间剥夺老年人的自尊心和个人尊严。所以，社工和督导就反移情问题进行充分讨论是非常必要的。

年龄歧视与死亡焦虑

针对老年人及老龄化过程的负面态度助长了当代社会普遍存在的"死亡焦虑"现象。死亡焦虑是一种高水平的焦虑不安的情绪，通常是由对死亡和濒死体验的相关讨论引发的（Iverach，Menzies，& Menzies，2014）。死亡焦虑非常能搅扰人的情绪反应，它由有关死亡或濒死的事，或者是对这些事的讨论激起（Iverach，Menzies，& Menzies，2014）。做老年社会工作会不断提醒社工生命周期的发展逻辑——从年轻到年老直到死亡。美国社会对于死亡问题或是有关死亡的讨论处理得不好。想想所有用来避免说"死亡"这个词的用语，如"过世""到站""去了另一个世界"，以及其他许多不这么礼貌的用语。

做老年社会工作不可避免地要面对与死亡有关的种种情形。许多老年人会承认死亡在他们上了年纪以后不像年轻时那么让人恐惧。他们见过朋友和家人去世。在一生当中，他们也都思考过死亡对自己来说意味着什么，是否相信有来世，这辈子是为了什么。如果能逃脱慢性疾病的折磨，他们会认为自己运气好。如果自己伤残或是受病痛折磨，他们可能愿意终结这种身体上受折磨的状态。老年人常常想谈论对葬礼的安排或者是计划如何处置个人财产。老年人的家人可能会一味排斥，以逃避面对生命岌岌可危的老年人的死亡。但此时医院的政策却可能是要求老年人的家人做出当老年人生命走到尽头时的艰难的决定。所有这些问题都是一些事例，说明了做老年社会工作要求社工不仅能在一定程度上自如地接受和处理服务对象的死亡，而且能有意识地身体力行。

自立与依赖间的挣扎

老年人最常说的一个目标就是尽可能长时间地保持自立。这一渴求与社会工作专业所致力的目标是一致的。社会工作专业也致力于推动个人的自决与自尊保持。从表面上看，这里似乎没有什么冲突。但是在现实生活中，随着老年人需要的支持性服务越来越多，维持独立生活越来越难，老年人的渴求与其家人和社工对其需求的看法之间不可避免地要发生冲突。通常，社工会欣赏老年人为留在自己家中而做出的不遗余力的努力。尽管如此，当老年人为了上楼梯而苦苦挣扎，勉强应付恶化的邻里关系，连从事简单的日常活动也困难重重时，社工不免会质疑这样做是否行得通。这时，无论就个人而言还是就专业而言都存在大量的两难问题。应当由谁最终决定老年人是否有能力留在家中生活？谁有权判定老年人在财务决定上的判断是否有问题？什么时候即使老年人反对，也要采取保护行动，把缺少照管或受虐待的老年人从家中转移出来？什么时候家人的意愿要高于老年人的意愿，又或者这样的事情不应出现？这些都是难题，没有简单的答案。

即便之前都能独立生活，一场病也能让老年人变得需要依赖他人才能生活。有些时候这样的转变发生得太快，以致老年人在情感上难以接受。为了保留自尊，老年人可能竭尽全力抵制依赖他人，即使让自己身陷险境也不愿依赖他人。他们可能发泄在行动上，表现出极端的愤怒或者向社工和家人提出根本满足不了的过分要求。维持自立应该是所有老年社会工作的根本目标，本书自始至终都会谈论提升老年人自立性的方法，甚至包括帮助那些伤残最严重的老年人保持自立的方法。

还有些老年人表现得过早依赖他人，相较于其身体状况而言，这种依赖过于消极、退缩。这是一种习得性无助。与为自己的自立而战的老年人相反，这些老年人放弃并自愿交出自己照护问题的自决权。尽管这样一来可能会使社工和家人在制定照护方案时容易一些，但是这种情况会导致出现其他的更为微妙的问题。社会工作实践中一个基本的理念是，服务对象自己选择干预目标并承诺为之努力十分重要。这是本章讨论过的优势视角的一个基本原则。比如，一名社工可能决定某位老年人需要参加老年中心的活动以减少社会隔离。尽管老年人是为了不得罪这名社工才答应参加活动的，他也感激社工为他所做的一切，但是如果他本意不想去的话，那他还是有可能不会去这个老年中心参加活动。老年人可能不会直接地回绝，而是会为不参加老年中心的活动找些合适的借口。尽管本意是好的，但是社工替老年人定了目标，这一目标是社工的目标，而不是服务对象的。所以，毫不足怪，当老年人设法逃避不出自其初衷的目标时，家人和社工会感到沮丧。

把自己交给他人掌管意味着一个非常微妙的历程的开始，即便是对那些真诚地愿意由他人代为决定的老年人来说也是如此。老年人在自己的生活中会变成被动应付者，而不是主动行动者。老年人会感觉对自己的生活没什么掌控感，有可能陷入深深的抑郁之中，放弃独立生活的意愿。当家人和照护者察觉到老年人自暴自弃，甚至在可以做某些事的时候也不去做时，他们便有可能感到愤怒，并对老年人心生怨恨。社工的角色是帮助老年人及其家庭达成共识，这不但可以促进个人自主，也可以满足服务需求。

自我意识与督导

到目前为止，本书所谈的内容可能会让人觉得在年龄歧视的社会背景下，人们对于自己变老与死亡怀有深深的恐惧，在老年社会工作这样一个受贬低的领域从业所面临的挑战会大得让人难以承受，但是有一些资源可以解决这些问题。通过运用专业督导建立自我意识，社工可以有效地化解这些问题。之所以在本书开篇的章节中讨论这些问题，是因为在你学习如何做这一领域的工作时，这些问题应该清楚地呈现在你的脑海中。建立自我意识是一个过程，需要假以时日，它会一直是社工职业生涯中的挑战。可能你要花费毕生的时间来知晓与老年人（包括自己的亲属）一起工作时什么能触及你、给你带来困扰。

社工要带着批判的眼光审视自己生活中正面临的挑战，这些挑战可能会给专业工作带来问题。有的社工在自己的生活中要照护伴侣、父母或者祖父母，有时他们可能会感到需要自己做的事情太多，要有效地做老年社会工作是不可能的。这类经历尽管或许有助于社工对老年人的家人产生同情，但是在干预过程中可能会起到事与愿违的效果。

有能力时刻意识到自己的感受是在老年社会工作中建立自我意识最重要的一环。对社工来说，个人对于服务对象、家庭成员以及专业关系好坏的感受是重要的线索，借此可以知道自己情绪上是否有问题。督导可以通过给社工分派多种类型的工作，协助社工缓解高冲击力的个案带来的情绪反应。即使是调整得最好的经验丰富的社工，如果只为那些生活高度依赖他人的老年人或患阿尔茨海默病的老年人提高服务，也会忍受不了重负。

从事老年相关工作的回报

我们对与老年人一起工作时在个人和专业上所面临的一系列可能的挑战进行了较为深入的讨论。读者可能会想：从事老年社会工作有哪些积极的回报呢？为何会有人愿意去做这一类别的社会工作？对这些问题的答案可以根据作者和她的学生多年的专业经验进行总结。

对老年社工来说，最大的回报可能是与很多富有抗逆力、意志力、创造力，有时甚至有些顽固的老年人相识。这是一种非常令人愉悦的人生经历。他们的人生故事丰富多彩，例如陷入热恋、生儿育女、经历人生波折、维持一生的友谊，以及面对老年时期的诸多挑战。这些人生经历非常励志。他们的人生故事提醒我们,反抗年龄歧视、性别歧视、同性恋歧视、种族主义以及其他类型的歧视的斗争是长期且持续的。他们愿意和我们分享自己的人生智慧,这将社会工作专业关系提升到了一个全新的层次。有些与老年人的工作关系非常短暂而且专注于问题解决;有些关系则需要促成长期努力,用以解决一些复杂的社会问题。

有些老年人的交流能力有限;有些老年人则可能是你遇到过的最为聪明、最擅长表达的人,以至于你会想你为何如此幸运能有机会和他们一起工作。有些老年人脾气暴躁;而有些老年人与人相处的时候令人如沐春风,他们会成为你变老时候的榜样。每一个你遇到的老年人都会重塑你作为社工的角色和职业生涯。老年社会工作会给予你很多机会去给他人的生活带来非常显著的改变。例如,目前有一系列的干预方法可以用来帮助老年人缓解抑郁和焦虑——抑郁并不是老化过程的正常组成部分。我们可以做一点实实在在的事情!我们也可以帮助老年人链接资源,例如提供居家健康服务、家政服务以及交通服务。在不远的将来,我们也将会找到治疗阿尔茨海默病的办法。这将是21世纪医学界最为重要的成就之一。如果你学习社会工作是为了服务弱势群体、链接资源满足案主需求、为社会公义服务,那么没有哪个人群比老年人更需要坚定的拥护者了。个人和专业上的满足感来自帮助老年人找到问题的解决方案,看到他们脸上的微笑和感激。这是社会工作专业能获得的最重要的回报。你的人生旅程才刚刚开始!

小结

对社会和社会工作专业来说,21世纪的最重大的挑战之一是65岁及以上人口的迅猛增加。一方面,"婴儿潮"一代无疑会锻造出新的满足"第三年龄"的人的需求的方式;另一方面,摆在当今和未来的老年人面前的挑战是如何获得优质的卫生保健服务、有所建树的退休生活和充足的经济收入。对一些老年妇女和有色人种老年人来说,一辈子的贫困和低劣的卫生保健服务所带来的破坏性后果会追随他们,影响他们的晚年生活。这些群体是最脆弱的老年人群体。

老年社会工作的未来是光明的。这不仅由于对在这方面受过特殊训练的从业人员的需求日益增长,还由于各种各样的老年人工作场所需要社工。除了传统的场所,诸如医院和养老院等机构外,社工还可以在社区机构、立法机关和法律领域一展身手。这些场所需要社工在特殊实务领域有高水平的技能,并愿意投身于建立做老年社会工作所必需的自我意识。做老年社会工作有可能引发社工对于死亡和家人年老的强烈感受,对自己帮助这一脆弱群体的态度产生强烈的情感冲击。但是,为这一人群服务也会给社工带来最大限度的成就感。

学习活动

1. 如果你出生于1982—2002年，人口学家就认为你属于"千禧一代"。"千禧一代"和"婴儿潮"一代一样会对我们的社会产生重大的影响。请使用美国的人口普查、社区调查或者其他权威数据，来描述你这一代人的特征。信息技术、社交媒体、教育以及其他社会人口特征将会如何影响你这一代人的老化进程？社会机构是如何预测这些改变并做出相应的计划的？你认为当你变老的时候，你的老化体验会与你父母的有哪些不同？

2. 采访一名在本章所描述的直接服务或者宏观服务领域里工作的社工。他们如何描述自己的工作？从事该工作需要什么文凭和证书？他们工作的哪些部分是充满愉悦的，哪些部分是充满挑战的？他们怎样描述自己与老年人的交流？他们给那些准备从事相关工作的人的建议是什么？

3. 虽然老年社会工作不是社会工作专业最大的领域，但它吸引到了最富热情的社工。哪些因素吸引你来为老年人服务？本章所描述的哪些挑战引起了你的共鸣？你有哪些有价值的经验可以应用到这一领域？你从哪里获得关于老年人和老化过程的信息？

4. 分析流行杂志和电视上的广告，寻找关于老年人和老化的相关信息。你认为这些广告是否公然地进行了年龄歧视？你是否见过一些广告传播关于老年的积极信息？随着人口老化，这些广告会发生改变吗？

参考文献

Administration on Aging. (2016). *A profile of older Americans, 2016.* Washington, DC: U.S. Department of Health and Human Services. Retrieved from https://www.acl.gov/sites/default/files/Aging%20and%20Disability%20in%20America/2016-Profile.pdf

Agency for Healthcare Research and Quality. (2008). Hospital management of older adults. Retrieved from http://www.hucp-us.ahrq.gov/reports/factsandfigures/2008/section1_TOC.jsp

Aging Life Care Association. (2018). Working with an aging life care professional. Retrieved from https://www.aginglifecare.org

Alzheimer's Association. (2018). Alzheimer's disease: Get the facts. Retrieved from https://www.alz.org

Argentum. (2018). Expanding senior living. Retrieved from https://www.argentum.org

Bureau of Labor Statistics. (2017). Labor force statistics from the Current Population Survey. Retrieved from http://www.bls.gov/data/#employment

Butler, R. N. (1989). Dispelling ageism: The cross-cutting intervention. In M. W. Riley & J. W. Riley, Jr. (Eds.), The quality of aging: Strategies for interventions. *Annals of the American Academy of Political and Social Science, 503,* 163–175.

Centers for Disease Control and Prevention and the Merck Company Foundation. (2007). *The state of aging and health in America 2007.* Whitehouse Station, NJ: The Merck Company Foundation, 2007.

Centers for Medicare and Medicaid Services. (2015). *CMS nursing home data compendium, 2015*. Retrieved from https://www.cms.gov/Medicare/Provider-Enrollment-and-Certification/CertificationandComplianc/Downloads/nursinghomedatacompendium_508-2015.pdf

Centers for Medicare and Medicaid Services. (2018). *Nursing homes and assisted living*. Retrieved from https://www.medicare.gov/coverage/long-term-care

Collinson, C. (2016). *Perspectives on retirement: Baby boomers, generation X, and Millennials.* TCRS 1328-0816 17th Annual Transamerica Retirement Survey of Work. Retrieved from https://www.transamericacenter.org/docs/default-source/retirement-survey-of-workers/tcrs2016_sr_perspectives_on_retirement_baby_boomers_genx_millennials.pdf

Cutler, L. J. (2007). Physical environments of assisted living: research needs and challenges. *The Gerontologist, 47* (Special Issue 3), 68–82.

Edelman, P., Guihan, M., Bryant, F. B., & Munroe, D. J. (2006). Measuring resident and family member determinants of satisfaction with assisted living. *The Gerontologist, 46*(5), 599–608.

Fast, B., & Chapin, R. (2000). *Strengths-based care management for older adults.* Baltimore, MD: Health Professions Press.

Federal Interagency Forum on Aging-Related Statistics. (2016). *Older Americans 2016: Key indicators of well-being.* Washington, DC: U.S. Government Printing Office.

Frey, W. H., (2010). Baby boomers and the new demographics of America's seniors. *Generations, 34,* 28–37.

Genworth Financial. (2014). *The cost of nursing homes by location.* Retrieved https://www.genworth.com/about-us/industry-expertise/cost-of-care.html

Glicken, M. D. (2004). *Using the strengths perspective in social work practice.* Boston, MA: Pearson.

Iverach, L., Menzies, R. G., & Menzies, R. E. (2014). Death anxiety and its role in psychopathology: Reviewing the status of a transdiagnostic construct. *Clinical Psychology Review, 34,* 580–593.

Lin, I-F., & Brown, S. L. (2012). Unmarried boomers confront old-age: A national portrait. *The Gerontologist, 52,* 153–165.

Mann, C.C., Golden, J.H, Cronk, N. J., Gale, J. K., Hogan, T., & Washington, K. T. (2016). Social workers as behavioral health consultants in the primary care clinic. *Health and Social Work, 41*(3), 196–200.

Manton, K. G. (2008). Recent declines in chronic disability in the elderly U.S. population: Risk factors and future dynamics. *Annual Review of Public Health, 29,* 91–113.

Massachusetts Senior Action Council. (2018). *Building senior power together.* Retrieved from http://www.masssenioraction.org

Munnell, A. H. (2014). The impact of aging baby boomers on labor force participation. *Center for Retirement Research at Boston College. 14*(4). Retrieved from http://crr.bc.edu/briefs/the-impact-of-aging-baby-boomers-on-labor-force-participation

Nathan, J. (2010). The place of psychoanalytic theory and research in reflective social work practice. In M. Webber and J. Nathan (Eds.), *Reflective practice in mental health* (pp. 121–139) Philadelphia, PA: Jessica Kingsley Publishers.

National Academy of Elder Law Attorneys. (2017). *National Academy of Elder Law Attorneys.* Retrieved from https://www.naela.org

National Adult Day Services Association. (2018). *Overview and facts.* Retrieved from https://www.nadsa.org/consumers/overview-and-facts

National Association of Social Workers. (2006). *Assuring the sufficiency of a frontline workforce: A national study of licensed social workers. Special report: Social work services for older adults.* Washington, DC. Retrieved from https://www.socialworkers.org/LinkClick.aspx?fileticket=OilZ7p_EEnE%3D&portalid=0

National Association of Social Workers. (2018). *Political Action for Candidate Election (PACE) Board.* Retrieved from https://www.socialworkers.org/About/Governance/National-Appointments/National-Committees/Political-Action-for-Candidate-Election-PACE-Board

National Center for Health Statistics. Health, United States, 2010: With Special Feature on Death and Dying. Hyattsville, MD. 2011. Retrieved from https://www.cdc.gov/nchs/data/hus/hus10.pdf

National Women's Law Center. (2016). National snapshot: Poverty among women and families. Washington, DC. Retrieved from https://nwlc.org/resources/national-snapshot-poverty-among-women-families-2016

Population Reference Bureau. (2016). Fact sheet: Aging in the United States. Retrieved from https://www.prb.org/aging-unitedstates-fact-sheet

Probst, B. (2009). Contextual meanings of the strengths perspective for social work practice in mental health. *Families in Society: The Journal of Contemporary Social Services, 90*(2), 162–166.

Reidborg, S. (2010). *Countertransference: An Oveview*. Retrived from http://psychologytoday.com/blog/sacramento-street-psychiatry/201003/countertransference-overview

Saleebey, D. (2013). *The strengths perspective in social work practice.* Boston. MA: Pearson.

Sember, B. M. (2008). *The complete guide to senior care.* Naperville, IL: Sphinx.

Slater, L., & Finck, K. (2012). *Social work practice and the law.* New York, NY: Springer.

Social Security Administration. (2018). Planning your benefits by life expectancy. https://www.ssa.gov/planners/lifeexpectancy.html

Stanhope, V., Videka, L., Thorning, H., & McKay, M. (2015). Moving toward integrated health: An opportunity for social work. *Social Work in Health Care, 54*(5), 383–407.

Taylor, S. (2006). Educating future practitioners of social work and law: Exploring the origins of interprofessional misunderstanding. *Children and Youth Services Review, 28*(6), 638–653.

Trawinski, L., & AARP (2012). Nightmare on Main Street. Retrieved from https://www.aarp.org/money/credit-loans-debt/info-07-2012/nightmare-on-main-street-AARP-ppi-cons-prot.html

U.S. Census Bureau. (2010). *Annual Estimates of the Resident Population by Sex, Age, Race, and Hispanic Origin of the United States: April 2010 to July 2014.* (PEPASR6H); U.S. Census Bureau, Table 1; Projected Population by Single Year of Age, Sex, Race and Hispanic Origin for the United States: 2014-2060 (NP2014_D1).

Villa, V. M., Wallace, S. P., Bagdasaryan, S., & Aranda, M. P. (2012). Hispanic baby boomers: Health inequities likely persist in old age. *The Gerontologist, 52*(2), 166–176.

Volland, P. J., & Keepnews, D. M. (2006). Generalized and specialized hospitals. In B. Berkman (Ed.), *Handbook of social work in health and aging* (pp. 413–422). New York, NY: Oxford University Press.

Vourlekis, B., & Simons, K. (2006). Nursing homes. In B. Berkman (Ed.), *Handbook of social work in health and aging* (pp. 601–614). New York, NY: Oxford University Press.

Wacker, R. R., & Roberto, K. A. (2014). *Community resources for older adults*. Thousand Oaks, CA: Sage.

Ward, B. W., Schiller, J. S., & Goodman, R. A. (2012). Multiple chronic conditions among US adults: A 2012 update. *Preventing Chronic Disease, 11*(E62). Retrieved from https://www.ncbi.nlm.nih.gov/pubmed/24742395

第二章

生理上的变化与老年人的身体健康

> **学习目标**
> - 将生理健康状况在老化过程中发生的自然改变与慢性或急性疾病的症状区分开来。
> - 能准确识别人体主要生理系统的关键变化。
> - 总结尿失禁、艾滋病和丙型肝炎对老年人生活质量的影响。
> - 分析和评价健康老龄化的影响因素。

> **章节概述**
> 年老带来的生理上的变化
> 身体为什么会衰老?
> 老年期生理方面的变化
> 尿失禁问题
> 艾滋病/艾滋病病毒感染、丙型肝炎病毒感染与老年人
> 健康老龄化的影响因素
> 年龄歧视和身体健康

与自然衰老过程联系在一起的生理上的变化常常是成年人由中年步入老年首先外显的信号。尽管所有上了年纪的人在身体上都不可避免地会发生变化,但这些变化给老年人带来慢性疾病或功能损伤的程度却有非常大的差异。许多老年人直到80多岁依然身体健康、活跃,视力、听力或关节功能的变化只给他们带来了小小的不便。而有些老年人从60多岁开始就要与退行性疾病搏斗,到70多岁越发羸弱。这些差异是由多种因素造成的,包括由遗传倾向决定的某种身体上的疾病、一生中总体上的身体健康状况,以及最重要的一

点，所选择的生活方式的影响，如营养与锻炼。本章开篇讨论的是老年人的生理健康状况在老化过程中会发生哪些改变。人类发展的每一个阶段都会有显著的生理改变。老年期的生理改变经常会限制，而不是增强老年人的生活选择和功能性。

本章将探讨与老化过程联系在一起的生理方面的正常变化，讨论有关老化的理论学说和影响所有人体生物系统的细胞水平的变化。在我们讨论清楚人体老化可能带来哪些改变之后，我们会详细阐释老年时期的疾病症状。值得注意的是，这些疾病并不被认为是不可避免的老化结果。特别关注的是尿失禁这一给老年人的生活带来改变的问题，它让一些老年人独立生活的能力受到挑战。老年社工和健康护理人员越来越关注的一件事是，老年人中艾滋病病毒携带者和艾滋病患者的人数在不断增加，患有丙型肝炎的老年人也越来越多。本章对此也会有所讨论。本章在结语部分讨论了营养、预防跌倒和锻炼对老年人的健康以及幸福的影响，讨论了除去由遗传因素决定的先天性致病因素或伴随衰老过程的自然变化之外，对老年人的身体素质有颇多影响的因素。

年老带来的生理上的变化

身体健康状况是老年人社会生活的晴雨表

对受生理限制和慢性疾病折磨的老年人来说，每况愈下的健康状况成了生活安排所围绕的核心。身体感觉如何是他们是否愿意出门、参加社会活动和与他人交往的晴雨表。一些老年人可能会觉得身体成了囚禁他们的监狱。不管他们有多想更活跃一些，是身体的健康状态而不是个人的动机决定了他们可以做些什么。因此，老年人可能会逃避参加即将到来的活动。即使愿意参加，他们也可能会觉得说"好，到那天我看自己感觉怎样再说吧"更为实际一些。患有慢性疾病的老年人的健康状况很不稳定，难以预测。因此，这些老年人可能在做一些很明确的计划时非常犹豫，但这并不能被理解为一种抗拒的行为，这只是一种应对脆弱的健康状况所带来的不确定性的务实的手段。这可能会使社工感到非常沮丧，尤其是当他们想让老年人走出家门去参加一些社会交往活动的时候。

但是，即便是非常严重的慢性疾病也并不意味着老年人需要完全从社会交往中撤离出来。非常多的老年人认为，老化过程中伴随而来的疼痛是没有办法避免的，他们只能默默忍受。其实，老化和疼痛并不应被理解为同义词。优势视角理论认为，老年人可以通过一系列生理和社会方面的行动来维持他们活动的能力，参加这些活动所带来的好处，远远大于其风险。例如，一个改进版的瑜伽项目可以帮助老年人缓解关节所带来的疼痛，而不是加剧它。一个提供扩音设备的电影院,可以帮助老年人在家人和朋友的陪同下享受一场电影。社工的角色是两重的:一方面帮助老年人认识到自己还有哪些尚未丧失的生理能力,另一方面鼓励老年人继续参与和享受自己喜欢的一些活动,并且在必要的时候使用一些辅助设备。对老年人来说,身体的健康水平决定了他们能否参加一些具体的社会活动。但是,有很多种方法可以用来应对健康方面的局限性。

老年社会工作的一个重要前提是,老年人有权利在可能的情况下,获得最大限度的身体和情绪上的舒适、安泰。至关重要的一点是,社工应该鼓励老年人在感到疼痛的时候去看医生,并能在与医生打交道的时候坚定自信。在为老年人赋权的过程中,社工扮演着重要角色,他们更能帮助医生和其他卫生保健服务人员回应老年人的需要。

能力和态度的不一致

社工经常从老年人那里听到的一种常见的反应是初老老年人对于自身身体健康状况变化的主观判断经常与客观情况不一致。他们经常意识到慢性疾病是他们的身体对他们的主观意志的一种背叛。老年人可能感受到认知上的一种失调。他们可能觉得自己的身体让自己觉得非常陌生,因此他们经常容易高估或者低估自己有哪些事情可以或者不可以做。例如,有一位老年男性,每年都坚持爬上房顶去做清洁打扫,即便他的平衡感和视力都已经变差了。这位老年男性坚信他依然有能力,并坚持完成这项工作。这一行为在他家人看起来似乎有点愚蠢。他其实是想向自己和他人证明一些事情。一位老年女性在她步履蹒跚的时候依然拒绝使用拐杖,这可能是在拒绝向自己健康状况的衰退妥协,并且担心在他人面前展现出自己的老态。老年人的家人可能将老年家属描述为顽固不化的,其实,这一类行为是老年人维持自己对生活的掌控感的少数几个选项之一。

这一过程也可能让老年人停止继续参与他们感兴趣的社会交往活动,这往往是因为他们经常低估自己的能力。优势视角理论的一个假设就是,即便是健康状况高度受损的老年人,依然有能力参加一定程度的令人愉悦的社会活动或者自我照护。即便视力严重受损,热心的老年读者依然可以通过具有朗读功能的阅读器来完成阅读。虽然一名患有关节炎的跑步者可能需要以走代跑,但快走依然是一项相对高强度的运动。虽然阿尔茨海默病患者可能再也无法弹奏钢琴,但是他们依然可以听音乐。老年社会工作的一个主要的工作目标就是帮助老年人维持他们与他人和社会活动之间的联系。

私人问题公开化

同社工讨论生理健康问题可能会让老年人特别不自在。对一个一直对个人的事情,诸如膀胱和肠功能,持非常内敛的态度的老年妇女来说,同一个相对而言陌生的人谈论这些话题，可能会拙于言辞、手足无措。同样的情况是，一名老年男子会认为自己难以持续勃起或者是小便有问题不关社工的事。对老年人来说终其一生都是私人问题的事，当社工和其他助人专业的服务人员介入之后，就有可能成为公开的事。尽管切实了解老年人的健康问题对于制定干预方案非常重要，但是谨慎地对待讨论这种很深入的个人性问题是有必要的。

老年人可能痴迷于谈论一些健康照护方面的话题。这是因为这一类话题在他们的生活中产生了越来越重要的影响。在老年人群体里，并不需要花很长的时间，就可以让一个健康话题变成主要的话题。这是因为它在老年生活中有莫大的影响。小组活动中的话题很容易聚焦于常见的健康问题。老年人需要表达自己在健康状况方面的顾虑。但是如果老年人花太多的心思在这上面，它就可能阻碍老年人尽可能地利用自己现有的能力来保持自己的生活质量。老年人及其家庭通常只有在老年人健康状况衰退、需要额外帮助的时候，才会去向健康和社会服务部门寻求帮助。通常这是他们人生中第一次和这些部门打交道。对那些一辈子自力更生的老年人来说，依靠陌生人的帮助来完成像穿衣和洗澡一类的事情可能是一种令人受挫甚至有点羞辱的人生体验。对那些年轻时能兼顾家庭和工作的老年女性来说，意识到自己目前可能无法管理好自己的财务也可能是一件很痛苦的事情。一般来说，对于一个老年人对日常生活方面的照护的拒绝需要谨慎处理。家庭成员和专业人员可能只是想对老年人有所帮助，但是他们的行为可能会让老年人感到自身能力不足。

环境障碍应挑战无障碍性的假设

29

社工在老化过程中的生理健康状况的改变方面有着丰富的知识储备。他们可以帮助家庭和机构设计和改造环境（例如开发老龄友好社区），以便老年人能更好地适应自己健康状况的衰退带来的不便。扶手可以帮助行走不便的老年人更好地通行于楼梯和走廊。使用高亮的颜色来区分台阶，以及在地面使用防眩光涂层设计，可以帮助视力受损的老年人避免摔倒。大号的标志和用不同颜色编码的门可以帮助老年人在陌生环境中重新确定自己的方位。避免在老年活动中心和养老院播放背景音乐可以帮助老年人更好地专注于和他人的对话，不必分神去过滤掉干扰注意力的噪声。为失能老年人进行生活环境方面的调整是非常有必要的。这不但可以帮助老年人避免意外发生，也可以让他们无论在家里还是在公共场合都更有安全感。但是，这方面的意识不能仅局限于个人家庭和所生活的社区。不够便利的公共交通，以汽车为主要交通工具的社区，破旧的街区照明、标识和人行道，以及危险的十字路口都导致老年人无法充分参与到邻里和社区的社会活动中来。这方面的议题会在第十五章进一步讨论。

身体为什么会衰老？

在我们去看伴随年老过程发生的生理方面的变化之前，先来看一下科学家认为生物衰老的原因，这一点十分重要。如果能够科学地确定衰老的原因，那么可以终止衰老过程吗？社会是否想要大大延长人们的寿命？这些是从人们有兴趣知道人类身体衰老的原因中衍生出来的一些社会性问题。生物学方面的问题更多地围绕用什么方法可以延缓衰老的进程，尽可能推迟患病的年龄，并且让老年人在变老的过程中改善其生活质量。虽然科学界对于什么引发了生物衰老还没有一致的意见，但是目前被人广泛接纳的主要理论有三大类：基因程序说、交联与自由基说、免疫系统退化说。这些分类虽然没有穷尽当前所有的老化理论，但却代表了正在进行严谨的科学探究的重大领域。专栏2-1简单讨论了通过极端的热量摄入控制的方法能否延长寿命。

专栏2-1　极端的热量摄入控制能否让人长寿？

> 长寿的秘诀仅仅是减少进食吗？减少50%的热量摄入可能会延长人类寿命。不过，这一类实验仅仅在人类以外的灵长类动物身上做过。威斯康星大学麦迪逊分校和美国国家老化研究所在恒河猴身上做过相关实验。恒河猴的老化进程和人类比较相似。研究结果表明，恒河猴的"慢性热量限制"对其健康状况有显著的积极影响。一只恒河猴在16岁的时候开始降低30%的热量摄入。它一直活到了43岁，相当于人类的130岁。和控制组相比，被限制饮食的实验组在癌症、心脏病以及胰岛素抵抗等患病率方面均有下降。极端的热量摄入控制是将每日的热量控制在700~1 100卡。普通的摄入标准是每日2 000卡。另外，受益最大的实验组在中年或者老年开始节食，以素食为主，减去肉类和精制糖（Mattison et al.，2017）。
>
> 除了医生担心所提供营养不足以维持骨骼和肌肉健康以外，营养学家警告说这种低卡饮食会影响一个人的情绪健康。如果连愉快地饮食都无法做到，那么谁又愿意活到100岁呢？

基因程序说

耗损（wear-and-tear）理论的拥护者认为老化就是身体逐渐耗损变坏，反映的是由遗传结构决定的预先编制好的程序运行的结果。依据这一理论，人的预期寿命有极限，人主要的生理系统会按照一个相对而言设定好的速率发生退行性变化（McDonald，2014）。细胞通过有限数量的分裂方式来创造新的细胞，并替代受损细胞（Saltsman，2011）。虽然环境因素和生活方式可能会加快这一衰退的进程，但是它是由遗传因素早就决定好了的。与年龄有关的疾病，如青光眼、阿尔茨海默病和晚年发病的糖尿病，可能都是由遗传结构决定。某些疾病是由遗传结构导致的，这可以解释为什么有些家族的成员都患有某种特定的疾病。强有力的证据表明，健康长寿是具有家族延续性的，这里面既有十足的遗传方面的运气，也有健康的生活方式的功劳。然而，有关生物衰老的解释，基因程序论并不是唯一得到普遍接受的理论。

交联与自由基说

细胞生物学家提出衰老始于细胞和分子结构内出现不良反应，但是这些变化不一定是由基因程序导致的。根据这一理论，人体内的分子自身内部和相互之间会产生交联现象，导致细胞的生理和化学功能发生微妙的变化（Aldwin & Gilmer, 2004; McDonald, 2014; Meiner, 2015a）。细胞会堆积胶原蛋白——一种出现在结缔组织中的胶状物质，这一物质会减少结缔组织的弹性。之所以会出现胶原蛋白的堆积，是因为人体不能有效地识别和消灭交联细胞。这种堆积在人体的软骨、血管和皮肤细胞中都可以观察到（Meiner, 2015a）。人的软骨变得不那么灵活，导致衰老过程中出现关节僵硬、血管硬化、皮肤起皱等现象。

另一种对衰化的分子水平的解释是自由基说（McDonald, 2014; Saltsman, 2011）。自由基是一种不稳定的氧分子，在细胞新陈代谢的过程中产生。这些分子附着在人体的蛋白质上，损害健康细胞的功能。交联和自由基在累积之后损伤了分子结构时，便会对机体造成损伤。人们认为自由基会损害机体抗击癌症、修复皮肤细胞损伤以及防止低密度脂肪细胞附着在动脉壁上的能力。在复合维生素中添加抗氧化剂是想稳定自由基，并由此减缓细胞损伤的进程，提高治愈水平。抗氧化剂包括许多颜色较为鲜艳的蔬菜，如西葫芦、胡萝卜、南瓜、抱子甘蓝、菠菜、卷心菜，以及草莓和哈密瓜等水果。不管这些水果和蔬菜的抗氧化能力如何，它们都有助于所有年龄段的人群实现均衡饮食。

免疫系统退化说

人体的免疫系统负责对抗疾病并清除体内的异物。要完成这一功能，免疫系统会产生抗体，攻击病毒、细菌和畸变细胞，比如癌细胞。有关衰老的免疫系统退化说提出，免疫系统识别和对抗疾病的能力会随着年龄的增长而减弱（Montecino-Rodriguez, Berent-Maoz, & Dorshkind, 2013）。畸变细胞更有可能不受抑制地生长，造成慢性疾病，最终导致主要的生理系统功能受到损害。这一学派的其他理论提出，免疫系统的效率低下会导致机体产生自身免疫反应。机体慢慢排斥自己的细胞并产生甚至会摧毁正常细胞的抗体。关节炎和糖尿病就被视为机体自身免疫反应的例证（Montecino Rodriguez et al., 2013）。

尽管在所有这些理论中没有哪个被认可是人体衰老的"真正"原因，但是每个派别都提供了在未来了解衰老过程的希望。三种理论都蕴含着衰老过程始于分子水平的变化的思想，在人的一生当中积累的变化会导致老年时可以观察到的生理上的变化。本章的下一部分内容将专门探讨在正常衰老过程中机体会有些什么变化,识别出机体的每个主要生理系统可能会出现什么疾病。

老年期生理方面的变化

本书试图通过生理、心理、社会视角来评估老年人的需求及相应的干预。本章剩余部分讨论"生理"部分相关内容。这些内容出现在本章是因为老年人的健康状况和身体福祉是那些帮助老年人尽可能独立生活的社会服务的重要参考指标。需要注意的是,生物学基础知识并不能代替医生的专业诊断。社工也不应该被认为是医学专家。精神状态改变、频繁跌倒、疼痛、头晕或突然丧失某一类身体功能均在警示老年人及其家庭应该立即就医。

人体随时间的推移而发生的正常生物学意义上的改变过程是人所共知的衰老。身体衰老不会被视为病理现象,正常的衰老过程也不会被看成是疾病。这一生命阶段特定的生物方面的变化可能会让老年人注定要慢慢患病。然而,机体在衰老过程中发生的生理上的变化并不一定预示着老年时健康状况会很糟糕。本章接下来的这部分内容会探讨老年期所有主要的生理系统发生的种种生物方面的改变。尽管各个单独机体实际上是以不同的速率老化的,但生理上的变化过程还是表明衰老遵循着一个可以观察到的模式。

皮肤、毛发与指甲

人体的皮肤系统包括皮肤、毛发与指甲。伴随衰老过程的最明显的生理上的变化是皮肤起皱纹。它是由丧失皮下脂肪和皮肤表面之下的水分造成的。这一过程还包括皮肤细胞内弹力纤维的丧失。随着机体的衰老,皮肤变薄,弹性减弱(McDonald,2014)。日晒也是手臂和脸上产生色素沉着过度即所谓黄褐斑(肝斑)的主要原因。种族差异、一生当中的皮肤护理和生理健康状况都会影响到皮肤出现这些变化的速率。过度暴露在阳光下的人可能早在30多岁皮肤就已显现出皱纹。而非裔美国老年人可能直到五六十岁才开始出现皱纹。这是由皮肤中含油量的不同造成的。

在30~70岁,皮肤细胞的更替作为正常的机体维护过程的一部分速度减慢了50%(Tabloski,2014)。在老年期,皮肤变得比较娇嫩,皮肤细胞的更替较慢。这可以说明,为什么老年人比年轻的成年人更容易碰伤皮肤。碰撞和跌倒可能会造成比看起来应受的伤要严重得多的伤。对高龄老年人来说更是如此。随着机体的老化,循环系统总体上的效率滑坡,血液循环到皮肤表面的速度减缓,导致皮肤受伤后愈合的时间延长。在伤口愈合上,老年人需要比年轻人多一倍的时间(Friedman,2015;McDonald,2014)。

血液循环到皮肤表面的功能受损常常影响老年人对冷热反应的灵敏度。老年人不太可能通过寒战为身体产生热量或者通过出汗消除身体的热度。其结果是，老化的机体不大能有效调节身体的温度。对老年人来说，房间的温度要比年轻成年人高3~5度才会觉得舒服（Hooyman & Kiyak, 2010）。老年人不能恰当地调节机体的温度可能造成的问题不容小视。体温过低——由过长时间暴露在寒冷环境中造成——最终有可能导致中风、脑损伤以及死亡。体温过高——由过长时间暴露在过热环境中造成——会导致中暑，如果不加处置会有致命后果。所以天气的冷热变化对老年人来说特别危险，他们会比年轻人更早感受到温度大幅起落的影响（Tabloski, 2014）。当老年人在夏季未能使用扇子或空调，或者在冬季把温度自动调节器的温度一直设置得很低以节省能源时，他们就会让自己身处险境。

头发变白是正常衰老过程中另一个常见的特点，尽管对一些人来说还没进入老年就早早开始生出白发。出现白发是因为头发的毛囊丧失了黑色素这一沉着在头发和皮肤上的色素。这是一个渐变的过程，所以有些老年人头发完全变白，而另一些老年人一辈子都会保留数量不等的本色的头发。由于机体产生的雌激素和睾酮减少，再加上头皮再生头发替代脱落的头发的能力降低，从40多岁开始，人的头发会变得稀疏。男性可能会部分秃顶，但这一现象更多是受遗传因素而非衰老的影响。尽管头上的毛发减少，但是男女两性长在身体其他部位的毛发却有可能增加。鼻孔、耳朵里和眉毛处会长出较多的毛发，表明荷尔蒙的缺失以不同的方式影响到了部分躯体（Bartke, 2008；Hertoghe, T., 2005）。

随着年龄的增长，老年人的指甲会变厚，通常也会变黄或者变灰。手指甲以及脚指甲的真菌感染现象变得更为常见，这一点可以从甲床上鼓出的变厚和变色的指甲上看出来（Tabloski, 2014）。尽管真菌感染没有致命威胁，但它们会影响老年人穿鞋的舒适性和移动能力。随着关节变硬，老年人往往难以很好地修理自己的脚指甲。这也会引发其他的问题，例如甲沟炎、细菌感染，以及由关节炎或糖尿病引发的血液循环不良问题等（Soliman & Brogan, 2014）。

神经系统

大脑的变化　　与正常衰老相伴的神经系统的变化会影响到人体所有其他生理系统。神经系统由机体的脑和支持性的神经网络构成。尽管到75岁的时候，由于液状物的流失，脑的重量减轻了10%，但是这一变化本身不会导致脑功能的丧失（McDonald, 2014）。人脑有非同寻常的应对生理结构变化的能力，会重新设置传输路线，让脑的不同部位，特别是主管智力和认知功能的部分发挥功能。器质性病变或受伤对人脑造成的实际损伤程度并不总是能够预测出究竟哪些脑功能受到了影响。

伴随衰老而来的最值得关注的变化是神经递质效率的下降。神经递质是在脑内传输信号并把信号从脑部传输到身体的相应部位的化学物质。突触这一神经细胞间电脉冲通过的点，随着机体的衰老，在传导脉冲时的速度会变慢（McDonald，2014）。神经系统要花更长的时间才能把信息发送到脑部，处理信息并给予回复。这便是老年人对特定的刺激反应较慢的原因（Aldwin & Gilmer，2004）。举例来说，如果一个老年人碰到了烫东西，可能要花更长的时间才能把手挪开，这是因为处理脑部信息的速度变得较慢。或者在开车的时候，老年人可能要花更长的时间才能对疾驰而来的汽车做出反应。老年人的认知功能可能完好无损，但是需要长一点的时间去搜寻和加工知识。神经递质效率的下降也是出现本章前面谈到的体温过低和体温过高问题的部分原因。

睡眠模式的改变　睡眠模式的改变被认为是在正常衰老过程中发生的神经系统变化的一部分。老年人的"有效"睡眠减少，意味着他们有助于恢复身心健康和体力的深度睡眠减少，睡醒后会感到没休息好。这是由于脑波的活动以及昼夜节律这一正常的睡眠清醒模式有所改变（Yaeger，2015a）。年轻成年人一般一天睡七八个小时，其余的十六七个小时都是清醒的。老年人可能只需睡6个小时，但是白天却会不时打盹儿，这种昼夜节律模式更像婴儿而不像成年人。这就是为什么老年人常常会早早上床睡觉，但在半夜却完全清醒睡不着。当老年人用白天小睡来缓解疲倦感或采用辅助措施延长晚上睡眠的时间时，问题可能会更加复杂。较晚上床睡觉可能会有助于老年人稳定自己的昼夜节律，还原较好的睡眠质量。

在关于神经紊乱的分析中，我们需要探讨一种睡眠障碍——阻塞性睡眠呼吸暂停（obstructive sleep apnea，OSA）。睡眠期间呼吸停止10～15秒会导致心脏血流不足。该睡眠障碍的后果包括高血压、心脏病、危险的白天嗜睡、认知受损以及中风（Rodriguez，Dzierewski，& Allessi，2015）。一些简单的非医疗干预方法包括垫高老年人的枕头和使用塑料呼吸贴（很多职业运动员会使用）来打开鼻腔的气道。一种很有效的医疗干预方法是使用持续正压气道通气呼吸机，夜间佩戴鼻罩或面罩来保持气道通畅。不管是哪个年龄段，使用这一方法都比较难。但是当这个方法被持续使用的时候会非常有效果（Campos-Rodriguez et al.，2005）。通过装置在口腔内的牙科设备来调整下巴、保持气道通畅也是一种思路。目前相关设备正在研发中。

有些老年人患有夜间肌阵挛，它是一种神经系统疾病，特点是在睡眠过程中腿部会不由自主地抽搐（American Sleep Association，2017）。尽管这不是什么严重的问题，但却会常常搅扰睡眠。相关的干预包括使用肌肉松弛剂和镇静剂。

中风和帕金森病　中风和帕金森病是老年人群体中患病比例偏高的另外两种疾病。中风是由脑血栓或脑溢血损伤血管而导致的脑供血不足造成的。85%的脑血管疾病出现在65岁以上人群中（American Sleep Association，2017）。有些中风是致命的，而有些中风会使老年人身体、认知或沟通方面的能力严重降低。大多数中风在发作前曾有过一系列短暂性脑缺血（TIAs）发作，这实际上是小中风。在小中风的时候，个体会经历短时间的失语、半边身体虚弱、视觉改变或丧失记忆的情况（Tabloski，2014）。这种损伤持续的时间很短，个体一般马上就会恢复丧失的功能。然而，小中风是即将出现的中风的预警信号。小中风可以治疗，因而可以避免中风及其毁灭性损伤。

帕金森病是第二严重的神经系统疾病，在老年人群体中比在年轻人群体中更为常见。帕金森病是一种运动障碍，特点是手指、脚、嘴唇和头震颤，同时面部和躯干肌肉进行性僵硬（McDonald，2014）。患有这种疾病的老年人由于控制肢体的能力减弱，可能吞咽东西有困难或者行走的时候脚拖着地。如果能尽早检查出来，这种疾病的治疗效果还是不错的。如果不尽早治疗，这种疾病导致老年失智症的可能性就会大大增加。

心血管系统

心血管系统——包括心脏和血管——会随着身体衰老而降低效能。增多的脂肪和胶原蛋白会积聚在心肌上，减少心脏的血液输出（McDonald，2014）。心脏瓣膜会变得比较僵硬，使心脏在工作的时候更加吃力。血流量的限制造成了老年人在从事体力活动的时候更容易疲劳，或者肌肉力量减小。在老年人最需要更有效的血液循环的时候，身体却不太能供给。

老年人所有的主要动脉都有一定程度的动脉粥样硬化，这是一辈子里脂肪堆积的结果。这些堆积的脂肪使心脏越发难以把血液有效地供给到身体的各个部位和有效利用氧气（Strait & Lakatta，2012）。这些堆积的脂肪减少了大动脉的空间和弹性，而它需要将血液供往胃、肝脏和脑等大型器官。随着供血的减少，这些器官的功效会降低。心血管系统受运动的影响比人体的任何其他系统都大。即便是非常低强度的锻炼也会帮助老年人改善心血管系统的功能。对一辈子都进行体育运动的老年人来说，他们心脏的效能会像年轻人一样。尽管遗传和生活方式因素会极大地影响患心脏病的可能性，但是锻炼也是同等重要的心脏衰老程度的决定要素（American Heart Association，2017）。

心血管疾病 两种主要的心血管疾病使心脏病成为老年人的第一杀手（American Heart Association，2017）。第一种是冠状动脉疾病，它会发展成动脉硬化，即动脉变硬或动脉粥样硬化。冠心病会限制心脏的供血量，导致心肌损伤，引发众所周知的心肌梗死或心脏病。同年轻人相比，老年人的心脏病发作时并发症状更多，他们会较多抱怨一般性的不舒服和疲倦，而不是胸部剧痛。当心脏不能把足够的血液输送到身体各处的时候，就会发生充血性心力衰竭。老年人可能会抱怨长期感到疲倦、虚弱或是水肿，即关节积液。水肿带来的不适常常使老年人变得极少活动，这进一步加重了血液循环问题，让老年人容易患其他疾病，如肺炎。一些患有慢性心脏病的老年人会出现心源性恶液质这种疾病。这种疾病的特点是快速且持续地减重，并伴有肌肉组织情况的恶化（Strassburg, Springer, & Anker, 2005）。这些老年人的消瘦是非常危险的。他们的肌肉因为功能不良的心脏血液流动不足而萎缩。

第二种是高血压，虽然它并不只限于老年人。超过半数的65岁及以上的老年人群体有轻度到极端危险的血压升高症状［Centers for Disease Control and Prevention（CDC），2017；McDonald，2014］。非裔美国老年人患高血压的人数是白人老年人的两倍（Upadhyaya，2015）。尽管用简单的血压检测方法就能很容易地诊断出高血压，但是高血压没有任何症状，常常被称为"沉默的杀手"。高血压会损伤动脉，让人们容易生出血栓，它是常见的导致中风的原因。如果在高血压对动脉系统造成广泛的损伤前就能确诊并持续服药，就能收到较好的疗效。

肌肉骨骼系统

随着年事渐高，人们会由于脊椎骨的压缩而变矮。尽管男女都会变矮，但是女性的身高可能会矮三英寸①之多，因为她们的骨骼会随着绝经后失去雌激素而发生变化（Tabloski，2014）。老年人的脊椎可能会变得更加弯曲，让人有一种他们长年没精打采的错觉。由于肌肉细胞萎缩，丧失无脂肌肉以及肌肉组织中的弹性纤维，年老以后肌肉一般会损失力量和耐力（Kennedy-Malone & Upadhyaya, 2015; McDonald, 2014）。脊椎的弯曲加上肌肉力量的丧失会导致老年人保持平衡越来越难。他们主导自己身体的能力会降低，越来越难以通过肌肉的精细变化在站立时保持身体重心。如果老年人觉得脚下不太稳，那么他们有可能通过更加缓慢地移动身体来控制自身的平衡。有些老年人因此全面减少身体活动，结果加速了肌肉力量和协调能力的退化。

牙齿和支撑牙齿的下颌结构也被视为肌肉骨骼系统的一部分。它们可能会也可能不会随着人变老而退化。那些一辈子都没有对牙齿采取过预防性护理措施的老年人，或者是没有饮用氟强化水的老年人一般更容易在晚年掉牙或是没到晚年就掉牙。65岁及以上的人掉牙最常见的原因是患牙周病，即稳固牙齿的牙龈和下颌骨结构受到感染（O'Connor，2016）。这些感染一般是由牙斑引起的，可以通过定期刷牙和清洁牙齿去除。一旦老年人失去了天生的牙齿，戴上假牙，下颌的结构就可能会发生改变。假牙可能不合适，嘴可能会"瘪"。当假牙特别不合适的时候，老年人会不愿意戴，这又加速了嘴"瘪"的速度。由此带来的循环会使咀嚼食物非常困难，甚至痛苦。

关节炎 最为人所熟悉的伴随衰老而来的肌肉骨骼方面的疾病是关节炎。估计有4 300万～6 000万美国人患有关节炎（Arthritis Foundation, 2017）。很少有人过了75岁

---

① 1英寸约为2.54厘米。——译者注

不患关节炎，他们至少会有些微的病症。关节炎是由软骨的退化以及关节表面出现骨刺造成的（Kenney-Malone & Upadhyaya，2015）。因为终生都在使用关节或者关节曾经受过伤，所以软骨的退化是自然而然的。尽管关节炎会让病人感到非常痛苦，但是它最大的负面影响是降低老年人的移动能力。老年人可能会因移动困难而避免社会参与，从而进一步导致社会隔离（Militades & Kaye，2006）。尽管对老年人来说活动手和膝盖可能会疼痛，进而导致老年人减少使用这一部分关节，但是定期活动能使发炎的关节改善不良状况（Arthritis Foundation，2017）。有一种更为严重的关节炎是风湿性关节炎，它不是老年期独有的疾病，而是影响所有年龄段的人的自身免疫性疾病。

骨质疏松症　妇女面临的年老带来的肌肉骨骼系统方面最有破坏作用的问题是骨质疏松症，即骨密度变低、退化。绝经以后的骨质疏松症会对妇女产生影响，它是由绝经后身体缺乏雌激素造成的。并不是所有的妇女都会患骨质疏松症，表2-1描述了容易患骨质疏松症的妇女的特点。

表2-1　骨质疏松症：你有患病的危险吗？

由遗传决定的高危因素
● 身为女性
● 有骨质疏松症家族病史
● 祖先是北欧或亚裔人
● 骨骼小或者非常瘦
● 毛发和肤色颜色浅，如金发或红发，皮肤白皙
其他生活方式或医疗方面的高危因素
● 十几岁的时候怀过孕
● 有失去卵巢的病史
● 因为受伤而长时间不活动
● 有饮食障碍、慢性腹泻和肾脏或肝脏疾病
● 缺乏锻炼或锻炼过度
● 酒精摄入量高、饮食缺钙或者维生素D不足
● 咖啡因摄入量高并吸烟

资料来源：National Osteoporosis Foundation. (2017). *Preventing fractures*. Retrieved from https://www.nof.org/preventing-fractures.

老年性骨质疏松症男女都会有，它源于与高龄相关的骨密度总体上的减少。当骨质变薄、变脆时，就更容易出现髋骨和手腕骨折。尽管人们常常认为老年人是由于跌倒才出现了髋骨骨折，但是更新的研究表明，髋骨会自发地骨折并导致跌倒（Metcalfe，2008）。有些妇女会驼背，脊柱上隆起一个包。还有些老年人的脊柱会变形，出现所谓脊柱侧凸。这些情况可能会带来痛苦，严重限制人的活动。一旦老年人出现了这样的状况，现代医药几乎不可能使局面逆转。然而，如果绝经后的妇女能补充钙质并定期做运动，那么会有助于稳定骨质流失——这是最好的防范措施。

胃肠道系统

人体的胃肠道系统包括食道、胃、肝脏和大小肠。有些人在刚刚步入中年的时候就体会到了消化系统老化的症状，而有些老年人除了由于味觉和嗅觉逐渐丧失而感到胃口不如以前外，没觉得有什么变化，消化系统并没有什么实际的改变。掉牙或者下颌在形状和力量方面的骨骼变化会造成咀嚼困难，而咀嚼是漫长的消化过程的第一步。食物咀嚼得不好，就会让整个消化系统在处理它时更加困难。随着机体的老化，食道这一连接嘴和胃部的消化管道可能会变窄或者弹性变差（McDonald，2014；Tabloski，2014）。其结果是食物可能要花更多的时间才能进到胃里。老年人在只吃了一点东西后就感觉"饱了"是常见的现象。胃分泌出的消化液减少，致使老年人可能患上慢性胃炎，即人们所说的萎缩性胃炎（atrophic gastritis）（Aldwin & Gilmer，2004）。它的早期症状可能是间或感到烧心，在严重的情况下会发展成胃溃疡。由于身体在衰老过程中总的水分的丧失，大小肠的重量会减轻，这可能是老年人经常便秘的一个原因（Yaeger，2015b）。

消化功能紊乱　对食欲不振、营养不良、长期消化不良和缺乏活动的老年人来说，过度消瘦可能会是一个健康问题（McDonald，2014；Tabloski，2014）。如果消化和排泄过程很不舒服，他们就不太愿意进食。不良的饮食习惯、较差的牙齿健康状况、吸烟以及遗传倾向是老年人胃癌和结肠癌发病率较高的影响因素。这两种疾病在患病初期阶段都可以被发现和治疗，但是关键在于早期检测（Militades & Kaye，2006）。老年人和他们的医生可能都不太愿意通过内窥镜来对食道和胃的内部进行检查，或者通过结肠镜来对结肠内部进行检查。这些检查需要对消化系统进行严格的清理工作。这些工作对体弱老年人（尤其是85岁及以上的老年人）来说可能比较危险。

呼吸系统

核心的一点是，呼吸系统衰老的进程实际上是一生当中生活方式和环境因素共同作用的结果。事实上，难以区分出哪些呼吸系统的改变是由污染物和毒素造成的，哪些是由正常的衰老过程造成的。总的来说，随着年龄的增长，肺部的肌肉会逐渐失去弹性和力量。力量的缺失损害了老年人深呼吸、咳嗽和清除肺部黏液与分泌物的能力。纤毛这一肺部中像毛发一样的结构物的减少，使肺部在获取氧气的时候效能降低（Meiner，2015b）。随着年龄的增长，肺部功能性的储备能力降低，导致呼吸较年轻时慢得多、浅得多。呼吸效能降低可能导致身体其他部位氧气的摄入量不足。

尽管这些变化相当巨大，但是如果没有其他肺部疾病，那么老年人在休息的时候仍然可以正常呼吸。只有在活动（身体需要较多的氧气）的时候，这些变化才最明显。如果在活动的时候有机会休息，或者在做身体运动的时候放慢节奏，老年人的呼吸系统可能就不会出现明显的功能失调。

呼吸道疾病　然而，长期氧气摄入不足会损害血液循环系统的功能，给心脏带来损害。不能适时地咳嗽以排除肺部的异物会导致老年人患慢性肺病或肺炎的可能性更大（Tabolski，2014）。肺炎是排在第五位的老年人致死原因（CDC，2017）。老年人在卧床不起或久坐不动时更可能患肺炎。他们的肺部可能充满液体，这可能会导致窒息。老年人患的许多肺部疾病都是由吸烟或环境污染导致的。

慢性阻塞性肺疾病是老年人群体中最为常见的呼吸系统疾病之一。这种疾病包括慢性支气管炎和肺气肿，通常是由吸烟或环境污染所导致的。支气管炎是一种肺部的急性或者慢性感染，它会影响老年人的呼吸功能。对老年人来说，感染流感所导致的最大的危险之一是增加患支气管炎的风险。这也是为何在流感季节开始前我们需要努力为所有老年人接种流感疫苗。肺气肿通常是由长期吸烟所导致的。尽管目前只有少于10%的老年人仍在吸烟，但是有吸烟历史的老年人的数量是前者的2倍（CDC，2017）。戒烟的好处是显而易见的。但是，相对于从未吸烟的老年人来说，有吸烟历史的老年人患慢性阻塞性肺疾病的可能性更大。

泌尿系统

泌尿系统由尿道和生殖系统组成，在人体构造中彼此距离非常近。对某些老年人来说，由肾脏、输尿管、膀胱和尿道组成的泌尿系统的改变是最令其烦恼的。肾脏在人体中主要有两个功能：过滤血液中的水和废物，并以尿液的形式排泄掉。在过滤的血液回到血液循环系统之前，肾脏在恢复其中的离子和矿物质平衡方面也至关重要。随着年龄的增长，肾脏这两方面功能的降低可能高达50%（McDonald，2014；Tabloski，2014）。包括抗生素在内的某些药物对于老年人会变得更加有效。这是因为药物较少被老年人的肾脏过滤掉。肾脏可能会失去吸收葡萄糖的功能，从而使得老年人出现严重脱水的可能性更大。输尿管（从肾脏通向膀胱的管道）以及膀胱都有可能失去肌肉张力，这可能导致膀胱无法完全将尿液排空。当膀胱在排尿期间没有完全排空时，老年人更容易出现尿路感染等问题。尿路感染在老年人群体中往往是无症状的。因此，如若诊断不当，会导致其他严重的健康问题，如精神错乱等。我们将在第五章讨论相关问题。由于膀胱功能下降，老年人小便的频率可能会增加。这在夜间发生得尤为频繁，可能会影响睡眠质量（Tabloski，2014）。尽管老年人小便频率较高，但由于其身体的神经系统的工作效率变低，老年人可能不能及时感知到需要小便。因此，老年人尿失禁可能是膀胱功能下降和感知延迟的综合影响。我们将在本章稍后部分更为详尽地讨论这一问题。一般来说，由于分娩后盆底肌变得松弛，这个问题在女性群体中更为普遍。

老年男性的尿道问题更可能因前列腺相关问题而变得更为严重。前列腺是一个环绕尿道的甜甜圈状腺体。前列腺产生精液中的大部分液体。前列腺肿大可能导致老年人在启动和停止排尿时存在困难,并可能导致膀胱排空不完全或经常有小便冲动等问题(Aldwin & Gilmer, 2004)。前列腺肿大不见得一定是一种疾病,除非同时存在泌尿系统感染或前列腺癌变。患前列腺癌的风险随着年龄的增长而增加。家族病史也是其重要的影响因素之一。

内分泌系统和生殖系统

人体机能是通过由内分泌系统产生的组织架构复杂且有序的激素来调节的。激素调节人体的生殖、生长、精力,并稳定体内的平衡状态。在本部分,我们要讨论的衰老过程中的两个主要的激素变化分别是胰腺调节的胰岛素水平的变化,以及老年女性和老年男性雌激素和睾丸激素水平的降低。

糖尿病 胰岛素由胰腺产生,用来调节血液中的葡萄糖水平。葡萄糖是源于食品的一种糖类,其代谢变化可以产生能量。一些老年人的胰腺生产胰岛素的效率较低,无法有效代谢葡萄糖,这就可能导致人体血糖水平升高。当人体停止制造胰岛素时,1型糖尿病就发生了。这是因为免疫系统破坏了胰腺中制造胰岛素的细胞(National Institute of Diabetes and Digestive and Kidney Disorders, 2017)。1型糖尿病常见于儿童和青少年。2型糖尿病通常在成人期发病,主要由身体的胰岛素水平长期不足导致。如果老年人坚持健康饮食、持续锻炼以及必要的药物治疗,那么这种类型的糖尿病是可以控制的。在控制良好的情况下,老年人可以正常生活。老年人可能不会表现出明显的糖尿病症状,例如疲劳、食欲增加、虚弱、愈合缓慢以及由糖尿病导致的频繁排尿。因此,这类疾病常常容易被忽视,一直到老年人因为其他的医学原因进行血液检查。如果不对糖尿病进行治疗,那么可能会导致频繁感染、肾衰竭以及心脏和血管损伤。一般来说,在美国,非裔和西班牙裔老年女性相对更容易患糖尿病。其部分原因是遗传倾向、不良饮食、缺乏身体活动。除此之外,这一人群其他老年常见疾病的发病率也更高(Tabloski, 2014)。

生殖系统的改变 女性内分泌系统的改变通常发生在更年期之后。大多数女性在40~50岁绝经。卵巢功能停止的同时也会减少雌激素和黄体酮的产生。雌激素对人体有保护作用。它可以部分解释为何直到50岁,女性的心脏病发病风险都低于男性。雌激素水平的降低以及与衰老相关的其他正常生理变化会导致女性的泌尿生殖系统一定程度的萎缩(Tabloski, 2014)。换句话讲,阴道壁会变薄和干燥,这可能会导致女性在性行为期间有疼痛感。但这种不适可以通过使用人工润滑剂来缓解,而不应被理解为老年女性没有能力去享受性生活。老年女性的生殖器官的变化程度相对男性来讲更为明显。对女性来说,更年期意味着生殖能力丧失,是可以直接观测到的事件。男性可能直到老年依然具有生殖能力。老年男性可能会经历睾丸激素水平的下降。这会降低男性的性欲,但是这并不是一种普遍现象。随着年龄增长,男性可能需要更多的直接刺激和时间来实现勃起,勃起之间通常也会有较长的不应期。但是,男性的性欲和性表现更可能受到前列腺问题和其他健康问题而非激素不足影响(McDonald,2014)。

感官系统

70岁以后,人体所有的感官系统都会表现出一些显著变化。大多数老年人在视力、听觉、味觉和嗅觉上会失去一部分感官敏锐力,同时在触觉上发展出更高水平的感觉阈值。即便在没有疾病的情况下,这些改变也会逐渐发生。不过大多数老年人能学会如何适应身体的变化。

触觉 在本章前面的部分,我们讨论了神经递质效率降低,大多数老年人似乎有了更高的疼痛阈值,至少对疼痛有了与以往不同的体验。但是,这一观点也可以被轻易反驳。因为老年人对疼痛的体验与年轻人的经历完全不同,经常被误诊(Tabloski,2014)。心脏病等疾病发作所导致的疼痛在老年时期可能是慢性且隐约的,并不像更年轻的人经历的那种强烈的压迫疼痛(Upadhyaya,2015)。老年人相对更不太可能抱怨烧伤或皮肤病变引发的疼痛,即便由于愈合缓慢,烧伤或皮肤病变对老年人来说后果更为严重。感官阈值的丧失也会导致笨拙的反应。老年人可能对细微差别不敏感,而导致无法牢牢抓住物体。另外,老年人的平衡感会变差。这是因为老年人的神经系统需要更长的时间传递信息给肌肉来协调彼此的工作配合,或者是因为有些老年人已经失去了部分对脚掌底部的感知能力。

视力 到了30岁后期,人的视力就会开始发生变化。人们可能会开始体验老花眼,即眼部的变焦能力下降,无法看清楚近物。近距离阅读电话簿、报纸或其他小号字体的阅读物变得越来越困难。这些改变是因为眼部发生了结构性变化。眼睛的晶状体慢慢失去弹性,因此无法灵活地适应从远距离到近距离所需的快速变化。眼睛的瞳孔变得更小、更固定,对光线变化的反应速度也没有之前那么敏捷。这就导致老年人需要更多的光线来看清楚东西。瞳孔不能自动扩大来接收更多的光线,同时,瞳孔也无法控制进入眼睛的光线量,因此,当太阳眩光或光线不足时,老年人可能都会难以看清楚东西。闪亮的物体表面,尤其是地板,会让老年人的视力受限,进而造成潜在威胁。老年人也可能逐渐失去他们的周边视力,即使他们仍然可以维持应有的中心视力水平。对眩光敏感和周边视力下降给一些老年司机造成了非常严重的问题(Stuen,2006)。

老年人眼睛的晶状体的变化也会降低老年人对颜色的敏感性。老年人对红色、黄色和橙色保持敏感，而蓝色、紫罗兰色和绿色成为他们最难区分的颜色（McDonald，2014）。区分颜色的能力下降会导致老年人丧失深度感知能力，并给老年司机带来额外的风险。

虽然这些视力变化对老年人来说可能会造成很多不便和烦恼，但它们被认为是随着年龄增长而来的正常视力变化。而第一种可能导致失明的眼部疾病——白内障，即眼睛的晶状体上覆盖的薄膜，不是眼睛正常改变的一部分。当白内障发生时，通常需要必要的干预来恢复视力。这类疾病在非裔美国人群中更为常见（Stuen，2006）。白内障的发生与缺乏维生素 A、C 和 E 等密切相关。高脂肪、高碳水饮食中不包含上述维生素。第二种经常导致失明的更严重的眼部疾病是青光眼。这种疾病的发生是由于眼睛中存在过量或不足的房水，从而导致不正常的眼压。如果不处理，它就会导致管状视野。青光眼是非裔美国人失明的主要原因。这种疾病很容易通过验光师和眼科医生给出的简易测试检测出来，也可以用药物进行有效治疗。老年人群体中常见的第三种眼部疾病是黄斑变性，它表现为中心视力的缓慢渐进性丧失。患有这类疾病的老年人保留了一些周边视力，但中心视力受损。

听力 尽管随着身体老化，人的听力会发生一些变化。但是，有些人的听力丧失可能在更早的阶段就会出现。长期暴露在一个比较嘈杂的工作环境中，比如说建筑工地、工厂、钻井等，可能会导致一个人在 20 岁左右就永久地丧失听力。另一个与年龄无关的听力受损原因是在音乐会上或者通过个人的音乐播放设备来听一些非常大声的音乐。虽然耳朵可以从那些因为偶然暴露在可能造成伤害的声音环境中导致的神经受损中恢复过来，但是持续地暴露在类似的环境中可能会导致人体无法修复的听力受损。音乐播放设备在年轻人群体中的普及率非常高，这就意味着未来听力严重受损的老年人数量必然会增加。逐渐丧失听力和无法区分、辨别不同频率的声音被称为老年性耳聋。这种疾病的发生主要是由于在内耳负责传导声音的骨骼的老化以及颅神经细胞的丧失（McDonald，2014）。听力受损与其说是声音是否大到能让人听见的问题，不如说是个人能否区分不同声音的问题。因为人类声音的某些频率难以区分，因此对话可能听起来模糊不清甚至令人困惑。听力受损的人可能无法在谈话时过滤掉其他背景噪声。在这个时候，放大声音反而可能让问题变得更严重。总而言之，音量可能不是问题的关键，关键在于区分声音并赋予它们意义的能力。人类的声音尤为如此。一些人听力受损的发生是由于耳道中耳垢的积累。

味觉和嗅觉 味觉和嗅觉两种感官被放在一起讨论，是因为它们之间的关联性非常密切。在任一年龄段，人体都经常失去味蕾。但是即便是在高龄阶段，这些味蕾也具有再生的能力。然而，即便具有替换后的味蕾，老年人也经常反映自己的味蕾阈值降低（Aldwin & Gilmer，2004；McDonald，2014）。老年人可能更喜欢添加作料的食物，这样他们就可以品尝到它们的味道。老年人也经常被高糖或高盐的食物吸引。然而，嗅觉的丧失实际上更可能是老年人失去味觉的罪魁祸首。尽管嗅觉受体也具有再生功能，但其数量随着年龄的增长而逐渐减少。这是因为该受体更替的速度赶不上损失的速度。如果老年人无法闻到食物的味道，那么其味觉功能也会下降。在这种情况下，老年人就无法很好地享受饮食。这些功能的丧失往往会导致老年人食欲不振。闻不到天然气、烟雾、火和变质食物的味道对老年人来说是很危险的。

每个主要的生理系统都会在衰老过程中经历某些程度的变化，尽管这些变化不应被理解为等同于疾病或残障。有些生理系统（例如味觉或嗅觉）的变化发生得很缓慢，很难被个人注意到。还有一些生理系统的变化，如心脏和肺部功能的下降，则会给老年人的日常生活带来更大的挑战。表2-2概述了主要生理系统在衰老过程中的一系列变化。

表2-2 人体系统与年龄相关的生理改变

皮肤、毛发与指甲		皮肤变皱，头发变少和变白，指甲变厚。老年人可能更易出现体温过高或体温过低问题。受伤后可能需要更长的时间（50%）才能愈合。
神经系统		对于刺激的响应变得缓慢。睡眠效率变低。老年人更容易患心血管疾病和不同程度的中风。
心血管系统		如果老年人有动脉硬化或动脉粥样硬化等问题，那么其心脏的工作效率可能会降低。老年人更有可能患有高血压。
肌肉骨骼系统		老年人可能会变矮，失去肌肉力量。老年人更有可能患有关节炎。老年女性更有可能患有骨质疏松症。这类疾病会增加骨折、驼背或脊柱侧弯的风险。
呼吸系统		肺功能下降。老年人更有可能喘气困难，更有可能得肺炎。
泌尿系统		肾脏在过滤毒素以及恢复血液中的离子和矿物质的平衡方面的功能下降。膀胱失去肌肉张力，更有可能出现无症状感染。部分老年人出现尿失禁问题。
内分泌系统和生殖系统		一些老年人在葡萄糖代谢方面效率较低，并可能发展为2型糖尿病。女性更年期后雌激素的丧失可能会导致骨质疏松症。
感官系统	触觉	大多数老年人似乎有更高的疼痛阈值，更可能出现体温过高或者体温过低的问题。老年人也可能会有平衡感变差的问题。
	视力	老花眼在老年人群体中很常见。老年人的眼睛需要更多的光线来聚焦，并且对眩光敏感。老年人对颜色的敏感性会降低。一些老年人会患有白内障、青光眼和黄斑变性等疾病。
	听力	老年人的听力敏锐程度会下降50%，甚至难以区分声音。
	味觉和嗅觉	环境因素对嗅觉有严重影响。味觉也可能因嗅觉下降而被影响。老年人可能无法闻到天然气、烟雾和变质食物的味道。

老年人群体中的健康状况差异

如果所有老年人群体，不论种族、性取向、性别和社会经济地位，都能平等地获得医疗保健服务，那么衰老所带来的生理系统的变化在不同老年人群体中可能是相对一致的。然而，不管是现在还是过去，不同的老年人群体在其一生中的任一阶段获得医疗保健的渠道、支付医疗费用的方法以及与健康状况相关的环境因素等方面并不平等。这一不平等在有色人种、女性、低收入人群中尤为明显。《美国医疗保健差异报告》（*The National Healthcare Disparities Report*）显示，有色人种中的老年人群体在癌症筛查、常规体检、疫苗接种、高血压筛查和糖尿病筛查等方面的医疗保健水平普遍较低（Agency for Healthcare Research and Quality, 2016）。因此，与老龄化相关的疾病的发病率和严重程度在不同老年人群体中的差异非常显著。在《美国医疗保健差异报告》中所发现的健康状况差异实际上反映的是美国社会深层次的不平等（Agency for Healthcare Research and Quality, 2016），包括而不限于社会排斥、无法获得各个层次的医疗保健服务以及环境因素。高质量的医疗保健服务，尤其是那些以预防为主的医疗保健服务，对那些低收入人群来说可能一辈子都无法获得。另外，很多人在步入老年之前，持续不断地接触各种环境毒素，如受污染的水或土壤，以及石棉或老房子中的含铅涂料。许多美国城市的邻里处于高度隔离状态，很多人也受到缺乏物美价廉的食物或缺乏体育锻炼机会的影响（Wallace, 2012）。例如，非裔美国老年人的高血压、糖尿病和循环系统疾病的发病率一直高于白人，即使是在控制了其他相关因素以后依然如此（Crimmins, Kim, & Seeman, 2009）。西班牙裔美国老年人虽然心脏病和癌症发病率较低，但是糖尿病和肥胖症发病率、酒精成瘾率和烟草使用率较高（Lavizzo-Mourey, 2014）。

尿失禁问题

保持独立生活的一个很重要的生理健康方面的条件是，老年人无需太多协助就能自己大小便。本部分谈论尿失禁问题，即非自愿地丧失控制身体排出尿液的能力。尿失禁一度被看成是变老过程中不可避免的事情，但是现在医学界的人士已经知道事情并非如此。与变老联系在一起的生理方面的变化，可能会使老年人患上尿失禁的风险更高，但是变老过程本身并不是尿失禁的原因。

尿失禁的流行情况

据估计，有8%～34%的居住在社区的老年人一生中的某个时段曾有过尿失禁（Yaeger, 2015b）。这一指标在那些没有入住养老院的老年人群体中，包括了大概1/3的女性和1/5的男性（均为65岁及以上；Gorina, Schappert, Bercovitz, Elgaddal, & Kramarow, 2014）。这一指标在入住养老院的老年人群体中上升至50%。健康护理人员可能根本没意识到自己的病人中有人存在这一问题，或者从来没跟自己的老年病人主动谈过这件事。吉利克（Gillick，2017）发现，看过医生的老年病人中只有不到25%的人被问过尿失禁问题。少于1/3的有过尿失禁经历的老年人会主动找医生讨论这一问题。不能控制膀胱的尴尬，加上害怕失去自立能力被送进养老院，使许多老年人默默忍受这一问题的折磨。老年人担心过早住进养老院是情有可原的。尿失禁是最常被提到的将老年人安置到长期护理机构中的理由（National Institute on Aging，2017b；Yaeger，2015b）。但是，如果老年人告诉健康护理人员自己尿失禁，健康护理人员就可能采取"管制性"的方法——规定具体的排尿时间或者使用保护性的尿布。尽管通过治疗不能根除尿失禁，但这些方法确实能大大改善这些老年人的生活质量。

尿失禁的类型

当老年人多年尿失禁并伴有整体健康问题或认知功能严重下降时，就可能会遭受长期尿失禁的困扰。尿失禁老年人中只有20%的人被认为有长期尿失禁问题。长期尿失禁主要是由严重的病理原因造成的，比如帕金森病、多发性硬化症导致的或者是膀胱癌、肠癌晚期出现的严重的肌肉功能减退（National Institute on Aging，2017a；Yaeger，2015b）。对一些患帕金森病或其他器质性脑病变的老年人来说，通过在认知上保持警觉，发现排尿需要，并让身体实施排尿可能做不到。

更常见的尿失禁是暂时性尿失禁，即短时间或暂时性的膀胱失控。女性由于独特的尿道系统构造和怀孕、生子以及绝经期间发生的生理上的变化，一生中尿失禁的发生率是男性的两倍（Specht，2005；Yaeger，2015b）。男性的尿失禁问题常常是由前列腺肥大或疾病造成的，它们导致输尿管狭窄以及正常的膀胱功能受损。大约80%的暂时性尿失禁可以医治，2/3的人最终可以痊愈（National Institute on Aging，2017a）。

暂时性尿失禁一般表现为以下四种主要类型中的一种。压力性尿失禁的特点是当突然的活动增加了腹部或膀胱的压力时会遗尿。打喷嚏、咳嗽、大笑、挥动高尔夫球杆或网球拍、奔跑，都会导致突然遗尿（National Institute on Aging，2017b；Tabloski，2014）。这种现象在女性群体中比在男性群体中更常见，可能在她们还没年老的时候就出现了。急迫性尿失禁的特点是突然非常强烈或迫切地想要排尿，而之前没有太多的膀胱充满了的警示信号。排尿的需要来得非常急，以致个人可能来不及上厕所小便。这种类型的尿失禁被认为源于膀胱的过度反应。在男性群体中急迫性尿失禁比压力性尿失禁更为常见，但是65岁以上的女性容易同时患有以上两种失禁。充溢性尿失禁是膀胱满了，人在变换姿势或由坐着站起来的时候漏出尿液。当小便未能完全排出膀胱中的尿液时，膀胱会很快又充满，老年人可能意识不到需要排尿。糖尿病和其他疾病可能会导致膀胱肌肉无力。膀胱结石、肿瘤或前列腺问题会阻塞尿道，导致膀胱在正常排尿的时候不能排空。最后一种类型的尿失禁是功能性尿失禁。这种类型的尿失禁不是由生理问题造成的，而是由老年人需要排尿的时候找不到如厕的地方造成的。功能性尿失禁也可能源于日常活动能力受损，特别是移动、走路、穿衣或如厕方面的功能损伤（Yaeger，2015b）。困在轮椅上的老年人可能需要他人协助才能如厕。如果没有照护人在现场帮忙，这类老年人就可能会发生偶然的尿失禁。还有些老年人可能因中风带来的损伤、帕金森病或阿尔茨海默病带来的运动障碍而难以让人知道自己需要上厕所。

处置尿失禁

一旦确定了尿失禁的类型，健康护理人员就可以从许多不同类型的处置方法中推荐一二（见表2-3）。在本章的这一部分讨论处置问题，目的是教育社工充当倡导者，帮助老年人了解有多种多样的途径可以治疗尿失禁。社工要知晓都有哪些解决办法有助于老年社工为服务对象赋权，帮助其主动解决问题，而不是将尿失禁看作老化过程中不可避免的结果。有些时候，简单地调整生活方式和行为就能让情况马上发生改变。

表2-3 尿失禁的处置方法总结

尿失禁类型	处置方法
压力性尿失禁	做凯格尔运动 练习生物反馈 使用激素替代治疗 调节液体的摄入量 戒除咖啡因和酒精 穿防护性的衣物
急迫性尿失禁	检查是否有膀胱结石或肿瘤 调整药物治疗方案 有计划地按时排空尿液 改善如厕能力 清除障碍 使用局部性的雌激素（对女性）
充溢性尿失禁	做医学检查看是否有糖尿病或脊髓损伤 调整药物治疗方案 检查是否有粪便嵌塞
功能性尿失禁	调整药物治疗方案 避免摄入咖啡因或酒精 消除通往厕所的障碍或者提供抽水马桶或尿壶 穿如厕时容易脱的衣服 处理感知方面的局限；若有必要，调整对老年人的束缚 设计一些示意照护者老年人需要排尿的信号

艾滋病/艾滋病病毒感染、丙型肝炎病毒感染与老年人

老年社工和健康护理人员越来越忧心的一个问题，是美国中老年人中受艾滋病病毒和艾滋病传播影响的人越来越多。自20世纪80年代初期这一疾病首次引起公共卫生界关注以来，美国预防、诊断和治疗艾滋病病毒（人类免疫缺陷病毒）感染以及艾滋病（获得性免疫缺陷综合征）的重点主要放在了年轻人身上（Emlet & Hughes，2016）。无论何种性取向、是否静脉注射毒品、多大年龄，艾滋病病毒/艾滋病都威胁着所有人。2015年，50岁以上人口占美国所有新增艾滋病病毒感染者总数的17%，占艾滋病病毒/艾滋病感染者总数的45%（CDC，2017）。50岁以上人口感染艾滋病病毒/艾滋病的主要原因是异性性接触，占2015年新诊断病例的38%（CDC，2017）。上述比例在非裔美国人、亚裔/太平洋岛民和美洲印第安人/阿拉斯加原住民的老年人口中增长最快。

艾滋病病毒/艾滋病感染者群体中"白发人群"增长的部分原因是医学的进步导致艾滋病病毒携带者和艾滋病患者在早年感染该病后存活到老年。使用抗逆转录病毒药物治疗艾滋病和防止肺炎等继发感染方面的医学进步大大延长了艾滋病病毒携带者和艾滋病患者的寿命。然而，很多50岁以上的人被诊断为新感染者。这些感染者的死亡率较高，诊断后的存活时间更短（CDC，2017；Emlet & Hughes，2016）。其部分原因在于老年人更有可能在疾病进展的后期才被诊断出来。

为什么老年人更容易感染艾滋病病毒和患艾滋病？

缺乏艾滋病病毒感染和艾滋病方面的教育 如果流行病学家和公共卫生官员能把感染艾滋病病毒及患艾滋病与高危行为挂钩，而不是与男同性恋者或静脉注射吸毒人员等高危人群绑在一起，公共卫生教育方案就能以更年轻的、已经有或可能有这种情况的人群为目标群体（Strombeck & Levy，1998）。尽管教育人员的本意是好的，但是除了男同性恋群体，他们极少重点对老年人开展这方面的教育（National Institute on Aging，2017b）。有限的资源、多数人认为年轻群体需要艾滋病病毒感染和艾滋病教育，以及微妙的认为老年人不可能有高危行为的年龄歧视态度，都造成了这种失察，以及老年人对于艾滋病病毒感染和艾滋病缺乏了解（Emlet & Hughes，2016）。在这种情况下，老年人可能是感染这种疾病的高危人群。这是因为许多老年人根本不了解高危行为的准确信息，因此更可能出现不使用避孕套等高危行为。

社会态度 老年人缺乏有关艾滋病病毒感染和艾滋病的确切资讯造成了"这种病不会

发生在我身上"的社会态度。老年人可能会认为，如果自己不与公开的男同性恋或双性恋者发生性关系，或者不与自己承认静脉注射吸毒的人发生性关系，就绝对不可能感染这种疾病（Centers on Disease Control and Prevention，2017）。老年人可能会同其他相识很久的人有性关系，从而危险地认定自己的性伴侣没有导致染病的性关系史或吸毒史。成年后一直信守一夫一妻关系的丧偶老年人可能不会想到自己生活中的熟人会有婚外情或过去常常召妓。

生理方面的脆弱性　　不仅老年人从社会方面看更脆弱，容易有未采取保护措施的性行为，从而感染艾滋病病毒和艾滋病，与变老联系在一起的生理上的变化也使老年人更脆弱，更容易感染这种疾病（Emlet & Hughes，2016）。绝经之后老年女性会丧失雌激素，这会造成阴道壁变薄（本章前面曾经讨论过）。变薄了的阴道壁比较容易出现小的撕裂，让病毒有更大的机会进入机体。对那些使用激素替代治疗以缓解绝经后症状的老年女性来说，额外的激素可能实际上让她们更容易感染艾滋病病毒。这些激素如雌激素和黄体酮已经被证实有免疫抑制作用，会减损机体自然的免疫系统的效能。

由于衰老的机体在免疫效能上的变化，老年人从发现感染艾滋病病毒到完全发展成艾滋病病人的过程会比年轻人更快（CDC，2017）。即使没有感染艾滋病病毒，老年人也更容易患肺炎、某些癌症和许多传染病。一个原本已经走下坡路的免疫系统在感染艾滋病病毒之后功能衰退得更快。艾滋病病毒和艾滋病感染的一些早期症状没有什么特别之处，主要有疲倦、胃口不好、体重减轻、慢性疼痛、呼吸系统问题、皮疹、体力下降以及某种程度的认知能力丧失等（Poindexter & Emlet，2006）。如果是年轻人有了这些症状，那么医务人员可能会考虑问问他是否有过高危行为，并建议他做艾滋病病毒感染检查。然而，对老年人来说，他如果有其他慢性疾病，如糖尿病、心血管疾病、消化紊乱，甚至是早期失智症，那么也常常会有同样的症状（Yaeger，2015b）。医务人员更容易认为这是上了年纪带来的问题，而不会特别查看老年人是否有艾滋病病毒感染和患艾滋病。

有色人种老年人的艾滋病问题

在 50 岁以上人口中，非裔美国男性和西班牙裔美国男性艾滋病病毒感染者和艾滋病患者分别占总人数的 43% 和 17%。这些数字远远高于他们在总人口中的比例（CDC，2017；National Institute on Aging，2017a）。美国疾病控制与预防中心（2017）认为，这些人群感染艾滋病病毒和患艾滋病的比例之所以高，是因为他们中男性间的同性性行为较多，静脉注射吸毒发生率也偏高。这些数字表明有色人种中的老年男性有悲剧性的折损，他们原本由于暴力，其死亡率就比白人中的老年男性高。然而，在过去 10 年 50 岁以上的人口中，23% 的新增艾滋病病毒感染者和艾滋病患者是有色人种女性，这是一个值得警惕的增长现象（CDC，2017；National Institute on Aging，2017b）。美国疾病控制与预防中心把这一增长归因于未采取保护性措施的异性性关系和有色人种女性与艾滋病病毒感染者和艾滋病患者共用吸毒用具的发生率增高。

有色人种老年人群体感染艾滋病病毒/患艾滋病的数量惊人。性接触的类型和吸毒率的上升不太可能是造成这一现象的唯一原因。与这种疾病有关的社会污名、缺乏负担得起的住房、失业率高、有色人种社区中普遍更高水平的同性恋恐惧症,以及获得高质量医疗保健的极为有限的机会,给公共卫生界在预防和治疗艾滋病病毒/艾滋病感染方面带来了严重挑战(CDC, 2018)。这些因素都直接或间接地导致该疾病的高水平的流行率。另外,每六个非裔美国人中,就有一个不知道自己感染了艾滋病病毒。其部分原因是缺乏接受预防方面的教育和早期病毒检测的机会。解决与较低社会经济地位有关的隐性社会问题对于阻止这种疾病对有色人种社区产生持续且带有极大破坏力的负面影响至关重要。

社会经济地位与健康

同白人老年人相比,有色人种老年人更可能社会经济地位低下。一辈子的低收入导致没有足够的卫生保健服务和更容易患病。长期的健康问题加上进入老年后免疫系统的老化增加了感染疾病的概率,这可能使有色人种老年人更脆弱,更容易感染艾滋病病毒和患艾滋病(Levy-Dweck, 2005)。一旦有色人种老年人的艾滋病病毒检验呈阳性,他或许会因难以得到卫生保健服务和总体上不信任白人的医疗设施,而不大可能求医问药(Caplan & Trogen, 2017)。

与艾滋病联系在一起的污名

尽管50岁以上的有色人种老年人中感染艾滋病病毒和患艾滋病的人数很值得警觉,但是患这一疾病在这一人群中仍有很重的污名(Emlet, 2006)。同性恋者在非裔美国人中比在白人中背负更多的污名,这是由于文化上对男子气概的看法,以及传统的黑人教会文化的影响。黑人教会仍然认为同性恋是一种罪。对西班牙裔美国人来说,情况也是如此。由于感染艾滋病病毒和患艾滋病与男性同性恋行为联系在一起,他们害怕给家庭带来耻辱。透露自己感染了艾滋病病毒和患艾滋病对非裔和西班牙裔美国人来说可能特别危险,因为其家人和朋友可能会孤立而不是支持患病的人(Emlet & Hughes, 2016)。

与艾滋病问题相关的社会工作实务建议

改进预防性教育 社工在安排和鼓励以老年人为对象,特别是在有大量老年人的地区推展综合性的艾滋病病毒感染和艾滋病教育方案中,扮演着重要角色。老年中心、地区老龄机构和社区卫生保健中心都是开展以老年人的需要和兴趣为重点的艾滋病教育的绝佳地点。埃姆莱特和休斯发现老年人对教育项目的反应最为积极（Emlet & Hughes, 2016）。艾滋病病毒感染和艾滋病教育如果能强调掌握确切知识的重要性，那么不仅会鼓励老年人在发生性行为的时候采取安全措施，而且有助于老年人更好地理解这一疾病对他人，诸如自己的成年子女、孙子女和熟人等的影响。传播有关这一疾病的准确的知识，鼓励老年人给予艾滋病病毒检验呈阳性的人富有同情心的回应，是预防性教育中极其重要的内容（Emlet, 2006b；Levy-Dweck, 2005）。

及时诊断和治疗　　对有过高危行为或者曾经输过血、移植过器官的老年人来说，及早做检查并采取治疗措施刻不容缓。意识到自己的高危行为的老年人更有可能同卫生保健系统的工作人员配合，考虑做艾滋病病毒感染检查和艾滋病检查，并把它作为找出健康方面问题成因的第一道防线，而不是在排查完所有其他可能的致病原因后才做的检查。对任何人来说，否认感染艾滋病病毒和患艾滋病的可能性都会是致命的错误，而对老人来说这一问题更为严重，因为他们老化的机体在对抗疾病的时候复原能力较弱（Levy-Dweck, 2005）。

扩展感染艾滋病病毒和患艾滋病的老年人的社会网络

由于面对特殊的社会生活和心理方面的挑战，因此同年轻人相比，感染艾滋病病毒和患艾滋病的老年人可能需要不一样的支持系统来应对这一疾病。负疚感和羞耻感可能会阻止他们向家人和朋友透露诊断结果，直至死亡迫近的最后时刻（Emlet, 2006）。对那些从未向家人和朋友透露过自己的性取向的男同性恋老年人，或者是那些曾经与性工作者发生过性关系或有过婚外情的老年人来说，他们可能感觉在晚年泄露自己感染艾滋病病毒和患艾滋病特别冒险。他们可能害怕在自己一生中最需要社会支持的时候会被家人和朋友完全拒之门外（Emlet & Hughes, 2016）。被伴侣和儿孙疏远给老年人造成的心理上的毁灭性打击不会比患病本身带来的打击小。

给患病老年人的家人和朋友开办支持性小组可能会有助于教育、鼓励这些群体，使他们能够继续与这些老年人保持重要的社会纽带（Emlet & Hughes, 2016）。没有支持系统的老年人，或者是因透露了患艾滋病的状况而失去支持系统的老年人，可能需要社工的协助在社区寻找和安排支持性服务。虽然老年人需要时间来缓解失去家人和朋友的支持所带来的悲伤，但是他们最紧迫的需要是持续治疗，随着病情的发展有人协助其日常活动，并提供治疗所需的经济和社会支持。

"婴儿潮"一代和丙型肝炎病毒

最近在传染病识别和治疗方面的热点之一是丙型肝炎病毒（HCV）。HCV 是一种引起肝脏炎症的病毒,主要感染途径是接触受感染的血液或血液制品。据估计,美国境内约有 270 万至 390 万人感染 HCV(Smith,Morgan,& Beckett,2012)。虽然 HCV 急性感染可能会导致轻度至重度疾病,但一般来说 HCV 感染是无明显症状的。然而,HCV 感染在 75%～85% 的感染者中是作为慢性感染长期存在的,增加了人们患肝硬化和某些癌症的风险。如果不及时治疗,HCV 就会损害肝脏清除血液中毒素的能力,进而导致死亡。对 HCV 患者来说,一个完整的 12 周的治疗的费用可能高达 10 万美元。因此,没有参加医疗保险、老年医疗保健计划或老年医疗补助计划的患者通常无法承担这么高昂的费用(Barua et al.,2015)。最大的问题是,大多数 HCV 患者对自己被感染的情况毫不知情。HCV 感染是老年服务的关注点之一。这是因为在美国,3/4 的慢性 HCV 感染者出生在 1945—1965 年,即他们是年迈的"婴儿潮"一代(CDC,2016)。我们不清楚"婴儿潮"一代患 HCV 感染风险较高的具体原因。不过,这一状况很可能是由人们过去对这种疾病不甚了解,因此相关医疗程序不够安全、无法在献血时检测是否存在 HCV 病毒,以及对吸毒等危险行为不够重视所导致的。超过半数的 HCV 患者报告曾有下述暴露风险:注射药物、输血、使用鼻腔药物、在没有正规监管的机构中文身、被监禁、有 20 个或更多性伴侣,以及被针头意外刺伤(CDC,2016)。更令人担忧的是,另一半患者弄不清楚感染事件是如何发生的。常见的误解是使用静脉注射药物是感染 HCV 的主要方式。这种误解导致了社会污名化,让很多人拒绝接受检测。美国"婴儿潮"一代的人口规模意味着美国需要增加接受检测和治疗的老年人数,这将继续对公共卫生体系构成巨大挑战。

健康老龄化的影响因素

尽管随着人变老,机体生理上的衰老在所难免,但是伤残和疾病却不是不可避免的。提倡健康老龄化的目的并不是仅仅延长寿命。老年学和医学的目标是实现"病症压缩",也就是说老年人在生命后期患病的时间延后和患病的程度减弱。自 20 世纪 80 年代初期,老年学和医学方面的研究开始把焦点放到了了解人们怎样能实现健康老龄化之上。两个最知名的研究是麦克阿瑟老年研究和哈佛大学成年人发展研究。

1984 年,约翰·D. 与凯瑟琳·T. 麦克阿瑟基金会将一群关心老化过程的来自各学科的学者聚集在一起,设计了一个长期性的研究项目,研究衰老过程的积极方面,以及那些实现成功老龄化的人群。由生理学家、生物学家、遗传学家、心理学家、社会学家和其他学者共同努力做的几十个研究项目共同构成了知名的麦克阿瑟老年研究。它是迄今为止研究和确定成功老龄化的构成要素以及各年龄段的人可以做些什么来促进晚年有良好的身心健康的最广泛的努力(Rowe & Kahn,1998)。该研究成果为过去这么多年里的健康老龄化研究奠定了基础。

基于两个重要发现，麦克阿瑟老年研究向社会和医学界认为的老年不可避免地会走下坡路和伤残这一看法提出了挑战（Rowe & Kahn, 1998）。第一，老年人如今通过调整饮食和锻炼对自己的照护比历史上其他任何时期都要好。第二，医学界有了更多的治疗疾病，如肺炎和其他传染病的知识和经验，可以使人们更多地了解如何帮助老年人尽可能减少慢性疾病带来的损伤性后果，如关节炎、心脏病和与年龄有关的视觉、听觉能力的下降所带来的影响，为老年人提供更好的护理。该研究发现，尽管先天的基因可能使人容易患某些疾病，如高血压和心脏病，这的确会对老年人的健康产生影响，但是，随着人变老，生活方式的影响变得比基因倾向的影响更加重要（Rowe & Kahn, 1998）。换句话说，基因倾向可能让老年人在60来岁的时候有患心脏病的危险，但是饮食、锻炼和其他生活方式上的选择实际上决定了疾病的进程和所能带来的伤残程度。

根据1939—1999年期间收集的三代受访者的健康和福祉数据，哈佛大学成年人发展研究的负责人乔治·E.范伦特博士得出了类似的结论。范伦特和他的同事发现，许多在受访者80岁时对其"健康老龄化"有显著影响的因素在其50岁之前就已经存在了（Valliant, 2002）。研究显示，家族长寿史、50岁时的胆固醇水平、非致命性慢性疾病、儿童早期阶段的经历和性情，以及社交技能可能不能用来预测个人的寿命。烟草和酒精使用水平低、保持正常体重、积极锻炼、幸福的伴侣关系，以及以积极的态度应对生活中的挑战（被称为成熟的防御）是健康老龄化的最佳预测因素。

两个研究的发现表明，即便是与环境和遗传因素比较，个人行为选择也依然对健康老龄化有显著影响。这一论点具有开创性意义。在这些早期发现的基础上，最近的研究显示了进一步强调健康饮食和定期体育锻炼对改善老年人生理和心理健康的重要性。

饮食的影响

随着人们变老，由于肌肉减少，机体的新陈代谢速度减慢，这意味着从事同样的活动会消耗较少的能量（Tilly, 2017）。如果老年人吃东西像年轻时一样多，又没有额外的活动，那么其体重增加在所难免。肥胖通常是营养不良和不运动的共同结果，它不仅会使已有的健康问题恶化，而且会让由基因决定的心血管疾病来得更快。吃得过多既可能是由一生中形成的不良饮食习惯造成的，也可能是由习惯于在烦闷的时候吃东西造成的。

有研究表明，老年人要保持生理健康，需要低脂肪、高碳水化合物、高蛋白质的平衡饮食（Kaiser et al., 2010）。尽管这一发现与营养学家已有的关于健康饮食的知识是一致的，但是老年人仍有未摄入保持健康所需食物的危险，这就导致一种特殊类型的营养不良（Agarwal, Miller, Yaxley, & Isenring, 2013）。老年人可能会摄入太多的加工过的碳水化合物，诸如富含这一物质的白面包、烘烤的食物和糖果，而未摄入足够的含有复合碳水化合物的食物，如豌豆、扁豆和全谷物。复合碳水化合物有助于增进肠道健康，避免老年人有可能出现的便秘和其他胃肠道问题。老年人比年轻人需要更多的蛋白质。肉、鱼、蛋和奶制品富含这一物质。老年人不大可能摄入足够的蛋白质，这不仅因为含蛋白质的食物较贵，还因为他们可能在咀嚼或吞咽富含蛋白质的食物的时候有困难（Bauer, Kaiser, & Sieber, 2010）。维生素和矿物质有助于增进老年人的健康。与年轻人不同，老年人在日常饮食中摄入的维生素可能会不足。本章前面讨论过的抗氧化剂对老化的机体来说特别重要，因为它会帮助细胞克服氧自由基造成的破坏性后果，修复由一些疾病造成的细胞损伤。

这些发现提示我们，老年人如果积极摄入富含维生素的高蛋白质、高复合碳水化合物食物，就能防止与年龄有关的身体上的变化由退化变为衰弱性损伤。最令人鼓舞的是，即使老年人之前的饮食都不合理，并且损害已经产生，但只要改变饮食，机体就会很快开始有反应（Nieuwenhuizen, Weenen, Rigby, & Hetherington, 2010）。营养改善会让生理健康和总的幸福感在非常短的时间内有所改善。社工可以发挥重要作用——不仅在出现严重的健康问题之前，而且在有这方面的问题之后，与营养师一道向老年人提供营养教育和辅导。这些研究发现还提示，老年设施和流动送餐机构需要更加注意向老年人提供脂肪少一些、蛋白质多一些的配餐，而不是提供那些含有太多加工过的碳水化合物的食物——这类食物虽然不那么贵也容易吃饱，但却能带来潜在的伤害。

体育运动与锻炼身体

麦克阿瑟老年研究也肯定了体育运动和锻炼身体的重要性，而无论当前老年人的身心健康状况如何。随着机体老化，肌肉力量变弱、肌肉变少，会影响到身体的力量、平衡感和移动（Daskalopoulou et al., 2017, Pahor, Buralnik, Ambrosius, et al., 2014）。对多数老年人来说，保持身体的强健不是要在70岁的时候继续打篮球，而是要继续能自如和安全地行走，能上下楼梯，能够到架子上和橱柜中的东西，能进行日常活动而不至于呼吸困难或受伤。不幸的是，许多老年人在丧失一些力量或耐力后便倾向于减少体育运动，结果使身体的适应性呈螺旋式下降态势。谚语"不用则废"太对了！

身体锻炼可能最有助于减少冠心病的发病率和降低患高血压的风险。这两种疾病是老年人将面对的最危险的身体方面的问题。合理的饮食与医疗措施再加上增加体育锻炼，可以防止结肠癌、2型糖尿病和骨质疏松症。即使有些人认为剧烈运动会导致关节炎，然而雷杰斯基等学者发现，适度地定期运动实际上会缓解关节疼痛和伤残，因为运动会提高关节灵活性以及总体身体健康水平（Rejeski et al., 2013）。相关研究推荐两种类型的身体锻炼方法——有氧运动和力量训练。这两种方法均有明显的效果，可以有效延缓老化机体在身体功能上的衰退，让老年人总体上感觉更健康、更强壮。

有氧运动 快走、健身操、慢跑、跳舞或者做某些器械锻炼都是有氧运动。它专门用来增加特定时间内的心率以强化心脏肌肉。一个更强壮的心脏工作起来效率更高，能改善血液循环，并让人更有耐力。麦克阿瑟老年研究发现，定期进行有氧运动的老年人会比坐着不运动的中年人体形更好（Daskalopoulou et al.，2017）。如果有意针对老年人的需要加以设计，那么有氧运动会非常安全，很少会造成严重受伤或身体损伤。研究者发现，即使是曾经坐着不运动的老年人，在参加简单的一周几次的45分钟的快走运动后不到一年的时间里，耐力也会增加一倍（Rejeski et al.，2013）。哈佛大学成年人发展研究发现，哪怕是步行和游泳等简单运动，只要长期坚持，就会在老年期对生理健康产生显著影响（Valliant，2002）。老年人没有必要每天都去健身房。关键在于将一些可以长期执行的身体锻炼融入他们的日常生活中去。

力量训练 举重训练在所有年龄段的人群中越来越受欢迎，在帮助老年人重新赢得丧失的肌肉力量方面显示出很好的前景。研究显示，即使是身体最孱弱的高龄老年人，使用举重器械或负重器械进行阻力训练也有效果。通过举重训练增强肌肉的力量能帮助老年人通过增加新陈代谢率来减轻体重。肌肉锻炼可以帮助老年人增加肌肉组织，因此不但可以增强肌肉力量，也可以帮助老年人改善平衡感、步态和生理健康状况（Liu & Latham，2009）。麦克阿瑟老年研究的研究者没有料想到的一个辅助效果是举重训练对老年人的心理健康有积极的影响（Liu & Latham，2010）。同没有参加这类训练的老年人相比，参加了举重训练的老年人较少出现抑郁症状或保持抑郁状态。

对社工和其他从事老年人干预工作的人来说，体育运动与锻炼身体在最大限度地降低身体老化带来的衰弱影响中发挥的重要作用是非常令人鼓舞的。任何干预都应该有机会让老年人开始（或继续）参加某种形式的对他们有吸引力的体育运动。这是一件社工可以扮演教练角色、发挥重要作用的事！把老年人与体育运动联系起来给了他们充分的机会去增加体能，同时他们也可以跟其他老年人一起锻炼，这对身心健康都有好处。

预防跌倒 随着年龄的增长，老年人的身体变得愈发脆弱，他们视力受损、肌肉无力，甚至一些老年人偶尔会出现认知不清的情况。这些因素都会增加老年人跌倒和受伤的风险（National Council on Aging，2017）。每年都有1/3的居住在社区的老年人有跌倒的经历。跌倒是老年人受伤和死亡的最主要原因（CDC，2017）。即使是健康、活跃的老年人也会面临跌倒风险。严重的头部受伤或臀部骨折都可能从根本上改变老年人的生活，导致其住院或过早进入养老院生活。即使是对跌倒的恐惧感也会产生一些负面影响，例如会导致久坐和身体活动受限（Lee，Lee，& Khang，2013）。不太活跃的生活方式可能会增加跌倒的风险，进而导致老年人陷入因为恐惧而不活动，因不活动而导致更容易跌倒的负面循环。

预防跌倒被认为是促进健康老龄化的因素之一。美国老年医学会（American Geriatrics Society，2011）和美国国家老龄委员会（National Council on Aging，2017）强烈建议医生、护士和社工将定期进行跌倒风险评估作为老年人常规定期护理的一部分。建议包括对老年人的脚和鞋的目视检查、临床医生和老年人自身对其功能性健康的评估,以及针对老年人的居家环境安全和感知到的危险因素的讨论。美国国家老龄委员会还建议对老年人服用的药物进行全面审查。这不但可以发现服用药物可能带来的副作用,例如虚弱或头晕,也可以尽可能地降低老年人服用药物的水平。

"平衡问题是关键"(A Matter of Balance)是美国一个以证据为本的预防跌倒的干预项目。这个干预项目在美国各地提供老龄服务的机构中被广泛使用(Healy et al., 2008)。它包括 8 个环节,从介绍和提高老年人对跌倒的危害的认知开始。通过提高老年人对跌倒的影响因素(例如环境因素和缺乏身体活动)的认识,老年人可以自我赋权,在预防跌倒项目中积极参与。这个项目还有一些额外的好处,例如可以帮助老年人互相学习,以及增进老年人在小组活动中的社会交往水平。

另一种能显著降低老年人跌倒率(降低 30%)的干预项目是太极。在美国,太极被认为是一种结合了深呼吸和缓慢但流畅的运动的中国式冥想方法(Du et al., 2015)。老年人可以在家里学习和独立练习太极,从而避免购买昂贵的设备或花时间和精力去健身房。如果老年人每周锻炼 3~5 次太极,那么他们的平衡能力、柔韧性、膝盖伸展和步态稳定程度都会得到明显改善,进而降低跌倒的风险。除了提高灵活性,太极也被发现至少对自我评价的睡眠质量有轻度积极影响(Du et al., 2015)。

益智游戏可以预防认知衰退吗? 人们已经注意到,益智游戏可以用来维持或改善认知功能,进而减少老年人患老年失智症的可能性。这些练习旨在激发四个重要的认知功能维度,具体包括记忆、注意力、语言和逻辑思维(Gholipour, 2018)。虽然许多公司大力推广认知训练项目,并声称这类项目是以证据为本的改善认知能力的干预,但其实相关研究的结果更多是讨论学习如何玩益智游戏所造成的影响,而不是其改善认知功能的效果。

凯布尔等学者发现,商业认知训练项目对改善神经功能没有显著影响(Kable et al., 2017)。目前,没有证据支持益智游戏可以治愈或预防阿尔茨海默病或其他形式的老年失智症。然而,研究人员发现,任何需要学习新鲜且具有挑战性的事务的经验或活动都可以在大脑中产生积极的影响。如果老年人持续参与需要他们使用大脑不同部位的活动,那么老年时期的人类大脑一样可以运行良好。换言之,如果游戏和谜题只是通过死记硬背的方式进行,那么相对于通过游戏和谜题来"锻炼"大脑,学习一种新的语言或者技能更有利于大脑健康。

社会心理因素

抑郁症 良好的营养和体育锻炼对于促进健康老龄化的重要性是不言而喻的。研究人员还发现,一些社会心理因素对促进健康老龄化有直接显著影响。当老年人患有一些慢性病时，这些因素可以降低慢性疾病对老年人生活质量的影响。抑郁水平更高的老年人更容易受到生理疾病的困扰，预期寿命也会相对更短（Gellis & Kenaley, 2016）。但是，到底是生理疾病导致了抑郁症，还是抑郁症加剧了生理疾病的影响？提出这一问题是合情合理的。无论如何，生理疾病与抑郁症之间的关系是显著的，这表明治疗（或预防）抑郁症可以有效改善老年人的生理健康。我们会在第五章对本专题进行深入探讨。

亲密关系　相对于单身人士，已婚或者拥有伴侣的人不仅预期寿命更长，而且身心健康状况更好（Newall & Menec, 2013）。然而，上述关系仅仅在男性群体中显著，对女性群体来说则不然。老年时期的婚姻所带来的好处包括社会和情感支持、更好的健康习惯，以及被照护或照护他人。但必须认识到，女性更有可能成为照护者，而不是照护对象，这或许可以解释不同性别从婚姻中获得的健康收益上的差异。照护他人可能对健康和福祉构成严重威胁，我们会在第十二章进行探讨。

抗逆力　抗逆力被定义为在生活逆境中适应和成长的能力，它也被确定为健康老龄化的一个重要预测因素（Harris, 2008）。那些能较好地应对经济困难、混乱的社会和家庭环境，以及个人损失的老年人，往往也更加擅长应对随着年龄增长而来的健康状况变化。有一些老年人被戏称为"老悍鸟"是有道理的。虽然抗逆力通常与童年时期的人生经历有关，但它在个人任一人生阶段中都会起到重要作用，帮助个人适应各种挑战。在关于抗逆力的讨论中，自然也包括对于同等重要的自我效能感（或者自我感知）的讨论。自我效能感指的是个人认为自己有足够的能力，能有效地控制和影响个人生活中的某些方面（Seeman & Chen, 2002）。在面对健康方面的问题时，如果老年人认为其个人能力能在这一方面发挥一定影响，而不是简单地屈服和放弃，那么他们可能会有更好的健康状况，疾病对个人残障程度的影响也会相应减弱。这进一步表明，在与老年人合作时，我们要使用优势视角。社工可以帮助老年人在管理自己的健康状况时采取积极主动的态度，而不是仅仅被动接受。

社会经济地位和种族的影响　与中高收入老年人相比，在其一生中长期处于低收入状态或者陷入贫困的有色人种老年人在健康结果不平等方面风险更高。相对于老年白人，有色人种和移民中的老年人更有可能将自己的健康状况评估为一般或者差（Min, Rhee, Lee, Rhee, & Tran, 2014），也更有可能患65岁以后常见的慢性疾病（Heron, Schoeni, & Morales, 2003）。同样，老年西班牙裔和非裔美国人比老年白人更容易肥胖，患糖尿病和高血压的概率也更高（U. S. Census Bureau, 2014）。

虽然有证据表明，有色人种老年人从生理学角度来讲，可能更容易受到某些疾病的影响，但这些健康结果上的差异更有可能源自医疗服务、社会因素以及那些用来判断获得和使用卫生保健服务资格的政府政策之间的相互作用（Du & Xu, 2016）。低收入往往限制了人们在生命的早期阶段获得常规和预防性卫生保健服务的机会。这使得个人更有可能经历一些潜在的有害健康的事件，例如儿童时期常见的传染病、慢性耳部感染、较差的牙科护理状况和营养不良。低收入和中等收入者在女性和有色人种群体中比例更高。相对高收入人群来说，他们通常更不可能拥有一位家庭医生（Agency for Healthcare Research and Quality, 2016）。而是否拥有一位家庭医生经常被视为医疗保健质量的重要预测指标。不幸的是，健康结果不平等也存在于社会心理健康方面。有色人种老年人的焦虑、抑郁和自杀率都相对更高（Crosby, Ortega, & Stevens, 2013）。我们将在第五章探讨老年人的社会心理健康方面的福祉，并进一步探讨上述问题。

年龄歧视和身体健康

本章探讨了正常人体老化的过程，尤其是老化过程中的正常情况和其他不正常的疾病状态。年龄歧视被定义为对处于某一年龄段的人群的歧视，即因为认为老年等同于虚弱和没有价值，进而倾向于对老年人做出负面判断。这一概念最早由罗伯特·巴特勒在 1965 年提出。显然，早在使用该术语之前，社会上就长期存在关于老年人的负面刻板印象和无视或不尊重老年人的公开行为。然而，巴特勒对这一概念的讨论推动学术界来回答一些更为具有挑战性的问题，如什么是年龄歧视，以及年龄歧视如何影响老年人的健康和福祉。在卫生保健环境中，和更年轻的人群相比，老年人更不可能接受预防性或诊断性护理，或在出现严重疾病时更少得到保守治疗的机会（Currey, 2008）。老年人自己也更不可能去主动寻求治疗个人的一些健康问题，因为他们不想被视为病人或依赖他人（Auman, Bosworth, & Hess, 2005）。其结果是，老年人的健康问题本来有治愈的可能性，结果他们自己却放弃了。例如听力损伤经常被误认为老化过程的不可避免的一部分。研究人员将年龄歧视所宣扬的关于老年健康和福祉问题的消极刻板印象的内化过程描述为"负启动现象"（Dionigi, 2015）。负启动的心理过程会导致心血管压力增加（Levy, Hausdoff, Hencke, & Wei, 2000）、焦虑水平和血压升高（Auman, Bosworth, & Hess, 2005）、视力和听力下降（Raynor, 2015），以及缩短 7.5 年预期寿命（Currey, 2008）。其消极影响对面临双重歧视（在年龄和种族层面）的非裔美国老年人来说更为显著。这一人群的高血压、关节炎等慢性疾病的预后评价通常不佳，死亡率更高（Rogers, Hummer, & Nam, 2000）。

小结

老年社工的工作是把每个老年人放到复杂的生理、心理和社会背景中看待。本章谈论了与老化过程联系在一起的生理上的变化。有些变化是普遍性的，所有变老的人都会遇到，而其他一些变化则是病理性的。随着机体在替代损耗的细胞方面变得不那么有效，所有至关重要的生理系统都会受到老化过程的影响。与年龄有关的视力、神经系统、胃肠道系统和泌尿系统的变化取决于总体上的健康状况和遗传基因，而心血管系统、皮肤、呼吸系统和听力的变化可能会由于一生中个人习惯的累加效应而加速进程。

尽管尿失禁不是上年纪以后的正常现象，但是老年人要比年轻人更常遇到这一问题。如果不采取措施，尿失禁就可能会导致社会隔离、并发症和自立丧失。所有这些都是老年社工至为关心的问题。由于大多数尿失禁病例都能有效治疗，所以对社会工作专业人员来说，认识到尿失禁对于一些老年人的重要意义，鼓励他们寻求积极的治疗方法，是十分重要的。

老年人群体中艾滋病病毒感染和艾滋病新病例的持续增长，意味着社会工作将在推动向老年人提供疾病预防性教育中扮演日益重要的角色。通过预防性教育驱除带有偏见的关于感染艾滋病的不实之说，鼓励早诊断、早治疗，为艾滋病病毒检验呈阳性的老年人建立这一年龄的社区支持系统，都是对遭遇艾滋病病毒感染和患艾滋病危机的老年人富有同情心的、有效的回应方法。丙型肝炎病毒感染是近期被发现的一种老年时期的慢性疾病。这一疾病在"婴儿潮"一代的老年人群体中尤为普遍。这是因为当时的医疗系统不但没有足够的能力对血液供给进行检测，也不太清楚这种肝炎的传播方式。

麦克阿瑟老年研究和哈佛大学成年人发展研究在生理老化过程和最大限度地减少生理变化带来的衰弱后果方面的成果，带来了最令人鼓舞的信息。这两个研究的目的是识别出那些促进健康老龄化的因素。通过改进饮食和锻炼方案，老年人可以预防并且逆转由年老导致的生理健康方面的损失。社会工作在营养辅导、预防跌倒、身体活动和维持良好的精神健康状况等老年干预服务方面起到了重要作用。但是，上述研究仅仅关注了健康老龄化的生理健康方面。下一章将集中讨论与老年人生活质量相关的心理与社会生活方面的因素。

学习活动

1. 网络上有许多"长寿测试"。虽然不确定这些测试的信度和效度是否合格，但这些试验使用的问题都与那些在某种程度上可能影响寿命的因素相关。请你先了解一下家庭病史，然后参加一个或多个能即时打分的测试。哪些个人层面的健康因素和实践会对你的寿命产生显著影响？你能做些什么来尽量减少这些因素对你的生存机会的负面影响？家庭病史中的哪些问题可能会影响你未来的健康状况，而且你对此无能为力？哪些测试包含反映本章关于老化的生理维度方面的内容？

2. 请到你工作或者生活的社区到处走走。尝试讨论哪些物理环境因素可以被认为是"年龄友好"的，哪些环境因素可能会给老年人带来障碍。请访问世界卫生组织的网站（http://www.who.int/ageing/publications/Global_age_friendly_cities_Guide_English.pdf）。根据世界卫生组织的报告，什么样的社区才称得上年龄友好社区？请根据相关标准来衡量一下你所选择的社区。

3. 设计一个老年或社区中心，展示如何将已知的老化的生理维度方面的知识应用到具体建构和开发一个公共空间中去。哪些结构因素可以帮助老年人顺利进入建筑？对室内装饰应该如何选择？温暖和表示欢迎的装饰风格固然重要，但也要认识到老年人可能在视力和听力方面存在困难。基于对健康老龄化影响因素的了解，我们应该开发哪些活动？为了迎合"婴儿潮"一代的兴趣和品位，应该对目前的老年中心的做法做出哪些调整？

参考文献

Agarwal, E., Miller, E. Yzxley, A., & Isenring, E. (2013). Malnutrition in the elderly: A narrative review. *Maturitas, 76*, 296–302.

Agency for Healthcare Research and Quality. (2016) *National healthcare, quality and disparities report.* Retrieved from https://www.ahrq.gov/research/findings/nhqrdr/nhqdr17/index.html

Aldwin, C. M., & Gilmer, D. F. (2004). *Health, illness, and optimal aging: Biological and psychosocial perspectives.* Thousand Oaks, CA: Sage.

American Geriatrics Society. (2011). Summary of the updated American Geriatrics Society/British Geriatrics Society clinical practice guideline for prevention of falls in older persons. *Journal of the American Geriatrics Society, 59*, 148–157.

American Heart Association. (2017). Cardiovascular disease statistics. Retrieved from http://www.heart.org/en/about-us/heart-and-stroke-association-statistics

American Sleep Association. (2017). Sleep myoclonus. Retrieved from https://www.sleepassociation.org/patients-general-public/sleep-myoclonus

Arthritis Foundation (2017). Understanding arthritis. Retrieved from https://www.arthritis.org/about-arthritis/understanding-arthritis

Auman, C., Bosworth, H. B., & Hess, T. M. (2005). Effect of health-related stereotypes on physiological responses of hypertensive middle-aged and older men. *Journal of Gerontology Series B: Psychological Sciences and Social Sciences, 60* (1), P3–P10.

Bartke, A., (2008). Growth hormone and aging: A challenging controversy. *Clinical Interventions in Aging, 3*(4), 659665.

Barua, S., Greenwald, R., Grebely, J., Dore, G. J., Swan, T., & Taylor, L. E. (2015). Restrictions for Medicaid reimbursement of Sofosbuvir for the treatment of hepatitis C virus infection in the US. *Annals of Internal Medicine.* Published online 6-30-2015 at http://annuals.org

Bauer, J., Kaiser, M. & Sieber, C., (2010). Evaluation of nutrition status in older persons: Nutrition screening and assessment. *Current Opinion in Clinical Nutrition and Metabolic Care, 13*, 8–13.

Campos-Rodriguez, F., Peña-Griñan, N., Reyes-Nuñez, N., De la Cruz-Moron, I, Perez-Ronchel, J., De la Vega-Gallardo, F., & Palancin, A. (2005). Mortality in obstructive sleep apnea patients treated with positive airway pressure. *Chest, 128* 624–633.

Caplan, A. L., & Trogen, B. (2017, April 21). The lasting harm of medical mistrust. *The Chicago Tribune.* Retrieved from http://www.chicagotribune.com/news/opinion/commentary/ct-henrietta-lacks-oprah-winfery-cancer-cells-hela-mistrust-physician-perspec-04-20170420-story.

html
Centers for Disease Control and Prevention (CDC). (2016). Hepatitis C questions and answers for the public. Retrieved from https://www.cdc.gov/hepatitis/hcv/cfaq.htm#statistics
Centers for Disease Control and Prevention (CDC). (2017). The state of aging and health in America 2013. Retrieved from http://www.cdc.gov/aging/agingdata/data-portal/state-aging-health.html
Centers for Disease Control and Prevention (CDC). (2018). HIV among African Americans. Retrieved from https://www.cdc.gov/hiv/group/racialethnic/africanamericans/index.html
Crimmins, E. M., Kim, J. K., & Seeman, T. E. (2009). Poverty and biological risk: The earlier aging of the poor. *The Journals of Gerontology, Series A: Biological Sciences and Medical Sciences*, *64*(2), 286–292.
Crosby, A., Ortega, L, & Stevens. (2013). Suicides—United States, 2005–2009. CDC Health Disparities and Inequalities Report—United States, 2013. MMWR Morb Mortal Wkly Rep. 2013; 62: 177–181.
Currey, R. (2008). Ageism in healthcare: Time for a change. *Aging Well* *1*(1), 16.
Daskalopoulou, C., Stubbs, B., Kralj, C. Koukounan, A., Prince, M., & Prina, A. M. (2017). Physical activity and healthy ageing: A systematic review and meta-analysis of longitudinal cohort studies. *Ageing Research Review*, *38*, 6–17.
Diongi, R. A. (2015). Stereotypes of aging: Their effects on the health of older adults. *Journal of Geriatrics*. Retrieved from http://dx.doi.org/10.1155/2015/954027.
Du, S., Dong, J., Zhang, H., Jin, S., Liu, Z., Chen, L., ... Sun, Z. (2015). Taichi exercise for self-rated sleep quality in older people: A systematic review and meta-analysis. *International Journal of Nursing Studies*, *52*, 368–379.
Du, Y., & Xu, Q. (2016). Health disparities and delayed health care among older adults in California: A perspective from race, ethnicity, and immigration. *Public Health Nursing*, *33*(5), 383–394.
Emlet, C. A. (2006). A comparison of HIV-stigma and disclosure patterns between older and younger adults living with HIV/AIDS. *AIDS Patient Care and STDs*, *20*, 350–358.
Emlet, C. A., & Hughes, A. K. (2016). Older adults with HIV/AIDS. In D. Kaplan & B. Berkman (Eds.). *The Oxford handbook of social work in health and aging* (pp. 363–374). New York, NY: Oxford.
Friedman, S. (2015). Integumentary function. In S. E. Meiner (Ed.). *Gerontological nursing* (pp. 607–639). Maryland Heights, MO: Elsevier.
Gellis, Z. D., & Kenaley, B. (2016). Mental health disorders in later life. In D. Kaplan & B. Berkman (Eds.) *The Oxford handbook of social work in health and aging* (2nd ed., pp. 141–150). New York, NY: Oxford Press.
Gholipour, B. (2014). No proof that brain training games work, some experts say. *Live Science.* Retrieved from https://www.livescience.com/48417-brain-training-games-science.html
Gillick, M. (2017). *Old and sick in America: The journey through the health-care system.* Chapel Hill, NC: University of North Carolina Press.
Gorina, Y., Schappert, S. Bercovitz, A., Elgaddal, N., & Kramarow, E. (2014). Prevalence of incontinence among older Americans. *National Center for Health Statistics, Vital Health Statistics*, *3*(36).
Harris, P. B. (2008). Another wrinkle in the debate about successful aging: The undervalued concept of resilience and the lived experience of dementia. *International Journal of Aging and Human Development*, *67*(1), 43–61.
Healy, T. C., Peng, C., Haynes, M., McMahon, E., Botler, J. & Gross, L. (2008). The feasibility and effectiveness of translating a Matter of Balance into a volunteer lay leader model. *Journal of Applied Gerontology*, *27*(1), 34–51.
Heron, M., Schoeni, R., & Morales, L. (2003). *Health status among older immigrants in the United States*. Retrieved from https://www.psc.isr.umich.edu/pubs/pdf/rro3-548.pdf
Hertoghe, T. (2005). The multiple hormone deficiency theory of aging: Is human senescence caused mainly by multiple hormone deficiencies? *Annuals of the New York Academy of Science*, *1057*. 448–465.
Hooyman, N., & Kiyak, H. A. (2010). *Social gerontology* (6th ed.). Boston, MA: Allyn & Bacon.
Internet Stroke Center, The. (2017). Stroke statistics. Retrieved from http://strokecenter.org/patients/about-stroke/strokestatistics
Kable, J. W., Caulfield, M. K., Falcone, M., McConnell, M., Bernardo, L. Parthasarathi, T., ... Lerman, C. (2017). No effect of commercial cognitive training on neural activity during decision-making. *Journal of Neuroscience.* doi: 10.1523/JNEUROSCI, 2832-16.2017.
Kaiser, M., Bauer, J., Rämsch, C., Uter, W., Guigoz, Y., Cederholm, T., ... Mini Nutritional Assessment International Group. (2010). Frequency of malnutrition in older adults: A multinational perspective using the mini nutrition assessment. *Journal of the American Geriatric Society*, *58*(9), 1734–1738.
Kennedy-Malone, L., & Upadhyaya, R. C. (2015). Musculoskeletal function. In S. D. Meiner (Ed.), *Gerontological nursing* (5th ed., pp. 511–540). Maryland Heights, MO: Elsevier.
Lavizzo-Mourey, R. (2014). *Building a culture of health*. Princeton, NJ: Robert Wood Johnson Foundation.
Lee, A., Lee, K., & Khang, P. (2013). Preventing falls in the general population. *Permanente Journal*, *17*(4), 37–39.
Levy, V., R., Hausdorff, J., Hencke, R., & Wei, J. Y. (2000).

Reducing cardiovascular stress with positive self-stereotypes of aging. *Journals of Gerontology: Psychological Sciences, 55*, 205–213.

Levy-Dweck, S. (2005). HIV/AIDS fifty and older: A hidden and growing population. *Journal of Gerontological Social Work, 46*(2), 37–49.

Liu, C., & Latham, N. K. (2010). Progressive resistance strength training for improving physical health in older adults. *Cochrane Database of Systematic Reviews*. Retrieved from https://doi.org/10.1111/j.1741-6612.2010.00435_1.x

Mattison, J. A., Colman, R. J., Beasley, T. M., Kemnitz, J. W. Roth, D. K., Weindruch, R., … Anderson, R. M. (2017). Caloric restriction improves health and survival of rhesus monkeys. *Nature Communications, 8*: 14063. doi: 10.1038/ncomms14063

McDonald, R. B. (2014). *Biology of aging*. New York, NY: Garland Science.

Meiner, S. E. (2015a). Theories of aging. In S. E. Meiner (Ed). *Gerontologic nursing* (5th ed., pp. 16–28). Maryland Heights, MO: Elsevier.

Meiner, S. E. (2015b). Respiratory function. In S.E. Meiner (Ed). *Gerontologic nursing* (5th ed., pp. 422–454). Maryland Heights, MO: Elsevier.

Metcalfe, D. (2008). The pathophysiology of osteoporotic hip fracture. *McGill Journal of Medicine, 11*(1), 51–57.

Militades, H., & Kaye, L. W. (2006). Older adults with orthopedic and mobility restrictions. In B. Berkman (Ed.), *Handbook of social work in health and aging* (pp. 41–51). New York, NY: Oxford.

Min, J., Rhee, S., Lee, S., Rhee, J., & Tran. T. (2014). Comparative analysis on determinants of self-rated health among non-Hispanic white, Hispanic, and Asian American older adults. *Journal of Immigrant & Minority Health, 16*(3), 365–372.

Montecino-Rodriguez, E., Berent-Maoz, B., & Dorshkind, K. (2013). Causes, consequences, and reversal of immune system aging. *Journal of Clinical Investigation, 123*(3), 958–965.

National Council on Aging. (2017). Falls prevention. Retrieved from https://www.ncoa.org/healthy-aging/falls-prevention

National Institute on Aging. (2017a). HIV/AIDS and older people. Washington, DC. Retrieved from http://www.nia.nih.gov/health/hiv-aids-and-older-people

National Institute on Aging. (2017b). Urinary incontinence in older adults. Washington, DC. Retrieved from http://www.nia.nih.gov/health/urinary-incontinence-older-adults

National Institute of Diabetes and Digestive and Kidney Disease. (2017). Diabetes. Retrieved from https://www.niddk.nih.gov/health-information/diabetes

National Osteoporosis Foundation. (2017). Preventing fractures. Retrieved from https://www.nof.org/preventing-fractures

Newall, N.E., & Menec, V. H. (2013). Targeting socially isolated older adults: A process evaluation of the Seniors Centre Without Walls social and educational program. *Journal of Applied Gerontology, 34*(8), 958–976.

Nieuwenhuizen, W. F., Weenen, H., Rigby, P. & Hetherington, M. M. (2010). Older adults and patients in need of nutritional support: Review of current treatment options and factors influencing nutritional intake. *Clinical Nutrition, 29*(2), 160–169.

O'Connor, L. J. (2016) Oral health care. In M. Boltz, E. Capezuti, T. Fulmer, & D. Zwicker, (Eds.). *Evidence based geriatric nursing protocols for best practices* (pp. 103–110). New York, NY: Springer.

Poindexter, C., & Emlet, C. (2006). HIV-infected and HIV-affected older adults. In B. Berkman (Ed.), *The handbook of social work in health and aging* (pp. 91–102). New York, NY: Oxford University Press.

Rejeski, W. J., Axtell, R., Fielding, R., Katula, J., King, A. C., Manini, T. M., … LIFE Study Investigator Group. (2013). Promoting physical activity for elders with compromised function. *Clinical Interventions in Aging, 8*, 1119–1131.

Raynor, B. (2015). Ageism in action? Ageism inaction! *Generations*. Retrieved from http://www.asaging.org/blog/ageism-action-ageism-inaction

Rodriguez, J. C., Dzierzweski, J. M., & Alessi, C. A. (2015). Sleep problems in the elderly. *Medical Clinics of North America, 99*(2), 431–439.

Rogers, R. G., Hummer, R. A., & Nam, C. B. (2000). *Living and dying in the USA: Behavioral, health and social differentials of adult mortality*. New York, NY: Academic Press.

Rowe, J. W., & Kahn, R. L. (1998). *Successful aging*. New York, NY: Pantheon.

Saltsman, K. (2011). The last chapter: Cell aging and death. Washington, D.C.: National Institute of Health. Retrieved from https://publications.nigms.nih.gov/insidethecell/chapter5.html

Seeman, T., & Chen, X. (2002). Risk and protective factors for physical functioning in older adults with and without chronic conditions: MacArthur studies of successful aging. *Journal of Gerontology: Social Sciences, 57B*(3), S135–S144.

Smith, B. C., Morgan, R. L., & Beckett, G. (2012). Recommendations for the identification of chronic hepatitis C virus infection among persons born during 1945–1965. *Morbidity and Mortality Weekly Report*. Retrieved from https://www.cdc.gov/mmwr/preview/mmwrhtml/rr6104a1.htm

Soliman, A., & Brogan, M. (2014). Foot assessment and care for older people. *Nursing Times. 110*(50), 12–15.

Specht, J. K. P. (2005). Nine myths of incontinence in older adults. *American Journal of Nursing, 105*(6), 58–68.

Strait, J. B., & Lakatta, E. G. (2012). Aging-associated cardiovascular changes and their relationship to heart failure. *Heart Failure Clinics, 8*(1), 143–164.

Strassburg, S., Springer, J., & Anker, S. S. (2005). Muscle wasting in cardiac cachexia. *International Journal of Biochemistry and Cell Biology, 37*, 1938–1947.

Strombeck, R., & Levy, J. A. (1998). Educational strategies and interventions targeting adults age 50 and older for HIV/AIDS prevention. *Research on Aging, 20*(6), 912–937.

Stuen, C. (2006). Older adults with age-related sensory loss. In B. Berkman (Ed.) *Handbook on social work in health and aging* (pp. 65–77). New York, NY: Oxford University Press.

Tabloski, P. A. (2014). *Gerontological nursing* (3rd ed.). Boston, MA: Pearson.

Tilly, J. (2017). Opportunities to improve nutrition for older adults and reduce risk of poor health outcomes. Retrieved from http://nutritionandaging.org/wp-content/uploads/2017/03/Malnutrition-Issue-Brief-final-3-2017.pdf

U.S. Census Bureau. (2014). 65+ *in the United States 2010.* Washington, DC: U.S. Government Printing Office.

Upadhyaya, R. C. (2015). Cardiovascular function. In S. E. Meiner (Ed.), *Gerontologic nursing.* (pp. 388–421). Maryland Heights, MO: Elsevier.

Valliant, G. E. (2002). *Aging well: The Harvard study of adult development.* New York, NY: Little, Brown and Company.

Wallace, S. P. (2012). Equity and social determinants of health among older adults. *Generations.* Retrieved from http://asaging.org/blog/equity-and-social-determinants-health-among-older-adults

Yaeger, J. J. (2015a). Sleep activity. In S. E. Meiner (Ed.), *Gerontologic nursing.* (pp. 202–217). Maryland Heights, MO: Elsevier.

Yaeger, J. J. (2015b). Urinary function. In S. E. Meiner (Ed.), *Gerontologic nursing.* (pp. 541–560). Maryland Heights, MO: Elsevier.

第三章

老年期心理与社会生活方面的调整

学习目标

- 讨论老化过程中认知和智力功能的变化。
- 区分老年学领域的社会理论之间的区别,并研究它们在预测老年人社会行为方面的作用。
- 认识到性行为和亲密关系在老年人生活中的作用。
- 从尊重差异性和强调包容性的角度来分析当下健康老龄化方面的理论。

章节概述

伴随年老而来的认知方面的变化
老龄化社会理论
社会心理维度的成功老龄化
心理与社会生活方面的变化对老年社会工作实务的意义

上一章我们查看了老化过程中生理方面的变化。它们是身体正在老化的最直观的迹象。这些生理上的变化能造成多大程度的功能上的损伤,取决于遗传基因、致病机会和选择什么样的生活方式。本章将探讨伴随生理上的变化、老年人心理和社会生活方面发生的改变,即决定人们所思所行的认知功能、智力能力和社会行为在老化过程中都有哪些调整。不同的老年人的心理与社会生活维度的调整方式有所不同。一些老年人从未出现过让人注意得到的记忆丧失或完成复杂任务的能力降低,甚至到了90多岁或者更大年龄时也是如此。他们能够保持积极的、充满活力的、与家人和朋友有紧密联系的生活。而其他一些老年人早在60岁的时候就开始出现严重的记忆丧失或者退出社会交往等待死亡等问题。

老年人心理与社会生活方面的改变受到其性格、生理健康、社会关系质量等诸多方面的综合影响。

本章在开篇伊始审视了老年人最常见的认知方面的变化。随后，我们接着讨论诸多老年学领域的社会理论，深入探讨老年人在适应自己全新的社会角色时所做出的行为的特征。尽管家人和专业社会服务人员经常假设老年人对性生活不再感兴趣，但是老年人的性生活是其社会心理功能的一个重要方面。了解这些变化对老年社会工作有什么影响便十分重要。本章在结束的部分审视麦克阿瑟老年研究和哈佛大学成年人发展研究关于老化过程中心理社会方面变化的研究发现。这两个研究的相关发现多年以来一直被视为健康老龄化的黄金标准。本章的讨论提出了一个重要议题：这些研究结论是否局限于那些生理健康和社会心理功能均处于良好状态的老年人？这些研究是否过度强调了社会心理功能在衡量健康老龄化中所起到的作用？这些局限性较大的偏见也忽视了有色人种老年人、患有严重疾病的老年人和那些尽管在社会心理维度面临极大挑战但依然对老年生活非常满意的老年人的人生经验。

伴随年老而来的认知方面的变化

尽管伴随年老而来的生理上的变化往往最容易被察觉到（有时也最麻烦），但是老年人最害怕的往往是认知和情感功能方面的变化。当出现健忘的迹象时，中老年人可能就会问，自己是否头脑不清楚了，或者这是否是患阿尔茨海默病的征兆。家人担心上了年纪的亲属是否有能力按照包含多个复杂处方的配药方案服药。新近丧偶的妻子可能想知道是有一天自己能摆脱因丈夫去世而患的抑郁症，还是自己在余生中都要忍受这一疾病的折磨。本章的这一部分讨论了正常的与年龄有关的认知功能方面的变化。老化过程中的认知与情绪问题将在第五章讨论。

认知方面的变化指的是老年人在智力、人格、抗逆力、记忆力、记忆动机、学习能力等方面发生的变化。随着年纪渐长，知识和经验逐渐积累，人们是否实际上变得更聪明了？老年人出现记忆问题，忘记午饭吃了什么但却详细地记得儿时发生的事，这种情况是否不可避免？老年人能学习新技能吗？这些是复杂的问题，涉及极其复杂的认知功能，对此的解答既是肯定的，也是否定的。

智力

智力是个人收集信息，对其进行加工处理，生成新的想法，并在日常生活中把信息应用于新的和熟悉的情境中的方式。霍华德·加德纳（Howard Gardner，1993）和其他的教育心理学家认为智力是一个多维度的概念。因此，对智力的准确理解离不开对其多维度指标的探索，具体包括语言（单词）智能、逻辑和数学（数字）智能、空间（图片）智能、肢体动作（身体）智能（Armstrong，2018）。虽然这在教育心理学领域是一个有争议的话题，但多维度智力的概念确实促进了人们对能力或者才华等概念的理解，这些概念不应与作为一个单一概念的智力混为一谈。

老年时期智力的改变和稳定是两大主要议题。当然，这两个议题在其他年龄段也非常重要。例如，智力的发展轨迹是随着年龄的增长而变化的，积累的知识和经验不断增加，人们知道的便更多。设计花园、阅读、烹饪和维修工作都是生活中的例子，需要一生积累的经验知识。从积累信息的角度看，智力到老年的确还会有所增加，或者至少是保持不变。这种类型的智力是老年人一生中所接触到的信息的积累，心理学家称这种类型的智力为"结晶智力"（Werhner & Lipsky，2015）。个人知识积累的成效极大地受制于通过教育和人生阅历接触到的信息的数量，并且在一定程度上受到遗传因素的影响（Hawley，Cherry，Su，Chiu，& Jazwinski，2006）。就知识积累而言，老年人的确变得更精明了。他们的确比自己年轻的时候懂的东西更多。着重测量对所积累知识的回忆的智力测验测的就是结晶智力。

然而，决定如何靠一份固定收入生活，或者是在驾车大半辈子后"搞定"公共交通工具，以及应对伴随生活改变（比如退休和丧偶）而来的挑战，需要的是一套不同的智力技能。获得新信息，把它与已经积累的知识结合在一起，并用于解决问题的能力被称为"液态智力"（Elias & Saucier，2006）。这种智力并不受个人的教育水平影响，也不仅仅是老年人才拥有。年轻人和老年人都拥有这种类型的智力。在测量问题解决能力或完成一系列任务的能力的智力测验中，老年人的表现不那么好。不过，没有清楚的证据表明是单一的年龄因素导致了他们在这类智力测验上表现差。大多数智力测验是有时间限制的，而老年人由于神经传输介质的退化，反应较慢，这一点我们在第二章有关生理老化的内容中已经讨论过。如果这类测验去掉时间限制，那么年轻的测验对象与年老的测验对象之间将只有可以忽略不计的微小差别（Hawley et al.，2006）。

影响智力的因素 老年时期的智力受到多种多样因素的影响，只有少数因素与老化过程没有关系。基因或许是所有因素中最重要的决定性因素（Youdin，2014）。在一生当中智力高的人在晚年也很可能继续保持这一状态。较高的教育水平和选择有挑战性的工作会让人在变老的时候有较高的智力。总之，先天的能力加上毕生的智力训练情况能够在很大程度上预测时间对智力的影响。

与智力有关的主要心理能力是语言理解能力、空间关系把握能力、推理能力，以及对单词、数字的基本流利的表达。这些活动对于所有年龄段的人的日常功能都是最重要的。这些领域的能力持续提高，直到40岁前后。如果没有疾病，那么主要的心理能力会保持稳定，直到快 70 岁的时候才会有缓慢的、在一些情况下几乎令人察觉不到的下降（Youdin, 2014）。到快 80 岁的时候，这种下降才更容易被察觉到。

年龄带来的变化，如生理健康状况、感觉敏锐度和营养方面的变化，以及患抑郁症，也与智力下降有关。由血液循环问题导致的心血管疾病会让老年人在从事复杂的解决问题的活动时有察觉得到的变化（Elias & Saucier, 2006）。尽管随着身体的衰老，神经系统从脑部传输信息的效能打了折扣，但血液循环在脑部整体的健康运转中仍发挥着重要作用。视听器官的感觉输入是信息处理的一个重要组成部分。当老年人的这些功能受到损伤时，其认知功能也会减损。老年人可能看起来跟不上谈话的内容或者是任务的进度，这是因为他们未能捕捉到重要的环境刺激信息。特别难办的是，老年人可能不知道自己错过了这些信息，并固执地否认自己有问题。

营养和水化对认知功能的影响 营养和水化均会对认知功能造成显著影响（Mallidou & Cartie, 2015）。食道和胃的生理变化会导致老年人比年轻人更快地感觉到"饱了"，这会导致热量摄取不足或者是维生素缺乏。没有足够的营养和水分，大脑就不会有效运转。和其他人共同进餐所产生的社会互动被发现能提升老年人的胃口、情绪、智力功能和主观幸福感。食物为我们的心、意志、灵魂、身体都提供了充足的营养（Snowdon, 2001, p.170）。除了营养不良，老年人也容易出现脱水现象。这是由于口渴的感觉减少，或者是有意地限制摄入的液体量以避免频繁上厕所排尿。在第五章讨论谵妄时，将会更详细地说明营养不良和脱水的严重危险。

环境 有关老年人智力的一个最重要的发现，是老年人所处的运用认知技能的环境的重要性。在实验室环境中接受智力测验表现不好的老年人，在较为熟悉的环境中，如自己家中，容易表现得更好一些。最根本的是，老年人迎接每天生活中的挑战、解决问题的能力，对于了解其认知功能无比重要。研究指出，当老年人解决与日常生活有直接关系的问题时，会令人称奇地娴熟地召集起认知方面的资源（Daniels & Boehnlein, 2016）。同样的研究还发现，保持个人的独立是老年人最强的动机，这让他们能找到创造性的方法去解决问题。如果能否保持独立取决于能否按复杂的处方服药，那么老年人可能会采取措施，用纸条详细写下每天什么时候服什么药。他们会在厨房贴纸条，提醒自己关煤气或者锁门。这类行为对做过老年人工作的人来说并不陌生，它们是老年人为弥补自己的认知功能丧失而做出的努力。熟悉环境的重要性也能解释为什么老年人会在陌生的环境（诸如专门的老人住所或养老院）中很快丧失认知功能（Bonifas, Bern-Klug, & Simons, 2016）。

人格

人格是个体先天的和习得的行为、情绪和认知功能的混合体，它决定了个体如何与环境互动。人格包括情绪、心情、应对策略和主观幸福感。从出生的那一刻开始，个体便开始显现出独特的人格。一些人生来脾气随和，活泼乐观，令人愉快，而另一些人生来脾气暴烈，情感不外露，不那么合群。人们尽管不能选择自己的人格，但却能控制自己的行为。从某种意义上说，人格既是结构也是过程。说它是结构，是因为个人的人格在一生当中是相对稳定的。说它是过程，是因为它总是随着环境的改变而有所变化。在儿童期、青春期和青年期，人格相对来说是可塑的，它在成熟的过程中与环境持续地相互作用。在成年期，在没有疾病的情况下，成熟的人格变得比较稳定，不太容易改变（Stephan，Sutin，Bosselut，& Terracciano，2017）。

但是，研究表明，这种人格结构和过程的组合可能会受到感官功能变化（例如衰老过程中的视力和听力的变化）的显著影响。一般来说，无法听清楚他人说的话或者分辨出其他噪声，或者无法看清楚外部环境刺激，会加速外向性、坦诚、随和和责任心等人格特征的消失。这种"人格轨迹"的改变是老年失智症的重要风险因素。这是因为这些特征的消失与社会隔离密切相关（Stephan et al.，2017）。我们将在本章稍后部分讨论社会隔离的危险。

心理社会任务　埃里克森认为，伴随个体在环境中的成长，人格在一生当中会做调整以回应一系列的心理社会任务（Erikson，1963）。从孩子面临的第一个挑战，即建立对周围人的信任或不信任中，埃里克森看到了遗传的人格特质与所处环境的相互作用。人们如果要成功地度过每个人生阶段，就必须解决与这一人生阶段有关的心理社会危机。他假设，如果早期阶段的人生危机没有得到解决，就会在后面的人生阶段出现心理社会功能方面的问题。举例来说，人如果在婴儿阶段没有学会信任他人，就难以在后面的人生阶段与另一个人建立亲密关系。埃里克森学说的最后一个人生阶段是老年，它要解决的危机是自我整合与自我绝望之间的危机。在这一阶段，个人必须学会接受生活中所发生的一切，并做出对自己生命意义的理解。有时这一过程包括处理未了的事宜，挽回尚能改变的东西，诸如与人重修旧好。而有时它也意味着让无可挽回的东西随风而去。

孟尼格尔将对老年社会心理任务的探讨扩展为一些更为具体的挑战（Menniger，1999）。这些挑战包括接受衰老时期身体发生的改变，并对个人的生理健康感知进行相应的调整和修正，接受丧失重要他人和同伴，直面丧失独立性的潜在风险，接受个人认知在退休前后的不一致。成功完成这些任务是老年期自我完善和自我整合的重要部分。终其一生，人们都在努力实现对环境的掌控。这也是理解人类人格动态变化的重要组成部分。

范伦特对埃里克森确立的八个人生阶段的任务进行了修改，特别是扩充了成年期生活任务的内容（Valliant，2002）。他认为成年人生活的任务应该以实现自我身份认同、自我意识、自我价值感为起点，以便做好从原生家庭独立出来的准备。确立个人身份，可以为建立亲密关系做准备。建立亲密关系通过融入自我与他人之间关系的方式来扩展自我意识。亲密关系包括亲密伴侣关系，或者其他亲密的友谊关系。范伦特认为下一阶段的人生任务是发展事业。这与个人在工作场合或者其他有意义的生产活动中的社会角色密切相关。这些人生任务和埃里克森的理论构建类似，但是范伦特在成年发展阶段额外增加了一个任务：掌握再生力（mastering generativity）。这种能力可以通过分享个人的资源来指导下一代（Valliant，2002）。范伦特认为，再生力意味着社区建设。成年人可以在社区中担任年轻人的顾问、教练或者导师。范伦特的研究表明，相比其同伴，能够创造机会来强化自己与社区以及年轻人的联系的老年人更有可能在晚年获得生活满足感和愉悦感（可能性高3倍之多）。与再生力相关的生活任务是做人生意义的守护者。范伦特将这一生活任务描述为培养老年人保持或加强对自己珍视的事务，例如宗教传统、社会事业或成就的热情。追求富有意义的事物，并努力保护生命中重要的东西，是人们避免社会隔离和继续为社会做出贡献的积极方式。成年人最后的生活任务是实现人生整合。范伦特对它的定义与埃里克森相似，指的是接受一个人的生活的原来的本质和意义。范伦特建议对埃里克森最初的社会心理生活任务进行一定的修改，这不仅是为了深入理解老年人面临的心理问题的复杂性，也是为了强调老年人依然有机会继续成长和改变。当这些任务能够被实现时，一个人的晚年显然可以是令人满意和快乐的岁月。

抗逆力

抗逆力这一经典概念指的是生活中的挑战、资源和结果的相互作用（Lavretsky & Newhouse，2012），其重点是个人在遭受较为严重的创伤或损失之后，能维持或恢复心理和生理健康水平的能力。由于老年人在晚年常常面对一些极为苛刻的压力源，因此抗逆力是理解老年生活的关键概念之一。配偶或伴侣的死亡、健康状况的改变和丧失独立性可能在同一时刻影响老年人，导致巨大的生理和心理压力。一些老年人可以依靠自身的内在力量来适应这些挑战并做出相应调整，但是另一些老年人无法应对这些挑战。拥有高水平抗逆力的老年人具有的特质可被描述为：有适应性较强的应对策略、乐观和对生活充满希望、有积极的情绪状态、有较高水平的社会支持以及进行丰富的体育锻炼（MacLeod, Musich, Hawkins, Alsgaard, & Wicker, 2016）。生理健康显然有助于老年人的抗逆力，这是因为健康的身体可以保证老年人从对压力事件的生理反应中恢复过来。

海曼、克西和康塞丁以发展和社会历史背景因素为基础，提出了一个与年龄相关的抗逆力模型（Hayman, Kerse, & Consedine, 2017）。实际上，尽管老年人经常面对生理健康、社会网络和认知功能等多个方面的挑战，但他们可能更具有抗逆力。一生中的积极学习经历、多重个性特征以及新的和过往熟悉的社会支持系统，为老年人构建了一个更为庞大的"资产池"，用以面对负面的生活事件。社会历史背景决定了人们如何定义逆境，以及可以使用什么行为和信仰体系作为保护因素，用以尽量降低不良结果的影响。这种范式与优势视角有异曲同工之妙。我们应该专注于老年人做了哪些正确的事，而不是仅仅专注于哪里他们做得不够好。社会工作和其他助人专业面临的挑战是确定如何支持和鼓励老年人使用他们丰富的"资产池"。

美国心理学会的抗逆力工具包（Resilience Tool Kit）建议，帮助老年人保持较强的社会关系和社会支持，积极参与社区活动以及保持积极的生活态度，是积极主动地发展抗逆力的方法（American Psychological Association，2015）。研究人员还建议，通过早期识别和治疗抑郁症，以及提供对抗社会隔离的服务，也能够有效减少压力的负面影响（Kuwert, Knaevelsrud, & Pietrzak, 2014）。

记忆力

在没有疾病的情况下，人脑的记忆能力是无限的。这一能力不会受到与年龄有关的记忆力的变化的影响。然而，人记忆东西的过程却会随着机体的老化而有所改变。记忆有三元素。第一个元素是感官记忆。它通常是人不自觉地通过感觉系统注意和获得的记忆。有一首人们喜爱的歌提到新鲜烤面包的味道和美丽的日落景象，说的就是感官记忆。人们并没有刻意记这些事情，但是就那么记住了。这是由于这些意象给感官记忆留下了印象。感官记忆是处理信息的第一步，涉及通过五种感官渠道中的任何一种接收信息。文字和图像是通过视觉看到的。声音是被听到的，并经常与视觉映像联系在一起。而新鲜烤面包的味道，会激发没有视觉映像或声音的记忆。五种感官中的最后一种是触觉，它能帮助老年人注意东西的质感或温度。感官记忆本身不会受到与年龄有关的变化的影响，尽管识别感觉映像的能力可能会由于年龄带来的对感官的损伤而受到不利影响。老年人识别不出是什么歌曲是由于他们听不清楚，辨别不出新鲜烤面包的味道是因为他们闻不到。嗅觉对记忆来说是非常强有力的刺激物，我们将在本书后面讲述如何运用缅怀往事疗法开展老年人工作的内容中加以讨论。通过感觉系统从环境中捕捉信息是把信息交托给记忆的先决条件（American Psychological Association，2011）。

记忆的第二个元素是初级记忆或所谓的暂存记忆（primary memory）。初级记忆要求个人把一段记忆"编码"，然后加以储存。比如，作为学生，你接触到的大部分信息一开始都是初级记忆。为了以后能利用这些信息，你必须意识到它们，愿意去记忆它们，并把它们和类似的信息储存到一起。这一过程并不完全是有意识的。记取信息的刺激越大，为记住信息而有意付出的努力越多，信息就越有可能变成记忆的第三个元素——次级记忆（secondary memory）。次级记忆是被储存起来的积累的信息，在人们回想的时候才被检索出来。信息如果得到强化，就会变成人的长期记忆的一部分。

对许多老年人来说，问题不在于记东西的能力随着年老产生损伤，而在于处理形成记忆的信息的能力有了改变。知觉速度下降，让人在相同时间内难以像自己年轻时那样处理信息（American Psychological Association，2011）。比如，当一位医生飞快地传达关于几个处方的信息时，老年病人可能难以处理看到和听到的线索，并与特定的服药指示对应起来。一天两次随餐服用的是蓝药片还是白药片？对许多老年人来说，在短时间内接收太多信息会处理不过来,不能先生成初级记忆再将之变为次级记忆。这种信息超负荷会导致老年人记不住事情。这不是由于老年人记忆力下降,而是由于对信息进行处理加工形成记忆有困难。

记忆动机

记忆动机在老年人记东西的过程中发挥着重要作用(Tabloski,2014)。为什么老年人会忘记中午吃了什么却记得和家人50年前一起度假的数不清的细节?中午吃的东西在感官记忆里只能保留有限的时间,除非记住它有什么重要意义,否则很可能记不住(甚至年轻得多的人也是如此)。然而,记得和家人一起度假的细节十分重要。这些记忆在一生当中可能常常被唤起并回味,这会增强记忆。当记忆得到强烈的情感强化时,就会深深地植入次级记忆。感官记忆与很强烈的情感记忆组合到一起,就会使这类记忆更加重要,因而更容易被记住。不幸的是,老年人在记忆衰退方面可能更倾向于消极认输。将"年纪大了记性会不好"这一想法内化会导致老年人受到记忆衰退的影响比实际上更大(Rozencwajg et al.,2005)。如果一位老年人预期自己的记忆会变差,那他或她的记忆可能真的会变差。

对老年人来说,辨识物体和姓名比严格回想事实性材料要容易。给人们有关环境方面的提示线索有助于记住事情,比如提供钟表或日历能有助记忆。当回想不常用的信息时,老年人可能要比年轻人花更长的时间从次级记忆中找到相关信息(见专栏3-1)。并不是他们想不起来,而只是花的时间要长些。大多数人在还没老的时候就出现过"舌尖现象",它便是记忆检索过程效率降低的结果(American Psychological Association,2011)。

专栏3-1 你记住了什么?

请不要查阅任何资料,仅仅根据自己的记忆回答以下问题。来看一下你记得多少。
1. 内华达州的首府是哪里?
2. 谁赢得了去年世界系列赛的冠军?
3. 谁是你一年级和四年级时候的老师?
4. 圆的面积公式是什么?
5. 天为什么是蓝色的?
为什么你会记得一些问题的答案,而记不清其他问题的答案呢?如果你花更多的时间,那么你是否会想起某些问题的答案?哪些答案从来没有进入你的长期记忆系统?记忆动机在记忆这些问题的答案的时候起到了哪些作用?

学习能力

成年人学东西的方式与孩子不同。孩子像"海绵"吸水一样几乎不费什么力气便吸收了知识,他们不会一定要问学东西是为了什么。而成年人却不同,当要学习的资讯或技能与自己的生活有非常具体的关联时，他们才会学得更好。成年人学东西的动机是实用，即满足具体的需要，而不是练习往脑袋里装东西（Vella，2000）。成年人在有机会演练新行为或复习新资讯的时候，学习效率也更高。适时强化是成年人学习中至关重要的一部分。与个人的生活有关和演练新行为的机会这两个因素是影响老年人学习能力的重要因素。这就难怪在实验室测验学习能力时，让老年人记一长串单词或数字，他们表现得比较差（Tabloski，2014）。老年人是显得比较挑剔的学习者，需要了解知识的用途。比如，一个新近丧偶的老妇人，若周围没有其他人可以代劳，则可能要自己学习家庭理财。尽管她可能并不乐于学习如何支付月结单或平衡收支，但她需要学会这些东西，因而她会有非常强的学习动机。个人动机是老年人能否学东西的很强的预测因素。

记忆力是影响老年人学习能力的一个重要因素。如果新资讯不能通过感官接收装置加工处理变为初级记忆，再储存为次级记忆，人就不能学到东西。如果老年人难以听清指令或看见视觉材料，学习新资讯就比较难。老年人学习的速度也比年轻人慢。当信息呈现太快、太多时，老年人的头脑会处理不过来，因而也不能形成次级记忆。

表 3-1 呈现了老化过程中心理社会系统的变化。

表 3-1 老化过程中心理社会系统的变化

智力	在有充分的营养和水分的情况下，智力水平在一生中通常是维持稳定的。在没有疾病的情况下，结晶智力（一般知识）持续积累增加，而液态智力（解决问题）在有时间限制的情况下可能会减少。
人格	人的人格在其一生中保持相对一致，但是人总是有成长和改变的能力。老年人仍然会面临各种社会心理任务带来的挑战。这些任务对个人和情感的满意度来说非常重要。老年人可能会对任何形式的压力产生更强烈的生理和情绪反应。
记忆力	老年人的感官记忆一般状态维持较好，并可能会刺激长期记忆。在没有疾病的情况下，老年人的长期记忆一般完好。老年人发展短期记忆（初级记忆）可能会变得困难，有时候需要老年人有较强的记忆动机。老年人需要更多的时间来处理长期记忆和短期记忆。
学习能力	老年人如果有足够的动力，就依然有较强的学习能力去学习那些与他们生活息息相关的知识和技能。较好的环境条件（如充足的光线和声音），可以增强老年人的学习效果。

老龄化社会理论

在关于老化过程中心理变化的讨论中，虽然心理变化是发生在个体层面的，但是这种变化也受到老年人所处社会环境的显著影响。本章将介绍多种不同的老龄化社会理论。这些理论诠释了老年人在其所处的社会环境中是如何适应老化过程的。这些理论大致分为两大流派。第一大流派被称为"老龄化规范性理论",试图解释老年人和社会结构如何能够"成功地"适应老龄化过程。这些理论试图辨别老年人和老龄化过程如何适应和融入更为广阔的社会环境。第二大流派被称为"老龄化描述性理论",试图简单地描述不同人群在老龄化过程中表现出的共同特征。但是,这一流派并不评估什么是"成功"。该流派受到后现代社会建构主义学派的深远影响,假设老年人会经历"不同的老龄化世界"(Kolb,2004)。对女同性恋者、男同性恋者、双性恋者与跨性别(LGBT)群体中的老年人和有色人种中的老年人来说,其老化体验与普通老年人群体相比大不相同。

老龄化规范性理论

角色理论　最早试图解释身为社会的一员,老年人如何调整自己以适应老化过程的理论是角色理论(Cavan, Burgess, Havighurst, & Goldhammer, 1949;Phillips, 1957)。这一理论的落脚点是老年人个体的行为和洞察力,没有把社会环境视为影响老化过程的重大因素。角色(role)是一个人与另一个人的关系或者是与社会设置的关系的预期行为模式。举例来说,父母角色是由与孩子的关系确定的。学生角色是由与一个学习机构或一位教授的关系确定的。角色理论假定,人的一生中有一系列顺序排列的角色,老年人是否能调整好自己安度晚年,取决于他们从中年时的角色过渡到与老年联系在一起的角色的能力。中年时的角色可能是父母、工作人员、配偶和活跃的社区成员。对老年人来说,这些角色可能需要改变为与年老有关的角色,诸如祖父母、退休人员和丧偶者。老年人会丧失一些中年时的角色,得到一些新角色。一个人的自尊和社会身份紧紧地与这些社会角色联系在一起。根据角色理论,当老年人能够从过去的一套角色过渡到与年龄规范匹配的角色时,就能有成功的老年。当老年人不能实现这一转换,或者不能找到新角色替代旧角色时,就会对年老不满(Havighurst & Albrecht, 1953)。

撤离理论和活动理论　撤离理论是与活动理论对垒的理论,它把关注重心从个人转移到年老对社会的作用上。变老是在较广大的社会背景下发生的。所以,要理解年老,我们就要看老年人与年轻人的关系。撤离理论提出,当社会和政治权力从一代人移交给另一代人时,就会发生社会和个人的双向撤离(Cumming & Henry, 1961)。当老年人脱离社会中的积极角色,接受更为被动的角色,腾出空间让年轻人的新领导力得以发展时,就实现了适应性老化。这一理论强调相互撤离关系的适应性。它并不是说老年人对于这一过程会感到高兴,而仅仅认为这是一种适应性的调整。按照这一理论,撤离从根本上说对社会和个人都最有益处。

撤离理论在科学领域和街谈巷议中都遭到了广泛批评。认为退出社会是适应性的调整的观点似乎与我们所知道的那些身心活跃的老年人的情况相矛盾。身为社工，这一理论让我们想知道，究竟哪些活动才被视为是适合老年人的。随着社会学和心理学界对年老的社会过程了解得越来越多，作为单一解释年老对于社会的作用的理论，撤离理论的正确性打了折扣。这并不是说某些老年人不会出现与社会脱钩这种适应性形态，而是说这种形态只是个人性的对年老的调整，而不是被广泛接纳的行为形态。

活动理论正好与撤离理论相反。活动理论预测，能与社会环境保持积极互动关系的老年人最可能有成功的老年（Maddox，1966；Spence，1975）。四处旅行、兼职工作或者参加多种多样社会活动的老年人会发现老年是一生中的一段颇有所得、令人心满意足的时光。老年人如果退出社会活动，就会更容易抑郁，对年老不满。从理论上讲，很少有人会反对这一点：有目的的活动有助于老年人更好地把握与社会环境的纽带关系，有助于其获得更多的收获。每个年轻人都希望退休后的时间充满激动人心的新的冒险。

然而，活动理论没能考虑身体健康问题和社会经济方面的限制，这些限制可能使老年人无法积极参与到社会生活中（Fry，1992；Lynott & Lynott，1996）。尽管这一理论仍被认为是对年老的理想调适，但是对它的批评有一点没错，那就是它没有察觉到有色人种老年人或伤残老年人面对的现实。

延续理论　延续理论主张，如果老年人能持续积极地进行社会参与，那么社会和老年人群体都会受益匪浅。当然，老年人也需要有足够的适应能力，来积极应对个人在健康和社会经济状况上的变化（Atchley，2000）。与以上三种社会理论相反，这一理论认为老年人在变老的过程中并没有发展出全新的对待生活的方式，而是延续其一生中所有的活动形态。老年人在能保持与以前的活动形态一致的成熟、完整的人格时满意度最高。如果人们在中年的时候生活活跃，与社会联系密切，那么到了老年若还能如此便会感到最幸福。如果老年人在中年的时候就不活跃，那么这一形态会延续到老年。按照这一理论，老年人的生活更偏向于是中年时的生活的翻版。凭直觉来看，这一理论有道理，它与心理学所说的基本的人格特质在一生中会保持稳定是一致的。它也与社会工作专业坚信的个人有能力做出改变和适应这一信念保持一致。它从架构和过程两个角度强化了人格这一概念。

然而，对这一理论的主要批评是，它解释不了身体健康和社会环境方面预料不到的变化对老年人产生的影响。比如，一名女性一生当中的大多数时候一直做运动，但是突然面临由骨质疏松症带来的危险，因而身体活动受到限制。这是否意味着她的老年生活不会有令人满意的调适，她注定会不快乐呢？如果一名男性由于在家庭和工作方面要尽的责任而一辈子没有几个朋友，那么这是否意味着这名退了休的丧偶者就不能去建立新的社会关系呢？对延续理论的批评是，就老年人调整自己适应可能伴随年老而来的新情况的潜力而言，这一理论的思考方式有很大局限。

关于老龄化的规范性理论是社会理论家首次尝试描述社会和老年人如何能够"成功"地应对老龄化。如果社会知道对老年人的态度是应该抓住还是放手，老年人知道自己是应该保持联系还是离开，也许这一社会功能存在较大不确定性（即便到今天）的群体所带来的挑战就会自行解决。这些理论被批评将衰老视为一个单一维度和不变的过程，而不是人们所理解的那种动态的多维度现象。因为将最成功的老化进程视为一个不变的过程，这些理论也被批评没有察觉到 LGBT 老年人和有色人种老年人的独特人生经历。要知道，他们的老化经历与其他人群大相径庭。下面将介绍的老龄化描述性理论更注重从多个维度发展对老龄化经验的理解。

老龄化描述性理论

社会构建主义 社会建构主义是一个比较新的老年社会理论，它超越了角色理论、活动理论、撤离理论和延续理论看问题的局限。社会建构主义提出，所有年龄的人的日常生活都建立在自己为之赋予的社会意义上（Lock & Strong, 2010）。对所有人来说都一样的"固定现实"并不存在。人们创造了自己的现实，这些现实会随着时间的改变而有所转换。一名年轻人可能会把自己的生活世界定义为对工作和家庭尽责。他的世界观决定了他如何排列各种活动的优先顺序和对人对事的态度。一名年轻母亲可能会觉得自己的首要责任是教养孩子，并按照这一观点组织、安排自己的活动。然而，当年轻男女进入老年的时候，他们对自己现实世界的社会建构会有所改变。当把孩子抚养成人后，老年人安排活动的优先顺序可能会转变：可能会把排在第一位的"做好父母"更新为"做好伴侣"或者是"参加较偏重于个人所得而不是对他人负责的活动"。人们为自己的生活所建构的现实能解释他们的所作所为。老年人如果把晚年生活视为社会活动较少、偏重内省的日子，那么便会这么去做。老年人如果把这一时期看成是做所有自己早年没有时间做的事的时机，就更可能偏向参加较多的活动。这一理论不会把老年期特定的取向判定为功能性的或者功能失调的、健康的或者病态的，而是认为老年生活是个人对这一人生阶段看法的反映。

社会建构主义者不太注重老年人的调适形态，而对人们如何看待自己的经历更感兴趣。社会科学家运用访谈和叙事之类的质性研究方法，收集老年人界定自己的老年现实的社会线索。一位老年女性可能会把丧偶看作自我发展的新契机，而另一位老年女性则可能会认为遭遇这样的事是自己等待死亡的开始，因此充满恐惧，认为没有什么值得高兴的。一位老年男性可能退休后靠在沙发上享受无所事事的日子，而另一位老年男性可能喜欢与工作无关的各种事情，活跃地参加各种休闲活动，诸如打高尔夫球或网球。社会建构主义把年老和其后的调适看成是独特的个人过程，每个人都会根据自己的社会认识来界定这一过程。如果社会现实是由人们自己建构的，老年社工就要接受挑战，尽力了解老年人建构的社会现实是什么样的。了解人们如何看待其发挥作用的世界，有助于社工帮助老年人参加与其世界观相契合的活动。

基梅尔通过社会建构主义视角深化了对老龄化体验的理解。尤其需要指出的是，这种理论适用于 LGBT 老年人（Kimmel，2014）。LGBT 老年人在社会规范的背景下展示了作为女同性恋者、男同性恋者、双性恋者或跨性别者的意义。他们成长的社会历史背景（基于异性恋是社会常态的社会信息）决定了他们对自己的认知和行为的接受（或不接受）程度。将非传统性取向的负面社会形象内化的老年人将具有更高水平的自我憎恨、更低水平的自尊或最低限度的自我接受程度，这些可能导致其较差的心理健康和社会融合水平。LGBT 成年人如果在性取向上获得肯定，并对其性取向构建积极的意义，那么可能会更好地为迎接老龄化带来的诸多挑战做好准备（Kimmel，2014）。在这种情况下，他们更有可能发展出更强大的社会支持系统和更完整的心理自我（psychological self）。身为 LGBT 的经历深受内化的社会信息的影响，这解释了为什么 LGBT 老年人的老化体验与普通人群有如此大的不同。

酷儿理论 作为一种反对异性恋规范的理论，酷儿理论的主要原则出现在 20 世纪 90 年代的社会学文献中。异性恋规范在老龄化主流理论中广泛存在。异性恋规范假设了男性和女性及其关系行为的二元划分。而酷儿理论打破了这种传统的二元性别认同。在酷儿理论中，关系行为被视为更具有流动性的特征，在某些情况下也更不稳定（在非消极的意义上）（Fabbre，2014a，Halberstam，2005）。这一理论超越了二元性别划分中所规定的预期和可接受行为的规范，促进了对 LGBT 群体人生经验的更为深刻的理解。

这种理论视角在诠释老年时期的变性体验的时候尤为具有洞察力。"剩余时间"（time left）和"已服务时间"（time served）被认为是对变性的决定的两个重要预测因素。前者指的是老年人意识到自己生命中的剩余时间有限，因此产生了快乐且真实地生活在世界上的强烈愿望（Fabbre，2014a）。后者指的是老年人一生都遵守自己的性别角色，一直到老年，才开始对自己的生活不满意，希望能接受其内心真实的性别认同（Fabbre，2014b）。社工必须深入了解那些没有遵从传统性别认同的老年人的性别身份，只有这样才能理解他们创造自己生活经验的独特方式，并随着年龄的增长开发和调动他们的优势资源。酷儿理论要求社会工作行业重新思考在老年时期什么可以被认定为健康成长和发展。

人在情境中 与社会工作强调的理解人类行为需要结合所处社会环境的观点相一致的是环境老年学家提出的人与环境的关系视角（person-environment perspective）。环境老年学家认为，成功和有益的老化经历基于老年人处理好物理环境和社会环境带来的各种限制和机会的能力（Wahl & Oswald，2010）。老年人的成功老龄化基于对物理环境的归属感。老年人需要感觉到他们当下的生活环境是舒适、安全和熟悉的。他们需要觉得自己属于一个"地方"，而不仅仅是处于一个"空间"中（Wahl & Oswald，2010）。老年人可能与他们的家有着强烈的社会联系，这是因为家往往充满了让他们快乐和幸福的回忆。家的意义很多，远不止是一个居住的地点。环境老年学家将这一现象描述为"人对环境的归属感"（person-environment belonging）。这种现象并非老年人所独有。但随着年龄的增长，这种归属感能帮助老年人应对生活中的种种挑战，维持个人尊严和独立。

但是，这种归属感需要老年人具有适应环境的能力，并能对老化过程做出针对性的身体和功能方面的改变。这被称为"人与环境互动"（person-environment agency）。在这里，agency 亦可被视为个人的能动。能动指的是在必要时积极主动地改变周边环境的需求和能力。老年人能否适应现有的环境，改变其所处的环境，或根据不断变化的功能和需求更换到不同的环境，决定了老年人能否很好地适应老化过程。对生活环境的归属感与积极调整该环境之间的相互作用，构成了老年人这一社会角色的最重大挑战之一。对一些老年人来说，在自己的家中做一些物理环境的调整或者使用支持性服务，进而便于其居家养老，是一个现实的选择。他们实现了归属感与能动之间的平衡。对另一些老年人来说，一辈子都在家中生活既不现实，也不可取。搬到配备了辅助设施的老年公寓可以让这些老年人在安全、舒适的居住地与获得所需的服务和支持之间实现平衡。这种适应也可以使老年人实现归属感与能动之间的平衡。老年人在这两种人与环境互动的需求之间的和谐程度可以有力地预测老年人能否在以后的生活中有效地应对生活中的挑战和回报。

这种理论视角对社工来说尤其重要。社工常常因老年人选择留在家中生活而纠结。即便这种选择意味着非常大的工作量或者过高的维护费用，但家的意义是无价的。即使像搬到老年公寓居住这样的安排对老年人的家庭成员来说似乎是一种简单、合乎逻辑的选择，但家庭住宅所代表的心理和情感依恋对老年人搬家与否的决定产生了强大影响。帮助老年人在归属感与能动之间找到最佳平衡，以及尽可能主动地开发掌控其周围环境的能力，对社工也是一项巨大的挑战。

生命历程视角：性别、性取向和肤色

对老龄化社会理论的主要批评之一是，这些理论主要基于传统白人、中产阶级男性的老龄化经历，而忽视了其他老年人群体的独特的老龄化经历。斯托勒和吉布森从生命历程视角来分析老化过程，介绍了个人传记、社会文化因素和个人经验等要素，以及这些要素对人们在老化过程中经历的独特体验的影响（Stoller & Gibson, 2000）。他们提出，有色人种老年人、老年女性、LGBT老年人和社会经济地位较低的老年人的老化经历均有自己的特征。这些群体的成员将个人的自我意识定义为与主流社会不同，这在他们一生中持续影响其所能获得的各种机遇和机会。终生歧视和无法获得足够的教育、就业和医疗保健服务导致他们在老年期可能会遇到较大的人生挑战。在不考虑老年人可能遇到的实际障碍的时候直接判断老年人是否实现了成功老龄化是不合适的。这不但贬低了老年人的个人价值，也贬低了他们应对各种不利因素的方法。例如，在现在的LGBT老年人年轻时，他们所面对的歧视要比现在更为猖獗和恶毒。在这一特殊的社会历史背景因素影响下，他们的经历、感受和态度是独一无二的。因此，如果不对这种差异有深刻的敏感性，我们就无法真正理解社会环境中的老龄化进程（Hasworth & Cannon，2015；Kimmel，2014）。老年女性和有色人种老年人等弱势群体的过往人生经历增加了他们在随后的人生阶段中出现生理、认知和情感问题的风险。研究人员发现，儿童时期的负面人生经历与包括老年在内的所有年龄段人群的抑郁率、自杀率、危险性行为发生率、吸烟和酗酒率上升显著相关（Dube et al.，2003）。有色人种老年人、老年女性和LGBT老年人更有可能在儿童时期有负面人生经历，抑或成年后面临持续的负面人生经历。社工需要充分调动老年人的优势，尤其是其用以应对一生中面对的诸多挑战和障碍的策略。但也应该认识到，健康和贫困问题的出现并不仅仅是因为个人在生活中做出失败的选择。

老年人与性

不管身心健康状况如何，老年人的心理社会幸福感的一个十分重要的组成部分是对性的兴趣和性方面的表达能力。对所有年龄段的人来说，性的重要意义都超越了对生殖问题和性传播疾病所带来的危险的讨论。在整个生命周期中，能够体会温暖、关爱、身体上的亲密无间和与重要他人联结在一起，对一个成年人的自尊水平来说有积极作用。那些没有伴侣的老年人也可能会采取自慰的方式进行性生活。性对老年人的意义完全取决于老年人自己。性活跃或性冷淡是正常还是功能失调的，不由社工说了算，而是取决于老年人自己的体会（Butarro, Koeniger-Donohue, & Hawkins, 2014）。

正如在第二章中讨论艾滋病病毒检验呈阳性的老年人的数量不断增加时所强调的，身心健康专业人员倾向于避免与老年人讨论性和性生活，他们错误地认为老年人在性方面不活跃。美国社会生活、健康和老龄化项目［The National Social Life, Health, and Aging Project（NSHAP）］是相关领域里专注于老年人的最大的科研项目。研究表明，53%的65~74岁老年人和26%的75~85岁老年人在过去的一年中有性生活（Lindau et al., 2007）。性生活最频繁的65岁及以上老年人（包括男性和女性）一般是已婚人士，自评健康状况为非常好和极好。这说明生理和心理健康不但让老年人有能力进行性生活，也帮助他们保持对性生活的兴趣。

老年人性生活的水平随着"婴儿潮"一代步入老年可能会有所提高。当"婴儿潮"一代进入成年期时，安全有效的避孕方法已经被广泛运用，这鼓励他们有更早、更为频繁的性生活。性生活与生殖活动的联系不再那么紧密，而是更多地与自我表达和生理欢愉强有力地联系在一起。对性有更加开放的态度、"婴儿潮"时期老年人数量的直线上升，以及男女预期寿命的延长，都意味着对身心健康服务提供者来说，老年人的性会成为一个更加明显的问题（National Institute on Aging, 2017）。

影响老年人性生活的因素 老年人性生活的类型和频率取决于身心两方面的因素（DeLamater & Moorman, 2007）。有两个身体方面的问题会特别影响到老年人的性能力或对性生活的兴趣。对老年男性来说，勃起功能障碍或者说不能勃起或保持不了勃起状态可能会让性交变得令人沮丧、尴尬甚至不能性交。这种情况甚至会偶尔影响50%的50多岁的男性和高达70%的70多岁的男性（DeLamater & Moorman，2007）。在NSHAP研究中，37%的男性有勃起功能障碍，但是其中只有14%使用药物来强化性功能。尽管药物"伟哥"在降低勃起功能障碍发生率方面显示出很好的功效，但是去开这种药可能会让年长的老年男性感到不自在。在NSHAP研究中，25%的受访老年男性的自尊可能会受到性功能问题的严重挫伤，完全避免性生活可能是伤害最小的应对问题的方法。

对老年女性来说，性交疼痛，即由阴道萎缩或停经后缺乏润滑剂而导致的性交时的疼痛，可能会妨碍她们对性生活的兴趣，特别是当她们在性方面一直不活跃时更会如此。合成雌激素和润滑剂对缓解性交疼痛一直非常有效，但是老年女性必须知道她们能够得到这些东西，并且愿意使用它们（Buttaro et al.，2014；Styrcula，2001）。与性方面不活跃相关的性交过程中的身体不适常常被称为"鳏夫/寡妇综合征"，因为这种情况常常发生在老年人在相当长的一段时间里一直没有一个固定的性伴侣的情境中。NSHAP研究表明，将近1/3的老年女性因身体不适而完全避免性生活（Lindau et al.，2007）。

即便老年人仍然有兴趣表达自己的性意愿，身体或精神健康状态不佳常常也会导致老年人的性生活减少。心血管疾病、糖尿病和骨骼方面的问题，诸如患严重的关节炎、接受过关节置换术或者是患骨质疏松症，可能会影响老年人进行性生活时的身体安全或舒适度。用于治疗常见的慢性疾病的药物的副作用也可能会严重损害老年人的性功能或性反应。即使许多老年人仍然渴望继续性生活或有性生活，他们可能也找不到性伴侣（Ginsberg, Pomerantz, & Kramer-Feeley，2005；Lindau et al.，2007）。由于老年男女在比例上的不平衡，老年男性可能会有多个选择性伴侣的机会，而老年女性挑选性伴侣的机会则非常少。与老年男性相比，老年女性较少报告有性行为，最常见的原因是缺乏伴侣，这与女性比其伴侣寿命更长的趋势一致（Lindau et al.，2007）。老年男性更有可能在婚，老年女性则更有可能寡居，从而影响了她们通过持续、亲密的关系进行性表达的机会。

可能影响老年人性生活水平的最显著的因素是态度，包括老年人自己的态度、其成年子女的态度、身心健康专业人员的态度（Taylor & Gosney，2011）。第一类老年人对保持活跃的性生活有强烈的兴趣，认为自己有健康的性欲，对继续经常性的、满意的性生活没有明显的障碍。这类老年人不会引起身心健康专业人员的关注。

第二类老年人仍然对性生活感兴趣，但是遇到了勃起功能障碍或性交疼痛问题。对这类老年人，如果他们感兴趣的话，需要让他们知道并能得到相关药物或进行激素治疗，让他们在一个尊重自决权和尊严的氛围里恢复正常的性功能。在NSHAP研究中，38%的男性和22%的女性在50岁以后曾经和医生讨论过性行为。统计数据表明，即使是更年老的受访者，如果被给予机会，也会从医学干预中受益。还有第三类老年人，他们可能对性生活不再感兴趣，原因可能是前面已讨论过的那些，或者只是不再认为对自己来说这是一个重要问题。不加评判地尊重老年人的这一决定是伦理上坚实可靠的专业处置方法。只有当老年人表示对自己目前的状况不满意时，才应该考虑增强对老年人性表现或性欲的干预措施（Taylor & Gosney，2011）。

亲密关系 不管在性方面是否活跃，老年人都仍需要亲密关系——一种至少与一个人的强烈的情感上的联结。亲密关系可能会也可能不会通过与伴侣的关系获得。有些伴侣仍在一起是出于习惯和熟悉，而不是出于深爱对方、彼此托付。他们对亲密关系的需要可能不是由伴侣，而是由深厚的友谊或与家人的联系来满足的。在老年女性群体中，常见的情况是通过女性朋友来满足对亲密关系的需要，她们发展出了相互依赖的关系以应对丧偶和身边缺少家人的情况。这种形态代表了女性一贯的看待自己的身份和满足心理及社会生活方面的需要的方式。关系理论提出，女性从一出生起就是在与父母、兄弟姐妹、朋友和伴侣的关系中成长的，而男性更可能建立起强烈的独立感和个性，这要求他们与促成女性成长的那些关系有某种程度的分离（Golden，1996）。这一理论的确说明了年长的女性相对于男性来说在整个生命周期中可能更容易建立和保持亲密的友谊，并转向这类关系来满足对亲密关系的需要。

隆、查尔斯和芬格曼发现，虽然随着年龄增长，老年人的社会关系的数量在下降，但是社会关系所带来的个人情绪上的满足感在增强（Luong，Charles，& Fingerman，2011）。面对丧偶和生活中的痛苦，老年人会长时间把希望寄托在成年子女和正在长大成人的孙子女身上，以此来表达自己的爱并拥有亲密关系。他们把带给自己深深满足感的毕生的工作和娱乐活动、与朋友和家人的联系，以及强烈的社会政治信念当作生活幸福感和充实感的源泉。

性与住在养老机构中的老年人 要给住在支持性住所和养老院中的老年人提供过性生活的机会，对身心健康专业人员来说是一个特殊的挑战。不幸的是，这经常被当作一种需要被解决的问题，而不是一种需要被满足的需求（Buttara et al.，2014）。老年人可能仍表示对性生活有兴趣，但其适宜程度会有所不同，甚至进入晚期阶段的失智老年人和患退行性疾病的老年人也是如此。对养老机构中老年人性生活的许多质疑涉及老年人是否有能力在知情的情况下对自己的性生活做出决定（Kuhn，2002；Reingold & Burros，2004）。尽管在这些住所中确保老年人身体安全和不受嘲笑，以及身体羸弱的老年人不被人利用至关重要，但是工作人员和老年人的家人也要敏锐地察觉和体恤老年人在性方面的兴趣。性兴趣传达出的是对爱和亲密关系的需要。养老机构应对员工加以培训，让他们对这方面的知识有更好的了解。必要时，老年人的照护方案中应该有性生活史和这方面的评估资料（Buttaro et al.，2014）。养老机构中的老年人应该有大量机会与他人开展尽可能多的社交活动，以满足他们对社会互动和社会刺激的需要。当与另一个成人有性关系不现实或不可能时，卡迈勒建议老年人的家人和朋友通过亲吻和拥抱给老年人更多的身体上的关爱，满足老年人对情感的需要（Kamel，2001）。

然而，在某些情况下，公开的性表达，诸如公开自慰或者对身体比较孱弱的老年人有性方面的亲昵举动在这些机构里不合适，对此工作人员和老年人的家人有必要加以干涉。对于认知状况良好的老年人，有必要直接说明这些行为不恰当。在认知没有问题的情况下，如果工作人员和老年人的家人清楚说明不能容忍这样的行为，那么老年人完全能做到停止冒犯他人。如果老年人有一定程度的失智，那么有效的方法可能是在口头或身体上引导老年人转移自己的行为意向，或者是把老年人与其所冒犯的人隔离开，直到他能停止这类行为（Taylor & Gosney，2011）。如果老年人倾向于在公开场合暴露自己，那么可以让老年人穿从后面解开的衣服，这样一来要脱衣服或解开衣服就不太容易。同时，配备同性别的工作人员提供直接照护，这样老年人就可能更难做出不恰当的行为。所有这些建议都旨在保持老年人的尊严，并保护其他孱弱的老年人。

社会心理维度的成功老龄化

除研究了在第二章讨论的有助于维持老年生理健康的因素之外，麦克阿瑟老年研究和哈佛大学成年人发展研究均研究了成功老龄化的社会心理影响因素。罗韦和卡恩将他们的成功老龄化模型建立在三个维度的功能上：较低的疾病或者残障发生率、较高的认知功能和身体机能水平、较强的社会关系和公共事务参与（Rowe & Kahn，1998）。如果老年人在这三个维度上的功能均维持在高水平，那么很难对这位老年人能实现成功老龄化产生怀疑。但是，罗韦和卡恩的模型也假设老年人的个人能力在这三个维度上有一定的影响，个人是可以影响自身的成功老龄化的结果的。因此，个人要为自己成功或不成功的老龄化负责。罗韦和卡恩的批评者指出，这种模型没有考虑到个人的"社会历史"因素的影响，包括个人的社会经历、获得机会的可能性、歧视或创伤；它也没有考虑到个人是如何基于自己的内心，而不是外在的指标，来衡量自身的老龄化的（Bowling & Dieppe，2005；Rubinstein & de Medeiros，2015；Stowe & Cooney，2015）。将较低的疾病或者残障发生率、较高的认知功能和身体机能水平、较强的社会关系和公共事务参与作为成功老龄化的主要指标，实际上可能排除了很多应该被包括在内的老年人。

这种视角在文化上偏向于排斥有色人种、女性和LGBT群体中的老年人实现成功老龄化。一生都无法获得足够的医疗服务对在老年时期维持健康的身体状况可没有什么帮助。初等和中等教育不足，终其一生都是获得经济保障的障碍。一辈子都在低收入社区居住所导致的社会隔离虽然不能完全排除那些有回报的社会关系，但是这不是一个可以持续参与公共事务的良好预兆。罗韦和卡恩的研究可能是从中产阶级的理想视角出发，假设老年人比实际上拥有更大的能量去控制一生中生活经历的结果。这一模型将成功老龄化视为个人努力的结果，而不是一段受到个人社会和历史现实中诸多结构性和政策障碍束缚的旅程（Rubinstein & de Mederios，2015）。

库苏马斯图蒂等人指出，基于罗韦和卡恩的模型的相关研究所采用的是一种非位的（etic）视角（Kusumastuti et al.，2016）。也就是说，成功老龄化的标准是由那些与老化体验不相关的第三方来审视和解释的。在这种情况下，那些不是老年人的研究人员正在分析和判断成功老龄化的标准。这一视角忽视了老年人自身的主观视角。换句话说，即忽视了老年人如何判断成功老龄化。后面这种视角被称为着位的（emic）视角。老年人会认为什么是他们成功老龄化的内在标准呢？有色人种老年人、老年女性、残障老年人或LGBT老年人如何看待自身和他们的生活？纳入了着位的视角的研究表明，幸福和满足感、个人成长和学习新鲜事物、感知到自主性和独立性，以及幽默感被老年人认为是成功老龄化的重要因素（Bowling & Dieppe，2005）。

我们很容易倾向于通过我们作为观察者的角度，代表老年人的利益，来判断和决定老年人需要做哪些事情来提高他们的生活质量，而不是仔细聆听老年人需要我们帮助他们做些什么。当家庭成员或者护士和社工等专业人士尝试替老年人决定他们需要什么的时候，社会工作专业对案主自决和维持所有人的尊严的承诺就被违背了。在预估和干预过程中，社工需要经常问自己一个问题以作为强有力的提醒："这是谁的目标？"

认知与智力功能

老年人担心随着年龄的增长而丧失许多功能，但是很多功能的丧失是可以预防的。尽管老年人在变老的过程中的确会在短期记忆方面有一些改变，但是在老年的时候出现严重的记忆丧失并不常见或者并不是在所难免的。范伦特的研究中的老年人都在重新训练强健的认知能力和智力，他们做出了积极的努力，每天都在动脑子。他们继续做填字游戏，玩其他的单词游戏，阅读报纸，或者是找些其他的方法让头脑接受挑战。锻炼头脑类似于锻炼身体，它们都用则进，不用则废。

范伦特发现智慧在维持老年人的认知和智力水平方面起到了重要作用。他将智慧定义为"一种为获得观察的视角而从当下发生的即时情况——不管它是一种情感、判断还是冲突——中退后一步的能力和意愿"（Valliant，2002，p.251）。智慧不仅仅存在于受过高等教育的群体身上，它存在于处于不同社会经济地位的全部群体身上。有能力处理他们从生活中学习到的经验和教训，能想清楚什么是主要的、什么是次要的，对老年人保持对周围的环境的好奇心，以及对自己解决生活难题的能力的乐观态度尤为重要。

虽然现在还不清楚到底是良好的头脑功能带来了个人的自信，还是自信带来了良好的头脑功能，但是两者看起来联系紧密。重要的是，老年人即使面临年老带来的生理上的变化，或者是自身社会生活系统方面的变化，还是能把自己看作命运的主人。

社会支持的重要性

社会支持非常重要，长期以来一直被视为老年人生活满意度和幸福感的最重要的预测指标。就像我们在第二章讨论过的，社会关系与生理健康状况显著相关（Newall & Menec, 2013）。佩里西诺托、斯蒂杰塞克-森泽和科文斯基发现，社会支持可以有效降低老年人面对的各种丧失所导致的负面影响（Perissinotto, Stijacic-Cenzer, & Covinsky, 2012）。最开心和对生活最满意的老年人往往倾向于积极参与到与家人、朋友的互动以及生产性工作中来。家人和朋友的支持可以帮助丧偶的老年人面对没有伴侣的新生活中的一系列挑战。对一位老年人来说，失去一个重要的一辈子为伴的朋友会是毁灭性的打击，但是如果在悼念期间仍有其他朋友提供情感上的支持，老年人的痛苦就会减轻一些。范伦特提出了一个新的概念：再生力（Valliant, 2002）。再生力有助于我们理解社会支持对老年人的重要性。再生力被定义为一种通过从身体和情感上照护年青一代而产生的对下一代的福祉的责任感。那些照护自己的孙子女、外甥和其他年轻人的老年人不但在日常生活中有事可做，而且有人会关心他们。这些老年人有能力识别出哪些事情在生命中是重要的，哪些人关心他们，以及从事哪些工作可以帮助他们保持积极的自我形象。

心理与社会生活方面的变化对老年社会工作实务的意义

麦克阿瑟老年研究和哈佛大学成年人发展研究的早期研究成果为我们理解老化过程中社会心理方面的改变提供了知识基础。这些研究发现在随后的研究中得到了证实和发展。这些研究的成果非常鼓舞人心，它们识别出了老年人和助人专业的人可以做些什么让人生的这一阶段成为老年人积极的、有所收获的阶段。变老并不一定意味着丧失记忆力、认知能力或智力功能。变老也不意味着老年人必须与周围的世界脱节。这些发现给老年社会工作实务提供了一些重要启示，也给助人方法提供了重要启示，让助人专业人员可以创造机会帮助老年人最大限度地发挥心理社会方面的功能。

提供机会但尊重选择

老年人若不断给头脑一些挑战并保持好奇心，便更可能把认知能力保留得长久些。不论老年人的收入水平如何，为所有老年人提供成年人教育培训、社会文化活动和学习掌握新技能的机会是成功老龄化的一个重要组成部分。社工的一个重要角色是确定老年人不会由于某些原因，如经济拮据、物理障碍（缺少交通工具或设施不便利等）而在学习机会上受到限制，或者不知道此类活动的信息，等等。老年人知道现有的教育方案或学习机会吗？他们有途径得到这些资源吗？这些机会令老年人感兴趣吗？如果这些问题的答案都是肯定的，那么社工可以做些什么把老年人与这些服务链接起来呢？

在许多场所，特别是在养老院、成人日间护理机构或老年公寓中从事老年人工作的人遇到的一件最有挫折感的事，是制定了教育方案却发现老年人没兴趣参加。老年人总是抱怨无事可做，但他们却很少参加机构里现有的活动。如果去除了参与障碍并提供了持续不断的支持，老年人还是不参加活动，可能就需要尊重老年人的这一决定。即使社工能肯定这是老年人需要的东西，本专业对案主自决的承诺也要求社工尊重老年人的选择。

所有事放慢节奏

在没有疾病的情况下，老年人若能有较多的时间，就可以完成复杂的任务或者记住重要的信息。社工在工作负荷非常大，又有管理型照护设定的时间限制的情况下，容易匆匆做出评估，或者是在需要延长时间解释服药说明和复杂的约见时间表的时候感到沮丧。请慢下来！给老年人时间让他们去处理正在讲的东西。如果有必要，请用多种方法解释同一条信息以强化这一信息。成年人在能看到信息与自己生活的关联时学习效果最好，并能积极地投入学习过程，所以匆匆打发老年人会让他们非常抵触。

心理与社会生活的健康常基于生理健康

老年人的心理与社会功能如何在很大程度上取决于其生理健康状况。如果老年人正遭受身体不适的折磨，总体来说感觉不好，那么社工的工作重心若放在增强他们的社会接触或刺激他们的智力上就可能会徒劳无功。然而，在这一点上，认识到老年人常会把情绪问题躯体化很重要，要辨别出真正的情绪问题和身体不适并不容易。所以，社工要认识到本专业秉持的是生理心理社会取向，在处理心理与社会问题时，重要的是让老年人能接受健康照护，并得到医生的小心监护。第二章之所以广泛涵盖并详细说明老化过程中生理方面的变化就是因为此。老化过程中生理方面的变化既增强也减损了老年人对于这一人生阶段在心理社会方面的调适。

社会隔离可能对老年人造成致命的危害

社会隔离会给老年人带来危害，以及它对抑郁症、失智症、药物滥用和虐待老年人会起到推波助澜的作用，这是本书的一个统领性主题。老年人要想拥有良好的心态和社会适应能力，就需要保持与他人或事物的联系。对一些老年人来说，这种联系是指维系与家人和朋友的关系。而对另一些老年人来说，自己的宠物、通过电话联系的朋友、在线网络聊天，甚至是种植东西也能满足自己保持这种联系的需要。老年人需要某些形式的社会交往以保持智力和社会功能。感觉与他人保持交往对老年人来说很重要。此外，不管老年人怎样看待有生产力和有用，感觉自己仍有生产力、仍有用也同样重要。对一些老年人来说，生产力是显而易见的，那就是在社区或学校提供志愿服务。而对另一些老年人来说，生产力被更微妙地界定为打牌、照护孙子女、保持家中卫生或者在互联网上冲浪。最重要的是，老年人自己认为活动是有生产力的，而不是由别的什么人来做出评判。

改变总有可能

尽管延续理论提出老年人对老年的调适常常会延续其一生的行为形态，但是老年人总有可能改变自己的活动形态。相信人是可以改变的是社会工作专业的一个基本观点。尽管一名老妇人未上完高中，一生都在照护家人，但她却可能是参加一门社区学院课程的优秀人选。早年从未有机会参加某些活动并不能充分说明老年人现在对这些活动不感兴趣。同样，一个从未离开过自己所在的小镇的老汉可能会成为热衷于大巴车旅游的人。老年作为生命历程的一个阶段给老年人提供了无尽的改变机会，使他们可以去尝试新的东西。尽管延续理论可能在预测任何特定的个人会如何调整和适应自己的老年方面有重要的洞察力，但是它不是终身判决。老年人愿意尝试的新活动的范围或许就取决于社工的创意和鼓励。

小结

与流行的观念相反，年老的时候认知和智力功能的减退并非在所难免。实际上，老年人的结晶智力比年轻人还要多，它反映出一生学习和生活的积累。然而，个人处理复杂问题的速度的确会随着年老而有所下降。这是由于脑部的神经传输介质的效率有所改变。在没有诸如阿尔茨海默病、抑郁症或营养不良导致的器质性脑损伤的情况下，老年人会保有学习新技能的能力，并仍然可以在智力方面保持活跃状态。让头脑能一直得到刺激并投入运转对于保留认知能力至关重要。

不管身心健康状况如何，老年人的性生活都仍然是其心理社会功能的一个重要组成部分。身体患病或伤残以及缺少伴侣可能会改变老年人性表达的方式，但是对亲密关系和与他人保持联系的需要在整个生命周期中都是至关重要的。难以清楚地表达对性依然有兴趣、在老年人住所无意（或有意）设置的障碍，加上家人和专业人员的态度，可能会使老年人在表达性需求时受挫。

人老以后在社会生活方面的调适取决于个人的态度、是否有社会支持网络以及老年人在变老过程中所处的环境。一些老年人继续保持活跃状态并投入身边的社会生活中，用新的激动人心的活动替代自己不再能参加的活动。而另一些老年人则或者出于自愿，或者出于偶然出现的问题退出社会主流，过着与社会较为隔离的生活。这些老年人可能会把老年看作可以脱离有诸多事情要处理的中年时的状态、开始过悠闲日子的时光。还有些老年人会走中间路线，既有一定的活动水平，也有时间放松和休闲。在社会生活方面做调整以适应年老并没有单一的"成功"方法。

学习活动

1. 请采访一位 LGBT 老年人，讨论他或她的生命历程。他或她如何描述其青春期和成年早期阶段的社会环境？哪些社会历史因素影响了 LGBT 群体被接受或者不被接受？与年青一代相比，LGBT 老年人的人生体验有哪些不同？他们在每一个人生阶段都经历了哪些具体的挑战？

2. 了解你最年长的亲戚（即祖父母、曾祖父母、姑姑、叔叔或作为家人密友的老年人）之一的生活故事。请给他或她足够的时间来探讨其从童年到老年的生命历程。请你尝试使用本章所讨论的老龄化社会理论来解释这一生命历程。这位老年人对老化的态度是怎样的？什么是这位老年人最引以为豪的？什么是这位老年人最失望的？如果有机会，他或她会对 25 岁的自己说些什么？

3. 一些老年人尽管与他人联系有限，似乎处于社会隔离中，但却可能一点儿都不感到孤独。还有一些老年人非常忙碌，每天和很多人交流，参与很多社会活动，但却感到非常孤独。孤独感与独处状态的区别是什么？请采访成人日间护理机构、带有辅助生活设施的老年公寓或者养老机构的活动主管，看看他或她如何看待老年人的独处状态和孤独感。这位主管是如何解决知道社会隔离对老年人有负面影响与老年人有不参加社会活动的权利之间的冲突的？你认为我们作为社工，在善意的前提下，可能会在哪些地方干涉老年人的自主选择权？

参考文献

American Psychological Association. (2011). Memory and aging. Retrieved from https://www.apa.org/pi/aging/memory-and-aging.pdf

American Psychological Association. (2015). The road to resilience. Retrieved from http://www.apa.org.helpcenter/road-resilience.aspx.

Armstrong, T. (2018). *Multiple intelligences in the classroom* (4th ed.). ProQuest Central. Alexandria, VA: ASCD.

Atchley, R. C. (2000). *The social forces in later life*. Belmont, CA: Wadsworth.

Bonifas, R., Bern-Klug, M., & Simons, K. (2016). Nursing homes. In D. Kaplan & B. Berkman (Eds.), *The Oxford handbook of social work in health and aging* (pp. 257–268). New York, NY: Oxford University Press.

Bowling, A., & Dieppe, P. (2005). What is successful aging and who should define it? *BMJ, 331*, 1548–1551.

Buttaro, T. M., Koenniger-Donohue, R., & Hawkins, J. (2014). Sexuality and quality of life in aging: Implications for practice. *The Journal for Nurse Practitioners, 10*(7), 480–485.

Cavan, R. S., Burgess, E. W., Havighurst, R. J., & Goldhammer, H. (1949). *Personal adjustment in old age*. Chicago, IL: Science Research Associates.

Cumming, E., & Henry, W. E. (1961). *Growing old: The process of disengagement*. New York, NY: Basic Books.

Daniels, L. R., & Boehnlein, J. (2016). The role of reminiscence and life review in healthy aging. In D. B. Kaplan & B. Berkman (Eds), *The Oxford handbook of social work in health and aging* (pp. 53–62). New York, NY: Oxford University Press.

DeLamater, J., & Moorman, S. M. (2007). Sexual behavior in later life. *Journal of Aging and Health, 19*(6), 921–945.

Dube, S. R., Fellini, V. J., Dong, M., Chapman, D. P., Giles, W. H., & Anda, R. F. (2003). Childhood abuse, neglect, and household dysfunction and the risk of illicit drug use: The adverse childhood experience study. *Pediatrics, 111*, 564–572.

Elias, L. J., & Saucier, D. M. (2006). *Neuropsychology: Clinical and experimental foundations*. Boston, MA: Pearson.

Erikson, E. (1963). *Childhood and society* (2nd ed.). New York, NY: Norton.

Fabbre, V. D. (2014a). Gender transitions in later life: The significance of time in queer aging. *Journal of Gerontological Social Work, 57*(2–4). 161–175.

Fabbre, V. D. (2014b). Gender transitions in later life: A queer perspective on successful aging. *Gerontologist, 55*(1), 144–153.

Fry, P. S. (1992). Major social theories of aging and their implications for counseling concepts and practice: A cultural review. *The Counseling Psychologist, 20*(2), 246–329.

Gardner, H. (1993). *Frames of mind: Multiple intelligences*. New York, NY: Basic Books.

Ginsberg, T. B., Pomerantz, S. C., & Kramer-Feeley, V. (2005). Sexuality in older adults: Behaviours and preferences. *Age and Ageing, 34*, 475–480.

Golden, C. (1996). Relational theories of white women's development. In J. Chrisler, C. Golden, & P. Rozee (Eds.), *Lectures on the psychology of women* (pp. 229–242). New York, NY: McGraw-Hill.

Halberstam, J. (2005). *In a queer time and place: Transgender bodies, subcultual lives*. New York, NY: New York University Press.

Hasworth, S. B., & Cannon, M. L. (2015). Social theories of aging: A review. *Disease-a-Month, 61*, 475–479.

Havighurst, R. J., & Albrecht, R. (1953). *Older people*. New York, NY: Longmans, Green.

Hawley, K. S., Cherry, K. E., Sum L. J., Chiu, Y. W., & Jazwinski, S. M. (2006). Knowledge of memory aging in adulthood. *International Journal of Aging and Human Development, 63*(4), 317–334.

Hayman, K. J., Kerse, N., & Consedine, N. S. (2017). Resilience in context: The special case of advanced age. *Aging & Mental Health, 21*(6), 577–585.

Kamel, H. K. (2001). Sexuality in aging: Focus on institutionalized elderly. *Annals of Long-Term Care, 9*(5), 64–72.

Kimmel, D. (2014). Lesbian, gay, bisexual and transgender aging concerns. *Clinical Gerontologist, 37*(1), 49–63.

Kolb, P. J. (2004). Theories of aging and social work practice with sensitivity to diversity: Are there useful theories? *Journal of Human Behavior in the Social Environment, 9*(4), 3–24.

Kuhn, D. (2002). Intimacy, sexuality and residents with dementia. *Alzheimer's Care Quarterly, 3*(2), 165–176.

Kusumastuti, S., Derks, M. Tellier, S., Di Nucci, E., Lunc, R., Mortensen, E. L., & Westendorp, R. G. (2016). Successful ageing: A study of the literature using citation network. *Maturitas, 93*, 4–12.

Kuwert, P., Knaevelsrud, C, & Pietrzak, R. H., (2014).

Loneliness among older veterans in the United States: Results from the National Health and Resilience in Veterans Study. *American Journal of Geriatric Psychiatry, 22*(6), 564–569.

Lavretsky, H., & Newhouse, P. A. (2012). Stress, inflammation and aging. *American Journal of Geriatric Psychiatry, 20*(9), 729–733.

Lindau, S. T., Schumm, L. P., Laumann, E. O., Levinson, W., Muirchearaigh, C. A., & Waite, L. J. (2007). A study of sexuality and health among older adults in the United States. *New England Journal of Medicine, 357*(8), 762–774.

Lock, A., & Strong, T. (2010). *Social constructionism: Sources and stirrings in theory and practice.* Cambridge, MA: Cambridge University Press.

Luong, G., Charles, S. T., & Fingerman, K. L. (2011). Better with age: Social relationships across adulthood. *Journal of Social and Personal Relationships, 28*(1), 9–23.

Lynott, R. J., & Lynott, P. P. (1996). Tracing the course of theoretical development in the sociology of aging. *The Gerontologist, 36*(6), 749–760.

MacLeod, S., Musich, S., Hawkins, K., Alsgaard, K., & Wicker, E. R. (2016). The impact of resilience among older adults. *Geriatric Nursing, 37,* 266–272.

Maddox, G. L. (1966). Persistence in life-style among the elderly. *Proceedings on the Seventh International Congress of Gerontology, 6,* 309–311.

Mallidou, A., & Cartie, M. (2015). Nutritional habits and cognitive performance of older adults. *Nursing Management, 22*(3), 27–34.

Menniger, W. W. (1999). Adaptational challenges and coping in late life. *Bulletin of the Menniger Clinic, 63*(2), A4–A15.

National Institute on Aging. (2017). *Sexuality in later life.* Retrieved from https://nia.nih.gov/health/sexuality-later-life

Newall, N. E., & Menec, V. H. (2013). Targeting socially isolated older adults: A process evaluation of the Seniors Centre Without Walls social and educational program. *Journal of Applied Gerontology, 34*(8), 958–976.

Perissinotto, C. M., Stijacic-Cenzer, I., & Covinsky, K. E. (2012). Loneliness in older persons: A predictor of functional decline and death. *Archives of Internal Medicine, 172*(14), 1078–1083.

Phillips, B. S. (1957). A role theory approach to adjustment in old age. *American Sociological Review, 22,* 212–217.

Reingold, D., & Burros, N. (2004). Sexuality in the nursing home. *Journal of Gerontological Social Work, 43*(2/3), 175–186.

Rowe, J. W., & Kahn, R. L. (1998). *Successful aging.* New York, NY: Pantheon.

Rozencwajg, P, Cherfi, M., Ferrandez, A. M., Lautry, J., Lemoine, C., & Loarer, E. (2005). Age related differences in the strategies used by middle aged adults to solve a block design task. *International Journal of Aging and Human Development, 60*(2), 159–182.

Rubinstein, R. L., & de Medeiros, K. (2015), "Successful aging," gerontological theory and neoliberalism: A qualitative critique. *The Gerontologist, 55*(1), 34–42.

Snowdon, D. (2001). *Aging with grace: What the nuns' study teaches us about leading longer, healthier and more meaningful lives.* New York, NY: Bantam Books.

Spence, D. R. (1975). The meaning of engagement. *International Journal of Aging and Human Development, 6,* 193–198.

Stephan, Y., Sutin, A. R., Bosselut, G., & Terracciano, A. (2017). Sensory functioning and personality development among older adults. *Psychology and Aging, 32*(2), 139–147.

Stoller, E., & Gibson, R. (2000). Advantages of using the life course framework in studying aging. In E. Stoller & R. Gibson (Eds.), *Worlds of difference: Inequality in the aging experience* (pp. 19–32). Thousand Oaks, CA: Pine Forge Press.

Stowe, J. D., & Cooney, T. M. (2015). Examining Rowe and Kahn's concept of successful aging: Importance of taking a life course perspective. *The Gerontologist, 55*(1), 43–50.

Styrcula, L. (2001). Under cover no more: Plain talk about mature sexuality. *Nursing Spectrum, 11*(12DC), 16–17.

Tabloski, P. A. (2014). *Gerontological nursing* (3rd ed). Pearson: Boston, MA.

Taylor, A., & Gosney, M.A. Sexuality in older age: Essential considerations for healthcare professionals. *Age and Ageing, 40*(5), 538–543.

Valliant, G. E. (2002). *Aging well.* New York, NY: Little, Brown and Company.

Vella, J. (2000). *Taking learning to task: Creative strategies for teaching adults.* San Francisco, CA: Jossey-Bass.

Wahl, H. W., & Oswald, F. (2010). Environmental perspectives on ageing. In D. Dannefer & C. Phillipson (Eds.), *The SAGE handbook of social gerontology* (pp. 111–124). Los Angeles, CA: Sage.

Werhner, I., & Lipsky, M.S. (2015). Psychological theories of aging. *Disease-a-Month, 61,* 486–488.

Youdin, R. (2014). *Clinical gerontological social work practice.* New York, NY: Springer.

第四章

老年人生理、心理与社会生活状况评估

学习目标

- 定义生理、心理与社会生活状况评估的目的和过程，包括探讨老年人生活中的优势与不足。
- 探讨功能性能力与决策能力的区别。
- 探讨评估的主要内容，并深入讨论社工如何通过精心设计的问题和测量工具来完成评估工作。
- 通过对生理、心理与社会生活状况评估的实例分析，来描述老年人的优势与不足是如何被评估的，并在此基础上提出干预方面的建议。

章节概述

如何评估老年人生活中的优势资源及其面临的主要挑战
做生理、心理与社会生活状况评估的目的是什么？
实施老年人评估需特别考虑的问题
实施评估的条件
综合性评估的内容
综合性评估示范

如何评估老年人生活中的优势资源及其面临的主要挑战

前一章详细讨论了与老年人的生理、心理和社会生活方面的发展联系在一起的一系列变化。这些知识是重要的基础，有助于了解老年人在生理、心理和社会生活方面有哪些可以预计的变化，以及识别出那些不属于正常衰老历程的状况。通过动态的专业观察和评估过程，老年社工会对哪些是可能对老年人有帮助的干预形成初步的假设，并基于老年人的生理、心理和社会生活状况确定目标。即社工研究老年人的优势和面临的挑战，是因为他们既有力量影响社会环境因素，又会受这些因素的影响并面临考验。活到老年并保持较好的生活质量需要老年人维持较高水平的能力、适应性以及持续性。这些能力有助于老年人调动足够的资源来应对老年期所面对的种种挑战（Chapin, Nelson-Becker, MacMillan, & Sellon, 2016）。

老年社工对一位老年人的评估与常说的老年学评估或诊断检查不是一回事。老年学评估一般由一个服务团队来完成，包括医生、社工、心理学家、职业治疗师、语言病理学家和物理治疗师。每个专业人员对老年人做本专业领域的评估，然后整个服务团队制订出干预和治疗计划。而诊断检查最常见的情况是对老年人做深入的医学或精神病学评估，是在有证据表明老年人出现了医学或精神病学方面的问题后提议做的评估。尽管老年学评估和诊断检查都是给老年人提供一条龙照护的重要组成部分，但是一般在此之前都会有一个比较基本的评估，那就是本章所说的生理、心理与社会生活状况评估。

做生理、心理与社会生活状况评估的目的是什么？

评估的目的是获取一些基本信息，并在此基础上识别出哪些支持性或康复性服务可以帮助老年人保持独立的、令他们满意的生活方式。评估还是一个教育性的过程，它让老年人和相应的支持系统警惕可能会危及老年人福祉的高危情况。评估常常在老年人发生某个变化之后进行，诸如患上严重的疾病、跌倒、丧偶、改变居住安排或者是家庭成员或照护者发觉老年人有某方面的困难。一个实实在在的彻底的评估既应该识别出老年人能充分发挥自身功能之处，也应该识别出老年人面对的重大挑战。

评估优势与不足

社会偏重于关注在老化过程中身心方面的功能丧失而不是随着人们进入老年仍然保留的（甚至是得到改善的）能力。比如，上下楼梯有困难的老年人可能会把楼下的房间变成卧室，规避在楼梯上跌倒的风险。这样的改变表明的是老年人试图把自己的环境"小型化"，即把自己的活动空间缩小到更能够掌控的区域内（Putnam & Wladowski, 2016）。对社工来说，尽管这可能表明老年人不再适合住在待了一辈子的家里，但实际上这一变动表明老年人已经考虑如何继续掌控一个较小的环境,而不是考虑搬离熟悉的居住环境。它表明的是老年人的力量而不是虚弱状态。同样,老年人可能大部分时间待在一把舒适的单人椅上,周围环绕着电话、电视和报纸,这样他们就可以尽可能少地起身和走动。这是应对移动和步行困难的一个良好的调适方法。

运用优势视角做评估和干预意味着社工一方做出的任何努力都注重"在协助服务对象实现自己的目标的服务中,帮助他们发现和整理、探索和利用自己的力量和资源",以帮助他们解决问题并实现目标(Chapin et al.,2016)。

识别支持和维护现有功能的方法

评估过程有助于识别老年人能充分发挥功能但有额外的支持可能会对维持自立更有好处的地方。老年社会工作的一个重要原则是推崇老年人最大限度地发挥自立能力,促进老年人维护个人的尊严。当头脑中装着这一原则时,评估就应该把一部分重点放到老年人保持了自立能力的地方,或者是只要有一些支持就能做到这一点的地方。比如,一位丧偶的老年男性可能会因为视力在逐渐下降而决定不再开车。尽管从对自己和他人安全的角度看这是个明智的决定,但是,这一决定也有其他后果,即可能会导致他不再能每天去本地的老年中心,而他原本每天在那里吃午饭并跟朋友一起打牌。为了保持他走出家门参与社会活动的积极性并给予其支持,评估可以恰当地指出老年人需要交通服务,而不一定是送餐上门服务。尽管送餐上门可能会满足老年人营养方面的需要,但这却剥夺了老年人保持至关重要的社会接触的积极性。评估可以正确地识别一些方法,鼓励老年人持续做出努力,最大限度地发挥自理能力,满足个人需求。

识别恢复丧失功能的干预措施

在此讨论的许多治疗性干预措施的着眼点都是致力于改善老年人已丧失的功能。运用音乐或艺术治疗帮助一位老年人度过重度抑郁期的最终目标是减轻抑郁程度,而不是期望老年人简单地学会适应这一疾病。物理治疗和作业治疗专门帮助老年人在生病或遇到事故后康复,最大限度地发挥自己的能力。评估有助于识别哪些功能打了折扣,以及可以提供什么服务来帮助老年人重新拥有这些功能。比如,一位老年女性过去一直依赖丈夫开车送她去买东西和看医生,新近丧偶后,她可能需要学习怎么搭乘公共交通工具,独立应对这些事。一位患糖尿病的老年人由于患病导致的血液循环问题使得一条腿截肢,他或她必须学习如何使用假肢以便重新活动,或者是在房间里做些物理环境方面的调整,以便可以使用轮椅。

评估可能会被用来识别老年人需要哪些协助以便替代丧失了的功能。比如,一位老年女性刚刚得了一次小中风,此时社工可能需要做评估,以确定让她回到自己家里居住是否现实。评估可能会确定她能胜任基本的日常活动，诸如起身在家中走动，自己上厕所和吃饭，但是她可能需要其他人协助一周洗几次澡，或者是有人把饭菜送到她家中。通过评估，可以识别出哪些功能受损，哪些自理能力保留了下来。

有时，评估对于帮助家人和支持系统不再否认老年人可以保持生活自理的能力至关重要。看到自己所爱的人变得孱弱是痛苦的，家人容易躲藏起来，不愿为老年人寻求更专业的协助，特别是当老年人拒绝更多照护的时候。尽管困难重重，但评估中收集到的数据能提供重要的基础，使老年人与其家人坦诚地讨论问题。

实施老年人评估需特别考虑的问题

老年人群体的异质性

如同本书一直强调的，老年人群体的异质性非常强，所以社工在做评估的时候应当把每位老年人都当成独特的个体来对待。大多数老年人能非常积极地参与评估，对于自己的能力和需要有坦诚的、具前瞻性的洞察力。评估的目的是帮助老年人满足"他们自己"的需求，而不是满足社工"认为"的老年人当下的社会需求。但是，有些老年人在做评估的时候或许不太能认识到自己的功能限制。严重的视力或听力问题可能会使运用标准化评估工具或口头沟通变得极为困难。对一些老年人来说，只是想到要测验自己的基本能力就会感到非常焦虑，以致不能或不愿参加评估。还有些老年人由于失智症或抑郁症带来的破坏性后果，甚至无法配合评估者做情感或认知方面的测验。

做评估时社工可以这样做：在跟老年人交流时采用聊天的语气，尽量减少测验气氛和老年人对自己表现的焦虑；给老年人一些时间，让他觉得跟你在一起没什么不自在；按老年人的节奏而不是你的节奏做评估；避免使用让老年人困惑或害怕的术语，准备好解释为什么你要问某个评估问题，老年人有权利知道你想了解什么。

独立生活与依赖他人之间的平衡

老年人需要认识到自身的局限性，并接受那些可以提高日常生活能力的社会服务。只有这样，老年人才能使自身的收益最大化。然而，深恐失去自立能力而被迫离家，不管这一想法多么无凭无据，它都常常会使老年人认识不到或不承认自己功能发挥方面的限制。这方面的恐惧和担心是如此强烈，以致老年人在很长一段时间里都否认或掩饰已有的问题。让老年人有更方便的居住安排看似容易，但是唯恐被强迫安排住进养老院会使老年人不惜任何代价保持自己的自立,这会成为一个强有力的决定性因素,使老年人否认自己在功能发挥上存在问题。当现实情况要求社工或者医务人员为老年人做评估时,老年人常常担心,如果被发现了功能方面的损伤,后果会怎样。对实施评估的人来说,有必要认识到老年人可能会表现出这一恐惧及其强大的影响力。对老年人来说,别人介入他的生活可能是一种威胁,有可能会让他无法维持岌岌可危的自立与依赖他人之间的平衡。

最初提议进行评估的人

在正常情况下,当一个人或一个家庭自愿请求得到社会服务时,社工会假定服务对象至少有轻微的动机,愿意获得支持性服务以改善自己的生活质量。服务对象自己会从积极参与改变现状中受益(也可能没有受益)。如果一位老年人请求在某个特定方面给予协助,如管家、做家务或者是送餐上门,评估可能会被视为较为全面的综合性社会服务传输系统的一部分,不仅帮助老年人获得所请求的服务,还会争取其他的被认为适合老年人的服务。在这种情况下,请求评估和干预是以服务对象为中心的。老年社工可以期望服务对象能更直接地积极参与到评估过程中。当老年人主动与提供服务的人接触,并持续不断地积极参与制定服务方案时,评估会是一个更为直截了当的过程。社工可以与老年人一起识别老年人所需要的服务,老年人也可以控制干预的程度。

然而,在老年社会工作中,最早提议进行评估和干预的人往往不是老年人自己。当提出评估请求的是老年人的家人、其他照护者、邻居,甚至是公务人员如警察时,情况就变得特别复杂。在这些情况下,评估的目的和目标就不是很清楚。对社工来说,重要的是做评估时要搞明白究竟以谁的目标为重。老年人同意争取社会服务吗?社工提出的社会服务干预措施是否违背了老年人的意愿?老年人有行为能力做出拒绝干预的决定吗?老年人的家人或其他照护者期望的评估结果是什么?这些期望与社会工作专业承诺的案主自决原则一致吗?在正式开始评估前,这些都是要考虑的重要问题,这样社工和老年人就都能清楚评估的目的和目标是什么了。

尊重个人的隐私权

尊重个人的尊严是社会工作专业最重要的价值观之一。在大多数社会服务场所中,评估要求服务对象透露一些自己生活中最为个人化的信息。社会工作专业的做法常常是有问题的,因为它基于服务对象谈论个人信息意愿的强弱来判定其对干预的接纳程度。服务对象如果愿意分享这方面的信息,就被视为乐于合作;如果抵制同第一次见面的社工讨论非常个人化的问题,就常常会被贴上抗拒的标签。这两种标签都不准确。非常个人化的东西往往是大多数服务对象所坚决维护的东西。对从未接触过社会服务传输系统的老年人来说,社工试图了解非常个人化的信息会被看成是粗鲁、不合适、擅自闯入他人领地的行为。评估要求社工询问非常个人化的健康状况、社会关系和经济状况方面的问题，这可能会让老年人在回答的时候感觉特别不舒服。尽管社工可能了解尿失禁所带来的健康风险，并知道这种情况常常能得到成功治疗，但是期望老年人愿意告诉社工自己如厕习惯的细节是不现实的。对一位老年人来说，向一个差不多是陌生人的人承认自己尿失禁可能会非常尴尬，无法说出口。

社工或许能意识到一位老年人间或失去记忆可能表明他患有可以治疗的早期阿尔茨海默病，但是可以理解的是，老年人对于患阿尔茨海默病的恐惧可能会导致他否认此类问题。不知道今天是几月几日或者现任的美国总统是谁会是件尴尬的事，这可能会导致老年人变得有抵触情绪或者好斗，这是正当的防卫机制。此外，老年人最为敏感的话题可能是有关经济收入和财产的话题。如果一个人在一生当中得到的教育是不问别人的经济状况，别人也不问自己的经济状况，那么让他同社工谈论钱财方面的情况可能会特别困难。不管是没钱的老年人还是相当有钱的老年人，情况都如此。

决策能力

本章所遵循的评估过程主要专注于老年人是否有足够的能力去有效管理日常生活中面对的诸多生理、社会、心理层面的任务和挑战（Soniat & Micklos, 2010）。这种功能性能力（functional capacity）能在很大程度上决定老年人能否在自己的家里独立生活，抑或应该被建议转移到带有辅助设施和提供长期护理服务的机构中去。老年社工的工作重点是通过功能评估和相应的干预规划来发现老年人的优势资源，帮助其有效应对生活中的诸多挑战。

判断老年人的决策能力水平是一个更为复杂的工作。老年人是否有足够的认知能力来理解自身做出的决策的意义和后果？例如，某位老年人真的能意识到当自身视力或听力严重受损时仍继续开车，将自己和他人置于危险的境地究竟意味着什么吗？某位受访者能否如实地完成能力评估？当一位老年人没有能力安全地上下楼梯，并经历了几次严重的跌倒之后，他或她是否理解拒绝离开位于二楼的公寓的后果？"自主的选择"何时优先于他人认为的"正确的选择"？决策能力这一复杂概念被定义为"个人自决（自由）与保护（有益）之间的紧张关系"（Moye & Marson, 2007, p.3）。评估老年人的决策能力是老年社会工作最困难的工作之一。社会工作专业坚决捍卫个人行使自决权和维护个人尊严的权利，这是社会工作专业价值观的基石。社会工作专业同样致力于保护弱势群体免受伤害和剥削。因为未成年人的合法权利受到更严格的限制，儿童和青少年在接受治疗方面可能别无选择。但是，除非法院另有裁决，老年人保留有完全的自决权。老年人的家庭成员及其他照护者的权利和意愿并不能取代老年人自身的权利和意愿。

在最理想的情况下，决策能力的评估可以通过非正式渠道来解决。关于决策能力的非正式的解决方案可遵循功能评估结果。例如，老年人的家庭成员可以非正式地接管老年人的财务，或让老年人搬过去跟他们一起生活。作为独立生活与入住养老院两个选择之间的妥协方案，老年人可能同意住进带有辅助生活设施的老年公寓。在有关医疗照护方面的决策中，指定的代理人（见第十一章）可以承担护理和治疗方面的决策责任。

关于决策能力的更正式的解决方案是判断老年人的决策能力水平。这是一个利用多种证据来源来确定个人是否需要法律保护的司法程序。社工进行的功能评估可以辅以其他精神健康专业人士（如心理学家或精神病医生）的专业意见。评估结果可以用于为指派法定监护人或委托人来处理未来有关财务或支持性服务的决定提供证据支持（American Bar Association Commission on Law and Aging & American Psychological Association, 2008）。这应被视为解决问题的最后途径，仅仅适用于有大量证据证明老年人因为精神障碍或者严重的老年失智症而导致认知能力受损，进而需要相关措施保护老年人自己或者他人免受伤害的情况。

实施评估的条件

物理环境

理想的评估场所是老年人的家里。让老年人待在自己熟悉的地盘，会减少在陌生环境中出现的注意力分散和焦虑。家庭场所还能给社工提供非常宝贵的信息，帮助社工验证老年人对自身功能状况的描述。本章后面在讨论实际实施评估时会更详细地讲述在老年人的家中要注意观察些什么。当在医院或其他机构中做评估时，社工可能对评估场所没有多少掌控。然而，让老年人待在自己已经习惯的房间或空间里仍会比让老年人去不熟悉的地方更有益处。

不管是在家中还是在老年人护理机构中，都有一些基本的物理环境条件是可以控制的。社工要确定老年人能得到辅助性的器具，诸如助听器、眼镜、假牙等，或者是步行器、拐杖之类的行走器械。还有一点非常重要，那就是评估场所要有充足的光线，这样老年人就能看见评估所使用的书面材料，清楚地看见做评估的社工。要尽量减少由开门、背景噪声或者是令人恼火的强光造成的注意力分散。应该关掉收音机和电视机，确保老年人能不受干扰地听到评估者的问话并能看清评估者。

如果评估时需要向老年人索取具体的药物治疗方案、医疗记录或经济状况方面的资料，那么应该在评估前就给老年人充裕的时间以便找到相关的资料，这样在面谈的时候就能及时拿到手。老年人如果对评估的内容有基本的了解，在面谈的时候就会更加自信。

尽管家人、邻居和医务人员对社工获得额外的评估资料最终可能会有帮助，但是第一次评估要尽量单独跟老年人进行。有家人在身边不仅会影响老年人回答问题，而且会增加他人试图替老年人回答问题的可能性。

选择最佳时机做评估

社工要选择老年人不疲倦或感觉尚好的时候做评估。对健康状况非常差的老年人来说，疲倦会让他应付不了评估过程中长长的问答。如果评估所需的时间较长，又有许多细节问题，就应该把它分成几次进行，并且控制每次评估的时间。另外，傍晚可能是有某种器质性脑损伤的老年人一天中比较迷糊的时候，如果要准确了解这类老年人的功能状况，那么应该充分利用这个时间段。

要敏锐地察觉文化和性别问题，这些问题对社工与老年人之间的互动质量会有影响。如果老年人的母语不是英语，那么需要为他安排一名娴熟的翻译员。这名翻译员应该熟悉评估，而不是仅仅碰巧会说老年人的母语。请参考专栏4-1来了解同翻译员一起工作的一些提示。有些西班牙裔美国女性和亚裔美国女性可能特别不愿意同男性社工谈论深入的个人情况。社工可以通过老年人的家庭成员来判断需要做什么特别的安排。

专栏4-1　社工与翻译员一起工作时的一些提示

> 1. 社工应在和案主面谈之前与翻译员会面，确认翻译员将翻译案主所说的一切内容，而不是总结谈话内容或删减令人感到不适的部分谈话内容。
> 2. 翻译员应明白，在翻译的过程中准确翻译社工和案主的实际用语是非常必要的。不应让翻译员对所讨论问题的理解影响对实际用语的反应和理解。
> 3. 社工应与案主而不是翻译员保持眼神交流，这有助于与案主发展良好的工作关系。
> 4. 为了避免改变案主的措辞，最好进行同声传译。
> 5. 在需要暂停的时候，翻译员应使用手势提醒社工和案主。
> 6. 翻译员可能因为和案主使用同一种语言而倾向于站在案主一边。社工应充分意识到这一"三角"关系存在的可能性。

参考文献：Scarnato, J.M. (2017). *Tips for working with language interpreters*. Retrieved from http://mswcareers.com/language-interpreter.

解释评估的目的

家庭成员先是要求对老年人做评估，然后又要求社工向老年人隐瞒评估结果，这种情况并不罕见。参与这种带有欺骗性的评估不仅是不道德的，也是不明智的。老年人需要非常清楚地知道评估的目的，谁要求做评估（如果不是老年人自己的话），以及最终的评估结果会被用来做什么。老年人必须有行为能力同意做评估，才能投入与社工的双向互动中，识别出自身的优势和面临的挑战。评估必须获得老年人在知情情况下的授权，这是社会工作专业的一个最基本的伦理原则。

当老年人不能在知情的情况下给予授权，或者显得没有能力理解评估的目的时，社工应当尽一切可能保护老年人的权利和尊严。即使看起来老年人似乎并不能完全理解评估的意义，社工也应该花时间向老年人解释评估的目的。解释工作对社工而言是个防范措施，能确保自己清楚评估的目的，同时也用行动表明身为专业人员对老年人的尊重。老年人的家庭成员或其他指定的照护人要完全了解评估过程中会做些什么，在老年人认知能力有限的情况下，他们会拿到评估的结果。

保密问题

对社工来说，向服务对象担保他所说的一切都会被绝对保密是有诱惑力的。但在做老年人评估的时候，绝对保密根本做不到，不应该用它来鼓励老年人说出自己的情况。其他相关人员会知晓评估的结果。社会服务组织会看需求评估资料，以此决定被评估人是否有资格获得提供给老年人的许多支持性和康复性服务。流动护士会看老年人医疗情况方面的资料。如果老年人申请补充保障收入，那么社会保障局会看他的私人经济收入方面的情况。艺术或音乐治疗师会看老年人抑郁症或失智症情况方面的资料，以筹划干预服务。社工有责任告知老年人都采取了哪些保密措施，让老年人知道只有在绝对必要的情况下才会把资料披露给有权过问老年人福祉的服务提供者和老年人的家人。社工要向老年人保证，其个人资料会得到尊重和保护，只在相关方这一特定圈子里使用。社工也有义务据实向老年人解释保密的相关事宜。

综合性评估的内容

具体评估老年人哪方面的功能取决于评估目的。对于在身体或医疗方面没发现有什么问题但是患严重抑郁症的老年人，社工可能只会评估老年人的精神健康状况。对于情绪或认知方面没表现出什么问题但是日常活动有困难的老年人，社工评估的重点可能是老年人日常活动的功能水平。一项综合性评估包括八大方面，分别是：生理健康、日常生活中所需的能力、心理功能、社会功能、灵性、性功能、经济状况和环境问题。这些方面的资料可能会被全部使用，也可能会被部分使用，专门用来处理特定方面的问题。在此我们没有提供标准化的评估表，因为大多数机构和服务设施使用自己专用的评估表。一些额外的测量工具可能会对社工有帮助，它们能进一步验证社工观察到的东西。我们会结合本书内容在适当的时候对此加以介绍。本章试图对一般性的评估过程做一个总体上的介绍。本书其余各章会更加深入、详细地谈论精神健康和社会关系方面更具体的问题。

社工可以做的最重要的事情是愿意去观察，从观察中收集尽可能多的资料，并让老年人持续不断地积极参与评估过程。社工要睁大眼睛观察,竖起耳朵倾听。

使用评估工具

经过信度和效度检验的评估工具可以作为社工个人观察的补充。但是,这些评估工具不应取代专业临床判断或社工与老年人之间的互动。如前所述,如果在测试中表现不佳关系到失去独立生活的可能性,那么老年人可能在接受测试的时候会感到非常不适。表4-1介绍了若干评估工具及其适用的领域。其他相关的专业评估工具还有很多。这里展示的都是信度和效度在精神健康专业领域得到广泛认可的评估工具。在老年人认知功能评估方面,最常用的工具是简明精神状态量表、简易智力状态评估量表和精神状态简短访谈。这些工具易于操作和管理。老年抑郁量表经常被用来评估老年人的抑郁状况。

表4-1 老年评估的常见领域和评估工具

评估领域	评估工具
认知评估(智力水平、文字-思维处理能力、记忆力)	1. 简明精神状态量表〔Mini-Mental Status Exam:Orientation and memory (Folstein, Folstein, & McHugh, 1975)〕 2. Hachinski缺血指数量表〔Hachinski Ischemic Score:Delirium (Hachinski et al., 1975)〕 3. 简易智力状态评估量表〔Mini-Cog:Cognitive functioning (Borson, Scanlan, Chen, & Ganguli, 2003)〕 4. 画钟试验〔Clock-Drawing Test:Dementia (Lessig, Scanlan, Nazemi, & Borson, 2008)〕 5. 精神状态简短访谈〔Brief Interview for Mental Status (Chodosh et al., 2008)〕 6. 意识模糊评估法〔Confusion Assessment Method (Ely et al., 2001)〕
情绪评估(幸福感、情绪、情绪的变化)	1. 老年抑郁量表〔Geriatric Depression Scale (Yesavage et al., 1975)〕 2. Zung氏抑郁自评量表〔Zung Self-Rating Depression Scale (Zung, 1965)〕 3. 贝克抑郁量表〔Beck Depression Inventory (Beck, Ward, Mendelsohn, Mock, & Erbaugh, 1961)〕 4. 生存理由量表——老年:自杀〔Reasons for Living Inventory—Older Adults:Suicide (Edelstein et al., 2009)〕 5. 贝克焦虑量表〔Beck Anxiety Inventory (Beck et al., 1961)〕
社会支持网络评估	1. Lubben社会网络量表〔Lubben Social Network Scale (Lubben, 2006)〕 2. 修订记忆行为问题量表〔Revised Memory and Behavior Problems Checklist (Teri et al., 1992)〕
功能测量	1. Katz日常生活功能指数评价量表〔Katz Index of Activities of Daily Living (Katz, 1983)〕 2. 工具性日常生活活动能力量表〔The Lawton Instrumental Activities of Daily Living Scale (Lawton & Brody, 1969)〕

Katz日常生活功能指数评价量表和工具性日常生活活动能力量表是最被认可的日常生活能力评估工具。这些工具可用于辅助社工的观察。众所周知，所有心理测试的结果的准确性高度取决于受试者的主观感受、对测试过程的理解，以及访谈者对评估工具的掌握程度。我们需要熟悉这些评估工具，这是因为这些评估工具经常被心理学家和精神病医生在评估和诊断过程中使用。

开始一项评估

基本的社会人口特征资料　先拿到基本的社会人口特征方面的资料对社工开展工作有好处。把老年人的姓名、地址、出生日期和婚姻状况正确地记录下来以备将来使用至关重要。收集这些资料的过程给了老年人一个机会，让他感到跟社工在一起的时候是舒服自在的，避免老年人马上感觉在接受"检查"。要掌握老年人的更为个人化的信息，先了解其家人的情况会有帮助。如果老年人有家人的话，那么问问他的兄弟姐妹和孙子女的情况，这样就可以开始了解老年人可能会有的支持系统。社工还应该询问老年人就业方面的情况、是否服过兵役以及受教育的情况。社工要准备好倾听老年人诉说评估所需的资料之外的东西。老年人可能会用这个机会来试探你是否愿意听他说话，或者是向你展示他引以为荣的自己或家人取得的成就。花时间帮老年人放松，让他感觉与你相处一点儿也不拘谨是值得的。

询问典型的一天　如果要开始一个同时注重老年人优势和生活挑战的评估，一个有效的方法就是请老年人描述典型的一天。他或她什么时候起床？他或她如何洗澡或穿衣？准备早餐是他或她日常生活的一部分吗？看电视、看报纸、上网呢？请求老年人描述其典型的一天是什么样的可以有效避免"测试焦虑"带来的压力，并给予社工一个极具价值的视角来观察老年人如何看待自己的能力。这种方法更像是一次友好访问，而不是一次具威胁性的评估。老年人是否定期安排外出活动或邀请朋友或家人来访？如果老年人很少走出家门，那么他或她白天会从事什么样的活动？他或她一天中的高亮事件是什么？他或她一天中最困难或最孤独的部分是什么？老年人选择与社工分享的东西是极具价值的。这些信息反映了对老年人来说，他或她在面临种种局限的时候依然能完成的事情。这与进行老年人工作的时候所采取的优势视角理念高度吻合。老年人可能希望尽可能强调自身的优势和长处。在这一部分评估中所分享的信息也对评估后期提出的问题具有宝贵的参考价值。例如，如果一位老年人提到他或她通常不吃早餐，那么稍后在评估时谈到功能性能力时，问以下问题就不显得具有威胁性了："你提到你通常不吃早餐，这是因为你从来没有吃早餐的习惯，还是因为你完成准备早餐这项任务有困难？"

生理健康

生理功能受损　运用你学到的有关生理老化过程中正常变化方面的知识，仔细观察有哪些身体上的变化正在影响老年人。你对老年人生理健康的第一印象是什么？老年人行走困难吗？老年人坐着起身时艰难吗？老年人身体协调有困难吗？你看到老年人有震颤或瘫痪迹象吗？老年人有中风的前兆，诸如说话含混不清或半边身体虚弱无力吗？曾经有过小中风的老年人表现出的意识水平会有所不同，他或她可能会有短暂的注意力不集中的"跳闸"现象，也可能会出现身体不适。

老年人是否感到心脏方面有问题？是否有迹象表明老年人呼吸困难，或者在进行简单的活动后便上气不接下气？当询问老年人是否患高血压的时候，老年人可能会用"血压高"一词来描述自己的情况。同样，老年人可能会用"糖高"来指代糖尿病。如果你不明白老年人在讲述自己的健康问题时所用的词，要向老年人问清楚。

询问老年人正在服用的处方药是什么，以及它们都治疗什么。非常重要的一点是询问老年人是否自己买药吃，因为老年人可能并不觉得这是在进行药物治疗。社工应当要求看一下老年人的药瓶，确定老年人说的药名没错，并查看药物是否过期。老年人是否需要什么辅助器具，诸如眼镜、助听器或者移动器具？

尽管只有医生或护士才能对老年人的健康做出专业评估，但是社工在评估中得到老年人医疗方面的一些基本资料也十分重要。老年人确认自己过去或现在都有些什么身体疾病？他或她是否需要定期看医生？谁是老年人的医生或其他健康护理提供者？老年人还接受别的健康治疗，比如按摩治疗、中草药治疗或针灸治疗吗？

每年有 1/10 的老年人成为身体、心理或其他形式的虐待的受害者（National Center on Elder Abuse, 2013）。身体评估的部分内容就是查看老年人是否有受虐待的迹象。老年人是否有可疑的外伤或身体受伤的迹象？在整个评估过程中，老年人对于受伤的说法是否有所改变？老年人的皮肤比年轻人的更脆弱，所以放在年轻人身上或许看起来微不足道的小伤，到了老年人身上就可能是严重的伤害。如果老年人有一个照护人，那么在这个人离开房间的时候试着问老年人身上可疑的外伤是怎么回事。你如果怀疑老年人受到虐待，那么马上通过你所在地的社会服务部门联络相应的本地老年人保护服务办公室。第九章会更详细地讨论虐待和疏于照护老年人的问题，以及如何探查这一问题。

听力损伤　老年人的听力是否有损伤？听力丧失的老年人可能会用点头来表示能听到你的话，但却不能恰当地回答你的问题，或者会不理会你的问题。他或她可能会把电视的声音开得非常大，或者当电话铃、门铃响的时候却没有反应。听力丧失使沟通变得不可靠。如果你非常担心老年人是否听到了你的话，你就难以确定你所评估的问题是否得到了准确答案。除此之外，老年人可能完全意识到了自己有听力丧失问题却矢口否认，这会使沟通变得非常令人沮丧。专栏4-2对如何更有效地与有听力丧失问题的老年人沟通提出了一些有益的建议。

专栏4-2　同有听力丧失问题老年人沟通的小窍门

1. 面向老年人，发音清晰。
2. 站在光线好、背景噪声低的地方讲话。
3. 慢慢地讲，一字一句地讲清楚。
4. 别把手放嘴上，别吃东西或嚼口香糖。
5. 运用面部表情或手势给老年人提供有用的线索。
6. 有必要的话，重新组织自己的表述。
7. 有耐心，保持正面、放松的态度。
8. 询问老年人怎样才能帮其更好地理解你的话。
9. 如果是在公众场合讲话，那么使用麦克风。

资料来源：National Institute on Aging. (2017). *Talking to an older adult with a hearing loss*. Washington, DC: Author. Retrieved from http://www.nia.nih.gov/health/publication/hearing-loss.

评估中同样重要的是确定老年人是否有视力损伤。视力减退的人可能会在说话的时候眯着眼或头向着说话的人倾斜，这是在试图寻找声源。他或她也可能在拿就摆在眼前的东西的时候有困难。视力减退的老年人在够东西的时候可能会显得迟疑不决，这表明他或她是在凭感觉摸东西，而不是先用眼睛看到再伸手去拿。有些老年人辨色有困难或者是衣服的颜色搭配不当。原本喜欢读书的老年人可能会放弃读书，因为看不清字小的读物。只是观察老年人穿过房间就能让社工得到一些老年人视力减退的蛛丝马迹。老年人可能会撞到一眼就能看到的墙或物品，或者地毯表面明明是平坦的，但他或她走路时却跌跌撞撞。吃饭的时候，有视力问题的老年人可能会难以用叉子取食物，或者是从食品盘中取食物。常常打翻杯子或者难以确定杯子是否满了是视力有损伤的老年人经常遇见的问题（American Foundation for the Blind，2018）。

自我健康状况评估

询问老年人如何评估自己的健康状况是很重要的。他们认为自己健康吗？他们如何评估自己的健康状况（优秀、很好、好、一般或差）？他们会认为哪些问题属于重大健康问题？健康问题是否影响或妨碍他们做想做的事？健康状况出现问题后，他们还能继续参与哪些活动？其家庭成员对老年人的健康表示过担忧吗？自我健康评估包括客观和主观成分。患有长期慢性疾病的老年人可能已经很好地适应了他们的健康状况，并认为自己比较健康，尽管你不会这样描述他们的健康状况。例如，一位膝盖部位患有关节炎，同时有白内障和听力问题的老年女性可能会说："如果让我坐着而不是跪着，我仍然可以整理我的花园。如果给我一个舞伴（还有我的助听器），我还能跳舞！"她专注于她仍然能做什么，而不是她不能做什么。我们应该给老年人一个机会来展示他们能做什么，以及他们如何适应自己的健康问题。

最后，当你了解了老年人生活的许多方面后，比较他或她告诉你的生理健康状况与你在评估过程中观察到的是否一致。如果老年人声称自己没有听力或视力方面的问题，那么从你的角度看是这么回事吗？如果老年人否认自己行动不便，那么这与你的观察结果吻合吗？评估是一个动态的过程，在这一过程中社工的观察和老年人的洞察力都对最后确定问题所在有帮助。如果你的观察结果与老年人自己的说法有明显的差异，那么考虑一下其中可能会有的原因。老年人是否表现出对不得不离家的害怕？你对功能良好的看法是否不现实？如果老年人一直没有得到定期的医疗保健服务，那么劝他做身体检查，甚至帮他约诊可能会有帮助。征得有关方的同意，查看一下老年人近期的医疗检查结果非常重要，这有助于证实你和老年人自己对身体健康状况的评估，但在这样做的时候只应从规划未来服务的需要出发，不可任意妄为。传统上，流动护士和家庭卫生保健助理会做自己的医疗评估，或者更有专业能力诠释医生的检查结果。

日常生活中所需的能力

日常生活能力　　从逻辑上来讲，老年人生理健康的评估是老年人功能评估的基础。对老年人日常生活能力（activities of daily living, ADLs）的评估是判断老年人完成一些自我照护基本任务，例如吃饭、上厕所、步行和移动、洗澡、穿衣和梳妆的能力。Katz 日常生活功能指数评价量表是评估日常生活能力最常用的工具（Katz，1983）。这些能力受老年人的身体和心理状况的影响，与日常生活的需求紧密相关。一项或多项日常生活能力的局限意味着需要支持性服务。而这类支持性服务在独立居住环境中往往是得不到 24 小时持续供应的。某位老年人是能独立进食，还是需要他人帮助将食物切成小块，抑或配黄油面包一起吃？某位老年人能否自己在适当的时间上厕所并完成大小便？某位老年人能否在没有他人帮助的情况下在自己的居所步行、起床或者从椅子上起身？某位老年人可以通过使用盆浴、淋浴或擦澡等方式独立完成洗澡吗？某位老年人是否能够选择着装、独立穿衣和完成基本的梳妆（如梳理头发或完成基本的牙齿护理活动）？

工具性日常生活活动　　工具性日常生活活动（instrumental activities of daily living, IADLs）所指的活动要比日常生活能力所指的活动复杂得多。它包括独立居家生活的一些基础技能，例如使用电话和准备饭菜。工具性日常生活活动能力量表是测量工具性日常生活活动能力最常见的量表（Lawton & Brody，1969）。工具性日常生活活动能力的下降可能预示着老年人认知能力下降或可能导致残障问题开始恶化。

重要的工具性日常生活活动包括以下内容：
- 使用电话，包括查找、拨打号码以及接听电话。

- 购物，包括规划交通路线和购买商品。
- 准备饭菜，包括规划完整的一餐和独立准备饭菜。
- 家务劳动，包括繁重的家务活（例如擦洗地板）以及基本家务（例如除尘或铺床）。
- 使用汽车、公交车或出租车等交通工具。
- 药物管理，在没有他人帮助或提醒的情况下，在适当时间服用正确的药物剂量。
- 财务管理，包括开支票或用汇票支付账单。

对这些活动的评估结果通常分为三个级别：有能力独立完成某项活动；在完成活动的时候需要帮助；完全无法完成活动。工具性日常生活活动障碍并不一定意味着老年人无法独立生活；相反，工具性日常生活活动障碍意味着老年人需要支持性服务来帮助他们尽可能地独立生活。一个可靠的功能评估往往是建立在两个来源的信息的基础之上的：老年人的回答以及社工的直接观察。你有哪些证据来支持或否定老年人对自己的每一项具体功能的评价？对老年人来说，他们在一生中的大部分时间都能很好地完成这些日常生活任务。让他们向一个陌生人承认自己年老体衰，无法再胜任这些任务，无疑是一个痛苦的经历。

心理功能

从你开始同老年人打交道的那一刻起，就已经在搜集材料描绘老年人心理功能的准确面貌。在同老年人谈论身体健康问题的时候，你对老年人处理信息并回答问题，回想事实材料，进行符合逻辑的、前后一致的谈话的能力就会产生初步的想法。心理功能评估包括人格、智力、记忆力、失智症和谵妄几个方面。失智症和谵妄将在第五章被详细讨论。

人格 人格是个人心理功能的一部分。它能深刻说明个人是怎样看待世界，以及如何应对压力的。你会怎样描述老年人的人格？从年轻时开始，老年人感觉自己有了什么变化？老年人认为自己生活中最大的压力源是什么？如果老年人提到了一个让他特别困扰的事件，诸如患严重疾病或朋友、家人去世，那么探索一下他是怎么应对压力的。老年人对自己的哪些成就感到特别自豪？老年人一生中最开心的事情是什么？这些问题可以帮助你了解老年人对自身优势的自我评价。老年人的回答能让你深入了解他调动解决问题技能的能力。你感觉老年人是能掌控自己的生活还是对一切听之任之？老年人对自身生活的掌控感是预测其情绪是否健康的最重要的因素（Mallers，Claver，& Lares，2013）。

智力 你对老年人智力的基本评价是什么？老年人是如何保持头脑积极运转的（是通过阅读、做填字游戏还是从事其他激发智力的活动）？教育水平并不是衡量老年人智力能力的最准确的指标，老年人运用智力资源去解决问题或保持与生活的联系才是衡量其智力能力的更好指标。受教育非常少的老年人可能有令人称奇的创造力和资源，以保持对环境的掌控感。

记忆力 老年人对自身记忆力的评估对于了解其记忆功能是否减退十分重要。老年人记起最近发生的事或很久以前发生的事是否比较困难？你是否注意到老年人刻意去记一些事情，或者"我不记得"成了他有些不自觉的反应？老年人是否在评估过程中总重复特定的信息而自己并没有意识到这一点？试着确定老年人是担心丧失记忆，还是没有意识到这一点，抑或接受了这一事实，认为它是变老的一部分。老年人不记得的事情本身是否重要？一位老年人可能忘记了昨天午饭吃了什么，但却可以告诉你过去一周他或她打过的每一个电话。客观来讲，哪件事情更重要？

失智症 失智症的症状是处理和表达逻辑思想、确定时间和方位、检索近期和远期记忆的能力逐渐减退。老年人群体中最为常见的失智症是阿尔茨海默病。这一疾病我们在第五章会详细讨论。心理评估的目的不是让社工自己来诊断失智症，而是让社工来收集病症资料，这些资料可能表明老年人需要进一步检查认知损伤，社工应提出这方面的建议。失智症是由脑部发生的实质性的生理变化引起的，其发病通常是渐进的而不是突变的。尽管患有失智症的老年人看起来睡眠状况、胃口和能量水平都正常，但是他们会表现出定向障碍和对日常生活能力任务的困惑。他们可能在从事基本的智力活动，诸如记普通物品的名称，让自己弄清楚正确的日期或季节，又或者是数数时有非常多的困难。他们可能难以集中精神或是做出简单的决定。然而，缺陷只出现在认知或智力功能上，其情绪或情感没有重大改变。老年人或许能意识到，也或许意识不到这些认知上的缺陷。然而常有的情况是，有一定程度失智的老年人能聊天或者回答问题，而不是回答"我不知道"。这是一种有意或无意的努力，试图把认知功能丧失降低到最低限度。

最常用的识别失智症的工具是 Brief Inventory of Mental Status 和简明精神状态量表。这些量表被用来帮助评估者确定是否有证据表明评估对象的认知有局限。这些量表会询问老年人对时间和空间的判断，也会测试老年人的基本认知功能，诸如短期记忆能力、说出熟悉物品的名字、阅读并跟随简单的指令。这些测试并不能被当作失智症的诊断依据，而只是给评估者提供一些初步的指征，让他知道在做评估的时候老年人的认知功能状况如何。简易智力状态评估量表（包括画钟试验）是另一个更简短但信度很高的量表，可以有效地测量认知功能。

谵妄 与失智症不同，谵妄是一种发病急、病程短的疾病，常常会与失智症混淆。谵妄的特点是定向障碍、混乱、做决定有困难以及警觉性下降，其中的许多症状与失智症相同。两者的主要不同在于谵妄发病急，一般会与一个可以识别出来的诱发事件，诸如药物中毒反应、脱水、营养不良、感染、突然戒酒或者体温过低联系在一起（American Psychiatric Association, 2013）。患谵妄的老年人的意识水平会出现波动，表现为思维杂乱无章，记忆力严重受损。老年人的情绪和智力也会受影响，表现不稳定，可能还会出现幻觉或错觉。家人一般会察觉老年人在得了某种病或发生了什么事后突然出现功能上的变化。

谵妄是一种医学上的紧急病症，需要立即采取治疗措施以最大限度地减少永久性损伤。对表现出谵妄症状的老年人进行评估没有什么建设性作用，从医学角度来说不建议做评估。第五章会更详细地讨论谵妄。

情绪状况

抑郁症 评估老年人的情绪要求确定老年人的情绪状况是否稳定，是否适宜进行评估。比如，老年人是否显得抑郁或者表示自己感到悲哀或大部分时间无精打采？尽管每个人都会有一些日子感觉情绪低落或悲伤，但是若悲伤的时间拖得过长就不是老年人正常的现象。此时，要查看老年人是否最近失去了什么人，如配偶、家人或密友去世。在这些情况下，老年人会有一定程度的抑郁，但是除非抑郁状态持续时间过长，否则不应该被视为有问题。严重抑郁有两个主要特点：一是有抑郁情绪和明显对以往能带来乐趣的活动失去兴趣（American Psychiatric Association，2013）。二是感到极度悲伤，常常会一阵阵哭泣，正常的睡眠节奏被打乱，可能出现习惯性失眠或者嗜睡。患抑郁症的人一般会表示长期感到倦怠，没有精力。老年人可能更关心自己不再能做的事，而不是那些没有因疾病或年老而受到损伤的长处和能力。患抑郁症的老年人不会出现患失智症的老年人表现出的那种较为明显的说话不着边际，他们可能会在回答许多问题时说"我不知道"，而非尽力去想答案。患抑郁症的老年人即使是在做微不足道的决定（诸如吃什么东西或者在熟悉的情形下做些什么）时也常常会有巨大的困难。在跟患抑郁症老年人面谈的时候常会感觉老年人不再在意自己的生活，或者不再能打起精神参加任何活动（Gellis & Kenaley，2016）。我们会在第五章详尽地讨论严重抑郁症的临床指标。

自杀意念 患抑郁症的老年人可能会表示感觉自己毫无价值，会反复出现想死的念头或自杀意念。自杀是65岁及以上老年人中排在第八位的死亡原因（National Institute of Mental Health，2018）。有自杀倾向的高危老年人是近期生活发生变化的人，如丧偶或者从住了一辈子的家或公寓中搬出来（Suicide Prevention Resource Center，2018）。自杀风险特别高的是身体不好、独居、社会经济地位低、社会支持少的白人老年男性。

社工在评估老年人的情绪时必须认真考虑其自杀风险。在评估过程中应该询问几个简单的问题以清楚地确认老年人的自杀风险是否有所增加，是否应该立即转介老年人做精神疾病评估。下面是可以询问的简单问题：

- 你曾经觉得生命不值得留恋吗？如果有的话是在什么时候？
- 你曾经考虑过结束自己的生命吗？如果有的话是在什么时候？
- 你现在还这样想吗？
- 你曾想过用什么方式结束生命吗？
- 你计划好了吗？

- 是什么阻止了你按自己的计划做？

即使你根据对老年人的心境和情感状态的观察认为他没有抑郁症，在做每个老年评估的时候仍然应该问这些问题。第八章会更全面地审视老年人的自杀问题。对自杀威胁绝不可以掉以轻心。如果老年人看起来很有可能自杀，那么应该立即采取行动。

焦虑症与忧虑 抑郁症的特点是长时间感到悲伤和毫无希望，而焦虑症则被界定为有强烈的内部不适感、畏惧，唯恐要发生什么糟糕的事，同时伴有呼吸过快、高度紧张、头痛或颤抖等躯体症状（Bassil, Ghandour, & Grossberg, 2011）。老年人可能很容易心烦意乱或深深忧虑。他们可能难以集中精力做简单的事，对一些事情的回想也可能会由于在情绪上处于激动不安的状态而受到影响。身体疾病，如心血管疾病、帕金森病、阿尔茨海默病以及激素失调的症状常常与焦虑症的症状类似，因而应该在判定老年人有焦虑症之前先对这些疾病加以排查。焦虑症还常常容易与忧虑混淆。忧虑是与特别忧心特定的问题联系在一起的，一般老年人能够说清自己究竟在忧虑什么（Diefenbach et al., 2003）。忧虑本身并不是病态反应，而是对健康和安全方面牵挂的事的合情合理的情绪反应。在做评估的时候弄明白老年人牵挂什么是很重要的，这可以区分老年人到底是有焦虑症还是只在忧虑一些事。

社会功能

评估社会功能的目的一是确定老年人是否参与了社会活动或者想参与什么社会活动，二是确定老年人是否有自认为能够调动的社会支持资源。

生活方式 询问老年人自己典型的一天是怎么过的。这种方法在本章前面已讨论过，可以用来了解老年人如何看待自己的生活。老年人的回答可能有助于你了解老年人自己建构的世界观是什么。这是社会建构主义者了解老化的社会过程的内核。活动理论、撤离理论和延续理论这些有关老化的社会理论假定老年人有独特的保留和丢弃早年活动形态的方式。老年人是仍投入主流生活，还是不再有那么活跃的生活？是否有什么生活事件迫使老年人违心地选择不太活跃的生活方式？如果是这样的话，那么老年人是否尝试过用其他活动来替代失去的那些活动？

社会隔离 老年人是否感到孤独，想要与他人有更多的社会交往？老年人多长时间会离家一次，去拜访朋友或家人，抑或去教堂或参加其他社会活动（如老年中心的聚会、教堂的活动、牌友俱乐部的活动、购物或听音乐会）？老年人可以使用什么交通工具？老年人想要有更多的外出活动吗？如果是的话，那么哪些因素阻止了老年人外出？并非每位老年人都愿意一直忙忙碌碌、参加社会活动，要尊重老年人想要独处的愿望。老年人想不想参加社会活动并没有特别的好坏之分，但是如果老年人对于目前的状况感到不开心，真心想要多些社会接触，那么就要看看问题出在哪儿。有些老年人喜欢独处，对在许多时间里都是自己一个人待着感到非常自在，从一感到孤独。

范德霍斯特和麦克拉伦发现，低水平的社会支持与较高水平的抑郁和自杀念头密切相关（Vanderhorst & McLaren，2005）。社工应该认识并理解角色丧失这一事件在老年人生活中的重要意义。年老的时候可能会丧失一些社会角色，诸如配偶角色、工作人员角色、社区成员角色或朋友角色，并且再没有机会替代。这些角色丧失会严重影响老年人社会交往的数量和质量。

Lubben 社会网络量表可以分别评估由家人以及朋友和邻居提供的社会支持（Lubben，2006）。因为老年人通常并不乐意与其他人分享私人事务或是轻易向他人寻求帮助，因此并不能保证老年人能从家人以及朋友和邻居那里获得社会支持。但是，朋友和邻居通常可以提供定期的社会互动，且这种重要的社会互动并不是源于家庭关系的责任。该量表可以协助社工发现老年人的社会支持网络中的优势和挑战。

工具性和情感性支持　工具性支持（instrumental support）指的是老年人可能会得到的任何外来援助，诸如经济上的支持，帮忙做家务或者是跑腿。社工可以询问老年人在这些方面是否有人帮忙，如果有的话是什么人。老年人和提供这类支持的人是否都对这一安排感到满意？有些事老年人之所以做不了是不是因为找不到人帮忙？通过这些问题你能了解老年人现在都有什么支持系统，还需拓展哪些方面的支持系统。在工具性支持方面，如果家人或朋友帮不了忙的话，那么家政服务之类的居家服务常常可以起到补充的作用。

情感性支持（emotional support）较为个人化，涉及同家人或密友的接触以及他们给予老年人的支持。老年人有问题的时候会联系谁？老年人想找人说说话的时候会找谁？老年人是否有可以倾诉自己的麻烦或困扰自己的想法的知已？女性在这方面要比男性好一些，这主要是因为女性更有可能建立和保持社会关系网。即使只有一个感情上亲近的朋友，也有助于老年人缓解孤独带来的痛苦的感觉，保持与社会的联结感。

灵性

当老年人遇到伴随老化而来的生理、心理和社会生活方面的挑战时，灵性可以成为一个重要的支持源。较好的灵性水平与保持良好的心理健康状态、增强应对生活事件的能力和提高自尊心直接相关（Nelson-Becker，Canda，Nakashima，& Sellon，2016）。灵性在老年社会工作中的角色，以及帮助老年人识别灵性在自己的生活中所起的作用的专门工具，将会在第十章得到详细讨论。在此，我们把它作为评估过程中的一个十分重要的部分介绍一下。灵性不是专指个人的宗教皈依，尽管一些老年人对灵性有这样的看法。灵性包括一个人对自我的超越、对意义的寻求和与他人的联结感。

简要评估老年人的灵性通常从让老年人说明自己的信仰或宗教归属开始——如果老年人有的话。老年人的信仰与抚养他或她的家庭的信仰一致吗？在成年以后，他或她是否改变了信仰归属？老年人对宗教会所（如教堂、犹太会堂或清真寺）活动的参与情况如何？老年人认为这类会所在支持眼下自己的生活中扮演了什么角色？这一宗教归属对老年人有多重要？

即使老年人没有指出自己有什么宗教上的皈依，灵性也可能是一种重要的支持。达德利、史密斯和米利森建议社工用不提及宗教的方式来讨论个人的灵性问题（Dudley, Smith, & Millison, 1995）。社工可以问这样一些问题：老年人怎样描述自己的人生哲学？他怎样解决自己灵性方面的需求？在他感到害怕或需要特殊帮助的时候什么对他最有用？此时此刻，他生活中的什么东西是有意义的？什么给予他希望？这些问题只是一些例子，说明可以怎样帮助老年人识别灵性因素在自己的生活中所扮演的角色，以及在评估老年人的优势（或面临的挑战）并设计干预方案时灵性因素怎样成为重要资源（Nelson-Becker et al., 2016）。

性功能

正如第三章讨论过的，性欲和性生活对老年人来说或许重要，或许不重要。当老年人遇到紧急的健康护理危机，诸如失智症变得严重、重度中风或身体患病等时，可能不适宜询问老年人对性的兴趣和忧虑，直到老年人这方面的危机得到妥善解决（Robinson & Molzahn, 2007）。然而，与刚度过危机的老年人谈论性其实并不是不恰当的，因为老年人自己也常常担心生病会影响性功能。身心健康专业人员在触及这个问题时要小心行事，用一般性的说明做引导语，然后再提出没有威胁性的问题，诸如："尽管有健康问题，但是许多老年人的性生活依然活跃。性对你来说重要吗？"如果老年人对这一问题的回答是否定的，那么社工认定性欲或性生活对老年人来说不是什么问题，或是老年人有意不跟社工谈论这个话题，可能不会出差错。如果老年人对这一问题的回应是肯定的，那么社工可以接着问一些问题，以评估老年人心理社会功能中这一方面的情况。华莱士、博尔茨和格林伯格提议问：老年人在性方面是怎么处理的？其满足性需求是否有问题或是感到担忧？其随着时间的推移与伴侣的性关系有什么变化？身心健康专业人员可以提供什么资讯或服务帮助老年人满足性需求？（Wallace Boltz, & Greenberg, 2007）这些并不是可以提出的问题的全部，它们只是向社工提供一个起点，这样社工便可以开始跟老年人讨论性问题，并识别出是否有什么方法可以把满足老年人的性需求纳入服务方案中。若没有经过高级培训，社工绝不应该视自己为这一领域的专家，但是社工也许能协助解答有关老了以后老年人身体上的变化对性表现的影响方面的问题，或者告诉老年人可以采取的医学干预措施，如激素治疗或者是服用药物。

经济状况

如果评估需要的话，那么问一下老年人的经济状况。尽管对老年人来说个人的经济状况是个非常敏感的话题，但可以通过一些间接问题引出这一话题。老年人是否担心自己的钱不够日常开销？老年人是否由于手头没钱而推迟拿处方药或买食物？老年人有钱应急吗？了解一下老年人的经济状况可能有助于识别他或她是否有资格享受其他来源的经济或物质方面的援助，如补充保障收入、医疗援助或紧急援助。如果老年人相信你问这些问题是为了他们好，是要帮他们改善生活质量，那么他们对于涉及钱的问题回答起来可能就会更配合。在这方面很重要的一点是，要尊重老年人的隐私权。

环境问题

评估老年人的生活环境包括对房屋总体修缮状况和居住环境安全隐患的观察。这些因素对于预防老年人跌倒和受伤很重要。

房屋总体修缮状况　老年人的房屋设施看起来是否得到了妥善维护？老年人的基本家务是否得到了料理（如保持了地板和窗户的洁净、移除了垃圾、清洗了碗碟等）？老年人是否表示做这些家务有负担？

老年人是怎样装饰自己的家的？房间里有家人和朋友的近期照片吗？家中有钟表和日历吗？它们显示的时间和日期正确吗？大多数老年人为自己的家感到非常自豪，不管它多么简陋。家对他们来说远不只是栖身之所，而是展示自己生活的舞台。有些老年人无论是在经济方面还是在身体方面都有能力定期更新家中的家具，而另一些老年人则更愿意待在老的、熟悉的环境中。

无安全隐患的居住环境　由于年老带来的视力、听力和协调能力的变化，老年人非常容易跌倒。社工需要查看居住空间里的家具、地毯或走道里堆放的东西是否会导致老年人绊脚、跌倒。为老年消费者设计的十大安全提示清单请见专栏4-3。查看隐蔽的、容易绊脚的布料线头和电线。楼梯有扶手吗？老年人的家中是否安装了烟雾和一氧化碳报警器？老年人如果需要协助的话，是否有紧急报警装置连接着本地的警察局、消防局或医院？报纸、杂志或书籍堆放的方式是否有火灾隐患？老年人有没有囤积的习惯，比如囤积垃圾或食物？我们会在第五章讨论老年时期的囤积问题。

邻里安全防范措施　尽管许多老年人周围的邻居变换频繁，但他们自己多年来却没有变更住址。在你看来老年人住的地方安全吗？是有其他人住在这一街区还是这一街区看起来已经被遗弃了？老年人待在家中感到安全吗？尽管对老年人来说邻居的社会经济阶层不一定是个问题，但是了解老年人对离家外出有什么想法是将来规划活动要考虑的一个重要因素。老年人家中的门窗是否上了足够的锁？锁是太少还是太多？锁过多可能表明老年人过去有过安全问题或者预料将来可能会遇到他人闯入的麻烦。

专栏 4-3　老年消费者十大安全提示清单

1. 在家中安装烟雾和一氧化碳报警器。
2. 制订紧急逃生计划。如果需要，那么预先安排好家庭成员或照护者协助老年人逃生。
3. 在厨房里放置一个质量好的灭火器以防火灾。
4. 确保家中室内室外有良好的照明，以防止跌倒。
5. 确保行走路面平坦、防滑、无障碍物，并持续保持良好的状态，以防止跌倒。
6. 让烟灰缸、烟蒂、蜡烛、电炉和其他潜在火源远离窗帘、家具、毯子和其他易燃物。永远不要让这些物品处于无人看管的状态。
7. 每年都请专业人员检查燃料燃烧器具（包括炉子和烟囱），以确保它们正常工作，不会泄漏有毒的一氧化碳。
8. 在厨房、浴室、车库、公用浴缸或水槽附近以及房屋外部等可能潮湿的地方安装接地故障断路器，以防止触电。
9. 确保所有药物、火柴和打火机都存放在儿童无法接触到的地方。将所有药物放在儿童开启不了的容器中。
10. 将热水器的最高温度设置为不超过 120 华氏度（约为 49 摄氏度），以防止烫伤。

资料来源：U. S. Consumer Product Safety Commission. (2017). *Top ten safety checklist for older consumers*. Washington, DC: Author. Retrieved from https://www.cpsc.gov/s3fs-public/701.pdf.

专业直觉

你对老年人在评估过程中表现出的能力的总体印象如何？你对评估有什么"感觉"？是否有些东西引起了你的警觉却没有被涵盖在本章前面的内容中？你的专业直觉告诉你老年人的功能状况怎样？信任你的专业直觉是评估过程中不可或缺的一部分。专业直觉对于决定哪些领域需要进一步探索尤为重要。你如果觉得不能从老年人那里获得足够的资料，可能就要接触其他知情人，让他们帮你对老年人的功能状况得出扎实可靠的结论。

利用其他知情人收集额外资料

如果老年人有严重的认知或沟通问题，那么可能需要吸收其他知情人，如老年人的家人、朋友和其他提供服务的人参与评估。重要的是老年人要准许你接触其他人，他清楚你会问哪些评估问题以了解有关他能力方面的具体情况。如果老年人的家人与老年人定期接触，他们就能帮你确定哪些功能上的问题由来已久，哪些是最近才出现的。老年人在过去 6 个月或过去 1 年中有些什么变化？是否有什么先导事件（如生病或失去什么人）加重了老年人的问题？家人是否注意到老年人在情绪状态、认知能力或社会参与方面有所改变？社工要意识到，家庭中可能会存在延续了一辈子的没有解决的家庭问题，要敏锐地察觉个人的一些可能会使他所反映的老年人的问题有所偏差的东西。不管制定的干预目标是什么，老年人的家人都同样会受到影响。老年人一辈子的朋友、医生、神职人员，甚至是邮差等其他知情人的见解也能帮助社工弄清楚老年人在日常生活中所拥有的优势和遇到的挑战。

综合性评估示范

尽管做全面评估需要收集的资料似乎数量庞大,但是这些资料也可以用简明扼要的方式组织起来,这不仅对社工非常有用,对做同一老年人工作的其他身心健康专业人员也非常有用。写出有意义的评估报告的关键是用组织得当、陈述事实的方式说明情况,突出的重点是就识别出的干预领域而言老年人的优势和面临的挑战。下面是对艾丽斯·金桑太太的评估报告,涵盖了一个全面的生理、心理和社会生活评估所涉及的所有领域。请仔细阅读资料,思考案主的优势和面临的主要挑战。

案例 4-1:艾丽斯·金桑太太

金桑太太是位 76 岁的非裔美国女性,跟丈夫查尔斯·金桑在自己家普通的、带走廊的平房里共同生活了 55 年。她因中风住进了纪念医院,医院出院部的工作人员经过她同意后在她出院的时候将她转介到了老年人服务机构。轻度中风的后果是她的右半边身体虚弱,并且说话有些困难。尽管目前她的丈夫在护理她,为她准备所有餐食,但是这不是长久之计。金桑先生自己也有病,照护妻子让他不堪重负。

金桑太太有四个子女,均已长大成人,所有孩子都住在 5 英里①以内。她有 7 个孙子女,2 个曾孙,过去她几乎每个周日都会见到他们,那时他们会来家里吃晚饭。金桑太太一直待在家中抚养孩子,直到最小的孩子也上了学,她才找了份全职工作——当儿童图书管理员。她一直工作,直到 10 年前才和丈夫一起退休。直到生病前,她每周都在一所本地学校做 2 天的志愿工作。

生理健康

金桑太太是一位身材娇小、有魅力的老年女性,她看起来要比实际年龄年轻不少。她坐着的时候,难以看出身体受到中风的损害。尽管步态不稳,拖着右腿,但是她能自己行走。虽然她的右半边脸由于中风而下垂,但是她有一双生动的眼睛和一脸轻松的微笑。她讲话含混不清,但是如果慢慢讲,有条理地表达,别人很容易明白她的意思。尽管金桑太太一直因高血压而接受医生的治疗,但是她认为自己的健康状况相当不错,直到最近发生的"插曲"——她是这样描述自己的中风的。她正在接受一名内科医生的定期治疗。她的手和肩膀有关节炎,但是她声称这从未影响她照看孙子女、做家务或是活跃地生活。金桑

---

① 1 英里约等于 1.61 千米,下同。——译者注

太太有轻微的听力丧失，但她没有（也不想要）助听器。她在读书和做其他费眼的事情时会戴眼镜，但是她没有青光眼或白内障。她没有注意缺陷障碍，如果给她多点时间把话讲完，那么她能回答所有问题。考虑到她说话不便，她讲得已经非常清楚了。她衣着得体，但是尽管家里挺暖和，她却穿着毛衣。

在中风前，金桑太太服用阿替洛尔来控制高血压。现在，她服用立普妥来降低胆固醇水平，服用低剂量的帕罗西汀来治疗她所说的"她的神经"。她拿到"用薄膜包装的药物"，里面注明了每种药物每天服用的时间。她清楚地知道每种药是治疗什么的以及该什么时候服药。金桑先生为夫妇俩准备早饭和午饭，他们的女儿每天晚上给他们送晚饭。金桑太太看起来营养方面没问题。没有明显的迹象表明金桑太太有受虐待或被疏于照管的情况。

日常生活能力

金桑太太在日常生活能力方面受到的限制是显而易见的，因为她需要协助才能洗澡、穿衣服和移动。她恨自己不得不依赖丈夫，但她身体的右半边就是没有力气，如果没人协助她就做不了这些事。她能打电话，独自服药，但不能做饭，做不了什么家务，也不能自己从一个地方挪到另一个地方。金桑太太对自己日常生活能力的评估与社工的观察似乎一致。这方面似乎是她最需要大量协助之处。

心理健康

尽管因中风身体受到损伤，但金桑太太是个爽快的女人，有投入地做事的个性和很好的幽默感。她对中风的反应主要是迷茫。她感觉不错，每天和丈夫一起散步大约半小时并按时服药。她难以理解为什么她会遇到这样的事，急切地想要让事情尽快"回到正轨"。即使是在面谈的时候，金桑太太也还在按医院物理治疗师的建议握着一个橡皮球活动右手，以改善手部力量。

金桑太太曾是个热衷于读书的人，但现在她阅读有困难，因为她的手难以拿住书，眼睛也受到了中风的影响。她的医生认为在中风引起的肿胀完全消退后，她的视力会恢复正常。所以，她有望恢复阅读能力。只能看电视让她觉得非常厌烦。金桑太太承认她有些抑郁（老年抑郁量表的得分为10分；这个证据证明老年人很有可能患有抑郁症），但她认为自己"情绪低落"是由于身体行动不便和讲话有困难。她更关心丈夫对她生病的反应。金桑先生非常紧张、警惕，绝不允许她一个人待着。他取消了跟朋友和家人的活动，全天候地照护她。当被问到是否想过要结束自己的生命时，金桑太太笑了，说："亲爱的，情况没那么糟！"她没有任何自杀意向。

她的长期记忆出色，短期记忆也不错。她的时间感、空间感和对人的辨识能力都没问题。

社会功能

从面谈来看，显而易见这对夫妇习惯了与家人和朋友有非常多的交往活动，而中风使之大为减少。自从金桑太太生病后，尽管子女们常常打电话问候并来家里坐坐，但周日不再过来吃晚饭。金桑太太想念她教会的朋友，也留恋过去一直参加的每周的宾果游戏。尽管医生准许她去教堂，做她感觉可以做的事，但是由于中风后身体虚弱，她乘坐她家的小汽车有困难。她能在家前面的街上走走，但也只能走一小段距离，不过这让她在天气好的时候能见见邻居。她又一次表示担心自己病了后丈夫变得太与外界隔离。过去他会拜访工作时的朋友（退休前他是一名教师），一周跟他们一起喝几次咖啡，还会去当地的理发店待一会儿，和朋友一起聊聊天。现在她没法让他相信自己单独待一小段时间没问题。

金桑夫妇的子女和孙子女是夫妇俩获得实际支持的最佳来源。他们的大女儿除给他们送晚饭外还帮助他们洗衣服、做清洁工作。尽管子女们在需要的时候能供差遣，但是他们能帮忙的时间都有限，因为他们有全职工作，家务事也很忙。金桑太太认为把自己对丈夫的担心说给孩子们听不合适，她认为这是他们夫妇俩的事。面对社工的质询，她的回答是："他们没有问，我也没有说。"当问她怎么处理这些忧虑时，她叹了口气说："我做了许多祷告。我们曾经度过了比这还要艰难的时光。"

灵性评估

金桑太太笃信宗教，她是一个追求精神生活的女人，一生靠信仰的帮助度过了许多艰难时光。她是圣心教区（一个文化多元化的教区）的活跃信徒。直到生病前，她一直定期做弥撒，并参加读经小组的活动。她坚信自己的生活受到了深深的祝福，因为她有挚爱她的丈夫和家人。同时，她也在与诸如种族歧视等社会公正问题做斗争。在20世纪40年代上大学时，她身为年轻的黑人女性对种族歧视有亲身体会。她做了很多努力，慢慢让自己的孩子为本种族的遗产感到骄傲，树立起自尊，并鼓励他们积极参与社区活动，致力于让所有种族的人都能获得教育和就业机会。她把这一处世哲学看作其精神追求的真正表达。

性功能

毫无疑问，金桑太太对恢复跟丈夫的正常性生活很感兴趣，尽管自中风以来她还没有感觉性生活好到"很有乐趣"。当说到她认为她的丈夫比她对做爱更紧张时，她笑了。她说丈夫待她像个"易碎的娃娃"，但她理解他是在担心她的身体健康。这对夫妇显得非常恩爱，相处融洽。

经济资源

这对夫妇除了有社会保障金外，还因为在学校系统工作多年而有普通水平的退休金。他们因参加了政府的老年医疗保健计划而拥有健康保险，并能通过退休教师组织购买补充健康保险。他们有足够的资源来维持舒适但不奢侈的生活方式。然而，购买支持性服务帮助金桑太太留在家中生活，可能会让他们经济紧张。

环境安全问题

家里的房屋看起来维护得不错，居住区域也没有明显的安全隐患。家里各处都是家人的照片，金桑太太很热心地说明照片里的人都是谁。房子是平房，所以卧室和卫生间都在一层。

评估问题：
（1）你认为金桑太太面对哪些具体的挑战？她有哪些优势资源可以用来应对这些挑战？
（2）在中风以后，她改善生活的目标是什么？如果你是一名社工，你向她推荐的工作任务是否与她的个人目标一致？
（3）她有什么非正式的支持系统？她可能需要哪些来自正式支持系统的服务来帮助她保持独立的生活方式？
（4）你认为应该持续评估金桑太太生活中的哪些具体指标？
有关金桑太太评估问题的建议答案，请参阅附录。

小结

全面、综合性地评估老年人的生理、心理和社会生活功能是帮助老年人获得服务和资源、改善生活质量、保持独立生活的第一步。良好的评估技巧要求社工睁大眼睛观察，竖起耳朵倾听。拥有正常老化导致的生理、心理和社会生活方面的变化的知识，对于评估特定的老年人至关重要。它能帮助社工了解老年人是如何应对这些正常变化以及遇到的慢性生理或心理健康问题带来的挑战的。评估是社工和老年人都有所贡献的一个动态过程，他们共同评定出老年人在生理健康、心理功能、性功能、情绪状况、社会功能、日常生活中所需的能力、经济状况和环境问题等方面的功能状况。任何一项评估的特定着眼点都取决于评估的目的以及老年人和社工对未来干预目标的认定。

从本质上说，评估要求老年社工问一些非常个人化的问题。社工在问这些问题的时候要格外敏感和有耐心。社工应该想到老年人在回答诸如身体功能状况、性生活、家庭关系和个人经济状况等私人问题时会有困难。了解这些方面的情况的前提条件是，它们与老年人所要求的协助或所要接受的特定服务的资格审查直接相关。如果老年人问为什么要了解特定的情况，就要准备好告诉他们。尽管社工自己可能不介意谈论深层次的个人情况，但是老年人可能不愿意讨论类似问题。

学习活动

1. 查阅有关老年人的功能性能力与决策能力的区别的专业文献（社会工作、护理和法律方面）。文献中的主要议题是什么？这些概念与能力的法律概念有何关系？如果允许老年人根据自己的决定（自由）独立生活，而不是尽早预防，在一些对老年人非常有害的事情发生之前进行干预（受益），那么会有哪些风险？你在自己的工作实践中，是否有"自主的选择"与"正确的选择"相冲突的例子？

2. 如果你目前在精神健康机构、配有辅助设施的老年公寓或养老机构中为老年人服务，请询问社工应该使用何种评估工具来识别老年人的心理健康状况或社会需求？你是否可能与老年人一起观察这些评估工具的应用情况？你认为"测试"是否可以准确测量老年人的能力？评估工具的哪些部分是有价值的指标，哪些部分似乎没有用处？在你看来，如果过度依赖评估工具而不是人与人之间的对话，我们会忽略哪些优势和劣势？

3. 我们倾向于认为朋友和家人是老年人获得情感和工具性支持的唯一来源。请仔细想一想老年人可能用来维持其独立生活的其他支持性来源。还有谁可以进入一位老年人的生活，提供上述任一维度的支持？如何整合这些资源来帮助生活在社区的老年人？你认为宠物在为老年人提供情感支持方面扮演了怎样的角色？

4. 虽然高龄老年人对计算机技术和社交媒体的接触和了解可能相对有限，但是大多数"婴儿潮"一代的老年人可能对此相当精通。如何利用社交媒体中的任一社交平台来帮助老年人维持社区中的社会关系？你能想出一些方法来为老年人提供一些廉价的应用程序吗？计算机技术和社交媒体日益扩大的影响将如何改变社工对生活在社区的老年人的支持方式？

参考文献

American Bar Association Commission on Law and Aging & American Psychological Association. (2008). *Assessment of older adults with diminished capacity: A handbook for psychologists*. Washington, DC: American Bar Association. Retrieved from http://www.apa.org/pi/aging/programs/assessment/capacity-psychologist-handbook.pdf

American Foundation for the Blind. (2018). *How to recognize vision loss in older people*. New York, NY. Retrieved from http://www.afb.org

American Psychiatric Association. (2013). *Diagnostic and statistical manual of mental disorders: DSM-5* (5th ed.). Washington, DC.

Bassil, N., Ghandour, A., & Grossberg, G. T (2011). How anxiety presents differently in older adults. *Current Psychiatry, 10*(3), 65–72.

Beck, A.T., Ward, C. H., Mendelson, M., Mock, J., & Erbaugh, J. (1961) An inventory for measuring depression. *Archives of General Psychiatry, 4*, 561–571.

Borson, S., Scanlan, J. M., Chen, P. J., & Ganguli, M. (2003). The mini-cog as a screen for dementia: Validation in a population based sample. *Journal of the American Geriatrics Society, 21*, 349–355.

Chapin, R., Nelson-Becker, H., MacMillan, K., & Sellon, A. (2016). Strengths-based and solutions-focused practice with older adults: New applications. In D. Kaplan & B. Berkman (Eds.), *Handbook of social work in health and aging* (2nd ed., pp. 63–72). New York, NY: Oxford University Press.

Chodosh, J., Edelen, M. O., Buchnan, Yosef, J. A., Ouslander, J. G., Berlowitz, D. R.,... Saliba, D. (2008). Nursing home assessment of cognitive impairment: Development and testing of a brief instrument of mental status. *Journal of the American Geriatric Association, 56*, 2079–2075.

Diefenbach, G. J., Hopko, D. R., Feigon, S., Stanley, M. A., Novy, D. M., Beck, J. G., & Averill, P. M. (2003). "Minor GAD": Characteristics of subsyndromal GAD in older adults. *Behaviour Research and Therapy, 41*(4), 481–487.

Dudley, J. R., Smith, C., & Millison, M. B. (1995). Unfinished business: Assessing the spiritual needs of hospice clients. *American Journal of Hospice and Palliative Care, 12*(2), 30–37.

Edelstein, B. A., Heisel, M. J., McKee, D. R. Martin, R. R., Koven, L. P., Duberstein, P. R., & Britton, P. C. (2009). Development and psychometric evaluation of the reasons for living-older adults Scale: A suicide risk assessment inventory. *The Gerontologist, 49*(6), 736–745.

Ely, E. W., Margolin, R., Francis, J., May, L., Truman, B., Dittus, R., . . . Inouye, S. K. (2001). Evaluation of delirium in critically ill patients: Validation of the Confusion Assessment Method Unit (CAM-ICU). *Critical Care Medicine, 29*(7), 1370–1379.

Folstein, M. F., Folstein, S. E., & McHugh, P. R. (1975). Mini-Mental State: A practical method for grading the cognitive state of patients for the clinician. *Journal of Psychiatric Research, 12*, 189–198.

Gellis, Z. D., & Kenaley, B. (2016). Mental health disorders in later life. In D. Kaplan & B. Berkman (Eds.), *Handbook of social work in health and aging* (2nd ed., pp. 387–396). New York, NY: Oxford University Press.

Hachinski, V.C., Iliff, L. D., Zihka, E. Du Boulay, G. H., McAllister, V. L., Marshall, J., Symon, L. (1975). Cerebral blood flow in dementia, *Archives of Neurology, 32*, 632–637.

Katz, S. (1983). Assessing self-maintenance: Activities of daily living, mobility and instrumental activities of daily living. *Journal of the American Geriatrics Society, 31*(12), 721–726.

Lawton, M. P. & Brody, E. M. (1969). Assessment of older people: Self-maintaining and instrumental daily living. *The Gerontologist, 9*(3), 179–186.

Lessig, M. C., Scanlan, J. M. Nazemi, H., & Borson, S. (2008). Time that tells: Critical clock-drawing errors for dementia screening. *International Psychogeriatrics, 20*(3), 459–470.

Lubben, J. (2006). Abbreviated and targeted geriatric assessment. In B. Berkman (Ed.), *Handbook of social work in health and aging* (pp. 729–735). New York, NY: Oxford University Press.

Mallers, M. H., Claver, M., & Lares, L. A. (2013). Perceived control in the lives of older adults: The influence of Langer and Rodin's work on gerontological theory, policy and practice. *The Gerontologist, 54*(1), 67–74.

Moye, J., & Marson, D. C. (2007). Assessment of decision-making capacity in older adults: An emerging area of practice and research. *Journal of Gerontology: Psychological Sciences, 62B*(1), 3–11.

National Center on Elder Abuse. (2013). *Elder abuse prevalence and incidence*. Washington, DC.

National Institute on Aging. (2017). *Talking to an older adult with a hearing loss*. Washington, DC: Author. Retrieved from http://www.nia.nih.gov/health/publication/hearing-loss

National Institute of Mental Health. (2018). *Suicide*. Washington, DC. Retrieved from https://nimh.nih.gov/health/statistics/suicide.shtml

Nelson-Becker, H., Canda, E. Nakashima, M., & Sellon, A. (2016). Spirituality in professional practice with older adults. In D, Kaplan & B. Berkman (Ed.), *Handbook of social work in health and aging* (2nd ed., pp. 73–84). New York, NY: Oxford University Press.

Putnam, M., & Wladkowski, S. P. (2016). Aging and functional disability. In D. Kaplan & B. Berkman (Eds.), *Handbook of social work in health and aging* (2nd ed., pp. 321–330). New York, NY: Oxford University Press.

Robinson, J. G., & Molzahn, A. E. (2007). Sexuality and the quality of life. *Journal of Gerontological Nursing, 33*(3), 19–27.

Scarnato, J. M. (2017). Tips for working with language interpreters. Retrieved from http://mswcareers.com/language-interpreter/

Soniat, B. A., & Micklos, M. M. (2010). *Empowering social workers for practice with vulnerable older adults*. Washington, DC: National Association of Social Workers.

Suicide Prevention Resource Center. (2018). Suicide: Older adults. Retrieved from https://www.sprc.org/populations/older-adults

Teri, L., Truax, P., Logsdon, R. Uomoto, J., Zarit, S., & Vitaliano, P. P. (1992). Assessment of behavioral problems in dementia: The revised memory and behavior problems checklist (RMBPC). *Psychology and Aging, 7*(4), 622–631.

U.S. Consumer Product Safety Commission. (2017). *Top ten safety checklist for older consumers*. Washington, DC: Author. Retrieved from https://www.cpsc.gov/s3fs-public/701.pdf

Vanderhorst, R. K., & McLaren, S. (2005). Social relationships as predictors of depression and suicidal ideation in older adults. *Aging and Mental Health, 9*(6), 517–525.

Wallace, J., Boltz, M., & Greenberg, S.A. (2007). Sexuality assessment for older adults. *Annals of Long Term Care, 15*(1), 15–16.

Yesavage, J. A., Brink, T. L., Rose, T. L., Lum, O., Huang, V., Adey, M., & Leirer, V. O. (1983). Development and validation of a geriatric depression screening scale: A preliminary report. *Journal of Psychiatric Research, 17*, 37–49.

Zung, W. W., (1965). A self-rating scale for depression. *Archives of General Psychiatry, 12*, 63–70.

第五章

老年人认知与情绪问题的区辨性评估及诊断

学习目标

- 定义老年人抑郁症的症状和风险因素,以及种族、族裔和性别对老年人抑郁症发病率的影响。
- 探讨老年人阿尔茨海默病和其他失智症的临床指标以及用于诊断失智症的评估工具。
- 描述老年人谵妄(有别于老年人失智症)的临床指标。
- 探讨老年人焦虑症与抑郁症在特征上的差异。
- 培养区分抑郁症、失智症、谵妄和焦虑症的能力,它们在发病、进展、症状和风险因素等方面各有其特征。

章节概述

区辨性评估与诊断
老年人的抑郁症
失智症
谵妄
区辨抑郁症、失智症与谵妄
焦虑症
焦虑症的区辨诊断

区辨性评估与诊断

本章集中深入地探究老年人认知与情绪方面的问题。这些问题不是正常老化的一部分,而是在一些老年人身上出现的病态问题。区分不同类型的认知与情绪问题的过程被称为区辨性评估及诊断(differential assessment and diagnosis)。区分开抑郁症、失智症、谵妄和焦虑症对于确定适当的干预措施至关重要。尽管这些疾病在年轻群体中可能彼此差异很大,但是在老年人群体中它们常常看起来差不多,比较难区分。患有失智症的老年人常常会有抑郁症状;患谵妄的老年人可能看起来像是患有失智症;患有抑郁症的老年人可能也有焦虑症状。虽然初看起来这些可能让人感到混乱,但是认识到每种疾病的独特症状,比较它们的异同对切实地开展老年社会工作来说是不可或缺的。

抑郁症、失智症和谵妄会在本章的第一部分讨论,包括这些疾病的症状、发病周期、特点和与之相连的风险因素。然后,我们会对这些疾病进行比较,帮助你识别它们各自的特点,这是区辨性评估及诊断的精粹。焦虑症的出现常常伴随着抑郁症和谵妄,但是我们会将它们分开来讨论。尽管不论老年人是否有认知或情绪问题,他们都常常会有焦虑症状,但是真正患焦虑症的老年人相对来说并不多见。最后,虽然囤积症并非老年人所独有,但囤积症症状对部分老年人来说却是另一个需要解决的行为问题。

老年人的抑郁症

据估计,15%~20%的老年人患过抑郁症(Geriatric Mental Health Foundation, 2008)。有些人终其一生都在与抑郁症进行艰苦的斗争;也有部分人在65岁以后患抑郁症。目前用于判断老年人抑郁症发病率的方法是不够精确的。可以说,抑郁症是老年人群体精神健康问题诊断和治疗最为不足的精神障碍之一。一些研究发现,在已经接受个案管理服务的老年人群体中,有20%~30%的人患有轻度抑郁症,另有25%的人患有重度抑郁症(Snowden, Steinman, & Frederick, 2009)。重度抑郁症被描述为持续且经常复发的抑郁状态,严重到足以损害案主的情绪和生理机能,在某些情况下甚至会导致案主丧失某些重要能力(American Psychiatric Association, 2013)。

老年时期出现的抑郁症大部分处于"低于阈值"的范畴,这意味着症状可能没有严重到被归类为重度抑郁症的程度,但足以影响老年人的生活质量(Cherubini et al., 2012)。

在老年人群体中，程度较轻和较常见的抑郁症被称为心境恶劣障碍（dysthymic disorders）。虽然这种障碍影响老年人的情绪、食欲、精力和注意力，但其症状不如重度抑郁症严重（American Psychiatric Association，2013）。

即便没有被诊断为患有抑郁症，许多抑郁老年人也可能患有带有抑郁情绪的适应障碍（adjustment disorder）。适应障碍由一个特定事件引发，造成了强烈的情绪反应。对老年人来说，抑郁症状常常会在晚年发生常见的重大生活改变，诸如失去伴侣、退休或者患重病后出现。这种类型的抑郁发生在老年生理、心理和社会生活都有变化的大背景下。它与其他生活改变事件共生的情况导致老年人和健康护理人员多把感到抑郁归结为老化过程中在所难免的事。老年人自己也常常会把感到悲伤、情绪低落归结为人到老年必然会发生的事，对之予以接受而不是寻求治疗。健康护理人员可能会认为，对失去重要亲友或者身患重病的老年人来说，感到抑郁是不可避免的。但是，他们可能没有意识到抑郁症其实是可以治疗的。尽管患有轻度抑郁症的老年人会有一系列的抑郁症典型症状，诸如心情抑郁、精力不济、负面的自我对话、胃口不好、睡眠紊乱等，但是患病的人通常仍能维持日常生活。

如果不及时治疗，那么阈下抑郁症（sub‐threshold depression）——包括轻度抑郁症、适应障碍和心境恶劣障碍——可导致与重度抑郁症同样程度的后果，如幸福感下降、健康状况恶化、预期寿命缩短、生活质量下降和自杀风险增加（Cherubini et al.，2012；Vink，Aartsen，& Schoevers，2008）。抑郁症并不是正常老化过程中的一部分。所以，在做老年人工作的时候，老年社工迫切需要的是能够识别导致老年人患抑郁症的高风险因素，准确判定抑郁症状，帮助老年人获得适宜的干预。

老年人患抑郁症的风险因素

基因与家族史 抑郁症有家族遗传倾向。直系亲属，如父母或兄弟姐妹患抑郁症的老年人，更有可能在人生的某个时刻患抑郁症（Vink et al.，2008）。这种抑郁症可能是由生化失衡引起的，可以通过服用药物进行治疗。心理健康工作者最近才开始了解到抑郁症是如何在人的一生当中反复发作的。目前的老年人同期群可能在人生中已经经历过抑郁症发作的情况，但是当时并没有被诊断出患抑郁症。艰难时刻以及家庭悲剧常常被视为需要忍耐的事，个人要靠自己摆脱低落状态，设法应付生活。人生早期阶段的抑郁情绪是晚年患抑郁症的风险因素（Rao，Wallace，Theou，& Rockwood，2016）。目前的心理健康研究已经能帮助我们识别青少年的抑郁症，促成及早采取至关重要的干预措施。希望人们以后不用再一生受抑郁症的折磨。

然而，晚发性抑郁症在老年人群体中的症状特征与早发性抑郁症或者终生抑郁症不同。晚发性抑郁症通常带有更高水平的冷漠和精神萎靡的特点。晚发性抑郁症患者通常没有经历过以不良社会关系或情绪不稳定为特征的终生人格功能障碍，但是在步入晚年以后开始出现抑郁症状（Gellis & Kenaley，2016）。与年轻人相比，患有抑郁症的老年人在执行能力（这种能力对于从事连续性活动尤为重要）和记忆丧失方面受到的负面影响尤为明显。

性别 在所有种族、族裔和年龄群体中，女性患抑郁症的确诊人数都高于男性（National Institute of Mental Health，2018）。老年女性同老年男性相比更可能因为情绪问题寻求治疗，因而走进心理健康服务机构。女性可能会向其他人（如家人、朋友、精神健康专业人员等）寻求支持，而男性更可能借酒宣泄，应对抑郁（National Institute on Mental Illness，2017）。女性比男性的预期寿命长也意味着她们更有可能遭遇失去伴侣的情况，需要在社会支持系统日渐缩小的情况下重新组织自己的生活。预期寿命长还增加了得严重的慢性疾病的可能性，这也与产生抑郁症状高度相关（Kobau & Kobau，2010）。可能最为重要的一点是，女性常常被迫靠比男性更为有限的收入来生存（Shriver Center，2016）。长期的经济压力以及由此导致的卫生保健服务不足和居住条件差，成了持续不断的破坏性压力的来源。不管性别和肤色如何，社会经济地位低都是一个最强有力的预测晚年抑郁症的指标。女性较高的抑郁症发病率似乎还与生殖期和生殖期之后激素的变化有关，这影响了所有年龄段的女性（National Institute of Mental Health，2018）。所以，尽管抑郁症在老年女性群体中要比在年轻女性群体中更为常见，但是，这一现象更有可能是由一系列生理、心理和社会因素造成的，而不单单是性别因素的作用。

虽然女性抑郁症的发病率比男性高，但是对男性抑郁症的诊断更有难度。一般来说，女性可能比男性看医生的频率更高，也更乐意讨论自己的不安情绪和症状。患有抑郁症的男性则往往没有被确诊。男性更可能轻描淡写地描述抑郁症的症状。这可能是因为他们不知道什么是抑郁症的典型症状，抑或没有把自己可能有问题的情绪和感觉与抑郁症联系起来。例如，抑郁症在男性群体中的症状通常表现为身体疼痛、愤怒、冲动和烦躁，很多男性可能不会认为这是抑郁症的症状（Hinton et al.，2017；Mayo Clinic，2018）。男性可能更不愿意承认自己患有抑郁症，尤其是当他将抑郁症视为个人失败或者软弱的表现的时候。男性更可能用药物或酒精来缓解抑郁症状，而不是自愿、主动地寻求心理咨询或者其他的专业帮助，因为他们可能会认为这有损于他们的个人自尊（National Institute of Mental Health，2018）。在所有年龄阶段，抑郁症都与自杀高度相关。老年男性自杀率最高，很可能是老年男性抑郁症的诊断和治疗都严重不足，进而导致的严重后果（Centers for Disease Control and Prevention，2017）。

独居 独居本身并不构成抑郁症的重大风险因素。事实上，居住在养老院的老年人比居住在社区的老年人的抑郁症患病率更高。独居老年人只有在无法保持社会联系，抑或社会支持系统随着朋友和家庭成员去世而减少的时候，才会有更大的风险患抑郁症（Lubben，2006）。

失去伴侣、兄弟姐妹或密友等生命中重要的人与老年人患抑郁症有非常强的相关度。与另一个人共同生活或者是照护另一个人很长时间会产生很强的个人间的纽带，一旦失去就会造成情绪上的混乱。为所爱的人去世而哀伤的那段时间是众所周知的哀伤处理期，它与患抑郁症是不同的。虽然哀伤的人常常会出现与患抑郁症的人一样的症状，如哀伤的时间拖得较长、失眠和没有胃口，但是这些症状会在悼念期间自然而然地渐渐消退（Gellis & Kenaley, 2016）。近期有家人或密友去世的老年人除非是哀伤的时间比通常情况下长很多，或者是伴有过分的内疚感和懊悔，否则不应被诊断为患抑郁症。

生理疾病 生理疾病增加了老年人患抑郁症的风险。大约80%的老年人患有至少一种慢性疾病，大约50%的老年人患有两种或两种以上慢性疾病（Centers for Disease Control and Prevention, 2017）。老年人可能会因为得知自己患了严重的、危及生命的疾病而抑郁。疾病与抑郁之间是循环关系。老年人抑郁的时候免疫系统会受到抑制，这增加了患严重疾病的可能性。同样，当免疫系统由于疾病而受损时，也更容易出现抑郁症状。不管谁为因谁为果，疾病与抑郁之间的联系都既受生理因素的影响，也受心理因素的影响（Cherubini et al., 2012; Gellis & Kenaley, 2016）。

围绕身体疾病而来的抑郁症状的出现大多是因为生病使老年人日常生活的能力发生了变化。丧失自己吃饭、如厕、穿衣或洗澡等能力触及老年人保持自尊的内核（Gellis & Kenaley, 2016; Kok & Reynolds, 2017）。接踵而来的由丧失这些能力而带来的对他人的依赖使老年人感觉自己毫无用处，是他人的负担。马勒斯、克拉弗和拉雷斯发现，感觉能掌控生命，仍有能力选择自己的日常活动，自信有能力打理自己的生活（所有这些在老年人患慢性疾病的时候都会大打折扣），能最有力地预防老年人患抑郁症（Mallers, Glaver, & Lares, 2013）。

抑郁也可能是老年人的某些常见病，比如脑瘤、高血压、帕金森病、心肌梗死和糖尿病的症状之一（Vink et al., 2008）。甲状腺功能异常、胃肠道疾病和内分泌失调也会导致抑郁。在阿尔茨海默病的早期阶段，当老年人越来越意识到自己的认知能力正在衰退时，常常会变得抑郁。究竟是阿尔茨海默病导致了抑郁，还是意识到阿尔茨海默病病情恶化带来的损害导致了抑郁，目前还不得而知（Toseland & Parker, 2006）。阿尔茨海默病与抑郁症的并发性是老年人心理健康服务面临的最艰巨的挑战之一。

药物治疗 抑郁也常常是治疗高血压、心脏病、睡眠障碍和焦虑症的药物的副作用。仔细查看老年人服用的所有药物对于评估抑郁症非常重要。多种药物交互作用产生的毒性会导致抑郁症，特别是还同时饮酒的话，更是如此。改变服用的药物或者确保老年人严格遵照医嘱按时按量服用所有药物或许能帮助老年人缓解抑郁症状。

预防和干预抑郁症的保护性因素 正如本章反复提到的，抑郁症并不是老化过程中不可避免或正常的组成部分。虽然老年人具有很多患抑郁症的风险因素，但是很多老年人的人生经历中也存在预防抑郁症发展的保护性因素。老年人如果认为自己相对健康、身体机能没有衰退抑或身体没有残障，那么患抑郁症的可能性相对较小（Rao et al.，2016；Vink et al.，2008）。健康是降低老年时期抑郁症发病率的重要因素，这主要是因为老年人的健康状况直接影响其能否完成 ADLs 和 IADLs 任务，维持独立生活状态，以及能否避免慢性疼痛或者不适（Unsar & Sut，2010）。

另一个保护性因素是老年人主观判断的来自他人的社会支持。换句话说，老年人是否认为自己能在需要的时候从家人和朋友那里获得足够的工具性支持和情感支持（Lubben，2006）。社会支持系统可以有效缓解个人生活中的压力事件的负面影响。值得一提的是，决定社会支持系统的作用的不是可以为老年人提供支持的家人和朋友的数量，而是家人和朋友的情感支持的质量和可靠性（Parker et al.，2016）。老年人完全可以独自生活，但无法承受孤独之苦。即使老年人只有一位知己，这一支持系统也会极大地降低其抑郁的可能性。

如果一位老年人对自己所生活的环境有足够的掌控感，认为自己是生活的积极决策者，那么他或她不太可能变得抑郁（Fuller-Iglesias, Sellars, & Antonucci, 2008；Vink et al.，2008）。只要老年人仍然积极主动地参与到自己生活和照护安排的决策中来，就能让自己免受抑郁症的侵袭，而无论他们的生活状况如何。正如第十四章所讨论的，政府倡导的以老年消费者为导向的长期照护模式日益盛行，即便是在限制性很强的环境中，我们也应尽可能地尊重和支持老年人为自己的生活做决策。生活在养老院的老年人仍然可以决定自己的穿着和吃饭时间。在没有患失智症的情况下，他们仍然能够决定他们想参加（或不参加）的活动。这种选择权也是预防抑郁症的保护性因素。

种族或族裔、社会经济地位与抑郁症的关系

种族或族裔 研究表明，单是属于某个种族或族裔本身并不会使抑郁症的发病率增加。但是身为白人的确比身为有色人种患抑郁症的可能性更大（Connor et al.，2010；Hinton et al.，2017）。也就是说，老年白人比老年黑人更可能被诊断患有抑郁症。需要注意的是，这可能不是老年黑人抑郁症患病率的准确指标。毕竟，抑郁是老年黑人群体中最常见的心理问题症状（Centers for Disease Control and Prevention, 2017）。较低的社会经济地位、更可能独居和终生饱受歧视所造成的影响，都比种族或族裔本身更多地增加了患抑郁症的可能性（Pickett, Bazelais, & Bruce, 2013）。

在身体状况和收入因素恒定的情况下，非裔美国女性患抑郁症的比例要比白人女性低，这是因为她们更有可能拥有由家人、朋友和宗教团体组成的社会支持系统（Conner et al.，2010）。定期参加教会活动、定期祈祷在改善老年黑人的生活满意度、幸福感和社会交往水平等方面发挥着重要作用（Pew Research Center, 2015）。

抑郁症与种族或族裔的关系在西班牙裔美国老年人各亚群体中的表现并不相同。但是总体而言，约有 13% 的西班牙裔美国老年人表现出抑郁症的症状（Steffens, Fisher, Langa, & Plassman, 2009）。这个群体中的墨西哥裔美国老年人与白人老年人的抑郁症发病率差不多，其中部分原因是两者都有重要的、亲近的大家庭网络，它起到了社会支持作用（Lewis-Fernández, Das, Alfonso, Weissman, & Olfson et al., 2005）。抑郁症发病率在墨西哥裔美国老年人群体中也可能不那么突出，因为他们广泛使用了基层卫生保健医生或传统治疗师，而非求助于心理健康专业人员抑或闲置的社会支持系统。古巴裔和波多黎各裔美国老年人比其他西班牙裔或非西班牙裔美国老年人患抑郁症的风险稍高一些。刘易斯-费尔南德斯等学者把其中的原因归结为这一人群长期孤独，因为在移民过程中他们要与家人分离（Lewis-Fernandez, et al., 2005）。

同西班牙裔美国人类似的是，亚裔美国人中抑郁症的发病率在各亚群体中也有相当大的差异。这些人在移民美国前在原来国家的状况在很大程度上决定了他们其后在美国社会经济和文化生活方面的状况。总体上看，亚裔美国人的收入分布情况呈两极分化态势。自小生长在美国或者年轻、受过较高教育的亚裔美国人大多较富裕，而新近的移民和老年人多半比较贫穷。要测评亚裔美国老年人的抑郁症发病率也是一件难事，因为缺少具有文化敏感性的临床评估工具来评估从亚洲不同国家，如日本、中国、菲律宾、印度、东南亚其他国家移民来的老年人。他们的文化与白人老年人的文化有所不同。金、帕克、施托尔、德兰和朱翁发现，运用标准化的、自己填答的评估工具，如老年抑郁量表得出的结果与通过个人访谈得到的结果不一致，前者显示的老年人心理困扰程度更高（Kim, Park, Storr, Tran, & Juon, 2015）。这种差异是由亚裔美国老年人的"快乐-赤字"人生观与白人老年人的"盲目乐观"人生观倾向之间的不同造成的。亚裔人的自我概念深深维系在群体团结上。亚裔老年人不太愿意向访谈者表露不被人接受的感受和想法，这一现象被称为"社会赞许性"原则（Kim, Park, Storr, Tran, & Juon, 2015）。

与非裔美国老年人和西班牙裔美国老年人不同，美国印第安人老年人抑郁症的发病率远高于其他种族或族裔群体的老年人，其中包括白人老年人。虽然目前关于美国印第安人的抑郁症发病率只有非常少的数据，但是这一人群居住的环境有很多抑郁症风险因素，包括酒精滥用、犯罪、青年人自杀和贫穷（Baldridge, 2012）。美国印第安人的健康状况差似乎是其抑郁症发病率高的最显著影响因素。这一群体由于慢性疾病的缘故，有近 75% 的老年人日常生活基本能力（包括做饭、自己上厕所、身体移动和自我照护等）受损，程度由轻到重不等（Goins, et al, 2015）。美国国家心理健康研究所发现，在因为生理疾病而接受治疗的美国印第安人老年人中，约有 20% 患有抑郁症（The National Institute on Mental Health, 2018）。在美国印第安人的文化中，个人是一个整体（这一点很重要），个人的疾病不会被分成身体疾病和心理疾病，也就是说许多被视为心理疾病的问题会被他们归入身体疾病的范畴（Baldridge, 2012）。

社会经济地位 有关有色人种老年人抑郁症的研究大多强调抑郁症的高发率与社会经济地位低有密切的联系（Padayachey, Ramlall & Chipps, 2017; Pickett et al., 2013; Vink et al., 2008）。社会经济地位低相对种族或族裔因素来说是一个更为显著的抑郁症风险因素。贫困、教育水平低以及由终生卫生保健不足造成的健康状况差（这在有色人种群体中更为常见），都是导致抑郁症的因素（Connor et al., 2010; Lewis-Fernández et al, 2005）。低收入的影响会追随个人直到晚年，反映为社会保障津贴低，退休金很少或根本没有退休金。一些严重的慢性疾病，如高血压或糖尿病，如果在年轻的时候没有得到医治，到晚年会造成灾难性后果（Baldridge, 2012）。一生累积的无助感和缺乏希望会加重老年人深深的无价值感和巨大的悲哀感。这些对生活失去控制的感受以及年老过程中的压力事件摧毁了老年人的生活满足感、自主选择生活的感觉和自信。

老年人抑郁症的诊断

你发现了什么？ 社工识别老年人是否患抑郁症的基本工作的第一步就是：你看到了什么？你听到了什么？抑郁症的两个最主要的症状是觉得有巨大的悲伤和对以往能得到乐趣的活动失去兴趣（American Psychiatric Association, 2013）。举例来说，如果一位老年女性看起来非常悲伤但却不太清楚悲伤的缘由，并开始拒绝打桥牌——而过去这是她每周生活的亮点，她就有可能处于抑郁状态。如果一位老先生之前从未错过每天早晨与朋友一起喝咖啡，现在却突然不在意这件事了，那么看看他是否患抑郁症就非常重要。负面的自我对话，如"我不去也不会有人想我"或者"对那些人来说我只是个讨厌鬼"，应该是明显的抑郁症预警信号。其他与抑郁症有关的症状是精力不济、有无望感或无价值感、难以集中注意力或难以做决定、失去胃口、睡眠失去规律、一再想到死亡或自杀。在评估老年人是否因为一个压力事件而陷入抑郁或有抑郁情绪时，老年人的这些症状延续了多长时间、表现的强度以及这些症状所导致的谵妄的程度是要考量的重要因素。专栏5-1是一个老年人抑郁症状列表。

自我评分量表 目前有多个抑郁症自我评分量表可以被用来辅助社工诊断老年人抑郁症。其中的一个典型代表是老年抑郁量表（GDS）。老年抑郁量表最初由叶萨维奇等人在1983年开发。在使用老年抑郁量表时，老年人被要求回答一系列问题。根据受访老年人的回答，社工可以测评老年人的抑郁水平（Yesavage et al., 1983）。老年抑郁量表的原始版本包含30个项目。老年人被要求回答30个关于他或她过去一周的情绪的问题。每个问题的答案都是"是"或"否"。该量表于1986年被修订为一个更为简短的版本——"老年抑郁量表：简短版本"（Geriatric Depression Scale: Short Form, GDS-SF）。这个版本从原始版本中选择出被认为在识别老年人抑郁症方面最为有效的15道题（Sheikh & Yesavage, 1986）。这个简短版本更容易在那些身体存在残障或者患有轻度至中度失智症等注意

专栏 5-1　老年人抑郁症状列表

社工应该持续关注老年人抑郁症发病时的相关信号。一些典型症状如下：
1. 悲伤和绝望情绪。
2. 高强度的焦虑。
3. 失去精力和动机。
4. 讲话和行动速度缓慢。
5. 没有兴趣与朋友和家人进行社会交往。
6. 对日常活动失去兴趣。
7. 失去胃口或体重下降。
8. 无价值感或无助感。
9. 有死亡或自杀意念。
10. 有睡眠问题（失眠、嗜睡、频繁惊醒）。
11. 有无法解释的疼痛。
12. 不注意个人卫生。
13. 经常忘记事情，包括忘记吃饭和服药。
14. 更频繁地使用酒精或者其他类似物质。

力较难长时间集中的老年人群体中使用（Kok & Reynolds, 2017）。其通常需要 5~7 分钟来完成。如果老年人的得分在 5 分及以上，那么意味着老年人可能患有抑郁症，需要接受更为全面的抑郁症评估。

虽然 GDS-SF 可能有助于提高老年人对让自身很困扰的情绪和行为的认识，但是这一工具不应该被当作评定老年人抑郁症的唯一标准。自我评分量表（如 GDS）的信度和效度取决于老年人是否诚实地回答问题及在评估当天的感受。

其他抑郁症评估工具，例如贝克焦虑量表（BDI-II）（Beck, Steer, & Brown, 1996）和患者健康问卷-9（PHQ-9）（Kroenke, Spitzer, & Williams, 2001），亦可被用来做老年人抑郁症的评估工具。

悲伤还是抑郁？　有些上年纪带来的变化容易跟患抑郁症混淆，实际上这些变化跟患抑郁症并无关联。悲伤与患抑郁症不同。不得不放弃住了一辈子的家，目睹朋友或家人去世，失去珍爱的宠物，都会令老年人感到悲伤，这不是什么不同寻常的事。在评估过程中，社工需要问及丧失或者其他负面事件。悲伤终究会过去，老年人会重新获得基本的生活幸福感，调整自己，适应生活中的这些变化。一旦老年社工对老年人抑郁症有所警觉，注意到老年人的情感没有起伏，有空虚感和绝望感这些抑郁症状，跟单纯的悲伤有所不同，辨识两者就不是什么难事。要睁大眼睛观察，竖起耳朵倾听。

患抑郁症的老年人常常抱怨记不住事情以及难以集中注意力，这些看起来也像是失智症的早期征兆。要应对严重的抑郁症，老年人需要动员情感力量和身体能量，这些可能会让老年人失去认知方面所能投入的精力，无法完成简单的智力工作。在第三章，我们讨论了记忆动机在增进记忆力中所扮演的角色。如果一位老年人正在应对巨大的悲哀和绝望，那么这时候没有必要要求老年人去记住一个熟悉的电话号码。要想正确判断老年人是否患失智症，排除抑郁症是造成智力功能下降的原因是重要的一环。这些我们会在本章稍后部分进行讨论。

抑郁症的其他症状 尽管对年轻群体来说，睡眠紊乱和饮食失调是抑郁症的标志性特征，但是对老年人来说，这些可能并不总是抑郁症的准确指征（Kok & Reynolds, 2017）。老年人睡眠不好既可能是由身体疾病造成的，也可能是服用的药物的副作用。早上醒得早，重新入睡不容易可能是由早早上床睡觉造成的，与患抑郁症无关。老年人的睡眠质量不太好，为了弥补，他们常常会在白天小睡，这打乱了自然的昼夜节律。我们在第二章谈到过这一点。老年人胃口不好也可能是由于味觉有问题、假牙不合适，或者是独自一人吃饭感到孤独，而不是抑郁症状。

一个全面的评估应该包括由卫生保健专业人士进行的身体检查，以便确定抑郁症状是否由疾病或服用药物引起。这是治疗过程的第一步。老年人更容易用诉说身体不适来表示自己抑郁，如诉说有讲不清的疲倦感、疼痛感和不舒服感（Gellis & Kenaley, 2016; Kok & Reynolds, 2017），而不会直接表明自己在情绪上感觉不对。由于老年人身体患病的可能性较大，因此医务人员和心理健康专业人员极难区分老年人究竟是患抑郁症还是有某种身体疾病。这就是在诊断老年人抑郁症时先由卫生保健专业人士做一个身体检查非常重要的主要原因。只有排除了身体患病的可能性，或者至少是弄清楚了身体状况，才可以确定老年人抱怨身体不适是否是患有抑郁症。对老年人来说，寻求治疗身体疾病而不是心理疾病可能更容易接受。心理疾病对目前一代老年人来说，过去是、现在仍然是有负面标签的，他们可能会把任何情绪问题都看成个人软弱的表现。

失智症

抑郁症是一种情感或情绪失调，失智症则是由生理原因引起的认知或智力功能受损。失智症并不是正常衰老的一部分。有些类型的失智症在65岁及以上人群中的发病率达到5%~10%，而在65岁及以后，年龄每增加5岁，发病率就翻一番（Alzheimer's Association, 2018a）。失智症的特点是短期记忆、时间感、空间感、辨识人的能力、集中注意力的能力以及完成复杂任务的能力有明显的问题。在正常衰老的过程中，老年人的一些认知功能会由于神经传输介质处理发送给大脑和来自大脑的信息的效率发生变化而减弱。然而，如果有更充裕的时间，那么大多数老年人能完成非常复杂的任务。这些认知功能不会丧失，只是在发挥作用上放慢了速度。但患失智症的老年人即使没有时间限制，也发挥不出认知功能。他们的这些能力或者已严重受损，或者已完全丧失。

阿尔茨海默病

最常见的失智症是阿尔茨海默病。在 2018 年，美国约有 500 万人患有此种疾病（Alzheimer's Association，2018a）。到 2030 年，当"婴儿潮"一代进入老年后，预计这一数字会攀升至 1 500 万人。这反映了老年人数量的快速增加以及诊断技术的进步。美国住在养老院的老年人中约有 70% 有不同程度的认知受损，有一半人患有阿尔茨海默病或者其他类型的失智症（Alzheimer's Association，2018a）。照护机构和社区中的失智症患者合在一起的直接照护费用估计在 2 590 亿美金左右。这一数字在 2050 年会上升至 1.1 万亿美元。家庭成员间接的情感支持和社会支持方面的支出则不可估量。

阿尔茨海默病导致的成年人死亡数量比乳腺癌和前列腺癌导致的成年人死亡数量加起来还要多。每三个老年人中就有一个会死于这种疾病或其他类型的失智症。在阿尔茨海默病患者中，女性（由于长寿）和有色人种所占比例相对较大。西班牙裔老年人和老年黑人患此病的可能性是普通人群的 1.5 倍和 2 倍（Alzheimer's Association，2018a）。

阿尔茨海默病是以德国精神病学家阿洛伊斯·阿尔茨海默的名字命名的。他在 1906 年首次识别出这一疾病。当时他在治疗一位 51 岁的女性，这位女性的认知功能迅速衰退，有幻视、幻听症状，最后认知和身体功能完全恶化。在出现这些症状 4 年之后，她便去世了。这位女性的年纪、她的认知和身体功能恶化的速度、她的独特的脑部病变引起了阿尔茨海默的警觉，他认识到她的情况不是人们所说的老年失智，即老年人由于动脉硬化引起的认知功能的缓慢减退。对这位女性脑部的解剖表明，其脑部出现神经纤维缠结，脑皮层神经元的细胞质中有厚厚的缠绕纤维。阿尔茨海默在这个病例中的发现首次证实，神经纤维缠结和退化的神经末梢块，即众所周知的神经轴突斑块，表明病人有区别于其他类型失智症的脑部病变。疾病带来的损伤不是由年老以后的脑部变化造成的，而是由于细胞功能出了问题。这些细胞变化同时伴有脑部多巴胺、血清素和乙酰胆碱等化学物质水平的降低，这些物质对于学习和记忆至关重要。阿尔茨海默病在早期阶段主要影响认知功能，但最终会导致身体功能退化。

阿尔茨海默病的主要风险因素是高龄。在 65 岁老年人口中，每八个人中就有一个患有此种疾病。这个指标在 85 岁及以上老年人口中上升至 50%（Alzheimer's Association，2018a）。这并不是说如果老年人寿命很长就一定会得阿尔茨海默病，而是表明伴随脑部的老化，以细胞功能丧失为特点的这一疾病发生率更高。

阿尔茨海默病的医学诊断　脑部解剖曾经是唯一确诊阿尔茨海默病的方法。不幸的是，脑部解剖对于医生诊断疾病或老年人的家人制订开支和护理计划毫无意义。时至今日，一个有丰富经验的专业医生诊断阿尔茨海默病的准确率可以高达 90%（Alzheimer's Association，2018b）。计算机辅助测试（CAT）扫描虽然不能诊断出早期阿尔茨海默病，但是可以发现疾病发展后脑部发生的机体变化。在阿尔茨海默病的晚期阶段，脑部出现萎缩，收缩的脑组织增宽，脑室增大。磁共振成像（MRI）技术能利用大脑和外部磁场中的原子的磁共振产生影像，从而提供结构性的脑部资料。医生通过观察这种共振就能分辨出大脑健康的部分和静止不动的部分，从而判断疾病给脑部造成损伤的程度。正电子发射断层显像（PET）和单光子发射计算机体层摄影（SPECT）是最新的检查方法，可以制作出脑部血流量图、新陈代谢活动图和血脑屏障完整性图。这些检查中发现的异常情况能够为阿尔茨海默病活体诊断提供宝贵的线索。大多数阿尔茨海默病的医学诊断用的是排除法。假性痴呆和谵妄这些可以医治的疾病常常与阿尔茨海默病的症状相似，我们将在本章的稍后部分进行讨论。

阿尔茨海默病被认为是一种主要的神经认知障碍，这种疾病的主要特征是由于大脑的物理变化而导致认知功能受损。认知功能即大脑获取知识、思考和理解意义的功能（American Psychiatric Association，2013）。值得庆幸的是，心理健康人员对识别与这一疾病有关的常见生理、心理症状和社会生活方面的表现已经相当娴熟。本章所讨论的功能评估有助于在早期阶段就相当准确地诊断出阿尔茨海默病和其他形式的失智症。

运用生理、心理与社会生活方面的指标诊断和评估阿尔茨海默病

症状查验表　美国阿尔茨海默病协会识别出了一些症状，有助于医生和家庭成员识别早期失智症的表现，其中包括阿尔茨海默病的症状（The Alzheimer's Association，2018c）。早期的警示性信号包括记忆丧失，尤其是忘记近期获得的信息，包括最近发生的事和谈话。虽然偶尔忘记姓名或约会是老化过程中记忆力变差的正常表现，但患有阿尔茨海默病的人会更频繁地忘记事情，并且无法回忆起近期获得的信息。老年人可能在做那些包括多个步骤的工作，例如烹饪、清洁或管理个人银行账户的时候会有困难。阿尔茨海默病患者经常在使用语言的时候有较大困难，包括忘记简单的单词或用不正确的词描述熟悉的事务。时间和地点混乱也是一个较大的问题，患者会经常走丢或者忘记自己身处何方抑或如何回家。判断力变差、抽象思维存在困难以及经常把熟悉的物品放错位置是阿尔茨海默病的早期症状。随着疾病的恶化，患者在情绪、行为或性格方面的急剧变化变得愈发明显。最后，阿尔茨海默病患者可能会失去生活主动性，变得非常被动，长时间看电视，或者嗜睡。专栏5-2对这些症状做了总结。

阿尔茨海默病最常见的情况是同时出现多个症状而非单一症状。偶尔把钥匙放错地方并不意味着老年人患有阿尔茨海默病。记性不好或有社会退缩行为也是抑郁症或谵妄的症状，必须在排除了这两种可能性后才可以确诊患阿尔茨海默病。找不到熟悉的词来表达自己也可能表明老年人患有中风而不是阿尔茨海默病。有专栏5-2所示的症状单上的症状只是表明有必要做进一步的检查和评估。

专栏 5-2　可能表明患阿尔茨海默病的十大症状

1. 记忆受损已经开始影响日常生活，尤其是忘记近期获得的信息或者反复询问同样的信息。
2. 难以跟上复杂的思维过程或者需要许多步骤来完成的事宜，如平衡收支或准备一顿饭。
3. 无法在家中、工作或者娱乐的时候完成熟悉的任务，比如无法开车到熟悉的地方、在工作中管理预算，或者记住游戏规则。
4. 时间或地点混乱，例如无法准确记住时间、日期、季节或时间的流逝。
5. 难以理解视觉图像和空间关系，例如有阅读困难、无法准确判断距离和确定颜色或对比度。
6. 在说话或写作过程中使用单词的时候出现一系列新问题，比如在谈话的时候很难找到一个自己熟悉的词，或者总是重复自己的话。
7. 错放东西，失去追溯步骤的能力，例如把东西放到不常见的位置（把钥匙放进冰箱）或指责他人偷东西，但其实是他们自己把东西放错了位置。
8. 决策能力下降，尤其当处理金钱问题或个人卫生问题时。
9. 退出工作或社交活动，如不再观看自己喜爱的运动队的比赛并参加相关活动，或专注于自己的爱好。
10. 情绪或个性容易变化，变得困惑、疑心较重、抑郁、焦虑，或在走出自己的舒适区的时候变得容易心烦意乱。

资料来源：Alzheimer's Association (2018c). *Ten warning signs of Alzheimer's*. Washington，DC：Author. Retrieved from https://www.alz.org/10-signs-symptoms-alzheimers-dementia.asp.

阿尔茨海默病和其他类型的失智症都是逐渐发病的，可能发病1~3年后才会有明显的、察觉得到的功能变化。即便老年人患有几种慢性疾病，这一疾病的发展也可能非常缓慢。患重病的老年人可能在失智症还没发展到晚期时便因其他原因去世了。如果失智症的症状是突然出现的，就应该先排除患谵妄或其他非失智症类疾病的可能性（本章后面会专门讨论谵妄）。患任何类型失智症的老年人都可能在早上头脑清楚，而在下午感到疲倦或饿的时候头脑糊涂。尽管阿尔茨海默病患者或许会有些时候状况好、有些时候状况不好，但疾病却一直在恶化。随着疾病的发展，功能会持续丧失并不断加剧。

轻度认知功能损害　阿尔茨海默病在早期阶段通常表现为一种轻度认知功能损害（MCI），轻度认知功能损害被认为是一种轻度神经认知功能障碍。轻度认知功能损害的症状包括丢失个人物品，经常忘记与他人的约会或社交活动，并且在语言功能方面的衰退超过了正常老化的范畴（National Institute on Aging，2017）。轻度认知功能损害患者的记忆力问题比同龄人更严重，但是没有阿尔茨海默病患者那么严重。家人和朋友可能认识到轻度认知功能损害患者的认知功能受损，但轻度认知功能损害不会影响个人的日常生活自理能力和完成IADLs任务的能力（American Psychiatric Association，2013）。需要注意的是，并非所有的轻度认知功能损害病例都会发展成阿尔茨海默病，因此，预测哪些轻度认知功能损害病例会发展成阿尔茨海默病是一个巨大挑战。轻度认知功能损害的临床诊断是基于医生或心理学家根据病史、亲属提供的信息以及大脑构造的相关实验室检测报告而做出的。然而，即便老年人一开始显现的是认知衰退的较不严重的症状，这一情况也需要立即引起重视并进行干预。例如，可以通过认知刺激（cognitive stimulation）来改善现存的认知功能，或者开始药物治疗来延缓认知功能的衰退速度。

医学评估　如果老年人出现了一个或多个失智症早期迹象，就要对其做更全面的评估。在做检查的时候，医务人员的第一步工作一般是常规性地询问老年人的家族病史。他们还会收集精神病史、饮酒和服药情况、目前或以前有过的感染以及是否曾暴露在有害环境中等资料，以便判断这些症状是不是由当前的其他问题引起的，而不是患上了失智症。医务人员还会检查老年人的视力和听力。全面检查还可以发现老年人是否有肿瘤或病变，是否有血管栓塞或感染，这些都会引起类似失智症的症状。如果有早发性阿尔茨海默病或其他遗传疾病的家族病史，就可能表明老年人有更高的风险患失智症。

在老年人群体中，药物中毒是最常见的造成可以逆转的失智症的原因。做医学评估至关重要的一点是全面检查老年人的服药情况，包括老年人的非处方药、处方药和饮酒情况。需要强调的是，这些药物并不会导致老年失智症。由于药物会与每个人身体内的化学物质发生作用，一些医学实验已经表明有些药物有可能会产生副作用，给思考问题带来某种程度的损伤。具体情况会因人而异，从模糊地感觉到"隔膜"，到有比较严重的反应。老年人应该把所有服用的药物都拿来评估，而不应该单靠记忆说出或是写下来。这让医务人员不但能再次检查老年人的记忆是否准确，而且能确定药物是否过了有效期，或者是否对症。

医务人员当面向老年人询问情况是医学评估中最重要的一环。老年人认为情况怎么样？他察觉自己的记忆力或活动有什么变化吗？出于对老年人的尊重，医务人员要单独向老年人询问症状的进展情况和严重程度。但是，仅仅依靠老年人自己对功能状况的评估是不够的。在阿尔茨海默病的早期阶段，老年人倾向于把损害程度说得轻些，还可能会根本否认自己有任何困难。所以，医务人员应该把老年人的家人和朋友的观察与老年人自己的评估结合起来看。当这样做的时候，应该让老年人完全知情。介绍情况的人能帮助医务人员对老年人记忆丧失的进展情况和严重程度，以及认知功能的下降状况做出良好的评估。

功能评估　阿尔茨海默病的特点是老年人逐渐丧失日常生活能力（ADLs）和工具性日常生活活动（IADLs）（这些在第四章已有详细的讨论）。在没有其他慢性疾病的情况下，患阿尔茨海默病的老年人一般不会丧失基本的自我照料能力，能自己吃饭、穿衣或上厕所，一直到发病的晚期阶段。在工具性日常生活活动中，最明显的是老年人做不了需要记忆的事情以及需要通过一系列活动去完成的事情，诸如理财、购物、做饭、独自旅行、记住与别人约定的时间等。评估老年人的功能状况的关键在于澄清对于以前有能力做的事，比如支付账单等，老年人现在是否逐渐丧失了能力。阿尔茨海默病和其他类型的失智症是缓慢发病的，因而老年人不会因患失智症而突然丧失现有能力，但慢慢地老年人会越来越难以完成曾经熟悉的事情和活动。

心理状况评估　失智症评估的最后一部分内容是查看老年人的心理状况。这方面的非结构性评估应贯穿于整个评估过程。医务人员和心理健康服务人员在跟老年人谈话，了解以往的病史和做功能评估时，就可以对老年人的定向感和回忆事物的能力有个总体印象。用来测量老年人认知能力的量表包括简明精神状态量表、简易智力状态评估量表、画钟试验以及精神状态简短访谈。画钟试验要求老年人画一面时钟，并说明一个特定的时间，例如"11点10分"。老年人被要求能够说明这一时刻的时钟的具体样子。这种方法被认为是对执行能力的准确测量。即便老年人能够准确地判断当下环境的具体时间，例如日、月、季节等，无法准确地描述出时钟上的具体时间也依然与严重受损的执行能力密切相关（Borson, Scanlan, Chen, & Ganguli, 2003; Lessig, Scanlan, Nazemi, & Borson, 2008）。

评估心理健康状况是为了识别老年人是否有认知功能受损的迹象，并以此为基线追踪阿尔茨海默病和其他类型失智症的病程进展情况。尽管老年人的短期记忆可能不好，但是其长期记忆或许直到疾病的晚期也不会受什么影响。上述任一量表都不能确诊失智症。视觉、听觉和语言方面的问题会很容易让这一检测失去诊断的准确性。它们应该与其他评估失智症的工具同时使用。

阿尔茨海默病的发展阶段

由于阿尔茨海默病是缓慢发病的，因此要确定老年人究竟从什么时候开始患病常常有困难。尽管如此，这一疾病的三个阶段还是可以区分的（Caselli & Reiman, 2013; Mayo Clinic, 2018）。在这三个阶段，老年人功能的受损程度逐渐增加。阿尔茨海默病的第一个阶段约持续2~4年，这要看个人的生理健康状况和疾病能否被很快诊断出来。这一阶段的第一个症状是丧失近期记忆，记不住刚刚发生的事和谈话。老年人可能会意识到自己忘事，也可能意识不到。如果意识到了这一点，那么老年人可能会采取弥补措施，通过写备忘录或在家中各处贴纸条提醒自己。有的老年人可能会在评估谈话时编造问题的答案，试图让人相信他的认知功能没问题。他们可能会搞不清如何按指令做事或者会在熟悉的环境中迷路。老年人可能会一再重复词语或句子，也可能会做出重复性动作，如不断用脚跺地或咂嘴。在阿尔茨海默病的这一初始阶段，老年人的人格可能会有些不太大的变化，如失去自发性、社会退缩或易激惹。老年人的家人和朋友可能会最先注意到这些变化，因为这与他们所爱的人的惯常行为十分不符。当这些变化引起老年人的注意时，他或许会否认自己有问题，也可能会变得容易跟人争执。

阿尔茨海默病的第二个阶段通常会持续2~12年，在这一阶段，老年人的身心功能的恶化会变得更为明显。老年人要认出家人和朋友变得越发困难，已经出现明显的记忆丧失，特点是不能记住任何新信息或学习任何新技能。老年人变得好动，会毫无目的地闲逛，下午或晚上时情况尤其严重。日落综合征（sundown syndrome）描述的就是患阿尔茨海默病的老年人失去定向感和生活混乱的情形。这一术语由卡梅伦首次提出（Cameron，1941）。据说老年人安静不下来是因为傍晚时分太阳光的变化对脑部的化学物质起了作用。

在阿尔茨海默病的第二个阶段，老年人的口头沟通能力严重受损。老年人尽管可能仍然能够讲话，但却可能不知所云，或者是越来越难以找到正确的词来表达自己的想法。老年人也可能失去得体穿衣的能力，或者大小便失禁。他们可能会有过度的情绪反应，诸如特别容易发火、易哭或者有幻视现象。

在阿尔茨海默病的最后阶段即第三个阶段，老年人的日常生活完全依赖他人照料。这一阶段会持续1~3年，直到老年人去世。到了第三个阶段，老年人已认不出家人，甚至认不出镜子里的自己。他们可能完全失去沟通、行走或坐立的能力。完全失禁是常见的现象。缺乏身体活动加上被困在床上可能会导致肺炎、尿路感染、褥疮或昏迷。这些是最常见的患阿尔茨海默病的老年人在发病的最后阶段死亡的原因。阿尔茨海默病的病程平均为6~8年，也有些人的病程只有短短的2年或者长达20年，这取决于老年人的身体状况和得到的护理的质量。

血管性失智症

另一种常见的失智类型被称为血管性或者多发梗塞性失智症（vascular or multi-infarct dementia）。这种失智症与阿尔茨海默病不同。阿尔茨海默病患者大脑的多个部位可能受到疾病的损伤，而血管性失智症是由局部的、特定区域的脑损伤造成的。它是由中风、肿瘤导致的急慢性血管阻塞，或者是由疾病或意外事故带来的损伤造成的（Morhardt & Weintraub，2007）。损伤的范围和性质，或者说认知和运动功能受损害的程度，取决于大脑受损伤的部位。

血管性失智症的症状　阿尔茨海默病是缓慢发病的，而血管性失智症相对而言发病较快。一旦老年人的中风或肿瘤影响到大脑部分血液的流动，认知混乱或身体功能受损就会马上明显表现出来（National Institute on Aging，2017）。老年人可能会出现行走障碍，特别是走起路来慢吞吞地拖着脚或步态不稳。还可能会突然大小便失禁，而不是像患阿尔茨海默病或其他身体疾病的老年人那样慢慢才出现这些症状。患血管性失智症的老年人在认知或智力能力方面的丧失呈阶梯状，而不是像患阿尔茨海默病的老年人那样缓慢地衰退（National Institute on Aging，2017）。举例来说，在患阿尔茨海默病之后，老年人会渐渐认不出朋友和家人，但其辨识亲密的人的能力要比辨识偶尔认识的人的能力保留得长久得多。而患了血管性失智症的老年人会突然认不出朋友和家人，因为他们与认知和辨识有关的脑组织受到了损伤。患血管性失智症的老年人情绪状态可能会不稳定，会非常快地从心情愉快、配合他人转为抗拒和待人恶劣。他们常常会无缘无故地突然哭泣或大发雷霆。这种基本情感表达的失控状态有时被称为情绪失控（emotional incontinence or pseubobulbar affect）(Ahmed & Simmons, 2013)。

除了阿尔茨海默病和血管性失智症，还有其他类型的失智症，它们在表5-1中有具体描述。有些类型的失智症是由疾病、肿瘤或大脑中某一特定类型的恶化所导致的。其他风险因素包括维生素缺乏和酒精滥用。

表5-1 不同类型的失智症

失智症类型	发病	症状	检测
克-雅病（Creutzfeldt-Jakobdisease；罕见病）	60岁左右发病，一般在一年内去世。病情迅速恶化	记忆力下降 抑郁 缺乏协调性 视觉障碍 不自主运动 失明 肌肉无力	脑电图（electroencephalogram，EEG） 脑部磁共振成像 腰椎穿刺（放液）检测某些蛋白质
路易体痴呆（dementia with Lewy bodies）	起病缓慢，随着病症显现程度的波动而逐步发展	认知混乱 抑郁 身体机能受损，身体僵硬 丧失识别家人和朋友的能力 原因不明的情绪发作，例如哭泣 看起来像帕金森病	如果失智症出现在身体症状之前，那么通常被认为是路易体痴呆，而不是帕金森病
额颞叶痴呆（frontotemporal dementia）	起病缓慢，并逐渐发展，常见于40~70岁	取决于大脑发生病变的位置 人格变化或者行为异常 失去语言能力	脑部扫描和磁共振成像，但取决于临床医生是否有能力将其与阿尔茨海默病区分开来
韦尼克-科尔萨科夫综合征（Wernicke-Korsakoff syndrome）	营养不良所致，抑或由于长期酒精成瘾导致的硫胺素缺乏	记忆受损情况最为严重 保留正常的思维能力与语言能力	可以通过检测硫胺素缺乏和营养不良来进行诊断
正常压力脑积水（normal pressure hydrocephalus）	脑部液体积聚过多而导致	记忆力丧失 思维能力受损 步行有困难 尿失禁	磁共振成像和腰椎穿刺，或者插入分流器从大脑中排出多余的液体

资料来源：Alzheimer's Association. (2018d). Types of dementia. Washington, DC: Author. Retrieved from https://www.alz.org/dementia/types-of-dementia.asp.

诊断和治疗 尽管情绪和行为方面的变化通常是老年人患血管性失智症的第一指征,但是这类疾病也有能识别出来的特定区域的脑损伤。不同于阿尔茨海默病造成的脑损伤,导致血管性失智症的局部脑损伤可以通过做磁共振成像和CT扫描诊断出来(Jagust, 2001)。运用这些诊断工具可以清楚地看到由中风引起的脑溢血或脑部出现的肿瘤。

血管性失智症的治疗取决于脑损伤的严重程度和部位、老年人总体上的身体健康状况,以及老年人积极参与语言治疗、物理治疗或作业治疗的能力。轻度中风可能只会给老年人留下非常轻微的后遗症,如走路有些跛或者说话有点含混,只有极少数人会有认知或情绪方面的损伤。如果脑部有更大范围的损伤,那么老年人的半边身体可能会部分或完全瘫痪。不管是哪一种情况,哪怕是丧失非常少的运动或认知功能,都可能会导致老年人患上严重的抑郁症。治疗血管性失智症需要采取强有力的医疗和康复措施并有精神健康人员的不断支持。

谵妄

谵妄是由器质性原因引起的短时疾病,常常与失智症类似。患谵妄的老年人表现出的症状常常与失智症的症状差不多,如精神混乱、难以集中注意力、出现幻觉、情绪反复无常等。两者的主要区别在于大多数谵妄发病急并且可以治愈。也就是说,认知和情绪方面的症状常常是由躯体问题引起的,一旦检查出问题所在就可以对症治疗。有鉴于此,谵妄常常被称为可逆转性失智症(reversible dementia)。

谵妄的症状

与失智症不同,谵妄发病快,这是这一疾病最大的特点。平常做事有条不紊、头脑清楚的老年人会非常快地变得严重失去定向感,并且易被激怒。他们开始出现幻视而非幻听。这些症状并非稳定地出现,所以老年人会断断续续地处于发病状态中,而不是像患失智症常有的情况那样一直没有定向感(American Psychiatric Association, 2013)。在头脑清楚的时候,老年人讲话可能会前后连贯,但是情况可能会突然恶化,事先没有任何警示信号。谵妄一般会伴随高度焦虑和极度活跃。老年人可能会变得好斗或者对其家人和朋友出言不逊。正是这种急性的、近乎狂躁的疾病特性让我们得知老年人患的是谵妄而不是失智症。

谵妄是医学上的急症。如果不通过医学检查确定发病原因,那么谵妄不会自行消退。

如果不及时治疗，那么谵妄有可能导致死亡。入院治疗的谵妄患者的死亡率约为 10%～26%；在住院期间或者住院之后几个月内患谵妄的人的死亡率高达 22%～76%（Robinson & Eiseman，2008；Salluh，Wang，& Schneider，2015）。老年社工的角色不是治疗谵妄。一旦发现老年人所患的病症，就必须马上寻求治疗。

谵妄的成因

老年人患谵妄有种种原因，大体上可以分为以下三类：新陈代谢方面的原因、机体结构方面的原因或感染原因。

新陈代谢方面的原因 身体新陈代谢失衡既可能是由于进入体内的物质有毒副作用，也可能是由于内分泌功能有问题，又或者是体内的电解质生成有问题。最常见的由外部进入体内的物质引起老年人谵妄的情况是服用的药物有毒副作用、服用兴奋剂或者饮酒，以及老年人服用的处方药或非处方药可能剂量不对，或者服用的时间不对。具有催眠作用的止痛药或抗痉挛药即便是与很少的酒一起混用也会引发老年人的谵妄症状。

老年人如果有甲状腺功能亢进症，或由其他原因引起的低血糖症或高血糖症，那么新陈代谢也会紊乱。营养不良和脱水是老年人患谵妄的常见原因，因为这些会导致脑部电解质功能受影响。由于没什么动力好好准备饭菜，独自吃饭索然无味，或者是没有能力购买营养食品，老年人很容易有不良的饮食习惯。类似的情况是，老年人如果有尿失禁问题，或者是在家中或公共场所上厕所不方便，就可能会控制摄入的液体量，从而导致脱水。老年人出现谵妄也可能是由于体温过低或过高。即便是在最好的情况下，老年人由于皮肤和神经系统调节冷热的功能发生变化，也容易出现这些问题。老年人为了尽量控制日常开支，会在冬天降低暖气的温度，在夏天不用风扇或空调。这些都可能会危害他们的身体健康。

所有做了大手术处于康复阶段的老年人中有 1/3 的人会有短时的谵妄（Robinson & Eiseman，2008）。这可能是由手术创伤给身体带来的紧张痛苦加上血液中残留的多种药物造成的。

机体结构方面的原因 机体结构方面出现异常，如出现血栓、脑瘤或栓塞，会妨碍血液循环，使大脑供氧不足，因而引发谵妄。帕金森病、多发性硬化和其他损害机体神经系统功能的疾病增加了老年人机体中神经和化学物质失衡的风险，在疾病没有被诊断出来并加以医治的情况下更是如此（Marcantonio et al.，2005）。

感染原因 身体某处有感染是老年人患谵妄的第三大原因。肺炎、手术后感染、肺结核、脑炎、梅毒以及与艾滋病病毒感染和患艾滋病有关的情况，都可能会导致精神混乱和情绪易激惹。老年人的尿路感染常常不会表现出任何症状，但它也可能会导致谵妄

（Ebersoldt，Sharshar，& Annane，2007）。常有的情况是，如果不通过医务人员做多种化验和彻底的身体检查，就发现不了这些感染。

谵妄的处置

对于患抑郁症的老年人，老年社工可以运用多种心理治疗方法和环境干预方法帮助他们改善情绪，但谵妄却不同，治疗的唯一方法就是由医务人员采取干预措施。老年谵妄的治疗取决于对患病深层原因的正确诊断。如果能让新陈代谢恢复平衡或者去除毒性物质，那么精神混乱和易激惹状态大多会消退。恰当地治疗引起谵妄的器质性问题，控制好慢性疾病，能够显著地改善老年人的身体和情绪健康状况。

有关研究显示，通过一系列简单的干预措施，医院中高达40%的患失智症的老年人可以预防谵妄（Martinez，Tobar，& Hill，2015）。这些措施包括：用喝热牛奶和搓背来促进睡眠，而不是服用安眠药；请志愿者来为住院老年人读东西；步行以刺激血液循环；鼓励老年人玩文字游戏以刺激智力。注意最大限度地减少服用的药物以及增加认知方面的刺激，可以明显减少老年人患谵妄的情况（Inouye et al.，1999）。

社工在帮助老年人的家人和朋友识别老年人是否患谵妄中扮演着至关重要的角色。由于这一疾病的症状类似于失智症，因而可能老年人的情况没有被察觉到。老年人的家人和朋友可能认为认知和情绪方面的损伤只是失智症发作的警示信号。同老年人的家人和朋友一道，确定从什么时候起老年人出现了损伤，老年人近期是否患了什么病或者服用的药物是否有所改变，老年人的营养状况如何或者是否有脱水的情况，有助于医务人员确定谵妄的原因。对患谵妄的老年人，老年社工必须马上为其寻求治疗。

区辨抑郁症、失智症与谵妄

要区分开抑郁症、失智症和谵妄并不容易。正像本章一直指出的那样，这些疾病的症状常常非常相似。比如，这三种疾病都会带来一定程度的精神混乱。患抑郁症和谵妄，精神混乱只是暂时的，一旦老年人的情绪有所改善（患抑郁症时）或者查明了谵妄的原因，认知混乱一般就会消失。然而，如果是患失智症，认知功能丧失就是渐进性的、不可逆转的。使用抑郁症、失智症和谵妄在表5-2中所表现出的不同特征，来判断在案例5-1至案例5-3中的案主的问题。对每一个案主来说，他们的哪些行为和特征是最为独特的？

表 5-2 抑郁症、失智症和谵妄的区辨性特点

	抑郁症	失智症	谵妄
症状	情绪低落、负面的自我对话、嗜睡、饮食和睡眠紊乱。	记东西困难;失去时间感、定向感,辨识不出人;推理和思考能力出问题。	失去定向感、精神混乱、情绪易波动、出现类似躁狂的行为、出现幻觉。
发病特点	缓慢发病;可能与身体患病、失去家人或朋友、经济收入或居住环境改变关联在一起。	缓慢发病;逐渐失去智力功能;头脑日益混乱;丧失做熟悉的事情的能力。	突然发病;可能会在患病或手术后出现;迅速恶化。
认知特点	很少会丧失认知功能,但老年人集中注意力和做决定有困难,可能会有轻微的记忆丧失。	记住近期的事件、学习新东西以及与人沟通有困难;即使是在熟悉的环境中也常常搞不清方向和自己在哪儿。	头脑很快混乱、失去定向感;意识水平出现波动,同时特别难保持注意力。
情绪特点	失去对喜爱的事物的兴趣或乐趣;持续悲伤、易激惹、有负罪感和无望感;表现得嗜睡、冷漠或有强烈的忧虑。	随着与身边的环境失去联结,会变得被动、退缩;面对认知丧失可能会变得情绪激动。	情绪激动、不时狂躁、焦虑、不合作;对他人可能会出现言语和身体攻击。
身体特点	饮食和睡眠紊乱;抱怨有讲不清楚的身体不适,医治又没有效果;看起来非常悲伤。	看起来"迷失"、混乱;可能衣着不当或者有迹象表明照护不好自己。	可能"眼神狂野",显得非常没有定向感;外表可能非常凌乱。
风险因素	家族有抑郁症病史,身为女性,社会隔离,身体患病,低收入,服用的药物有副作用。	有阿尔茨海默病或唐氏综合征家族病史,高龄。	服用多种药物,有吸毒或酗酒史,营养不良和脱水,近期患过病或动过手术,有帕金森病或多发性硬化,或者总体上健康状况差。

案例 5-1:艾黎恩·汤森太太

艾黎恩·汤森太太现年 87 岁,丧偶,独自和猫住在一个大城市市中心的中等水平的公寓里。她的丈夫在 40 岁的时候因中风去世,从那以后她独自生活了 20 年。和汤森先生结婚后她就一直住在现在的街区,在她现在住的公寓里他们养育了四个孩子。虽然这里已经不像以前那么安全,但是仍有许多老年人留在这里,因为这里离城区的购物场所很近。最近,邻居打电话给汤森太太的女儿特瑞萨,告诉她她母亲正在街上到处转,找自己的丈夫。汤森太太担心丈夫下班回家晚了。当别人提醒她汤森先生在 20 年前就已经去世了时,她变得非常激动,跟人争辩。她指责邻居误会她,想取笑她。尽管她对住的地方不断上升的犯罪率的担心不无道理,但是她对于锁好门窗过于警惕。

汤森太太有多种身体疾病,包括心脏病和由老年期糖尿病引起的血液循环疾病。她差不多需要服用十几种处方药。尽管对特瑞萨来说,母亲明摆着不清楚该什么时候服药,该

如何服药，但是当问母亲服药情况时，她发火了，坚持说自己是按要求服的药，可以证明给特瑞萨看。汤森太太是一位退休护士，直到不久前她还非常善于监控自己的血糖，为自己注射胰岛素。但现在她需要别人提醒她这件事。

特瑞萨注意到近来房子里有屎尿味，发现有弄脏的衣服被塞在衣柜的抽屉里和床下。她母亲否认自己有什么问题，拒绝考虑使用成人纸尿裤等卫生用品。猫常常会从家里跑出去，特瑞萨怀疑她母亲没有喂猫或者打骂了猫。

（1）汤森太太表现出的哪些症状表明她可能患有抑郁症、失智症或谵妄？在她女儿看来，母亲身上的哪些方面与过往有显著变化？

（2）为了保证汤森太太的安全和幸福感，社工应该为汤森太太解决哪些比较紧迫的问题？

（3）社工可能为她制定的干预措施是什么？社工还需要让谁参与到诊断的过程中来？

案例5-2：查尔斯·柯里先生

查尔斯·柯里先生今年78岁，丧偶，在50岁的妻子去世后的两年里他一直独居。柯里先生住在郊区，他的房子尽管需要小的修理和粉刷，但是总体状况不错。自从妻子去世后，他家里十分凌乱，水槽里堆满了碗碟，花坛杂草丛生，报纸在起居室散落得到处都是。据他的大儿子汤姆·柯里讲，去世前，柯里先生自己照料她，做得非常好。柯里太太患的是癌症，病程挺长，但是有临终关怀服务，所以能待在家中直到去世。柯里太太过世后，柯里先生还接受了大约一年的临终关怀后续服务，后来他请求终止对他的探访。

柯里先生过去是本地"爱尔兰之子"男人俱乐部的活跃分子，这个俱乐部是为爱尔兰裔设立的社会服务组织。他曾经一周去俱乐部三次，跟其他退休人员一起打牌、喝啤酒。俱乐部的朋友说自65岁退休以来，柯里先生一直是个愉快、外向、待人友好的家伙。他是个退休的邮递员，认识投递线路上的每个人，似乎乐于拜访打了一辈子交道的朋友和邻居。妻子生病后他停止了外出，当妻子去世后，他也没有任何兴趣重返俱乐部参加活动。他说俱乐部太远了，他太累，参加不了任何社交活动。

汤姆·柯里对父亲不愿起床表示担心。柯里先生说他觉得睡眠不太好，总是感到疲倦。结果，他一天当中的大部分时间是在沙发和床上度过的，睡睡醒醒。他晚上7点钟就上床睡觉了，但是到半夜便起床在屋子里走来走去或者是看电视。汤姆说他父亲非常嗜睡，脑子里不装东西。他记不清自己是否吃过饭，也不说自己是否饿了或渴了。他对许多问题的回答都是"我不知道"，似乎并没有费心去想答案。尽管没有说自己有什么具体的计划，但是他频频表示想死，想去与妻子会合。柯里先生已经有两年多没看过医生了，他拒绝去看医生，因为他觉得自己的状态还可以。自从妻子去世后，柯里先生瘦了许多，因为他不觉得做饭是件乐事,喜欢吃方便的快餐。他没有什么不恰当的行为,当他集中注意力的时候,似乎在辨识时间、地点和人上没什么问题。

(1) 柯里先生表现出的哪些症状表明他可能患有抑郁症、失智症或谵妄?
(2) 哪些风险因素支持对上述某一疾病的诊断?
(3) 社工如何让柯里先生、他的儿子和其他亲属共同制订计划来解决问题?计划会包括住院治疗吗?

案例 5-3:罗莎·梅托女士

卡伦·克兰在美国西南部的一个中等城市从事老年人服务工作。80岁的罗莎·梅托女士成为她的工作对象已经有5年时间。她帮助梅托女士获得了一些家政服务,保证流动护士来家中监控梅托女士的血压和服药情况,以及提供其他的一般性个案管理服务。最近两个星期克兰没有见梅托女士,当她再次来到梅托女士公寓的门口时,梅托女士拒绝让她进门,说她想偷自己的社会保障支票。克兰安抚梅托女士,消除她的恐惧,提醒她自己是她的个案管理员,而不是邻居中一直欺侮老年人的那个家伙。梅托女士似乎安心了,让克兰进了屋。梅托女士对她近来的呼吸系统疾病和数额渐增的花在购买抗生素上的钱很忧虑,她们为此讨论了差不多一个小时。克兰怀疑梅托女士没有做到在服药的时候只喝适量的伏特加酒,她可能用有限的收入买了酒而不是买吃的东西。今天,克兰注意到梅托女士显得异乎寻常的恍惚、易激惹。她起身四处走动,每次经过窗子的时候都躲躲闪闪地看窗外。克兰问她在看什么,她哭了,说有个男人一直在窗外盯着她,让她很担心。她求克兰把她带走,带到那个男人找不到她的地方。当克兰去安慰她时,她又打又骂。

(1) 梅托女士表现出的哪些症状表明她可能患有抑郁症、失智症或谵妄?
(2) 哪些风险因素支持对上述某一疾病的诊断?
(3) 在这种情况下,社工的下一步工作是什么?

焦虑症

面对身体疾病、经济上的忧虑和孤独带来的伤痛,许多老年人会出现焦虑行为。他们可能会忧心自己如何能靠如此微薄的收入生活,或者谁能带他们去看医生或帮他们跑腿。每个人都经历过在某些情况下情绪非常不好的状态。焦虑本身并不是什么心理疾病,身心处理压力的方式才是问题所在。情绪上的困扰常常会成为老年人寻求解决相应问题的动力。担心自己的健康状况可能会促使人们求医问药或更好地照护自己。忧虑能否按时乘车去看医生可能会促使老年人最终给长者交通服务组织打电话，确定可靠的搭乘车辆，而不是心中不停担心孩子能否送自己去。担心自己一直留在家中生活花费太高可能会使老年人选择别的居住安排，诸如住进支持性老年住宅，那里的花费可能不那么昂贵，而且还会提供家政服务。

然而，当老年人有持续 6 个月以上的深深的恐惧感，同时伴有诸如头痛、肠胃不适、发抖、疲倦和失眠等严重的躯体症状时，心理健康专业人员就要考虑他或她是否患有焦虑症（American Psychiatric Association，2013）。焦虑症的特点是有强烈的、持续的焦虑感，可能会在没有任何明显外部刺激的情况下发病。老年人可能会心动过速、呼吸过快、眩晕或出汗过多。要识别老年人是否患焦虑症可能比较困难，因为其症状和一些常见病，诸如心血管疾病、失智症或帕金森病类似。

约有 3%~14% 的老年人口（大多数是女性）符合焦虑症的诊断标准，需要接受专业治疗（National Council on Aging，2018）。焦虑症的发病率在养老院和医院等卫生保健机构中甚至更高。阈下焦虑往往会影响老年人的生活质量。这一类型的焦虑虽然不需要通过传统评估方法进行诊断，但是在老年人群体中更为常见。老年人既可能直到晚年才第一次遭遇焦虑症，也可能一生都在与焦虑症做斗争，一直延续到晚年。老年社工有理由关注焦虑症，因为对抗焦虑症需要动用很多身心资源，这会给老年人的健康状况带来危险。

焦虑症类别中包括多种行为模式，其中只有少部分可以被准确地描述为精神障碍。焦虑是对环境刺激的一种行为反应，通常对老年人的福祉产生负面影响。把焦虑症放在本章的这一部分进行讨论是因为医生常常用药物治疗来处置这一问题，而实际上老年人焦虑反应的症结在于其应对生活问题的方式，而不是其有什么心理疾病。虽然对焦虑症的诊断可能相对低估了实际发病情况，但是治疗的时候又容易出现过度治疗现象。相比深入了解病症的内在社会心理影响机制，直接进行药物治疗的确是更容易的选择。但是，找到解决问题的方法，结合支持性心理咨询，便可以消除案主对药物治疗的需求（Kwan & Wijeratne，2016）。第六章会讨论对焦虑症的推荐干预措施。

患焦虑症的风险因素

焦虑症似乎与家族遗传有关，尽管目前还没有清楚的证据表明焦虑症是可以先天遗传的。儿童通过观察父母和兄弟姐妹学会应对压力，并可能开始效仿观察到的家人的焦虑。老年人焦虑症的风险因素包括慢性或急性疾病、睡眠障碍、药物滥用、童年时期的负面人生经历和日常生活中因为身体原因而受到的各种限制（Wolitzky-Taylor, Castriotta, Lenze, Stanley, & Craske, 2010）。所有年龄段的女性、有色人种老年人、已婚人士以及低收入和教育水平较低的个人的焦虑症发病率较高（Kwan & Wijeratne，2016）。在一生中与收入不足或社会歧视做斗争的个人，其焦虑程度高于其他人。

如果要解决老年人的焦虑问题，需要应对的最严重的问题之一就是所有类型的焦虑症都与抑郁症有极高的共同发病概率（Gellis & Kenaley，2016；Kwan & Wijeratne，2016；Wolitsky-Taylor et al.，2010）。这看起来似乎很矛盾：抑郁症的特点是有抑郁情绪和精力差，而焦虑症的表现是情绪易激动。焦虑症是抑郁症的继发症状。老年人可能会同时表现出这两种病的症状。一方面，他们表现出轻度抑郁症的典型症状：悲伤、精力不济、记性不好。而另一方面，他们也可能有焦虑症的症状：过于忧虑、失眠、情绪易激动。当抑郁症被治好以后，焦虑症常常也会消失。

焦虑症状在失智症患者中也较为普遍（5%～21%；Ferretti，McCurry，Logsdon，Gibbons，& Teri，2001）。焦虑行为可能实际上是失智症有所发展的一个信号。严重失智症导致的认知能力有限使诊断与之相伴的焦虑症极其困难。心理健康专业人员最终不可能与患者沟通他的感受，而必须依靠自己的专业观察加上患者家人、朋友和其他照护人对患者行为的描述来做判断。在做老年人工作时有准确的区辨性评估和诊断之所以至关重要，共病性问题是一个最重要的原因。

焦虑症的类型

广泛性焦虑症（generalized anxiety disorder，GAD）　广泛性焦虑症是个概括性术语，指的是没有具体对象和理由的焦虑症状，不同于恐慌症、强迫症、创伤后应激障碍等有具体对象的焦虑症。患广泛性焦虑症的老年人有过度的忧虑和紧张，它们或者没有任何缘由，或者超出了对实际情况应有的反应。他们可能会担心钱，担心健康状况、工作或家人，即使没有任何迹象表明这些方面有什么问题。这些强烈的忧虑还伴有身体上的症状，诸如肌肉紧张、坐立不安、消化不良、心动过速和呼吸困难。情绪易激动和易怒会成为常态，这常常妨碍社会关系和日常生活。一些小事也会成为大灾难。患广泛性焦虑症的老年人说不清自己到底在担心什么。

恐慌症（panic disorders）　恐慌症的特点是在没有任何征兆的情况下突然感到强烈的恐惧和害怕。恐慌症的发作可能是因为有外部刺激（人身安全或情感受到威胁），但是有时候该疾病也可能在没有任何外部刺激的情况下发作。感觉恐慌袭来的老年人常常说自己的心"砰砰"地剧烈跳动，出很多汗，感到头昏、眩晕或虚弱。他们可能会感觉胸痛或者有窒息感，其严重程度让他们认为自己要死了。他们有的感觉潮热，有的感觉发冷。在恐慌袭来或极其不舒服的时候他们的手可能会麻木。恐慌可能会持续几分钟到近一个小时。当恐慌消退的时候，老年人一般会明显好转，但是也会忧心下一次发作会在什么时候。恐慌袭来时没有任何征兆，这具有严重的打击作用。其结果是，老年人可能会重新安排自己的生活，避免去公共场所，因为他们害怕在那里恐慌症发作，求救无门。正是一直害怕恐慌症会再次发作才使老年人产生了焦虑。

强迫症（obsessive-compulsive disorder，OCD）　患强迫症的人受到侵扰想法或意象——也称强迫观念——的折磨。为了防止产生或驱除这些强迫观念，他们会衍生出复杂的仪式性动作，即所谓的强迫性行为（compulsions）。如果一个人对细菌和肮脏有强迫观念，那么他会在一天中反复洗手。对入室抢劫有强迫观念的人会在晚上休息前反复查看门窗是否上锁数十次。还有些人对吃饭有固定的仪式，如每次点同样的饭菜，一个盘子里只可以装一种食物，或者是不吃某种颜色的食物，等等。专业棒球运动员和曲棍球运动员可能会认为在季后赛时刮胡子不吉利。每个人都对某些事情有固定的仪式或迷信做法。然而，当这些强迫观念和为这些观念而花费的时间每天都超过一个小时，干扰了正常的日常活动时，就应该将之视为强迫症的症状。强迫症很少是老年才出现的，较常见的情况是老年人从青壮年时期就有这一精神机能障碍，并一直延续至老年。

创伤后应激障碍（post-traumatic stress disorder，PTSD）　很少有情绪问题比创伤后应激障碍得到的关注更多。创伤后应激障碍曾因"弹震症"而闻名，是在从越南战争归来的退伍军人身上发现的。这些人摆脱不了回想原来痛苦经历的梦魇，不治疗的话就无法在社会中正常生活。经历过战争的退伍军人是最先被识别出来的这一疾病的受害者，从那以后，心理健康专业人员还从经历过绑架、严重事故、性骚扰或虐待、自然灾害或诸如空难、火车事故等大规模死亡事件的人身上观察到了类似的情绪问题。创伤后应激障碍的特点是一个人早年经历过危及生命或特别痛苦的事件，但是生存了下来。这个人可能会实实在在地重新体验到原有的恐惧，持续几分钟到数天不等。许多有创伤后应激障碍的人的回忆如此真切，以致他们分辨不出自己是否真的回到了给自己带来创伤的老地方。在创伤后应激障碍发作以后，他们可能会出现严重的睡眠问题、严重抑郁或者容易受惊吓。有时，曾经热情关爱他人的人会变得容易发火，与人疏远，以此来应对创伤后应激障碍。这一情况可能在创伤事件发生后出现，并在几个星期或几个月内逐渐消退。有的人的创伤后应激障碍在创伤事件发生后会延续很长时间，甚至余生一直受此困扰，比如目前一代经历过战争浩劫幸存下来的老年人就是如此。

偏执行为（paranoid behavior）　尽管严格意义上说偏执行为不属于焦虑症，但是它在有焦虑症状的老年人中偶尔也会出现。偏执的许多症状与焦虑症相同，同时还伴有被监视、被跟踪、有人要加害自己的感觉。处于偏执状态的老年人可能会非常多疑、有幻觉或是有囤积行为（Therrien & Hunsley，2012）。

处于偏执状态的老年人常常是由警察局或消防部门的人转介给精神健康专业人员的，这些部门的人最有可能是老年人首先打电话求助的人。比如，一位老年人认为有个陌生人正从窗户向屋里窥视，或者某个家人打开了煤气想要杀他，这时他更可能会打电话向警察报告自己的怀疑。消防部门可能会接到老年人打来的电话，说自己闻到了烟味，即使家里连火都没有开。老年人的邻居可能会找管理部门反映老年人囤积垃圾或报纸，影响了街区的卫生。尽管这种情况可能在独居老年人中更为常见，但是即使是有完好支持系统的老年人也可能会有偏执行为。

重要的一点是要区分老年人是由于感官出了问题（视力或听力受损）或是患了失智症才有偏执行为，还是解释不清楚偏执行为产生的原因（Therrien & Hunsley, 2012）。听力不好或视力不好的老年人可能会误解一些事，比如当邮递员往邮箱里放东西时，他以为是陌生人想要破门而入。这只是误解而不是偏执的症状。此外，患失智症的老年人可能没有认知能力去解释一些明白无疑的事，诸如打错电话号码或是误解水电公司每月例行的查表。如果就老年人对事件的诠释能找到符合逻辑的解释，就可以避免将老人的行为误诊为偏执行为。

评估老年人的焦虑症

医学评估 老年人与焦虑症有关的身体症状常常与其他常见的老年病（如心血管疾病、甲状腺疾病和高血糖症等）症状类似。所以，有必要先让医务人员给老年人做身体检查，排除患可能引起这些症状的严重疾病的可能性。从药店购买的感冒药、改善睡眠的辅助药物和任何数量的处方药也可能导致老年人坐卧不宁、容易发火。这表明全面检查老年人服用的药物，包括偶尔服用的药物和定期服用的药物，十分有必要。由于该病有家族遗传倾向，因此身心健康专业人员要搞清楚老年人在早年是否有过焦虑症病史，或者其近亲是否得过这一病症。

身心健康专业人员要彻底了解清楚焦虑症的症状和持续时间。这种过度的焦虑是否与老年人近期生活中发生的事件有关？这种过度的焦虑是情有可原的还是似乎有些小题大做？老年人的心理和社会环境中都有些什么东西有助于医务人员和社工更好地理解导致老年人容易激惹的原因？这种过度忧虑和容易激惹的状态对老年人来说意味着什么？老年人是否还伴有抑郁症状或丧失认知能力的早期症状？得到这些问题的答案对于确定老年人是只有些焦虑行为还是患焦虑症至关重要。

心理评估 焦虑症就像其他心理健康问题一样可以运用现有的心理量表做评估。用于普通人群测量焦虑症的一个最常见的工具是贝克焦虑量表（Beck, Steer, & Brown, 1996）。该量表由21种焦虑症的情绪和躯体症状指标组成，由观察者（一般是社工、心理学家和精神病医生）评定。由于该量表比很多焦虑症测试要简短，因此更适合焦虑症和抑郁症患者，避免他们在被测过程中感到不耐烦。心理量表结合全面的身体检查可以为身心健康专业人员提供焦虑行为和焦虑障碍方面最为准确的评估。

焦虑症的区辨诊断

焦虑症，特别是恐慌症、强迫症和创伤后应激障碍的症状相对来说是明显的。而区分焦虑症与其他疾病的共病现象则较为复杂。案例 5-4 会有助于识别焦虑症和其他精神障碍的特点。

案例 5-4：格雷斯·阿戴恩太太

格雷斯·阿戴恩太太现年 83 岁，是非裔美国人，和丈夫一起住在市中心老年人综合服务楼里。她丈夫在中风后右半边身体完全瘫痪，需要广泛的照护。尽管他能相当不错地与他人沟通，但是会间或记不起常用物品的名称，变得非常沮丧。他会用粗言秽语对待妻子，以此发泄。他需要人协助才能上厕所、吃饭和在床跟轮椅间转移。阿戴恩太太非常健康，身体仍很强壮，所以帮助丈夫对她来说不是什么难事。她在家里会做一些重体力活，就她这个年纪的女性来说，她仍然非常活跃。她每周有两个下午还会照看 3 个孙子女。她喜欢有这些孩子陪伴，他们能帮着逗阿戴恩先生开心。阿戴恩先生和太太都是退休教师，有非常不错的退休金，加上保险，他们的收入绰绰有余，除可以购买生活必需品外，还可以买些奢侈品。

阿戴恩太太开始不断担心如果自己死了丈夫会怎样，尽管事实上她丈夫的身体状况要比她危险得多。她没有去找专业的养老院或者是支持性住所，也拒绝长大成人的孩子去做这些事。她担心丈夫除她之外跟任何人都合不来，担心他可能会因无人悉心照料而去世。这对夫妇有长期照护保险，保险范围覆盖了一方或双方需要这类照护时的费用，但是这似乎对阿戴恩太太没起到太大的安抚作用。她生平头一次在头痛的时候买药吃不管用。尽管阿戴恩先生的健康状况自中风后没有进一步恶化，但是阿戴恩太太仍为他身体上的一些小变化担心，每周都会有几天时间为此而跟主治医生纠缠。她觉得他吃得太少，比往常容易发火，认为他没受中风影响的那半边身体也更虚弱了。主治医生已经为阿戴恩先生做了检查，没发现身体方面有新问题，但却说服不了阿戴恩太太接受这一事实。

尽管一直照顾孙子女，但阿戴恩太太还是说她感到孤独。照护丈夫使她疏远了朋友和亲戚，也限制了她离开公寓去邻居家走动的次数。她总是感到累，尽量在丈夫白天睡觉的时候也打个盹，但是难以熟睡，或者是熟睡的时间不长。

初步诊断

阿戴恩太太有几个明显的焦虑症状：

> 过度忧虑丈夫的健康状况，尽管他除了中风没有什么明显的问题。而且，她不愿为自己感觉到的问题寻找解决办法。
> 即使收入很好也还是长期担心经济问题。
> 睡眠障碍。
> 躯体症状为疲倦、头痛。

这些症状中具有区辨性的特点是，有充足的理由表明阿戴恩太太对丈夫健康状况和家庭经济状况的担心是没有根据的。按医生的说法，阿戴恩先生的健康状况并没有每况愈下，而且即使目前的情形发生变化，他们的收入和保险也足以应对。她没有想改变什么，而是固执地抓着很明显没什么问题的事情不放。若更仔细查看便会发现还有其他几个症状，表明焦虑症不是阿戴恩太太仅有的问题：

> 尽管比较健康但却很疲倦。
> 睡眠不好。
> 感觉与人隔离、孤独。
> 情绪忧虑。

这些症状表明阿戴恩太太可能既要对抗抑郁症，又要应对焦虑症。丈夫时不时的出言不逊，既要照护丈夫又要照护孙子女的压力，以及缺少与老朋友和邻居的社会接触，都会导致抑郁。对阿戴恩太太还需要做进一步的评估，以确定是否抑郁症是主要问题，焦虑症是次要问题，或者是否还有其他诸如此类的问题。

囤积症 虽然囤积症不是老年人所独有的，但囤积症在老年人群体中偶有出现，被认为是强迫症的一种行为表现（American Psychiatric Association, 2013）。囤积症的主要特征包括：(1) 积累大量在他人看来价值有限的物品，而且不愿意丢弃这些物品。(2) 所囤积物品导致的杂乱使得房间无法用于最初设计的功能。(3) 这些物品的囤积导致了显著功能障碍（Steketee & Frost, 2007）。

在老年人群体中，囤积经常与失智症相伴而生。但是，失智症并不能用来预测囤积行为的出现。囤积行为往往从生命早期阶段便开始显现，通常是多个家庭成员都有的习惯（Steketee & Frost, 2003）。囤积症不仅仅是不好好做家务或对收集不寻常物品的古怪兴趣。囤积症的关键特征是收集的物品的数量和杂乱程度惊人，而且收集者非常抗拒丢弃这些物品。床可能被埋在大量的衣服和纸张之下，导致老年人无法用床睡觉。厨房可能堆积了大量的变质食物和垃圾而变得非常肮脏。具备这些特征可以被认为患囤积症。极端的囤积事件，特别是那些涉及宠物或垃圾的事件，经常出现在新闻中，这主要是因为事件主角过于非理性。囤积症患者通常对这个问题的洞察力很差，很少能看到与囤积行为相关的安全和卫生问题，因此治疗这种精神障碍极具挑战性。囤积症患者对在别人看来是垃圾的东西有很强的依恋。囤积症的解决方案并不是简单地移除物品。囤积症患者通常在其潜在的病因（例如抑郁症、失智症或焦虑症）被治疗的时候，会做出反应。

小结

抑郁症、失智症、谵妄和焦虑症是老年人最常见的四种认知和情绪问题。抑郁症的区辨性特点主要是老年人的情绪和情感受影响，而失智症主要影响老年人的认知和智力功能。谵妄类似于失智症，但是它的区辨性特点是发病突然，有生理方面的原因，并且这些生理方面的问题往往可以逆转。焦虑症的典型特点是过度忧虑，有非理性的恐惧，并抱怨躯体不适，但是老年人可能只有焦虑行为而非患焦虑症。本章主要介绍区分四者的方法，重点在于它们的主要症状、每种疾病的核心特点以及与之联系在一起的风险因素。由于这些疾病常常有类似的症状或者同时并存，因此对它们的评估和诊断就变得复杂化了。对其中任何一种疾病的评估不准确都可能带来灾难性后果。抑郁症未能及时得到治疗有可能导致老年人尝试自杀，以求从长期悲伤和感到毫无价值带给自己的痛苦中解脱。老年人在熟悉的家里从事日常活动越来越力不从心可能是由于身体健康状况急剧下降，这于人于己都可能有危险。如果不加医治，那么谵妄有可能导致老年人因身体衰竭或疾病而死亡。长期焦虑会让老年人成为自己家中的囚徒，越来越加重社会隔离和情感上与他人的隔膜。所以，老年社工对这四者初步加以区分，鼓励老年人及其家人采取治疗措施很有必要。

学习活动

1. 完成本章早些时候讨论的老年抑郁量表，并要求你的五个朋友或同学也完成这个量表。作为一名学生，你很可能不是一位老年人，你在这个量表上的得分如何？你认为这个工具是否足够敏感，可以准确地判断抑郁症，而不仅仅局限于老年人的状况？在任何时候，学生都有可能停止进行他们曾经享受的活动，感到疲倦，对自己的生活感觉不满意，但这些并不意味着他们患有抑郁症。你能想出办法让这个量表变得能更准确地反映老年人的状况吗？

2. 采访在当地医院急诊室工作的社工，了解他们为进入急诊室的老年人服务的工作经历。对老年人来说，最常见的问题是什么？尤其是需要提问关于谵妄及其治疗过程的问题。一旦老年人状态稳定，他们会接受哪些治疗？社工是否觉得医务人员受过培训，并以合适的方式与老年人一起工作？根据你所学到的知识和技能，为急诊室工作人员设计一个在职培训计划,以弥补这些领域的任何不足。

3. 访问你当地的阿尔茨海默病协会,了解该组织正在通过哪些方法来进行有关阿尔茨海默病症状的公众教育。虽然阿尔茨海默病协会有一个优秀的网站(www.alz.org),但互联网并不是老年人及其家庭了解这种疾病的唯一方式。美国各地每年都会举行"终结阿尔茨海默病的年度步行活动"(Walk to End Alzheimer's Disease)。处于该疾病早期阶段的老年人及其家庭经常会参与这个年度筹款活动。关于照护阿尔茨海默病患者的过程中的愉快经历和所面对的挑战,他们能提供非常有价值的第一手资料。

参考文献

Ahmed, A., & Simmons, Z. (2013). Pseudobulbar affect: Prevalence and management. *Therapeutics and Clinical Risk Management, 9*, 483–489.

Alzheimer's Association. (2018a). Latest facts and figures. Retrieved from https://www.alz.org/facts#quickFacts

Alzheimer's Association. (2018b). Diagnosis of Alzheimer's disease. Retrieved from https://www.alz.org/alzheimers-dementia/diagnosis?utm_source=google&utm_medium=paidsearch&utm_campaign=google_grants&utm_content=alzheimers&gclid=EAIaIQobChMIh4e7qf-m3QIVip6z Ch1P_gLlEAAYAyAAEgJ-

Alzheimer's Association. (2018c). 10 early signs and symptoms of Alzheimer's. Retrieved from https://www.alz.org/10-signs-symptoms-alzheimers-dementia.asp

Alzheimer's Association. (2018d). Types of dementia. Retrieved from https:alz.org/alzheimers-dementia/what-is-dementia/types-of-dementia

American Psychiatric Association. (2013). *Diagnostic and statistical manual of mental disorders* (5th ed.). Washington, DC: American Psychiatric Association.

Baldridge, D. (2012). *Diabetes and depression among Native Americans and Alaska Native elders.* Washington, DC: Centers for Disease Control and Prevention. Retrieved from https://www.cdc.gov/aging/pdf/hap-issue-brief-aian.pdf

Beck, A. T., Steer, R. A., & Brown, G. K. (1996). *Manual for the Beck Depression Inventory* (2nd ed. [BDI-II]). San Antonio. TX: Psychological Corporation.

Borson, S., Scanlan, J. M., Chen, P., & Ganguli, M. (2003). The Mini-Cog as a screen for dementia: Validation in a population based sample. *Journal of the American Geriatric Society, 51*(10), 1451–1454.

Cameron, D. E. (1941). Studies in senile nocturnal delirium. *Psychiatric Quarterly, 15*, 47–53.

Caselli, R. J., & Reiman, E. M. (2013). Characterizing the preclinical stages of Alzheimer's disease and the prospect of presymptomatic intervention. *Journal of Alzheimer's Disease, 33*(1), S405–S416.

Centers for Disease Control and Prevention. (2017). *Depression is not a normal part of growing older.* Retrieved from https://www.cdc.gov/aging/mentalhealth/depression.htm

Cherubini, A., Nistico, G., Rozzini, R., Liperoti, M., Di Bari, E., Zampi, L., … Trabucchi, M. (2012). Subthreshold depression in older subjects: An unmet therapeutic need. *The Journal of Nutrition, Health and Aging, 16*(10), 909–913.

Connor, K. O., Copeland, V. C., Grote, N. K., Rosen, D., Albert, S., McMurray, M., … Koeske, G. (2010). Barriers to treatment and culturally endorsed coping strategies among depressed African-American older adults. *Aging & Mental Health, 14*(8), 971–983.

Ebersoldt, M., Sharshar, T., & Annane, D. (2007). Sepsis-associated delirium. *Intensive Care Medicine, 33*(6), 941–950.

Ferretti, L., McCurry, S. M., Logsdon, R., Gibbons, L., & Teri, L. (2001). Anxiety and Alzheimer's disease. *Journal of Geriatric Psychiatry and Neurology, 14*, 52–58.

Fuller-Iglesias, H., Sellars, B., & & Antonucci, T. C. (2008). Resilience in old age: Social relations as a protective factor. *Research in Human Development, 5*(3), 181–193.

Gellis, Z. D., & Kenaley, B. (2016). Mental health disorders in later life. In D. Kaplan & B. Berkman (Eds.), *Handbook of social work in health and aging* (2nd ed.) (pp. 387–396). New York, NY: Oxford University Press.

Geriatric Mental Health Foundation. (2008). Depression in late life: Not a natural part of aging. Retrieved from http://www.gmhonline.org

Goins, R. T, Schure, M B., Crowder, J., Baldridge, D., Benson,

W, & Aldrich. (2015). Lifelong disparities among older American Indians and Alaskan Native. Washington, D.C.: AARP Public Policy Institute, Retrieved from https://www.aarp.org/content/dam/aarp/ppi/2015/Lifelong-Disparities-among-Older-American-Indians-and-Alaska-Natives.pdf

Hinton, L., Sciolla, A. F., Unützer, J., Elizarraras E., Kravitz, R. L., & Apesoa-Varano, E. C. (2017). Family-centered depression treatment for older men in primary care: A qualitative study of stakeholder perspectives. *BMC Family Practice*, *18*(1), 88.

Inouye, S. K., Bogardus, S. T., Charpentier, P. A., Leo-Summers, L., Acampora, D., Holford, T. R., & Cooney, L. M. (1999). A multicomponent intervention to prevent delirium in hospitalized older patients. *New England Journal of Medicine*, *340*(9), 669–676.

Jaqust, W. (2001). Untangling vascular dementia. *The Lancet*, *358* (9299), 2097-2098.

Kim, H. J., Park, E. M., Storr, C. L., Tran, K., & Juon, H. S. (2015). Depression among Asian-American adults in the community: Systematic review and meta-analysis. *PLoS One 10*(6), E0127760.

Kok, R. M., & Reynolds, C. F. (2017). Management of depression in older adults: A review. *Journal of the American Medical Association*, *317*(20), 2114–2122.

Kroenke, K., Spitzer, R. L., & Williams, J. B. (2001). The PHQ-9: Validity of a brief depression severity measure. *Journal of General Internal Medicine*, *16*(9), 606–613.

Kwan, E. M., & Wijeratne, C, (2016). Presentations of anxiety in older people. *Medicine Today*, *17*(12), 34–41.

Lewis-Fernández, R., Das, A.K., Alfonso, C., Weissman, M.M., & Olfson, M. (2005). Depression in US Hispanics : Diagnostic and management considerations in family practice. *Journal of the American Board of Family Medicine 18*(4), 282–296.

Lessig, M. C., Scanlan, J. M., Nazemi, H., & Borson, S., (2008). Time that tells: Critical clock-drawing errors for dementia screening. *International Psychogeriatrics*, *20*(3), 459–470.

Lubben, J. (2006). Abbreviated and targeted geriatric assessment. In B. Berkman (Ed.), *Handbook of social work in health and aging* (pp. 729–735). New York, NY: Oxford University Press.

Mallers, M. H., Claver, M., & Lares, L. A. (2013). Perceived control in the lives of older adults: The influence of Langer and Rodin's work on gerontological theory, policy and practice. *The Gerontologist*, *54*(1), 67–74.

Marcantonio, E. R., Kiely, D. K., Simon, S. E., John Oray, E., Jones, R. N., Murphy, K. M., & Bergmann, M. A. (2005). Outcomes of older people admitted to post-acute facilities with delirium. *Journal of the American Geriatrics Society*, *53*(6), 963–969.

Martinez, F., Tobar, C., & Hill, N. (2015). Preventing delirium: Should non-pharmacological, multicomponent interventions be used? A systematic review and meta-analysis of the literature. *Age Ageing*, *44*(2), 196–204.

Mayo Clinic (2018). Mild cognitive impairment (MCI). Retrieved from https://www.mayoclinic.org/diseases-conditions/mild-cognitive-impairment/symptoms-causes/syc-20354578

Morhardt, D., & Weintraub, S. (2007). Alzheimer's disease and non-Alzheimer's dementias. In C. B. Cox (Ed.), *Dementia and social work practice: Research and interventions* (pp. 13–44). New York, NY: Springer.

National Council on Aging. (2018). Issue brief: Older Americans behavioral health series overview. Retrieved from https://www.ncoa.org/resources/issue-brief-older-americans-behavioral-health-series-overview

National Institute on Aging. (2017). What is vascular dementia? Retrieved from https://www.nia.nih.gov/health/vascular-contributions-cognitive-impairment-and-dementia

National Institute on Mental Health. (2017). Men and depression. Retrieved from https://www.nimh.nih.gov/health/publications/men-and-depression/index.shtml

National Institute on Mental Health. (2018). *Depression in women: 5 things you should know.* Retrieved from https://www.nimh.nih.gov/health/publications/depression-in-women/index.shtml

Parker, M. W., Greenberg, J. S., Malick, M. R., Simpson, G. M., Namkung, E. H., & Roselan, R. (2016). Caregivers to older and disabled adults. In D. Kaplan & B. Berkman (Eds.). *The Oxford handbook of social work in health and aging (2nd Ed)*. (pp. 443-452). New York, NY: Oxford University Press.

Padayachey, U., Ramlall, S., & Chipps, J. (2017). Depression in older adults: Prevalence and risk factors in a primary health care sample. *South African Family Practice*, *59*(2), 61–66.

Pickett, Y. R., Bazelais, K. N., & Bruce, M. L. (2013). Late-life depression in older African Americans: A comprehensive review of epidemiological and clinical data. *International Journal of Geriatric Psychiatry*, *28*(9), 903–913.

Pew Research Center. (2015). *America's changing religious landscape.* Retrieved from http://www.pewforum.org/2015/05/12/americas-changing-religious-landscape/

Rao, S. K., Wallace, L. M. K., Theou, O., & Rockwood, K. (2016). Is it better to be happy or not depressed? Depression mediates the effect of psychological well-being on adverse health outcomes in older adults. *International Journal of Geriatric Psychiatry*, *32*, 1000–1008.

Robinson, T. N., & Eiseman, B. (2008). Postoperative delirium in the elderly: Diagnosis and management. *Clinical Interventions in Aging*, *3*(2) 351–355.

Salluh, J. I., Wang, H., & Schneider, E. B. (2015). Outcome of delirium in critically ill patients: Systematic review and meta-analysis. *BMJ*, *350*, 2538.

Sheikh J. I., & Yesavage, J. A. (1986). Geriatric Depression Scale (GDS). Recent evidence and development of a shorter version. In T. L. Brink (Ed.), *Clinical gerontology: A guide to assessment and intervention* (pp. 165–173). New York, NY: Haworth Press.

Shriver Center. (2016). Older women and poverty. Retrieved from *thttp://www.ncdsv.org/SSNCPL_Woman-View-Older-Women-and-Poverty_3-30-2016.pdf*

Snowden, M., Steinman, L., & Frederick, J. (2009). Screening for depression in older adults: Recommended instruments and considerations for community-based practice. *Clinical Geriatrics, 17*(9), 26–32.

Steffens, D. C., Fisher, G. G., Langa, K. M., Potter, G. G., & Plassman, B. L. (2009). Prevalence of depression among older Americans: The aging, demographics and memory study. *International Psychogeriatrics, 21*(5), 879–888.

Steketee, G., & Frost, R. O. (2003). Compulsive hoarding: Current status of the research. *Clinical Psychology Review, 23*, 905–927.

Steketee, F., & Frost, R. O. (2007). *Compulsive hoarding and acquiring: Therapist guide.* New York, NY: Oxford University Press.

Therrien, Z. & Hunsley, J. (2012). Assessment of anxiety in older adults: A systematic review of commonly used measures. *Aging & Mental Health, 16*(1), 1–16.

Toseland, R. W., & Parker, M. (2006). Older adults suffering from significant dementia. In B. Berkman (Ed.), *Handbook of social work in health and aging* (pp. 117–127). New York, NY: Oxford University Press.

Vink, D., Aartsen, J. J., & Schoevers, R. A. (2008). Risk factors for anxiety and depression in the older adults: A review. *Journal of Affective Disorders, 106*(1–2), 29–44.

Unsar, S., & Sut, N. (2010). Depression and health status in elderly hospitalized patients with chronic illness. *Archives of Gerontology and Geriatrics, 50*(1), 6–10.

Wolitzky-Taylor, K. B., Castriotta, N., Lenze, E. J., Stanley, M. A., & Craske, M. G. (2010). Anxiety disorders in older adults: A comprehensive review. *Depression and Anxiety 27 (2)*, 190-211.

Yesavage, J. A., Brink, T. L., Rose, T. L., Lum, O., Huang, V., Adey, M. B., & Leirer, V. O. (1983). Development and validation of a geriatric depression screening scale: A preliminary report. *Journal of Psychiatric Research, 17*, 37–49.

第六章

对老年人抑郁症、焦虑症和失智症的干预

学习目标

- 探讨为老年人的心理社会状况制定干预措施的目的和过程。
- 发现老年人在寻求心理健康问题帮助方面面临的障碍。
- 在治疗老年人抑郁症和焦虑症时采用循证干预措施。
- 讨论小组干预方法作为一种治疗方式的用途。
- 行为管理技术可供照护者和医疗保健提供者使用，可有效处理老年失智患者的破坏性行为。

章节概述

干预过程

老年人干预和处置工作的障碍

污名化和文化障碍

健康护理提供者的偏见

与老年人建立工作关系

对抑郁症和焦虑症的干预

人生回顾疗法

抑郁症和焦虑症的医学干预

治疗抑郁症和焦虑症的小组干预方法

小组干预的过程

失智症的行为管理干预

本章主要描述对患抑郁症、早期失智症和焦虑症的老年人的干预方法。本章详细介绍的干预措施属于循证实践的范畴，这意味着干预方法的效果是由实证研究支持的。老年人的心理社会治疗往往是由诸如私人保险和医疗保险等第三方资助的，这越来越要求从业人员采用已证明有效的干预方法。

本章首先对适用于老年人的干预过程进行讨论，包括强调老年人力量的重要性，创造一个为老年人赋权的氛围，认识到干预的障碍，进而促进与老年人的治疗关系。接下来的重点转向治疗老年人抑郁症和焦虑症的具体方法。如第五章所述，尽管抑郁和焦虑是截然不同的情绪状况，但是有研究证明使用类似的治疗方法对二者均是有效的。具体的方法包括认知行为疗法、缅怀往事疗法和人生回顾疗法，这些干预方法专门用于帮助老年人深入洞察自己的行为和感受，作为减轻抑郁和焦虑的第一步，可能也可同时治疗非常早期的失智症症状。精神类药物和电休克疗法的使用也被证明可以用来辅助心理社会治疗。小组干预方法是治疗老年人抑郁症和焦虑症的另一种方法，它使用个人回忆和生活回顾的基本方法，同时强调小组成员的力量。讨论将再激励小组、社交和娱乐小组以及支持小组作为治疗小组的特殊形式。

对老年失智症的干预主要集中在管理行为和情绪问题上，这些问题通常会随着失智症的严重而恶化。专业人员和护理人员可以针对失智症的某些问题行为使用不同的行为管理技术。除了行为管理干预，验证疗法和模拟存在疗法也可以用于进一步检查。虽然目前还没有专门针对这些行为的药物，但本章会介绍一些可以减缓疾病进展的药物。

在现实生活中，与老年人的每次接触——不管是在正规的临床机构，还是做家访时一起喝杯咖啡——都可能具有潜在的治疗性质。社工在跟老年人发展关系过程中的每次联系都能改善老年人的心理社会功能。对老年人的社会情绪与认知问题进行干预，需要把老龄化知识与系统的、经过仔细斟酌的工作方法结合起来，这样才能识别问题所在、探索可能有的解决办法、实施解决方案并评估干预成效。

干预过程

在干预过程中会做些什么？

在落实干预措施的时候，老年社工会做些什么呢？尽管老年社工会有"拯救人类"或"改变世界"的奇想，但是在开展案主的工作时所能做的事不外乎两种。在有些个案中，社工帮助案主改变令他们痛苦、处境危险或不能忍受的现状。在帮助老年抑郁症患者时，干预措施的重点可能是解决导致抑郁的根源，如服药不当、身体疾病或悲伤时间过长等，让老年人做些调整以缓解抑郁。一些方法（如寻求新的社会接触、多锻炼身体或者通过传统的"谈话疗法"来解决悲伤问题）的目的都是改变导致问题的情境。

在另外一些情况下，社工做案主的工作，帮助他们适应无法改变的现实。比如，医务人员不知道如何才能逆转阿尔茨海默病带来的衰退，也不知道如何让左半边身体因中风而瘫痪的老年人完全康复。失去的伴侣和交往一生的朋友也没有什么人能够替代。在这些情况下，虽然老年人所面对的情形可能是无法改变的，但如何应对却是可以把握的，他们可以改变自己的应对方式。尽管至今还没有治愈阿尔茨海默病的方法，但是对老年人进行良好的身体护理和精神关怀可以减少这一疾病带来的破坏作用，改善老年人及其照护者的生活质量。为身体康复做出的种种努力可能改变不了中风造成的身体损害，但是一些辅助设备，如电动轮椅等，可以帮助老年人重新获得一些对自身环境的掌控感，从而改善他们的情绪状态。一个孤独的丧偶女士也许能学会与这个没有自己丈夫的世界重新建立联系，将感情和关爱转移到长幼合一的日间照护中心或儿童医院的孩子身上。尽管问题的根源不能消除，但老年人的应对方式却是可以改变的。对老年人和社工来说，很重要的一点是搞清楚干预的焦点究竟是什么。

确定优势以促进赋权

前面的章节已经强调了识别老年人力量的重要性。尽管受到严重抑郁症的致残影响或失智症的限制，但是所有的老年人都仍然是有力量的，并且有他们可以做的事情。社工可以充分调动老年人的这些力量和剩余的能力，让他们接受管理情绪和认知方面的挑战。事实上，老年人生活中的改变是他们自己做出的。社会工作的干预作用是促进这个过程。

对生活的掌控感和继续制订长短期计划的能力，最能够反映出老年人的情绪健康状态（Mallers，Claver，& Lares，2013）。老年人需要感到尽管有健康问题或者失去了朋友或家人，但是自己仍然能够掌控生活，继续作为独立的、有能力的成年人发挥作用。老年人的家人认为有责任代替羸弱的老年人做财务安排和其他费脑筋的决定，本意可能是好的，但是我们不建议家人拿走老年人所有的决定权。社会工作的目标是寻找方法为老年人赋权，使他们尽量长期享有保持独立和尊严的权利。对生活在社区中的老年人来说，这便意味着自主选择居住方式和安排自己的时间。对生活在服务机构中的老年人来说，他们对穿什么或带什么到新住所可能没太多的选择权和决定权。常有的情况是，老年人是否被赋权，不取决于要决定的事情的大小，而取决于是否能够自己做决定。

谁的目标优先？

为老年人赋权也意味着社工尊重和推崇老年人的想法。自决便于老年人为提议的改变工作选定方向和重点，要明白这一点并不难。举例来说，丈夫已经去世的88岁的爱尔维太太拼命想留在生活了60年的家中。她如果能得到家政服务、流动送餐服务和流动护士服务，就有可能实现这一愿望。可是她的家人害怕随着她的身体越来越羸弱，她可能会在家中跌倒，所以希望她搬到支持性老年住所中去。社工该如何在老年人的愿望与老年人的家人的请求间取得平衡？谁的目标应该被优先考虑？究竟该以谁为准绳做最后的决定？

做面临一些艰难抉择的老年人的工作会涉及伦理上的雷区，比如是否继续独立生活，是否放弃掌管钱财安排的权力，是否做生命走到尽头时的决定，等等。老年人是成年人，他们依法有权决定关系到自身福祉的事情，除非有其他的情况要由法庭来裁决。谁的目标优先的问题应该是干预工作的焦点，绝不可以迷失。

老年人干预和处置工作的障碍

对待干预的态度

1945年以前出生的老年人可能对心理健康和情感问题的治疗持消极态度。在那个时代，只有疯子或者一辈子功能失调的人才需要接受心理健康治疗。当前的老年人同期群可能对心理学有关人类行为和情绪的理论并不熟悉或者不感兴趣。一些老年人一直持有一种观点——"苦酒是自己酿成的"。他们可能认为抑郁和焦虑源于性格上的缺陷而不是对发生在许多老年人生活中的一系列复杂、艰难的生理、心理和社会生活事件的反应。对一生都把生活安排得很好的老年人来说，他们在观念上根本接受不了与完全陌生的人，在大多数情况下还是比自己年轻的人，谈论深入的个人问题。这种态度虽然可以理解，但实际上却是获取服务的障碍（Mohlman et al.，2012）。

虽然这种对心理健康治疗的消极态度在高龄老年人（75岁及以上）中表现得很明显，但在"婴儿潮"一代（65～74岁）的老年人群体中却不是这样的。相对年轻的老年人（尤其是女性和白人老年人）实际上对心理健康治疗表现出积极的态度（Mackenzie，Scott，Mather，& Sareen，2008）。这些老年人可能比更年老的人群更倾向于寻求治疗。对相对年轻的老年人来说，真正的障碍不是他们的态度，而是缺乏接受治疗的机会，或者之前接受心理健康治疗的负面经历。

污名化和文化障碍

在态度和接触方面，不同的老年人表现出截然不同的态度。与白人同龄人相比，有色人种老年人更有可能有心理困扰，但是他们寻求治疗的可能性只有白人的一半（Connor et al.，2010）。在有色人种群体中，心理健康治疗污名化仍然是一个问题，尤其是在非裔老年人和亚裔老年人群体中（Mackenzie et al.，2008）。当污名化加上缺乏心理卫生服务、医疗保险覆盖面不足、普遍文化水平较低、不良或不准确的诊断，以及对白人主导的卫生保健系统的普遍不信任，不难看出为什么有色人种老年人更不可能获得心理健康治疗。

除此之外，文化方面的屏障可能是另一个障碍。这些老年人在同跟自己不同种族或族裔的社工谈话时可能会感觉不自在。英语可能不是他们的母语。仅是用母语来谈论个人问题就已经够难了，如果一方面要跨越语言障碍，另一方面还要传达自己的感受和想法，可能对老年人来说过于艰难。即使老年人能找到讲自己母语的精神健康专业人员，两人之间的年龄差距也会给双方带来障碍。在许多文化中，老年人深受尊重，年轻人要顺从和敬重老年人，探询老年人深层次的感受或者冲撞老年人是不被接受的。要求老年人改变某种行为或者挑战老年人长久持有的信念，这是许多干预行动必须做的事情，但在许多文化中却会被视为一种冒犯。

健康护理提供者的偏见

不幸的是，医生和精神病学家也可能对老年抑郁症和焦虑症的治疗效果心存疑虑。举例来说，在一项研究中，凯尼格发现，即使老年人的症状表明他们患有抑郁症，也只有不到一半的医生会向老年人提供抗抑郁药物，只有14％的医生会推荐老年人进行心理咨询（Koenig，2007）。这个统计数字如此低的原因是，医生认为老年人对治疗有抵触，无法支付治疗费用，已经服用了太多药物，或者精神治疗对老年人无效。老年人更有可能向健康护理提供者而不是心理保健提供者寻求专业帮助。本书自始至终一直都在强调老年人有将感受躯体化的倾向，即把不愉快的情绪转化成对身体不适的抱怨。这也正是他们更可能找医务人员而不是精神健康专业人员治疗的原因。老年人可能不熟悉助人专业的用语，觉得难以表述清楚自己的感受。不管感觉好还是不好，老年人都更可能把这些感觉与身体健康联系在一起，而非跟情绪健康挂钩。因此，帮助老年人学会意识到自己的各种情感状态或许是干预工作中非常重要的组成部分。如果一个初级保健提供者不相信可以成功治疗老年人的抑郁症，因此不推荐他们接受治疗，那这个初级保健提供者从一开始就不应该进入该系统。

与老年人建立工作关系

帮助老年人了解干预目标和过程

寻求帮助是坚强的表现，而不是软弱的表现。在晚年阶段，老年人可能会经历一系列自己无法掌控的变化，如身体衰老，失去家人或朋友，等等。为老年人鼓劲，鼓励他们竭尽全力把握情绪健康，积极参与解决自身的问题而不是放任自流、让自己生活在不舒服的情绪状态中，能够帮助老年人对自身的能力树立信心，去做一些事情，让自己感觉好一些。在这方面，社工可以一展身手，充当教练和辅导员。

制定干预目标的过程是双向的，在此要强调这一点。所有年纪的案主往往都认为社工知道什么是最好的，最有资格代他们决定干预目标。这有可能会带来不良结果。绝对有必要花些时间找出老年人想改变什么，他们跟社工一起工作的时候期望解决什么问题。反复强调任何干预目标围绕的都是案主想要什么，而不是社工想要什么，这一点极为重要。正是从这一最初的讨论当中，社工可以发现谁真的认为有问题——是老年人，还是其家人。把老年人送给社工来"修理"是不会有效的。老年人要有积极性并投身于他们自己愿意为之努力的目标，而不是他人期许的目标。

老年人可能会对透露个人信息特别不安，因为他们担心他人会擅自动用自己的个人资料。依赖家人照护的老年人可能对表露自己的感受和说出自己忧虑的事犹豫不决，担心会危及自己与照护者的关系。社工要完全对老年人实话实说，让他们知道谁会接触个案记录。如果你向老年人保证绝对保密，那么一定要做到。如果事实上你的工作记录要让老年人的家人或其他卫生保健人员知情，那么你一定要如实向老年人说明。老年人在伦理和法律上都有权知道谁会接触社工的记录，以及在干预过程中有多少内容会让他人知道。

社工要向老年人解释助人过程都包括些什么。在一次典型的治疗活动中会有些什么内容？当老年人谈论自己的生活时，社工会做些什么？一次治疗活动持续多长时间？谁为治疗活动付费？即使治疗活动需要调整，老年人也需要在投入受助过程之前初步了解自己可以预期得到些什么。社工要准备好回答有关自身资质的问题，以及自身有哪些知识储备以从事老年人工作。老年人可能会把社工等同于在公共援助办公室工作的个案工作者，搞不清楚社工是否有能力从事老年社会工作。

建立融洽关系

请放慢节奏！大多数新入行的社工会太快跳入干预过程，让老年人应接不暇，感到害怕。老年人需要时间进入状态，需要时间让自己能自在地向社工袒露个人的情况。在触及深层的心理问题之前先花几分钟时间跟老年人联络一下感情，让老年人有时间、有余地转换到治疗活动的情境中。表现出对老年人的关心，把老年人当成完整的人，也可以传达出这样的信息：社工把老年人看成是活生生的人而不是心理问题或社会问题。

在每段助人关系中，非常重要的一点是传达出对案主的尊重。对老年案主来说，这意味着看重和运用他们的人生经验。谈论以往的例外情况可以帮助老年人找出过去应对问题的策略，思考如何把它们运用到解决当前的问题上来，这很重要。明了"过去是怎么回事"可能对于处理当今的现实生活问题有重要意义。社工要帮助老年人在心理上把早年的人生经验与当前的生活挑战连接起来。这样做的意义不是鼓励老年人沉湎于过去，而是从过去有价值的东西中获得对当前生活的真知灼见。在干预过程中，老年人可能会反复讲自己的故事。对社工来说，重要的是让老年人明白自己熟悉他讲的故事，并去探查老年人一再重复这一故事蕴含的意义。社工应该用积极的倾听技巧传达出这样的信息：自己愿意倾听，有兴趣知道这些故事对老年人有什么意义。

如果存在文化差异的话就要加以说明。表示有兴趣知道老年人由于自己所属的种族和文化群体而有的特殊经历，是社工与老年人建立融洽关系的绝好方法。汲取老年人所属的文化群体的优势是干预工作获得成功不可或缺的要素。无视文化差异本身就是一种偏见，它贬低了老年人生活的文化和种族背景的重要性。

综观本书，我们一直在强调认识老年人身体方面的限制并在工作中采取相应的调整措施，这很重要，在做一对一工作时尤其如此。如果老年人听力有问题，那么说话就要慢、要清楚。对视力有问题的老年人，在使用阅读材料的时候可能需要采取较多的辅助阅读措施。如果老年人身体不便，坐久了会不舒服，那么就要更多地穿插一些小憩时间或者把面谈时间缩短些。

对抑郁症和焦虑症的干预

认知行为疗法

认知行为疗法（cognitive-behavioral therapy，CBT）是一种常见的干预方法，被普遍用于各个年龄层的案主,用来解决多种多样的情绪问题,包括抑郁症和焦虑症。认知行为疗法被认为是治疗老年人抑郁症最有效的方法之一(Adamek & Slater, 2008; Cox & D'Oyley, 2011; Jayasekara et al., 2015)。它对于降低老年人焦虑也非常有效(Carmin, 2011; Chand & Grossberg, 2013)。认知行为疗法以实证研究为基础,是一种被广泛接受的循证实践方法。

这一疗法探讨的是想法(认知面)与其后的感觉和行为的关系(Adler, 1963)。人们对生活中发生的事件的意义会生成自动的、非预设的想法。个人对事件意义的诠释会引发感受,这一感受又决定了人们的行为表现。身为学生,你非常熟悉在宣布论文提交截止日期后会有哪些一连串的反应。你可能马上想到:"我不擅长写论文,写论文对我来说太难了。"你接下来的感受可能是慌乱、恐惧,对有些人来说可能是轻微焦虑。对感觉慌乱、恐惧的人来说,行为表现可能是尽可能拖延写论文这件事,以避免慌乱和恐惧。对感觉轻微焦虑的人来说,焦虑可能会成为一个良性刺激,鞭策他们早早着手写论文,或者是向指导老师寻求更多帮助以控制自己的焦虑。同一事件(宣布论文提交截止日期)会引发不同的情绪反应或情感状态(焦虑、慌乱、退缩或否认),其后又导致不同的行为(拖延、马上开始写论文、获取帮助或者退出课程),详见表6-1。

表6-1 认知与行为的链接

情形或事件	A 紧随情形或事件的想法	B 情绪反应/情感状态	C 行为
宣布论文提交截止日期	"我不擅长写论文,写论文对我来说太难了。"	焦虑、慌乱、退缩或否认	拖延、马上开始写论文、获取帮助或者退出课程

认知行为疗法假定,对事件的认知和行为反应是习得的。所以,通过重新学习,人们既能改变对事件的情绪反应,也能改变随之而来的行为。其工作过程是帮助人们识别自己在情绪和行为上对事件的反应,并代之以适应性更好的、更有效的反应。认知行为疗法的最终目标是既改变个人的情绪反应,也改变个人的行为模式。这种疗法被视为心理教育取向的治疗老年人抑郁症和焦虑症的方法。老年人能做到把事件、想法、感受和行为联系起来还不够,还需要知道自己在思考问题时常犯的错误有哪些,该怎么做才能消灭烦扰自己的想法和感受。在上述情况下,认知行为疗法被用于开展个人工作,尽管有些精神健康专业人员认为这一疗法用于老年人小组工作(Gorenstein & Papp, 2007)或与药物治疗一起运用最为有效。

最适合运用认知行为疗法的老年人

认知行为疗法并不适用于所有患抑郁症或焦虑症的老年人。它对于口头表达能力不错，认知即使受损也不太严重的老年人最有效。因为在运用认知行为疗法的过程中，要求老年人能够识别自己的想法并讨论自己的感受。这种进行抽象思考和分析自身行为的能力是认知行为疗法的基石（Chand & Grossberg，2013）。老年人还必须能做到自我披露，并愿意在社工面前这样做。这一疗法对于高度自主的老年人、极难开口求助或接受他人帮助的老年人作用有限。换句话说，老年人必须愿意和社工一道探求想法与感受之间的联系。即使社工能看出认知扭曲是如何导致老年人一直抑郁或感到焦虑的，最终也是老年人的洞察力而不是社工的领悟能改变老年人的感受。

记忆力有严重问题或不能长时间集中注意力的老年人可能不适宜使用认知行为疗法。运用这一疗法，老年人要先搞清楚什么情形会引发痛苦的想法和情绪，并能在以后的生活中识别出这些触发因素。这不仅要求老年人能高度集中注意力，而且要求他愿意这样做。严重焦虑的老年人可能做不到在治疗活动中集中注意力并把在治疗过程中学到的东西内化。严重抑郁的老年人或处于失智症晚期的老年人记忆力常常受损，要把在治疗中接收的讯息保留到下个星期会比较困难。这一疗法也不适用于有自杀意念的老年人（Chand & Grossberg，2013）。

认知行为疗法可能也不适用于酗酒或吸毒的老年人。这些东西会干扰正常的认知功能。然而，一旦老年人摆脱了这些对头脑有影响的东西，认知行为疗法就可能不仅会对治疗抑郁症和焦虑症有帮助，而且会对解决成瘾行为背后的一些动因有帮助。

认知行为疗法的实施过程

认知行为疗法包括四个不同的阶段。在此，我们简要描述一下这些阶段，并举例说明刚开始的时候如何识别事件与感受之间的简单联系，然后加以扩展，使之成为一个分析方法，用来认识事件、想法、感受和行为之间错综复杂的联系。

准备阶段 在着手帮助老年人识别事件与感受之间的联系之前，花些时间与老年人建立关系十分重要。老年人需要清楚地知道若参加治疗可能会有些什么变化。在准备阶段，社工会跟老年人讨论（适宜干预的）抑郁症或焦虑症的症状，包括常见的病因、疾病如何影响老年人的功能，并向老年人保证这一疾病是可以医治的。这一阶段让社工有机会向老年人解释什么是认知行为疗法，为什么识别事件、想法、感受和行为之间的联系十分重要。

这些活动有两个目的。其一，让老年人仔细考虑自己在治疗过程中的角色，澄清期望。他们想要让自己的生活有什么改变？他们愿意充当自身行为的批判性观察者吗？他们认为自己可以改变吗？这些问题构成治疗过程中建立工作关系的前奏。其二，让社工有机会考虑认知行为疗法是不是适合老年人的正确方法，并为发展与老年人的助人关系奠定初步基础。老年人对治疗效果的期望是否现实？老年人是否有能力、有兴趣投身到深入的反思过程中？社工和老年人能建立相互信任、开放的关系吗？

共同识别阶段　一旦社工和老年人决定继续使用认知行为疗法，双方相互协作就很重要。在开展老年人工作的时候，可能需要社工比开展其他类型案主的干预工作常做的那样更进一步，有更多的自我披露。老年人可能需要多知道社工的一些个人情况才能感到安心，才能与社工建立信任关系。

在认知行为疗法的这一阶段，社工会向老年人介绍如何识别事件与感受之间的联系。社工会通过与老年人交谈了解他意识到的感觉特别抑郁或焦虑的事件，帮助老年人识别特定的事件，以及紧随其后的特定的感受是如何产生的。可能要花些时间，老年人才会对把事件与感受联系到一起感到自在。在这一阶段，社工扮演着重要角色，要帮老年人澄清特定事件以及紧随其后的感受。在两次治疗活动之间，社工会给老年人布置家庭作业，要求他用表格记录生活中的事件与自己的感受，这会让老年人有机会在治疗活动之外考虑两者的联系。表6-2中的A列和C列对此进行了说明。

一旦老年人能独立识别事件与感受之间的联系，就可以进入下一步，让老年人识别在对某个事件产生情绪反应之前他想到了什么。事件对他有什么意义？这一步见表6-2中的B列。通过这一活动，老年人能逐渐意识到事件、想法和感受三者之间的联系。社工会用记录表充当教育工具，帮助老年人识别是什么引发了烦扰自己的感受。

表6-2　认知行为疗法记录表示例

A	B	C	D
情形或事件	紧随情形或事件的想法	情绪反应/情感状态	矫正行动
一位老太太过生日的时候有个孩子没什么表示。	"因为我不重要，所以他没记住我的生日。他一定不在意我。"	悲伤、孤独、觉得别人不爱自己。	这是将事件的解读糟糕透顶化的一个例子，即抓住某个单一事件，从中得出整体灾难性的结论。 替代想法是："他这些天一定很忙。我应该给他打电话，让他知道我有多爱他。"
一位老爷子手术后需要使用步行器。	"没东西帮忙我甚至走不了路。我不能让朋友看到我这样。我成什么人了？"	觉得自己蠢笨、有缺陷、没用、依赖他人、尴尬。	这是一个对自己抱有不切实际的期望的例子。 替代想法是："我很高兴用步行器我还能到处走走。我的朋友们会很高兴我回来，即使我需要花更多的时间。"
一位老太太周日不再能为一大家人做饭。	"照护这个家，让家人聚在一起是我分内的事。现在我做不到了。"	觉得自己没用、不能尽家庭责任、不再是家中有贡献的人。	这是又一个对自己抱有不切实际的期望的例子。 替代想法是："这些年来，我一直做得很好。现在是时候把这份工作以及所有家庭成员最爱的食谱传给我女儿了。他们会理解的。"

认知行为疗法在这一阶段将行为元素导入助人过程。患抑郁症或焦虑症的老年人仅仅是识别出什么让自己烦扰是不够的。意识到有非建设性想法本身并不能减轻老年人的抑郁或焦虑（Jayasekara et al.，2015）。老年案主必须开始积极地看待问题，以便带来更多正面的感受，并以此为手段重新掌握自己的生活。举例来说，当老年人抑郁的时候，他们常常会失去对以往觉得有乐趣的活动的兴趣，诸如失去对种花养草、社交活动或读书看报等的兴趣。不再做这些有乐趣的事会加重抑郁症。老年人的抑郁状况越严重，他们对从事以往喜爱的活动的兴趣就越小，从而导致恶性循环。在认知行为疗法的这一阶段常常会导入行为元素，帮助老年人找出以往觉得有乐趣的活动，并花些时间重新恢复这些活动。社工可能会要求老年人建一个每日活动表，跟老年人一起找出一个时间段，在这个时间段，老年人会调动自己的力量从事这些活动。有些时候，将此类活动分解，每天循序渐进完成一部分，可能更有助于帮助老年人恢复以往觉得有乐趣的活动。如果老年人曾经喜爱阅读，那么第一步可能是确定阅读哪本书。拿到这本书则是第二步。阅读一章则是第三步。这样的步骤持续下去，直到老年人又能够阅读。这一过程的目的是为老年人赋权，使他们能够重新掌控自己的生活，这是治疗抑郁症的组成部分。对患焦虑症的老年人，这一行为元素可能包括系统脱敏、思想制动或身体放松，在老年人感到焦虑的时候加以运用。向老年人提供一些具体的工具，让他们在感到抑郁或焦虑的时候运用。

改变阶段 当老年人认识到事件、想法和感受之间的联系后，他们就能着手识别和矫正自己在认知上的扭曲。他们会问：我思考问题的方式有什么不对？我的反应理性吗？我是否把事情想得过于复杂？认知扭曲的例子有泛化、糟糕透顶化、无端推测人的心思、无端自责、对他人有不现实的要求、对自己抱有不切实际的期望、夸大自我的重要性等。可以很容易看出，思维上的错误会导致老年人产生非常痛苦的情绪反应。如果一位老年人认为周日没接到孩子的电话就是孩子不再爱自己，那么老年人会感到抑郁毫不足怪。如果一位老年人认为每个错打进来的电话都是骚扰电话，那么连续几个错打进来的电话让老年人感到某种程度的焦虑也没什么好奇怪的。认知行为疗法的目的是帮助老年人认识到这些认知上的扭曲，审视自己的思考过程。

在共同识别阶段建立的事件、想法和感受三栏表格可以进行扩展，加入第四栏行为元素，可以帮助老年人认识如何矫正认知扭曲（详见表 6-2 中的 D 列）。这样，老年人不仅能在酿成情绪上的大灾难前捕捉到扭曲的想法，而且能运用行为矫正获得对情形的控制。比如，如果一个孩子没像老年人期望的那样在周日打电话过来，那么老年人可以打电话给这个孩子。在治疗过程中，许多方面应该让老年人有决定权，即决定"做些什么才能让我感觉好些"。采取积极的步骤为老年人赋权，让其能重新获得对环境的控制。重新获得控制有助于老年人对之前感到无能为力的事情做出反应，变得积极主动。

这一干预阶段采用的行为技术包括刺激控制和行为预演。刺激控制（stimulus control）指的是重新安排、消灭或尽量减少带来困扰的刺激。举例来说，如果一位新近丧偶的老年人感觉周日下午特别难熬，常常会让他联想起跟老伴在一起做的特别的事情，那么重新界定这一天要做的事情可能会对老年人有帮助。老年人可以在周日专注于外出拜访朋友，而不是待在家中回想以往的周日都是怎么度过的，让自己越来越抑郁。去看电影或与家人、朋友共进晚餐可能会让周日的意义有新的定位。它不再是带来抑郁的刺激因素，而变成带来更有乐趣的活动的时光。行为预演（behavioral rehearsal）指的是学习和演练新的行为模式，以应对有问题的老情形或一再出现的情形。社工在提议用新方法来处理老问题情境方面可以非常有助益。老年人可能有延续了一生的行为形态，而只是不知道该如何改变。

巩固和结束阶段 认知行为疗法的最后阶段是巩固和结束阶段。这一阶段是整个干预过程的一部分，它的意义不仅仅是荣耀地结束助人关系。在治疗的最后阶段，社工的工作是巩固在治疗过程中发生的改变。这一阶段的工作还包括跟老年人一起回顾他们取得了多大的进步，讨论在识别情绪和想法方面老年人有了哪些优势，强化老年人靠自己也能应对未来挑战的信念。老年人在结束干预的时候应该充满信心，相信自己学到了继续对抗抑郁症或焦虑症的技能。勾勒出具体的策略供老年人将来遇到情绪困扰问题时使用，也可能会有助益。这可能会帮助老年人消除一些自己应对问题的恐惧。认知行为疗法的目标是超越治疗关系，以便将来遇到让老年人产生受困扰的想法和感受的事件时，他们已经学会了如何识别这些想法和感受的来源，并能实施自我矫正。

缅怀往事疗法

缅怀往事疗法专门设计用来鼓励老年案主记住和处理积极的记忆，从而产生积极的情绪。与人生回顾疗法不同，缅怀往事疗法并不专注于帮助老年人解决终生冲突或处理未完成的事务，尽管未完成的事务可能会在回忆过去的过程中出现。缅怀往事疗法旨在引导老年人回忆往事，让他们相信自己是一个重要的、有价值的人。缅怀往事疗法实际上可以被描述为"挖掘"积极的情感。这种积极的情感可以转移到当下，帮助老年人缓解抑郁或焦虑。这被称为叙述性回忆——复述唤起快乐情感的事实事件（Bohlmeijer, Roemer, Cuijpers, & Smit, 2007）。缅怀往事疗法的目的是改善老年人的情绪，但它并不试图获得深刻的见解。

缅怀往事疗法的成效

相关研究发现，缅怀往事疗法对老年人的抑郁症、自尊和社会化有正面影响（Cappeliez & Robitaille, 2010; Coleman, 2005; Korte, Bohlmeijer, Westerhof, & Pol, 2011; Puentes, 2001）。但是，目前还不清楚缅怀往事疗法的治疗作用是源于这些记忆的力量改变了行为或激活了感受，还是源于在把它用于个人或小组工作中时社会化因素起了作用（McKee et al.，2005）。不过，缅怀往事疗法对认知有严重问题，诸如患失智症或其他导致破坏性行为的严重精神疾病的老年人来说，效果不是很好。由于身心疾病而不能持续集中哪怕很短一段时间的注意力的老年人，也不是运用缅怀往事疗法的上好人选。对有轻度失智症的老年人运用缅怀往事疗法可能会有让人意想不到的好处，因为这一疗法靠的是长期记忆而不是短期记忆，而许多这类老年人的长期记忆并未受到疾病的影响（Stinson，2009）。

缅怀往事疗法的工作过程

为谈话选择主题 缅怀往事的方式是按时间顺序来安排社工与老年人会面的活动，一般来说，社工与老年人会面一到五次——人生分为儿童期、青少年期、青年期、中年期和老年期五个大的阶段，每一次会面专门回忆人生的一个主要发展阶段。如果缅怀往事的目的是改善老年人的自尊状况，那么社工可能要帮助老年人找出每个人生阶段取得的主要成就。如果缅怀往事的目的是找出老年人应对问题的长处，那么社工可能要让老年人回忆在一生中特定时段他们是如何度过艰难时光的。如果缅怀往事的目的是引发正面的、幸福的家庭生活回忆，那么社工可能要引导老年人盘点人生这些阶段度过的最快乐的时光。对每一阶段的主题的挑选取决于对具体的老年人实施缅怀往事疗法的目的。按时间排序的方法也被用于人生回顾疗法，但两者的目的却截然不同。社工要非常清楚自己的目标，知道为什么要采用按时间排序的缅怀往事疗法，而不是采用结构性较强的人生回顾疗法。

结构性不太强的缅怀往事疗法也可以被用于探索一些并非与老年人的特定人生发展阶段联系在一起的主题。如果目的是获得正面的感受，那么缅怀往事的重点可以是过去喜爱的食物、节日庆祝活动、度假活动或者是社会生活事件。这些"安全"的主题可以帮助老年人放松下来，自在地接受缅怀往事（Cappeliez & Robitaille，2010）。一旦老年人感到自在，社工就比较容易引入更为个人化的话题。比如，如果目的是回顾人生中取得的成就，那么在第一次活动中老年人缅怀往事的重点可以是与工作或家庭有关的事件，在第二次活动中的重点是跟他人的关系，在第三次活动中的重点是为他人做的事。

海特和海特提醒社工在挑选主题的时候不要不让老年人参与，或者挑选的主题社工比老年人更感兴趣（Haight & Haight，2007）。他们发现列举人生中的"第一"，诸如第一次接吻、第一次约会、第一个玩伴或记得的第一件事，对老年人的缅怀往事小组来说不是个好的选择。许多人发现这些话题会触动创伤而不是带来幸福感，或者是谈论它们让人感到有压力，因为他们搞不清自己确切记得的事是否是真正的"第一"。在缅怀往事小组中选用更加宽泛的话题，如节假日的活动、早年的工作经历，或者儿时喜爱的宠物等，不大会触发创伤性记忆，能引发较广泛的讨论。

结构性活动和道具的用途　必要的时候，可以提供一些道具来刺激老年人的记忆。方法之一是让小组成员带一些与过去生活有关的东西（如一件衣服、一段音乐、一张旧报纸、一些与特定历史阶段联系在一起的收藏品或者是公共事件的照片等）来参加小组活动。任何能刺激感官的东西都可能比语言更能激起老年人的回忆。熟悉的气味、纹理板、音乐或诗歌都可能激发老年人的积极情绪。更具结构性的活动也可以是为家庭成员写一本传记、整理照片送给家庭成员、建族谱或者是汇编一本家庭烹饪手册（Stinson，2009）。

在开办缅怀往事小组时，老年社工需谨记的最重要的东西是，小组旨在改善老年人的情绪状态，所有的活动都要朝着这个目标迈进。缅怀往事的目的是让老年人通过追溯过去的生活经历并跟其他小组成员和社工分享这些东西，来获得良好的感觉。它的目的既不是做深入的心理治疗，也不是引发痛苦的感受。如果社工在缅怀往事小组中发现老年人把注意力放在了未解决的问题或者是困扰自己的感受上，那么他可以介绍老年人做更具结构性的治疗或使用人生回顾疗法。

案例 6-1 描述了如何运用缅怀往事疗法做老年人工作，特别是如何将这一疗法运用到一个反复向社工述说同一故事的患抑郁症的老年女性身上。悉心引导下的缅怀往事疗法能够帮助识别老年人不断重复一个故事是想要告诉社工（或其他人）什么，并引导老年人追溯能激起正向的快乐感受的类似记忆。

案例 6-1：缅怀往事疗法案例

布莱克太太是个 80 岁的寡妇，3 年前她卖掉了自己的房子，住进了支持性住所。尽管她有严重的关节炎，行动不便，但是她的身体还是挺不错的，认知功能方面也没什么问题。她富有生气、口齿伶俐，有出色的社会交往技巧，但却受程度不是太严重的抑郁症的折磨。布莱克太太对住在这样的住所中适应得挺好，因为她的许多老朋友也住在这儿。她每周和朋友打两次牌，还逐渐参加了住所里的其他活动。社工蒂娜每周都与布莱克太太见面，处理她复发的抑郁症——她的抑郁症服药没什么效果。每周面谈的时候，布莱克太太都会跟蒂娜讲同一个故事，描述她和丈夫带着两个儿子的一次旅行，现在这两个儿子都住在数千里之外。她历数他们是如何去迪士尼乐园和大峡谷的，以及那时她的两个儿子有多么可爱。尽管这个故事蒂娜已经听了十多遍，不想再听，但是她决定用这个故事作为缅怀往事疗法的起点。很明显有些东西把布莱克太太拽回到那次旅行时的经历，让布莱克太太能暂时摆脱阴郁的情绪。蒂娜没有先礼貌地听布莱克太太讲故事，然后再转移话题，而是鼓励她说得更详细些。

"布莱克太太，您怎么会决定带两个小孩子去离家那么远的地方旅行？带着两个刚刚会走路的孩子去 2 000 英里之外旅行真是太有勇气了！"

"我丈夫唐认为男孩子应该早早学会做出色的旅行家。唐担心孩子们等长大一点就不愿跟我们一起旅行了。他们会想跟朋友共度更多的时光。事实上是他自己想去迪士尼乐园和大峡谷。他家之前从未外出旅行过。对了，我们小的时候还没有迪士尼乐园呢！他找到一本旅行手册和一张地图，回到家后只是告诉我我们要外出。想好该带些什么，孩子们需要穿什么，在去加利福尼亚的途中我们还可能有什么需要留意的地方，那是我的事。唐就是这样，他负责做决定，而我们一起来完成！我想人在年轻的时候容易这样冲动。"

"这是你们唯一一次旅行吗？"

"天哪，不是。从那个夏天开始，我们每年都带孩子去旅行——从东海岸到西海岸以及两个海岸之间的各处地方。当唐的生意更成功以后，我和他开始旅行，就我们俩。筹划旅行与实际出行一样让人兴奋不已！"

（此处是蒂娜一直在寻找的一个突破口，它是一个机会，可以引导布莱克太太从重复讲述迪士尼乐园的故事，转向讲述给她带来非常多快乐的其他的旅行活动。事实很快表明，并不是跟两个儿子的旅行尤其重要，而是布莱克太太非常想回忆全部旅行生活和那些快乐的时光。要从案主所在的世界出发！）

"我在你的抽屉里看到你和丈夫在一个像是夏威夷的地方拍的照片。那次旅行一定很特别。虽然我没去过那里，但是那里一定很美丽！"

布莱克太太噙着泪说："那是我去过的最浪漫的地方。我们待在毛伊岛上一个美丽的旅游胜地，每天去潜水，夕阳西下的时候天天在阳台上喝鸡尾酒。那里的花是那样美，所有的一切都像是一个梦。我已经很多年没回想起那段时光了。我想我是害怕想起那段往事会让我更思念唐。我有许多照片，但是都收藏了起来。"

蒂娜帮布莱克太太把照片拿出来，这次的面谈时间都用在帮她重新激活对那次旅行的回忆上。布莱克太太回忆起半夜的时候她和丈夫一起在酒店的游泳池里裸泳，结果让酒店经理撞见了，每个人都很尴尬，说这些的时候她开怀大笑。无疑，蒂娜开启了一段非常快乐的记忆。尽管布莱克太太时时说起她有多么怀念丈夫，但是最终她还是怀着喜悦之情看待这一往事。即使布莱克先生离开了，这也会是她永远拥有的东西。

蒂娜继续运用布莱克太太的旅行经历为她营造快乐的回忆，帮她找到一些在情绪低落的时候很容易回想起的东西。然而，布莱克太太自己做不到这一点，直到能在结构性的治疗中缅怀往事，按照指导把关注点放到愉快的记忆而不是缅怀丈夫上。社工一旦能找出布莱克太太重复讲述迪士尼乐园的故事隐含的需要，即布莱克太太是想要谈论自己的快乐时光和旅行经历，就能让布莱克太太不必再重复讲同一个故事。

还应该注意的是，蒂娜本来可以从布莱克太太讲述他们最初的旅行开始，将讲述的重点转移到与两个儿子有关的快乐记忆上。然而，从接下来的谈话来看，明显地，布莱克太太自己把谈话的焦点转移到了跟丈夫一起的旅行上，因此没有必要非把谈话聚焦到孩子身上不可。在缅怀往事疗法中很重要的一点是，社工要能够在必要的时候转移谈话焦点，朝着案主想要的方向走。要睁大眼睛观察，竖起耳朵倾听！

（1）蒂娜和布莱克太太在开始使用缅怀往事疗法之前做了什么准备？

（2）你认为为什么布莱克太太故意把话题从和孩子一起旅行的回忆转移到和丈夫一起旅行的回忆上？

（3）除了照片，还有什么其他道具可以帮助布莱克太太唤起她和家人一起旅行的美好回忆？

人生回顾疗法

人生回顾疗法与缅怀往事疗法有很大的不同。人生回顾疗法的目的是帮助老年人找到和面对未解决或有问题的经历以及快乐的记忆。埃里克森认为，生命最后阶段的任务是解决自我整合与自我绝望的冲突（Erikson，1963）。为了做到这一点，老年人需要回顾他们的生活，从中获得一种成就感和意义："我的生活有意义吗？它意味着什么？"老年人可能会发现，当他们的社会支持网络萎缩或健康状况恶化时，他们的记忆是巨大的快乐之源。回顾积极的成就，确定他们的生活方式是有目标的，可能有助于他们提高自我整合的能力。有些老年人发现，他们的记忆和对生活的回顾非常痛苦。他们很难确定自己一生中取得了哪些成就。他们可能认为自己的生命是一种浪费。他们经历的不是自我整合，而是自我绝望。

罗伯特·巴特勒所从事的工作被认为是人生回顾疗法的基础。他认为人生回顾是由对死亡的临近性的认识所推动的——这就是人生回顾更可能发生在老年人而不是年轻人身上的原因（Butler，1963；Lan，Xiao，& Chen，2017；Latorre et al.，2015）。回顾过去的生命事件的过程能够提高对过去未解决的冲突的认知。当未解决的冲突被识别和面对时，老年人可能会经历一个消除愧疚感、缓解内心冲突以及缓和家庭关系的过程。通过有指导的人生回顾疗法来解决这些冲突，让老年人有机会改善不良关系，关注到未完成的事情，是对抗自我绝望、实现自我整合过程的一部分。人生回顾是回忆的过程，目的是识别消极和积极的情感记忆（Westerhof，Bohlmeijer，van Beljouw，& Pot，2010）。当发现问题经历和问题记忆时，专业的咨询技巧被用来帮助老年人重新定义和接受过去的事件，或者采取措施解决它们。人生回顾疗法假定会揭露出负面情绪和负面事件。

什么时候适合运用人生回顾疗法？

建议将结构化的人生回顾疗法用于帮助经历了诸如丧偶等人生危机，正竭力想建构

"新的自我观"的老年人（Bohlmeijer et al., 2007；Chiang, Lu, Chu, Chang, & Chou, 2008；Scott & DeBrew, 2009）。丧偶老年人可能需要其他人帮助展望今后没有配偶的生活。这一生活的重心是"我"而不是"我们"。在经历了多年的夫妇共同生活后，老年人可能想象不出单独一人该怎么生活下去。通过回顾个人拥有的优势和财富让老年人重新找到自我，有助于老年人重新获得开始新阶段生活所需的自信。

人生回顾疗法也可以用来帮助老年人面对慢性疾病或伤残等危机。协助老年人从一生的角度来看待当前的健康问题，会鼓励他们看到健康状况不好的时光只是一生当中非常短的一段时光（Borg, Hallberg, & Blomqvist, 2006）。人们容易只看到当前的问题，并把它演绎成个人过去和现在的全部生活。老年人要学会接纳疾病，而不是陷入自怜自伤，认识到相对自己长得多的一生经历来说，这只是小小的一部分。

人生回顾可能对竭力寻找人生意义和目的的老年人最有帮助。对感到孤独和与人隔离的老年人来说，他们可能难以看到自己的生命有什么价值：自己活着或是死去有什么不同吗？对许多老年人来说，从抚养孩子或者有意义的工作中找出自己生命的积极作用并不难。但老年人也有可能得出悲哀的结论，认为自己活着是一种浪费。人生回顾过程中引出的负面问题有可能导致出现老年期精神疾病，特别是抑郁症（Butler, 2009；Cappeliez & Robitaille, 2010）。社工在鼓励案主做人生回顾前应仔细考虑出现这一问题的概率。对一些老年人来说，人生回顾疗法可能不是最佳干预方法。

人生回顾疗法的工作过程

建立干预前的基线　人生回顾疗法的一个核心要素是它兼具评估性和治疗性。在按时间顺序做人生回顾前，社工应该为老年人的情绪健康状况建立一个基线。这一工作可以通过使用老年抑郁量表（该量表我们在第四章已做过讨论）、生活满意度指数（Life Satisfaction Index, LSIA）（Neugarten, Havinghurst, & Tobin, 1961）或Zung氏抑郁自评量表（Zung, 1965）来完成，具体选择取决于干预的总体目标。人生回顾的落脚点不仅是帮助老年人更好地了解自己的一生，还要使他们从中领悟一些东西，并用于指导现在和将来的所作所为。人生回顾不是要让老年人抓着陈年往事不放，而是要帮助他们从中获得领悟，以远离过去的冲突，让现在的生活更有建设性、更有满足感。对干预工作实施前测和后测有助于评估社工和老年人在实现干预的基本目标方面做得好不好。

人生回顾的结构安排　有指导的人生回顾一般分为6～12节，具体取决于老年人参与人生回顾的目的、老年人的健康状况以及社工和老年人的个人偏好。一般来说，每个大的人生发展阶段会用近两节的时间。伯恩赛德和海特提供了一个结构性的格式化工具，名为"人生回顾与经历表"（the Life Review and Experience Form, LREF）（Burnside & Haight, 1994）。这一工具涵盖了人生历程中的诸多领域，包括死亡事件、悲伤经历、恐惧事物、宗教信仰、学校生活、艰难困苦、性生活、工作和各种关系等。很明显，在不同的人生发展阶段，某些话题会受到较多的关注。虽然没有必要在回顾每个人生阶段的时候都问所有这些问题，但是伯恩赛德和海特的工具提供了一个有效的组织问题的结构（Haight & Haight, 2007; Lan et al., 2017）。在运用一段时间的人生回顾技术后，社工或许可以有自己的实施方式，根据在实际工作中的有效性来增加或删减这一工具的内容。实施治疗性的人生回顾疗法并非只有一种"正确"方法。

在人生回顾的过程中，同老年人一起探讨其文化或种族对老年人的影响十分重要。对老年人来说，隶属于某种文化或种族意味着什么？他们初次感到与他人"不同"是在什么地方？这对他们来说意味着什么？他们看到几代人在感受自己种族的文化方面有什么变化？人们对自己文化的看重程度是否有所改变？这并非只适用于区辨性较强的种族或族裔群体，诸如非裔美国人、西班牙裔美国人、美国印第安人或亚裔美国人，对其他种族或族裔群体中的老年人来说也同样适用。比如，老年人身为白人群体的一员，是爱尔兰裔、德裔、犹太裔、北欧裔或法裔等，也可能对他有特别重大的意义，在很大程度上决定了其一生的经历。人生回顾疗法特别适用于LGBT老年人，他们在变老的过程中看到了生活中惊人的变化。

专业人员要特别留意在按时间顺序做人生回顾的过程中老年人没有提及的东西。这些空白是老年人记不起来了，还是刻意从人生回顾中删除了？有意无意地删除生活事件可能是关键性线索，表明存在未解决的冲突。老年人可能不会提及一些很重大的事件，如失败的婚姻、已故或疏远的孩子或者是有问题的社会关系（McKee et al., 2005）。在评估老年人详细叙述的个人经历中可能遗漏了什么时，最宝贵的工具是社工的直觉。

社工的角色　在治疗性人生回顾的过程中，社工需要去探询额外的内容，这是社工在大部分辅导过程中经常要做的一件事。要做一个全面的回顾，必须帮老年人放慢节奏，集中精力回想一些重要的事件（Csikai & Weisenfluh, 2013）。尽管老年人要记起近期发生的事可能有困难，但是对于很久以前的事情他们常常记得非常清楚。社工的一个重要任务是促使老年人回忆起早年生活中的事件，并把它们详细地列举出来。

社工可以帮助老年人重新梳理往事。举例来说，如果一位老年人非常敌视和怨恨自己的父母，那么社工或许能协助老年人从不同的角度来看待得罪了自己的父母。或许老年人觉得在自己成长的过程中父亲没在身边只是为了工作。这件事可以被重新理解为"他做了自认为为照护家人最应该做的事"，这可能会帮助老年人不再对此耿耿于怀，进而接受"父亲不在身边虽在行为上不可取，但在动机上是好的"这种想法。这一技术尤其可以帮助老年人理解苦苦应对酗酒或吸毒问题，让家人也为此付出代价的家庭成员。这一技术的目的是帮助老年人接纳人生中的这些事，让负面的、不能带来好影响的情绪能够离开自己，或者至少在事情无法改变时找到处置的方法。

在处理与性虐待和乱伦有关的问题时要做到这一点尤为困难。相关的问题有可能在人生回顾过程中浮出水面。不管作恶的人造成的伤害是多是少，性虐待都不可能有什么说得过去的理由或者从另外的角度来看就可以接受，这也不应该是人生回顾的目的。本书作者在早年的工作中曾经把人生回顾疗法用于一位童年受性虐待的老年女性，以帮助她战胜当前生活中面临的挑战（McInnis-Dittrich，1996）。例子是这样的。有位85岁的老年女性拒绝住院治疗，因为她担心没人来照看她严重残疾的女儿。尽管社工给她女儿安排了专业人员服务，提供了高质量的饮食照护，但她还是认为她女儿不安全。后来在她的人生回顾过程中显露出，她在还是小孩子的时候受到过一位近亲的性虐待——当时她母亲住院了。这是差不多80年前的事。使用诸如喜爱的玩具和家庭照片等物品做道具，她能回忆起那件事，并把它与现在不愿意把女儿留给任何人照护联系起来。在处理了这些痛苦的记忆后，她最终同意暂时安置自己的女儿，但要按她提出的条件办：不许男性照护她女儿，她每天要打几次电话同女儿交谈，她的任何孩子或其他亲属都不能知道她在童年时受过性虐待。从人生回顾中得到的领悟让她能够理解自己现在的行为，并让她有能力设定边界，以保证在女儿身上不会发生同样的事。

社工在人生回顾中的角色还包括帮助老年人梳理出自己人生历程的主题，并清楚这些主题如何影响了自己过去和现在的行为（Thompson，2011）。人生回顾主题与丧权或赋权有关。丧权的主题包括：焦虑、否定、绝望、无助、隔离、孤独和丧失。在整个人生回顾过程中，随着内心的冲突得到解决，赋权的主题，如纽带、应对、效能、希望和信任等会多起来。帮助老年人逐渐识别赋权的主题也成为人生回顾疗法的组成部分。

为人生回顾形成一个成果 人生回顾如果能够结出一个独特的果实，那么可能会有益处，果实的形式可以是影集、录像带或者生命历程日志等。人生回顾的成果并不一定以这些传统的形式呈现，也可以使用布艺拼贴、雕塑、绘画和其他的艺术形式。有一位参加人生回顾的老年人使用了她儿时的玩具屋，让屋里的每间房代表她人生中的一个发展阶段。她在房间里布置了纪念品、家具或照片，提醒自己人生中的那段特殊时光。完成以后的玩具房成了一个实实在在的物品，让她回忆起一生中有过的许多幸福时光，并使她的创造性技巧有所增进。并非一定要为人生回顾形成一个成果，社工应该根据自己的判断斟酌是否做这一工作。

评估和总结 人生回顾的最重要的组成部分是评估和总结。这给老年人提供了一次机会，去把各个人生阶段的所有事情整合到一起，形成对自己一生的看法。对老年人来说，为自己的人生得出某种结论十分重要。老年人想改变什么？老年人想保留什么？老年人对什么感到满意？老年人对什么感到失望？老年人感到最骄傲的是什么？重大的生活事件如何影响了老年人的人生？怎样能让老年人人生中的负面事件与较为正面的事件平衡一下？获得这种平衡被描述为"解放"，它让老年人能够继续前行，度过余生（Haight & Haight，2007）。

一旦过去的事情整合完毕，社工就能协助老年人进一步讨论在这辈子余下来的时间里希望成就些什么。人生回顾的用意是让老年人能超越过去，使老年人在现在和将来都能选择卓有成效的、满意的生活。老年人以后想做些什么？老年人还有什么事情需要"了结"，以化解过去带来的伤害和痛苦？在人生回顾的这一最后阶段，社工一般会实施后测，以确定老年人的情绪状况经过人生回顾疗法干预是否有所改善。使用初次活动时的评估工具实施重测，对于评估干预是否获得成功至关重要。

抑郁症和焦虑症的医学干预

药物治疗

本书有意将作为老年人抑郁症和焦虑症的有效治疗手段的药物治疗放在社会心理干预之后讨论。不幸的是，药物治疗通常被医学界视为治疗这些疾病的主要方法——虽然不是唯一的方法。药物治疗是一种有价值的治疗手段，但是重要的是，社工需要与开药的健康护理人员密切配合开展工作，检查药物在与谈话治疗一起使用时的疗效，查看是否有什么成问题的副作用。

给老年人使用的最常见的抗抑郁药物是选择性5-羟色胺重摄取抑制剂（selective serotonin reuptake inhibitors，SSRIs），因为它似乎比其他类型的抗抑郁药物更安全、产生的副作用更少。这些药物的商品名称包括舍曲林（Zoloft）、西酞普兰（Celexa）和依他普仑（Cipralex）。其轻微的副作用包括性欲减退、消化问题、烦躁不安、头痛和失眠（Mayo Clinic，2018）。其他抗抑郁药物的商品名称包括安非他酮（Wellbutrin）、瑞美隆（Remeron）、诺普明（Nopramin）和去甲替林（Aventyl），它们的副作用与SSRIs类似。当这些药物无效时，医生可能会开单胺氧化酶抑制剂，如反苯环丙胺（Parnate）和硫酸苯乙肼（Nardil）。这些药物有非常严重的副作用，因为它们会与许多常见的食物产生不良相互作用。上面提到的抗抑郁药物也用于治疗老年人的焦虑症。

其他特定的抗焦虑药物包括一般类别的苯二氮卓类药物，它们的商品名称包括氯硝西泮（Klonopin）、安定（Ativan）和阿普唑仑（Xanax）（National Institute on Mental Health，2018）。其副作用可能包括嗜睡、头晕、意识混乱、做噩梦或视力模糊。老年人可能会对苯二氮卓产生耐药性，需要更大的剂量才能达到同样的效果——这也是老年人经常滥用或误用苯二氮卓的原因之一。β-受体阻滞剂，如心安（Inderal）和阿替洛尔（Atenolol），可能对治疗焦虑症的一些身体症状，包括紧张、焦虑和社交恐惧有效。社工没有资格建议使用或停用任何抗抑郁药物或抗焦虑药物。药物治疗完全属于有资质的健康照护者的职责范围，这一点再怎么强调也不过分。

采用药物治疗老年人的抑郁症和焦虑症的最大障碍是药物产生的副作用，以及这些药物要发挥疗效缓解症状所需的时间。可能要经过几周的时间，药物在血液中的浓度才能达到治疗水平，这常常会让老年人及其家人觉得药物没有疗效并中断服药。老年人也可能忘了是否服过药，因而再服药的时候或者将药量加倍，或者干脆算了。严格按照剂量按时服药是药物发挥疗效的必备条件。药物治疗的另一个障碍是费用昂贵。老年人每月所服用的药物的费用加在一起可能需要数百美元，这迫使老年人必须在吃饭还是吃药之间抉择。对治疗老年人的抑郁症和焦虑症来说，药物疗效并不快，也不便宜。

电休克疗法

电休克疗法（electroconvulsive therapy，ECT）对其他疗法都无效的患严重抑郁症的老年人来说非常有效。电休克疗法已经被证明对于治疗抗拒药物治疗和心理治疗的抑郁症老年人，或者有危及生命的自杀行为的抑郁症老年人非常有效（Kerner & Prudic，2014）。其他的时候，当情况表明老年人的心脏或神经有特别严重的问题，不宜服用抗抑郁药物时，也可采用这一疗法（Kruse et al.，2018）。当老年人的抑郁症伴有幻觉或错觉等急性精神疾病的症状时，也可采用电休克疗法。电休克疗法曾经被视为最后的治疗手段，现在则被认为是一种安全有效的治疗老年人抑郁症的方法。电休克疗法不仅是一种有效的方法，而且事实证明，接受电休克疗法的患者的抑郁缓解率是只使用抗抑郁药物的患者的两倍（Kellner，Husain，& Knapp，2016）。

尽管电休克疗法包含了一个不太好的名称——"休克疗法"，但实际上这一治疗方法是非常安全的。其正常疗程为6～10次，在医院里进行。治疗时，老年人会服用镇静剂并接受麻醉剂注射以防身体不受控制地乱动。医学界还不能完全确定为什么电休克疗法能有效减轻抑郁症的症状。一种被普遍接受的解释是电流重新设置了肌体里的感官腺，这些感官腺负责接收导致情绪变化的化学物质。这是使用电子方法取得运用抗抑郁药物的化学方法想要起到的作用（Kellner et al.，2016）。使用电休克疗法老年人的情绪有可能在短短一周内就有所改善。

这一疗法并非没有副作用，最常见的副作用是短期记忆出现问题，以及集中注意力困难。然而，这些副作用会在治疗后的几小时或几天内消失。电休克疗法的副作用可能不如严重抑郁症给老年人的记忆力和注意力带来的损伤那么严重。虽然社工不能决定采用电休克疗法，但是精神病医生或主治医生可以指定这一疗法。并非每家医院或每家心理健康机构都提供电休克疗法，也不是所有健康照护组织的成员都积极支持这种治疗方法，但应酌情将电休克疗法视为一种治疗选择。

治疗抑郁症和焦虑症的小组干预方法

小组干预方法的优势

小组干预方法与一对一的干预有明显的差异，在某些情况下，小组干预方法可能更有效。小组干预方法既能利用社工的治疗技巧，又能利用群体动力的力量——当三个或更多的个人为了一个共同的目标或目的互动时产生的社会心理力量。尽管在小组干预工作中，小组领导者在促进小组成员之间的互动和提供小组干预结构方面至关重要，扮演着重要角色，但小组干预方法的治疗侧重点是小组内部"我们"的聚集感的力量。

小组成员在小组内建立起关系网，学会彼此支持和相互反馈（Rizzo & Toseland, 2005）。发展起来的团队团结能够为小组成员创造归属感和使命感。群体环境能够产生一些"魔力"，这是一对一干预无法实现的。小组干预方法通过创建一个小的社会系统，直接解决了老年人社会关系和机会减少的问题，能够减轻老年人孤独的痛苦，帮助他们发展所需的社会技能，以重建小组外部的社会网络（Agronin, 2009）。在一个安全的小组背景下，老年人可以学习和演练新的行为。

同感效证　来自群体经验的社会互动的部分优势被里佐和托斯兰称作"同感效证或同感认定"（Rizzo & Toseland, 2005, p.8）。小组可以提供给老年人一种感觉，即他们在生命中此时的感受和经历是可以分享给其他人的。对一个刚丧偶的老年人来说，他很难想象还有其他人能体会到他的痛苦，并对如何应对悲痛提出有意义的建议。小组可以传达出这样的信息：在创伤性事件发生后感到悲伤、愤怒或害怕是正常的。知道其他老年人正在努力适应，并寻找缓解强烈孤独感的方法，会给老年人带来希望和支持。

重建有意义的生活角色　参与小组可以给老年人分享他们自己的经验和见解的机会——这对独居或在老年机构中生活的老年人来说是一个难得的机会。老年人可以与他人分享他们在某一特定领域——比如园艺、音乐、体育或政治——的专业知识，或者在小组中展示其他方面。里佐和托斯兰认为，这是老年人关注他们过去和现在的能力而不是他们的障碍的重要方式（Rizzo & Toseland, 2005）。重新确认其终身的能力可以帮助老年人提高个人自尊水平，获得他们在生命中的这个时候重新获得新角色和参加新活动的信心（Agronin, 2009）。

灵活性和多样性　小组干预方法的两个主要优势就是其灵活性和多样性。对老年人来说，几乎在任何环境中都可以组建小组和开展小组工作。小组除了需要一个没有外部干扰的空间以外,不需要其他的设备或特殊安排。养老院、集体生活中心和成人日间护理机构都有适合小组活动的大型公共空间。拥有不同兴趣和能力的老年人可以以不同形式的小组开展小组工作。举例来说,缅怀往事小组既可以用于有中度认知障碍的老年人,也可以用于高功能老年人。社交和娱乐小组既可以组织像听音乐这样简单的活动,也可以组织像讨论歌剧或政治这样要求比较高的活动。任务小组可以把重点放在日常生活的基本活动上,如从学习使用轮椅移动,到组织更复杂的活动(例如起草法案或运行一个政府单位的高级咨询委员会)。小组干预方法的基本原则可以在不同的环境中灵活运用。

小组干预的过程

在讨论可以用于老年人小组干预的特定类型之前,最好先回顾一下小组干预过程中的几个阶段。

小组干预过程中的阶段

参与阶段 小组是由个人组成的,每个人都对小组环境有自己的期望和关注。在预接触阶段,参与小组的新成员还没有将自己定义为小组成员,而是将自己视为旁观者。我来这里做什么?这些人是谁?他们能为我做些什么?这个小组到底是怎么回事?这些都是小组新成员会问自己的问题。小组成员需要清楚地了解组建小组的目的和小组的活动,并确定他们参加小组能获得的潜在好处。小组成员需要知道小组成立的原因,小组会议的地点和时间,以及计划的会议次数。

一旦小组新成员意识到,或在潜意识里认为,参加小组是有好处的,并且他们开始确认自己是这个小组的成员,他们就已经参与了小组干预过程。在这段时间里,小组的领导者可以帮助新成员确认其对小组的期望和关注,建立小组成员语言互动的规则,并阐明对小组中发生的事情保密的重要性。

中期或进展阶段 小组的实际"工作"取决于小组建立的目的,但是直到小组成员从想法到行动都真正地参与到小组中,小组工作才真正开始。在中期阶段,小组开始设立规则,比如小组成员在会议中坐在哪里,或者可接受的语言互动方式,等等。当小组成员之间的关系建立起来以后,小组的内部交流从成员-小组领导者的交流更多地转变为成员-成员的交流。小组发展的这个阶段的特点是,小组的凝聚力和小组成员对小组的忠诚感不断增强(Rizzo & Toseland,2005)。

在中期阶段的开始,小组成员经常会由于在小组中争夺权力或地位而经历第一次冲突。冲突在小组干预中是有作用的,如果小组想按照小组干预过程的治疗本质继续推进,就不应该有意识地避免冲突。然而,当前的老年人可能不喜欢在同龄人面前表达负面情绪,他们中的许多人可能是陌生人,他们可能会避免表达负面情绪,以帮助保持小组中的情绪平衡。如果老年人加入这个小组是期望这个小组能带给自己愉快的体验,那么他们不惜一切代价避免冲突就不足为奇了。小组领导者可能会发现,即使是在小组内部,老年人也非常抗拒公开表达冲突。冲突可能以更微妙的方式出现,比如跟小组领导者私下沟通,打断对方交流,甚至退出小组。小组领导者应该鼓励小组成员在可能的情况下公开地处理冲突,但还是要尊重老年人的踌躇。如果冲突阻碍了小组的发展,小组领导者则需要鼓励小组成员容忍不同的观点,并探索解决小组内部分歧和紧张关系的方法。

在这一阶段,小组领导者的角色是鼓励小组所有成员,尤其是那些处在边缘位置的成员积极参与,减少那些主导互动并排斥其他人的成员的参与。鼓励老年人相互沟通,将有助于促进老年人的成长。小组领导者在澄清小组成员的沟通方面起重要的作用,特别是当小组成员存在感觉或认知障碍时。

结束阶段 当小组完成了它的目标或计划的活动时,通常就到了结束阶段。有时间限制的小组通常会有计划地开展指定数量的会议。开放式的小组能够持续数月甚至数年,甚至到后来,小组成员乃至小组领导者都出现了完全的变动。开放式的小组可能永远不会结束。在小组的结束阶段,小组领导者需要完成许多特定的任务。通过定期提醒小组成员小组结束日期,让小组成员为结束小组做好准备。在通常情况下,小组会为最后一次会议策划特别活动,营造欢乐气氛,以缓解小组成员因小组结束产生的负面情绪。应该为小组成员提供机会来处理他们在小组结束时的感觉,因为小组结束可能会引发老年人强烈的情感反应,他们在生命的这个时段已经历了很多其他的损失。小组领导者也有责任帮助小组成员识别出因参与小组而发生的个人或社会的一切变化,并帮助小组成员应用在小组中学到的新社交技能处理小组以外的社交活动。对任何小组来说,能让个人在小组中产生愉悦的感觉,都是一项值得注意的成就,但帮助其成员获得技能,改善他们在小组以外的生活才是小组干预的最终目标。

里佐和托斯兰的研究结果表明,与年轻人相比,老年人在小组结束时产生的破坏性或损失性行为较少(Rizzo & Toseland, 2005)。也许他们一直在经历损失和变化,如失去家人和朋友、失去诸如听力和视力等身体能力,抑或失去自理能力等,这可能使老年人在小组结束时不会产生非常强烈的情感反应。

专业老年小组

各种各样的专业小组,如再激励小组、社交和娱乐小组、支持小组等,可以用于小组干预工作。再激励小组既适用于有认知障碍的老年人,也适用于高功能老年人。高功能老年人可能从社交和娱乐小组或专注于实现特定任务的小组中获益更多。社工需要有非常明确的工作目标，才能帮助老年人选择适当的小组，并选择一种适合目标老年人的社会心理功能模式。

再激励小组

再激励小组的目的 老年社工面临的最困难的任务之一是让老年人参与个人和团体活动。需要重点强调的是，无论社工认为某个选择对老年人来说有多好，老年人都仍然保留他们对想做什么或不想做什么的选择权。从专业角度来讲，个人与社会隔绝会加剧个人的抑郁和与环境脱节的感觉，尤其是对那些不受限制或受到很少限制的老年人来说。因此，社工需要不断努力平衡尊重老年人的自决权与社工的专业知识之间的关系。随着时间的推移，缺乏社会接触而导致的无精打采会损害老年人的身心健康，并且强化老年人的孤僻倾向。再激励小组的目的是刺激和恢复老年人重新参与社会活动，感受生活（Agronin，2009）。小组活动旨在帮助老年人与他人重新建立联系，并摆脱对自己和生活中的烦恼的过度持续关注（Rizzo & Toseland，2005）。

再激励小组是在个体和小组的背景下，帮助老年人提高自尊水平，在他们的生活中重新获得能力感，学习新的角色和技能，邀请他们重新做生活的主角。老年人的主要抱怨之一是他们感觉生活不再有目标。他们根据不再拥有的东西对自己的生活角色下定义——比如自己是寡妇或者退休人员，而不是根据自己生活中积极和有意义的能力去定义。再激励小组的工作旨在尊重老年人的自决权，但为他们提供机会去重新认识自身的能力和技能，或发展新的兴趣。这是一个需要谨慎操作的过程，在这个过程中让老年人将过去的记忆和经验与小组活动相结合，为老年人勾勒当前的生活，并提升其对未来生活的兴趣。

小组成员资格 最需要小组干预的老年人可能是最不愿意参加小组活动的老年人——他们很少有动力加入小组。选择和认识同伴或有共同兴趣的老年人一起加入小组可以减少加入小组的顾虑。社工需要对每个人有足够的了解，以便策划一系列的小组活动来吸引潜在的小组成员，激起老年人的兴趣。在通常情况下，社工可以充分利用与老年人温暖的个人关系，说服老年人至少参加一次小组活动，同时期望老年人能在活动中感受到愉悦，并愿意继续参加。再激励小组一般由10～15名小组成员组成，他们需要具有足够好的听力和沟通能力，没有患失智症或抑郁症。小组会议每周举行一次，共举行6～12次。

小组活动 再激励小组应该专注于愉快的活动，避免聚焦于问题关系、健康问题，或令人绝望的事情。因为对这些问题的过分关注，使老年人无法保持与生活的联系。促使老年人挖掘小组里愉快和乐趣的来源，给他们机会发展新的友谊，使用新的和熟悉的兴趣领域刺激老年人，使他们对自身问题以外的世界重新产生兴趣。诸如节日传统、假期回忆、宠物和动物、园艺、艺术和业余爱好等话题都是再激励小组的优选话题。与缅怀往事小组不同，再激励小组试图将过去愉快的记忆与现在和未来的愿望联系起来。例如，一名寡妇对家里曾经的一棵大圣诞树有美好的回忆，但由于工作太多而没有继续这一传统，她可以在一棵更小的人造树上装饰她喜欢的饰品，在当前的环境中重现过去的快乐。这名寡妇也可能会怀念传统的节日烘焙，但是因为她的孩子和孙子住得太远而放弃。她可以与和她有相似兴趣的其他人合作，像从前一样进行节日烘焙，并把甜品送给远方的家庭成员或送给当地的儿童之家。将过去的快乐重新点燃，必然能够影响到老年人当前的现实生活。

这些聚焦于重新点燃老年人的能力感的活动，给老年人带来了快乐和目标感。对再激励小组来说，刺激感官的活动似乎是最受欢迎的活动。例如，真正做一顿饭比谈论烹饪更能刺激老年人的嗅觉和味觉——这是一种让案主参与再激励过程的更有效的方法（Rizzo & Toseland，2005）。与仅仅回忆过去的花园相比，打理一个小型药草花园，让老年人有机会感受泥土和植物，更能够将老年人拉向现在和未来，摆脱对过去的执着。

小组领导者的角色　　在再激励小组中，小组领导者首先负责确定和开展小组活动，并持续监测小组成员对每个主题的反应。一旦小组开始运行，老年人往往会表达对未来活动的某些主题的兴趣。小组领导者还应该引导老年人远离不愉快或引发焦虑的话题，这些话题往往会引发负面的记忆或感觉。再激励小组的目的是帮助老年人享受活动，并为他们找到动力和快乐的来源。小组互动话题应该集中在老年人有能力或可以发展能力的领域，而不应该强调已经失去的能力。小组领导者需要尊重老年人在尝试新事物时的踌躇，同时也需要鼓励他们。小组领导者的角色类似于激励教练。

社交和娱乐小组

社交和娱乐小组的目的　　再激励小组的重点是重新点燃老年人与他人联系的兴趣，并在小组活动中找到乐趣，而社交和娱乐小组是为那些想要保持社交刺激的老年人服务的。社交和娱乐小组对那些已经积极参与到他们的生活环境中但想寻找伙伴和学习新东西的机会，或者想与其他老年人分享兴趣的老年人来说很有吸引力。社交和娱乐小组的关注点主要是愉悦。

小组成员资格　　当小组成员能够为小组带来不同的才能和兴趣，而且这些成员的才能和兴趣水平相似的时候，社交和娱乐小组最容易取得成功。例如，不同的旅游小组既能够为那些能够远距离行走、没有健康障碍的老年人设计不同的"体力活动"，也能够为那些中等体力或者低体力的，愿意享受要求更低、使用更加结构化的方法旅游的老年人设计适合他们的"冒险活动"。小组成员的构成应该体现出基本能力的相似性，最大限度地减少竞争，提高每个成员的参与能力。

语言能力的强弱对保持成员之间的平衡很重要。小组中有太多咄咄逼人的老年人会严重破坏权力平衡，而有太多安静、保守的老年人则会增加成员之间沟通的被动性（Rizzo & Toseland, 2005）。这种气质的平衡对所有成员都有利，但当小组领导者对小组构成的投入有限时，这种平衡可能不容易实现。

小组活动 社交和娱乐小组的活动范围是不受限制的，它完全取决于目标老年人的兴趣。一个社交和娱乐小组的活动既可以像每周在一个辅助性或集体生活环境中玩宾果游戏那样简单，也可以像学习跳伞那样复杂。最重要的是确定小组中老年人感兴趣的活动，而不仅仅是小组领导者感兴趣的活动。举例来说，作者曾为社会隔离的农村老年女性设计过一个小组，这些女性由于交通问题或恶劣天气常常被困在家中。作者将该小组的焦点设定为农村女性的共同兴趣，如园艺、食物保存、烹饪地方菜肴和当地文化传统。当这群人聚在一起时，她们很高兴有其他人的陪伴，但对谈论这些话题根本不感兴趣！她们想去快餐店用餐、看电影、在当地的折扣店购物，同时谈论肥皂剧。事实证明，她们是一个比最初设想更加"随大流"的群体。社会化的小组目标已经设定好，但是小组能够更好地判断哪些活动能够实现这些目标。

小组领导者的角色 在社交和娱乐小组中，小组领导者的作用较小，其更多的作用是促进。小组领导者可以计划和安排小组的基本活动，并帮助促进小组参与开始阶段的进展。然而，小组团结可能会迅速发展。小组内部可能会自然产生另一个小组领导者，或者小组可能作为一个整体对小组的动态承担责任。但是，小组领导者有责任在必要时协调成员之间的沟通，监督冲突的发展和解决，并确保小组专注于社交和娱乐活动。观察每个小组成员在小组环境中的表现仍然是小组领导者的一项持续性工作。一些小组成员需要更多的鼓励才能从旁观者转变为积极的参与者。有时，社交和娱乐小组中也可能会出现破坏性的子群体，它们会排斥其他小组成员或威胁到小组领导者的角色。与社交和娱乐小组一起工作的明显优势是，小组领导者能够真正地看到小组的行动过程，这既是一种乐趣，也是一种挑战。

支持小组

支持小组的治疗效果 所有的小组形式都旨在为老年人提供某种程度的社会支持，但支持小组的目的是帮助老年人应对与老龄化有关的艰难生活转变，如独居、慢性疾病、改变住所或紧张的家庭关系（Agronin, 2009；McInnis-Perry & Good, 2006；Reblin & Uchino, 2008）。支持小组需要深度公开个人信息，依赖于小组的治疗效果，为成员提供支持和具体的建议，以应对困难事件。最终，支持小组的目的是让老年人摆脱目前与不良生活事件相关的情感创伤,不仅能找到适应这种情况的方法,而且能找到摆脱这种情况的方法。支持小组的可信度来源于小组成员是正在经历或经历过类似生活危机的人,而小组领导者通常是没有这种经历的人。为了促进小组成员的成长,支持小组通常包含教育内容。举例来说,刚丧偶不久的老年人往往需要一些具体的信息,比如如何处理房产,如何处理财产,或者如何管理自己的财务。同样,老年失智症患者的照护者,以及老年失智症患者本身,都需要更多地了解这种疾病,以及随着疾病的发展,在未来几个月或几年里可能出现的情况。

小组成员资格　支持小组中的共同纽带是小组成员相同的经历或者生活事件。让那些已经成功应对生活挑战的老年人与那些刚刚面对生活危机的老年人在一起,通常是有益的。这种平衡有助于案主从沉溺于损失或危机转向学习更好的适应技术。同样重要的是,小组成员需要情绪足够稳定,能够倾听他人的经历,同时能够参与到小组活动中(Reblin & Uchino,2008;Rizzo & Toseland,2005)。仍然处于情绪混乱状态的老年人可能过于脆弱,无法参与小组活动,或者沉溺于自己的痛苦,以致听不进别人说的话(Agronin,2009)。小组成员也必须愿意并且能够分享那种强烈的个人感受。不愿在亲密圈子以外讨论感情或处理个人危机的老年人可能不适合加入支持小组。

小组活动　任何支持小组的成功都依赖于营造一种温暖和相互尊重的氛围,鼓励小组成员分享自己的"故事"。分享对生活转变的感受可以帮助老年人在这个过程中前进。举例来说,消除悲痛需要老年人直面深深的痛苦、愤怒或失落的感觉,同时找出应对这些感觉的方法。小组领导者需要熟悉经历悲痛的正常过程,并能够识别在这个过程中,什么时候老年人会"陷入"悲痛(McInnis-Perry & Good,2006)。当老年人在这个过程中遇到困难时,其他小组成员可以进行现状核实,并可以向处于悲痛中的老年人和小组领导者提供宝贵的反馈。

支持小组的工作不仅能够让小组成员发泄烦恼,而且能够帮助小组成员找到摆脱这些情绪的方法,以适应已经改变的生活。例如,最近一位丧偶女性感到非常孤独,但她拒绝家人和朋友帮助她参加社交活动的一切努力,对她的家人和朋友来说,要改变她的明显矛盾的行为是一种挑战。而相对于她的家人和朋友,其他的一些已经通过重新参加社会活动对自我意识有了新理解的丧偶女性,则很适合鼓励这位女性迈出参与小组活动的第一步。支持小组的其他成员可能会提供具体的建议,并激励这位女性,因为她们自己也有过类似的经历。

在准备结束小组的过程中,小组内部的相互支持逐渐向小组外部的正式或非正式互助网络转移。如果小组成员之间建立了牢固的个人关系,那么在小组中建立起来的支持网络可能会持续到小组结束之后。但是,我们不应该将小组成员承诺会互相打电话看作小组成员持续相互支持的证据。社工可以做的是:通过仍能起作用的可以使小组成员间产生相互影响的社交和娱乐活动来串联小组成员；在需要时向小组成员推荐额外的个人咨询服务；以及提醒小组成员注意社区中的其他相关服务。所有这一切都是为了确保那些依然需要其他各种类型支持的小组成员能够得到相关服务。

小组领导者的角色　小组领导者的主要角色是通过鼓励小组成员之间的关系发展，为小组成员提供支持和促进小组成员互助。在小组开始的时候，小组领导者的一个很重要的责任是帮助小组成员互相熟悉和适应。通过轮流练习或破冰活动，让小组成员不只与小组领导者互动，也能开始与其他小组成员互动。

当一个支持小组在工作时，小组互动的水平是很高的，而且充满了情感内容。小组领导者需要帮助小组成员确认小组中交流的显性和潜在内容，在为小组成员提供宣泄情绪的机会的同时，防止小组成员的情绪完全崩溃。在总结气氛紧张的会议时，小组领导者有责任让小组成员感受到会议即将结束，这样小组成员就不会在会议结束时情绪激动。

小组领导者可以设计家庭作业，以帮助小组成员将小组中讨论的应对技巧应用到小组之外的生活中。当小组成员对他们如何应对生活危机有了具体的想法时，他们往往会对小组治疗过程更投入。在完成家庭作业后向小组汇报，可以让小组成员对在小组之外实际练习这些技巧更有责任感。与由受过专业训练的小组领导者领导的支持小组相比，由同龄人领导的支持小组更容易获得成功，匿名戒酒会和其他同伴支持小组的成功证明了这一点（Rizzo & Toseland, 2005）。经历过类似生活危机的同龄人，在一定程度上拥有专业小组领导者所没有的可信度。专业小组领导者和同龄人小组领导者共同领导小组是一种折中的办法，因为在小组中，专业性和可信度都是必要的。专业小组领导者可以从同龄人小组领导者的经验中获得洞察力和智慧，而同龄人小组领导者则可以培养更多的工作技巧、冲突解决和沟通技巧。

失智症的行为管理干预

由于失智症本身的生物学病因，治疗抑郁症或焦虑症的干预方法并不适用于失智症，但是非常早期阶段的失智症除外。老年人不可能被"说服"远离失智症。对于患有失智症的老年人，社工的作用不是治疗失智症，而更可能是管理或者帮助照护者管理失智症引起的问题行为，尤其是在失智症晚期。即使处于失智症晚期的老年人已经失去了理解和处理负面情绪的认知能力，也失去了向照护者表达需求的能力，但是他们仍然会经历各种各样的情绪。

失智的行为精神症状（behavioral and psychological symptoms of dementia，BPSD）包括躁动、精神病样行为、抑郁、冷漠、重复提问、攻击和暴力行为、神志恍惚和睡眠问题

（Catic，2015；Gitlin，Kales，& Lketsos，2012；Sadowsky & Galvin，2012）。这些症状如果得不到及时治疗，就会导致患病老年人的认知功能以更快的速度恶化，其日常活动能力衰退的速度也会更快，从而给照护者带来更大的负担，导致老年人过早地入住养老院（Martini de Oliveira，Radanovic，& Homem de Mello，2015）。不幸的是，无论是照护者还是医学界都倾向于通过药物治疗来管理失智的行为精神症状，进而减轻照护者的负担，很少有人去探索失智的行为精神症状的管理技术。虽然药物可以有效地稳定老年失智症的发展，但药物既不能治愈老年失智症，也不能直接解决失智的行为精神症状问题。美国食品和药物管理局并没有批准哪一种药物为治疗失智的行为精神症状的专用药物。使用抗精神病药物和抗抑郁药物来治疗失智的行为精神症状被认为是不符合药品说明书的，并不建议老年人这样做，因为这些药物会增加老年人跌倒和患心血管疾病的风险（Catic，2015）。

除选择药物治疗以外，医疗保健提供者和失智老年人的照护者还可以使用多种行为管理技术去应对失智的行为精神症状。

医疗评估　在老年失智症的中后期阶段，老年人可能无法准确描述导致困难行为的身体症状，而这些症状可能正是导致困难行为的根源所在。而当这些困难行为突然发展为破坏性行为时，就会变得特别危险。这种行为需要医学的解释；因此，有必要进行一次全面的医疗评估。体检不仅可以识别出一些未经治疗的疾病，如尿路感染或肺炎等，也可以分辨出用于治疗慢性疾病的药物的副作用，诊断出老年人的视力或听力退化，并能够将环境变化与老年人的破坏性行为联系起来（Alzheimer's Association，2018b；Sadowsky & Galvin，2012）。一旦这些疾病得到确诊，这些症状就可以得到治疗，老年人的破坏性行为就可能会最小化或者消失。

焦虑和躁动　焦虑和躁动是失智症的常见症状，通常表现为坐立不安或需要不停地四处走动。这种焦虑和躁动也可能会转化为攻击性行为、激动的言语，或试图逃离任何老年人认为有威胁的地方。有研究表明，这种不稳定的行为是一种生物学结果，主要是由老年人无法处理生活中出现的新信息或者无法理解环境信息而导致的（Alzheimer's Association，2018b；Gitlin et al.，2012）。举例来说，从一处住所搬到另一处住所（甚至可能是从一栋楼的一个房间搬到另一个房间）、旅行或者住院都可能引发老年人的焦虑和躁动。有时候，照护者的变化、极度疲劳或对环境信息的误解也可能引发老年人的焦虑和躁动。例如，一位老年失智症患者可能在房间里看到了一个他不熟悉的人，并认为这个人可能是来伤害他的。这种恐惧引发了老年人的焦虑和躁动。

告诉这位老年人你是谁。可能这位老年人还是会困惑，而你只需要问问他做什么是对他有帮助的。你的声音可以传递一种温柔和理解的气氛。重复地说"你在这里是安全的"或者"我知道你很难过"，会让老年人安心（Alzheimer's Association，2018a；Martini de

Oliveira et al.，2015）。如果你正在给老年人提供食物或者饮料，那么请尽量保证这些食物或者饮料的选择是简单的。当面对焦虑不安的老年人时，我们的第一反应应是尽一切可能减轻他们的焦虑。

调小电视机或者收音机的声音，调暗灯光，创造一个平静的环境，或将老年人移至一个更加安静或者老年人更加熟悉的地方，通常可以达到快速降低焦虑和躁动的效果。排除由疼痛或饥饿、因为太热或太冷而造成的身体不适，或者想要大小便所导致的焦虑和躁动。一些老年人更喜欢通过安静的音乐或者休息来缓解焦虑和躁动。另一些老年人则更喜欢通过短暂的散步或者其他的锻炼方式来缓解焦虑和躁动。为老年人简化眼前的环境可能会减少对老年人的干扰。由于在处理新的或陌生的环境刺激时可能引发老年人的焦虑和躁动，因此保持规律的作息是很重要的。如果每一天的作息或照护者都不一样，那么老年人很有可能将处于一种持续的焦虑和躁动状态。

愤怒和侵略性行为　　如果不及时处理老年人的焦虑和躁动情绪，那么这些情绪通常会恶化为愤怒和侵略性行为。侵略性行为既可能表现为身体行为，也可能表现为语言行为。试着确定什么事件引发了老年人的愤怒和侵略性行为。排除引发这种行为的饥渴或者过度疲劳等原因。询问并且观察老年人是否正处于痛苦之中。老年人是被过响的噪声、炫目的灯光刺激到了，还是只是被房间内的一般活动刺激到了？老年人看起来很愤怒，是不是因为他试图和其他人交流他的需要或者想法，但是没有达到预期效果？记录老年人对这些问题的回答，不要存疑。老年人反馈的是他们对于周边情况或环境的看法，而不是你的看法。

使用平静、温柔的声音和确定的语气回答老年人，将会帮助他们改变由愤怒或者侵略性行为所带来的紧张。试图转移老年人的注意力，将他们的注意力从导致他们愤怒和产生侵略行为的原因中转移出来。音乐、锻炼或者按摩，可能会对老年人起到安抚的作用，但是看起来老年人可能不会立刻平静下来。人类的身体对于紧张的情绪有一种生物性的记忆。尤其令人沮丧的是，患有失智症的老年人可能早已忘记是什么引发了这种情绪。让一位愤怒的老年人平复下来需要时间，如果老年人的照护者或者医疗保健提供者感觉到自己的安全受到了威胁，而且没有办法让一位患有失智症的老年人平静下来，这个时候就需要急救医务人员进行干预了。

睡眠障碍　　睡眠障碍，包括入睡困难和睡眠周期转变，是老年失智症尤其是阿尔茨海默病的常见症状。这可能是由于老年失智症导致的大脑的生理变化。一位老年人很有可能在白天昏昏欲睡，无精打采，到了晚上却完全清醒，四处徘徊。这让老年人的照护者或者医疗保健提供者面临很大的挑战。这可能导致一种恶性循环：老年人因为睡眠障碍长期感到疲倦，但却因为过于疲倦而无法入睡。缺乏睡眠，使老年人更加疲倦，进而使他们产生易怒的情绪，表现出焦虑和躁动。睡眠不良的原因可能很简单，就像睡眠呼吸暂停一样，患者的呼吸处于断断续续的不规律状态。下肢不宁综合征会让身体产生不适，而当老年人通过改变睡眠姿势来调整这种不适时也会让他们保持清醒的状态。抑郁也可能导致睡眠障碍，一些药物也会如此。

规律的饮食和睡眠时间，再加上适当的运动，可以帮助老年人拥有规律的睡眠。能够规律性地在早晨晒晒太阳似乎能够更好地稳定昼夜节律，而昼夜节律决定着睡眠周期。放置夜灯既可以为老年人提供安全感，也可以在他们半夜上厕所的时候为他们提供帮助。卧室里舒适的温度和足够暗的环境有助于睡眠，在睡前避免接触电视或者电脑，对于睡眠也十分重要。

幻觉　在阿尔茨海默病的晚期，老年人可能会产生幻觉，就是一种对事物或者事件的错觉（Alzheimer's Association，2018b）。患者可能会看到、听到、尝到或闻到不存在的东西，或者感觉到不存在的人或事物。幻觉是阿尔茨海默病晚期最常见的一种症状，而且已经被证明是大脑的生物化学改变和生理改变的结果。一旦患者出现幻觉，就应该立即处理。出现幻觉的原因可能是感染、脱水、滥用酒精或药物、听力或视力出现问题，或者是对药物的不良反应，类似于精神错乱的症状。在患者出现幻觉后，应首先排除这些可能性。无害的幻觉对老年人来说并不可怕，也不会使他们去做一些危险的事情，最好的处理方式就是忽视它，让它自然地发生。

如果幻觉是有害的，会导致老年人出现危险的行为，那就需要立即分散老年人的注意力，比如使用音乐转移老年人的注意力，或者温柔地晃动老年人的脸，也许就能让老年人从幻觉中走出来。在明亮的灯光下或者在有其他人出现的情况下，幻觉可能会消失。及时检查老年人的周围环境，识别出可能导致误解的阴影、失真的影像或者声音。

困惑：验证疗法

20世纪60年代，老年社工内奥米·费尔开发了一种与老年失智症患者沟通的方法，称为验证疗法。这种方法基于这样一个假设：失智症患者的所有行为都是以需要为驱动的。也就是说，即使老年人说的话在其他人看来可能没有什么意义，但实际上他们的每一句话都在试图与他们的照护者或者其他人沟通（Feil，1967，1984，1993，2002；Validation Training Institute，2018）。验证疗法不是试图让老年人自己去适应他们所处的时间和空间，而是尊重老年人在现实中的困惑，然后使用老年人自身的困惑，而不是照护者的困惑，去理解老年人试图沟通什么。验证疗法是一种方法、一个理论，也是一种态度（Validation Training Institute，2018）。训练有素的治疗师可以将验证疗法用于老年人一对一的多环节治疗。家庭成员和其他照护者也可以使用验证疗法来处理在照护老年人时发生的单一行为事件。

验证疗法的原则

运用验证疗法的照护者和专业人员从来不会与患失智症的老年人争论现实到底是什么样的或者力图引导老年人有时间感或方位感，除非老年人清楚地表明想要辨别时间和方位。这一治疗取向认为，退回到人生的另一个时间段可能是在试图重建安全感和保障感（Validation Training Institute，2018）。患失智症的老年人可能会在不能确知自己现在身在何处很长时间后，仍具有对久远事情的记忆。他们记住的是自己对环境有掌控感的时候。所以，当患失智症后要应对的东西令其难以承受时，他们可能会退回到那个"安全"的时候。举例来说，如果一位丧偶的失智老年人的丈夫已经去世多年，但她还是不断问："我丈夫在哪儿？"那么，验证疗法会断言这反映的是这位老年人的需要。这一疗法不会去矫正老年人，提醒她她丈夫已经离世许多年了，而是会说"你一定很想你丈夫"或者"我知道你现在孤单一人一定很害怕"。验证疗法不会把老年人所说的话当成是她糊涂了，而是将之解释为她表达了丈夫没在身边的孤独感或悲伤。

验证疗法不会去强化或消除带来麻烦或苦恼的行为，而是接受这些行为，把它们看作老年人想要就自己的某种需要、想法或感受进行沟通。比如，费尔曾遇到一个案例，一位老年男性抱怨天花板上有水漏到他的床上，而不愿意承认他已经尿失禁了（Feil，2002）。验证疗法不会试图说服他天花板没有任何问题，而是试着倾听他在说什么，给他一个机会去表达他自己的想法，然后试图找到解决这个问题的方法。这时，验证疗法的治疗作用在于避免了老年人由于承认自己尿失禁而产生的灾难性的情绪反应，同时也给照护者一个机会去理解老年人真正害怕的是什么——他其实只是害怕自己尿失禁带来的挫败感。

验证疗法不会试图强化或者消除老年人的问题行为，而是试着去接受老年人其实是想通过这种行为来传达某种需要、想法或者感觉。一位患有失智症的老年人在养老院洗澡的时候总是表现得焦躁不安，他可能只是想表达，他对于一个相对陌生的人给他洗澡或者在养老院环境中的失去隐私会产生强烈的个人反应。失智症的不可逆转的本质所导致的认知损害使老年人无法明确地说出"让一个我不认识的女人清洗我赤裸的身体，我感到很不舒服"。相反，这种情绪是通过不合作或者敌对的行为来表达的。验证疗法不会去尽力约束情绪焦躁不安的老年人，或者试图跟他讲明道理，而是会认可老年人，表示这件事一定让人尴尬，向他保证已经采取了一切措施保护他的隐私。接纳患失智症的老年人的感受，尊重他们为与人沟通而做出的努力，给照护患失智症的老年人提供了新思路。验证疗法不是简单地接受老年人有困难行为在所难免，而是更深一步，试图了解这些行为蕴含的意义。

验证疗法的主要着眼点是保持与患失智症的老年人的沟通，而不是积极对抗伴随阿尔茨海默病和其他类型失智症而来的认知能力下降（Validation Training Institute，2018）。老年人的家人和其他照护者如果一直试图纠正患失智症的老年人固有的头脑混乱，很快就会变得愤怒、充满怨恨、精疲力竭。对一些老年人的家人来说，要与患失智症的老年人沟通太困难，以致没过多久他们甚至不愿意尝试做有意义的互动。面对现实，尽义务探望老年人，接受老年人不知道是谁来探望他，或者不能跟来探望的人做有意义的交流的现实，要容易一些。验证疗法建议老年人的照护者和家人接受患失智症的老年人的世界。如果一位老年人迷失在另一个时空的"现实"中，那么回应他所处的"现实"，而不是驳斥他。验证疗法的目的是理解老年人行为的含义而不是让老年人弄明白现实是什么（Day，1997）。

验证疗法不允许"治疗性谎言"的存在（Feil & Altman，2004；Validation Training Institute，2018）。"治疗性谎言"不是对老年人的话的回应，而是具有误导性的。"治疗性谎言"通常被用于试图去安慰一位正在困惑中的或者焦虑不安的老年人。对于某些情况，它可能是适用的，但是不建议作为验证疗法的一部分。比如说，一位老年女性，她的所有孩子都已经长大了，而且都已经独立生活了。当她还在问是谁在照护她的孩子的时候，适合的回答可能是"你有几个孩子呀？告诉我们关于他们的事情吧"，而不是"我刚和孩子的照护者联系了，他们都很好"。我们所追求的谈话目的是既关注到她关心和担心的事情，同时也作为一种谈话技巧，了解真正困扰她的是什么。在这种情况下，真正困扰她的可能是她在一段时间内不能见到她的孩子了，她感到很孤独，但是她可能没有办法明确地表达出来。她的照护者或者家庭成员一旦能够更好地理解她在想什么（即使这种想法只是她意念中的一种扭曲的想法），就更容易帮助她满足需求。老年人只能通过他们所知道的方式去告诉我们他们需要什么，试着去理解他们需要什么是一个具有专业性的工作。

验证疗法的利弊

尽管验证疗法的科学效度在对照研究中没有得到一致证实，但是小型的定性研究和轶事证据支持这一方法是有效的（Day，1997）。费尔观察到，运用验证疗法而不是重新定向法治疗后，老年人的语言表达有所改善，不再那么退缩，哭泣减少，到处乱走的行为减少，步态、与他人的互动和眼神接触有所改善（Feil，1993）。费尔还发现，由于老年人的攻击性或暴力性行为减少，所以不再那么需要对老年人实施身体控制或药物控制。其他的观察者发现，在使用验证疗法后，老年人与其家人在探访时间能够更好地沟通，双方都不再那么有挫折感（Validation Training Institute，2018）。

其他对照研究显示，运用验证疗法与失智老年人的行为改善之间在统计上没有显著的相关性（Robb，Stegman & Wolanin，1986；Scanland & Emershaw，1993）。不管对验证疗法的成效是支持还是批驳，过去的相关研究使用的都是数量非常少的非随机抽样样本，没有相应的对照组，没有建立具有可信度的干预前行为的基线。这些限制使人们既不能断言验证疗法的价值需要打折扣，也不能肯定这是传统的现实导向法之外的一个有效方法。尽管如此，验证疗法在传统方法之外另辟蹊径，值得以后进一步研究。

模拟存在疗法

理论基础：依附理论　模拟存在疗法是一种旨在解决老年失智症患者的问题行为，特别是言语和身体攻击、躁动和社会隔离行为的治疗方法（Woods & Ashley, 1995）。模拟存在疗法的理论依据是依附理论。依附理论提出，从婴儿期开始，个体就会通过对父母或其他照护者的健康的依附模式产生安全感（Bowlby, 1979）。当与依附对象分离时，个体经常会感到害怕或不安全。当与依附对象团聚时，焦虑和恐惧的感觉就会减少。有健康的依附模式的人在确保分离是暂时的、安全的情况下，可以与依附对象分开。陌生或不熟悉的环境会加剧分离焦虑，因为个体可能不确定依附对象是否会回来。鲍尔比认为，成年后的依附行为会转变为对非父母角色，如配偶、成年子女或其他照护者的依附。老年人在没有安全感的情况下，如当生病或者住进养老院时，会再次产生寻找亲近的人作为依附对象的需求（Browne & Schlosberg, 2007）。对住进养老院的老年失智症患者来说，不熟悉感可能会使他们产生焦虑情绪，表现出攻击性行为。由于老年失智症患者认知处理能力下降，因此试图用语言来保证老年失智症患者的安全是很有挑战性的。然而，通过创造一种听觉刺激，在情感和感官层面上激发老年人的安全感是可行的。重现依附对象的存在，可以缓解老年人的焦虑情绪，减轻老年人的孤独感（Browne & Schlosberg, 2007）。

创造使用模拟存在疗法的环境　确定在一位老年人的生活中，谁能够让他感觉到舒适和安全，和谁在一起老年人能有一种安全依附感，这是非常重要的。老年人的朋友或者家人可以使用小型的录音设备录制一段10～15分钟的音频，在这段音频中，应该包括朋友或者家人对于一些珍贵的回忆或者故事的讲述、老年人的一些快乐的生活经历，或者是能够直接对老年人起到安慰作用的信息。这段音频可以在老年人想要听的时候放给他听，或者在老年人出现破坏性行为的时候放给他听，目的是通过模拟朋友或者家人的在场缓解老年人的情绪（Zetteler, 2008）。模拟存在疗法成功的关键不在于老年人的朋友或者家人说了什么，而在于老年人对那些声音的熟悉程度，以及老年人对那些声音的反应能力，即使他们可能并不能准确地认知到这些人在说什么。案例6-2描述了如何在养老院环境中使用模拟存在疗法。

案例6-2：一个使用模拟存在疗法的案例

汤姆森太太是一位患有晚期失智症的98岁老年女性，她住在一个养老院里。她在白天表现得很消极但很合作，而一到傍晚，她就会变得焦躁不安，出现攻击性行为。汤姆森太太向养老院的工作人员大声尖叫，声称要向警察举报他们，然后把每一个试图接近她的人都赶走。尽管养老院的工作人员意识到，她出现这些行为很可能是由于傍晚光线的变化（日落综合征），但还是给她服用了药物以预防这种行为进一步演变成灾难性行为。虽然汤姆森太太已经不认识她的女儿了，但是她会经常提起她的名字，当她女儿出现的时候，她的焦虑情绪会减轻。她的女儿同意录制一小段音频，音频是这样开始的：

"嗨，妈妈！我今天很想你。这是一个如此美丽、温暖又充满阳光的日子，这让我回忆起当我还是孩子的时候，你会带着我到外面去野餐。我仍然记得那块红白格子相间的桌布，铺在我们的后花园里，琳达、大卫和我，每一个人都有属于自己的野餐盘子和塑料餐具。你会给我们做夹有红肠和芝士的三明治，我们还会用布朗尼做饭后甜点。我们会比赛看谁能够赶走最多的蚂蚁，找到最多的虫子，或者是发现最多的鸟。我仍然记得我们所有人是怎样开怀大笑的。我们还承诺，不会把这个'后花园秘密餐厅'，告诉爸爸……"

这段音频持续了大约10分钟，讲述了她们在后院一起野餐的重要细节和开心的记忆。虽然汤姆森太太可能无法将这段记忆长久地保留在脑海中，但听到女儿的声音让她感到安慰和愉快。无论听音频是为了分散老年人的注意力，还是为了让老年人体会到听到熟悉的声音时的舒适感和安全感，结果都是能够减少老年人的破坏性行为。在汤姆森太太出现焦虑情绪以前，养老院的工作人员为她播放这段音频，就能够避免一个灾难性的行为事件。这个方法成本相对比较低，没有药理作用，几乎适用于任何居住环境。临床研究证明，这个方法是有效的。在一些小规模的研究中，健康照护者发现，每天至少给患者听两次模拟存在疗法音频，可以降低孤僻老年人的焦虑水平，减少其言语和生理攻击行为，提高其社会功能（Bayles et al.，2006；Browne & Schlosberg, 2006；Cheston, Thorne, Whitby, & Peak, 2007）。

（1）并不是所有的社工都愿意使用模拟存在疗法，因为有些人觉得用音频假装所爱的人存在是一种欺骗行为。也有些社工反对模拟存在疗法，因为他们觉得，如果一个困惑和焦虑的老年人听到所爱的人的声音，但看不到那个人，他会变得更焦虑。重新阅读有关模拟存在疗法的文本材料，并思考这种方法的利弊。

（2）该案例中的女儿在模拟存在疗法音频中谈到了她童年时在后院野餐的记忆，以安抚焦虑不安的母亲。还有哪些其他类型的讨论话题可能有助于改善老年失智症患者的情绪和行为？

表6-3总结了经常出现的失智的行为精神症状，并列出了相应的行为管理技术。

表 6-3　失智的行为精神症状以及建议的行为管理技术

行为精神症状	行为管理技术
焦虑和躁动	确认激发不安行为的因素（比如换房间、换照护者和温度变化）。 排除疼痛、饥饿或者其他的不舒适状况（比如想要上厕所）。 提醒老年人你是谁，或者家庭成员是谁，传递一种平静和关心的感觉。 在老年人的行为稳定下来之前，尽量不要让老年人独处。 降低噪声或者减少老年人周围的活动，以减少感官刺激。 播放轻音乐。 如果情况允许的话，带老年人去散散步以缓解焦虑。 保持规律的照护习惯、饮食习惯和活动习惯。
愤怒和侵略性行为	确认引发愤怒和侵略性行为的环境因素。 排除口渴、饥饿、疼痛或者疲劳等老年人无法与照护者沟通的情况。 减少炫目的光和噪声。 通过转移注意力将老年人从沮丧的情绪中转移出来；如果能够安全地接触老年人的话，可以温柔地晃动老年人的脸。 使用验证疗法确认老年人现在的感觉。 播放轻音乐。 利用一些身体活动来降低攻击性。
幻觉（尤其是阿尔茨海默病）	排除感染、脱水、酒精和药物使用或戒毒、视力或听力问题以及谵妄症状。 保护老年人，防止老年人自残或伤害他人，移走任何可能对老年人产生伤害的物品。 打开灯，让老年人开始和别人交谈，这通常会驱散幻觉。 模拟存在疗法可以使老年人平静下来，消除幻觉。 使用验证疗法来缓解老年人的沮丧。 如果幻觉是没有危险或威胁的，那么请忽略它。
睡眠障碍	检查睡眠呼吸暂停、下肢不宁综合征、最近的咖啡因摄入情况，或睡眠的其他影响因素。 如果可能的话，那么筛查抑郁情况。 保持规律的饮食习惯、活动习惯和睡眠周期。 早起晒太阳，重置昼夜节律。 使用夜灯来减轻对黑暗的恐惧。 使用舒适、安全的物品。 睡前避免接触电视或其他设备。 睡前使用模拟存在疗法让老年人平静下来。
困惑与茫然	确定老年人确实存在困惑，但没有准确地告诉你是因为什么人或什么事。 使用验证疗法来避免从困惑升级为焦虑或愤怒。 通过老年人的提问来识别老年人试图传达的思想或需求。 通过在老年人周围摆放熟悉的物品来引导老年人的情绪。 使用模拟存在疗法来安抚老年人。如果合适的话，可以分散他们的注意力。

用于治疗失智症的药物

目前有几种处方药被用于控制老年失智症（特别是阿尔茨海默病）的症状，但需要强调的是，还没有发现任何药物能有效地预防或阻止疾病的发展。治疗轻度至中度阿尔茨海默病最常用的药物是加兰他敏（Razadyne）、艾斯能（Exelon）和安理申（Aricept）。这些胆碱酯酶抑制剂被认为可以有效防止乙酰胆碱的分解——乙酰胆碱是大脑发挥记忆和认知功能所必需的化学物质（Alzheimer's Association，2018a）。这些药物只能在短时间内控制老年失智症的症状，而且会随着疾病的恶化而逐渐失去效力。

盐酸美金刚（Namenda）常被用来治疗更严重的阿尔茨海默病。这种药物的主要作用是延缓疾病的恶化，以及诸如上厕所和行走等日常活动能力的丧失。虽然它不能改善认知功能，但随着老年失智症的恶化，保留一些日常活动能力能够减轻老年失智症患者的照护者的负担。盐酸美金刚可以与治疗轻度阿尔茨海默病的药物一起使用。表 6-4 列出了被批准用于治疗阿尔茨海默病的常见药物，以及药物的副作用。

表 6-4 治疗阿尔茨海默病的处方药物

药物名称	适用于阿尔茨海默病的阶段	副作用
安理申	所有阶段	恶心，呕吐，食欲不振，大便频率增加
加兰他敏	轻度到中度	
盐酸美金刚	中度到重度	头痛，便秘，神志不清，头晕
艾斯能	轻度到中度	恶心，呕吐，食欲不振，大便频率增加
多奈哌齐	中度到重度	恶心，呕吐，食欲不振，大便频率增加

资料来源：Alzheimer's Association. (2018a). Medications for memory loss. Retrieved from https://www.alz.org/alzheimers_disease_standard_prescriptions.asp.

这些药物最严重的副作用是恶心、呕吐、腹泻和食欲不振。对患有任何类型的失智症的老年人来说，这些副作用都可能带来严重后果。他们可能不会感到饥饿，因此会有严重营养不良和体重下降的风险。

正如本章前面所提到的，在治疗失智症方面，社工没有资格建议使用或停用任何药物。关于治疗失智症的药物问题，只能咨询医务人员。

小结

患抑郁症和焦虑症的老年人有范围广泛、形形色色的治疗方法可以选择。当改变态度和行为是老年人自己的目标，而不只是社工或老年人的家人的目标时，治疗的效果才会好。与老年人建立信任和尊重的关系是治疗过程中最重要的一项工作。老年人可能对精神健康治疗都包括些什么非常疑惑，他们需要充分了解其中的内容，做到完全知情。遵循赋权的原则，任何干预工作都要让老年人密切参与，帮助老年人找出自己的目标。

认知行为疗法对抑郁或焦虑的老年人有良好的疗效。这一疗法可以帮助老年人识别导致情绪不适和问题行为的有缺陷的思维模式。缅怀往事疗法和人生回顾疗法的目的是帮助老年人了解影响他们当前生理功能水平的生活事件。缅怀往事疗法致力于对老年人的情绪产生积极影响，而人生回顾疗法的目的是处理老年人过去未解决的冲突，这些冲突可能造成老年人情绪方面的障碍，让老年人难以获得自我完整感。小组干预方法适用于一些老年人，尤其是那些能够从与他人更多的互动中获益的老年人。小组可以包括再激励小组、社交和娱乐小组以及支持小组。小组干预方法可能对于那些没有严重情绪问题的老年人特别有效果，与一对一治疗相比，这些老年人在小组治疗中感觉更舒服。每一种小组都有其特定目标，小组干预方法的力量在于小组功能的丰富动态性。

老年人的照护者、医疗保健提供者以及社工可以使用一系列的老年人行为管理技术。发展这些技术是为了在老年工作中提供非药物干预。验证疗法和模拟存在疗法是专门设计用来帮助家庭成员、照护者和老年人自己处理老年人的情绪波动的，这些老年人经常伴随着认知衰退，以及将来在关于自身需求和愿望的沟通方面的挑战。

学习活动

1. 重读第五章中艾黎恩·汤森太太、查尔斯·柯里先生和格雷斯·阿戴恩太太的案例。你已经使用抑郁症、焦虑症和失智症的标准对这些个体进行了初步诊断。基于这些诊断和本章提供的资料，你认为这些案例适用哪种干预措施？在进行特殊干预之前，你还应该了解这些老年人的哪些情况？

2. 采访一位药剂师，了解治疗老年人抑郁症和焦虑症最常用的药物是什么。药房是否花时间向正在服用这些药物的老年人解释了这些药物可能出现的副作用？向药剂师索要一份这些药物的产品信息表，或者从网上找到用药指南。使用这些药物最常见的副作用和注意事项是什么？社工如何帮助老年人和他们的家人获得这些信息？探讨如何开展提高公众意识的运动，以使更多的人了解这些信息。了解你所在的州是否有由药剂师和受过培训的药学专业学生提供服务的药物热线，明确地回答有关药物的问题。

3. "最终产品"通常是由个人或小组层面的回忆工作产生的。你如何使用社交媒体来制作或呈现一个回忆的"最终产品"？使用社交媒体对老年人有什么间接好处？

4. 如果你正在为一位被诊断患失智症的老年人工作，那么请询问老年人的家人或其他照护者，他们是如何处理老年人的破坏性行为或令人不安的行为的。他们会考虑使用本章所描述的技术吗？在行为管理方面，哪些技术是始终无效的？为什么？

参考文献

Adamek, M. A., & Slater, G. Y. (2008). Depression and anxiety. *Journal of Gerontological Social Work*, *50* (Suppl. 1), 153–189.

Adler, A. (1963). *The practice and theory of individual psychology*. New York, NY: Premier Books.

Agronin, M. (2009). Group therapy in older adults. *Current Psychiatry Reports*, *11*, 27–32.

Alzheimer's Association. (2018a). Medications for memory. Retrieved from https://www.alz.org/alzheimers_disease_standard_prescriptions.asp

Alzheimer's Association. (2018b). Treatments for behavior. Retrieved from https://www.alz.org/alzheimers-dementia/treatments/treatments-for-behavior

Bayles, K. A. Kim, E., Chapman, S. B., Zientz, J., Rackley, A., Mahendra, N., . . . Cleary, S. J. (2006). Evidence-based practice recommendations for working with individuals with dementia: Simulated presence therapy. *Journal of Medical Speech-Language Pathology*, *14*(3), xiii–xxi.

Bohlmeijer, E., Roemer, M., Cuijpers, P., & Smit, F. (2007). The effects of reminiscence on psychological well-being in older adults: A meta-analysis. *Aging & Mental Health*, *11*(3), 291–300.

Borg, C. Hallberg, I. R., & Blomqvist, K. (2006). Life satisfaction among older people (65+) with reduced self-care capacity: The relationship to social, health and financial aspects. *Journal of Clinical Nursing*, *15*(5), 607–618.

Bowlby, J. (1979). *The making and breaking of affectional bonds*. London, UK: Tavistock.

Browne, C. J., & Schlosberg, E. (2007). Attachment theory, ageing and dementia: A review of the literature. *Aging and Mental Health*, *10*(2), 134–142.

Burnside, I., & Haight, B. (1994). Reminiscence and life review: Therapeutic interventions for older people. *Nurse Practitioner*, *19*(4), 55–61.

Butler, F. (2009). Telling life stories. *Journal of Psychosocial Nursing*, *47*(11), 21–25.

Butler, R. N. (1963). The life review: An interpretation of reminiscence in the aged. *Psychiatry*, *119*, 721–728.

Cappeliez, P., & Robitaille, A. (2010). Coping mediates the relationships between reminiscence and psychological well-being among older adults. *Aging & Mental Health*, *14*(7), 807–818.

Carmin, C. N. (2011). Cognitive behavior therapy with older adults. *Cognitive and Behavioral Practice*, *19*, 87–88.

Catic, A. B. (2015). Nonpharmacologic management of behavioral and psychological symptoms of dementia in long-term care residents. *Annals of Long-Term Care*, *23*(11), 23–30.

Chand, S. P., & Grossberg, G. T. (2013). How to adapt cognitive-behavioral therapy for older adults. *Current Psychiatry*, *12*(3), 10–15.

Cheston, R., Thorne, K., Whitby, P., & Peak, J. (2007). Simulated presence therapy, attachment and separation amongst people with dementia. *Dementia*, *6*(3), 442–449.

Chiang, K., Lu, R., Chu, H., Chang, Y. C., & Chou, K. R. (2008). Evaluation of the effect of a life review group program on self-esteem and life satisfaction in the elderly. *International Journal of Geriatric Psychiatry*, *23*, 7–10.

Coleman, P. (2005). Use of reminiscence: Functions and benefits. *Aging & Mental Health*, *9*(4). 291–294.

Connor, K. O., Copeland, V. C., Grote, N. K., Koeske, G., Rosen, D., Reynolds III, C. F., & Brown, C. (2010). Mental health treatment seeking among older adults with depression: The impact of stigma and race. *American Journal of Geriatric Psychiatry*, *18*(6), 531-543.

Cox, D., & D'Oyley, H. (2011). Cognitive-behavioral therapy with older adults. *BCMJ*, *53*(7), 348–352.

Csikai, E. L., & Weisenfluh, S., (2012). Hospice and palliative workers' engagement in life review interventions. *American Journal of Hospice and Palliative Medicine*. 30(3), 257–263.

Day, C. R. (1997). Validation therapy: A review of the literature. *Journal of Gerontological Nursing*, *23*(4), 29–34.

Erikson, E. (1963). *Childhood and society* (2nd ed.). New York, NY: Norton.

Feil, N. (1967). Group therapy in a home for the aged. *The Gerontologist*, *7*, 192–195.

Feil, N. (1984). Communicating with the confused elderly patient. *Geriatrics*, *39*(3), 131–132.

Feil, N. (1993). *The validation breakthrough*. Baltimore, MD: Health Professions Press.

Feil, N. (2002). *The validation breakthrough* (2nd ed.). Baltimore, MD: Health Professions Press.

Feil, N., & Altman, R. (2004). Letter to the editor: Validation theory and the myth of the therapeutic lie. *American Journal of Alzheimer's Disease and Other Dementias*, *19*(2); 77–78.

Gitlin, L. N., Kales, H. C., & Lketsos, C. G. (2012). Managing behavioral symptoms in dementia using nonpharmacologic approaches: An overview. *Journal of the American Medical Association, 308*(19), 2020–2029.

Gorenstein, E. E., & Papp, L. A. (2007). Cognitive-behavioral therapy for anxiety in the elderly. *Current Psychiatry Report, 9*(1), 20–25.

Haight, B. K., & Haight, B. S. (2007). *The handbook of structured life review*. Baltimore, MD: Health Professions Press.

Jayasekara, R., Procter, N., Harrison, J., Shelton, K., Hampel, S., Draper, R., & Deuter, K. (2015). Cognitive behavioural therapy for older adults with depression. *Journal of Mental Health, 24*(3), 168–171.

Kellner, C. H., Husain, M. M., Knapp, R. G. (2016). A novel strategy for continuation ECT in geriatric depression: Phase 2 of the PRIDE study. *American Journal of Psychiatry, 173*(11), 1110–1118.

Kerner, N., & Prudic, J. (2014). Current electroconvulsive therapy practice and research in the geriatric population. *Neuropsychiatry, 4*(1), 33–54.

Koenig, H. G. (2007). Physician attitudes toward treatment of depression in older medical inpatients. *Aging & Mental Health, 11*(2).

Korte, J., Bohlmeijer, E., Westerhof, G., & Pol, A. (2011). Reminiscence and adaptation to critical life events in older adults with mild to moderate depressive symptoms. *Aging & Mental Health, 15*(5), 638–646.

Kruse, J. L., Congdon, E., Olmstead, R., Njau, S., Breen, E. C., Narr, K. L., . . . Irwin, M. R. (2018). Inflammation and improvement of depression following electroconvulsive therapy in treatment-resistant depression. *The Journal of Clinical Psychiatry 79*(2), pii:7m11597 (epub ahead of print).

Lan, Xiao, H., & Chen, Y. (2017). Effects of life review interventions on psychosocial outcomes among older adults: A systematic review and meta-analysis. *Geriatrics and Gerontology International, 17*, 1344–1357.

Latorre, J. M., Serrano, J. P, Ricarte, J., Bonete, B., Ros, L., & Sitges, E. (2015). Life review based on remembering specific positive events in active aging. *Journal of Aging and Health, 27* (1), 140–157.

Mackenzie, C. S., Scott, T., Mather, A., & Sareen, J. (2008). Older adults' help-seeking attitudes and treatment beliefs concerning mental health problems. *American Journal of Geriatric Psychiatry, 16*(3), 1010–1019.

Mallers, M. M., Claver, M., & Lares, L. A. (2013). Perceived control in the lives of older adults: The influence of Langer and Rodin's work on gerontological theory, policy and practice. *The Gerontologist, 54*(1), 67–74.

Martini de Oliveira, A., Radanovic, M., Homem deMello, P. C. (2015). Nonpharmacological interventions to reduce behavioral and psychological symptoms of dementia: A systematic review. *BioMed Research International*, 218980. Retrieved from https://www.nci.nlm.nih.gov/pms/articles/PMC4676992

Mayo Clinic. (2018). Depression (major depression). Retrieved from http://mayoclinic.com/health/depression

McInnis-Dittrich, K. (1996). Adapting life-review therapy for elderly female survivors of childhood sexual abuse. *Families in Society: The Journal of Contemporary Human Services, 77*, 166–173.

McInnis-Perry, G. J., & Good, J. M. (2006). A psychoeducational codependency support group for older adults who reside in the community: Friends supporting friends. *Journal of Gerontological Nursing, 32*(8), 32–42.

McKee, K. J., Wilson, F., Chung, M. C., Hinchliff, S., Goudie, F., Elford, H., & Mitchell, C. (2005). Reminiscence, regrets and activity in older people in residential care: Associations with psychological health. *British Journal of Clinical Psychology, 44*, 543–561.

Mohlman, J., Sirota, K. G., Papp, L. A., Staples, A. M., King, A., & Gorenstein. E. E. (2012). Clinical interviewing with older adults. *Cognitive and Behavioral Practice, 19*, 89–100.

National Institute on Mental Health. (2018). *What medications are used to treat anxiety disorders?* Retrieved from http://www.nimh.nih.gov/health/publications/mental-health-medications/what-medications-are-used-to-treat-anxiety-disorders.shtml

Neugarten, B., Havighurst, R., & Tobin, S. (1961). The measurement of life satisfaction. *Journal of Gerontology, 14*, 134–143.

Puentes, W. (2001). Coping styles, stress levels, and the occurrence of spontaneous simple reminiscence in older adult nursing home residents. *Mental Health Nursing, 22*, 51–61.

Reblin, M., & Uchino, B. N. (2008). Social and emotional support and its implications for health. *Current Opinions in Psychiatry, 21*(2), 201–205.

Rizzo, V. M., & Toseland, R. W. (2005) What's different about working with older people in groups? *Journal of Gerontological Social Work, 44*(1–2), 5–23.

Robb, S. S., Stegman, C. E., & Wolanin, M. O. (1986). No research versus research with compromised results: A study of validation therapy. *Nursing Research, 35*(2), 113–118.

Sadowsky, C. H., & Galvin, J. E. (2012). Guidelines for the management of cognitive and behavioral problems in dementia. *The Journal of the American Board of Family Medicine, 25*(3), 350–366.

Scanland, S. G., & Emershaw, L. E. (1993). Reality orientation and validation therapy: Dementia, depression, and functional status. *Journal of Gerontological Nursing, 19*(6), 7–11.

Scott, K., & DeBrew, J. (2009). Helping older adults find meaning and purpose through storytelling. *Journal of*

Gerontological Nursing, *35*(12), 38–43.

Stinson, C. (2009). Structured group reminiscence: An intervention for older adults. *The Journal of Continuing Education in Nursing*, *20*(11), 521–528.

Thompson, R. (2011). Using life story work to enhance care. *Nursing Older People*, *23*(8), 16–21.

Validation Training Institute. (2018). What is validation? Retrieved from https://vfvalidation.org

Westerhof, G. J., Bohlmeijer, E. T., van Beljouw, I., & Pot, A. M. (2010). Improvements in personal meaning mediates the effects of a life review intervention on depressive symptoms in a randomized controlled trial. *Gerontologist*, *50*(4), 541–549.

Woods, P., & Ashley, J. (1995). Simulated presence therapy: Using selected memories to manage problem behaviors in Alzheimer's disease patients. *Geriatric Nursing*, *16*(1), 9–14.

Zetteler, J. (2008). The effectiveness of simulated presence therapy for individuals with dementia: A systematic review and meta-analysis. *Aging & Mental Health*, *12*(6), 779–785.

Zung, W. W. K. (1965). A self-rating scale. *Archives of General Psychiatry*, *12*, 65.

第七章

老年人社会生活与情绪问题的补充与替代干预方法

学习目标

- 探索补充与替代干预方法作为传统谈话治疗的辅助手段在治疗老年人社会情感问题上的作用。
- 通过一种正式的音乐治疗方案和作为个人享受的形式两方面,检验音乐对于降低老年人焦虑、改善老年人情绪的作用。
- 找出老年人,尤其是那些认知和沟通能力受损的老年人,通过创造性艺术进行情感发泄的方式。
- 认识到按摩对老年人的生理、心理、社会作用。
- 通过动物辅助治疗,讨论人与动物的关系能够产生的治疗功效。
- 评估为老年人提供娱乐和分享快乐的机会以提高他们的生活质量的重要性。

章节概述

补充与替代干预方法
创造性艺术对老年人的好处
社会工作在辅助治疗中的作用
音乐的治疗作用
艺术作为一种治疗活动
按摩疗法
动物辅助治疗
娱乐疗法
需要注意的问题:乐趣和幽默作为治疗方法

补充与替代干预方法

上一章我们介绍了老年社会工作传统上对抑郁症和焦虑症所采用的干预方法。这些方法之所以被视为"传统",只是因为它们是最常使用的方法,表现为社工把工作的重点放在谈话治疗上。社工和老年人可以从这些方法中挑选,确定哪一种方法最适合特定老年人的智力和认知能力。然而,还有许许多多补充与替代干预方法可以用来缓解抑郁、焦虑和孤独等影响老年人幸福的因素。这些方法不仅包括一些被普遍接受的干预措施,如音乐疗法、艺术疗法、按摩疗法、动物辅助治疗和娱乐疗法,还包括一些更有争议的方法,如草药疗法、能量和生物场疗法,以及反射疗法。本章将以研究证据为基础,着重介绍已被广泛应用于医院、养老院、住院治疗中心、成人日间护理机构和康复中心的主要方法。

在医学上,辅助治疗方法可以与常规治疗方法结合使用(National Center for Complementary and Integrative Health,2017)。在心理健康工作中,无法确定使用"补充"和"替代"这两个术语是否准确。本章中提出的方法可以当作传统谈话治疗的辅助,或为传统谈话治疗提供支持,而不能被当作正式治疗的一种方式。很多老年人有抑郁和焦虑情绪,但是其严重程度可能还不足以引起生理反应,因此没有必要在临床上确诊。但是他们的抑郁和焦虑情绪已经严重到影响他们的生活质量。这些补充与替代干预方法很适合治疗不太严重的抑郁和焦虑情绪。

使用音乐疗法、艺术疗法、按摩疗法、动物辅助治疗和娱乐疗法都要接受专门的培训和教育,尽管如此,音乐、艺术、按摩、动物和娱乐元素都可以被吸纳,用来提高老年人的生活质量。音乐可以抚慰困顿的灵魂;艺术可以把美带到每天都要面对身心问题挑战的老年人的生活里;模拟参加体育运动的电子游戏可以改善老年人的身体健康状况,鼓励老年人进行社会互动;对于一个陷入隔离状态的老年人,一条友善的狗可以带来爱和温情;抚育性接触有助于缓解老年人的社交孤立和抑郁。

正如本书中强调的那样,一般老年人都会有慢性健康问题,这些问题可以管理,但无法治愈。这些慢性健康问题包括关节炎、骨质疏松症、认知受损等。如果可以使用补充与替代干预方法对焦虑、抑郁或者疼痛进行管理,或至少对它们中的一部分进行管理,那么老年人对药物治疗的需求就会下降。

当使用这些补充与替代干预方法的时候,需要重点注意两点。第一,需要重点强调两对重要关系:一对是老年人与专业人员之间的关系,另一对是老年人与群体之间的关系。无论在哪一种干预手段中,这两对关系对于治疗效果都非常重要。而治疗效果是社会工作行业所追求的首要目标。这是一个处理紧张情绪的机会,同时也是一个能够与专业人员或者群体中的其他人建立社会联系的机会，而这些可能才是补充与替代干预方法中真正能够起到治疗作用的部分。第二，对老年人来说，仅仅为了快乐而快乐，为了享受而享受，可能是一种非常有效的治疗方法。本章的最后部分会讨论与老年人一起娱乐的好处和幽默的力量。对老年人来说，很不幸的一点是，他们很少有机会在一个活动或者一段经历中寻找到个人的快乐。补充与替代干预可以提供一种治疗性的干扰，使老年人从健康状况不佳、认知能力下降或严重抑郁的困扰中解脱出来。

创造性艺术对老年人的好处

在与创造性艺术相关的唯一研究中，"创造力与老龄化研究"将美国三个地方的300多名老年人作为研究对象，检验了专业开展的社区文化项目对生理健康、心理健康和一般社会功能的影响（Cohen，2006）。这个研究提出了两个主要的理论概念：控制感和社会参与。当老年人在他们的即时环境中能够感受到控制感的时候，他们的健康状况是良好的。类似地，当老年人与他人进行有意义的互动的时候，他们的健康状况也是良好的。生物学研究已经证明，心理-免疫系统对于减少生理和精神疾病有明显的作用。参加艺术或者音乐学习能够让老年人在他们的环境中感受到控制感。由于在研究中，所有的创造性艺术课程都是以小组形式开展的，因此老年人在这个过程中，也参与了与他人的人际互动（Cohen，2006）。创造性艺术方法将控制感与社会参与结合了起来。

这些文化项目包括素描、油画、音乐、雕塑、诗歌、创意写作和其他创造性艺术种类，参加这些艺术小组的老年人在生理健康状况、心理健康状况和一般社会功能方面都有了明显的改善（Cohen，2006）。与没有参与这些创造性艺术项目的老年人相比，参与了项目的老年人身体健康状况明显更好，看医生的次数更少，更少服用处方药和非处方药，更加不容易跌倒。同时，这些参与者的抑郁发生率和孤独自我评估程度也随之降低。当测量整体活动次数的时候，与对照组相比，参与了项目的老年人明显更活跃。总体来说，参与创造性艺术项目的老年人的整体活动水平显著提高。因此，科恩得出结论：经过专业设计的创造性艺术项目能够显著地提高老年人的生理健康水平，预防疾病，提高心理健康水平，促进老年人进行持续的社会交往（Cohen，2006）。

究竟是什么让创造性艺术具有如此治疗作用？纽约大学的纽约老年教育中心（New York Geriatric Education Center）项目主任安德烈亚·舍曼解释说，创造性艺术"提供了一种方式，让老年人参与到对自己以及对他们与世界的关系的富有想象力的探索中。对一些老年人来说，学习艺术能够帮助他们表达出复杂的、存在主义的老年人话题。创造性艺术的好处在于能够提高老年人的自尊水平和处理压力的能力，为老年人提供人生回顾的机会,同时能够帮助老年人处理由失去或者生病所导致的负面情绪"(Milner,2006,p.55)。最令人兴奋的是,这些研究为社会工作实践者提供了循证实践知识的开端,使用补充与替代干预方法,特别是创造性艺术来治疗社会情绪问题是有效的。当传统的谈话治疗不适用或不成功时,广泛的创造性艺术能够为从业者提供各种治疗心理健康问题的技术。

社会工作在辅助治疗中的作用

为老年人提供音乐治疗、艺术治疗、按摩治疗以及某种程度上的娱乐治疗需要专门的培训,这在后面会讲到。社工在支持使用补充与替代干预方法方面能够起到并且也确实起到了很大的作用,而补充与替代干预方法是促进老年人心理和生理健康发展的方法中很重要的一部分。社工最明显的作用,可能就是把这些治疗方法不作为治疗方法来使用。使用简单的活动,帮助老年人找到快乐,以及情绪和情感上的满足。参加克劳德·莫奈的睡莲艺术展览,可以成为治疗抑郁症的一剂良药。古典音乐的平静感可以减少焦虑。一场充满活力的麻将游戏可以让人从失去爱人的悲痛中解脱出来。不考虑对于治疗目标的测量,文化和娱乐活动本身就可以让人非常愉悦。当谈话治疗不适用或者不可用的时候,使用音乐、艺术和娱乐的个人和小组活动可能在为老年人提供娱乐和社交机会方面更有效。

在实施补充与替代干预方法方面,社工的第二个作用是扮演教育者的角色(Runfola, Levine, & Sherman, 2006)。在倡导一种特定的补充与替代干预方法之前,社工应该核实是否有可信的证据证明该干预方法有效,这也是本章讨论的目标。社会工作专业致力于循证实践;社工所应用的治疗方法应该具有严格的研究支持,这是一种道德要求。在各种各样的补充与替代干预方法中,哪些方法得到了研究证据的支持?哪些"疗法"的机制既能显示其有效性,又能保护老年人的福祉?哪些方法很吸引人,但只有有限的证据证明其可以持续有效?当被问及补充与替代干预方法时,全面的信息是社工的一个很有价值的工具。当老年人及其家人与医生讨论是否进行补充与替代干预治疗时,掌握全面的信息也是非常有帮助的。美国国家补充和整合医学中心发现,有29%~85%的使用补充与替代干预治疗的患者没有向医生透露这一事实,因为他们认为医生不会同意(National Center for Complementary and Integrative Health, 2017)。

在倡导老年人在养老院使用补充与替代干预治疗方面,社工也发挥了重要的作用。社会工作专业主张通过生理心理社会视角和精神视角,将人作为一个整体来看待,而许多补充与替代干预方法的价值基础与社会工作专业的价值基础是一致的(Runfola et al., 2006; Singer & Adams, 2014; Toner, 2016)。补充与替代干预方法对于减轻老年人的疼痛或者降低老年人的焦虑的作用是无限大的，但是只有当老年案主知道这些方法的存在，并且能够获得补充与替代干预治疗的时候，这些方法才会产生效果。社工可以在养老院层面成为强有力的倡导者。他们可以与健康照护团队的其他人合作，将补充与替代干预方法引入医院或者治疗中心。这些方法尤其适用于低收入的老年人和有色人种老年人。与白人相比，有色人种老年人不太可能使用诸如音乐疗法、艺术疗法、按摩疗法、动物辅助治疗和娱乐疗法等主流的辅助疗法，而更可能会去寻求民间疗法和本地治疗师的帮助（Singer & Adams, 2014）。虽然民间疗法和本地治疗师有其作用，但是对老年人来说，使用这些方法往往比不治疗更危险。

音乐的治疗作用

在历史上，每一种已知的文化中都存在着某种形式的音乐，这使科学家们相信，制作和欣赏音乐是人类神经系统发展的重要组成部分。音乐是一种媒介，可以表达从极度悲伤到极度喜悦的全部人类情感。音乐伴随着生活中的许多最重要的仪式，如婚礼和葬礼。它是一种保存历史、庆祝现在和预测未来的手段。

音乐可以正式或非正式地作为跨学科方法的组成部分用于解决老年人遇到的情感和心理问题。社工可以把音乐疗法纳入老年人的治疗方案中，但是必须强调的是，音乐疗法属于另外一个专业领域，有其完备的知识和技巧。本章的这一部分旨在让社工熟悉在使用音乐疗法这一手段捕捉老年人的情绪和想法时，都有哪些基本原则，而并不是要提供音乐疗法的专业训练。社工若认为音乐疗法适用于自己的老年案主，那么在具体的治疗措施上应该咨询受过培训的音乐治疗师——大部分医院、养老院或成人日间护理机构有这类员工。

音乐心理治疗

尽管音乐在治疗身心疾病方面的价值早已为人所知，但是音乐疗法作为一种治疗流派兴起却是20世纪下半叶的事。音乐疗法被界定为运用节奏和旋律增进人们的心理、情绪和生理健康（Abbott & Avins, 2006；Petrovsky, Cucchione, & George, 2015）。音乐的治疗价值不只是让老年人听听音乐、娱乐一下，尽管这也是一种恰当运用音乐的方式。音乐还可以帮助个人和精神健康专业人员捕捉到影响行为的情绪和想法。音乐可以刺激中枢神经系统，激起多种情绪反应，这些反应可以用来调节在非音乐情境中的情感和行为（Chlan, 2006；Spiro, 2010）。音乐的结构性特征（速度、节拍、韵律）和联想特征（记忆中的东西、事件）会通过人们感受到和想到的东西诱发强烈的情绪反应。比如，要调动出青春期所有躁动不安的感受，可能没有什么方法能比听当时的流行音乐更有效。一些人际关系和事件既会以积极的方式也会以痛苦的方式与特定的音乐紧密联系在一起。

独特的音乐疗法 认知行为疗法的着眼点是先识别人们的思考模式，然后再把他们的想法与随后的情绪状态挂钩，以此来解决情绪问题。音乐疗法则反其道而行之（Guy & Neve，2005；Mitchell et al.，2015；Spiro，2010）。首先，音乐会催生出情绪反应。这一步不可或缺，有了它就可以有下一步——识别这些情绪反应是什么。一旦认识清楚，就可以通过语言或者行为表达出来。一旦个人意识到自己的情绪与表达这些情绪的行为之间的关联，音乐疗法就能够起到合成、控制和修正行为的作用，使行为对个人来说更能发挥作用。社工在开展工作时可能会遇到抵触与社工谈困扰自己的想法的老年人，或者是由于沟通和认知方面的局限说不出自己的困扰的老年人，针对这些情况，这种方法的特性就特别有吸引力。

在把音乐作为心理治疗元素用于老年工作时，社工应该把它当成综合性的多学科干预方法的一部分。协调好医疗护理、支持性服务和精神健康服务，避免服务的重复和疏漏十分必要。在一般情况下，老年人会由护士、社工或医生转介给音乐治疗师，然后由音乐治疗师根据对老年人的了解决定是否采用不太需要口头交流的、体验性较强的方法治疗老年人（Guy & Neve，2005）。恰当的转介基于健康照护者能够意识到音乐治疗的好处，对老年人有足够的了解，猜测音乐治疗或许对他有作用，并且了解养老院或者社区里现有的治疗资源。尽管社工可能不会正式充当转介老年人接受音乐治疗的角色，但是他可以成为有价值的信息来源，向医生提供资讯，介绍可以转介的服务，包括音乐治疗服务。

音乐疗法的治疗过程 音乐治疗的第一步是识别干预的目标。音乐治疗的目标可能会跟其他心理社会干预手法的目标差不多，如增进社会化、缓解抑郁或焦虑、刺激认知能力、促进个人的洞察力、改善自尊等。就像其他形式的心理治疗一样，音乐治疗也要有具体的可以实现和测量的目标。老年人想让自己的生活有什么不同？通过参加治疗，他们想成就些什么？通常社工会用老年抑郁量表（见第五章）、生活满意度指数或其他基线评估工具为参加音乐治疗的老年人做前测和后测，以评定干预的实际效果（Abbott & Avins，2006）。

音乐治疗的第二步是挑选适当的音乐。音乐既要与助人目标相吻合，也要与老年人的个人偏好相吻合。研究者发现，如果选择了老年人不喜欢的音乐，就会加重老年人情绪上的焦躁状态，对实现干预目标起到相反的作用。比如，西班牙裔美国老年人可能更喜欢用西班牙语演唱的传统拉丁音乐，而不是用英语演唱的抒情音乐。对于那些不能自己积极参与挑选音乐的老年人，家人可以发挥重要作用。

一旦音乐治疗师有多种多样的音乐可供选择，他就可以挑选跟治疗目标相吻合的具体使用的音乐。比如，如果干预的目标是帮助老年人缓解焦虑，那么欢快些的音乐就比柔和、缓慢的音乐更适合让老年人放松。治疗师应该鼓励老年人及其家人选择老年人孩提时代、青春期或年轻的时候喜爱的音乐，特别是老年人一生中最幸福时喜爱的音乐。

音乐治疗要想获得成功，建立充满信任的治疗关系至关重要，这与其他的治疗法没什么两样。老年人必须信任音乐治疗师，并学会在跟音乐治疗师谈论深入的个人情况时有安全感。老年人在进行音乐治疗的时候可能比使用其他心理治疗方法时情绪更加脆弱，因为治疗的重点是先诱发情绪，然后澄清相关的思维模式。直接触及情绪使任何人都难以过滤掉可能有威胁的东西。就像良好的社会工作关系一样，音乐治疗师要花必要的时间和步骤，让老年人明白这一治疗是怎么回事，并使其完全参与到干预中。

音乐治疗每次进行的时间一般是 30 分钟到 1 个小时，这取决于老年人的认知状况和情绪能力。对功能良好、身体健康的老年人来说，每周几次的音乐治疗加上每天的家庭作业可以很快带来情绪或情感改善。对功能状况不那么好、身体孱弱的老年人来说，每周一次 30 来分钟的活动可能也会让其精疲力竭。传统上，音乐治疗师在每次活动刚开始的时候会做一个聚焦活动，让老年人放松，帮他们把注意力集中到本次活动上。就像传统的辅导工作一样，音乐治疗师会清楚地说明整个干预工作的目标以及每次活动的目标。然后，音乐治疗师会将挑选出的音乐呈现给老年人，再和老年人一起谈论音乐带来的东西。对一些老年人而言，它可能触及遥远的记忆和相伴的感受，其过程类似于缅怀往事疗法和人生回顾疗法。音乐治疗师的角色是让老年人把从往事中寻求到的意义跟眼前和将来的生活挂上钩（Guy & Neve, 2005）。音乐能帮助老年人和音乐治疗师触及这些情绪。较为传统的治疗技术，如支持、识别功能失调的防卫机制、提升洞察力等，能帮助老年人处理由音乐触发的感受，并运用洞察力在现有生活中争取其渴望有的思维模式和行为上的改变。

对另一些老年人而言，治疗过程可能是在音乐治疗师的带领下进行有指导的想象活动。音乐能帮助老年人和音乐治疗师找出困扰老年人的情绪。在有指导的想象活动中，通过由音乐治疗师引导的精神想象活动，老年人讨厌或者是受困扰的想法会被较为积极、快乐的想法代替。比如，一位老年人因为所爱的人去世而陷入悲哀，无法自拔，音乐治疗师可以帮助他学会用跟所爱的人度过的所有美好时光的快乐意象，或者是所爱的人在精神上仍然与自己同在的精神意象，来代替那些悲哀的意象。探查到老年人的情绪和运用治疗技术去解决情绪冲突，这两者间复杂的交互作用是音乐治疗中对专业能力要求最高的部分，音乐治疗师无论是在音乐方面还是在辅导方面都要有良好的造诣。

将音乐治疗用于老年人群体时也可以采用小组工作的方式，特别是当音乐治疗的目标也包括改善沟通技巧和增进社会化的时候（Werner, Worsch, & Gold, 2015）。参加音乐小组活动的人数可以是 6~10 人，具体要看小组成员的能力。每节活动可以介于半小时到两小时之间，这取决于机构的情况和小组的构成。音乐小组各节的活动安排基本上跟传统的社会工作小组一样，小组在开始、中间和结束的时候都会有一些特定的活动。如同其他社会工作小组一样，音乐小组中小组成员与小组发挥疗效间的关系同小组成员与小组领导者之间的关系同等重要。当分享对音乐的体会、流露出内心深处的情感时，小组成员尊重他人的脆弱、相互给予支持十分重要。

行动或被动地参加音乐活动

音乐可以作为老年人干预工作的一部分，不需要专业音乐治疗所需的知识基础。对老年人来说，无论是作为个人，还是作为社会的一部分，音乐最显著的治疗作用就是通过听音乐来享受和放松。对生理功能较好的老年人来说，他们确定音乐主题或试着理解音乐所要传达的情感本质的过程，是一个活跃智力的过程。对这一群体的老年人来说，在参加音乐表演的体验中融入教育内容是很有帮助的。在音乐会前后讨论特定的音乐给了老年人一个锻炼头脑和学习新东西的机会。由于老年人独处的时间太多，因此老年人面临的许多情感问题会因社交孤立而加剧。和其他人一起去听音乐会，基于共同的兴趣去欣赏音乐会壮观的场面和美妙的音乐，能够促进老年人的社交（Werner et al.，2015）。对于参加音乐活动、与他人一起表演以及分享音乐的乐趣的期待，是老年人对抗孤独、发展新的友谊的有力工具。

积极参与创作音乐

晚年更多的空闲时间可以让老年人有机会更新早年获得的音乐技能，或者学习演奏一种新的乐器。演奏乐器需要老年人将识谱所需要的认知能力与演奏乐器所需要的身体协调能力结合起来。这是刺激老年人智力的很好的方法。一位老年人可以为了取悦自己而独自演奏，也可以和其他人一起演奏，以增加更多的社会经验。当前的老年人可能会发现，集体演唱是与他人一起创作音乐的一个重要组成部分。演唱要求老年人能够记住早年歌曲的歌词和旋律。回忆老歌往往会刺激老年人分享记忆，因为他们会回忆起自己曾经在哪里唱过这些歌，以及与这些歌有关的事件（Scheidt，2015）。演唱也需要锻炼声带——独居的老年人可能不常使用声带。一首振奋人心的歌曲总是能引起笑声（或眼泪），也能锻炼情感肌肉。即使老年人不能或不愿唱歌，他们也可以用有节奏的乐器来开展音乐活动，如用鼓、沙槌或其他的打击乐器打出音乐的节拍。

用于患阿尔茨海默病老年人的治疗性音乐

阿尔茨海默病和其他器质性脑病变导致的认知损伤使得对老年人进行比较传统的谈话治疗受到限制。对这些老年人来说，音乐治疗可能是最有益的方法之一，它可以让社工进入老年人的情感世界（Chlan，2006）。当其他的心理治疗方法无法奏效时，音乐具有神奇的能力，可以帮助身心健康专业人员跟患阿尔茨海默病老年人的内心生活搭上线。研究表明，即使患阿尔茨海默病的人的许多认知能力已经丧失，其音乐活动能力和反应能力仍然完好无缺（Petrovsky et al.，2015；Raglio et al.，2016；Spiro，2010）。辨识不出时间、方位或人的阿尔茨海默病患者或许仍能演奏乐器、唱歌或是仍对音乐有恰当的反应。有些患阿尔茨海默病的老年人在失去讲话能力很久之后仍能唱歌，这表明唱歌和说话是人的两种不同的能力，而不是同一能力的不同表现形式（Raglio et al.，2016；Werner et al.，2015）。

患有失智症的老年人接触音乐时只需要听就可以了。听音乐是接纳性活动，老年人只需要按自己的理解去聆听和欣赏就可以了。认知衰退的老年人可以在初级水平上享受音乐，只把音乐当成带来积极情绪的让人愉快的声音。即使患阿尔茨海默病的老年人不能再通过任何口头语言跟人沟通，他们仍然有能力用鼓或其他打击乐器有节奏地呼应音乐（Mitchell et al.，2015）。音乐可能是一种最具抗打击能力的东西，它使我们能与患失智症的老年人保持某种形式的沟通。

阿尔茨海默病患者可能会有一段时间的强烈躁动，这被视为沮丧、绝望或孤独的表现。熟悉的音乐似乎能让情绪激动的老年人平静下来，把他们的注意力从他们在所处的环境中感受到的直接的挫败感上转移开，从而安抚他们的行为（Lin, Chu, & Yang, 2011；Ridder, Stige, & Qvale, 2013）。音乐可以在不使用束缚或药物的情况下，有效地使情绪激动的老年人平静下来，但是音乐的治疗效果似乎是相对短暂的（Ledger & Baker, 2007）。

拉利奥等人为功能状况中等和中等偏上的患阿尔茨海默病的老年人及其照护者创办了一个音乐治疗小组，用来改善老年人与其照护者之间的关系，减少双方的压力（Raglio et al.，2016）。活动内容包括一些减压活动，如自我按摩、引导性联想、催眠、配乐运动等。老年人与其照护者一起寻找方法，让这些活动融入日常生活中，是干预工作指定的家庭作业。其他的活动包括合唱、即兴表演和单纯享受音乐。该小组让老年人及其照护者有机会处理在活动中诱发的情绪，让他们可以全面谈论阿尔茨海默病患者和照护患者的人所承受的压力。

音乐与其他艺术形式的结合

艺术治疗师发现音乐可以刺激其他类型的创造性活动，如素描、绘画和诗歌创作。治疗师可以要求老年人听一段音乐，并用艺术形式或创造性写作把由音乐触发的情绪呈现出来。一段欢快的乐曲可以激励和刺激与抑郁症做斗争的老年人。而一段比较缓和的音乐可能能让情绪躁动或焦虑的老年人平静下来。运用音乐去锁定情绪，然后通过艺术媒介捕捉到这些情绪，能帮助老年人处理困扰。

音乐还可以被加入老年人的身体锻炼活动中，既可以带来享受，也可以充当手段，为活动设定节奏（Tabei et al.，2017）。得了中风或其他削弱身体功能的疾病的老年人可能发现，恢复身体功能所要做的令人不大愉快的物理治疗若配上音乐就会令人感觉好许多。倘若这些身体锻炼能让老年人觉得比较愉快，那么他们就更可能会配合完成整个锻炼计划（Sakai，Kaminde，& Kolizuki，2017）。老年人可能也会从跳舞中获得乐趣，即使他们的行动非常不便。跳舞要求配合音乐的节拍活动人的身体（或活动辅助器具），音乐发出的声响会给中枢神经系统带来情绪刺激，跳舞还能带来社会交往，这些都可以起到振奋精神的作用（Hwant & Braun，2015）。

艺术作为一种治疗活动

艺术一直被认为是一种比单用口头表达方式更为鲜活的传达思想和捕捉深层次情感的方法。彼得森提出，"艺术创作的过程是治愈和提升生活的过程"（Peterson，2006，p.111）。借助多种媒介，如绘画、素描、雕塑、织物、摄影和多媒体装置，艺术家能够把思想和感受转化成视觉产品。洛布兰谢提出，艺术可能被当作获得或恢复心理平衡的手段在历史的文明进程中不断发展（Lorblanchet，2007）。从原始的洞穴绘画到今天的抽象作品，艺术或许被用来缓解或抑制创伤、恐惧、焦虑等感受，以及个人或社区所受到的威胁。即使是对于那些仅视艺术为消遣而不是职业的人，它也提供了机会，让人可以或积极或消极地参与到创造性活动中。用艺术充当治疗手段开展老年人工作可以很简单，也可以很复杂：简单到安排老年人参观一家博物馆的展览或一家艺术馆的开馆仪式，复杂到实施经过专业筹划的艺术治疗方案。

艺术疗法

就像音乐治疗一样，艺术治疗被视为专业性的干预手段，要求有广博的知识和技巧。艺术治疗的原理是，艺术不仅能反映出个人对内在世界的认识，而且能反映出个人如何整理或表达对于外在世界的看法（Reynolds，2010）。身心活动是合二为一的，所以当人们通过艺术表达出精神感受和体验时，其身体也会受到影响。通过不同的艺术媒介，用视觉形式呈现出恐惧、快乐或梦想，会带来生理上的反应，诸如血压降低或者是产生快乐情绪的激素分泌增加。这一专业疗法要求治疗师有广博的心理学理论知识，包括心理动力理论、认知理论和行为理论，这跟从事社会工作实践所要具备的知识别无他样，因为这些理论有助于理解人们如何获得社交技巧，控制自己的行为并解决问题。此外，艺术治疗师还会接受培训，学习如何运用各具特色的艺术媒介去实现每个当事人的治疗目标。从事这一职业要求有硕士学位并拿到由美国艺术治疗认证委员会（Art Therapy Credentials Board，ATCB）颁发的证书（American Art Therapy Association，2018）。

艺术治疗师在做当事人的工作时就像社工一样，帮助当事人识别出损害社会功能的潜在冲突。无法讲出困扰自己的东西的成人和孩子可能能通过绘画或雕塑来表达自己，从这些作品中，治疗师更容易识别出问题所在。举例来说，一幅家庭涂鸦告诉治疗师的东西可能比几个小时的谈话治疗多得多。一个用黏土制作出来的个人像可能会透露出相当多的信息，用于识别一位抑郁症老年人的自尊问题。艺术治疗不仅仅是"从事艺术活动"，而是一个复杂的过程，治疗师要促使当事人在一个充满支持的治疗环境中表达情感和想法并对此加以诠释（Greer, Fleuriet, & Canter, 2013）。

艺术治疗依靠的是投射方法，即用艺术媒介表达，诸如在绘画或素描时，内在体验无意识流露（Peterson，2006）。人们可能意识不到自己潜意识里隐藏的东西，或者无法通过口头语言表达想法、恐惧和希望。用非语言和不具有威胁性的艺术手段可能能帮助人们表达出这些潜意识里的东西（Greer et al., 2013）。艺术能把这些东西带到意识层面，让当事人和治疗师把它们呈现出来。专业的艺术治疗要求有高超的技巧，能诠释出当事人通过艺术作品表达的东西。然而，即便是艺术治疗师也同意，诠释通过艺术符号表达的意义是一项主观的活动。艺术符号的意义没有终极真理性，对这些呈现出来的东西的诠释要非常小心谨慎（Reynolds，2010）。

艺术治疗师常常是医院、养老院、住院治疗中心和精神病院中的专业员工。精神病学家和社工也越来越多地把艺术治疗纳入干预措施中，用于帮助患严重抑郁症或者沟通能力受到损伤，又或者看起来抵触传统的谈话治疗的老年人。许多老年人乐意做富于创造性的事，愿意接受一个全新的治疗形式。老年人要积极地与社工和艺术治疗师一道，确定是否应该尝试这一方法。尽管并不是所有老年人都会对艺术治疗感兴趣或者是能从事艺术活动，但是应该认真考虑艺术治疗，把它视为传统治疗方法之外的多种选择之一。虽然深入的艺术治疗仍然是专业艺术治疗师的领域，但是社工可以用多种多样的方式把艺术活动整合到老年人的干预方案中。

运用艺术开展治疗性小组活动

养老院、支持性住所、老年公寓、成人日间护理机构和老年活动中心都可以开办艺术小组，这既能让老年人发挥创造性，也能起到治疗的作用。对大多数老年人来说，把音乐用作治疗较少是为了深入探究潜意识，更多的是帮助老年人形成小组动力，完成任务，接受色彩或形状的刺激，引发对往事的缅怀（Peterson，2006）。把艺术活动结合到这些设施的娱乐方案中既能带来乐趣，又有助于推动社会化。

挑选活动时的具体注意事项　在给老年人开办艺术小组前有几个问题必须考虑。首先，挑选的活动不能像个艺术和工艺品制作项目，这一点十分重要。尽管让老年人有机会做鸟巢或珠宝有它的好处，但是艺术在用作治疗活动的时候需要有具体的目标，能够满足参加活动的老年人的需要，而不应当用来单纯地消磨时间或排解无聊。其次，任何与儿童艺术活动有关的材料，如蜡笔或手指画颜料等都应该避免使用（Noice，Noice，& Kramer，2013）。美国艺术治疗协会不建议推广成人涂色书作为一种艺术治疗形式（American Art Therapy Association，2018）。成人涂色书可能对成年人有镇静作用，但属于艺术创作而不是艺术治疗范畴。即使是认知能力有限的老年人也能感觉到自己做的事只有孩子才会做、自己被社工当成了小孩子，从而拒绝参加活动。应该尊重老年人身为成人的尊严和能力，根据这一点挑选活动。最后，雷诺兹提出，参与艺术活动的老年人不应该被置于彼此竞争的状态（Reynolds，2010）。评选谁的作品最好会抑制老年人创造性地表达自己，并引发其一生都担心的自己的创造才能问题。当让老年人考虑艺术治疗方法时，最常见的一个回答就是"我不会画"。在此，老年人把创造性能力等同于绘画能力，而没有把它当成值得珍视的个人独特的视觉产品的生产。要让艺术表达融入生活并起到治疗作用，赞美老年人多样化的兴趣和各种才能是重要的工作之一。

活动主题和艺术活动项目

当艺术活动被运用到小组中时，应该有与小组现有目标有关的主题。比如，如果一个老年人小组正面临老年期的独特挑战，如丧偶、患慢性疾病或要调整自己适应新的居住环境，那么被挑选的艺术活动项目就要围绕迎接挑战这一总的主题。建议让老年人用绘画的方式表达出对这些挑战的感受，借助色彩描绘自己的情绪或遇到的障碍。描绘出遭遇的挑战，如过桥或跨过一个栅栏，能让老年人想起自己人生中的其他时光，那时他成功地处理了挑战。

运用纺织材料做墙上的挂件能引发老年人讨论触摸的重要性。纺织材料能带来触觉和视觉刺激，特别是能给认知能力有限的老年人带来这方面的刺激。不同类型的纺织材料也可以被用来帮助老年人思考自己的独特之处，以及材料如何能象征性地代表自己的这些特质。当把不同人做的壁挂合在一起装饰一面墙时，材料的丰富性便能反映出人的多样性。

把艺术作为增进辨识力或自尊水平的手段　小组的艺术活动可以作为一种手段，用来引导认知或记忆力受损的老年人（Noice et al.，2013）。比如，用特定的色彩和符号来标注各次小组活动。让老年人从事跟季节有关的绘画、染布或者是做纸花等活动，能增强老年人对季节的辨识能力。如果老年人不能参与这些活动，那么可以让他们把杂志上的图片剪下来制成拼贴画来描绘季节。还可以要求老年人分辨形状和颜色，并安排他们做拼图活动。以上这些都要求老年人用富于创造性的方式跟小组领导者和其他成员互动,从而达到刺激他们的辨识力的这一治疗目标。在小组里共同做事能鼓励小组成员互动并增进受社会隔离之苦的老年人的社会化。

功能状况良好的老年人可能要处理更为复杂的自我身份或自尊问题,这些可以成为艺术活动项目的主题(Reynolds,2010)。让老年人画一幅自画像,只用色彩来描绘自己,不用必须能认出是谁,这可以帮助老年人和小组领导者识别出老年人潜在的感受。用色彩来表达感受可能能触及深层次的情绪,完成口头表达无法做到的事。如果继而让老年人在小组里跟其他人交流自画像,那么这一活动还能进一步促进社会互动。福塞克-斯坦巴克还推荐用被她称为"回声"的方法来帮助老年人改善自尊状况(Fausek-Steinbach,2005)。先让老年人找出一个可以象征性地代表自己的动物或物品,如鸟、花或岩石等,然后让他们在周围画上波纹,就像把石头扔到水里形成的涟漪那样。这些波纹象征的是人们影响其他人的多种方式,虽然自己不知道或者看不见,但却实实在在地存在。那些觉得自己一生当中对他人没有起什么作用的老年人可能更能从中获得感悟,欣赏自己生命的这一涟漪效应。

维克斯特罗姆制定出一套可供护士使用的艺术作品讨论方案,可以用于社区老年人。它既是一种治疗性活动,也适合引发有关老年人的幸福感的讨论(Wikstrom,2000)。具体方法是:护士带着一件知名艺术品(一幅画或一个雕塑)的照片去老年人家做家访,先让老年人描述他看到了什么。一些老年人可能会从娴熟的透视技巧、构图(比例)或颜色运用等方面来谈论作品,也有些老年人只会简单地说自己看到了什么。接着,让老年人想象作品后面的故事,作品想要传达的是什么,艺术家在创作这件作品的时候事先可能做过什么,对艺术家来说这一作品可能有什么意义。任何对作品背后故事的解说都是可以接受的,或者说没什么对错之分。最后,护士会和老年人一起探讨他们对这一作品有些什么感受或想法。同比较常规的谈论健康、新闻甚至是天气的家访相比,这一方法能非常成功地促成较为深入地讨论感受和老年人的主观幸福感。艺术品充当了催化剂,帮助揭示出老年人更深层次的情绪状态,这比简单地问老年人觉得怎么样要好。这一套工具性方法也能有效地激发老年人对创造性活动的兴趣。

运用艺术开展娱乐活动

单纯的自娱自乐的艺术性活动也有治疗价值。一些老年人早年对绘画、编织或雕塑有兴趣,但因为要干事业或养家而把它放到了一边。还有一些老年人一直都对艺术感兴趣,但却由于没人鼓励或经济方面不宽裕而没能投入其中。有了更多的时间和途径参加有组织的活动,诸如老年活动中心提供的活动,老年人就能重拾这些兴趣。在美国许多州,老年人可以免费或以较低的学费旁听本地公立大学的课程。老年人也可以参加社区娱乐项目或本地老年活动中心开办的艺术课程。制作艺术品带来的身体活动和在这一过程中体会到的乐趣能改善老年人的身心健康状况。

艺术欣赏也能起到治疗作用。跟去看音乐表演一样，看艺术巡展或美术馆的作品展也是一种社会活动，它能帮助老年人建立新的社会关系，刺激他们的心智。在这些活动中添加教育性元素，如在参观展览之前开个讲座，在参观展览之后做个讨论，可能会对身心功能状况良好的老年人特别有吸引力。艺术作品带来的视觉享受能改善许多老年人的生活质量（见专栏7-1）。

专栏7-1　在纽约现代艺术博物馆等我

"在纽约现代艺术博物馆等我"是最早的博物馆项目之一，该项目的目标是让阿尔茨海默病患者及其护理人员能够接触到博物馆的艺术收藏品。2006年，该项目在大都会保险基金会的资助下启动。每月的活动主要是参观博物馆的永久藏品和特别藏品，这些藏品是为早期和中期老年失智症患者设计的。参观活动在非公开时间进行，由受过专门训练的博物馆导游带领，他们会鼓励老年人参与到对这些设计的讨论中，旨在鼓励老年人将艺术作为一种表达方式。

"在纽约现代艺术博物馆等我"项目是与阿尔茨海默病艺术家合作开发的，得到了炉石阿尔茨海默病家庭基金会（Hearthstone Alzheimer's Family Foundation）的赞助。来自纽约现代艺术博物馆和炉石阿尔茨海默病家庭基金会的工作人员开展了焦点小组，制订了试点计划，最后确定了教学策略、艺术品选择和适合观众的博物馆活动。"在纽约现代艺术博物馆等我"项目启动初期，全美各地的博物馆便开始纷纷采用这种项目模式，这些地区包括俄勒冈州的波特兰、俄亥俄州的克利夫兰以及华盛顿特区。"在纽约现代艺术博物馆等我"项目的网站上有该项目的培训手册，以及为老年失智症患者开发的具体博物馆活动的更多信息：https://www.moma.org/meetme

按摩疗法

"如果说有哪个群体需要抚触的话，那一定是老年人群体。"（Kennedy & Chapman, 2006, p.135）这句话来自两位按摩治疗师。如果要推荐按摩疗法作为一种补充与替代干预方法去帮助那些有社会情感和身体问题的老年人的话，这句话是一个令人信服的理由。在一个人的生命中，来自另一个人的关爱和抚触，是其在整个生命历程中健康成长和发展的基础。为了培养健康的依恋和促进认知发展，婴儿需要被照护者和其他成年人抱在怀里。关爱的身体接触，始终是在孩子情绪不好甚至身体疼痛时最有效的安慰方式。青少年和年轻的成年人寻求关爱的抚触，是他们与同龄人和爱慕对象建立健康关系的一部分。在整个生命周期中，我们通过与伴侣、父母、成年子女、成年兄弟姐妹和朋友等角色的身体接触来培养健康的情感。然而，对那些子女已经成年（或没有子女）、由于伴侣死亡或离婚而失去伴侣的老年人来说，抚触他人或被他人抚触的机会可能非常少。他们对关爱的抚触的需求会持续存在，但不幸的是，被满足的机会越来越少。

重要的是要明确按摩疗法是什么，以及它如何区别于其他一些治疗性抚触技术。本节所述的按摩疗法是指对人体肌肉结构和软组织应用各种技术，以改善肌肉骨骼系统、循环系统、神经系统和其他系统的功能（American Massage Therapy Association，2018）。这意味着，按摩治疗师应用手操作将压力施加到皮肤和肌肉，是按摩疗法的特定目标。虽然按摩的主要目的是改善身体机能，但它已被证明对情感和社交功能也有积极的影响。被描述为治疗性抚触的疗法，如灵气疗法、针压法、反射疗法或作为性体验的一部分的按摩，不在本文讨论之列。

尽管按摩疗法作为一种治疗和缓和疗法已经存在了数千年，但直到最近人们才将按摩疗法作为一种合法的循证补充与替代干预方法。随着运动医学和整体健康越来越引起关注，受过专业训练的按摩治疗师的数量急剧增长。按摩疗法已经成为身心治疗的主流治疗方法（National Center for Complementary and Integrative Health，2017）。

按摩疗法对老年人的好处

按摩对身体的好处 按摩对所有年龄段的人都有广泛的生理心理、社会作用，其中一些作用对老年人更有效。按摩在提高老年人的力量和灵活性方面起着重要作用，对老年人群体中常见的肌肉萎缩特别有效（American Massage Therapy Association，2018；Harris & Richards，2010；Kennedy & Chapman，2006）。按摩的好处在于它能促进血液循环，为肌肉提供营养，清除体内废物。更强的肌肉力量和灵活性能够显著改善老年人的平衡性、协调性和灵活性，而这些对防止老年人跌倒至关重要（American Massage Therapy Association，2011）。骨关节疼痛是老年人群体中最常见的关节炎症状，许多研究证明，通过专业的按摩疗法，可能会减少老年人需要的止痛药的数量（Bakeright，2009；American Massage Therapy Association，2011；Shale，Eikens，& Fisher，2014）。按摩也可以缩短老年人手术后的恢复时间，从而减少褥疮、谵妄和其他术后并发症的发展（American Massage Therapy Association，2011；Osborn，2004）。手术后是老年人发生术后并发症（如感染和肺炎）的最高风险时期，因此在这个期间减少术后并发症的发生风险十分重要。另一项研究显示，经常接受身体按摩的老年人睡眠更安宁，精力更充沛，精神意识也更强（Oliveira，Hachul，Goto，Tufik，& Bittencourt，2012；American Massage Therapy Association，2011）。正如第二章所讨论的，老年人经常抱怨的无法入睡或睡眠中断，影响了其身体和社会情感的各个层面的功能。

按摩的社交、情感和行为益处 按摩之所以有效，是因为心理、生理、社会因素产生的复杂交互作用（Holliday-Welsh，Gessert，& Renier，2009）。随着按摩治疗过程中身体健康状况的改善，社会和情绪健康状况似乎也会得到改善。当人们身体感觉更好时，他们的情绪也会更好。按摩需要按摩治疗师与老年人之间的身体互动，这意味着它的本质是某种程度上的社会亲密接触。对一个社会隔离的老年人来说，按摩可以为他创造一种与他人产生社会联系的感觉（Holliday-Welsh et al., 2009；Osborn, 2004；Shale et al., 2014）。按摩可以减轻老年人的焦虑、抑郁，提高对幸福感的自我评估（Sharpe, Williams, Granner, & Hobart, 2002）。

健康照护者发现，患有阿尔茨海默病或其他类型失智症的老年人常见的症状有踱步、不安和神志恍惚，身体按摩对减少这些症状有非常显著的效果（Hicks-Moore & Robinson, 2008）。按摩减少了老年失智症患者的躁动和焦虑，其言语和身体攻击行为也明显减少（Harris & Richards, 2010；Holliday-Welsh et al., 2009；American Massage Therapy Association, 2011）。虽然有这些显著的证据支持，但令人惊讶的是，按摩没有在老年人群体中得到更广泛的应用，即使是在失智症患者群体中。按摩疗法是一种能够负担得起的、无创的、非药物的干预方法，可以减少老年失智症患者的焦虑，减轻家庭和养老院护理人员的行为负担。当无法进行全身按摩时，可以进行手部按摩。研究证明，手部按摩能够减少老年失智症患者的躁动、焦虑、言语和身体攻击行为，改善其社会功能（Hicks-Moore & Robinson, 2008；Kolcaba, Schirm, & Steiner, 2006）。握着老年人的手，用乳液或精油轻轻按摩并同时和老年人交谈等身体动作可能和全身按摩一样有效。手部按摩项目可能更划算，因为它需要的训练比常规的全身按摩少，可以纳入日常护理，并可以教给家庭成员（Kolcaba et al., 2006）。

动物辅助治疗

你如果喜欢动物，那么不需要他人说服就能接受狗、猫、鸟或其他家养宠物给人带来的乐趣和安慰。宠物会无条件地接受和给予爱，并能触及甚至连其他人类同伴都未能触及的那部分心灵。有鉴于此，人们采用多种方式，用动物来帮助老年人战胜抑郁，减轻焦虑，以及改善社交技巧。动物辅助治疗（animal-assisted therapy）指的是给老年人和动物提供大量机会进行治疗性的互动。动物辅助治疗尽管不要求有像音乐疗法、艺术疗法等治疗方法那样的知识和技巧水平，但是要求能切实了解动物与人的联结的重要意义，以及把动物用于治疗时要做的实际考虑。

人与动物的纽带

所有年龄段的人在人生历程中都需要依附他人才能茁壮成长。婴儿依附照护者，儿童依附父母和兄弟姐妹，青少年依附朋友，伴侣相互依附，如此等等，贯穿人的一生。对老年人来说，这些纽带常常会因为亲朋好友的去世或者是社会隔离、与家人及朋友缺乏接触而严重受损。尽管与动物之间的纽带绝不应该替代与人的互动，但是当无法跟人产生互动时，动物常常是良好的获得情感纽带的替代品。无条件地跟另一个生命联结在一起的能力，在这里指的是动物要求人们走出自我，关心其他的事情（Cherniack & Cherniack，2014）。动物不会在意身体残疾或沟通障碍，也不会对认知能力说三道四。如果能给予动物关心和基本的照护，动物就能以爱和奉献回报。

研究显示，当与动物互动时，人的血压会降低，心跳和呼吸速度会减缓（Brown，Swanson，& Schiro-Geist，2014；Jordahl-Iafrato，2016；Parker et al.，2010）。宠物给人一个可行的途径，体会揉搓、爱抚、梳理和抓挠等，满足老年人抚触和被抚触的需要。这对社会生活陷入隔绝状态或认知上与人隔绝的老年人来说尤为重要（Materne & Luszcz，2014）。动物能成为独居老年人宝贵的伙伴。动物能缓冲因健康状况不好或者是失去了生命中的重要他人给老年人带来的压力和困扰。动物具有的安抚和慰藉能力能帮助老年人面对其他的生活挑战并缓和老年人的社会隔离（Filan & Llewellyn-Jones，2006）。

动物充当社会联结纽带

动物也能充当社会交往的催化剂，促使人们更好地沟通。带宠物一起散步是一个跟邻居碰面交谈的好途径，否则，一个人可能不会有跟邻居交往的机会。动物是一个安全的话题，能让人们建立联系（Winefield，Black，& Chur-Hansen，2008；Wood，Giles-Corti，Bulsara，& Bosch，2007）。即使是在院舍类的场所，如成人日间护理机构、老年公寓和养老院中，动物也能让人们有个开始交谈的话题，纵然交谈双方都认为彼此没有什么共同点。对动物的共同热爱可能能让老年人建立新的关系。

跟动物的互动还能促使老年人缅怀往事。老年人可能会充满爱意地想起早年家里养的宠物，因而能追溯一些快乐的记忆。通过追溯快乐的记忆来改善当前的情绪状态是缅怀往事疗法的一个目的，有关这一点我们在第六章已经讨论过。动物能充当缅怀往事过程的良好催化剂。当老年人在一起回想家中宠物的事情时，他们就是在进行社会交往并建立交互关系，这是帮助老年人建立和保持社会支持系统的极其重要的一部分。

动物辅助治疗的类型

用宠物作伴　对仍有中等偏上的独立生活能力，愿意承担一些责任的老年人而言，养只宠物便可能收获获得安慰和社会支持的来源。拥有宠物能带来幸福感、爱的感觉、安全感和责任感，这类似于跟人交往获得的益处（Winefield et al.，2008）。有宠物的人比没有宠物的人看医生的次数更少，身体健康状况更好，身体也更能处于活跃状态（El-Alayli, Lystad, Webb, Hollingsworth, & Ciolli, 2006）。照护猫狗可能实际上让老年人有了生活目标，鼓励他们保持健康，保持较为活跃的状态，因为宠物要依靠他们照护。宠物需要人喂养，需要锻炼，这让老年人有了可忙活的事，每天的生活富有规律。帕克及其同事发现，有宠物的老年人从手术和疾病中恢复得更快，部分原因是他们需要照护宠物，宠物的存在对老年人有治疗效果（Parker et al., 2010）。

当然，是否能从这些积极作用中受益取决于老年人是否有兴趣承担养宠物的责任。有些老年人虽然喜欢宠物，但是可能在自己住的地方无法养宠物或者没时间或精力养宠物。看兽医、供给食物和其他必需品可能会导致不小的开支，对收入有限的老年人来说这可能是令人望而生畏的养宠物的障碍。

宠物伙伴项目 宠物伙伴项目是让动物到老年人家里或成人日间护理机构、养老院等老年人住所中探访老年人，它是宠物探访项目的一种。宠物伙伴项目是一个全国性的项目，是第一个为志愿者和保健专业人员建立全面、标准化的动物辅助治疗方案和治疗培训的志愿组织（Pet Partners, 2018）。宠物伙伴项目能够推动人与动物间的互利关系的发展，帮助人们改善健康状况，增进自立，提高生活质量。宠物伙伴项目培训志愿者并筛选能去养老院、医院、学校、康复中心和个人家中做探访的动物。宠物伙伴项目和其他此类项目的目的是给人们提供机会，让他们在对动物和人的需要都给予尊重的环境里跟动物打交道。筛选和培训工作保证了动物与活动受益人之间能有最好的搭配。尽管狗是最知名的"宠物伙伴"，但是这一项目也会使用其他动物，如猫、豚鼠、兔子、马、山羊、羊驼、驴、迷你猪和鸟等。

宠物伙伴项目和其他宠物探访项目通过把人和动物放到一起，让人们自得其乐，从而达到治疗目的。尽管主办方认为这一交流会让动物和人都受益，但是项目的目的主要是娱乐，可能并不会致力于实现任何具体的精神健康目标。不管动物是做有计划的表演还是仅仅跟老年人待在一起，目的都是让老年人跟动物联结到一块儿。宠物探访项目对开展老年人工作特别有吸引力。这些项目的服务费用非常少，因为大多数此类项目是由社区里的志愿者推动实施的。它不要求老年人一方对饲养和照管动物有具体的承诺，却能让他们从宠物的短暂陪伴中受益。

并不是所有的狗都适合成为老年人的宠物。宠物必须有温顺、柔和的性情，能够适应嘈杂甚至混乱的环境，能够适应经常被人抚摸和抓挠。同样，仅仅带着心爱的宠物去养老院并不等同于宠物探访治疗。宠物和志愿者都应该经过筛选和培训，以确保老年人能够安全和愉快地与宠物互动。

用动物提供服务 另一种形式的动物辅助治疗是用动物提供个人服务。对身体残疾或行动不便的老年人来说，动物能够提供具体的协助，可能能帮助老年人独立生活。尽管一些猴子也被训练给人提供服务，但是大多数提供服务的动物是狗。提供服务的狗可以充当听力受损老年人的助听器，在有电话声、门铃声或闯入者的时候警示老年人。用导盲犬来协助视力受损的人已经有很长的时间，导盲犬既可以协助人活动，也可以给人提供保护。美国服务动物资源中心（The National Service Animal Resource Center）提供了一个链接，旨在让所有年龄段的使用服务犬的人能够了解更多关于服务犬的信息。

动物辅助治疗与阿尔茨海默病老年人

类似于音乐疗法，动物辅助治疗似乎有神奇的能力可以与所有阶段的患阿尔茨海默病的老年人沟通（Filan & Llewellyn-Jones, 2006; Perkins, Bartlett, Travers, & Rand, 2008; Virués-Ortega, Pastor-Barriuso, Castellote, Población, & de Pedro-Cuesta, 2012）。当使用传统的谈话治疗不能跟老年人沟通时，非语言的方法显得有效得多。马伊奇及其同事发现，让患阿尔茨海默病的老年人跟动物讲话并爱抚动物，能显著减少常常由这一疾病造成的情绪上的激动不安。他们观察到，同没有动物相比，当有动物的时候，平常不跟人进行口头交流的病人口头表达增多，注意行为、面部表情和触摸行为都比平常要多（Majić et al., 2013）。动物似乎有跟患阿尔茨海默病的老年人沟通的方法，这是护士、社工和其他治疗师难以做到的（Pope, Hunt, & Ellison, 2016）。托德伯格等研究者发现，当用动物来安慰老年失智症患者时，他们会有更好、更安稳的睡眠，抑郁情绪减少，对触觉刺激的需求也有所下降（Thodberg et al., 2016）。尽管由于患阿尔茨海默病，老年人的身体外观和认知能力都发生了显著变化，但是他们却能从无条件接受动物的过程中获益。

娱乐疗法

与音乐疗法、艺术疗法和按摩疗法一样，娱乐疗法也可以被用来治疗正在经历社会情感问题的老年人。娱乐疗法是一个独特的专业领域，侧重于如何将身体和智力活动结合到一个结构化的项目中，以提高认知和情感功能。它重点强调帮助有生理、心理或社会问题的个体发展和保持适当的休闲技能（Madori, 2007）。这些娱乐活动既可能是融合了音乐和艺术的干预活动，也可能是一系列首先被认为"有趣"，同时又具有治疗作用的活动。选择使用娱乐疗法并不是出于娱乐治疗师已经确定它对个人有好处，而主要是出于纯粹的休闲目的。这种干预方法的结果没有在过程中享受自我和与他人互动重要。

娱乐疗法的活动与老年活动中心、辅助或独立生活中心或养老院中常见的一般活动不同。娱乐治疗师需要受过高度训练，通常需要拥有体育教育和人类行为与动机理论的硕士学位。这种干预方法的理论基础部分来源于对个体学习动机和学习方式变化的理解。

不管能力如何，老年人都有一种与他人一起参与活动的内在动机，并会自然地被愉快的活动吸引，以满足社会互动的需要，特别是避免社会隔离（Lucardie，2014）。然而，在这种与他人互动的内在需要中，有一种持续提高自我效能的需要，一种对这些活动的确切本质的掌握和控制的需要（Madori，2007）。因此，这不是为了活动而活动，而是老年人对于自己可能喜欢的活动的一种明确的、自我决定的选择。个人在活动中必须有一些选择，这些活动将享受和治疗的优势结合了起来。娱乐疗法被称为"有目的的干预"。

娱乐疗法的一种特殊方法叫作治疗性主题艺术规划（Therapeutic Thematic Arts Programming，TTAP），这种方法依赖于该疗法的理论基础的一部分，即对个体学习方式变化的理解（Madori，2007）。基于布卢姆（Bloom，1957）的理论，治疗性主题艺术规划确定了六种不同的学习方式，所有方式都可以被纳入娱乐疗法的活动中。一些人是语言学习者或"文字游戏者"，而另一些人采取逻辑方法，最有可能表现为"提问者"。空间学习者最有效的学习方法是将新信息视觉化。动觉型学习者被称为"移动者"，他们学习过程的一部分是依靠实际的身体运动来完成的。人际学习者使用一种社会化的学习方式，而内向型学习者则更倾向于内省，更喜欢个性化的学习方式。根据个人的学习风格，不同的活动可以最好地满足他们的学习需要。然而，最重要的不是学习本身的价值，而是在学习过程中发生的大脑刺激，这种刺激能够改善情感和认知功能（Madori，2007）。因此，很明显，老年人的娱乐疗法比简单地计划一个团体活动要复杂得多，虽然它们涉及相同的过程，即确定干预的目标，为评估活动设定标准，并在整个干预过程中监测进展。与选择的具体活动主题相比，设计和实施活动的过程更重要。

娱乐疗法举例

虽然任天堂Wii™（Nintendo Wii™）并不是专门为娱乐疗法设计的，但它是娱乐疗法的一个例子，可以作为一种治疗方法。任天堂Wii™是一个电子游戏系统，使用视觉模拟表现网球、高尔夫球或保龄球等活动。屏幕上出现虚拟的网球场、高尔夫球场或保龄球场，参与者使用手持运动检测设备模拟参与运动。以打网球为例，虽然老年人不需要像真正打网球那样在球场上移动，但它需要良好的手眼协调能力，挥动想象中的球拍。打高尔夫球需要老年人准确地挥杆，但不需要老年人真的在高尔夫球场上走动。坐在轮椅上也可以打保龄球，这可能会促进手臂运动，但不需要老年人真的举起一个沉重的球，或使用激烈的方法来投球。

与简单的拉伸运动相比，这种类型的虚拟运动能够激发老年人更多的身体活动。它还需要专注力，这种专注力能够刺激老年人的认知功能。当与其他人一起玩时，它创造了一种友好的竞争精神，能够促进老年人的社会互动。任天堂Wii™可以带来简单的乐趣和放松也许才是最重要的！当一个老年人与他人一起享受快乐和欢笑时，这种简单的享受可能会抵消抑郁和孤独的感觉。任天堂 Wii™ 活动既可以作为一个简单的活动，也可以作为娱乐疗法的一部分，旨在改善老年人的生理、心理、社会功能。

另一种可以改善老年人的身体和情绪健康的体育活动是瑜伽。瑜伽是一系列身体"姿势"，旨在增强肌肉力量，改善呼吸，并将自然能量更均匀地分配到全身。当肌肉系统保持平衡时，骨骼也会得到加强。研究表明，瑜伽对改善关节炎患者的活动范围特别有效（Francina, 2007）。瑜伽通常会让人联想到一个年轻的、极其健康的"椒盐卷饼人"，可以摆出各种扭曲的姿势。然而，这项活动旨在提高敏捷性、平衡性、血液循环以及身体和情绪能量，尤其适用于老年人。

需要注意的问题：乐趣和幽默作为治疗方法

在这一章中，我们探索了很多补充与替代干预方法，包括音乐疗法、艺术疗法、按摩疗法、动物辅助治疗和娱乐疗法，旨在帮助老年人解决焦虑和抑郁的问题。在老年人相关工作中，也有许多其他的活动可以被当作治疗方法，但是这一章所关注的方法都是有证据支持的。也就是说，这些方法是经过了一些研究被证明有效的。音乐疗法、艺术疗法和动物辅助治疗可以作为娱乐和享受的形式，在正式的"治疗"之外使用，可能也会有改善情绪健康状况的作用。但这些活动都不应与本章讨论的有组织的、目的驱动的、目标导向的治疗性娱乐相混淆。然而，关于治疗方法的讨论，往往忽略了社会工作专业在进行老年人心理健康问题工作方面最重要的两个工具：以获得乐趣为目的的活动和故意使用幽默。无论是有经验的从业者，还是新手从业者，都可以证明这两个工具的巨大力量。

以获得乐趣为目的的活动

心理健康问题、医疗服务问题、药物滥用问题、交通安排问题、寻找住房问题，以及一些其他问题，都是老年人社会工作所聚焦的问题，但是老年人本身并不是"社会问题"。将老年阶段的发展视为一种社会异常状态是存在风险的。不是与老年人一起工作的每一刻都应该如此紧张，将精力全放在解决问题上，以至于忽略了与老年人一起工作的一些极大的乐趣。如果有机会，那么老年人也会像其他人群一样享受乐趣。他们也可以很有趣。

可能一个活动的主要目的并不是获得乐趣，但乐趣却是从这个活动中能够得到的一种强烈的享受或者愉悦。这是一种积极的参与感，通常是游戏的结果。萧伯纳曾经说过："我们不会因为变老而停止游戏，我们变老是因为不再游戏。"（Robinson, Smith, Segal, &

Shubin，2018）游戏可以很简单，像打牌或棋类游戏，练习业余爱好，参加读书俱乐部或编织小组，打麻将，做瑜伽，或参加音乐会或健身班——只要活动的主要目的是单纯的享受。这里的关键因素是，游戏是自愿参与的，能够给参与者带来快乐，能够促进老年人的积极参与，而不是为了"解决"任何人。游戏所能带来的益处有可能超过第六章和本章介绍的那些精心设计的治疗和干预。研究表明，成年人玩游戏可以缓解压力，加强社会联系，激发创造力，提高精力水平，改善睡眠质量，增强恢复力和免疫力（Bekoff，2014；Lucardie，2014；Robinson，Smith，Segal，& Shubin，2018）。研究还表明，那些仍能找到方法一起玩耍的老年夫妇拥有更加牢固、更加令人满意的关系（Robinson et al.，2018）。游戏并不一定需要身体活动，因此有身体甚至认知障碍的老年人也可以参与。看电影、一起吃饭、听音乐会，或者只是讲故事，这些都属于享受驱动型的游戏类型。一群老年男性每天早上一起喝咖啡或聚在当地的理发店，可能会对减少社会隔离有附加的好处，但这不是活动的目的。玩游戏可以让玩家产生积极情绪（并且不会为此感到内疚）。如果有机会，那么老年人知道该怎么玩。社工的作用是，偶尔放弃使用非常结构化的方法来改善社会情感问题，并让情感自然发生。

故意使用幽默

在改善幸福感和心理健康状况方面，幽默的力量与鼓励老年人（或者可以说所有成年人）参加游戏密切相关。甘兹和雅各布斯提出，"对于老年人，我们需要的不仅仅是有经验支持的治疗。［治疗关系］需要超越经验主义的人际关系"（Ganz & Jacobs，2014，p.49）。幽默通常的表现是笑。虽然笑经常伴随着游戏，但它不是享受游戏的必要条件。笑已经被证明可以显著减少老年人的焦虑和抑郁，这可能是由于笑能够降低皮质醇水平。皮质醇是人体在压力下产生的一种激素（Lucardie，2014；Scott，Hyer，& McKenzie，2015）。即使皮质醇只是暂时减少，身体也会通过释放内啡肽而产生更强烈的幸福感。笑有驱散愤怒、加强人际关系、放松身体的力量，所有这些都有助于老年人保持积极的情绪状态。不难想象，在人生的任何阶段，开怀大笑都能显著改善情绪。

卢卡尔迪发现，在成年人的学习情境中，游戏和幽默成为促进成年人参加活动的强大动力，并使他们更加投入，这一结果可能很值得养老院和医院的活动主管借鉴（Lucardie，2014）。研究者发现，学习活动中的游戏和幽默可以促进与团队中其他人关系的发展，产生幸福感，并提高注意力。如果养老院提供给老年人的活动能更有趣，能包含更多的幽默，那么可能会增加老年人的活动参与，并能够激励老年人尝试新的活动（Penman & Ellis，2009）。

在心理健康工作中有一个领域被称为幽默疗法，它涉及结构化的幽默干预，比如观看喜剧节目、快乐瑜伽和即兴表演，但这不是幽默和笑声的意义所在。幽默和笑声往往出现在社工让它们自发产生的时候。例如，即使一群女性彼此不认识，她们在短时间内也会发现一些可以分享的有趣的事情——既可以是共同的健康问题，也可以是关于她们孙辈的有趣故事。即使是在面临变老的挑战中找到了幽默的能力，也能让一群老年人开怀大笑。

案例 7-1：玛丽·马林

玛丽·马林是一位 91 岁的老太太，她已经在一家养老院居住了 3 年。她由于一辈子吸烟而患有肺气肿，需要吸氧治疗。她的听力和视力都很好，认知功能也非常好。如果她的家人住得离她近的话，她就会住在社区里。她的行动能力有一定的限制，只能坐轮椅出行，因为她不能携带氧气罐，所以氧气罐必须安装在椅背上。她从来没有试着适应在养老院的生活，因为她认为自己比其他老年人更聪明、更老练。她如饥似渴地阅读，但这种行为似乎让她与他人更加隔绝。当住在社区里时，她是一位积极的艺术赞助人。她承认自己现在非常抑郁。她觉得她的家人为了方便，把她"放置"在养老院里。虽然工作人员鼓励她参加养老院的活动，但她发现宾果游戏和纸牌游戏"非常无聊"。她听天由命地等死。她的抑郁症非常严重，她开始偶尔拒绝进食，甚至不服药。在这种情况下，作为社工，请思考以下问题：

（1）如果要和玛丽·马林讨论考虑使用本章讨论的一种补充与替代干预方法，你还需要知道关于她的哪些信息？你该如何利用她的兴趣来鼓励她考虑这些方法？

（2）你会如何安排玛丽·马林参加养老院的活动来解决她的社会隔离的问题？

（3）应用你在第六章中所学到的治疗抑郁症的方法，思考哪些方法能够同补充与替代干预方法相结合，来解决玛丽·马林的抑郁问题。

小结

本章介绍的另类治疗方法给社工提供了另一套工具，可以用来开展针对有社会情绪问题的老年人的工作。这些方法可以与较为传统的社会工作理论方法结合使用，或者用来代替正式的治疗方法。社工在社区和养老院环境中，作为促进者、教育者和倡导者对推动补充与替代干预方法的应用起到重要的作用。音乐能帮助老年人回忆早年快乐的时光，揭示没有化解的冲突，或者只是给老年人提供机会单纯欣赏美妙的声音。它提供了一种大有前途的方法，帮助社工跟认知衰退的老年人沟通，因为在失去其他认知能力很久以后，接收和处理音乐信息的能力似乎仍未改变。

从事艺术活动对老年人来说可以既有趣又有治疗性。不管是做艺术治疗还是从事艺术活动,把艺术用作治疗手段都能刺激老年人动用平常很少使用的创造力。重拾画笔或者是到晚年才第一次拿起画笔的老年人可能会发现从事艺术活动很有收获。对认知受损的老年人来说,艺术可以充当媒介,让他们能重新接触到内心最深处的感受,与环境中的其他老年人重新交流并维系到一起。对老年人而言,艺术和音乐的美妙之处在于,用它们做治疗时没有统一的方式。每位老年人都可以参与进来,用自己独特的方式享受艺术和音乐。

动物辅助治疗不太注重正规的治疗性干预,而更倾向于给老年人提供简单的快乐和陪伴。能得到动物所有时间或一周几小时的无条件的爱和情谊,可以帮助与外界隔离的孤独的老年人感受到被爱和其他生命体对自己的需要。

按摩疗法能够综合对身体功能的改善和对社会情感功能的改善。一个疗程的按摩疗法可以帮老年人减少焦虑,减轻抑郁,并提高老年人的活力和精力水平,最值得一提的是,按摩疗法没有侵入性,不需要药理学技术。这种治疗方法在帮助管理老年失智症患者的烦躁和攻击性行为方面起到很大的作用,已经有越来越多的家庭和养老院的照护者愿意使用这种疗法。

或许把补充与替代干预方法纳入老年人干预方案的最重要的一点是,所有这些方法都可能起到治疗作用。原因很简单:它们都很有趣,并能促进社会互动。获得一个可以欢笑和跟他人互动的机会可能是所有好处中最具治疗性的部分。

学习活动

1. 《音乐之生》(*Alive Inside*)是一部主题为音乐如何帮助老年失智症患者的纪录片,由音乐之生联盟(Alive Inside Coalition)和记忆与音乐基金会(Memory & Music Foundation)赞助,该基金会为养老院和成人日间护理机构捐赠耳机。你可以从网络上找到这部影片。你在纪录片中所看到的内容与本章所介绍的音乐疗法的内容有何一致之处?你是否有什么惊讶的发现?你是否觉得影片感人?你会将影片收藏在自己的播放列表里吗?安排你所在学院或大学的其他社会工作专业的学生看这部影片。找到一些方法让募捐者为社区购买 iPod,或者接受捐赠二手 iPod,用于社区设施构建。

2. 城市地区的艺术博物馆通常会为老年人或残疾人留出一些时间,特别支持他们参观博物馆(专栏 7-1 中的"在纽约现代艺术博物馆等我"就是一个例子)。探索在你的社区中是否存在这样的项目,或者社区是否正在努力发展这样的项目。采访项目主管或协调员。针对老年失智症患者,项目需要做哪些调整?这群人喜欢什么样的艺术?这样的项目会带来哪些挑战?

3. 找一找在你的社区中是否有机构或社会组织为成人日间护理机构、辅助式生活住宅或养老院提供宠物伙伴项目。他们在哪里为这个项目招募宠物？什么动物最适合这种类型的接触？你认为这些组织需要采取哪些预防措施来保护老年人，特别是有认知或身体限制的老年人？在与老年人见面之前，动物和训练者需要接受什么训练？当带着宠物拜访老年人时，请描述一下你观察到的老年人的情况。

4. 一种促进老年人幽默的创新方法是快乐瑜伽。网上有很多视频解释了快乐瑜伽的原理和好处。观看一段视频，并参与该方法的一部分练习。你认为快乐瑜伽作为一种治疗方法有什么好处（或者没有什么好处）？让你的同学一起看一段视频，并分享经验。如果你的工作对象是老年人，这种方法如何对他们起效？

参考文献

Abbott, E., & Avins, K. (2006). Music, health and well-being. In E. R. Mackenzie & B. Rakel (Eds.), *Complementary and alternative medicine for older adults* (pp. 97–110). New York, NY: Springer.

American Art Therapy Association. (2018). Frequently asked questions about art therapy. Retrieved from https://arttherapy.org/about-art-therapy

American Massage Therapy Association. (2011). Massage and the aging body. Retrieved from https://www.amtamassage.org/articles/3/MTJ/detail/2315/massage-and-the-aging-body

American Massage Therapy Association. (2018). What is massage therapy? Retrieved from https://www.amtamassage.org

Bakeright, A. (2009). Elderly massage: Benefits of therapeutic massage for elderly people. Retrieved from http://ezinearticles.com/?Elderly-Massage—Benefits-of-Therapeutic-Massage-For-Elderly-People&id=2621344

Bekoff, M. (2014). The importance of play: Having fun must be taken seriously. *Psychology Today*. Retrieved from https://www.psychologytoday.com/us/blog/animal-emotions/201405/the-importance-play-having-fun-must-be-taken-seriously

Bloom, B. S. (1957). *Taxonomy of educational objectives, Handbook 1: The cognitive domain.* New York, NY: David McKay, Co.

Brown, K., Swanson, L., & Schiro-Geist, C. (2014). Demonstrating the efficacy of animal-assisted therapy. *American International Journal of Social Sciences*, 3(5). Retrieved from http://www.aijssnet.com/journals/Vol_3_No_5_October_2014/1.pdf

Cherniack, E. P., & Cherniack, A. R. (2014). The benefit of pets and animal assisted therapy to the health of older individuals. *Current Gerontology and Geriatrics Research*, 1–9.

Chlan, L. (2006). Music intervention. In E. R. Mackenzie & B. Rakel (Eds.), *Complementary and alternative medicine for older adults* (pp. 79–92). New York, NY: Springer.

Cohen, G. D. (2006). *The creativity and aging study: The impact of professionally conducted cultural programs on older adults.* Washington, DC: National Endowment for the Arts. Retrieved from http://www.nea.gov/resources/Accessibility/CnA-Rep4-30-06.pdf

https://www.arts.gov/sites/default/files/NEA-Creativity-and-Aging-Cohen-study.pdf

El-Alayli, A., Lystad, A. L., Webb, S. R., Hollingsworth, S. L., & Ciolli, J. L. (2006). Reigning cats and dogs: A pet-enhancement bias and its link to pet attachment, pet-self similarity, self-enhancement, and well-being. *Journal of Basic and Applied Social Psychology*, 40(8), 718–724.

Filan, S. L., & Llewellyn-Jones, R. H. (2006). Animal-assisted therapy for dementia: A review of the literature. *International Psychogeriatrics*, 18(4), 597–611.

Francina, S. (2007). *The new yoga for healthy aging.* Deerfield, FL: Health Communications, Inc.

Fausek-Steinbach, D. (2005). *Art as therapy: Inspiration, innovation, and ideas.* Enumclau, WA: Idyll Arbor, Publishers.

Ganz, F. D., & Jacobs, J. M. (2014). The effect of humor on elder mental and physical health. *Geriatric Nursing*, 35, 205–2011.

Greer, N., Fleuriet, K. J., & Canter, A. G. (2013). Acrylic rx: A program evaluation of a professionally taught painting class among older Americans. *Arts & Health*, 4, 262–273.

Guy, J., & Neve, A. (2005). Music therapy and older adults fact sheet. Retrieved from http://www.themusictherapycenter.com/wp-content/uploads/2016/11/mtcca_olderadults.pdf

Harris, M., & Richards, K. (2010). The physiological and effects of slow stroke back massage and hand massage on relaxation in older people. *Journal of Clinical Nursing*, *19*(7), 917–926.

Hicks-Moore, S., & Robinson, B. (2008). Favorite music and hand massage. *Dementia*, *7*, 95–108.

Holliday-Welsh, D. M., Gessert, C. E., & Renier, C. M. (2009). Massage in the management of agitation in nursing home residents with cognitive impairment. *Geriatric Nursing*, *30*(2), 108–117.

Hwant, P. W., & Braun, K. L. (2015). The effectiveness of dance interventions to improve older adults' health: A systematic literature review. *Alternative Therapies in Health and Medicine*, *21*(5), 64–70.

Jordahl-Iafrato, M. A. (2016). Animal-assisted interventions for older adults. *Elder Care*. Retrieved from http://aging.arizona.edu/sites/aging/files/fact-sheet-pdfs/animal_assisted_therapy_-_part_1.pdf

Kennedy, E., & Chapman, C. (2006). Massage therapy and older adults. In E. R. Mackenzie & B. Rakel (Eds.), *Complementary and alternative medicine for older adults* (pp. 135–148). New York, NY: Springer.

Kolcaba, K., Schirm, V., & Steiner, R. (2006). Effects of hand massage on comfort of nursing home residents. *Geriatric Nursing*, *27*(2), 85–91.

Ledger, A. J., & Baker, F. A. (2007). An investigation of group music therapy on agitation level of people with Alzheimer's disease. *Aging and Mental Health*, *11*(3), 330–339.

Lin, Y., Chu, H., & Yang, C. Y. (2011). Effectiveness of group music intervention against agitated behavior in elderly persons with dementia. *International Journal of Psychiatry*, *26*(7), 670–678.

Lorblanchet, M. (2007). The origin of art. *Diogenes*, *54*(2), 98–109.

Lucardie, D. (2014). The impact of fun and enjoyment on adult's learning. *Procedia-Social and Behavioral Sciences*, *142*, 439–446.

Madori, L. L. (2007). *Therapeutic thematic arts programming for older adults*. Baltimore, MD: Health Professions Press.

Mackenzie, E. R., & Rakel, B. (2006). Holistic approaches to healthy aging. In E. R. Mackenzie & B. Rakel (Eds.), *Complementary and alternative medicine for older adults* (pp. 1–4). New York, NY: Springer.

Majić, T., Gutzmann, H., Heinz, A., Lang, U. E., & Rapp, M. A. (2013). Animal-assisted therapy and agitation and depression in nursing home residents with dementia: A matched case-control trial. *American Journal of Geriatric Psychiatry*, *21*, 1052–1059.

Materne, C. J., & Luszcz, M. A. (2014). Increasing constructive engagement and positive affect for residents with severe and very severe dementia through group-based activities. *Australian Journal on Aging*, *33*. E7–E10. PMid:24372759.

Milner, J. (2006, May/June). Creativity and aging: Enhancing quality of life through the arts. *Journal of Active Aging*, 54–58.

Mitchell, A. M., Chiappetta, L., Boucek, L., Cain, M., Patterson, G., Owens, K., . . . Stark, K. H. (2015). Nonpharmacological therapeutic techniques to decrease agitation in geriatric psychiatric patients with dementia. *Journal of Gerontological Nursing*, *41*(2), 53–59.

National Center for Complementary and Integrative Health. (2017). Complementary and alternative therapies. Retrieved from https://nccih.nih.gov

National Institute on Deafness and Other Communication Disorders. (2011). National Service Animal Center. Retrieved from https://www.nidcd.nih.gov/directory/national-service-animal-center-nsac

Noice, T., Noice, H., & Kramer, A. F. (2013). Participatory arts for older adults: A review of benefits and challenges. *The Gerontologist*, *54*(5), 741–753.

Oliveira, D. S., Hachul, H., Goto, V., Tufik, S., & Bittencourt, L. R. (2012). Effect of therapeutic massage on insomnia and climacteric symptoms in postmenopausal women, *Climacteric*, *15*(1), 21–29.

Osborn, K. (2004). Using massage to ease the elderly's loneliness. Retrieved from http://www.massagetherapy.com/articles/index.php/article_id/728/Using-Massage-to-Ease-the-Elderly%E2%80%99s-Loneliness

Parker, G. B., Gayed, A., Owen, C. A., Hyett, M. P., Hilton, T. M., & Heruc, G. A. (2010). Survival following an acute coronary syndrome: A pet theory put to the test. *Acta Psychiatrica Scandinavica*, *121*(1), 65–70.

Perkins, J., Bartlett, H., Travers, C., & Rand, J. (2008). Dog-assisted therapy for older people with dementia: A review. *Australasian Journal on Ageing*, *27*(4), 177–182.

Pet Partners. (2018). The Pet Partners story. Retrieved from https://petpartners.org/about-us/petpartners-story/

Peterson, C. (2006). Art therapy. In E. R. Mackenzie & B. Rakel (Eds.), *Complementary and alternative medicine for older adults* (pp. 111–133). New York, NY: Springer.

Penman, J., & Ellis, B., (2009). Regional academics' perceptions of the love of learning and its importance for their students. *Australian Journal of Adult Learning*, *49*(1), 148–168.

Petrovsky, C., Cucchione, P. A., & George, M. (2015). Review of the effect of music interventions on symptoms of anxiety and depression in older adults. *International Psychogeriatrics*, *27*(10), 1661–1670.

Pope, W. S., Hunt, C., & Ellison, K. (2016). Animal assisted therapy for elderly residents of a skilled nursing facility. *Journal of Nursing Education and Practice*. *6*(9). Retrieved from http://dx.doi.org/10.5430/jnep.v6n9p56

Raglio, A., Fonte, C., Reani, P., Varalta, V., Bellandi, D., & Smania, N. (2016). Active music therapy for persons with dementia. *International Journal of Geriatric Psychiatry*, *31*, 1084–1090.

Reynolds, E. (2010). Colour and communion: Exploring the influence of visual art-making as a leisure activity on older women's subjective well-being, *Journal of Aging Studies*, *24*, 135–143.

Ridder, H. M., Stige, B., & Qvale, L. G. (2013). Individual music therapy for agitation in dementia: An exploratory randomized controlled trial. *Aging and Mental Health*, *17*(6), 667–678.

Robinson, L., Smith, M., & Segal, J., Shubin, J. (2018). *The benefits of play for adults*. Retrieved from https://www.helpguide.org/articles/mental-health/benefits-of-play-for-adults.htm

Runfola, J. F., Levine, E., & Sherman, P. (2006). Helping patients make decisions about complementary and alternative care. *Journal of Psychosocial Oncology*, *24*(1), 81–106.

Sakai, H., Kaminde, N., & Kolzliki, M. (2017). The effects of a program combining exercise and music on promoting exercise continuance and psychological factors in older adults. *Music and Medicine*, *9*(2).

Scheidt, R. J., (2015). Alive inside: Reprise. *The Gerontologist*, *55*, 1058–1059.

Scott, C. V., Hyer, L. A., & McKenzie, L. C. (2015). The healing power of laughter: The applicability of humor as a psychotherapy technique with depressed and anxious older adults. *Social Work in Mental Health*, *13*(1). 48–60.

Shale, A. J., Eikens, G., & Fisher, W. (2014). Complementary and alternative medicine for psychologists: An essential resource. Washington, D. C.: American Psychological Association.

Sharpe, P. A., Williams, H., Granner, M., & Hobart, M. (2002). Methods for improving the range of motion of older adults. *Massage Therapy*, *41*(3), 86.

Singer, J., & Adams, J. (2014). Integrating complementary and alternative medicine into mainstream healthcare services: The perspective of health service managers. *BMC Complementary and Alternative Medicine*, *14*, 167.

Spiro, N. (2010). Music and dementia: Observing effects and searching for underlying theories. *Aging and Mental Health*, *14*, 891–899.

Tabei, K., Satoh, M., Ogawa, J., Tokita, T., Nakaguchi, N., Nakao, K., . . . Tomimoto, H. (2017). Physical exercise with music reduces gray and white matter loss in the frontal cortex of elderly people: The Mihama-Kilio scan project. *Frontiers in Aging Neuroscience*, *9*, PMC 5461259.

Thodberg, K., Sørensen, L. U., Christensen, J. W., Poulsen, P. H., Houbak, B., Damgaard, V., . . . Videbech, P. B. (2016). Therapeutic effects of dog visits in nursing homes for the elderly. *Psychogeriatrics*, *16*, 289–297.

Toner, T. A. (2016). Social workers treating the whole person: The need for holistic therapy coursework. *Master of Social Work Clinical Research Paper, Paper 689*. Retrieved from https://sophia.stkate.edu/cgi/viewcontent.cgi?article=1684&context=msw_papers

Virués-Ortega, J., Pastor-Barriuso, R., Castellote, J.M., Población, A., & de Pedro-Cuesta, J. (2012). Effect of animal-assisted therapy on the psychological and functional status of elderly populations and patients with psychiatric disorders: A meta-analysis. *Health Psychology Review* *6*(2), 197–221.

Werner, J., Wosch, T., & Gold, C. (2015). Effectiveness of group music therapy versus recreational group singing for depressive symptoms of elderly nursing home residents: Pragmatic trial. *Aging and Mental Health*, *21*(2), 147–155.

Wikstrom, B. M. (2000). Visual art dialogues with older adult persons: Effects on perceived life situation. *Journal of Nursing Management*, *8*, 31–37.

Winefield, H. R., Black, A., & Chur-Hansen, A. (2008). Health effects of ownership of and attachment to companion animals in an older population. *International Journal of Behavioral Medicine*, *15*(4), 303–310.

Wood, L. J., Giles-Corti, B., Bulsara, M. K., & Bosch, D. A. (2007). More than a furry companion: The ripple effect of companion animals on neighborhood interactions and a sense of community. *Society and Animals*, *15*(1), 43–56.

第八章

老年人药物滥用与自杀问题的预防

学习目标

- 讨论老年人的酒精使用率和饮酒问题的风险因素。
- 探讨饮酒问题的治疗方法，包括简单治疗、小组治疗和药物治疗。
- 检验老年人处方药物和违禁药物的滥用及其治疗，包括对老年人阿片类药物成瘾的讨论。
- 分析老年人自杀的风险因素、识别高风险人群的筛查工具以及治疗方案。
- 讨论老年人在受助人-社工关系中表达自杀意念时出现的道德困境。

章节概述

老年人的饮酒与酗酒问题
老年人酗酒的治疗
药物滥用、误用与药物依赖
老年人自杀问题

考虑到老年人在人生的这一阶段必须面对的大量生活挑战和改变，任何做老年人相关工作的人都不难理解为什么抑郁和焦虑会成为这一群体的主要问题。然而，当谈及老年人酗酒或者吸毒时，我们很容易联想起媒体所报道的贫民窟流浪汉——一个衣不蔽体、语无伦次地躺在小巷里的老年人的形象。身心健康专业人员对典型的药物滥用者的年龄偏见，实际上妨碍了他们识别潜在的药物滥用者并提供相应治疗。老年人频繁过量饮酒的倾向常常掩盖在"这是他唯一的恶习"或者"这能够帮助他入睡"的借口下而被忽略。老年人服用违禁药物的现象可能比较少见，但是自作主张服用安眠药和镇静剂等处方药，形成不良药物依赖的情况却常被忽视。专业人员和老年人的家人的漫不经心可能会让老年人形成并持续对药物的滥用。从历史上看，老年人很少使用违禁药物，但随着"婴儿潮"一代接近晚年，这种情况正在发生改变。一些上了年纪的"婴儿潮"一代将终生吸毒的习惯传播开来，一些诸如大麻的曾经被视为违禁品的药物，现在在美国的一些地区已经可以合法地用于娱乐和医疗用途。值得注意的是，对处方类镇静剂的自我用药（或不遵医嘱）的增加趋势，往往被作为不健康的药物依赖现象而被忽视（Sarabia & Martin, 2016）。专业人员和老年人的家人否认存在问题，可能会无意中促使老年人继续滥用药物。

本章审视老年人的酗酒问题和药物滥用问题。我们会探查什么样的情况会导致酗酒和药物滥用，哪些人群是高危人群，如何评估药物滥用问题以及老年人及其家人可以采取什么样的干预措施。本章结尾部分坦诚地讨论了自杀问题，在老年人群体中，这一问题大多是由酗酒和药物滥用造成的。

老年人的饮酒与酗酒问题

老年人的饮酒与酗酒问题仍然是一个最不易察觉的问题，这主要是由于很难准确地确定被认为是"问题饮酒者"的老年人的数量。据估计，50 岁以上成年人饮酒的比例为这一人群总数的 40%～60%（Han, Moore, Sherman, Keyes, & Palamar, 2017；National Institute on Alcohol Abuse and Alcoholism, 2018）。在这些饮酒的人中，有 12.2% 的人过量饮酒，另外有 3.2% 的人在过去一年中有过酗酒行为。

最具有戏剧性的是，在 2005—2014 年间，饮酒量增加以及自我报告有过酗酒行为的人群是年收入低于 20 000 美元或超过 75 000 美元的已婚白人受访者——他们身体状况良好或处于平均水平，至少接受过高中教育，在过去一年中曾接受过精神健康治疗（Han et al., 2017）。以上那些估计数据是建立在自我报告基础之上的，这表明，如果采用更客观的"酗酒"标准，这个数字可能会显著增加。偶尔或适度饮酒本身不会对老年人的健康构成威胁。然而，当饮酒被更准确地描述为酗酒时，就会对个人的健康和幸福感产生严重的影响。

有严重饮酒问题的老年人更有可能出现在卫生保健体系记录的酒精相关并发症的直接结果报表中。美国国家酒精滥用与酒精中毒研究所 2018 年的报告称，在入院治疗的老年人中，有 6%～11% 有酒精中毒迹象。老年人因酒精相关问题的住院率高于因心脏疾病问题的住院率。该机构还估计，多达一半的居住在养老院的老年人有酒精依赖问题。

那些在饮酒问题上有着严格的社会和宗教观念的老年人群体正在被"婴儿潮"一代取代，"婴儿潮"一代对饮酒和违禁药物问题的态度要宽松得多。从历史上看，酒精摄入量会随着年龄的增长而减少，部分原因是酒精与治疗老年人常见慢性疾病的药物相结合会导致并发症。虽然这种下降趋势还在继续，但部分已经放缓，因为现在的老年人更加健康，并且继续饮酒，而没有对健康造成负面影响（Sarabia & Martin, 2016; Han et al., 2017）。但是从青少年时期和中年时期延续下来的饮酒模式是否会给老年时期带来严重的健康问题，还有待观察。

早年型酗酒与晚年型酗酒问题

一生都有大量饮酒习惯的老年人与晚年才开始大量饮酒的老年人有很大区别。早年型酗酒（early-onset alcoholism）指的是40岁之前就有的酗酒问题，一般这类酗酒人群在遇到晚年的压力之前就一直有这种自毁行为。这类酗酒者更有可能是男性，他们占所有明显有酒精依赖问题的老年人的2/3（Le Strat, Grant, Ramoz, & Gorwood, 2010）。这些有饮酒问题的人更可能患有因长期过量饮酒导致的与酒精摄入有关的严重疾病。在医学没有像现在这样进步之前，早年型酗酒者很少能活到老年，但是现在由于营养方面的改善、抗生素的使用和医疗水平的提高，许多早年型酗酒者能活得长久得多。多年大量饮酒会导致慢性肝病、心肌病和由酒精引起的失智症等，这些疾病有可能非常严重而且不可逆转（National Institute on Alcohol Abuse and Alcoholism, 2018）。这些酗酒者还更可能有严重的情绪问题和心理问题，这些问题或者就是他们最初依赖酒精的原因，或者加剧了他们对酒精的依赖（Epstein, Fischer-Elber, & Al-Otaiba, 2007）。令年轻酗酒者饱受困扰的法律、社会生活和经济方面的问题也同样会困扰老年酗酒者。酒精在这些老年人的人生历程中留下了无法抹去的痕迹，他们更有可能离婚、分居或从未结过婚，并且由于就业不稳定而收入有限。

酗酒者的家庭和社会支持系统可能早已不复存在，因为长期酗酒致使爱他们的人和跟他们一同生活的人感到愤怒和心灰意冷。这一最需要心理和社会支持的群体或许最不太可能得到这方面的支持。由于酗酒影响工作和家庭，终生酗酒者很可能在人生的某个时段接受过戒酒治疗。尽管他们可能熟悉各种戒酒治疗方法，但是由于以前的失败经历，他们不太相信戒酒治疗会有成效（Le Strat et al., 2010）。

晚年型酗酒（late-onset alcoholism）老年人的特点是在中老年期才开始出现酗酒问题，这些人在有酒精依赖问题的老年人中占1/3。晚年型酗酒常常被称为"反应性"酗酒，老年人开始大量饮酒可能是对退休、亲人去世或慢性疾病发作的反应（Emiliussen, Nielsen, & Andersen, 2017）。这些酗酒者更可能谈到在每次大量饮酒前他们都非常抑郁或者有强烈的孤独感。饮酒成了消除负面情绪或打发漫长的没什么固定活动的无聊时光的方法。与其说晚年型酗酒是对生活压力的反应，不如说它是用来处理这些压力的不良应对策略。当这些不良应对策略被更具建设性的活动取代后，晚年型酗酒者的治疗效果会非常好，这一点将在本章后面进行探讨。

晚年型酗酒者是在生活的重心不再是工作和尽责养家之后才出现问题的。所以，这些酗酒者很少会像早年型酗酒者那样有法律、医疗和社会生活方面的"旧账"。他们不太可能会有延续了一生的情绪或心理方面的问题，因而更可能拥有完好的支持系统，这会成为处理酗酒问题的基础（Blazer & Wu, 2009; Emiliussen et al., 2017; Kuerbis & Sacco, 2012）。这些支持系统中的成员常常会为酗酒老年人寻求治疗并给予支持。

不幸的是，晚年型酗酒者通常不太会认为自己饮酒有问题。这种否认态度妨碍了酗酒问题的发现和老年人寻求治疗的意愿（Blazer & Wu, 2009; Kuerbis & Sacco, 2012）。这些酗酒者没有经历过因为饮酒而丢掉工作或失去伴侣，也可能从未因酒后驾车被逮捕过，又或者因饮酒而伤了自己或其他人。没有过这些被视为饮酒问题的外在表现，老年人很容易否认自己饮酒不当。实际上，许多老年人之前一直是适度地社交性地喝喝酒，但在老了以后却出现酒精依赖的症状（Christie, Bamber, Powell, Arrindell, & Pant, 2013）。因为退休以后的生活比较闲适，闲时喝喝鸡尾酒可能会从喝一杯演变成喝几杯，或者是将开始喝酒的时间提前。由于老年人的身体对酒精的代谢能力下降，因此即使是酒精摄入量仅有些许增加也可能让过去合适的饮酒量变得让人醉酒并导致酒精依赖。比较常见的情况是，当这些人因急性酒精中毒而跌倒、出意外事故或受伤后，其酗酒问题才被医务人员发现。

与酒精依赖相关的风险因素

为什么有些老年人会成为酗酒者而其他老年人不会呢？尽管目前还不清楚确切的原因，但是医学和社会科学已经识别出某些老年人比其他人更容易出现饮酒问题的几个高危因素。

家庭与社会因素 酗酒问题特别是早年型酗酒有家族遗传倾向，这意味着老年人群体中某些成员的社会、民族和遗传特性可能会让他们出现酗酒问题（Balsa, Homer, Fleming, & French, 2008）。可能不是某个单一因素，而是早期与饮酒有关的家庭经历中的多个因素的复杂交互作用影响了个人在人生历程中如何对待饮酒。这些因素包括家人何时饮酒、家庭对饮酒的接受程度、是否容易得到酒精和家人的角色示范作用等。其他的社会心理因素，包括年轻同伴的影响以及所处社会环境对饮酒的看法，也会影响一个人终生的饮酒模式。尽管大学里的狂饮可能会被看作年轻人的校园生活中无伤大雅的一部分，但是卫生保健专业人员却担心一些年轻人到了中年以后还会沿袭大量饮酒的习惯，从没什么害处的派对饮酒演变成长期的酒精依赖。

社会隔离与抑郁 老年酗酒者同没有酗酒问题的同龄人相比孤独感更强，社会支持更少（Christie et al., 2013; Blazer & Wu, 2009）。社会隔离是导致老年人患抑郁症的众多因素之一，与年龄、性别、受教育程度或健康状况这些因素相比，它与出现饮酒问题有更强的相关度。离婚、分居或未婚的人比已婚或丧偶的人更有可能出现饮酒方面的问题（Epstein et al.，2007）——这是另一个例子，说明了社会隔离的危险，因为它容易导致人们酗酒。

近期经历过大的社会角色转变的老年人出现饮酒问题的风险较高（Emiliussen et al.，2017；Kuerbis & Sacco，2012）。尽管退休可能受人欢迎，因为它让人摆脱了工作责任，但是它也带来了巨大的角色转变，让人从一个生产者变成了退休人员。对认为自我价值在很大程度上取决于自己的职业身份和生产力的老年人来说，退休可能是个极大的难关。而近期丧偶的老年人要从身为他人的配偶，有责任照护他人的角色，转换到独自一人生活，他们可能会产生无法忍受的空虚感。当老年人从相对而言身体健康变成受慢性疾病折磨时，也可能会出现同样的角色转变问题。晚年时期任何较大的角色转变都可能会导致老年人的饮酒量骤然增加，老年人用饮酒来对抗角色转变带来的压力。然而，一些研究显示，在应对角色转变方面，老年人实际上比年轻人更有弹性和有更好的应对技巧，所以不要把酗酒问题仅仅归咎于角色转变，这一点很重要（Kettaneh，2015）。

闲暇时的生活方式 社会经济阶层较高的老年人，特别是男性老年白人，要比社会经济阶层较低的同龄人更容易出现酒精依赖问题（Han et al.，2017）。很明显，其中的原因之一是饮酒花费昂贵。社会经济阶层较高的人往往收入也高。收入较高的老年人更有可能参加一些会让人饮酒的退休人员的社会活动，特别是在退休社区里组织的活动。休闲式的生活方式可能会让人觉得非常像在放一个连续的长假。个人没有什么要负的责任，即便有的话也为数不多，所以不太需要控制饮酒方面的消费。在这样的情况下，随便饮酒的习惯会很容易演变成酒精依赖。

种族或族裔 虽然白人男性比其他种族或族裔男性的酒精消费量更高，但黑人男性更有可能遇到与饮酒有关的健康问题（Bryant & Kim，2012）。一些黑人男性酗酒者更有可能将酒精与违禁药物结合起来，并在他们生命的早期阶段就开始了自我毁灭的行为模式。对于这一结论，目前的研究未能确切地支持。一些研究显示，与同龄的白人男性相比，实际上老年黑人男性饮酒量更少（Center for Behavioral Health Statistics and Quality，2016）。有色人种老年人的酒精消费量较低的部分原因可能是，他们有较强的社会支持系统，收入较低，而且更有可能是劝阻饮酒的宗教组织的成员。

饮酒与老年女性

据估计，65岁及以上的女性中有60%～80%根本不饮酒，部分原因是社会或宗教规范以及避免与处方药物发生具有潜在危险的相互作用（Substance Abuse and Mental Health Services Administration，2010）。身心健康专业人员一般不会询问女性饮酒的情况，因为他们认为去教堂做礼拜的祖母型的人不太可能是酗酒者。滥用酒精的老年女性的确切人数可能被严重低估，因为几乎没有可靠和有效的手段来衡量老年女性的酒精滥用情况（Blow & Barry, 2012; Epstein et al., 2007; Kettaneh, 2015）。

尽管在人生的某些时候，男性成为酗酒者的可能性是女性的2～4倍，但是女性比男性更可能成为晚年型酗酒者（Blow & Barry, 2012）。随着年龄的增长，女性的身体更容易对酒精上瘾。女性的体重较轻，因此，她们摄入的每盎司①酒精更容易给身体带来醉酒反应。女性身体中的脂肪比例比肌肉高，这使得她们从体内排出酒精的速度要比男性慢（Blow & Barry, 2012; Epstein et al., 2007; Sarabia & Martin 2016）。酒精浓度过高会加速肝损伤的发生，降低酒精在消化道的代谢速度。

女性晚年型酗酒的发生率较高与其预期寿命较长有关，这让她们可能面对更多的压力——因为孤独、抑郁以及失去家人和朋友而突然饮酒（Blow & Barry, 2002; Epstein et al., 2007; Sarabia & Martin, 2016）。同已婚和丧偶的老年女性相比，离婚、分居或未婚的老年女性在有饮酒问题的人中占的比例偏高，这进一步印证了前面的观点，即社会隔离会让老年人成为酒精依赖的高危人群。配偶酒量大的老年女性的饮酒模式跟单身女性的差别不大。

据推测，随着年龄的增长，"婴儿潮"时期出生的女性将打破饮酒量减少的模式，酗酒女性的数量将会增加。研究表明，尽管"婴儿潮"时期出生的女性对饮酒的态度发生了转变，但随着年龄的增长，她们的饮酒量实际上会减少，部分原因是她们在家庭和事业上的责任越来越大（Lee, Chassin, & McKinnon, 2010; Sarabia & Martin, 2016）。

酗酒造成的心理与医疗方面的后果

界定饮酒问题　界定什么造成了老年人出现问题饮酒或酗酒行为是在确定这一问题的流行程度时一个最有争议的地方。目前可接受的酒精摄入量标准是，女性每天不超过一杯酒或每周不超过七杯酒，男性的酒精摄入量标准约为这一数字的两倍。"一杯酒"被认为是1.5盎司的白酒、12盎司的啤酒或5盎司的葡萄酒（National Institute on Alcohol Abuse and Alcoholism, 2018）。酗酒被确定为定期饮酒超过这一数量，或由饮酒直接导致健康发展或功能障碍。然而，老年人的酗酒问题往往是隐性的。老年人在家饮酒的可能性更大，被判醉驾的可能性更小，而且退休后开始酗酒的可能性更大。对这一人群来说，他们非常容易保持私下饮酒的行为而不会有像其他年龄群体那样因饮酒而带来的社会性后果（Blow & Barry, 2012）。然而，更有可能是与饮酒有关的社会心理因素、饮酒可能对老年人健康产生的后果，以及在服用处方药物时饮酒的情况决定了老年人饮酒问题的严重性。

---

① 1盎司约等于28.35克。——译者注

对身体系统的伤害　　与酒精相关的身体损伤很容易同与衰老相关的身体变化相混淆。记忆力丧失、注意力难以集中、失眠、情绪不稳定、抑郁和跌倒事件（所有饮酒问题的迹象）都可能被认为是老年失智症早期或身体健康衰退引起的生理和心理变化（Blow & Barry，2012；Kettaneh，2015；Sarabia & Martin，2016）。健康护理人员注意到老年人有酗酒问题主要缘于他们有饮酒过多导致的身体健康问题。就像我们前面提到过的，由于衰老的机体代谢酒精的速度减慢，老年人和年轻人如果喝了同样多的酒，前者血液中的酒精浓度要更高一些。酒精浓度高会全面影响身体的各个系统和心理机制。

长期饮酒的损害往往会反映到肝脏和肾脏的状况上。肝脏会增大，形成脂肪肝或者肝衰竭——像肝硬化，肝功能不可逆转地恶化。身体的正常衰老使得肾脏的负担本来就已经不轻了，血液中酒精浓度过高可能更会加重肾脏的负担，这样一来它就要超负荷工作，从而没有能力调节体液水平，以及过滤掉血液中的有毒物质。肾衰竭的结果就像中毒。

长期饮酒会损害心肌，导致高血压。对于已经患有心血管疾病的老年人，大量饮酒会增加心脏病发作或中风的危险。这里强调的是大量饮酒带来的危害。医学研究表明，患心脏病与饮酒之间是U形关系，适量饮酒会改善心血管功能。心脏病在酗酒和完全不饮酒的老年人中最为常见（McDonald，2014）。适量饮酒实际上会减少患心脏病的概率。

营养不良　　所有年龄段的酗酒者都常常对吃东西不感兴趣或者没法合理进食，从而导致严重的营养不良问题。那些原本就因为失去嗅觉、做饭困难和不喜欢一个人吃饭而很可能营养不良的老年人，若再加上摄入的营养不足，患急慢性疾病的危险就更大（Balsa et al.，2008）。缺乏维生素再加上血液中的有害酒精浓度，能导致中枢神经系统失常，引发癫痫、步态不稳。老年酗酒者常常走起路来抬脚缓慢，跟跟跄跄，胳膊僵直，身体前倾，容易频繁跌倒（Fein & Greenstein，2013）。酒精中毒已经损害了老年人身体的协调和运动能力，若再加上年老带来的中枢神经系统的变化，那么跌倒对酗酒老年人来说会像患其他疾病一样，非常危险。饮酒会增加髋骨骨折的发生率（Balsa et al.，2008；Epstein et al.，2007；Fein & Greenstein，2013），这不仅是因为饮酒后更容易跌倒，还因为长期饮酒会对老年人的骨密度造成不利影响。

心理和认知能力方面的后果　　比奇等人观察到，大量饮酒会导致早衰，加速短期记忆的丧失，损害抽象推理能力，并妨碍老年人处理信息的能力。酗酒的老年人大多情绪不稳，总为鸡毛蒜皮的小事跟人争吵。这些行为上的改变可能是由大脑额叶的生化变化造成的，大脑的这一部分对智力和情感功能起最主要的决定作用。酒精会带来额叶的萎缩，造成功能性脑组织的丧失（Beach et al.，2015）。即使开始戒酒，酗酒的老年人也不太可能像酗酒的年轻人那样可以重新获得这些智力功能。

抑郁常常是引发酗酒的先导因素，但是它同时也是酗酒的后果。同不酗酒的老年人相比，65岁及以上的酗酒老年人有严重抑郁问题的可能性是前者的3倍（Balsa et al.，

2008；Epstein et al.，2007）。喝得一般多和喝得非常多的人自杀的可能性是不饮酒的人的16倍，并且这些人自杀常常跟抑郁有关（Lau，Morse，& Macfarlane，2010）。

与处方药物的相互作用 即使将饮酒量控制在建议的范围内，酒精和处方药物的结合使用也可能使老年人处于特别危险的情境之中。酒精会抑制某些药物如抗生素或抗高血压药物的疗效，使普通疾病变得特别难以治疗。当酒精与苯二氮卓类、巴比妥类和抗抑郁药物等精神调节类药物结合使用时，酒精和药物的效果都会加强（Blow & Barry，2012；Sarabia & Martin，2016）。虽然老年女性饮酒的可能性较小，但是她们更有可能服用这些精神调节类药物（Sarabia & Martin，2016），因此一旦药物与酒精结合使用，就会产生更严重的医疗问题。

养老院中的酗酒问题

尽管15%可能是最准确的养老院中有酗酒问题老年人的比例，但是因具体场所和测评酗酒问题所使用的标准不同，人们估计的养老院中有酗酒问题的老年人在入住老年人中占的比例从2.8%到49%不等（Dreher-Weber et al.，2017；Mjelde-Mossey，2008）。在入住人员绝大部分是女性的机构中酗酒人员比例较低，而在入住人员以男性为主的机构中，诸如在退伍军人管理局的养老院中，酗酒者的比例直线上升。酗酒是入住养老院人群的问题中继失智症之后居第二位的最常见的确诊问题（Mjelde-Mossey，2008）。养老院中有酗酒问题的人更可能是男性，年龄偏小，目前没有配偶，与不饮酒的入住人员相比收入较低，也更可能有抑郁症状并且有烟瘾。

如果认为有酒精依赖问题的老年人一旦入住养老院就不会再饮酒，那就错了。一些养老院会发起"鸡尾酒时间"活动来促进老年人的社会交往。另一些养老院可能需要医生的许可才让老年人饮酒，这使酒精像药物一样受到控制（Klein & Jess，2002）。尽管许多老年人会因为没法搞到酒以及大多数正规养老院控制饮酒而被迫戒酒，但是还是有些人私下里继续饮酒。老年人的家人和朋友可能会无视养老院严格的禁酒规定，在拜访老年人时给他们带酒。一些老年人定期回家走动可能也会带酒回来。而不能从外面带酒进来的老年人可能会喝漱口水和剃须水，这是两种常用的酒精含量高的东西。

有酒精依赖问题的老年人如果得不到酒，就可能会出现严重的戒断症状，如心动过速、高血压、震颤或与第五章讨论的谵妄相似的意识混乱症状。倘若医务人员没意识到这是酒精依赖的症状，可能就会把它们当作身体健康问题而不是戒断症状来处置。偷偷饮酒，同时又要服用治疗慢性疾病的药物，会给老年人带来致命的后果。

识别老年人的酗酒问题

身体表现 有几个身体方面的表现能很清楚地说明老年人醉酒很厉害。最明显的迹象是老年人有酒气（或者试图用爽口薄荷糖或漱口水掩盖酒气）、面颊通红、眼睛肿胀或者发红、手部震颤、注意力不集中或注意力集中的时间短（Blow & Barry, 2012；Tablowski, 2014）。老年人可能会口齿不清或者看起来步态不稳。老年人可能还会有说不清缘由（或者不愿意解释）的擦伤和碰伤，这通常表明他们摔过好几次跤，这些伤可能是由饮酒过量造成的。老年人可能蓬头垢面或者衣衫不整，不能保持良好的个人卫生。尽管还不能确认老年人有酗酒问题，但是其家人和朋友能非常强烈地感到老年人有什么地方不对劲。健康护理人员可能留意到老年人抱怨失眠的次数增加——他们白天睡得过多。无法控制血压、痛风多次发作、外表浮肿、男性出现阳痿等，也可能进一步表明老年人有酗酒问题。

行为表现　　当老年人有酗酒问题时，其家人会察觉到其性格有了明显的改变。外向开朗、待人友善的老年人变得离群索居、情绪化，而内向、退缩的老年人可能会在与人交往时变得咄咄逼人或者充满敌意，结果导致与家人和朋友不和。过度饮酒还会导致老年人在定期看病和参加社会活动时失约。这些变化表明老年人无法控制饮酒行为，为方便饮酒他们可能改变了自己的生活安排。

到家里探访老年人可能能发现更多酗酒的线索。酒味（特别是在早上或者刚过中午的时候有这种气味）、饮酒的物证（诸如有许多杯子、空瓶子或者啤酒罐放在老年人的生活区里），都表明老年人可能酗酒。有些时候，酗酒的老年人在醉酒时会失禁，因此他们住的地方会有尿味或粪便的气味。在大量饮酒期间，老年人住的地方可能会显得异常凌乱或肮脏。打开橱柜或冰箱，你可能会发现里面存了许多酒。要仔细观察、细心倾听。

让老年人承认酗酒可能并不容易。所有年纪的酗酒者在被问到饮酒的事时都常常会矢口否认喝多了并采取防卫态度（National Institute on Alcohol Abuse and Alcoholism, 2018）。老年人可能需要花些时间，在他人的帮助下才能认识到自己有酗酒征兆。美国国家酒精滥用与酒精中毒研究所提供了一个生理心理社会症状的列表（见专栏8-1），这些症状经常出现在因酒精依赖而出现问题的老年人身上。

专栏 8-1　如何识别酗酒问题

并不是每个时常饮酒的人都会出现问题。但是你如果有下面这些情况，可能就要寻求帮助：
1. 通过饮酒来让自己镇静、忘却烦恼或减少抑郁。
2. 不想吃东西。
3. 饮酒时一饮而尽。
4. 撒谎或隐瞒自己饮酒的习惯。
5. 经常自斟自饮。
6. 饮酒以后伤过自己或其他人。
7. 去年喝醉的次数超过三四次。
8. 需要更多的酒才能感觉"情绪振奋"。
9. 不饮酒的时候容易被激怒、愤世嫉俗或者不可理喻。
10. 有由饮酒造成的身体疾病、社会生活问题或经济问题。

资料来源：Aging and Alcohol Abuse, National Institute of Alcohol Abuse and Alcoholism (2018).

筛查和诊断工具　密歇根酒精中毒筛查简短测试-老年版（SMAST-G）是一种循证筛查工具，可以识别老年人酗酒的几个指标，如使用酒精放松或镇定神经，或者对最近的损失做出反应。虽然这种筛查工具显示了良好的信度和效度，但它依赖于自我报告来识别酒精使用情况。它依赖于老年人自己说出其饮酒的真实情况。这个筛查工具可以从网上找到。它包括 10 个问题，并对这些问题打分（得分越高表示越可能存在酗酒问题）。

老年人酗酒的治疗

对酗酒老年人的治疗，特别是对那些晚年型酗酒者的治疗，预后（prognosis）效果非常不错（Kettaneh, 2015; Ligon, 2013; Le Strat et al., 2010）。许多人晚年酗酒是为了应对年老以后的压力，所以，如果能识别出这些压力是什么，帮助老年人找到更有效的应对技巧，那么常常可以成功地处理和戒除酗酒行为。然而，老年人在获取或愿意接受酗酒治疗方面存在重大障碍，这使治疗成为健康护理人员、老年人及其家人面临的独特挑战。

治疗障碍

家人的态度　尽管成功治疗的预后极佳，但是老年人寻求治疗却有一些障碍。老年人不太可能为解决自己的饮酒问题而主动求助，因为他们很少会像年轻酗酒者那样出现社会生活方面的问题或造成法律方面的后果。老年人的朋友和家人可能会在不知情的情况下成为老年人酗酒的"帮凶"，因为他们深信自己所爱的人喝喝酒不会有什么大碍（Denning, 2010; Ligon, 2013）。他们也可能听不进身心健康专业人员让老年人接受治疗的建议。可能直到老年人得了严重的疾病或出了事故，老年人的家人才不再否认问题，开始积极支持采取干预措施。

专业人员的态度　正如之前讨论的一样，许多身心健康专业人员无法区分与年龄有关的身体变化和酗酒的症状，这使得很难正确识别老年人的饮酒问题。同样，身心健康专业人员对老年人的年龄歧视态度，也会妨碍他们对酗酒的治疗。就像好心肠的家人和朋友一样，医生、护士和社工可能会否认老年人有饮酒问题或者忽视了其严重性。可能存在这样一种错误的假设，即老年人要么不会成为酗酒者，要么一旦成为酗酒者，康复预后效果会很差（Dar, 2006; Sharp & Vacha-Haase, 2010）。如果老年人很孤独，病得非常严重又比较抑郁，那么怎么忍心责备他用饮酒来逃避痛苦呢？如果他不再驾车，已经退休，又不必尽什么家庭义务，那么酗不酗酒还要紧吗？但事实是这确实很要紧。对许多老年人而言，过度饮酒会给生命带来威胁。正如本章强调过的，酗酒会给老年人的心理、社会和身体功能带来危险。酗酒让老年人的生活质量打了折扣，不应该被视为无伤大雅的小恶习。

恐惧和抗拒 老年人可能会对要他们离家治疗十分抗拒。去医院或者是养老院哪怕只有很短的一段时间，也会让老年人惊恐不安，因为去这些场所是与死亡即将到来联系在一起的。老年人需要打消疑虑，确定自己没有被"抛弃"。他们应该完全了解整个治疗过程的每个环节。接受治疗必须是老年人自己做的决定，而不应该是老年人的家人或社工的主意。尽管无论对谁来说，要摆脱任何药物滥用获得康复都是件极其困难的事，但是如果这一目标不是由必须付出努力的当事人本人设立的，就注定会失败。

筛查、简短干预、转诊治疗模式

短期治疗方法已被证明在治疗高危饮酒的老年人方面特别有发展前景。高危饮酒被定义为酒精摄入量超过美国国家酒精滥用与酒精中毒研究所建议的水平。筛查、简短干预、转诊治疗（SBIRT）模式是短期治疗方法的一个例子，该模式已被证明可以减少酒精消费并且成本－收益较好（Bertholet, Daeppen, Wietlisbach, Fleming, & Burnand, 2005; Cheripitel, Moskalewicz, Swiatkiewicz, Yu Ye, & Bond, 2009）。短期治疗方法，如SBIRT模式能够减少多达34%的老年人问题饮酒行为（Agley et al., 2014; Blow & Barry, 2012; Quanbeck, Lang, Enami, & Brown, 2010）。

筛查 SBIRT模式的第一步是使用一系列的工具进行筛查。最常使用的是美国国家酒精滥用与酒精中毒研究所的三题筛选法，即询问一个人一周有多少天喝酒，通常喝多少酒，以及在任何给定的一天最多喝多少酒（Substance Abuse and Mental Health Services Administration, 2018）。对于65岁及以上的健康老年人，饮酒限制为一天不超过三杯酒，一周不超过七杯酒。如果一位老年人的酒精消费量超过建议限度，则建议使用更深入的筛查工具，如酒精使用障碍识别测试（Alcohol Use Disorders Identification Test）或酒精、吸烟和物质参与筛查测试（Alcohol Smoking and Substance Involvement Screening Test）（Blow & Barry, 2012）。

简短干预 简短干预是有时间限制的以病人为中心的策略，通过增加对药物滥用的洞察力和自我意识来促进老年人行为的改变（Substance Abuse and Mental Health Services Administration, 2018）。根据问题的严重程度和个人参与讨论的意愿，讨论既可能短至5～10分钟，也可能持续1小时。讨论内容包括健康护理人员对酒精与药物的相互作用、酒精对加剧现有健康问题的影响或滥用酒精可能对个人和社会责任的影响方式的关注。

简短干预的主要目标是减少或停止酒精消费，或在必要时促进正规治疗（Agley et

al.，2014；Purath，Keck，& Fitzgerald，2014）。SBIRT 中最常用的简短干预方法是动机性访谈。动机性访谈的重点是提高个人对行为（在这种情况下是酒精滥用）造成的危害的认识，并将所有行为改变的责任直接转移到出现问题的个人身上。与治疗酒精滥用通常采用的严厉、对抗性的方法不同，这种方法引导个人更深入地了解情况，鼓励或支持酒精滥用者并帮助他们找到替代行为。这种方法的重点是降低危害，但并不认为完全禁酒是解决酗酒问题最现实的办法。

动机性访谈确定了个人从认识到问题行为存在到实现行为改变的过程中所经历的五个阶段（Agley et al.，2014；Purath et al.，2014；Vanbuskirk & Wetherell，2014）。在第一个阶段——前预期阶段，个体尚未将问题行为（此处指酒精滥用）与其由于否认、缺乏认识或缺乏改变的自信而产生的后果（例如，健康问题、财务问题、紧张的家庭关系）联系起来。在第二个阶段——思考阶段，个体对于行为改变产生矛盾心理，并努力去理解自己的行为会产生怎样的问题。这一阶段的典型陈述通常为"我饮酒是因为我喜欢它的味道"和"我饮酒时从来没有丢过工作或伤害过任何人"等。这一阶段的关键是让个体逐渐意识到这种行为可能被认为是一个问题，但个体对这种行为的确切后果并不清楚。在第三个阶段——准备阶段，个体做出改变的决定，但是还没有采取行动。意图与行为标准相结合，但还没有制订改变行为的具体计划。诸如"我需要考虑戒烟"或"在夏季高尔夫赛季结束后，减少喝鸡尾酒会更容易"的陈述表明，一些老年人逐渐意识到，也许其饮酒行为已经成为一个问题。

在第四个阶段——行动阶段，个体会采取更果断的措施来改变问题行为，大多数个体会使用在别人看来很明显的方式。这可能包括在与医生见面前一周不饮酒，或者从喝烈性酒改为"只喝一杯啤酒"。他们正在做出努力，但要完全改变行为方式，仍然存在一定程度的阻力。第五个阶段——维持阶段，从行为改变持续至少 6 个月后开始。酒精治疗的动机性访谈方法基于这样一种假设：除非这种行为的成本大于收益，否则个人不会改变他的酒精消费水平。治疗师的角色是根据老年人自己的陈述和见解，让他们诚实地认识到酗酒的代价。一旦老年人有了这种意识，并根据自己的见解有了改变的动力，治疗师的功能就是帮助他们制订出一个具体的计划，最终形成减少或停止饮酒的策略。

美国国家酒精滥用与酒精中毒研究所 2018 年建议对被认定为高危饮酒者的老年人采用以下方案进行简短干预，它反映了动机性访谈的基本原则：

（1）确定老年人未来生活的目标。这些目标可能会受到酒精滥用的影响。
（2）对任何用于识别高危饮酒的筛查工具给予反馈。
（3）将饮酒模式界定为行为的底线。
（4）权衡饮酒的利弊，这有助于治疗师认识到酒精在老年人生活中的作用。
（5）探究酗酒的后果。
（6）探索减少饮酒或戒酒的原因。

(7) 对饮酒设定合理的限制，并制定相应的策略。

(8) 制定饮酒（或不饮酒）协议。

(9) 预测可能威胁到新行为的高风险情况。

在这个方案的每个步骤中，治疗师的功能都是强调老年人的自我陈述，而不是给行为贴上标签或指责老年人。动机性访谈方法强调，除非酗酒者接受饮酒行为带来的负面影响大于它带来的回报的观点，否则这种行为不会改变。个人洞察力和改变问题行为的动机的日益增长，为老年饮酒者从意识到行动提供了基础。

转诊治疗　在某些情况下，老年人需要更高级的治疗，而动机性访谈已不能满足这些要求。在这种情况下，他们会被转介到一个专门的成瘾项目。SBIRT 模式下的转诊治疗过程包括通过将老年人与成瘾项目联系起来，帮助老年人确定资助治疗方案的方式，以及解决任何其他阻碍老年人参与治疗的障碍，从而实际帮助老年人获得治疗。转诊治疗过程需要社工或健康护理人员的积极参与，以确保老年人不会在确定酒精滥用问题和安排治疗方案方面迷失方向。这一步要求社会服务机构和初级健康护理者与戒毒治疗机构建立关系，并协助实施一切后续支持方案。我们的目标是确保人们不仅仅能够认识到其治疗的选择，更能够得到相关治疗。治疗严重的酒精成瘾要比培养对酒精的认识复杂得多。

解毒过程

治疗任何年龄段的人的酗酒问题都要经过几个阶段。第一个阶段便是解毒，它是在医务人员的监督下清除体内的酒精，一般在医院或治疗性机构中进行。年轻人要花 5～7 天的时间来清除身体里的酒精，而老年人最多可能要花 30 天的时间（Petit et al.，2017）。老年人在解毒过程中会有什么反应取决于其身体对酒精的依赖程度和其总体健康状况。解毒过程通常会伴有严重的身体症状，如震颤性谵妄、焦虑、幻觉、心跳过速和血压陡然上升。在解毒期间必须对老年人小心监察，因为如果老年人患有心血管疾病或高血压，那么解毒可能会有致命后果。老年人常会服用苯二氮䓬类药物、抗焦虑药物来缓解解毒过程中身体和心理上的不适（Van den Berg, Van den Brink, Kist, Hermes, & Kok, 2015）。尽管听起来解毒可能像长期酗酒一样给老年人的身体带来危险，但是解毒带来的短期风险要远远小于长期酗酒带来的长远危险。因为有这些特别的风险，所以要鼓励老年人到医疗机构戒除酒瘾，而不是在没有专业人员帮助的情况下在家中简单"戒酒"。

康复后的跟进治疗

药物治疗　双硫仑又称戒酒硫，是一种和酒混用时会导致恶心和呕吐的药物，它常常会被开给处于早期康复阶段的戒酒者。戒酒者害怕饮酒会引起强烈的身体不适，因而在受到社交场合或想饮酒的诱惑时不会恢复饮酒。尽管这一药物对年轻人来说可能非常有效，但是不推荐老年人使用这一药物（Rogers & Weise，2011）。对老年人而言，双硫仑所引发的强烈的身体反应可能会带来生命危险。它或许会让原本就有严重疾病的老年人增加脱水、难以控制的腹内出血和血压偏高症状。而且，仅使用双硫仑而不提供支持性辅导，不能让老年人习得新的应对技巧并改变行为，不能让老年人坚持无酒相伴的生活方式。纳曲酮（商品名 ReVia）是另一种经美国食品和药物管理局批准用于治疗酒精和阿片类疾病的药物（稍后在本章讨论）。这种药物阻断了酒精的兴奋效应和感觉，这让许多人减少了饮酒行为，从而可以继续接受治疗，避免复发。纳曲酮既不会上瘾，也不会对酒精产生负面反应（Substance Abuse and Mental Health Services Administration，2018）。

研究表明，给处于康复阶段的老年人开抗抑郁药物而不是双硫仑或纳曲酮，对老年人有支持作用（Oslin，2005）。老年酗酒者常常是在抑郁症发作后大量饮酒的。如果抑郁症能得到治疗，老年人就可能不太会屈从于重新饮酒的诱惑。

匿名戒酒会（AA） 匿名戒酒会有一个 12 步的戒酒方案，这个方案已经在世界各地的所有年龄群体中使用过，有非常出色的戒断率。该方案要求参加者公开承认自己对饮酒无能为力，会服从于"更强大的力量"来帮助自己节制饮酒。该方案利用由其他已康复的酗酒者组成的治疗团体的力量支持处于不同康复阶段的戒酒者。匿名戒酒会的好处是有成型的支持系统和持续进行的社会化活动，这对老年人来说是戒酒后恢复正常生活必不可少的东西（DiBartolo & Jarosinski，2017；Moos，Schutte，Brennan，& Moos，2010）。匿名戒酒会提供的支持对那些常常因社会隔离而大量饮酒的老年人非常有助益。匿名戒酒会的出席率被发现是所有年龄群体保持戒酒状态的最佳预测指标之一（DiBartolo & Jarosinski，2017；Satre，Mertens，& Weisner，2004）。

老年人可能会以不同于年轻人的方式体验匿名戒酒会的动态。老年人认为匿名戒酒会小组中形成的强烈的社会关系是帮助他们恢复的一个非常重要的因素，而年轻人则不认为这种社会关系是重要的。老年人在匿名戒酒会小组中也感到更舒服，尽管他们也觉得与主要是老年人的小组相比，混合年龄小组更难理解老年人的具体需求（Cumella & Scott，2018）。对出现饮酒问题的老年人来说，失去生活中重要的东西是问题产生的决定性因素，老年人需要学习自我管理和认知行为技巧以战胜这种失去给自己带来的不利影响（Moos et al.，2010）。他们必须重新学习人际关系技巧，以便结交新朋友，重建社会支持系统。老年人还需要跟社区里的其他资源链接，以帮助他们解决晚年生活中常常会出现的经济、医疗或社会生活问题。匿名戒酒会小组既可以发挥支持性治疗团体的长处，同时又可以运用实用技巧，帮助老年人正确应对诱使自己大量饮酒的压力。

药物滥用、误用与药物依赖

虽然老年人口只占美国人口的13%,但他们消费的处方药物数量却占美国处方药物消费总量的25%～40%(Blow, Bartels, Brockmann, & Van Citters, 2007; Charlesworth, Smit, Lee, Alramadhan, & Odden, 2015)。同时服用五种或五种以上处方药物的老年人口比例从12.8%增加到39%,这主要是因为心血管疾病治疗药物的增加和抗抑郁处方药物的急速增加(Charlesworth et al., 2015)。如果使用得当,那么处方药物对治疗许多常见的老年健康问题至关重要。本节所讨论的药物使用是指违禁(非法)药物的用途,或将处方药物用于标示外用途,作为可能导致不健康药物依赖的自我治疗手段(Chang, Compton, Almeter, & Fox, 2015)。新陈代谢方面的原因使老年人容易形成酒瘾,同样,它也让老年人更容易出现药物依赖(Benson & Aldrich, 2017; Chang et al., 2015)。就像对酒精的代谢一样,老年人代谢药物的速度较慢,这让药物在老年人血液中的含量比在年轻人血液中的含量要高。老年人的肾脏和肝脏从身体里排出这些物质的效率也比较低。尽管机体处理药物的效率降低,但老年人同时服用多种药物的比例却直线上升,两者合在一起,使出现药物滥用和药物依赖问题的风险大大增加。

老年人使用违禁药物的增长

目前为止,老年人使用大麻、海洛因或可卡因等违禁药物的情况还比较少见,只有不到2%的老年人承认他们使用过这些药物(Center for Behavioral Health Statistics and Quality, 2016)。这一数字之所以这样小,最可能是因为从年轻时就开始使用违禁药物的人常常早就搞垮了身体,活不到老年。毒瘾很大的人常常会过早死亡,因为他们不得不为弄到钱买违禁药物而费尽心机,因要跟他人共用针头和吸毒用具而使健康受到威胁,他们在街头购买的违禁药物的质量也无法得到保证。而尚在人世的从早年起就使用违禁药物的人会调整自己的习惯,以面对年老的现实。由于收入减少、不那么容易得到违禁药物和身体较频繁地出问题,使用违禁药物的老年人可能会大幅度减少药量(Martin & Augelli, 2009)。基本上,这些人非常幸运地能控制好药量,把使用违禁药物当成消遣习惯而没有导致严重的法律后果或需要为此求医看病。

然而,减少违禁药物使用的历史趋势在"婴儿潮"一代的老龄化中可能不会反映出来。在"婴儿潮"一代中,使用违禁药物的人口比例从2001年的2.7%增加到2007年的5.8%,并且预计会继续增加(Substance Abuse and Mental Health Services Administration，2011），这反映了"婴儿潮"一代不同的人生经历以及他们对使用违禁药物的态度。老年人使用违禁药物的最大预测因素是在生命早期使用违禁药物和酒精（Jamison & Edwards，2013）。成年人在青年时期（25岁之前）娱乐性使用药物的行为似乎会跟随他们进入晚年。

随着最近医疗和娱乐使用大麻的普及，以上数字可能会发生戏剧性的变化。如果大麻不再被认为是一种违禁药物，那么（从技术上讲）违禁药物使用者的数量可能会大幅下降，但大麻的实际使用量可能会增加。吸食大麻的行为可能不会减少，但其不再被作为使用违禁药物行为。大约有60%的美国人支持大麻合法化，包括超过一半的白人、黑人和西班牙裔受访者（Pew Research Center，2018）。

处方药物滥用：阿片类药物成瘾

虽然越来越多的老年人使用违禁药物是一个重要的关注点，但是晚年开始使用违禁或限制药物的老年人也同样值得关注（Substance Abuse and Mental Health Services Administration，2018）。处方药物滥用包括不遵医嘱使用精神调节类药物，通过操纵剂量水平提高药物效果，与他人共享处方药物，囤积药物，娱乐性使用处方药物，以及从不同的健康护理人员那里获得多种处方药物以确保药物的供应（Chang et al.，2014；Sarabia & Martin，2016）。处方药物中最常见和最常被滥用的是阿片类药物，其中包括奥施康定、维柯丁、对乙酰氨基酚等用于止痛的药物。2015年，1/3的医疗保险客户从他们的医生那里得到了阿片类药物的处方，65岁及以上的老年人因阿片类药物滥用而住院的比例在过去20年里增长了5倍（Rosengren，2017）。曾经被认为是那些慢性药物滥用者的问题（他们由于药物成瘾而进行滥用药物的地下活动）的阿片类药物滥用问题影响着美国每一个地区的每一个年龄段的人群。1999—2010年间，因处方止痛药过量致死的女性数量增加了400%（男性增加了237%）（U.S. Department of Health and Human Services，Office on Women's Health，2016）。

老年人更有可能有"慢性非恶性疼痛"。它是一种与癌症无关的疼痛，但会超出通常的疾病或损伤的病程（Chang et al.，2014）。为应对这种疼痛，老年人更有可能使用一种或多种止痛药，如阿片类药物。据估计，在一般人群中，滥用阿片类药物的比例为7.7%~52.9%（Substance Abuse and Mental Health Services Administration，2018）。阿片类药物是治疗疼痛最简单的方法，特别是对于不愿（或不能）为导致疼痛的慢性健康问题接受手术或物理治疗的老年人，或居住在获得医疗保健机会有限的郊区和农村地区的老年人而言（Benson & Aldrich，2017；Chou，2010）。如第四章所述，与彻底评估和确定老年人的疼痛是身体疾病的结果还是抑郁的躯体化症状相比，直接给老年人止痛药更容易也更快速。同样，老年人可能会认为止痛药是一种快速解决疼痛的方法，并坚持要求医生开处方。在阿片类药物高度成瘾的性质被广泛关注以前，一些老年人多年来一直在使用阿片类药物来缓解疼痛。一份善意的治疗慢性背痛的处方可能会演变成致命的药物依赖。表8-1列出了所有阿片类药物（止痛药）和苯二氮卓类药物（镇静剂）。

表8-1 精神调节类药物

精神调节类药物主要作用于中枢神经系统，影响大脑功能，导致情绪、认知、行为和意识的变化，并阻碍对疼痛的感知。这些精神调节类药物中问题最大的是阿片类药物（止痛药）和苯二氮卓类药物（镇静剂）。以下列出了这些类别中最常见的预期药物。

（常见的苯二氮卓类药物，用于治疗焦虑、紧张和失眠	常用的阿片类药物，用于镇痛）
阿普唑仑	可待因
氯氮卓	羟考酮
地西泮	氢可酮
艾司唑仑	吗啡
氟西泮	哌替啶
劳拉西泮	二氢吗啡酮
夸西泮	芬太尼
羟基安定	曲马多
三唑仑	美沙酮

资料来源：Administration on Aging and Substance Abuse and Mental Health Services Administration. (2012). Older Americans behavioral health—Issue brief 5: Prescription medication misuse and abuse among older adults. Retrieved from https://www.acl.gov/sites/default/files/programs/2016－11/Issue％20Brief％205％20Prescription％20Med％20Misuse％20Abuse.pdf.

医生们也有责任，因为所有的过量处方药都是他们给老年人开的（Chang et al., 2014）。缺乏对用药原因的认识或复杂的用药方案会导致用药不当，但不一定意味着擅自用药。美国国家安全委员会2010年发现，99％的医生开出的处方药量仍超过建议的三天供应量。将容易获得阿片类药物的情况与老年人频繁"在医生处购物"的做法结合起来，不难看出这个问题在过去5年里是如何升级的。在某些方面，过度开药可能是一种微妙而危险的年龄歧视。

风险因素 女性对处方和非处方药物产生依赖的风险最高。在50岁以上的女性中，约有11％的人在非医学用途的情况下用药，或者用药的原因与药物指定的医疗原因不同（Sarabia & Martin, 2016）。女性比男性更经常使用医疗保健系统，医生也更有可能为女性开出精神调节类药物（Wu & Blazer, 2011）。研究表明，老年女性将处方药物大量用于非治疗用途的原因可能是，女性与衰老有关的损失更大，成瘾的速度更快，同时精神疾病的发病率更高（National Institute on Alcohol Abuse and Addiction,

2018；Simoni-Wastila & Yang，2006）。

老年人若受慢性疾病折磨、以前服用过精神调节类药物、长期忍受失眠或抑郁之苦或者目前饮酒，似乎会增加出现药物依赖的风险（Park & Lavin，2010）。患精神类疾病会增加出现药物依赖的风险，男女都是如此（Kalapatapu & Sullivan，2010）。

对有色人种老年人处方药物依赖的研究非常有限，尽管已有的研究表明，有色人种老年人药物滥用和药物依赖现象并不像大多数白人老年人那样普遍（Hummer，Benjamins，& Rogers，2004；Kettaneh，2015）。但是，需要格外注意的是，这是药物使用和滥用领域中容易被忽视的研究内容。

非阿片类处方药物滥用 除了阿片类处方药物滥用，老年人群体中另一种常见的处方药物滥用现象发生在抑郁症、焦虑症和失眠的治疗过程中。抗抑郁药、镇静剂和安眠药（针对这些情况分别开的处方）都是精神调节类药物，这意味着它们对中枢神经系统有直接的化学作用，可以改变情绪或感觉状态。在这类药物中，一些能导致生理上切实的药物依赖，而另一些会导致心理上的依赖。持续服用或误用这些药物会导致老年人与药物间形成不健康的关系。

苯二氮卓类药物和其他起镇静作用的药物最容易令衰老的机体成瘾。在过去20年中，苯二氮卓类药物的使用量显著增加，因为医务人员越来越意识到长期服用巴比妥酸盐带来的危险。尽管苯二氮卓类药物可以用于治疗老年人的焦虑症，但是基层医疗保健医生却可能会把它过量地开给老年人，因为他们难以准确区分老年人是患焦虑症还是抑郁症（Weaver，2015）。患抑郁症的老年人可能会同时表现出焦虑症状。如果抑郁症没有得到治疗，那么不管是否服用苯二氮卓类药物，焦虑都会持续。

依赖处方药物是一个隐性过程。老年人或许缺乏知识，不了解剂量多大才合适、服用了会不会让人上瘾，他们可能一开始服的剂量就不对。如果药效不像自己想的那样好，老年人就可能会推想多服一些会好一点，并逐步增加服药的剂量。比如，如果一片镇静剂能让自己的神经安稳下来，那么按照逻辑，服几片就能让自己睡得更好。类似的想法还有，止痛药如果对关节炎很有效，那么对头痛也一定同样有效。

"神经"疾病 当前的老年人同期群有一个倾向，即用"神经"（nerves）一词来描述实际上的焦虑症或抑郁症。"神经"指的是"紧张，对压力敏感，以及情绪上的不安的感觉"（Kohrt et al.，2013）。药物治疗会被用来解决由社会因素，如婚姻或家庭问题、退休、孤独、工作压力或长期贫困的压力等导致的焦虑或抑郁，这强化了老年人觉得精神健康问题"要责怪神经系统，而不是社会系统"的观念。尽管与心理和社会压力因素有关，但是"神经"实际上还是被当成一个医学问题来对待，用药物来治疗。如果老年人对某件事或某个情境特别焦虑，那么说得过去的方法就是多服点药，就像身体疼痛要吃止痛药一样。当老年人自作主张拿药吃或不按剂量服药时，原本按正确剂量服用不会成瘾的药物也可能会让人上瘾。

酒精与处方药物的交互作用

正如我们在本章前面说过的,对老年人来说,饮酒过度和过量服用处方药都极其危险。在美国,急诊室接收的老年人中有 1/4 是由于酒精与处方药物发生了交互作用,两者混合在一起造成了生命危险(Blow et al.,2007)。偶尔喝点酒也会抑制老年人身体里处方药物的新陈代谢,使得药物在毒性较强的情况下在身体里停留更长的时间。换句话说,酒精增加了处方药物的药效。即使是按医生开的剂量服的药,但当和酒精一起在短期内服用时,老年人也容易出现服药过量的症状。

安眠药和镇静剂是个例外,长期摄入酒精会给药效带来相反的作用。酒精会激活这些药物的新陈代谢酶,致使药物被排出体外的速度加快,从而降低药效。老年人可能需要加大特定药物的剂量才能取得应有的疗效。酒精还会降低抗生素、苯二氮卓类药物和许多心血管疾病药物的疗效。然而,酒精会增强安眠药和镇静剂的作用,治病剂量的安眠药和镇静剂如果跟酒精混用就会带来生命危险。

药物依赖治疗

无论使用何种治疗方法,老年人在治疗中都显示出比其他年龄群体更好的治疗效果(Carew & Comisky, 2017;Rajaratnam, Sivesind, Todman, Roane, & Seewald, 2009)。这种情况发生的部分原因是,晚年药物滥用的可能性更大,否认问题存在的可能性更小,更加关注处方药物滥用对健康的不利影响。

筛查、简短干预、转诊治疗模式

本章的前半部分已经着重描述了 SBIRT 模式和动机性访谈已经被成功地应用于解决老年人的药物依赖和药物滥用问题。这个涉及的范围包括提高老年人对潜在危险的意识,转诊治疗及其与结构化康复计划的联系。老年人可能没有意识到滥用那些他们一直认为有益无害的药物所带来的风险。与老年人坦诚地讨论药物是治疗的第一步。

识别潜在的问题 在治疗老年人的药物依赖时,最重要的问题是找到最初依赖的背后诱因(Carew & Comiskey, 2017)。虽然这主要属于医务人员的工作范畴,但是社工可以创造条件,方便老年人和医生沟通。如果老年人滥用止痛药,那么就要查清楚导致长期疼痛的原因。是否有什么病没有被诊断出来?可以服用不那么容易成瘾的药物吗?还可以教给老年人什么其他的止痛方法?

识别让老年人感觉焦虑或抑郁的潜藏的社会环境压力因素十分重要。运用第五章讨论过的诊断焦虑症或抑郁症的方法,社工可以找出是什么问题给老年人带来情绪困扰,使他们用吃药而不是其他干预措施来解决。尽管决定服用何种药物是医疗方面的事,但是社工在协助老年人和医生了解导致药物依赖的社会性因素方面发挥着至关重要的作用。老年人之所以滥用药物,是因为有意用医生开的精神调节类药物来控制烦扰人的情绪,还是因为压根不知道该怎样正确服药?老年人是不是根本不知道哪种药治疗哪种病?

小组干预方法 专为特定年龄人群开办的小组在治疗老年人的药物依赖和酒精依赖问题方面卓有成效(Administration on Aging and Substance Abuse and Mental Health Services Administration, 2012; Benson & Aldrich, 2017)。小组干预方法不仅要让老年人对形成药物依赖的动力机制有更好的了解,还要解决导致药物依赖的衰老过程中的潜在压力。帮老年人牵线搭桥,获取社区中的医疗、社会服务和经济资源,可能会有助于老年人摆脱导致其持续服药的抑郁和焦虑。治疗性小组能帮助陷入社会隔离的老年人重新建立富于支持性的社会网络。

小组干预方法也能用于做药物依赖老年人的家人的工作。老年人的家人可能无意间"鼓励"了老年人继续依赖药物。没有谁的家人想看到所爱的人受罪,家人的本意是非常好的,但是可能直接促成了老年人对药物的持续依赖。当家人逐渐察觉到药物依赖的征兆和依赖精神调节类药物最终会有的危险时,他们可能会感到震惊,从而支持老年人接受治疗。老年人的家人是社工与老年人进行沟通的主要渠道,需要密切参与到治疗过程中。

改变服药安排 改变老年人的服药安排是治疗过程中重要的一环(Carew & Comiskey, 2017; LeRoux, Tang, & Drexler, 2016)。社工应该跟医生一道找出一些方法合并服药安排,这样不清楚怎么服药或误用药物的可能性就会降低。服药的次数能否从一天4次减为2次?能否要跟食物一起服用的药物只在早上吃,而要求空腹服用的药物只在下午吃?

鼓励老年人在同一个药房配药很重要。药剂师受过专门训练,能识别可能出现药物交互作用的情况。识别不良药物反应的系统已经非常发达,配药记录软件会自动标示出危险或重复的药物组合。然而,只有在同一个药房配药才可以预防问题的发生。

病人教育 当前的老年人同期群成长的环境让他们完全信任自己的家庭医生,极少索取有关自己服用的药物的更多资料。"如果医生开了这个药,那么一定没问题。"医生需要对老年人做出如何恰当服药的具体说明,并指出药物都有哪些副作用。如果老年人觉得药物不起作用,那么他应该跟医生讨论,而不是自作主张加大剂量直到自己感觉有效果为止。许多老年人对处方药形成了药瘾,却从不知道这种药物会让人上瘾。

老年人也需要自己监察服药的情况,防止滥用药物。他们是否意识到在哪些情形下自己会马上去服用"神经"药?还有什么其他方法可以帮助老年人应对焦虑或抑郁?教老年人掌控压力的认知行为方法和应对技巧,能让他们除了用服药来改善情绪或改变感觉之外，还有另外的选择。

老年人自杀问题

自杀最常与面临动荡的人际关系、艰难的事业选择，以及酗酒和其他毒品问题而苦苦挣扎的年轻人联系在一起。我们当然有理由关心这部分群体，但是总人口中自杀率最高的是65岁以上的人群。虽然美国的自杀率在一般人群中为每10万人中有13人死亡，但在65岁以上的人群中，这一数据上升到每10万人中有15.4人死亡，在75岁以上的男性中则上升到每10万人中有38.8人死亡（Centers for Disease Control and Prevention, 2016）。在美国，老年人口仅占总人口的13.75%，却占自杀人口总数的16.37%（Curtin, Warner, & Hedegaard, 2016）。老年人自杀未遂率较低，自杀完成率较高，老年人每4次自杀行为中就有1次完成，而其他人群每25次自杀行为中只有1次完成（American Association of Suicidology, 2014）。企图自杀和完成自杀的比例过高表明，老年人衰老的过程及其心理社会历程中的某些独特因素使他们成了自杀的高风险人群。尽管如此，老年人仍然很少被锁定为自杀预防的特殊干预对象。可能从不会有人问治疗身心疾病的老年人是否有自杀意念（Betz, Arias, Segal, Miller, et al., 2016; Heisel, Duberstein, Lyness, & Feldman, 2010）。一个哀叹自己的生命没有什么用的老年人可能会被人忽略，别人可能认为他是想引人注意或者精神有问题。认为自杀主要对年轻人构成威胁的倾向可能会蒙蔽身心健康专业人员的眼睛，让他们无法识别有高自杀风险的老年人。

要精确地确定老年人自杀的数据非常困难。裁决某一死亡是否属于自杀实际上是法律认定问题。如果创伤是自己造成的、有自杀遗言或者有死亡目击证人，可能就被认定为自杀。然而，这没能揭示有些被裁定为事故或自然死亡的事件可能是隐蔽的自杀。服药过量、车祸或者是比较消极的行为，诸如拒绝进食或者拒绝配合治疗，可能实际上是自杀，尽管在死亡证明上没有这样写。老年人自杀可能被看成是为了避免长期忍受慢性疾病的折磨而采取的理性的、先行一步的做法（Kiosses, Szanto, & Alexopoulos, 2014）。尽管身心健康专业人员和老年人的家人可能会因老年人的自杀而受到沉重打击，但是他们常常把这视为老年人对于自己的生命最后可以控制的东西。知道老年人不再痛苦或孤独，对那些跟老年人亲近的人来说可能是个安慰。把自杀这样合理化是危险的，因为它会让身心健康专业人员继续忽视老年人在实施自杀前情绪上的混乱。社会工作专业的一个基本价值观是重视人的生命。儿童的安全和福祉如此重要，以至于社会授权政府部门在儿童的生命有危险时干涉父母的权利。社工会通过热线电话尽力帮助青少年认识到在一个令人迷惑和常常不友好的世界里他们的重要性，并为离家出走的十来岁的孩子提供住的地方。他们也为掉入家庭暴力陷阱的家庭成员提供庇护所。尽管如此，他们却很少做出积极的努力去发现想要结束自己生命的老年人并提供支持。

老年人自杀的风险因素

性别 在所有年龄段的人中，男性自杀人数都多于女性（Curtin et al., 2016）。75岁以上男性自杀的可能性是75岁以上女性的9倍。老年男性的自杀率高可能是由于一旦退休他们的角色便发生了巨大的变化，或者他们在调整自己适应身患重病或独居的事实时有更大的困难（Kiossess, Szanto, & Alexopoulos, 2014）。在男性中更多见的酗酒现象也导致了这一较高的自杀率。用枪支自杀在所有自杀方式中排名第一，占男性自杀总数的67%。与女性相比，男性更有可能拥有枪支（Conwell, Van Orden, & Caine, 2011; Slovak, Pope, & Brewer, 2016）。在黑人男性中，在生命历程中的两个阶段自杀率最高：更容易获得枪支的年轻时期和老年时期（Jahn, 2017）。

女性更可能表现出间接危及生命的行为，如禁食或者拒绝按医嘱服药，采用较为被动的自杀方式（Lau et al., 2010）。儿时受到虐待、一生人际关系困难、滥用药物和长期抑郁都与老年女性自杀有高度相关性。

劳等人发现，女性的自杀意念和自杀企图的一个重要的干预因素是个人的恢复能力（Lau et al., 2010）。有证据表明，一生中成功地克服了情感和心理障碍的老年女性，不太可能接受自杀是解决当前困难和挑战的方法。与男性相比，女性也可能拥有更强大的家庭和朋友支持系统。

抑郁与社会隔离 继性别之后，在第五章中讨论过的抑郁症或者其他精神健康障碍，是导致老年人自杀的最重大风险因素。在所有自杀的老年人中，有71%~97%的人患有某种形式的精神疾病（Conwell et al., 2011）。重度抑郁症对自杀的影响比阈下抑郁症更明显。然而，即使是阈下抑郁症的存在也会显著增加老年人自杀的风险（Diggle-Fox, 2016）。如果老年人正在使用镇静剂治疗抑郁症，那么获得麻醉药物会增加其自杀风险。在老年人群体中，药物过量中毒是排名第二的自杀方式，也是女性的首选（Substance Abuse and Mental Health Services Administration, 2018）。

在失智症早期，很可能为了避免病情不受控制地恶化，自杀的风险增加（Haw, Harwood, & Hawton, 2009）。我们经常会听到夫妻一方杀死另一方然后自杀的信息，他们中一个患有失智症，另一个无法承受失去所爱的人。在失智症晚期，随着执行功能的下降，计划和执行自杀计划的能力降低，自杀率显著下降（Diggle-Fox, 2016）。

社会因素 康韦尔、范奥登和凯恩找到了会提高老年人自杀可能性的两个独立的社会因素：压力生活事件和老年人的社会联系程度（Conwell, Van Orden, & Caine, 2011）。

压力生活事件包括经济压力、疾病导致的功能障碍、视力或听力丧失,以及威胁老年人独立生活的任何其他变化(Diggle-Fox, 2016)。身体健康状况的恶化加上失去朋友和家庭成员,对老年人来说似乎是一个无法克服的挑战。失去伴侣本身就是导致自杀行为的一个重要风险因素。对老年人来说,自杀风险最大的一年是伴侣或所爱的人去世后的第二年,之后自杀风险每年逐渐递减。然而,绝大多数悲痛欲绝的老年人并没有自杀。最可能以自杀作为哀悼反应的老年人是那些有"复杂的哀伤"的老年人(Young et al., 2012)。复杂的哀伤包括对于死亡无情侵入自己生活的思考、对死亡的挥之不去的痛苦和震惊的感觉、作为幸存者的内疚,以及长期无法接受死亡。许多有复杂的哀伤的老年人有精神病史。最近一次的失去加重了这些老年人的抑郁症,从而增加了其自杀的风险。

缺乏社会联系感是老年人自杀的另一个重要风险因素。没有家庭或朋友网络的老年人自杀的可能性增加50%(Holt-Lunstad, Smith, & Layton, 2010)。基桑和迈凯伦发现,老年人"较强的归属感"有助于降低抑郁的可能性和自杀的风险(Kissane & McLaren, 2006, p.252)。归属感是一种被重视、被需要和被接受的个人感觉。研究人员通过老年人对与他人、宠物、社会机构或整个社会的联系的自我评价来衡量他们的归属感。那些感觉与家人或朋友联系较少的老年人可能会认为,即使他们去世了,也没有人会想念他们。

酒精中毒和滥用药物 本章对抑郁症与药物滥用之间的关系做了详尽的说明。不管性别如何,药物滥用和抑郁症的共病性都增加了老年人实施自杀的可能性。酒精是抑制剂,不仅会加剧抑郁,而且会损害老年人的判断力。这种抑制作用或许会阻止老年人实施自杀,但是老年人醉酒的时候头脑也会不那么清醒。

身体疾病 受令人痛苦的、使身体逐渐衰弱的慢性疾病折磨的老年人常常比那些在健康方面只有些小毛病的老年人更易自杀(Conwell et al., 2011; Substance Abuse and Mental Health Services Administration, 2018; Wick & Zanni, 2010)。在患有癌症、肌肉骨骼疾病(如骨质疏松症、多发性硬化、肌萎缩侧索硬化)和艾滋病的老年人中,自杀率较高。当在自然死亡前要面对长期的慢性疾病折磨,自杀可能看起来是唯一缓解痛苦的方法。老年人可能会把自杀看成是一个很好的选择,这样就不必拖累伴侣或家人,使自己摆脱长期生病带来的经济上的负担和情感上的代价(Jahn, Van Orden, & Cukrowicz, 2013)。身体上的疾病也会增加自杀风险,因为它常常伴随抑郁症,而我们已经提过它是自杀的高危因素。老年人会因为生病而抑郁。生病时他们可能会失去在社会生活和社区里扮演的角色,或者与外界隔离,这会加重抑郁,形成疾病—抑郁—社会隔离的恶性循环。

种族或族裔 老年白人的自杀率是有色人种老年人的3倍,尽管我们对有色人种老年人的自杀模式还知之甚少(American Association of Suicidology, 2014)。美国土著年轻人是美国自杀率最高的人群之一，而美国土著老年人却为自杀率最低的人群之一。活到老年的美国土著可能有特别出色的应对技巧，这帮助他们克服了其所面对的医疗和社会生活方面的挑战。在所有种族或族裔的女性中，美国黑人女性的自杀率最高（Centers for Disease Control and Prevention，2016）。对此可能有的解释是，不同地区的文化对自杀有不同的态度，但也更可能是由于美国黑人女性的抑郁程度比其他种族或族裔的女性高（Centers for Disease Control and Prevention，2016）。

有色人种老年人的自杀率较低也可能是由"反转效应"造成的。当前的有色人种老年人同期群是从一生受歧视、低标准的医疗保健服务和社会排斥中生存下来的，可能正是那些帮助他们在早年应对这些挑战的技能使他们能应对年老时健康和社会地位的变化。只有最强健的有色人种老年人才活到了老年（Yao & Roberts，2011）。所以，他们代表的是一群非比寻常地能吃苦耐劳的老年人。有色人种老年人酗酒率较低，社会支持网络更强（Wallace，2015）。他们还可能跟宗教组织有更强的联系，这也可能对抑制自杀起到了强有力的作用（Wallace，2015）。

其他风险因素 家族中有自杀未遂、自杀死亡或患严重精神疾病的人的老年人更可能自杀（Brent，2010）。抑郁症有家族遗传倾向，这在一定程度上解释了这一现象，也可以解释这些人选择自杀是想结束心理上的痛苦。早年曾经自杀未遂的人年老的时候可能更容易再度自杀。布伦特找出了有自杀意念的老年女性人生故事中的几个主题，包括原生家庭功能失调，妻子、母亲或朋友等角色扮演得不好，一生感到孤独，以及对生命总体上持悲观的看法（Brent，2010）。

评估老年人的自杀倾向

评估老年人的自杀倾向可能要比评估年轻人的更困难，因为老年人不太愿意说出自杀打算，并且真实施自杀的可能性要大得多（Conwell et al.，2011；Jahn，2017）。然而，大多数老年人的确提供了重要线索，表明他们正考虑结束自己的生命。75%的自杀老年人在自杀前的那个月曾经见过自己的主治医生，诉说身体上的不适，这些不适可能表明老年人患有严重的抑郁症（Conwell et al.，2011；Diggle-Fox，2016；Jahn，2017）。医务人员很少直接询问老年人是否有自杀意念。当然，我们无法确切地知道如果询问了老年人的自杀意念是否就可以防止自杀，但是最后一次看医生可能就是老年人最后所做的求助努力。健康照护者必须认识到，即使是轻微的抑郁迹象也可能表明非语言表达的自杀意念。身心健康专业人员需要意识到与老年人自杀有关的风险因素，并通过直接的、间接的和行为上的线索加以评估。

间接线索 消极自杀的想法包括诸如"如果我不在了，没有人会想念我""我死了会更好""我不会在这里待太久了"或"我对这一切都厌倦了"等表达。有时,老年人会用诸如"没有我你会过得更好"或"现在的我真是个麻烦鬼"这样的话来寻求所爱之人的回应。这些表达是为了确认他们的生命是有价值的,他们对某人来说是重要的。虽然家庭成员和身心健康专业人员可能会觉得这样的话很恼人,但这是绝望的求助,不应该被忽视。

直接线索 主动自杀的想法包括诸如"我要自杀了"或"有时我只是想结束这一切"这样的直接言论,而不是一个寻求关注的老年人的胡言乱语。它是直接的线索,表明他正在考虑终止自己的生命。如果老年人有这类直接表达自杀意念的话,那么就要问他一些我们在第四章给出的筛查自杀倾向的问题。它们是:

- 你曾经觉得生命不值得留恋吗?如果有的话是在什么时候?
- 你曾经考虑过结束自己的生命吗?如果有的话是在什么时候?
- 你现在还这样想吗?
- 你曾想过用什么方式结束生命吗?
- 你计划好了吗?
- 什么阻止了你按自己的计划做?

如果老年人有具体的计划,并且有实施计划的途径,那么相关人员就要马上采取行动。一个扬言要开枪打死自己并且又有枪支弹药的老年人,是当真要自杀。想要服用过量药物自杀并且已经储存了大量药物的老年人,是铁了心要结束生命。老年人正在考虑的自杀手段越致命,其实施方案的可能性就越大,完成自杀的风险就越高(Dube, Kurt, Bair, Theobald, & Williams, 2010)。

行为线索 有些老年人没有提供任何口头线索。他们决定了要结束自己的生命,并且不愿讲给他人听。这些老年人常常会在行为上流露出一些迹象,这些迹象应该被视为警示信号。赖斯和唐贝克提出,下面的一些线索表明老年人有自杀倾向(Reiss & Dombeck, 2007):

> 企图自杀或者曾经自杀未遂。
> 买了枪或其他武器。
> 储存了药物。
> 出人意料地留遗嘱或修改遗嘱。
> 突然开始筹划葬礼安排。
> 突然把贵重物品送人。
> 突然对宗教或宗教礼拜仪式不感兴趣。
> 一反常态地不在意自己或不做家务。
> 长期情绪焦躁或抑郁却突然变得安稳、平和。

有其中的任何一种行为本身并不一定表明就有自杀倾向。然而，当这些风险因素与直接或间接线索一起出现时，老年人实际采取自杀行动的风险可能就很高。身心健康专业人员如果认为老年人的自杀风险高，就要咨询老年人的家人，获得有关老年人近期行为表现的更为完整的资料。

《美国社会工作者协会伦理守则》与高危老年人

老年社工在做显示出自杀倾向的老年人的工作时要扮演主动的角色，保护生命的神圣性是社会工作职业最重要的价值观之一。该职业需要坚定、忠诚地保守秘密，这能防止对自己或他人的伤害。《美国社会工作者协会伦理守则》（2017）如下：

1.07（c）：社工应该对在专业服务期间取得的所有资料保密，有令人信服的专业理由的情况除外。在通常情况下，社工对资料保密不适用于为了防止对案主或他人造成严重、可预见和迫在眉睫的损害而必须披露资料的情况。该伦理守则在1.07（e）中继续指出：社工应审查案主情况……当法律要求披露机密信息的时候。

使用这个评估过程进行评估，如果一位老年人表现出高自杀风险的情况，表达出结束生命的意图，而且他有方法和机会这样去做，那么立刻打破保守秘密的准则去帮助老年人满足其需求是社工的第一要义。

如果能够获得相关信息，那么社工应该立刻联系老年人的家人或者亲密的朋友。需要尽快咨询社工的主管领导，来帮助了解这一过程，以保护老年人和社工。美国社会工作者保险信托协会（2004）建议，被判断有紧急自杀风险的案主如果没有家庭或其他支持系统，那么应接受适当的支持服务，其中可能包括自愿或非自愿住院。应该确保案主能够与"传递温暖"的临床工作直接联系。

对自杀老年人开展的长远工作

对于被认为有长期自杀风险但没有即时危险的案主，对案主的长期工作可以集中在一些解决问题的活动上（Mishna, Antle, & Regehr, 2002; National Association of Social Workers Insurance Trust, 2004）。关注当前促使一个老年人决定结束自己生命的危机很重要。促使老年人做出这个决定的往往是一件相对较小的事情。设定一个可以实现的短期目标可能有助于减轻老年人的压力。例如，如果案主刚刚收到公用事业公司的中断服务通知，那么社工应该打电话并立即与公用事业公司协商做出安排。如果案主没有钱支付药物，无法面对慢性疼痛，那么社工可以与医生或药剂师谈谈短期的解决方案。

清除所有危险物品，如枪或储存的药物。询问老年人在这个困难时期是否需要有人陪在其身边，或联系健康护理人员，咨询老年人是否需要住院进行进一步评估。与老年人签订安全合同，要求老年人必须承诺在你下次来访前不会自杀。每次接触时都要重申这一承诺，这可以缓解老年人的危机，直到解决长期的问题。也许有必要做一次简化版的人生回顾治疗，在这种治疗中，你可以积极地和老年人一起找出他们的强项和过去使用过的应对技巧。老年人过去有过什么困难时期？他做了什么来摆脱这种痛苦？怎样才能再次使用这些应对技巧？这样做的目的是凝聚情感力量，帮助老年人在情感上建立安全感。

从老年人的外部环境（如家人和朋友）中收集资源也很重要。现在老年人最希望见到谁？哪位朋友或家人总是给老年人安慰？现在谁能让老年人感觉好点？老年人觉得和神职人员谈话舒服吗？如果老年人是被家务琐事搞得不知所措，或者被家里需要做的事情搞得灰心丧气，那就找个人来做这些事情。这种活动的目的是立即向老年人表明，你正在认真对待结束生命的威胁，并试图想出一个行动计划来避免结束生命。老年人往往会在需要帮助却找不到问题的解决方案时考虑自杀。制订一个行动计划，为看似难以解决的问题提供解决方案，可能会给老年人带来希望。

受慢性疾病折磨的老年人需要和医务人员讨论控制疼痛的方法。换药、调整剂量或者教老年人其他的控制疼痛的技能至关重要。如果疼痛问题得不到解决，那么老年人还会考虑自杀或试图自杀，直到成功为止。住院接受彻底的身体检查可能会暴露导致疼痛的其他的身体健康问题，而一旦确诊问题所在就可以对症治疗。

受抑郁症或焦虑症折磨的老年人或许能从本节第六章和第七章讨论的治疗方法中受益。旨在解决社会隔离问题、建立社会网络的支持小组可能能缓解老年人强烈的孤独感——这是老年人在企图自杀前常有的感受。认知行为疗法中的个人治疗或许能帮助老年人识别那些加重其抑郁或焦虑的触发因素，帮助他们学习正确的应对行为。缅怀往事疗法和人生回顾疗法或许能帮助老年人处理早年未解决的问题，让他们有机会争取化解。被困于丧亲之痛中的老年人可能需要他人帮助，指导他处理悲伤，并继续生活下去。家人和朋友是帮助自杀老年人的宝贵资源。社工要鼓励他们不仅用语言，而且用行动重申老年人的重要性。家人和朋友可以给老年人介绍新活动，并为老年人发展这些新兴趣创造便利条件，如接送和鼓励老年人。同老年人保持定期接触，让老年人来参加家庭活动，这些都能帮助老年人重新跟他人联结在一起，减轻社会隔离。总之，最核心的工作是找出老年人决定自杀的原因并加以处置。

预防老年人自杀

目前没有什么确定的方法可以防止老年人自杀。那些下决心要结束自己生命的老年人甚至可能根本不会提这件事。他们挑选最可能获得成功的方法和环境实施自杀。然而，对于那些不是那么肯定采取这一行动，可以避免走出最后一步的老年人，社工可以在进入危机干预阶段之前先行一步，采取几个预防性措施。

每个养老院都应该把筛查抑郁症作为社会工作评估的常规内容。本书所呈现的简单评估工具能帮助识别高风险老年人，甚至在老年人还没有考虑自杀时就将其确定为关注重点。老年人甚至可能不知道自己得了抑郁症，把感觉悲哀和了无生气归结为年老以后的正常现象。识别出抑郁症并介绍老年人接受治疗，可能是社会工作专业在预防自杀时可以采取的最重要的步骤。在这一工作中，社工需要与医生和护士等医务人员保持联系，他们最有可能见到医院和养老院中的抑郁老年人（Heisel, Neufeld, & Flett, 2016）。

酗酒和滥用药物与老年人自杀有密切联系，这迫切要求社工改进工作，识别有酗酒和滥用药物问题的老年人，并把它作为干预工作的一部分。时常喝几杯鸡尾酒麻痹自己以消除慢性疾病带来的疼痛或者帮助入睡，并不是没什么害处的小毛病。这些东西可能会给身心健康带来致命的危害。要教育老年人及其家人过度饮酒或滥用处方药物和非处方药物非常有害，以增加他们对这一问题的警觉。

自杀预防的部分工作重点是要鼓励对退休前的老年人进行休闲教育。许多公司大多把教育重点放在退休生活的理财上，而很少注意长期赋闲在家带来的心理社会生活方面的问题。老年人可能对旅游和做志愿工作有雄心勃勃的想法，如果个人在经济和其他资源方面没问题，那么这是个不错的选择。健康老年人一般都会有几年的时间热衷于从事在退休前从未有时间从事的活动。然而，这解决不了健康出了问题或收入有限的老年人的问题。在不工作以后的二三十年里老年人该做些什么？帮助老年人计划并安排休闲活动是预防老年人出现抑郁或社会隔离的最重要的措施。

教会和社区组织需要做出积极努力，制订主动出击的方案以及早发现遇到麻烦的、与社会隔离的老年人。如果压根就没有人给老年人打过电话或者拜访过他，那么就很难反驳他所说的没有人在意他。对被困在家中的老年人来说，社会隔离带来的痛苦的孤独感能成为囚禁人的监狱。每天都千篇一律，没有任何事情可以期盼，老年人可能会感到自己只是在等死。不难理解为什么这样的生活会让老年人考虑过早结束生命。

预防性努力的另一个重点是对社工、卫生保健提供者和律师进行专业教育。很少有专业人员把老年人自杀作为一个重大问题认真思量过，这使其未能察觉到老年人正在考虑自杀的直接和间接迹象。当认定有自杀威胁时他们甚至犹豫不决，职业教育也未能提供足够的应对有自杀倾向的案主的培训（Almeida, O'Brien, & Norton, 2017）。费尔德曼和弗里登塔尔发现，只有20％的社会工作硕士接受过与老年人一起工作的正式培训，并且其中60％接受的培训少于两小时（Feldman & Freedenthal, 2006）。

医务人员可能低估老年人抑郁的严重性，或者对是否询问老年人的自杀意念犹豫不决，因为他们不想得罪老年人。如果这些有自杀倾向的老年人在决定自杀的一个月内探访同一个初级健康护理者，那么这种情况是相当危险的（Jahn, 2017）。不幸的是，对老年人的情绪状况了解得更到位的人常常是邮递员和卖酒的售货员，而不是最能给他们提供帮助的专业人员。

案例 8-1：梅勒妮·莱特

梅勒妮·莱特是一位86岁的黑人女性，她独自居住在一个安全的大都市区的工人阶级住宅区的公寓里。6年前，她的丈夫死于肺癌。虽然她非常想念她的丈夫，但她和三个儿子以及九个孙子孙女相处得很好。她定期与他们见面，并积极参与他们的生活。她的膝盖和手有严重的关节炎，血糖也濒临患糖尿病的边缘，但是她整体身体健康状况较好。虽然她有一些记忆问题，但她的认知功能总体上还不错。她和她已故的丈夫一直是一对爱交际的夫妇，以在自家后院举办热闹的派对而闻名。但当丈夫去世后，梅勒妮·莱特不得不离开了家。虽然派对上总是有酒和一些大麻，但没有人会认为梅勒妮·莱特夫妇是酗酒者或吸毒者。他们非常小心，不让任何人酒后驾车离开，因为他们有一个侄子在一场酒后驾车的事故中丧生。

父亲去世后，大儿子泰注意到，他偶尔会在下午三点左右闻到母亲身上有酒味，她有时还会言语含糊，举止微醺。他虽然有点担心，但知道母亲"喜欢她的酒"，她经常说酒有助于她的睡眠。一些下午，她会和附近的其他老年女性打牌，她们还会在聚会上喝葡萄酒。但泰的儿子告诉泰，祖母问他是否可以给她带大麻的糖果或布朗尼蛋糕，以缓解她的关节炎疼痛。最近，她的关节炎开始让她烦恼。有一次泰去接她看医生，他打开她的橱柜，翻遍垃圾桶，只是想弄明白发生了什么事。他发现了将近12个酒瓶，里面装着不同数量的酒。虽然他很担心，但她不开车，也不在喝酒后照护孙子，如果这样有助于她的睡眠，那么也许也是可以的。他只是无法让自己责备他母亲看似后果没多严重的行为。毕竟，她已经86岁了，她喜欢喝葡萄酒真的要紧吗？她肯定会死于其他原因，泰不想和她争吵。

（1）如果你是一名社工，泰就梅勒妮·莱特酗酒的问题向你寻求建议，你会提出哪些问题？她要求用大麻来止痛吗？关于这个案例你还需要知道些什么？

（2）对于泰的结论"她不开车，也不在喝酒后照护孙子，如果这样有助于她的睡眠，那么也许也是可以的"，你怎么看？你觉得案例中喝酒的行为是否有危险？如果有危险，那么有什么危险？你觉得梅勒妮·莱特是否属于酗酒老年人？

（3）泰应该如何让其他健康护理者参与到他母亲的护理中来呢？在梅勒妮·莱特的支持系统中，其他人在解决这个问题上可以扮演什么角色？

小结

老年人的药物滥用问题一直受到严重忽视，身心健康专业人员常低估这一问题。出现这一情况似乎是因为有酗酒问题的老年人不像人们固有印象中的酗酒者的样子，或者人们认为酗酒是遭遇慢性疾病、孤独和抑郁的老年人唯一残留的小小恶习。据估计，65岁以上人口中超过15%的人有酒精依赖问题，酗酒对这一群体的身心健康构成了严重威胁。由于与年龄有关的身体上的变化，诸如身体中水分含量下降、代谢酒精的速度放慢等，酒精对老年人的影响与对年轻人的影响不一样。老年人比年轻人更可能服用处方药物，处方药物与酒精合用会产生严重的交互作用。晚年型酗酒似乎是女性更常有的问题，因为她们更可能比男性伴侣活得长，所以更容易遭遇晚年生活的压力，如独居、抑郁和社会隔离。令人鼓舞的是，一旦酗酒问题被发现，治疗老年人酗酒的效果还是不错的。老年人的特殊需求要求社工常规性地监察老年人的饮酒问题，确定致使老年人长期饮酒的因素，并调整传统的治疗方法，诸如匿名戒酒会和住院治疗，使之能满足处于这一人生阶段的人的具体需要。

尽管老年人服用违禁药物的情况非常罕见，但是误用处方药物却仍然是威胁老年人健康的一个问题。要求老年人服用多种药物的复杂处方和开过量精神调节类药物的倾向，造成了混乱、危险的情形，在这一情形下，老年人可能会自作主张冒险服用过多药物。社工要发挥重要作用，把监察老年人的服药情况纳入评估工作，使之成为固定工作的一部分。社工要与医务人员携手工作，教育病人，防止因不当用药导致致命后果。

老年人不成比例的高自杀率警示社会工作专业需要把自杀筛查作为老年人全面评估的常规内容。自杀风险最高的人群是独居的、有饮酒问题的白人男性，这凸显了抑郁、社会隔离、药物滥用与自杀倾向的共病性。治疗老年人在试图自杀前常常遭受的抑郁和慢性病痛，识别高风险自杀老年人，有助于防止这一悲剧发生。

学习活动

1. 采访养老院或辅助式生活住宅的管理者，了解这些机构关于居住者饮酒的政策。居住者有明显的过量饮酒现象吗？居住者可以从哪里得到酒？机构是不鼓励饮酒还是让家庭自行决定？机构如何反驳家庭持有的"饮酒是老年人唯一的缺点"的观点？如果居住者在饮酒时受伤，那么机构是否有责任？

2. 在接下来的两周内记录你自己的酒精和药物使用情况。如果不知道你的年龄，那么你会被认为是酗酒者或药物滥用者吗？你能识别出什么促使你同时使用酒精和药物吗？如果你到了80岁而不是现在的年龄，这一切会有明显的不同吗？

3. 你居住的州是否允许药用或娱乐用大麻？购买药用大麻需要什么证明材料？药用和娱乐用大麻在同一个零售商店出售吗？如果你所在的州还没有以任何一种形式将大麻合

法化，那么它仍然非法的原因是什么？每一个州对这个问题都进行了激烈的辩论，而且常常可以通过查阅主要报纸档案来回顾这些辩论。在课堂上组织一场辩论，讨论大麻合法化的利与弊。当谈及老年人时，这个问题有什么独特之处？

4. 是否有紧急医疗技术员（EMT）向你的班级介绍他们在当前阿片类药物流行情况下的经验？他们是否注意到老年人服药过量的问题？急救人员是否考虑过老年人服药过量或企图自杀的问题？这些情况的独特之处是什么？即使不是处理老年人工作，你认为给社工提供纳洛酮（Narcan）来对抗阿片类药物过量是否合适？

参考文献

Administration on Aging and Substance Abuse and Mental Health Services Administration. (2012). *Older Americans behavioral health—Issue brief 5: Prescription medication misuse and abuse among older adults*. Retrieved from https://acl.gov/sites/default/files/programs/2016-11/Issue Brief 5 Prescription Med Misuse Abuse.pdf

Agley, J., Gassman, R., A., DeSalle, M., Vannerson, J., Carlson, J., & Crabb, D. (2014). Screening, brief intervention, referral to treatment (SBIRT) and motivational interviewing for PGY-1 medical residents. *Journal of Graduate Medical Education, 14* (6), 765–769.

Almeida, J., O'Brien, K. H., & Norton, K. (2017). Social work's ethical responsibility to train MSW students to work with suicidal clients. *Social Work, 62*(2), 181–183.

American Association of Suicidology. (2014). *Elderly suicide fact sheet*. Retrieved from https://www.suicidology.org/Portals/14/docs/Resources/FactSheets/Elderly 2012.pdf

Balsa, A., Homer, J. F., Fleming, M. F., & French, M. (2008). Alcohol consumption and health among elders. *The Gerontologist, 48*(5), 622–236.

Beach, S. R., Dogan, M. V., Lei, M., Cutrona, C. E., Gerrard, M., Gibbons, F. X., . . . Philibert, R. A. (2015). Methylomic aging as a window onto the influence of lifestyle: Tobacco and alcohol use alter the rate of biological aging. *Journal of the American Geriatric Society, 63*, 2519–2525.

Benson, W. F. & Aldrich, N, (2017). Rural older adults hit hard by opioid epidemic. *Aging Today*. Retrieved from http://asaging.org/blog/rural-older-adults-hit-hard-opioid-epidemic

Bertholet, N., Daeppen, J. B. Wietlisbach, V., Fleming, M., & Burnand, B. (2005). Reduction of alcohol consumption by brief alcohol intervention in primary care: Systematic review and meta-analysis. *Archives of Internal Medicine, 165*(9), 986–995.

Betz, M., E., Arias, S. A., Segal, D.L., Miller, I., Camargo, C. A., & Boudreaux, E. D. (2016). Screeing for suicidal thoughts and behaviors in older adults in emergency departments. *Journal of the American Geriatrics Society, 64*(10), 72-77.

Blazer, D. G., & Wu, L. T. (2009). The epidemiology of substance use and disorders among middle aged and elderly community adults: National Survey on Drug Use and Health. *American Journal of Geriatric Psychiatry, 17*(3), 237–245.

Blow, F. C., & Barry, K. L. (2002). Use and misuse of alcohol among older women. *Alcohol Research & Health, 26*(4), 308–315.

Blow, F. C., & Barry, K. L. (2012). Alcohol and substance misuse in older adults. *Current Psychiatry Reports, 14*, 310–319.

Blow, F. C., Bartels, S. J., Brockmann, L. M., & Van Citters, A. D. (2007). *Evidence-based practices for preventing substance abuse and mental health problems in older adults.* Washington, DC: The Substance Abuse and Mental Health Services Administration, Older Americans Substance Abuse and Mental Health Technical Assistance Center.

Brent, D. (2010). What family studies teach us about suicidal behavior: Implications for research, treatment and prevention. *European Psychiatry, 25*, 260–263.

Bryant, A. N., & Kim, G. (2012). Racial/ethnic differences in prevalence and correlates of binge drinking among older adults. *Aging & Mental Health, 16*(2), 208–217.

Carew, A. M., & Comiskey, C. (2017). Treatment for opioid use and outcomes: A systematic literature review. *Drug and Alcohol Dependence, 182*, 48–57.

Center for Behavioral Health Statistics and Quality. (2016). *Key substance use and mental health indicators in the United States: Results from the 2015 National Survey on Drug Use and Health* (HHSPublication No. SMA16-4984, NSDUH

Series H-51). Retrieved from https://www.samhsa.gov/data/sites/default/files/NSDUH-FFR1-2015/NSDUH-FFR1-2015/NSDUH-FFR1-2015.pdf

Centers for Disease Control and Prevention. (2016). Increase in suicide in the United States, 1999–2004. Retrieved from https://www.cdc.gov/nchs/products/databriefs/db241.htm

Chang, Y., Compton, P. Almeter, P., & Fox, C. H. (2014). The effect of motivational interviewing on prescription opioid adherence among older adults with chronic pain. *Perspectives in Psychiatric Care, 51*, 211–219.

Charlesworth, C. J., Smit, E., Lee, D. S., Alramadhan, F., & Odden, M. C. (2015). Polypharmacy among adults aged 65 years and older in the United States, 1988–2010. *Journal of Gerontology A: Biological Sciences and Medical Sciences, 70*(8), 989–995.

Cheripitel, C. J., Moskalewicz, J., Swiatkiewicz, G., Yu Ye, M. A., & Bond, J. (2009). Screening, brief intervention and referral to treatment (SBIRT) in a Polish emergency department: Three-month outcomes of a randomized, controlled clinical trial. *Journal of Studies in Alcohol and Drugs, 70*(6), 982–990.

Chou, R. (2010). Pharmacological management of low back pain. *Drugs, 70*(4), 387–402.

Christie, M. M., Bamber, D., Powell, C., Arrindell, T., & Pant, A. (2013). Older adult problem drinkers: Who presents for alcohol treatment? *Aging & Mental Health, 17*(1), 24–32.

Conwell, Y., Van Orden, K., & Caine, E. D. (2011). Suicide in older adults. *Psychiatry Clinics of North America, 34*(2), 451–468.

Cumella, E. J., & Scott, C. B. (2018). In the experience of AA, a member's age matters. *The Addiction Professional*. Retrieved from https://www.addictionpro.com/article/experience-aa-members-age-matters

Curtin, S. C., Warner, M., & Hedegaard, H. (2016). Increase in suicide in the United States, 1999–2004. *National Center for Health Statistics Data Briefs, 241*, 1–8.

Dar, K. (2006). Alcohol use disorders in elderly people: Fact or fiction. *Advances in Psychiatric Treatment, 12*, 173–181.

Denning, P. (2010). Harm reduction therapy with families and friends of people with drug problems. *Journal of Clinical Psychology in Session, 64*(2), 164–174.

DiBartolo, M. C., & Jarosinski, J. M. (2017). Alcohol use disorder in older adults: Challenges in assessment and treatment. *Issues in Mental Health Nursing, 38*(1), 25–32.

Diggle-Fox, B. S. (2016). Assessing suicide risk in older adults. *The Nurse Practitioner, 41*(10), 28–35.

Dreher-Weber, M., Laireiter, A.R., Kühberger, A., Kunz, I., Yegles, M., Binz, T., . . . Wurst, F. M. (2017). Screening for hazardous drinking in nursing home residents: Evaluating the validity of the current cutoffs of the alcohol use disorder identification test-consumption by using ethyl-glucuronide in hair. *Alcohol Clinical Experimental Research, 41*(4), 1593–1601.

Dube, P., Kurt, K., Bair, M. J., Theobald, D., & Williams, L. S. (2010). The P4 screener: Evaluation of a brief measure for assessing potential suicide risk in 2 randomized effectiveness trials of primary care and oncology patients. *The Primary Care Companion: The Journal of Clinical Psychiatry, 12*(6).

Emiliussen, J., Nielsen, A. S., & Andersen, K. (2017). Identifying risk factors for late-onset (50+) alcohol use disorder and heavy drinking: A systematic review. *Substance Use & Misuse, 52*(12), 1575–1588.

Epstein, E. E., Fischer-Elber, K., & Al-Otaiba, A. (2007). Women, aging and alcohol use disorders. *Journal of Women and Aging, 19*, 31–48.

Fein, G., & Greenstein, D. (2013). Gait and balance deficits in chronic alcoholics: No improvement from 10 weeks through one year abstinence. *Alcohol Clinical Experimental Research, 37*(1), 86–95.

Feldman, B. N., & Freedenthal, S. (2006). Social work education in suicide intervention and prevention: An unmet need. *Suicide and Life-Threatening Behavior, 36*, 467–480.

Han, B. H., Moore, A. A., Sherman, S., Keyes, K. M., & Palamar, J. J. (2017). Demographic trends of binge alcohol use and alcohol use disorders among older adults in the United States, 2005–2014. *Drug and Alcohol Dependency, 170*, 198–207.

Haw, C., Harwood, D., & Hawton, K. (2009). Dementia and suicidal behavior: A review of the literature. *International Psychogeriatrics, 21*(3), 440–453.

Heisel, M. J., Duberstein, P. R., Lyness, J. M., & Feldman, M. D., (2010). Screening for suicidal ideation among older primary care patients. *Journal of the American Board of Family Medicine, 23*(2), 260–269.

Heisel, M. J., Neufeld, E., & Flett, G. L. (2016). Reasons for living, meaning in life, and suicide ideation: Investigating the roles of key positive psychological factors in reducing risk in community-residing older adults. *Aging & Mental Health, 20*(2), 195–207.

Holt-Lunstad, J., Smith, T. B., & Layton, B. (2010). Social relationships and mortality risk: A meta-analytic review. *PLoS Medicine, 7*(7). E1316.doi.1.1372/journal.pmed.1316

Hummer, R. A., Benjamins, M. R., & Rogers, R. G. (2004). Racial and ethnic disparities in health and mortality among the U.S. elderly population. In N. B. Anderson, R. A. Bulatao, & B. Cohen (Eds.), *Critical perspectives on racial and ethnic differences in health in late life*. Washington, D.C.: National Academies Press.

Jahn, D. R., (2017). Suicide risk in older adults: The role and responsibility of primary care. *Journal of Clinical Outcomes Management, 24*(4), 181–192.

Jahn, D. R., Van Orden, K. A., & Cukrowicz, K. D. (2013). Perceived burdensomeness in older adults and perceptions of burden on spouses and children. *Clinical Gerontologist, 36*(5).

Jamison, R. N., & Edwards, R. R. (2013). Risk factor assessment for problematic use of opioids for chronic pain. *The Clinical Neuropsychologist, 27*(1), 60–80.

Kalapatapu, R. K., & Sullivan, M. A. (2010). Prescription use disorders in older adults. *American Journal on Addictions, 19*(6), 515–522.

Kiosses, D. N., Szanto, K., & Alexopoulos, G. S. (2014). Suicide in older adults: The role of emotions and cognition. Current Psychiatry Reports, 16(11), 495. Retrieved from https://link.springer.com/article/10.1007%2Fs11920-014-0495-3

Kettaneh, A. A. (2015). Substance abuse among the elderly population: Overview and management. *Journal of Applied Rehabilitation Counseling, 46*(4), 11–17.

Kissane, M., & McLaren, S. (2006). Sense of belonging as a predictor of reasons for living in older adults. *Death Studies, 30*, 243–258.

Klein, W. C., & Jess, C. (2002). One last pleasure? Alcohol use among elderly people in nursing homes. *Health & Social Work, 27*(3), 193–303.

Kohrt, B. A., Rasmussen, A., Kaiser, B. N., Haroz, E. E., Maharjan, S. M. Mutamba, B. B., . . . Hinton, D. E. (2013). Cultural concepts of distress and psychiatric disorders: Literature review and research recommendations for global mental health epidemiology. *International Journal of Epidemiology, 43*(2), 365–406.

Kuerbis, A., & Sacco, P. (2012). The impact of retirement on the drinking patterns of older adults: A review. *Addictive Behaviors, 37*(5), 587–595.

Lau, R., Morse, C. A., & Macfarlane, S. (2010). Psychological factors among elderly women with suicidal intentions or attempts to suicide: A controlled comparison. *Journal of Women and Aging, 22*(1), 3–14.

Lee, M. R., Chassin, L., & MacKinnon, D. (2010). The effect of marriage on young adult heavy drinking and its mediators: Results from two method of adjusting for selection into marriage. *Psychology of Addictive Behaviors, 24*, 712–718.

LeRoux., Tang, T., & Drexler, K. (2016) Alcohol and opioid use disorder in older adults: Neglected and treatable illnesses. *Current Psychiatry, 18*(9), 87.

Le Strat, Y., Grant, B. F., Ramoz, N., & Gorwood, P. (2010). A new definition of early age at onset in alcohol dependence. *Drug & Alcohol Dependency, 108,* 43–48.

Ligon, J., (2013). When older adult substance abuse affects others: What helps and what doesn't? *Journal of Social Work Practice in the Addictions, 13*(2), 223–226.

Martin, J. I., & Augelli, A. R. (2009). Timed lives: Cohort and period effects in research on sexual orientation and gender identity. In W. Meezan & J. I. Martin (Eds.). *Handbook of research with lesbian gay, bisexual and transgender populations* (pp. 190–207). New York, NY: Routledge.

McDonald, R. B. (2014). *Biology of aging.* New York, NY: Garland Science.

Mishna, F., Antle, B. J., & Regehr, C. (2002). Social work with clients contemplating suicide: Complexity and ambiguity in the clinical, ethical and legal considerations. *Clinical Social Work Journal, 30*(3), 265–280.

Mjelde-Mossey, L. A. (2008). Alcoholism treatment in a nursing home. *Alcoholism Treatment Quarterly, 25*(3), 87–98.

Moos, R. H., Schutte, K.K., Brennan, P. L., & Moos, B. S. (2010). Late-life and life history predictors of older adults' high risk alcohol consumption and drinking problems. *Drug & Alcohol Dependence, 108*(1-2), 13–20.

National Association of Social Workers. (2017). Code of ethics. Retrieved from https://www.socialworkers.org/About/Ethics/Code-of-Ethics

National Association of Social Workers Insurance Trust. (2004). *Malpractice and the suicidal client.* Washington, DC: Author.

National Institute on Alcohol Abuse and Alcoholism. (2018). *Older adults and alcohol problems* Bethesda, MD: National Institutes of Health, Department of Health and Human Services. Retrieved from https://www.niaaa.nih.gov/alcohol-health/special-populations-co-occurring-disorders/older-adults

National Safety Council. (2010). Prescription drug abuse epidemic; Painkillers driving addiction, overdose. Retrieved from https://www.nsc.org/home-safety/safety-topics/opioids

Oslin, D. W. (2005). Treatment of late-life depression complicated by alcohol dependence. *American Journal of Geriatric Psychiatry, 13*(6), 491–500.

Park, J., & Lavin, R. (2010). Risk factors associated with opioid medication in community dwelling older adults with chronic pain. *Clinical Journal of Pain, 26*(8), 647–655.

Petit, G., Luminet, O., Cordovil de Sousa Uva, M., Monhonval, P., Leclercq, S., Spilliaert, Q., . . . de Timary, P. (2017). Gender differences in affects and craving in alcohol-dependence: A study during alcohol detoxification. *Alcoholism: Clinical and Experimental Research, 41*(2), 421–431.

Pew Research Center. (2018). About six-in-ten Americans support marijuana legalization. Retrieved from http://www.pewresearch.org/fact-tank/2018/01/05/americans-support-marijuana-legalization

Purath, J., Keck, A., & Fitzgerald, C. E. (2014). Motivational interviewing for older adults in primary care: A systematic review. *Geriatric Nursing, 35,* 219–224.

Quanbeck, A., Lang, K., Enami, K., & Brown, R. L. (2010). A cost-benefit analysis of Wisconsin's screening, brief intervention, and referral to treatment program: Adding the employer's perspective. *State Medical Society of Wisconsin, 109*(1), 9–14.

Rajaratnam, R. Sivesind, D., Todman, M., Roane, D., &

Seewald, R. (2009). The aging methadone maintenance patient: Treatment adjustment, long-term success and quality of life. *Journal of Opioid Management*, 5, 27–37.

Reiss, N. S., & Dombeck, M. (2007). What are other suicide warning signs? Retrieved from https://www.mentalhelp.net/articles/what-are-other-suicide-warning-signs

Rogers, J., & Wiese, B. S. (2011). Geriatric drinkers: Evaluation and treatment for alcohol overuse. *BC Medical Journal*, 53(7), 353–356.

Rosengren, J. (2017). The opioid menace: A nationwide addiction to opioids threatens older Americans. *AARP Bulletin*, 58(5), 8–12.

Sarabia, S. E., & Martin, J. I. (2016). Are baby boomer women unique? The moderating effect of birth cohort on age in substance use patterns during midlife. *Journal of Women & Aging*, 28(2), 150–160.

Satre, D. D., Mertens, J. R., & Weisner, C. (2004). Gender differences in treatment outcomes for alcohol dependence among older adults. *Journal of Studies on Alcohol*, 65(5), 638–642.

Sharp, L., & Vacha-Haase, T. (2010). Physician attitudes regarding alcohol use screening in older adult patients. *Journal of Applied Gerontology*, 30(2), 226–240.

Simoni-Wastila, L., & Yang, K. Y. (2006). Psychoactive drug use in older adults. *American Journal of Geriatric Pharmacotherapy*, 4(4), 380–384.

Slovak, K., Pope, N. D., & Brewer, T. W. (2016). Geriatric case managers' perceptive on suicide among community-dwelling older adults. *Journal of Gerontological Social Work*, 59(1), 3–15.

Substance Abuse and Mental Health Services Administration. (2010). *Results from the 2009 National Survey on Drug Use and Health, Volume 1: Summary of National Findings.* NSDUH Series H-38A, HHS Publication No. SMS10-4586 Findings. Rockville, MD: Office of Applied Studies.

Substance Abuse and Mental Health Services Administration. (2018). SBIRT: Screening, brief intervention, and referral to treatment. Retrieved from https://www.integration.samhsa.gov/clinical-practice/sbirt

Tablowski, P. A. (2014). *Gerontological nursing.* Boston, MA: Pearson.

U.S. Department of Health and Human Services, Office on Women's Health. (2016). Opioid use, misuse and overdose in women [White Paper]. Retrieved from https://www.womenshealth.gov/files/documents/final-report-opioid-508.pdf

Vanbuskirk, K. A., & Wetherell, J. L. (2014). Motivational interviewing with primary care populations: A systematic review and meta-analysis. *Journal of Behavioral Medicine*, 37(4), 768–780.

Van den Berg, J. F., Van den Brink, W., Kist, N., Hermes, J. S., & Kok, R. M. (2015). Social factors and readmission after inpatient detoxification in older alcohol-dependent patients. *The American Journal on Addictions*, 24, 661–666.

Wallace, S. P. (2015). Equity and social determinants of health among older adults. *Generations*. Retrieved from http://www.asaging.org/blog/equity-and-social-determinants-health-among-older-adults

Weaver, M. F. (2015). Prescription sedative misuse and abuse. *Yale Journal of Biology and Medicine.* 88(3), 247–256.

Wick, J. Y., & Zanni, G. R. (2010). Tiptoeing around gait disorders: Multiple presentation, many causes. *Consulting Pharmacist*, 25(11), 724–737.

Wu, L. T., & Blazer, D. G. (2011). Illicit and nonmedical drug use among older adults: A review. *Journal of Aging & Health*, 23(3), 481–504.

Yao, L., & Robert, S. A. (2011). Examining the racial crossover in mortality between African American and White older adults: A multilevel survival analysis of race, individual socioeconomic status and neighborhood socioeconomic context. *Journal of Aging Research.* Article ID 132073. Retrieved from http://dx.doi.org/10.4061/2011/132073.

Young, I. T., Iglewicz, A., Glorioso, D., Lanouette, N., Seay, K., Ilapakurti, M., & Zisook, S. (2012). Suicide bereavement and complicated grief. *Dialogues in Clinical Neuroscience*, 14(2), 177–186.

第九章

对虐待与疏于照护老年人问题的处理

学习目标

- 讨论老年虐待与疏于照护的发生情况，以及确定这种虐待与疏于照护的程度所面临的挑战。
- 描述老年人在身体、情感或心理以及和经济上受到的虐待与疏于照护的情况。
- 探讨解释虐待与疏于照护老年人问题成因的理论视角。
- 识别老年人受虐待与疏于照护的高风险因素，以及在长期受虐待与疏于照护的个人中最常见的特征。
- 提出一个评估老年虐待与疏于照护的框架。
- 设计干预方案，解决老年人受虐待与疏于照护的风险因素，并为施虐者提供支持和行为改变的机会。
- 列出当老年人没有能力做出决定时指定替代决策者的几种法律方案。

章节概述

日益受人关注的虐待与疏于照护老年人问题

老年人受虐待与疏于照护的发生率

哪些情况属于虐待与疏于照护老年人？

老年人受虐待与疏于照护的风险因素

成为施虐者的高风险因素

了解恶意对待老年人的原因

评估老年虐待与疏于照护问题

制定防止虐待与疏于照护老年人的干预措施

养老院中的虐待与疏于照护老年人问题

处置老年人拒绝接受保护性服务问题

日益受人关注的虐待与疏于照护老年人问题

纵观历史，尽管老年人一直是可能受虐待的对象，但是直到最近30年，身心健康专业人员和司法系统才联手努力增强全社会对于老年人受虐待与疏于照护问题的意识。尽管人们一直意识到老年人会受到照护者和家人身体、情感或经济上的剥夺，但是直到20世纪后半叶，这类虐待或疏于照护行为才被定为有罪，施虐者才要为此负法律责任。

有几个因素促使人们对虐待与疏于照护老年人问题更加关注。正如本书一直强调的，老年人不仅数量直线上升，而且在总人口中所占的比例正在加大。这一情况使他们这部分人比以往任何时候都更加引人注目，并成为十分重要的政治力量（Hudson，2013；Schultz & Binstock，2006）。社会不能再对老年人受到错误对待视而不见，到2030年，美国1/5的人口将属于这一年龄群。

可能比老年人数量直线上升更具重要意义的是社会开始愿意介入家庭内部的隐私领域。女性运动挑战了家庭场所是女性和儿童安全的栖息地的说法，指出大多数施加在女性和儿童身上的暴力发生在家里。这种对家庭成员安全的担心进一步扩展，把老年人也包括在内（National Center on Elder Abuse，2018）。由于老年人更可能在身体和认知方面有损伤，需要依赖照护者和家人给予基本照护，因此他们容易受到虐待和忽视。

在本章，虐待老年人指的是恶意对待老年人，在身体、情感、心理、性或经济方面对老年人构成虐待或剥削。疏于照护老年人指主动或被动地让老年人得不到所需的照护，导致老年人的身体、情绪或心理方面的健康衰退。要着重强调的是，疏于照护并不总是有意的，但是不管初衷如何，它的确是不能被接受的对待老年人的方式。自我忽视指的是老年人由于身体、精神或认知方面的问题不能照护好自己的身体和福祉。调查和起诉恶意对待老年人以及提供服务防止老年人以后被虐待或疏于照护，被称为成人保护服务（adult protective services，APS）。

本章会先呈现老年人受虐待与疏于照护的情况，以及形形色色的恶意对待老年人的情况；接下来会介绍成为受害者或施虐者的一些相关风险因素；然后会讨论理论上对于老年人之所以受虐待的解释；在此之后会提出一些建议，用于识别老年人受虐待与疏于照护的情况并进行干预；结尾部分会讨论当高风险老年人拒绝采取干预措施并拒绝接受保护性服务时社工面临的两难处境。

老年人受虐待与疏于照护的发生率

准确地认定受虐待与疏于照护的老年人的数量是一项艰巨的工程。老年人与儿童不同,后者受虐待与疏于照护可能会被学校的人发现,因为他们必须上学,但老年人可能与社会特别隔离(Lowenstein,2010;Nerenberg,2006)。如果他一般不是定期去工作单位或教堂,那么少了他可能并不会有人注意。美国老年人虐待研究中心(The National Center on Elder Abuse,NCEA)2018 年估计,在美国,每 10 个老年人当中就有一个经历过某种形式的虐待,但只有 1/14 的虐待老年人事件(不包括自我忽视)被上报给成人保护服务部门(Lachs & Pillemer,2015)。

对老年人受虐待与疏于照护情况的估计

根据美国老年人虐待研究中心的估计,尽管难以确认精确的数字,但美国每年有多达 500 万的老年人受到虐待和忽视(NCEA,2018)。这些个案中只有一小部分被报告给了成人保护服务部门,而按照各州当前的标准,其中只有少数个案证据充分,可以起诉。举报数量的增加要归功于举报程序的改进和公众对这一问题的意识有所增强。尽管如此,这些估计表明老年人受虐待与疏于照护不是孤立的零星事件,而是原本就已经脆弱的老年人群体普遍面临的问题。

疏于照护是最常被举报和有证据支持的恶意对待老年人的方式,在所有被举报个案中,这类个案占了近一半(NCEA,2018)。情感或心理虐待占被举报个案的 1/3,接下来是经济剥夺,占 20%。身体虐待占所有被举报个案的 1/4。遗弃和性虐待的举报个案非常少,在所有被举报个案中占不到 5%。这些数字加在一起之所以超过了 100%,是因为有些个案同时有多种形式的虐待与疏于照护老年人现象。

问题举证情况

不仅大部分老年人受虐待与疏于照护的情况没有被报告,而且已被报告的个案中只有不到一半的个案拿到了支持证据(NCEA,2018)。这也就意味着只有不到一半的个案能提供足够的证据,证明老年人受到过虐待或被疏于照护。这并不是说其余老年人没有受虐待或疏于照护,而是满足各州在法律上指控特定施虐者所需的身体受伤害的证据、受虐待老年人的证词或其他的文件资料不足。而且,有举证材料的个案也极少进入司法起诉程序。一旦虐待或疏于照护老年人的个案被起诉，施虐者被认定有罪，那么他可能面临的法律后果是被判缓刑或进监狱。

缺少统一的虐待与疏于照护定义

美国各州对于虐待与疏于照护老年人没有统一的界定（NCEA，2018；Quinn & Benson，2012）。身体上的伤害会清楚地表明老年人受到虐待，但是判断什么构成情感或心理虐待可能就非常带有主观性。愚弄和吓唬老年人算不算情感或心理虐待？没能充分陪伴老年人是否就是疏于照护？自我忽视是否也属于这类问题？常有的情况是，符合社会工作专业界定的虐待与疏于照护老年人标准的情况，不符合法律上举证或起诉的要求。要起诉虐待与疏于照护老年人的人，满足法律上的要求十分重要。然而，身心健康专业人员不应该等到满足法律上的要求时才采取行动，而应该及早识别虐待与疏于照护的情况并制定解决方案，把它作为向脆弱老年人提供的各项服务的一部分。

报告要求

在美国，每个州都强制要求报告老年人受虐待与疏于照护的情况（Center for Excellence in Elder Law，2018）。50个州都有某种形式的立法，授权州里保护脆弱老年人（因年老、身体或精神状况有问题而处于弱势地位）并为其提供服务。然而，各州对法定报告人认定、什么行为被认为是虐待老年人的行为、受害者是否"能力"不足、受害者是生活在社区还是机构等方面的标准并不一致。州与州之间有关成人保护服务的政策规定差别非常大，这让确定已经被报告的个案的数量越发困难（Center for Excellence in Elder Law，2018；NCEA，2018；Nerenberg，2006）。

哪些情况属于虐待与疏于照护老年人？

身体虐待

身体虐待被界定为使用暴力对待老年人，导致老年人身体受伤、承受痛苦或者遭受损害（Lachs & Pillemer，2015；NCEA，2018；Tomika，2006）。击打、体罚、推搡、冲撞、摇晃、掌击、烧烫和捏掐老年人都属于这一类虐待。不恰当地用药、限制人身自由或强迫进食也被视为属于这一类虐待行为。

身体有擦伤、抽打伤痕、烧伤、烫伤、骨折或其他的受虐待迹象即表明老年人可能受到另一个人的折磨。施虐者或老年人自己可能会把这些伤说成是由跌倒或其他不幸事故造成的。尽管除了身体受虐待,在其他情形下也可能会出现这样的伤,这在道理上常常也讲得通,但是老年人受伤的严重程度可能会与"事故"的性质不吻合。如果老年人或者有施虐嫌疑的人讲的情况与老年人身上的伤不吻合,就应该引起社工的警惕。

在严重的身体虐待个案中,施虐者甚至可能会拒绝让他人探望老年人,以试图隐瞒虐待行为。受到身体虐待的老年人常常表现出害怕施虐者的行为,或者非常紧张、警惕。尽管有些老年人会承认自己挨过打或受到了恶意对待,但是许多老年人不会讲出事实真相,因为他们害怕如果唯一能照护自己的人受到指控或起诉,他们就要被送进养老院。出于对家庭的高度忠诚,他们可能还会保护施虐者,认为家丑不可外扬,不应让外人插手"家务事"(Kohn & Verkoek-Oftedahl,2011)。

性虐待 许多人认为性虐待是身体虐待之下的一个分类,也有人认为它属于情感或心理虐待。性虐待指的是未经当事人同意与之发生性行为,包括不情愿的性接触、各种类型的性攻击(包括强奸)、鸡奸、非自愿地裸露身体或者拍摄色情图片。性虐待的迹象包括胸部或生殖器周围区域有擦伤、患无法解释原因的性传播疾病或感染、生殖器或肛门异常出血等。撕裂、有污迹或血迹的内衣也可能表明老年人受到了性虐待。在评估认知有损伤的老年人时密切注意性虐待的迹象特别重要,因为这些老年人可能根本意识不到自己受到了性虐待,或者要准确记起事情的来龙去脉有困难(National Sexual Violence Resource Center,2017)。尽管性虐待在所有被举报的恶意对待老年人的个案中只占不到1%,但它却可能是最难察觉的虐待类型之一,因为它具有高度的隐私性(NCEA,2018)。身心健康专业人员应该评估老年人与任何认定的施虐者之间的关系。不恰当的、直接表现出来的有性色彩的关系应该引起社工的关注并做进一步的调查(Acierno et al.,2010;Kohn & Verhoek-Oftedahl,2011)。

情感或心理虐待

在情感或心理上虐待老年人的情况非常难以探查,因为这类虐待一般不像身体虐待那样有直接的物证。识别情感或心理虐待是非常主观的判断。被身心健康专业人员视为情感或心理虐待的情况可能只是家庭由来已久的带有冲突的沟通方式,或者是跟老年人打交道的沮丧的照护者、家人或其他人表达生气的方式。一般认为,情感或心理虐待是指通过语言或非语言的方式让老年人遭受精神上的痛苦,包括用语言攻击、威胁、恐吓或骚扰老年人(Ernst,2016;NCEA,2018)。这类虐待可能还包括把老年人当孩子对待或者有意断绝老年人与他人的社会接触,以此为手段惩罚或控制老年人。

这类虐待最显著的特点是具有持久性。受到情感或心理虐待的老年人常常会不断出现情绪上的激动不安或持续退缩。他们跟照护者、家人或其他有社会接触的人的关系常常是问题所在。照护者、家人或老年人接触的其他人不只是偶尔控制不住自己的脾气，提高了嗓门，而是在跟老年人的大部分交往中采取了敌对的、咄咄逼人的态度。老年人可能会报之以防卫态度并在言语上加以反击。当情感或心理虐待持续较长时间后，老年人可能会干脆退缩，以此保护自己。探查情感或心理虐待要求社工非常好地运用自己的专业直觉。

经济剥夺

在所有被举报的虐待老年人的个案中，近20%的个案涉及不恰当地使用老年人的经济资源、个人财产或其他有价物品（Acierno et al.，2010；NCEA，2018）。根据目前的评估，仅1/25的经济剥夺个案得到报告，这意味着每年至少有500万经济剥夺受害者（Burnes et al.，2015）。经济剥夺包括未经授权拿老年人的支票兑换现金（领取个人津贴、退休金或政府补贴）、伪造老年人的笔迹在法律文件上签字、滥用或盗取老年人的个人财产、迫使老年人在违心或受骗的情况下签署法律文件。经济剥夺还包括身为老年人经济事务的监护人或监管人不当行使职责。向老年人勒索钱财以换取对老年人的保护和照护也可以被视为经济剥夺。

如果无法接触到经济方面的收支记录，就难以察觉经济剥夺。所以，毫不奇怪，老年人的家人、律师和银行常常最先发现老年人受到经济剥夺（BITS，2012；Geffner，2018）。突然改变从银行取款的方式，出人意料地改动遗嘱或其他财产文件，金融资产或个人财物消失不见，常常是老年人受到经济剥夺的最初迹象。这类恶意对待老年人的行为在所有社会经济阶层中都存在。富有的老年人可能会被骗走大笔金钱或者丢失贵重的个人财物，低收入的老年人也可能会被敲诈，从每月微薄的收入中拿出一部分给家人或邻居（BITS，2012）。

老年人特别容易受到房屋维修、风险投资和诈骗伎俩的欺骗，在经济上蒙受损失。房屋维修推销人员可能会煽动老年人对房屋保值的兴趣，跟老年人交朋友，很快榨取大笔钱做房屋维修，但永远完工不了。善良的老年人可能会被劝诱做风险投资，希望能得到足够的收益，保障自己将来的生活或给孩子们留下更多财富，但却发现投资顾问和自己的钱很快都不见了（Hall，Hall，& Chapman，2005；NASD Investor Education Foundation，2006）。即使是头脑聪明、机智的老年人也会受愚弄，落入获取了其信任的骗子的快速致富陷阱中。专栏9-1展示了一份更完整的专门针对老年人的金融诈骗清单。

专栏 9-1　针对老年人的金融诈骗

经济剥夺不仅仅来自家人或照护者。一些金融骗局可能导致老年人被骗子骗走多达 26 亿美元（AARP，2018；Scambusters，2010）。这些骗局包括如下类型：

1. 骗子假装是老年人陷入麻烦的孙子女，需要钱进行保释或从远方回家。近期的一个版本是，祖父母们被告知孙子女被绑架了，骗子要求交赎金。
2. 骗子会假借需要核实记录、整理账单记录或提供老年人不知道自己有资格享受的免费服务的名义，询问老年人的身份信息，比如他们的社保号码（或者医疗保险号码，如果不一样的话），目的是窃取老年人的身份。
3. 抵押贷款欺诈。骗子声称老年人在房屋契约上签字后，就会得到反向抵押贷款或低息贷款（反向抵押贷款将在第十四章被详细解释）。
4. 葬礼或丧葬保险让老年人相信，法律规定的相应服务是昂贵的，但推荐的保险将以低得多的费率支付这些服务费用。但实际上这些服务要么是不需要的，要么是政策上无须支付费用的。
5. 投资和庞氏骗局承诺快速投资能够获得惊人的回报并获得常规金融规划以外的服务。
6. 假冒建筑承包商可以说服老年人他们的屋顶、地基或者车道需要进行昂贵的修理。但是他们要么在得到报酬后不提供服务，要么使用质量很差的材料。
7. 电话诈骗。欺骗老年人彩票中奖或赢得了比赛奖金，但需要预先支付一小笔钱来领取奖金。
8. 骗子会对老年人根本不需要的产品使用高压销售策略。
9. "恐吓软件"会在电脑屏幕上弹出，表明老年人的电脑感染了病毒，需要花很多钱下载某个软件才能清除。

疏于照护

疏于照护主要有两大类：一类是他人主动或被动地疏于照护老年人，一般是照护者或家人对老年人照护不周。另一类是自我忽视，它是指老年人自己不在意自己的基本生活需要和福祉。

他人疏于照护　疏于照护被界定为主动或被动地未尽满足老年人身心健康需要的责任。照护者、家人或老年人接触的其他人在照护老年人时未能充分满足老年人在饮食、居住、穿衣、医疗照护和身体保护等方面的需要被视为疏于照护。它可能还包括未能支付老年人保持身体健康所需服务的费用，如身体护理费用、基本的家务服务费用或人身安全费用等，特别是在被指定安排这些服务的时候拒不执行。

个人卫生状况差、褥疮没有得到护理治疗、水分摄取不足或营养不良，以及缺乏适当的看管，这些迹象表明老年人没有得到基本的日常照护。被疏于照护的老年人常常仪容不整，衣服或床铺污秽肮脏，没人照看四处游荡，或者有迹象表明护理人员没有理会老年人的身体疾病。有时，只有老年人看起来状况这样差，而其家里其他人的总体状况看起来相当正常。还有的时候，被疏于照护的老年人家里极其贫困，老年人只是在恶劣条件下生存的家庭成员之一。不安全或不卫生的居住条件，包括破旧的房子、害虫肆虐、没有取暖设备或自来水等是疏于照护的证据。

自我忽视 自我忽视是一种独特的老年人受到恶意对待的情况。在这一情况下，老年人显得没能力好好照护自己，但是没有谁被认定或指定负责照护老年人。老年人可能会因为不注意个人卫生、摄入的水分或营养不足、不能按医嘱服药等，身体健康受到威胁。老年人若没有得到适当的看管四处游荡或者瞎玩火，也可能有自我忽视问题。自我忽视常常是认知或精神有损伤的信号，表明老年人没有能力照护自己，可能不太清楚忽视自身需要的后果。头脑没问题、能意识到自我忽视的后果但却有意这样做的老年人不属于这一类。这些老年人的问题我们将在后面进行讨论，并把它作为老年人拒绝接受干预或保护性服务时社工面临的一个两难困境。

自我忽视的标志与疏于照护的标志差不多，但是其原因却不是他人没能提供应有的照护（Pavlou & Lachs, 2008）。它是老年人自己随着认知能力下降或身体渐渐行动不便，常常加上社会隔离，而失去自我照护能力。老年人的家人、朋友和邻居可能根本没有意识到老年人照护不了自己。根据美国老年人虐待研究中心（NCEA, 2018）的报告，医院、邻居和警察是最常报告老年人有自我忽视情况的人。开始的时候常常是老年人完成日常活动的能力逐渐减退，最后发展为严重的健康问题或无家可归。这种情况在发展为危机前可能在很大程度上毫无征兆。

表 9-1 总结了老年人群体中最常见的受到恶意对待的类型、恶意对待的行为表现、受到恶意对待的迹象，以及与每一种恶意对待类型相关的高风险因素或情境。

表 9-1 虐待与疏于照护老年人的标志

恶意对待类型	恶意对待的行为表现	受到恶意对待的迹象	高风险因素或情境
身体虐待	击打、体罚、推搡、冲撞、摇晃、掌击、烧烫和捏掐。不恰当地用药、限制人身自由或强迫进食。	身体有擦伤、抽打伤痕、烧伤、烫伤、骨折或其他受虐待迹象。受伤很严重或不正常，不能归结为由跌倒或意外事故造成。	老年人的认知或身体有问题。老年人对受伤非常警惕或紧张。照护者拒绝让其他人见老年人。
性虐待	未经当事人同意与之发生性行为，包括不情愿的性接触、各种类型的性攻击（包括强奸）、鸡奸、非自愿地裸露身体或者拍摄色情图片。	胸部或生殖器周围区域有擦伤、患无法解释原因的性传播疾病或感染、生殖器或肛门异常出血等。	认知有问题或身体行动不便的女性是有较高风险的人群。与虐待嫌疑人的关系不正常或与性有染。
情感或心理虐待	通过语言或非语言的方式让老年人遭受精神上的痛苦，包括用语言攻击、威胁、恐吓或骚扰老年人。还包括把老年人当孩子对待或者有意断绝老年人与他人的社会接触，以此为手段惩罚或控制老年人。	老年人一直易激惹或持续退缩。对施虐者会表现出害怕、退缩、愤怒或咄咄逼人的态度。	老年人和照护者都有社会隔离。认定的施虐者常常对老年人非常盛气凌人、敌对。环境中可能还有其他的虐待行为，如凶狠地对待孩子。

续表

恶意对待类型	恶意对待的行为表现	受到恶意对待的迹象	高风险因素或情境
经济剥夺	不恰当地使用老年人的经济资源、个人财产或其他有价物品，包括伪造支票或法律文件。	老年人突然改变从银行取款的方式，老年人抱怨没钱，老年人提到赢了比赛或中了彩票，老年人突然改变遗嘱。	老年人认知有问题。有大笔现金或值钱的东西放在家中。曾有过受愚弄或受诈骗的经历。
疏于照护	主动或被动地未尽满足老年人身心健康需要的责任，包括未能充分满足老年人在饮食、居住、穿衣、医疗照护和身体保护等方面的需要。	尽管安排了人照护老年人，但老年人的个人卫生状况差、褥疮没有得到护理治疗、水分摄取不足或营养不良，以及缺乏适当的看管。老年人的居住条件不安全或不卫生。	老年人认知有问题或身体行动不便。老年人的生活条件差而家中其他人的生活条件却看起来不错。照护者酗酒、吸毒等。
自我忽视	老年人没能充分照护自己又没有其他的照护者。由于缺乏自我照护，自我忽视会危及老年人的身心健康。	老年人营养不良或严重脱水，有病却没有求医、个人卫生状况差，由于外表不洁而可能被他人疏远或排斥。	老年人认知有问题或身体行动不便。有明显的精神疾病。在独居或无家可归的老年人中比较常见。在警察局、医院或其他场合的庇护所可能会接触到这类老年人。

老年人受虐待与疏于照护的风险因素

性别与年龄

有几个原因导致女性比男性有更高的受到虐待的风险（Acierno et al., 2010; Laumann, Leitsch, & Waite, 2008）。首先，活到老年的女性比男性多，所以她们在老年人口中所占的比例也较大。因为寿命较长，女性更可能患身体疾病或有认知损伤，以致她们要依靠他人生活或接受他人的照护（Kohn & Verhoek-Oftedahl, 2011; Martin et al., 2006）。同时，男性更容易遭受身体虐待，女性则更容易遭受情感或心理虐待以及疏于照护（Teaster, Dugar, Mendiondo, Abner, & Cecil, 2006）。

早期研究表明，老年人的年龄越大，就越容易成为虐待或疏于照护的受害者。受虐待的发生率在75岁以上老年人中开始显著增加，这反映出老年人有较大可能因为认知问题和身体上的不便要依赖他人来满足基本的需要（Horsford, Parra-Cardona, Schiamberg, & Post, 2010; NCEA, 2018）。然而，近期研究表明，70岁以下的老年人更容易受到情感或心理虐待、身体虐待以及经济剥夺（Acierno et al.，2010）。这些相互矛盾的发现表明这一领域需要进一步的研究。

老年人的健康状况

根据美国老年人虐待研究中心（NCEA，2018）的报告，身体不好和认知有问题的老年人更可能受虐待或疏于照护。在所有被报告的老年人受虐待与疏于照护的个案中，有一半属于老年人身体不好，自己照护不了自己。头脑不太清楚的老年人受到恶意对待的比例还要高一些（达到60%）（Wiglesworth et al.，2010）。研究表明，较低的工具性日常生活活动能力和基本生活活动能力与较高水平的疏于照护相关（Fulmer et al.，2005）。特别可悲的是，损伤最严重的老年人，也就是那些年龄非常大、身体又非常羸弱的老年人，最可能受到其所依靠的人的身心伤害。老年人要靠这些人满足其基本的日常生活需要。

其他一些研究并没有显示身心残障的老年人更可能受到恶意对待，但是总结出在一些个案中，发生虐待与疏于照护的情况不是因为老年人要依赖施虐者，而是因为施虐者要依赖老年人（Nerenberg，2008；Teaster et al.，2006）。有研究表明，认知或精神受损伤的老年人更可能被疏于照护而不是被虐待，而所有类型的虐待在认知没问题但身体行动不便的老年人中更为普遍（Lowenstein，2010）。这一发现说明，老年人受到恶意对待的比例可能更多地与残障的类型而不是笼统的残障有关。

社会经济阶层

低收入老年人看起来更容易受虐待与疏于照护，尽管单独看社会经济阶层并不能可靠地预测家人或照护者恶意对待老年人的可能性（Acierno et al.，2010；Lowenstein，2010）。对此的一个解释是，同高收入家庭相比，低收入家庭可能会花更长的时间自己照护老年人，而不是雇人照护，因而，除了老年人使原本就已有限的收入更加紧张外，这些家庭在照护老年人方面还要承受更多的压力。收入上的限制可能使老年人得不到高质量的补充性照护服务，因而增加了老年人得不到充分照护的风险。

种族或族裔

种族或族裔并没有与较高的虐待与疏于照护水平有恒定的联系。阿切尔诺等人研究发现，在美洲印第安人、亚裔、太平洋岛裔和西班牙裔美国老年人中报告的虐待与疏于照护个案较少（Acierno et al.，2010）。然而，并没有清楚的证据表明这些群体中的老年人实际上受到的虐待与疏于照护较少，而是这些老年人中受恶意对待的情况不太可能被发现和报告。同白人老年人相比，有色人种老年人更可能依靠非正式支持获得照护，这让他们的照护质量处于公众监察视野之外（Horsford et al.，2010；Tomika，2006）。研究者还推测，由于语言或环境方面的障碍，这些群体的老年人不太可能知道有成人保护服务或者能使用这些服务。受文化的影响，老年人可能会对向家庭以外的人求助犹豫不决，或者认为透露被家人虐待是件丢人现眼的事，特别是在亚裔美国人家庭中。这些因素可能迫使老年人宁可忍受虐待也不愿威胁到家庭的完整、团结（Lee，Kaplan，& Perez-Stable，2014）。

现有研究已经表明，有些因素增加了美洲印第安老年人受虐待与疏于照护的风险，这些因素包括贫困、家人离开保留地后常常出现的核心家庭的四分五裂、老年人为适应主导文化所承受的压力等。这些因素再加上老年人和施虐者的酗酒问题，可能让美洲印第安老年人受虐待与疏于照护的风险高于能拿到的有限的统计数字所反映出的情况（National Indian Council on Aging，2004）。

在所有类别的虐待与疏于照护老年人个案中，非裔美国老年人的比例都偏高，这表明种族或族裔的确起到了某种作用，使这些老年人受到恶意对待的风险较高（NCEA，2018）。非裔美国老年人较可能受虐待或疏于照护的风险因素是贫困、身体健康状况差和严重依赖非正式（不用付费）的家庭支持系统提供照护（Beach，Schulz，Castle，& Rosen 2010；Horsford et al.，2010）。这并不是说非裔美国人的文化或者任何其他群体的文化倾向于虐待与疏于照护老年人，而是说要把老年人受虐待与总的社会经济压力因素放在一起考虑，才能更好地洞察老年人受虐待与疏于照护现象在这一群体中出现得更为频繁的原因（Beach，Schulz，Castle，& Rosen，2010）。

社会支持

缺乏社会支持通常被认为是一个增加虐待或疏于照护的可能性的特征（Acierno et al.，2010；NCEA，2018）。社会支持被定义为"与他人保持持续的联系，使一个人感到被关心、被重视，是某个关系网络的一部分"（U.S. Government Accountability Office，2011）。当一个老年人长期在家很少见到外人的时候，家人和照护者很容易隐瞒老年人受虐待与疏于照护的情况。目前还不完全清楚究竟是社会隔离导致了虐待，还是一旦发生了虐待，施虐者就开始断绝自己和老年人与外界的交往，但很清晰的是这两个因素是相关的。在老年人所处的环境之外进行更多的互动可能有助于缓和老年人与虐待者之间的紧张关系，或在关系变得紧张之前监测这种关系（Acierno et al.，2010）。自我忽视在与其兄弟姐妹或子女接触较少的老年人、与朋友和邻居接触有限的老年人以及不参加宗教活动的老年人中也更为普遍（Burnett et al.，2006）。减少社会隔离和增加社会支持的倡议将作为讨论防止虐待或疏于照护的干预措施的一部分在本章后面进行讨论。

家庭暴力

对老年女性的身体虐待是被视为家庭暴力还是虐待老年人？如何分类重要吗？当老年女性有明显的身体或认知问题，无法为自己辩护时，求助成人保护服务部门是明智的选择。然而，对成千上万的 60 岁以上的女性来说，她们没有此类问题，可以积极参与自己的长期规划活动，在这种情况下家庭暴力与虐待老年人的区别就不那么明显。让老年女性自己参与决策是优势视角的一个很好的例子。家庭暴力和虐待老年人是通过不同的制度处理的。虐待老年人由成人保护服务部门进行调查、举证和处理，而家庭暴力则通过刑事司法制度，特别是警察和法院系统进行处理。基尔班尼和斯皮拉强调，两种暴力的处理形式的区别体现在几个重要方面，包括服务模式、服务类型、每个系统中的人员培训，以及个案被报告的方式（Kilbane & Spira, 2010）。老年人保护服务将老年人认定为"受害者"（victim），而在家庭暴力方面，案主则被称为"幸存者"（survivors）（Otto & Quinn, 2007）。二者用词上的区别就体现出处理虐待老年人个案时更为家长式的作风：认为个人是需要他人保护的，需要为她制订计划以及做出决定。而"幸存者"一词意味着，制止身体或精神上的虐待，是一个为老年女性赋权的过程，让她们积极、自信地制订和实施一项计划，重新掌控自己的生活，这与优势视角观点一致。成人保护服务部门的工作人员通常依据老年女性以外的他人对虐待事件的报告，专注于为老年女性或其照护者提供服务和支持，以便她们在可能的情况下待在家里。家庭暴力的服务工作依靠的是自我报告虐待，帮助老年女性摆脱施虐者，并为她们提供危机干预，制订安全计划，或提供避难所。家庭暴力领域的社工很少接受任何老龄化方面的专门培训，而成人保护服务部门的工作人员也很少接受家庭暴力问题方面的培训（Kilbane & Spira, 2010）。当老年女性想要逃离与亲密伴侣有关的暴力情境时，家庭暴力与虐待老年人的区别可能非常重要，会对她们的选择有重大影响。

成为施虐者的高风险因素

年龄和性别

关于男性和女性谁更容易成为老年人的施虐者，有不同的研究发现。然而，根据美国全国基于事件的报告系统，在向警方报告的虐待个案中，72.1%的施虐者是男性，而受害者中仅 46.6%为男性（National Incident-Based Reporting System, 2016）。接近 60%的施虐者小于

45岁，这意味着年轻的照护者更容易虐待他们的照护对象（Kohn & Verhoek-Oftedahl, 2011）。

依赖 聚焦施虐者对受虐待老年人的依赖对于了解虐待与疏于照护老年人问题的动态原因更有意义。研究显示，直到成年还依靠老年父母给予经济支持的子女比自立的子女更有可能虐待父母（Ernst, 2016; Tomika, 2006）。比如，一个中年男性由于缺少技能、酗酒、吸毒或者精神有问题而难以保住工作，又与老年父母住在一起，那么他成为施虐者的风险就非常高。这种过久的依赖不符合人们一般期望的成年人生活。感觉对个人生活缺乏控制力的子女可能会出于沮丧和获得一定的控制力的需要，而通过虐待老年父母来宣泄（Ernst, 2016; Loweinstein, 2010; Tomika, 2006）。

酗酒、吸毒和患有精神疾病 酗酒、吸毒和患有精神疾病与家庭生命周期各个阶段的家庭暴力都有关系，包括在照护老年人时有暴力行为（Kohn & Verkoek-Oftedahl, 2011）。即使在最好的情况下，照护功能衰退的老年人也是有压力的，但如果照护者、家人或老年人接触的其他人由于酗酒、吸毒和患有精神疾病而自身能力减退，那么后果会极其严重（Lachs & Pillemer, 2015）。

了解恶意对待老年人的原因

为什么有些老年人会受到虐待与疏于照护，而其他的老年人不会遭遇这种情况呢？对此有几种理论上的解释。这些理论并不是要为施虐者的虐待行为开脱，而是要更深入地洞察其背后的复杂原因，如家庭动力、代际关系，以及照护者、家人或老年人接触的其他人酗酒或吸毒给老年人带来的危险。

社会学习理论

社会学习理论认为，虐待老年人的行为是个人在一生中接触大量暴力情境以及使用暴力手段解决问题的过程中习得的（Lowenstein, Eisikovitz, Band-Winterstein, & Enosh, 2009; Penhale, 2010）。在原生家庭中受到身体虐待或者情感或心理虐待，又或者在孩童时期经常目睹以暴力为手段解决冲突的人，可能不太会形成禁止人身攻击的行为规范。如果孩子懂得不能接受用伤害他人的方式来表达自己的沮丧、愤怒或情感上的伤害，那么其就不太可能有攻击性行为。但是，如果孩子看到打人或伤害人是可以被接受的，那么人身攻击就可能变成习得的行为。社会学习理论的基本宗旨是，那些见识了暴力行为的孩子长大后更可能虐待自己的父母。

尽管家庭生命周期中的暴力可能会与后来一直存在的暴力行为有关，但是研究者并没有发现儿时的体罚与虐待老年父母之间在统计上有显著相关关系。学习和相信伤害他人是解决冲突的一种方式可能会促使虐待老年人行为的发生，但这并不足以预测未来的虐待行为。根据这一理论，习得性虐待行为是老年人虐待发生的原因。这一理论也被称为暴力代际传递模型，并被发现能导致其他类型的家庭暴力（Tolan, Gorman-Smith, & Henry, 2006）。

社会交换理论

社会交换理论提出，人与组织或社区之间的关系特点是对于彼此能给对方提供些什么有一套期望，这体现了从经济学和心理学的角度解读人类行为（Jackson & Hafemeister, 2013）。当一方认为另一方能给自己提供交换物的时候，比较可能有和谐的、合作的关系。父母为孩子投入不仅是出于舐犊之情，还期望孩子能让他们幸福，热爱他们或者将来能照护他们。当孩子小的时候回报可能会非常小，但是等他们长大成人以后，就能成为巨大的支持和快乐来源。父母在时间和感情上的投入常常在以后得到孩子的回报。

社会交换理论认为，身体和认知有问题的老年人在跟成年子女或其接触的其他社会成员的关系中能回报的东西非常少。跟老年人交往或照护老年人所付出的身心代价可能很少能通过老年人一方的投桃报李行为得到补偿。根据这一理论，依赖是老年人受虐待的原因。付出得不到补偿会导致照护者、家人或老年人接触的其他人沮丧、失望，他们可能会用虐待与疏于照护老年人来发泄情绪。

照护者负担理论 社会交换理论的一个变体是照护者负担理论。它提出，身心健康受损伤的老年人需要持续的帮助和照管，这给照护者带来非常大的压力，他们可能会通过用暴力对待老年人来抵抗压力。根据这一理论，照护者的负担是老年人受虐待的原因（Brandl & Raymond, 2012; McClennen & McClennen, 2018）。照护者无法负担照料任务，因老年人的照料需求而变得不堪重负、沮丧以及发展出虐待倾向（Jackson & Hafemeister, 2013）。有严重认知障碍的老年人在家庭环境中被家庭成员照护，确实会遭受更多的虐待与疏于照护，但还不清楚照护者的压力是否是唯一的原因。

施虐者和受害者特质的相互作用 由于以上三种理论中没有一种是被持续应用于解释老年人虐待现象的，因此一个混合模型认为，从施虐者的一些个人特质来理解在其与老年人互动的过程中虐待为什么发生是一个更准确的方式（Jackson & Hafemeister, 2013）。例如，一个有酗酒或吸毒问题、高度依赖父母的成年孩子与老年父母住在一起，一直被视为一种高风险的情况。但是，如果父母有嘲笑成年子女的历史或有严重的认知障碍，施虐者和受害者特征的相互作用就更可能会导致暴力发生。必须强调的是，此模型并不是在为施虐者的虐待行为开脱。这一理论视角从杰克逊和哈费迈斯特所称的老年人虐待的单一因果理论（Jackson & Hafemeister，2013）转变成了一种更动态的理论，即研究施虐者和受害者高危特质之间爆发性的相互作用，这在本章前面已经讨论过。

评估老年虐待与疏于照护问题

举报虐待与疏于照护老年人个案

对虐待与疏于照护老年人个案进行调查取证是成人保护服务部门的主要工作。该部门会聘用社工，专门培训他们按照严格的操作规程调查涉嫌恶意对待老年人的个案。正如前面提到过的，美国50个州或者指定成人保护服务部门，或者在州老龄工作部门下设机构负责这项工作。每个州判定虐待与疏于照护的确切程序不同。本章不打算说明调查程序上的所有不同之处，而是假定社工并没有受雇于某个专职调查虐待与疏于照护个案的机构，以此为出发点来讨论在向老年人提供一般性的服务过程中如何警惕老年人受虐待与疏于照护的情况。

树立老年人可能受虐待与疏于照护的意识 有几种不同的方式可以让社工意识到老年人有可能存在受虐待与疏于照护的情况。通过在个案管理中直接跟老年人打交道，向老年人提供心理和社会服务，以及接触老年中心、支持性住所、成人日间护理机构或其他场所的老年人，社工可能会怀疑某个老年人正受虐待与疏于照护。在其他情况下，受聘于老年人服务机构的社工可能会收到关心老年人的家庭成员、朋友或邻居的电话，举报老年人受到虐待。医院的员工、警察、消防员、公用设施工作人员、维修人员，甚至邮递员也常常会举报怀疑老年人受虐待与疏于照护。

澄清社工的角色 对社工来说，十分重要的一点是澄清在这些个案里自己在与老年人的关系中扮演什么角色。如果社工不直接负责有这一问题的老年人的工作，那么刻不容缓的事情就是帮忙把老年人转介给相关的成人保护服务部门。为介绍老年人情况的人牵线搭桥，联络本地的成人保护服务部门——最好是一个具体的人，这十分紧要。知情人可能需要许多鼓励才能最终举报，意识到自己有责任指认施虐者。如果举报的情况不成立，大多数州对举报人不会追究法律责任，但是要求确认举报人的身份。也有些州实行匿名举报，不要求确认举报人的身份。你所在地的成人保护服务办公室最清楚相关规定，能告诉你按照本地区和本州的法律，举报的程序是什么。社工应该敏锐地意识到自己所在地有关成人保护服务的法律环境。虐待与疏于照护老年人是一项严重指控，在调查指控个案的过程中，法律既保护老年人的权利，也保护被指认的施虐者的权利。从事成人保护服务的工作人员最有权确定是否有足够的证据表明要做彻底的调查。即使证据不多，不足以支持正式举报，社工也要识别高风险情况，采取初步的干预措施，防止脆弱的老年人受到严重伤害。

评估老年人受虐待与疏于照护的情况

恩斯特建议，社工在探索可能的虐待与疏于照护个案时，应该对情况进行彻底的评估，而不是自动假设老年人是受害者（Ernst, 2016）。探究老年人每天需要什么样的照护，这种照护是如何提供的、由谁来提供，以及关于老年人与照护者之间互动的更一般的信息，是与老年人建立信任的更微妙的方式。如果谈话表明老年人遭遇过虐待与疏于照护，那么就应该追问有关虐待与疏于照护的具体问题。要谨记，老年人是在受制于人的情形下受到虐待与疏于照护并心怀恐惧的。他们害怕如果别人发现自己的照护者、家人或其接触的其他人有虐待与疏于照护行为，那么等待自己的会是更坏的结果。特别值得一提的是，老年父母与成年子女间的情感纽带非常强，老年人可能会觉得有义务不惜任何代价保护自己的子女，即使自己的福祉面临危险。老年人会对承认自己的某个孩子犯了虐待罪深感羞愧。

直接观察 本书自始至终都强调社工在评估老年人的情况时必须信任自己的直接观察，并把这作为评估的一部分。要睁大眼睛观察，竖起耳朵倾听！老年人身上是否有处于不同愈合阶段的新旧伤？老年人是否试图掩盖这些伤？是否有什么伤是由他人而非意外事故造成的？有一点很重要，需要谨记，那就是老年期生理上的变化会让皮肤变薄，血管的弹性减少，因而使老年人比年轻人更容易出现擦伤和磕碰伤。我们在第二章讨论过老年期生理上的这些变化。

老年人是否显得非常退缩或恐惧？老年人是否异常警觉或容易受惊吓？是否当有什么人在场的时候老年人的情绪状态由平静转变为激动不安？老年人是否说了许多贬低自己的话，如"我是所有人的麻烦"或者"我是个没用的老家伙"等？这些话可能表明老年人受到长期的情感或心理虐待，已经把施虐者贬低自己的话内化了。老年人说这样的话也可能是因为患有抑郁症或焦虑症，这在本书前面的章节已经讨论过。直接观察固然重要，但是仅靠它并不足以准确确定行为上的异常反应究竟是由虐待与疏于照护造成，还是由老年人遇到的其他社会情绪问题造成。

老年人看起来怎么样？老年人的个人卫生状况好吗？老年人的衣服是否比较整洁、得体？如果老年人有失禁问题，那么是否恰当使用了相关产品以让他干净、舒服？老年人是否有合适的如厕和洗浴装置？老年人住的地方是否干净，没有垃圾和害虫？这些问题与一般性评估问的问题非常相像，但是在这里，社工问这些问题是想确定，出现上述问题是照护者或老年人接触的其他人未能尽责，还是老年人自己没照护好自己。

功能评估　社工如果经常做老年人的工作，那么就应该熟知老年人的功能状况、日常生活能力及工具性日常生活活动能力。老年人的这些能力是否有什么变化？这些变化是不是由身心健康状况下降造成的？老年人做简明精神状态量表的结果怎么样？他能辨识出时间、方位和人吗？他的这些方面的表现近来是否有什么变化？

老年人的强项是什么？什么类型的活动是他喜欢的？老年人是否有能力或被允许为家庭经营做出贡献？鼓舞老年人、让他感到自己在家中有用的方法有哪些？

近几周或近几个月老年人的抑郁情绪是否有什么变化？如果社工怀疑照护者、家人或老年人接触的其他人虐待与疏于照护老年人，那么确定老年人家中饮酒和吸毒的情况十分重要。老年人是否饮酒过多？主要照护者或其他住在老年人家里的人是否常常饮酒或吸毒？

如果社工一直跟老年人或老年人的家人有来往，注意到有上面所说的那些重要变化，那么找到合理的解释就十分重要。社工可能会觉得自己非常了解老年人或老年人的家庭，认为绝不会有虐待与疏于照护老年人的情况。然而，虐待与疏于照护具有隐蔽性，即使是对熟悉的人和家庭，社工也有必要从不同的角度审视情况。

评估工具　为准确评估老年人是否受虐待与疏于照护，人们开发了一系列评估工具。这些工具最初是供医疗机构的服务提供者使用的，比如老年人受虐待筛查简表（Brief Abuse Screen for the Elderly）(Reis & Nahmiash, 1995)、虐待老年人嫌疑指数（Elder Abuse Suspicion Index）(Yaffe, Wolfson, Lithwick, & Weiss, 2008)、老年人评估工具（Elder Assessment Instrument）(Fulmer, 2008)。这些评估工具都假定老年人能在医疗系统中被观察到，但当老年人受虐待与疏于照护时，情况并非总是如此。施虐者可能会有意识地使老年人远离任何能够发现和报告虐待与疏于照护行为的专业人员。

使用这些工具识别虐待与疏于照护行为的有效性取决于使用评估工具的人员是否受到了充分培训、工具实际识别老年人受虐待与疏于照护的能力（效度）、工具识别多种虐待与疏于照护行为的准确性，以及工具的评分程序（Abolfathi-Momtaz, Hamid, & Ibrahim, 2013）。不幸的是，没有任何工具能够全部满足以上标准。但是它们可以帮助提出各种问题，以便有效地向老年人征求有关虐待与疏于照护的信息。

单独跟老年人面谈　如果社工正在确认是否有正当的理由怀疑老年人受虐待与疏于照护，那么就要单独跟老年人面谈，不让施虐嫌疑人在场。若这人在场，老年人可能会因为害怕受到报复而不敢如实回答问题。在他人面前暗示谁是施虐者可能会使老年人所受的虐待升级。对那些非常依赖他人的老年人来说（即使所依赖的人正在虐待与疏于照护他们），一想到要失去唯一的照护和支持来源就会非常害怕。

一旦有合理的证据表明老年人可能受虐待与疏于照护，社工就应直截了当地询问老年人那些属于虐待与疏于照护的情况，即使这样的问题非常敏感。社工要直接问：老年人是否挨过打或被推搡？老年人是否被单独留在家中很长时间，或者被绑在床上或锁在屋子里？是否有人把老年人的钱拿走？是否有人强迫老年人违心签署有关财产或金钱安排的文件？照护者、家人或老年人接触的其他人是否曾经不让老年人服药、吃饭或看病？是否有什么人威胁过老年人？

如果老年人身上有瘀伤或其他伤，那么他是怎么解释受伤的原因的？受伤的严重程度跟老年人所说的情况相吻合吗？是否有证据表明老年人的伤得到了迅速治疗？是否有证据表明老年人服的药过多或者不够？老年人是否营养不良或脱水？老年人是否为认定的施虐者没提供应有的照护而辩护？确定某个老年人是否受虐待或疏于照护，取决于实地观察、直接取证，再加上社工从细微处看出他人如何对待老年人的出色的专业直觉。你的直觉告诉你认定的施虐者与老年人的关系怎么样？老年人有权受到保护，免遭他人的虐待与疏于照护。老年人也有权否认受虐待与疏于照护，即使社工的专业直觉表明有这样的情况。

社工如果有确凿证据显示老年人正受虐待与疏于照护——不管这一证据是直接看到了老年人受伤还是老年人承认了一切，那么必须马上向本地成人保护服务部门或州老龄工作部门正式举报立案。大多数州要求社工或其他助人专业的人举报可疑的虐待与疏于照护个案，并且如果证据不足，举报者会免于被起诉。如果没有直接证据表明老年人受虐待与疏于照护，但是老年人有很高的风险受到恶意对待，或者社工怀疑老年人过去受到了虐待或害怕他将来受到虐待，那么考虑采取什么干预措施防范老年人以后受伤害就十分重要。本章后面有一些具体建议，说明如何筹划这类干预行动。

与认定的施虐者面谈　与认定的施虐者面谈一般是成人保护服务工作者的职责。他们得到了州里的授权，在调查过程中可以向认定的施虐者询问一些问题。但是，社工如果跟老年人及其家人现在有工作关系，那么可能会被要求跟成人保护服务工作者一道收集必要的资料，做一个完整的调查。

有一点很重要，那就是要澄清认定的施虐者与老年人之间的关系的性质。认定的施虐者给老年人提供了哪些照护？认定的施虐者和老年人对照护的数量和质量各自有什么期望？同认定的施虐者讨论照护老年人对他提出了哪些要求，而他是否自认为有能力为老年人提供这样的照护。老年人需要哪些协助（如协助进行基本的日常活动、工具性日常生活活动、管理钱财或做家务）？如果还需要提供其他的支持的话，那么都有些什么？比较老年人对认定的施虐者应负的责任的看法和实际要求施虐者去做的事情常常能暴露出很有意思的问题。双方可能对照护责任有非常不现实的想法。

澄清谁掌管老年人的经济财产。谁负责支付账单、拿处方抓药和预约看病的时间？认定的施虐者是否自己遇到了经济困扰？认定的施虐者期待尽照护责任会得到什么补偿？

询问认定的施虐者在照护老年人的过程中都遇到了什么困难。当老年人不配合或表现出令人沮丧的行为时，他是如何应对的？他怎样处理在照护老年人时不可避免会出现的冲突？他怎样评价自己跟老年人的关系？经常来看望老年人的其他朋友或邻居有哪些？这些都是重要的问题，有助于形成老年人和认定的施虐者的需求与所面临的压力的准确画面。它可以充当基线，用来确定认定的施虐者在其后的面谈中是否如实地回答了更为敏感的问题。

如果老年人身上有伤，那么向认定的施虐者问清楚老年人如何受的伤。敏锐地察觉认定的施虐者的说法与老年人的说法是否吻合。老年人所受的伤是否得到了及时治疗？认定的施虐者怎样解释老年人脱水、营养不良或用药过量的原因？照护者、家人或老年人接触的其他人是否曾对老年人大喊大叫或威胁老年人不让他接触其他人或不照护他？认定的施虐者对于这些问题的反应像他给出的答案一样重要。认定的施虐者若公开表现出敌对和不合作的态度，那么在面对此类敏感问题时可能会非常提防。

按照托米卡的观点，下面一些情况表明照护者、家人或老年人接触的其他人虐待与疏于照护老年人的风险特别高（Tomika, 2006）：

- 认定的施虐者有吸毒、酗酒或精神疾病史。
- 老年人和认定的施虐者都跟人疏远、抑郁或者存在社会隔离。
- 认定的施虐者不成熟，总体上对生活不满意。
- 认定的施虐者不是自愿承担照护老年人的责任的。
- 认定的施虐者在经济上依赖老年人。
- 认定的施虐者公开对老年人表现出敌对态度或者不怎么关心老年人。
- 认定的施虐者指责是老年人自己导致了受虐待与疏于照护。

这些特点表明认定的施虐者与老年人之间的确有或者可能有不良的关系，使老年人面临受伤害的危险。

制定防止虐待与疏于照护老年人的干预措施

确定了老年人受虐待与疏于照护并不意味着会将他从现在生活的地方转移出去，并安置到其他地方。在被举报并获得证实的虐待老年人个案中，转移安置老年人的个案占不到1/5（NCEA, 2018）。然而，如果确定老年人当前有受到严重伤害的危险，那么成人保护服务部门可以把他安置到长短期的庇护机构中，为他提供危机照护，并对施虐者提起法律诉讼。成人保护服务部门的工作人员可以告诉社工这类危机干预的操作规程。

保护老年人免受经济方面的虐待或剥夺

如果确定老年人在经济上正受到照护者或其他人的虐待或剥夺，那么迅速采取行动保护老年人的财产很重要。当老年人不再能自己理财时，可能需要联络其他家人，看他们是否愿意承担这一责任。老年人愿意把这一责任托付给谁？确定谁在法律上有权力、有责任掌管老年人的财务。联络有关各方讨论目前发生的情况，呼吁他们帮忙阻止他人在经济上虐待或剥夺老年人。然而，在可能的情况下，老年人参与决定由谁帮助他管理财务是很重要的，即使这个对象并不是社工希望的那个人。如果老年人已经确定了这个人是谁，那么他更可能与他指定的人建立信任关系。如果这个指定的收款人或监管人看起来在经济上盘剥老年人，那么联络律师，咨询需要采取什么法律程序阻止收款人或监管人拿到老年人的钱款，直到完成全面调查。

提供支持性辅导　给予正受虐待与疏于照护的老年人支持并让他们安心非常重要。尽管有人知道自己受到虐待与疏于照护会让老年人轻松一些，但是他们可能会非常害怕，不知道等待自己和施虐者的会是什么。他们可能会由此认为自己要被送进养老院，或者如果现在他们是跟照护者一起生活的话，就可能认为自己会被强迫离开尽管危险但却熟悉的环境。他们可能会担心怎么支付其他方式的照护服务。他们可能会害怕虐待与疏于照护一旦曝光会变本加厉。社工可以发挥重要作用，给老年人提供情感支持并尽其所能帮助老年人了解发生的事情和接下来会发生些什么。重要的是在跟老年人一起（如果老年人的认知能力允许的话）制订长期行动计划的同时，先拟定短期内解决虐待与疏于照护情况的应急方案。

如果老年人仍然由施虐者照护或者仍然会经常与涉嫌虐待老年人的家人或朋友接触，那么和老年人一起树立自我肯定可能会有益处（Cooper & Livingston, 2016）。帮助老年人发出自己的声音，抵抗人身或言语攻击，可能会有助于重塑老年人与施虐者之间的权力关系。老年人还需要知道以后如果发生受虐待与疏于照护的情况该向谁投诉，或者给老年人安排一个联系人帮助他投诉。支持性辅导能帮助老年人明白受虐待与疏于照护不是自己的错，他们不应该忍受他人更不用说家人的恶意对待。为老年人增权赋能，使他们在受虐待与疏于照护的时候保持积极主动，这是优势视角的一个重要组成部分；老年人有应对和解决问题的能力，应该作为干预过程的一部分加以利用。

施虐者也需要帮助，识别在哪些情况下照护老年人的压力会导致出现虐待与疏于照护老年人的情况。这包括训练施虐者控制对老年人的怒气和挫折感，学会解决冲突，以及帮助他们识别和处理好高危情况。社工可能要帮助施虐者学会向他人寻求支持。日复一日地照护老年人，即使是非常有献身精神的家庭成员或其他支持老年人的人也会因此耗尽精力和耐心。尽管虐待与疏于照护老年人的行为绝不可以因此得到开脱，但是在这一情况下，施虐者也是牺牲品。

发展支持性服务

向认定的施虐者提供支持　在许多有虐待与疏于照护老年人嫌疑的个案中，照护者、家人或老年人接触的其他人只是不能充分提供老年人所需的照护，需要有一些支持性服务来扩展给老年人的照护。社工扮演着重要角色，他需要帮助认定的施虐者识别老年人眼下的需要，并在社区中找到相应的服务，满足这些需要。这不仅涉及找到合适的服务，如家政服务、居家护理服务或送餐上门服务，而且涉及确定如何支付和安排这些服务。常有的情况是，照护者、家人或老年人接触的其他人根本不知道可以得到哪些服务，或者他们不好意思找外界帮忙照护老年人。

支持性服务还包括喘息服务，这一安排让照护者可以抽身出来，有一段时间不用负责照护老年人。如果照护者能重新有一些个人时间来满足自己的个人需要和社会生活需要，那么他对老年人的怨恨可能就会少些。喘息服务最好由其他家庭成员、邻居或朋友来提供，这些自然的支持网络可能没有充分发挥作用。当其他家庭成员能给予某些协助的时候，不应该由一个子女独立承担照护老年人的责任，但是照护者可能需要鼓励才能找其他人帮忙。如果其他家庭成员不能直接照护老年人，那么他们或许能给予经济上的协助，这样便可以从社区机构购买所需的服务。

向老年人提供支持　　与跟家人、朋友和邻居保持接触的老年人相比，社会隔离的老年人受虐待与疏于照护的风险更高。老年人想要和他人有更多的社会联系吗？他们想要见到或者拜访谁呢？首先，确定谁才是老年人认为在"社会支持"干预中重要的部分。安排老年人的朋友或家人每天给老年人打电话，或者使用社区的呼叫服务，可以为这些社会隔离的老年人打通跟外界接触的重要的社会生活生命线。一些社区机构可以安排工作人员或志愿者探望老年人，给他们读书或一般性地陪伴他们。即使只有一个重要的人定期探望，也会对担心自己身心安全的老年人起到安慰作用。

老年人如果有严重的抑郁或焦虑情绪，那么可能需要咨询医务人员，看是否可以服用什么药物来缓解这类情绪的困扰。治疗老年人的抑郁症可以显著减少老年人带给照护者的情感付出，并缓解老年人的痛苦。如果老年人的身心状况许可，那么可以安排他走出家门参加一些社会活动，如参加老年中心的活动、听音乐会或者是游玩。打破日出日落时都沉闷地面对家中墙壁的状况对改善老年人的情绪状态可以起到重要作用，能缓解老年人和照护者或支持照护者的人承受的压力。

改变和调整环境

作为减少虐待与疏于照护的预防性措施，任何环境改变的目的都是找到可能有的最安全的空间，让老年人尽可能长久地最大限度地独立生活。即使怀疑老年人受虐待与疏于照护，若有足够的支持性服务并做一些小的环境调整，老年人也常常能留在现在生活的地方。在其他情况下，老年人的需要远远超出了照护者或老年人自己的能力，无法得到满足，这时就要对老年人的居住安排做重大的改变。

物理环境 改变老年人当前的生活环境可能会有助于减少照护者、家人或老年人接触的其他人需要给老年人提供的照护。整修洗浴设备，如给浴缸加上扶手或者在淋浴的地方加个长板凳，有助于改善老年人的个人卫生状况，因为这样一来洗浴要容易些。座椅电梯和扶手能让老年人更容易在房子里活动而不是一整天都待在一个房间里。职业治疗师在帮助老年人及其照护者方面会特别有效。比如，他们能帮助改进饮食器皿、如厕设备和其他物品，让行动不便的老年人更容易使用。

成人日间照护服务 老年人及其照护者可能需要做另外的生活安排，以防止老年人将来受到伤害。成人日间照护服务能让照护者暂时摆脱照护责任，得到重要的休整。它还能让老年人有机会跟其他老年人交往，学习、保持和增加自我照护技能。如果老年人在白天去成人日间护理机构，那么继续跟照护者或家人生活在一起就可能行得通。这样的安排会减少照护者与老年人实际待在一起的时间，从而减少一些压力和紧张感。

生活协助机构 老年人如果不适宜留在现有的生活环境中生活，那么可以选择入住支持性住所或者是半自理的居住机构。入住支持性住所要求老年人在能得到一些辅助性个人照护的情况下，有中等程度的日常生活能力。辅助性个人照护包括洗浴和家政等服务。在支持性住所中，一般是集体用餐，这一方面能够满足老年人摄取充足营养的需要，另一方面能让老年人获得社会交往刺激。对于那些自身能力比较有限的老年人，半自理的居住机构允许他们有自己的居住空间——通常是一间卧室。在这种机构中，老年人可以得到监督指导服药和物理治疗服务，或者接受目的是让老年人尽其所能保持最大限度的自理能力的其他支持性服务。

养老院中的虐待与疏于照护老年人问题

不幸的是，老年人从家庭照护环境中转移出来，被安置到养老院后，并不一定就能免于受虐待与疏于照护。尽管只有5%的年龄在65岁以上的老年人住在养老院，但他们却是老年人中身心功能最脆弱的一群人。据估计，每年有500万住在养老院中的老年人受虐待与疏于照护，其中1/4是受到了身体虐待（Senior Health Group, 2018）。据推测，每一个老年人受虐待个案被报告的背后就有五个类似个案没有得到报告。

养老院中老年人遭受的虐待与疏于照护类型与非机构居住的老年人遭受的相似，包括身体虐待、情感或心理虐待、经济剥夺以及疏于照护。然而，有一些虐待与疏于照护类型是养老院独有的，包括不恰当的禁令、过度用药以控制老年人的行为、不合格的照料、过度拥挤、专制管理，以及使老年人受到不合格（如未经培训、麻烦缠身、蓄意伤人等）护工的伤害。更微妙的虐待与疏于照护形式包括剥夺老年人的个人选择权，比如什么时候吃饭或睡觉，以及逼迫他们参加活动。

维格勒斯沃斯发现，包括语言攻击和社会隔离在内的情感或心理虐待是养老院中最常见的恶意对待老年人的形式（Wiglesworth et al.，2010）。当老年人不配合给他提供的日常照护，诸如喂饭和洗澡安排时，最常发生这类虐待与疏于照护现象。为了试图在某种程度上重新获得对自己日常生活的控制，老年人可能会抗拒他人让他按机构时间表来接受照护的做法，导致老年人与照护者之间的关系充满火药味。有的工作人员把老年人的不配合理解为一个成年人想要重新控制自己的生活，同他们相比，认为老年人是"难办的孩子"的工作人员更有可能虐待与疏于照护老年人。

养老院中老年人与工作人员的关系决定了虐待与疏于照护的类型和程度（Cooney, Howard, & Lawlor, 2006；VandeWeerd & Paveza, 2006）。棘手的老年人让原本就已经超负荷工作的养老院工作人员要应对很多要求，这给他们带来了挑战。个人生活压力重重、应对能力打了折扣的工作人员，不太可能约束自己在跟棘手的老年人打交道的时候避免在身心上虐待与疏于照护老年人。身为重要的照护者，养老院工作人员可能感到自己得不到支持，这种挫折感便表现为给老年人提供的照护质量差。这些因素虽然并不能为虐待与疏于照护行为开脱，但却能让我们洞察养老院中虐待与疏于照护老年人问题的复杂性。

为了防止在养老院中发生虐待与疏于照护老年人的情况，行政管理部门应该对工作人员进行足够的培训，让工作人员学会处理老年人难应对的行为的方法、学会控制自己的怒气和解决冲突。护理老年人的工作人员学会确定在什么情况下容易虐待与疏于照护老年人，对于防止恶意对待老年人最有成效。此外，发现哪些先导事件会诱发老年人不合作或出现攻击性行为，也是至关重要的一步。它能防止因老年人出现问题行为而导致工作人员虐待与疏于照护老年人。举例来说，如果老年人在洗澡的时候特别不配合，那么弄清楚究竟是什么具体原因让老年人不配合。是否老年人在洗澡的时候觉得冷，所以不让脱衣服？老年人是否害怕在被托进托出浴缸的时候自己会受伤？洗澡的时候用淋浴是否能让老年人感觉安全些？在洗澡时间的安排上，什么样的选择方式可能会让老年人觉得像是自己在做决定？老年人与给自己洗澡的工作人员之间是否有什么过节没解决，导致他洗澡的时候反抗、不配合？现在有些什么事情使洗澡对老年人来说是件痛苦的事？

一旦养老院中虐待与疏于照护老年人的情况得到证实，行政管理部门就有责任采取必要的行动阻止责任人，并避免以后出现类似问题。社工的任务是对老年人受虐待与疏于照护的迹象保持警惕，运用自己的专业知识和训练识别可能会遇到这一问题的高风险老年人，并给行政管理部门提供建议，用一些方法打破虐待与疏于照护的恶性循环。社工应发挥重要作用，充当特别脆弱、容易受虐待与疏于照护的老年人或者是由于身心健康问题自己不能采取行动的老年人的代言人。

处置老年人拒绝接受保护性服务问题

从事老年人成人保护服务和一般性服务的社工面临的一大难题是，老年人正受虐待与疏于照护，但却拒绝采取任何干预措施。看着受虐待与疏于照护的老年人选择继续生活在身心健康和福祉受威胁的环境里是件令人痛苦的事。对社工来说，他已经找到了能改善老年人生活质量的支持性服务，但老年人却坚决拒绝任何协助，这很让人沮丧。在处理自我忽视个案中常发生这种情况：老年人拒绝离开不安全的住所，或者拒绝寻求可能会改善其生活的身心治疗。

伦理上的两难处境

成人保护服务工作者举报虐待与疏于照护个案时不需要得到老年人的许可。在一些州，立案调查虐待与疏于照护个案也无须得到老年人的许可。是否立案调查取决于州的法律，而不是老年人或成人保护服务工作者的兴趣或忧虑。认定和起诉虐待与疏于照护个案属于州司法部门对其公民应负的责任。这些问题是州里的法律事宜，应该澄清，它取决于社工所在州的具体规定。

不管老年人或施虐者是否协助调查虐待问题，州里都有责任向老年人提供干预服务，减少他将来受虐待的可能性。然而，法律并没有要求老年人必须接受这些服务。社工在这类个案中遇到的难题不在于老年人是否有权选择危险的处境而不选择社工感觉比较安全、有保障的处境（Linzer, 2004），而在于老年人的确有这样的权利。尽管无论是从个人的角度还是专业的角度出发，社工眼睁睁地看着老年人仍处于不安全的处境中都会觉得不舒服，但是如果老年人本人没有被法庭认定无行为能力，那么所有州的法律都认为个人有权选择危险处境而不是安全处境（Donovan & Regehr, 2010; Nerenberg, 2006）。不管老年人自愿选择的处境有多么危险，社工都不能凌驾于老年人依法享有的权利之上，代老年人做决定。

当老年人拒绝服务的时候，社工面临的伦理困境是如何确定老年人有行为能力做这样的决定（Donovan & Regehr, 2010; Naik, Lai, Kunik, & Dyer, 2008）。即使社工怀有最高程度的案主自决意识，以及非常尊重老年人对所有干预过程目标的决定权，这仍然会和保护老年人以及关心他们感受的自然同情心相冲突。社工认可老年人的自决权，但问题是老年人是否有足够的能力做出明智的决定。老年人在认知上是否没问题，可以在知情的情况下做决定？老年人是否完全意识到拒绝服务可能会有的后果，即自己将来处境危险？

如果没有证据表明老年人做这一选择的能力受到损伤，那么他的决定就可以成立。如果没有证据表明老年人的决定是有问题的，那么就需要尊重他的决定。

对老年人自我忽视个案的干预要比对其他虐待与疏于照护类型的个案的干预更加复杂。在经济富裕或者处境糟糕、无家可归的老年人中都可能出现自我忽视的情况。其中突出的问题是，老年人似乎无法理解医疗服务不足、住房环境不达标、个人卫生条件差或自己不能安全管理生活的后果（Pavlou & Lachs，2008）。在某些情况下，生活在这种危险和有害的环境中是老年人的自我选择。如果他们表现出具备决策能力，并能够表明他知道这些决定的后果，那么社会工作或医疗的作用将严重受限。正如托克和萨克斯所言，"也许我们在个人自由方面犯了错误"（Torke & Sachs，2008，p.1926）。这是选择权与正确选择的冲突，或者至少是与社工或医疗保健专业人员认为的正确选择的冲突。虽然很多专业人士认为他们知道什么对老年人来说是最好的，但当老年人有决策能力时，社工为他们做决定是不合法的。如果对老年人的决策能力有质疑，那么可能有必要采取额外的行动。案例9-1呈现了社工面临的一个具有挑战性的情况，在这种情况下，寻求其他法律干预来保护老年人可能是（也可能不是）合适的。

依法确定老年人的行为能力

确定老年人是否有能力决定使用服务和掌管自己的生活是件复杂的事。社工不能简单地靠自己来确定老年人不能做这些决定。关于决策能力的判定，本书第四章已经讨论过。在一些个案中，社工可以动员愿意向前迈一步承担做决定责任的老年人的家人，让他们给予协助。有了家人的保证，老年人可能会感觉同意接受干预服务心里比较踏实。老年人可能就是需要家人的支持才能完全认识到有了更多的帮助自己的生活会大大改观。在可能的情况下，要尽量使用非法律手段保护老年人的福祉。更严格的法律手段可能会剥夺老年人的决策权和对自己生活的控制权，而当权利被剥夺后，他们可能永远无法重新获得这些权利。

对老年人的完全监护和不完全监护 当法院为无行为能力老年人指定替代决策者时，被指定的个人需要承担老年人的监护责任。指派完全监护人是干预老年人事务的一个极端做法，只有当老年人的决策能力受到严重限制，以至于真的无法为自己的福祉采取行动时，才建议这样做。完全监护人有权代表老年人做出法律、财务和医疗等方面的决定，这实际上剥夺了被监护人的所有决策控制权。很可能老年人将永远无法重新获得决策权，除非这个老年人的功能得到很大改善。

在许多情况下，使用不完全监护更合适。不完全监护是法律可能认定老年人在他生活领域的某些方面（如财务管理、法律决定或资产事务等方面）缺乏做决定的能力，但保留其在其他方面（如决定在哪儿生活、做医疗方面的决策、确定需要何种服务等）做决定的权利。老年人能够保留哪些方面的决策权是在指定不完全监护人时协商决定的。不完全监护往往优先于完全监护，因为老年人能够保留更多的个人权利。

托管人和收入代理人　　当老年人在管理金钱、财产或商业事务上有困难或不可能做出合理的决定时，法院可能在指定监护人外，另指定一名托管人。托管人被授权管理老年人的财务事项，如支付账单、管理银行账户、兑现支票或任何其他财务事项。作为对老年人财产的一种保护机制，托管人必须向法院报告老年人的财务状况。监护人也可以是老年人的托管人，但托管人的权力比监护人更加有限。

当老年人无法自己做出某些财务管理决定时，指定收入代理人是另一种法律措施。社会保障局可指定收入代理人代表老年人领取社会保障或补充福利收入（Social Security Administration，2018）。老年人的家人或能信任的朋友通常被指定为收入代理人，护理机构同样可以承担这一职责。这一安排是本节所讨论的所有法律措施中限制条件最少的，因为它只影响到非常少的部分的财务事项的管理。收入代理人由社会保障局负责指定，作为联邦层面的政策，这一安排在各州具有统一的规定。

有关监护权和托管关系等的具体细节受美国各个州的法律约束，若是对这些法律关系感兴趣则应该咨询律师。要获得对老年人的财务的合法管理权和决策权要经过严格的法律步骤，并会受到非常严格的制约。

案例9-1：辛迪·斯普林格女士

辛迪·斯普林格女士是一位76岁的单身女性，她是由麦迪逊纪念医院急诊室的社工转介到成人保护服务部门的。斯普林格女士是急诊室（emergency room，ER）的"飞行常客"（frequent flyer）。这指的是那些定期在急诊室出现，接受常规和紧急医疗护理的案主。上一次她来急诊室是为了治疗严重冻伤，那已经是她两周内的第四次治疗了。由于大面积损伤，她的左脚可能将失去三个脚趾。斯普林格女士在一家破旅馆的单人间与公共图书馆附近的暖气通风口的"住处"之间来回搬家。她总是独自居住并且反映没有和任何家人保持联系。斯普林格女士在当地一所学校做了接近40年的"食堂阿姨"，但在她不能够久站、无法满足工作要求时被迫退休。自58岁退休以来，她一直断断续续地住在街上，尽管她坚持称那家旅馆是她的法定住所。她觉得住在旅馆里很压抑，很想念住在街上的几个朋友。她把旅馆当作一个存放自己所剩无几的物品的地方，而且从来不会漏交任何一次房租。斯普林格女士曾数次联系成人保护服务部门，并一直配合关于自我忽视的初步调查。她是一个乐观、健谈的女人，虽然有一点古怪。她喜欢开怀大笑和喝便宜的酒。除了喝多了的时候，她的头脑一般很清醒。她在严寒的户外晕倒好几次，这就是她总是有冻伤的原因。她并没有明显的精神健康问题，尽管很明显她并没有去（或不想去）了解她的病情的严重性。

在急诊室的时候，医生发现她以前的冻伤是坏死性的。如果不进行手术和配以更好的医疗照护，她就会死。更复杂的情况是，她还患有2型糖尿病，如果注射胰岛素进行治疗并且少饮酒，那么病情是可以得到控制的。成人保护服务部门的工作人员建议她从寄住旅馆搬到成人寄养安置点，由老年医疗补助计划支付所需费用。实际上，有了补充保险收入和医疗救助，她的经济状况会变得更好，而她的冻伤和糖尿病都能够得到持续的医疗救治。但斯普林格女士得到了一份临时性的工作，她兴高采烈地拒绝了安置，并不再见成人保护服务部门的工作人员。如果不对坏死性冻伤以及糖尿病进行治疗，她就会死亡。她回到了暖气通风口睡觉，两天后，被发现昏迷不醒，然后被带回了医院。

（1）司法系统会在什么情况下对斯普林格女士进行干预，以防止她选择不明智的生活方式？或者说，司法系统能够对此进行干预吗？

（2）你认为斯普林格女士不明白她的生活方式有多危险吗？或者，你是否认为她没有动力改变自己的行为？

（3）斯普林格女士适合被完全监护或者不完全监护吗？

小结

尽管美国近20年对举报的要求和程序已经有所改进，但是老年人受虐待与疏于照护问题在很大程度上仍然是一个隐性问题。据估计，只有不到1/5的恶意对待老年人个案得到举报，其中只有不到一半的个案拿到了证据（NCEA，2018）。虐待与疏于照护老年人的形式有身体虐待、情感或心理虐待等。滥用老年人的资产也被视为虐待，根据美国各州的法律会被起诉。比身体虐待、情感或心理虐待以及经济剥夺更大也更为隐性的一个问题是疏于照护老年人，即被动或主动地不满足老年人的基本需要。

跟成年家人住在一起、身体不好或者认知有问题、经济又不宽裕的老年女性，受虐待与疏于照护的风险最高。而当照护者或同住的家庭成员有酗酒或吸毒史、患精神疾病或者在经济上依赖老年人时，这一风险会升高。很明显，虐待与疏于照护老年人的动态状况在很大程度上取决于老年人与施虐者的关系的性质以及施虐者是否有精神疾病。

在筹划避免老年人将来受伤害的干预策略时，做老年人和施虐者双方的工作十分重要。给双方提供情感上的支持，为家庭介绍支持性服务缓解一些照护者承受的负担，以及在环境上做些调整，都是重要的步骤，可以解决虐待与疏于照护的起因。然而，即使是在严重的虐待与疏于照护个案中，虐待与疏于照护证据确凿，老年人也仍有权利接受或拒绝提供给他的服务。承认和支持这一权利是出于保护成人的自决权，这是更大的社会背景的要求。社工如果怀疑老年人没有做这一决定的行为能力，那么可能需要采取正式的法律措施，指定其他人负责做决定。尝试宣布老年人无行为能力应该是最后的解决办法，必须小心监察以保护老年人的选择权。

学习活动

1. 查找你所在州或地区的成人保护服务部门的政策以及实施程序。你所在州或地区指定什么机构负责保护老年人不受虐待与疏于照护？这个机构有没有老年人受虐待与疏于照护的发生率的相关统计数据？这些统计数据在哪里公示？将它们与本章中关于虐待与疏于照护老年人的统计数据进行比较。

2. 在你所在州，强制报告老年人虐待与疏于照护个案的工作准则是什么？这些准则与举报儿童受虐待与疏于照护的个案的准则有什么不同？作为一名社会工作专业学生，你是授权举报人吗？在你所在的地域安排一名成人保护服务部门的社工，为其他相关社工举报老年人虐待与疏于照护授权。除此之外，谁还能成为授权举报人？

3. 因为不同的州在法律程序上有很大的不同，本章有意只呈现非常有限的完全监护与不完全监护方面的内容。如关于替代决策，不同州就有各种不同的规定。与一位法律服务代表、资深律师或法学院教授讨论关于你所在州的这些法律程序的细节。应该到哪个部门为老年人申请监护？什么证据能证明老年人需要这种保护？请律师举例说明老年人在不完全监护情况下所拥有的法定决策权。在托管的情况下是什么样的？

4. 设计一个面向居家护理助手、送餐上门服务志愿者、老年人友好探望者、用餐安排协调员，以及其他与老年人定期互动的社区成员的社区教育项目，培训他们识别老年人受虐待与疏于照护的情况。在设计这样一个社区教育项目，或挖掘社区资源，对涉嫌虐待与疏于照护老年人的情况进行干预时，寻求当地的成人保护服务部门的协助可能是有用的。

5. 与你所在州的养老院监察办公室取得联系。如果可能的话，请监察办公室工作人员在你的班级中谈谈他们是如何调查养老院涉嫌虐待与疏于照护老年人事件的。各家庭如何才能知道他们为老年人挑选的养老院是否有虐待与疏于照护老年人的历史？这些信息可以从网上获得吗？对养老院监察办公室的工作人员来说，警示他们老年人处于不安全状况的危险信号是什么？

参考文献

AARP. (2018). AARP fraud watch network. Retrieved from https://www.aarp.org/money/scams-fraud/fraud-watch-network/?cmp=LNK-BRD-MC-REALPOSS-TODAY-FRAUD&gclid=EAIaIQobChMI5tuCpb3i2gIVDJyzCh0_8wIrEAAYASABEgIB8fD_BwE

Abolfathi-Momtaz, Y., Hamid, T. A., & Ibrahim, R. (2013). Theories and measures of elder abuse. *Psychogeriatrics*, *13*, 182–188.

Acierno, R., Hernandez, M. A., Amstadter, A. B., Resnick, H. S., Steve, K., Muzzy, W., & Kilpatrick, D. (2010). Prevalence and correlates of emotional, physical, sexual, and financial abuse and potential neglect in the United States: The national elder mistreatment study. *American Journal of Public Health*, *100*(2), 292–297.

Beach, S. R., Schulz, R., Castle, N. G., & Rosen, J. (2010). Financial exploitation and psychological mistreatment among older adults: Differences between African Americans and non-African Americans in a population-based survey. *The Gerontologist*, *50*, 744–757.

BITS. (2012). Protecting the elderly from financial fraud and exploitation. Washington, D,C.: BITS. Retrieved from https://www.acl.gov/sites/default/files/programs/2016-09/Smocer_White_Paper.pdf

Brandl, B., & Raymond, J. A. (2012). Policy implications of recognizing that caregiver stress is not the primary cause of elder abuse. *Generations*, *36*, 32–39.

Burnes, D., Pillemer, K., Caccamise, P. L., Mason, A., Henderson Jr., C. R., Berman, J., . . . Lachs, M. S. (2015). Prevalence and risk factors for elder abuse and neglect in the community: A population-based study. *Journal of the American Geriatrics Society*, *63*(9), 1906–1912.

Burnett, J., Regev, T., Pickens, S. M., Prati, L. L., Jung, K., Moore, J., & Dyer, C. B. (2006). Social networks: A profile of elderly who self-neglect. *Journal of Elder Abuse and Neglect*, *18*(4), 35–49.

Center for Excellence in Elder Law. (2018). Mandated reporting of elder abuse by state. Retrieved from http://www.stetson.edu/law/academics/elder/ecpp/media/Mandatory%20Reporting%20Statutes%20for%20Elder%20Abuse%202016.pdf

Cooney, C., Howard, R., & Lawlor, B. (2006). Abuse of vulnerable people with dementia by their carers: Can we identify those at most risk? *International Journal of Geriatric Psychiatry*, *21*(6), 564–571.

Cooper, C., & Livingston, G. (2016). Intervening to reduce elder abuse: Challenges for research. *Age and Ageing*, *45*(2), 184–185.

Donovan, K., & Regehr, C. (2010). Elder abuse: Clinical, ethical and legal considerations in social work practice. *Clinical Social Work Journal*, *38*(2), 174–182.

Ernst, J. S. (2016). Mistreated and neglected older adults. In D. Kaplan & B. Berkman (Eds.), *The Oxford handbook of social work in health and aging* (pp. 479–488). New York, NY: Oxford University Press.

Fulmer, T., (2008). Screening for mistreatment of older adults. *American Journal of Nursing*, *108*, 52–59.

Fulmer, T., Paveza, G., VandeWeerd, C., Fairchild, S., Guadagno, L., Bolton-Blatt, M., & Norman, R. (2005). Dyadic vulnerability and risk profiling for elder neglect. *The Gerontologist*, *45*, 525–534.

Geffner, M. (2018). Banks can report elder financial abuse. *Bankrate*. Retrieved from https://www.bankrate.com/financing/banking/banks-can-report-elder-financial-abuse

Hall, R. C. W., Hall, R. C. W., & Chapman, M. (2005). Exploitation of the elderly—undue influence as a form of elder abuse. *Clinical Geriatrics*, *13*(2), 28–36.

Horsford, S. R., Parra-Cardona, J. R., Schiamberg, L., & Post, L. A. (2010). Elder abuse and neglect in African American families: Informing practice based on ecological and cultural frameworks. *Journal of Elder Abuse and Neglect*, *23*, 1, 75–88.

Hudson, R. B. (2013). The transformed political world of older boomers. *Journal of Gerontological Social Work*, *56*(2), 85–89.

Jackson, S. L., & Hafemeister, T. L. (2013). *Understanding elder abuse: New directions for developing theories of elder abuse occurring in domestic settings*. National Institute of Justice Research in Brief, National Institute of Justice, Publication NCJ 241731.

Kilbane, T., & Spira, M. (2010). Domestic violence or elder abuse? Why it matters for older women. *Families in Society: The Journal of Contemporary Social Services*, *91*(2), 165–170.

Kohn, R., & Verhoek-Oftedahl, W. (2011). Caregiving and elder abuse. *Medicine and Health Rhode Island*, *94*(2), 47–49.

Lachs, M., & Pillemer, K. (2015). Elder abuse. *New England Journal of Medicine*, *373*, 1947–1956.

Laumann, E., Leitsch, S., & Waite, L. (2008). Elder mistreatment in the United States: Prevalence estimates from a nationally representative study. *The Journals of Gerontology Series B, Psychological Sciences and Social Sciences*, *63*(4), S248–S254.

Lee, Y, Kaplan, C. P., & Perez-Stable. (2014). Elder mistreatment among Chinese and Korean Immigrants: The roles of sociocultural contexts on perceptions and help-seeking behaviors. Journal of Elder Abuse and Neglect, 26(3), 244–269.

Linzer, N. (2004). An ethical dilemma in elder abuse. *Journal of Gerontological Social Work*, *43*(2/3), 165–173.

Lowenstein, A. (2010). Caregiving and elder abuse and neglect: Developing a new conceptual perspective. *Ageing International*, *35* (2), 215–227.

Lowenstein, A., Eisikovits, Z., Band-Winterstein, T., & Enosh, G. (2009). Is elder abuse and neglect a social phenomenon? Data from the first nation prevalence survey in Israel. *Journal of Elder Abuse & Neglect*, *21*(3), 253–277.

Martin, S. L., Ray, N., Sotres-Alvarez, D., Kupper, L. L., Moracco, K. E., Dickens, P. A., . . . Gizlice, Z. (2006). Physical and sexual assault of women with disabilities. *Violence Against Women*, *12*(9), 823–837.

McClennen, J., & McClennen, J. C. (2018). *Social work and family violence: Theories, assessment and intervention*. New York, NY: Springer.

Naik, A. D., Lai, J. M., Kunik, M. E., & Dyer, C. B. (2008). Assessing capacity in suspected cases of self-neglect. *Geriatrics*, *63*(2), 24–31.

National Center on Elder Abuse. (2018). Elder abuse prevalence and incidence. Retrieved from https://ncea.acl.gov/whatwedo/research/statistics.html

National Incident-Based Reporting System. (2016). Victims. Retrieved from https://ucr.fbi.gov/nibrs/2016

National Indian Council on Aging. (2004). *Preventing and responding to abuse of elders in Indian country*. Washington, DC: NCEA.

National Sexual Violence Resource Center. (2017). Elder sexual assault. Retrieved from http://www.nsvrc.org/sites/default/files/Elder_Sexual_Assault_Technical-Assistance-Manual.pdf

NASD Investor Education Foundation. (2006). *Off the hook again: Understanding why the elderly are victimized by economic fraud crimes*. Washington, DC: NASD Investor Education Foundation with WISE Senior Services and AARP. Retrieved from http://www.finra.org/newsroom/2006/nasd-foundation-study-examines-what-makes-elderly-susceptible-investment-fraud

Nerenberg, L. (2006). Communities respond to elder abuse. *Journal of Gerontological Social Work*, *46*(2/3), 5–33.

Otto, J. M., & Quinn, K. (2007). *Barriers to and promising practices for collaboration between adult protective services and domestic violence programs* [A report for the NCEA]. Retrieved from https://ncea.acl.gov/resources/docs/archive/Barriers-Promising-Practices-2007.pdf

Pavlou, M. P., & Lachs, M. S. (2008). Self-neglect in older adults: A primer for clinicians. *Journal of General Internal Medicine*, *23*(11), 1841–1846.

Penhale, B. (2010). Responding and intervening in elder abuse and neglect. *Ageing International*, *35*, 235–252.

Quinn, K., & Benson, W. (2012). The states' elder abuse victim services: A system in search of support. *Generations*, *36* (3), 66–71.

Reis, M., & Nahmiash, D. (1995). *When seniors are abused: A guide to intervention*. North York, ON: Captus Press, Inc.

Scambusters. (2018). Beware of these 10 common senior scam tricks. Retrieved from https://www.scambusters.org

Schultz, J. H., & Binstock, R. H. (2006). *Aging nation: The economics and politics of growing older in America*. Westport, CT: Praeger.

Senior Health Group. (2018). Nursing home abuse statistics. Retrieved from https:www.nursinghomeabuse.org/nursing-home-abuse/statistics/

Social Security Administration. (2018). Representative payee. Retrieved from https://www.ssa.gov/payee

Teaster, P. B., Dugar, T. A., Mendiondo, M. S., Abner, E. L., & Cecil, K. A. (2006). *The 2004 Survey of state adult protective services: Abuse of adults 60 years of age and older*. Washington, DC: Administration on Aging, U.S. Department of Health and Human Services.

Tolan, P., Gorman-Smith, D., & Henry, D. (2006). Family violence. *Annual Review of Psychology*, *57*, 557–583.

Tomika, S. (2006). Mistreated and neglected elders. In B. Berkman (Ed.), *Handbook of social work in health and aging* (pp. 219–230). New York, NY: Oxford University Press.

Torke, A. M., & Sachs, G. A. (2008). Self-neglect and resistance to intervention: Ethical challenges for clinicians. *Journal of General Internal Medicine*, *23*(11), 1926–1927.

U.S. Government Accountability Office. (2011). *Elder justice: Stronger federal leadership could enhance national response to elder abuse* (GAO-11-208). Washington, DC: U.S. Government Printing Office.

VandeWeerd, C., & Paveza, G. (2006). Verbal mistreatment in older adults: A look at persons with Alzheimer's disease and their caregivers in the state of Florida. *Journal of Elder Abuse & Neglect*, *17*(4), 11–30.

Wiglesworth, A., Mosqueda, L., Mulnard, R., Liao, S., Gibbs, L., & Fitzgerald, W. (2010). Screening for abuse and neglect of people with dementia. *Journal of the American Geriatrics Society*, *58*(3), 493–500.

Yaffe, M. J., Wolfson, C., Lithwick, M., & Weiss, D. (2008). Development and validation of a tool to improve physician identification of elder abuse: The Elder Abuse Suspicion Index (EASI). *Journal of Elder Abuse & Neglect*, *20*, 276–300.

第十章

灵性与老年社会工作

学习目标

- 澄清灵性与宗教概念之间的区别,以及在本章中这些概念的应用方式。
- 探讨宗教在老年人生活中的作用,注意其重要性因性别、种族或族裔而不同。
- 将灵性的基本属性与社会工作专业的价值观和目标联系起来。
- 讨论如何评估老年人的灵性。
- 找出将灵性元素融入社会工作实践的方法。

章节概述

界定灵性与宗教的含义

社会工作专业与灵性的关系

几个注意事项

将灵性纳入老年社会工作实践中

本书已经强调过,要有效地与老年人一起工作,重要的是确定老年人的力量——他们用来应对困难和解决问题的个人、社会、心理或文化资源。对很多老年人来说,他们的灵性和宗教信仰是他们获得安慰和支持的巨大源泉。无论他们是将他们的灵性和宗教信仰作为其终生的精神支持来源,还是在晚年生活中重新激发了对它们的兴趣,对老年人来说,灵性和宗教信仰都是一个重要的资源。对个人精神健康以及灵性在心理健康和社会功能发挥中所起的作用的关注,曾经被视为神职人员和牧师的领域,现在则被认为是全面了解老年人的关键因素。灵性和宗教信仰可以被认为是老年人多样性的一个方面,老年人的多样性还体现在性别、种族或族裔等方面。

正式的宗教机构在当事人的生活中都扮演了哪些角色?人们如何找到生命的意义?灵

性危机属于心理健康问题还是宗教难题？社工是该公开与当事人谈论灵性问题还是该把当事人转介给专门处理灵性问题的人？本章会讨论这些问题，特别是社工在开展老年人工作时涉及的这方面的问题。在人生发展的这一阶段，解答有关生命意义和目的的问题是最重要的任务之一。本章还提供了进行灵性评估的工具的例子，并提供了在适当的时候，将灵性维度纳入帮助过程的方法建议。

在帮助老年人准备面对行将去世和死亡的问题的时候常常会讨论生命中的灵性问题。在本书中，我们有意把这一话题单独拿出来讨论。灵性问题不仅涉及准备后事或者关于来世的信念，还涉及活着的时候要处理的事宜，找到当下生命的意义，以及探索和表达对生命的信念的方法。灵性问题不是一个有待解决的问题，而是一个当事人和专业人员以各种不同的方式一起走过的旅程。

界定灵性与宗教的含义

灵性和宗教两个词常常会交替使用，然而，它们在意义上有重要的差异。本章将首先讨论有组织的宗教的重要性及其作为社会支持系统在老年人的生命中发挥的作用。讨论将集中在基于性别、种族或族裔的差异，宗教在意义和实践上的不同。对许多老年人来说，宗教信仰在提供支持系统方面扮演着重要的角色，了解这一点对社工来说很重要。然而，这一章的讨论重点是灵性，它如何与老年人的社会心理工作联系在一起，对评估灵性的工具的检验，以及社工如何使用灵性技术对老年人进行干预。把工作重点放在灵性生活上，能让从业人员超越具体的宗教派别的界限，认识到灵性力量在老年人的生命中发挥作用时具有的丰富多样的方式。

尽管研究人员和神学家们非常关心宗教与灵性的区别，但是老年人也会关心吗？研究显示，老年人可以很容易地将宗教与信仰体系联系起来，以及从灵性方面关注生活的意义和目的等更大的问题（Noronha，2015）。老年人可能会面临一些人生中最困难的时刻，因为他们面临健康状况的重大变化，失去家人和朋友，以及绝对的现实：他们正接近生命的终点，而不是生命的开端。这些事件意味着什么？一个人怎样才能找到生活的意义呢？这就是全部吗？这些问题无疑是每个人都会问的最具灵性的问题。一些老年人会从宗教中寻求慰藉，另一些老年人会从灵性活动和信仰中寻求慰藉，还有一些老年人会从其他来源寻求支持。因此非常有必要明确区分"灵性"和"宗教"这两个术语。

灵性 纳尔森-贝克尔、坎达和中岛把灵性定义为"对意义、目的和道德的探索。它通过与自我、他人、宇宙和终极现实的关系而发展"（Nelson-Becker, Canda, & Nakashima, 2016, p.74）。其他人也以类似的方式将灵性定义为：意义、与他人的联系以及对一种比自己更伟大的力量（或存在）的感觉（Chandler，2012；Sessanna，Finnell，Underhill，Chang，& Peng，2011）。你可以有灵性追求，但不一定是宗教上的。

尽管人们在灵性方面的自我意识和发展灵性自我上各有不同，但是就像人都有一个生物自我、心理自我和社会自我一样，所有人都有一个灵性自我。对一些人来说，灵性自我是与一个单一的、至高无上的存在物，诸如上帝或者另一个精神体建立关系。对另一些人来说，灵性在自然和四季的循环中得到印证。还有些人认为，人类共同体和人们的关系的力量都代表了灵性力量所具有的超越和联结。不管具体表达和诠释如何，灵性代表了人们获得生命意义和目的的手段这一点是共通的。

宗教 宗教是以个人及他人的行为以及对宗教的崇拜为约束标准的正式的制度化的表达。宗教教派奉行一套基本的信念，这些信念涉及至高物的存在、有无来世、人们应该怎样对待彼此，以及表达坚守这些信念的重要的仪式。人可以不从属于哪个具体的教派而有灵性世界，也可能积极地参加某个教派的活动而自己的灵性世界不是特别富有。一些学者更倾向于认为宗教和灵性是一个连续统——从非常宗教化但不太灵性化，到非常灵性化但不太宗教化（Harris，Ellor，& Yancey，2017；Nelson-Becker et al.，2016）。

宗教对老年人福祉的积极作用

2014年，77.2%的美国人有宗教信仰，较2007年的83.1%有所下降（Pew Research Center's Forum on Religion & Public Life，2015）。这种变化在很大程度上是由于不信仰任何宗教的人数的增加。皮尤研究中心的宗教与公共生活论坛（Pew Research Center's Forum on Religion & Public Life，2015）发现，有20.8%的受访者信奉天主教，46.5%的受访者信奉主流新教，1.9%的受访者信奉犹太教，5.9%的受访者信奉其他非基督教宗教，22.8%的受访者认为自己没有宗教信仰，6%的受访者没有回答这个问题。从这些研究中可以得出这样一个结论：即使美国有强大的宗教传统，人们的宗教偏好也存在很大的多样性。

不管属于哪种性别、种族或族裔，定期参加宗教活动的老年人身体和精神健康状态都更好一些（Keyes & Reitzes，2007；Nelson-Becker et al.，2016；Noronha，2015；Turesky & Schultz，2010）。宗教对精神健康有积极作用可以归结为以下几个因素所致。宗教的公共性质，诸如参加宗教活动和加入教会组织，让老年人有机会发展和保持社会支持系统。定期与有同一宗教信仰的人组成的团体接触有助于抵消社会隔离。个人宗教和灵性性质的活动，如祷告和冥想，能遏制诸如疾病、退休和丧偶等压力带来的影响（Keyes & Reitzes，2007；Nelson-Becker et al.，2016；Wink，Dillon，& Larsen，2005）。宗教信仰给老年人提供了一个认知框架，让他们能接受痛苦的事情是生活的一部分，而不是上帝对他们的惩罚（Bartel，2004）。宗教信仰还能作为宝贵的心理资源，帮助老年人处理伴随生活事件而来的痛苦情绪（Lewinson, Hurt, & Hughes, 2015; Nelson-Becker et al., 2016）。换言之，宗教活动和信仰是强有力的应对机制，能帮助老年人应对负面的生活事件，并生存下去。正因为如此，对扎实的社会工作实践来说，认识到灵性是一种人生力量至关重要。当老年人面临巨大的挑战时，宗教和灵性都能成为巨大的安慰和鼓励源泉（Lewinson et al., 2015）。

哈里斯、艾伦、邓恩和帕米利将出现在忠实的宗教信徒身上的上述效果归结为，深信负面事件有其神圣目的并对终极正义怀有信心，这使糟糕的事也有了意义（Harris, Allen, Dunn, & Parmelee, 2013）。宗教和灵性协助老年人在面对伴随年老而来的挑战，尤其是朋友和家人去世时，能够在生活中保持一种延续感和凝聚力（Kelley & Chan, 2012）。在人生的早年，个人的价值常常与外在成就，诸如工作或社会地位联系在一起。灵性生活可以帮助老年人完成心理转变，将个人价值的衡量指标从外在成就转向较为内在的成就，诸如生活满足感和自我完满。老年人的信仰可以帮助他构建一个意义系统，这个系统基于与一个比自己更强大的力量的关系，能让他获得自我价值感。

性别、种族或族裔的宗教和灵性多样性

女性　在整个生命周期中，宗教和灵性在女性的生命中可能比在男性的生命中扮演了更为重要的角色。在生命周期的任何特定时期，女性都比男性更虔诚，并且当女性年老的时候，宗教的影响会变得越发重要（Noronha, 2015; Reid-Arndt, Smith, Yoon, & Johnstone, 2011; Simpson, Cloud, Newman, & Fuqua, 2008）。女性的寿命较长，在失去人生伴侣后更可能独自生活，在晚年更加孤独。这种独处或许促成了女性较为内省的生活——一种较多倚重祷告和冥想等灵性和宗教活动带来安慰的生活（Murphy, 2016; Reid-Arndt et al., 2011; Simpson et al., 2008）。对女性来说，宗教团体的成员资格是一个重要的社会支持来源，这让她们有机会更多地参加宗教组织主办的社交小组和社会活动（Zuckerman, 2014）。随着老年女性的社会支持系统因死亡和疾病而萎缩，她们可能会转向跟教会有关的活动和朋友，以重建自己的社会网络。

一些关于女性发展的早期研究著作帮助我们对女性的独特经历以及灵性和宗教有了更深层次的理解。吉利根提出，女性对灵性这一生命力量的体会与男性不同，这解释了为什么灵性会对女性的生活有更重大的意义（Gilligan, 1982）。女性的灵性生活注重的是用偏重人际交往的方式获得基本需求的满足，是主动接触其他人（在宗教场所中）和更伟大的力量（在私人场所中）。女性可能会把自己所说的灵性界定为责任（不仅包括对自己的责任，而且包括对他人的责任），更注重吉利根所称的"关系性的灵性"。女性是在有他人的情境里看待和体会自己的灵性生活的，而不是作为独特的个体体会灵性生活（Woodhead, 2012）。女性生儿育女和照料他人的角色从许多方面来说都是独特的灵性经历，这些经历

都与他人有着特定关系。

男性 皮尤研究中心的宗教与公共生活论坛 2015 年的数据显示，58%的男性声称自己没有宗教信仰，其中，70%的男性认为自己是无神论者，75%的男性认为自己是不可知论者。在同一项研究中，只有 34%的男性每周去教堂做礼拜，这支持了上述研究结果。关于为什么男性似乎不那么虔诚有很多假说，其中大多数假说认为，女性被社会化后更倾向于以情感为导向，从有组织的宗教中能够获得更多的心理安慰。相反，男性在社会中更自信、独立和叛逆，谈到有组织的宗教，通常能够联想到强势的权威特征，而男性所具有的这些品质可能与这种权威特征不相容（Pew Research Center's Forum on Religion & Public Life，2015；Simpson et al.，2008；Woodhead，2012）。然而，这是一种带有强烈的传统西方（或许还有基督教）偏见的观察。在世界上以正统犹太人和穆斯林为主要居民的地区，男性实际上比有同样信仰的女性更有可能参加宗教仪式和祈祷（Pew Research Center's Forum on Religion & Public Life，2015）。对几代人的纵向研究显示，男性和女性在宗教信仰方面的差别正在缩小，尽管所有美国人的宗教参与率都在下降，但"婴儿潮"一代的男性和女性的宗教参与率实际上非常相似（Bengston，Copen，Putney，& Silverstein，2009）。

直到最近，用男性来指代上帝形象的传统才受到所有人的共同质疑。传统上，人们用男性形象来描绘上帝，把上帝说成是父亲，是一个慈爱、充满关怀、无所不能的力量。在许多宗教组织如罗马天主教会中，女性不能担任教会职位、带领教民做礼拜和讲经布道。女性缺乏接触教会权力结构的途径，这种状况要求她们重新界定参与传统宗教组织与超越自身性别力量的关系。目前在许多教派中不断高涨的使用包容性语言的运动，以及一些教派对女性被排斥在重要的教会职位之外的不满，都表明重新界定女性的灵性生活现在已经是、将来仍会是一股强大的力量。

有色人种老年人 从属于哪个种族或族裔本身并不能决定个人的宗教活动和信仰归属。相反，历史上受压迫和受歧视的共同经历构成了当前有色人种老年人生活的社会背景，影响了宗教组织和个人宗教活动对于这些老年人的人生的意义（Head & Thompson，2017；Hope，Assari，& Cole-Lewis，2017）。宗教组织在许多有色人种老年人生活的心理社会方面以及灵性方面扮演了重要角色。

宗教和灵性的缓冲作用在有色人种老年人的生活里表现得特别突出，他们比白人老年人更多地投入宗教活动（Pew Research Center's Forum on Religion & Public Life，2015）。与教会强有力的纽带帮助有色人种老年人生存下来，战胜终生饱受歧视和贫困艰辛所带来的压力，以及身为少数种族或族裔群体成员承受的心理压力（Ellison，DeAngelis，& Guven，2017；Williams & Mohammed，2009）。要提供适合特定种族或族裔的社会服务，必须考虑灵性在确立文化身份中的角色，以及灵性在各种族或族裔与文化群体的治疗活动中的作用。

黑人老年人 本章中讨论的黑人老年人指的是非裔美国老年人和其他可能来自加勒比海或世界其他地方但不认为自己属于非裔的老年人。重要的是要承认黑人老年人也是非基督教宗教传统的成员。

在黑人群体中，教会一直被视为最重要、最有支持性作用的社会设置之一，它既发挥了宗教方面的作用，也发挥了非宗教方面的作用（Chatters, Nguyen, & Taylor, 2014; Head & Thompson, 2017）。传统的浸信会和五旬节派的宗教仪式可能实际上对其成员起到了治疗作用（Chatters, Taylor, Jackson, & Lincoln, 2008）。活力四射的音乐、激情澎湃的布道和信徒朝拜带来的强烈感受，实际上都会让参加者感觉良好。参加教堂的礼拜能让一周大部分时间自己度过的老年人得以宣泄情绪，维持密切的人际交往。对许多黑人老年人来说，教堂带来的希望和欢乐帮助他们屏蔽了由身体疾病和有限的收入导致的抑郁情绪。泰勒、查特斯和乔发现，定期去教堂的非裔美国老年人比不定期去教堂的黑人老年人身体更好，更少抑郁（Taylor, Chatters, & Joe, 2011）。

皮尤研究中心的宗教与公共生活论坛 2015 年的研究表明，黑人老年人比白人老年人更频繁地祷告，更可能皈依于某个宗教教派，更频繁地参加宗教仪式。他们还比年轻的非裔美国人或白人老年人更频繁地参加个人宗教活动，如观看宗教节目或者阅读宗教材料（Chatters et al., 2014; Pew Research Center's Forum on Religion & Public Life, 2015）。

黑人社区的教堂常常在成员陷入经济困难，特别是从公共部门得不到切实支持的时候，给他们提供直接的服务，例如提供食物和衣服等（Roscigno, 2007）。克劳斯和巴斯蒂达提出，所有种族性社区中的教堂都向其成员提供机会，在自己过得不错的时候帮助他人，这样当自己需要帮助的时候也有望得到别人的帮助，这是一个社会信用系统（Krause & Bastida, 2011）。通过一生都积极参加教会的活动并帮助他人，老年人可以现实地期待当自己由于身体健康状况下降、社会隔离增加而需要他人更多援助的时候，会得到回报式的帮助。

历史上，黑人社区的教会是美国黑人在面对其他社会设置的制度性歧视时能起掌控、指挥和领导作用的少数几个社会设置之一（Williams, Nesiba, & McConnell, 2005）。对于那些在政府部门、教育机构和商业组织中得不到有权力、有声望的职位的男女，教会仍然是一个他们可以满足领袖欲、建立掌控感的社会设置。尽管在黑人教会系统之外，美国黑人晋升的环境在不断改善，但是在心理上，教会对美国黑人老年人的重要意义仍未改变。

西班牙裔老年人 对西班牙裔老年人而言，宗教信仰和教会活动是除家庭之外主要的情感支持来源（Delgado, 2007; Hill, Burdette, Angel, & Angel, 2006）。其宗教与灵性深深地交织在一起。其具体的宗教习俗，例如精神受难和西班牙文化的集体主义观点，可能更偏向于文化而不是宗教（Chatters et al., 2014）。一半的西班牙裔老年人是罗马天主教会的成员，这反映出他们的源出国，如中南美洲国家传教士发挥的作用。礼拜和祷告是西班牙裔老年人参加的最常见的公共性宗教活动（Pew Research Center's Forum on Religion & Public Life，2015）。

有越来越多的西班牙裔美国人加入了福音派新教，如五旬节派、基督复临安息日会和摩门教（Pew Research Center's Forum on Religion & Public Life，2015）。离开传统的罗马天主教会这一转变正在改写宗教组织在他们生活中的社会角色和灵性角色。宗教社区满足了许多西班牙裔老年人的宗教和灵性需求，在他们需要的时候提供帮助和情感支持（Chatters et al.，2014；Delgado，2007）。德尔加多还发现，通过提供教育性和娱乐性活动，兼顾其成员的灵性和躯体两方面的需要，这些教会让成员觉得它们在心理上比传统的罗马天主教教会更容易接近。

在这一方面，西班牙裔美国人社区的原教旨主义教会跟非裔美国人社区的教会有许多相同的功能（Delgado，2007）。两者都有在本社区土生土长的牧师，提供重大的社会服务和教育性服务，让社区成员感觉有凝聚力。然而，西班牙裔美国人社区的原教旨主义教会不太愿意扮演发起社会行动的角色，也不认为自己需要给成员提供机会使其成为重大领袖人物。其更喜欢让家庭给老年人提供大量的物质帮助。

随着人生历程的延伸，白人老年人对教会活动的参与实际上会有所增加，但相对而言，西班牙裔老年人对教会活动的参与会保持稳定，并且后者中明显地有更多女性比男性更认同自己的信仰（Pew Research Center's Forum on Religion & Public Life，2015）。这并不是说在西班牙裔美国人中女性比男性有更多或更少的灵性生活，而是说她们更多地参加宗教机构组织的活动。女性可能会通过宗教机构寻求社会支持，而男性可能会从其他地方，如社交俱乐部或酒馆获得这一支持（Delgado，2007）。参加教堂的礼拜和社会活动，并利用这样的机会跟家人和朋友保持接触的西班牙裔老年人似乎更能成功地应对伴随年老而来的情绪和社会生活方面的挑战（Hill et al.，2006；Krause & Bastida，2011）。对西班牙裔老年人来说，灵性与宗教并不一定是相互分离的，或者西班牙文化作为一种道德指南针，是一种对比自身更强大的力量的肯定（Himle，Taylor，& Chatters，2012）。

亚裔老年人 有关宗教和灵性在亚裔老年人生活中的角色的研究并不多见，其中的部分原因，一是他们在总人口中所占的比例不多，二是他们的民族特别多样化。在美国的亚裔人传统上信奉的宗教有印度教、佛教、伊斯兰教、锡克教、耆那教和神道教，以及各种形式的基督教。但其中任何一个传统宗教都不是某个亚洲国家所独有的。例外的情况是，大多数菲律宾人是天主教徒，这反映出西班牙对菲律宾这个殖民地的历史影响。此外，大多数泰国人是佛教徒。在任一亚洲群体中，很少能总结出一个占主导地位的宗教（Pew Research Center's Forum on Religion & Public Life，2015）。在亚裔老年人中，宗教偏好取决于原籍国、移民的环境（如果是移民的话）以及与美国文化的同化程度（Chatters et al.，2014）。传统的东方宗教与犹太-基督教思想的主旨有相当大的不同。这些不同表现在对至高存在物的信念、人与灵性世界衔接的信念和仪式，以及这些信念影响日常生活的方式上。

宗教机构与社会和社区网络具有显著的联系，尤其是对亚洲移民来说。宗教机构能够为亚裔老年人提供信息和社会支持，能够帮助他们适应新社区的生活（Zhang & Zhan, 2009）。甚至是在美国出生或者是在美国居住了很久的亚裔老年人，当没有家庭帮助他们满足物质和社会支持需求的时候，他们也可能会求助于社区的宗教团体。

美国土著老年人 美国土著人的宗教传统就像遍布全美的众多部落一样多种多样。目前，识别美国土著人的宗教活动以及宗教和灵性在该群体的老年人生活中的角色的正式研究还很少。特定部落基于自己最初的谋生手段、语言和地理位置建立了独特的宗教和灵性传统（Gone & Trimble, 2012; Mitchell, 2012）。农耕部落围绕季节和赖以生存的庄稼发展出了一些仪式。狩猎部落更可能用动物来象征灵性力量。与其他宗教传统不同，美国土著人的宗教信仰没有文字书写的历史或者编纂的典籍——诸如《圣经》或《律法》之类的东西。传统通过故事和神话传承下来。对许多美国土著部落而言，当前的老年人同期群是最后一批仍联结着丰富的、有悠久传统的独特灵性世界的人。

美国土著人在与白人探险者接触前有大量的各种各样的土著宗教。所以，美国土著宗教活动的源头并没有直接反映出犹太-基督教传统，而是萨满教仪式和神话同注重人与自然的和谐的独特混合物（Hodge & Wolosin, 2014）。许多美国土著老年人仍然在进行某种形式的自己土著宗教的活动，这些宗教实际上更多的是一种人生哲学，而没有什么正式的宗教信仰规条。还有些美国土著老年人把土著信仰与比较传统的基督教糅合在一起，形成形式独特的宗教活动（Hodge & Wolosin, 2014）。传统的基督教仪式，如婚礼、礼拜或葬礼，可能会用土著语言配上土著音乐和服饰来举办。

美国土著文化的灵性语言十分丰富。传统上，美国土著人的灵性活动能把身心疾病与神灵世界紧密联系到一起。个人身心功能任一方面的疾病都可能被看成是由"丢了魂"或个人身体里有邪恶的东西造成的（Kulis, Hodge, Ayers, Brown, & Marsiglia, 2012）。而萨满的任务就是接触或探访神灵世界，找回灵魂或者哄骗作乱的东西从人的身体里出来，这样身体或心理上的疾病就可以痊愈。对受犹太-基督教传统熏陶的社工来说，这一视角可能特别奇怪。不知情的从业人员，可能很容易将其灵性信仰和仪式混同于精神疾病，认为这是病态的而不是有价值的文化支持系统。

社会工作专业与灵性的关系

社会工作专业无论是对宗教和灵性的价值持怀疑态度，还是将之与社会实践融合，都深深地受到专业发展的社会环境背景的影响。早期的社工认为自己是在灵性驱动下去帮助他人的。为了达到帮助的持久性,社工不仅需要从物质上提供帮助,而且需要从灵性上提供帮助(Holland,1989;Ortiz,1991)。社会工作与慈善事业的工作在很多目标上是一致的:维护个人的尊严,改善社会功能,保护社会中大部分的弱势人群。这些也是基督教传统的基本价值观。

当20世纪初社会工作开始向成熟的专业迈进时,在态度上对于是否应当干涉当事人的灵性生活和道德操守有所转变。如果社会工作要在公众和其他专业的眼中赢得专业信誉,它就不能把接受救助与皈依宗教挂钩,因为这是宗教机构提供服务时惯常的做法。

在20世纪20年代,西格蒙德·弗洛伊德对心理学知识基础的贡献对社会工作专业基础理论的建立产生了深远的影响。弗洛伊德对人类经验的解释揭开了宗教在人类生活中的角色和作用的神秘面纱。他把人类创造出上帝看成是驱使婴儿在父亲意象中寻求保障和安全的力量的复兴。按照弗洛伊德的说法,宗教是自儿童时期起内部神经性冲突的外化。因而,弗洛伊德把宗教看成是人类的软弱而不是力量的源头。弗洛伊德对于宗教的观念,让社会工作专业在50多年的时间里远离了灵性问题。

社会工作对灵性重拾兴趣始于20世纪70年代,与后现代思维范式的变化相伴而来。后现代社会思想强调人类经验的相对性(Hodge & Derezotes,2008)。既不存在单一的看待人类经验的方法,也没有一个规范是确定无疑的真理,第三章讨论过的社会建构主义反映了这一点。社会思想的这一重要转变在许多方面解放了所有的人和社会工作专业,让其可以去探索和支持多样化,并把这视为优势而不是社会异常。这一思想转变帮助社会工作和其他助人专业将"去病态化"的宗教作为人生命中的一种力量,并且探索灵性如何脱离正式宗教机构的束缚而存在。在综合的心理学体系中,灵性是一种合理的存在,而且呼吁社会工作专业考虑将个人的信仰发展作为心理发展的一个重要部分(Nelson-Becker et al.,2016)。

社会工作与灵性工作的共同落脚点

社会工作与灵性工作有共同的兴趣点,即提升自尊水平、鼓励个人治疗和社会治疗、拓展能发挥作用的应对策略,所有这些对于老年人健康地发挥功能至关重要(Nelson-Becker et al.,2016)。社会工作和灵性工作都将变化和成长形象地比喻为旅程,这强化了两者的共同视角,即个人的生活满足感取决于个人如何从现有的境况迈向向往的境况。老年社会工作实践要聚焦于灵性因素,通过承认和敬重个人灵性生活的表现方式,致力于保护和尊重多样性。

关于老龄化过程或者老龄化对于个人的意义,并没有一个固定的概念。要理解老年人的行为方式,关键是要理解老年人在灵性上如何定义自己的现实世界。苦难可能会被老年人理解为一个更伟大的力量对自己的灵性考验,并服务于一个更伟大的目的(Bartel,2004;Thilbault,2010)。常常与老化过程相伴的丧失和疾病可能被视为整个人生历程中不可避免的一部分,而不是对原罪或忤逆的惩罚。如果个人祷告和奉献可以充当应对方法带来巨大的安慰，那么老年人就会这样做。理解老年人的灵性生活有助于社工理解老年人的世界观及行为。

将社会心理工作任务作为灵性研究的工作任务

灵性要素（对自我的超越、对意义的求索和与他人的联结感）在许多方面是老年人面临的主要心理和社会挑战。埃里克森提出，老年阶段的发展任务是实现自我整合，避免自我绝望，其核心是老年人要有能力接受并处理人生中发生的所有事情，把这些人生事件当成是令生命有意义的东西（Erikson，1963）。哈里斯、艾洛尔和扬西提出，常常被视为心理和社会问题的冲突实际上是灵性问题（Harris, Ellor, & Yancey, 2017）。比如，社会隔离、缺乏跟人或什么东西的联结感是老年人遇到的一个常见的挑战。这一联结感的匮乏既可以被界定为心理社会方面的问题，也可以被界定为灵性问题。老年人寻求最大限度地保持独立性和做选择的能力，以此与逐渐依赖他人抗衡，其实就是寄予希望与绝望的对垒，这一挣扎既是社会心理问题，也是灵性问题。

与一些社会心理问题不同，灵性问题不能通过解决有问题的思维模式或者早年未解决的冲突来化解，它表达的是人们与他人联结或者找到人生意义的基本需求。一些人之所以发生改变，不是因为谈话治疗矫正了他的个人病态，而是因为其灵性需求通过祈祷、冥想或者加入一个宗教信仰团体而得到了满足。尽管不是所有社工都赞同，但是将心理社会问题界定为灵性问题，可以使社会工作专业去考虑一系列新的干预手法。

几个注意事项

灵性和宗教明显在许多老年人的生命中扮演了非常重要的角色，这给社会工作专业提供了一个机会，可以把一套不同于惯常方法的干预措施结合到解决老年人的心理社会问题中。然而，为了讨论具体的措施，要先说明以下三个重要的注意事项：第一，尽管许多老年人发现灵性和宗教生活是一个安慰来源和自我重要的组成部分，但也有些老年人并不这样认为。社工绝不应该假定老年人会轻松地谈论这一话题并探索灵性世界，以此作为解决情绪冲突的手段。与年轻群体不同，有些老年人对泛泛的宗教和灵性话题很反感，对此并不欢迎。很明显，不把宗教或灵性看成是自己生命中重要力量的老年人不适宜尝试灵性治疗方法（Nelson-Becker et al., 2016; Sheridan, 2009）。

第二，在将灵性措施结合到专业工作中的任何情况下，都绝不可以涉及劝人改变宗教信仰、传道或者试图劝老年人加入宗教团体等行为。给老年人提供帮助绝不应该与机构或组织的宗教使命绑在一起。专业社会工作在 20 世纪初就已经认识到了这种有条件救助的危险。谢里登发现,把灵性作为观察或改变的基础的干预方式,最可能被那些认为自己非常灵性化或宗教化的人使用(Sheridan,2009)。灵性是一种个人力量,但是对社工来说,将灵性力量强加给当事人是非常不道德的行为。

第三,若当事人正受严重的精神疾病、妄想或幻觉的折磨,或者有受牧师或其他宗教人士虐待的经历,那么不推荐结合灵性或宗教措施做治疗(Chandler,2012;Peteet,Lu,& Narrow,2011;Turesky & Schultz,2010)。对一些老年人来说,灵性生活和上帝的存在是一个安慰来源,但是思维扭曲或者有创伤后应激障碍的老年人可能会觉得讨论这些东西让人颇感烦扰。这些注意事项应该是社会工作从业人员不断提醒自己的东西,以便让自己用最敏锐的专业判断确定在实践中运用灵性措施是否恰当。

自我意识与灵性

社工要深深意识到灵性和宗教在自己的生命中扮演的角色。你把自己看成是一个有灵性的人吗?宗教组织作为引导性力量在你的生命中重要吗?你怎么看待自己的灵性生活?身为社会工作从业人员,在考虑使用灵性力量开展老年人工作前找到这些问题的答案十分重要。思考一下你是在哪里形成对待宗教和灵性的态度的,如果你有宗教信仰的话,那么宗教信仰的形成对你起到了什么作用。仔细评估在灵性发展历程上你处于什么位置,以及你想到达哪个境界。确定你在多大程度上可以自如地讨论自己和他人关心的灵性问题。宗教和灵性观点与你在社会工作实践中用起来感觉最顺手的理论观点相兼容吗?在你把灵性力量用于老年人治疗工作前,先确立你自己可以接纳的宗教和灵性语言及形象。

把灵性措施融入实际的老年人工作中,要求社会工作从业人员能够把宗教和灵性视为老年人生命中的优势而不是弱点。社工必须愿意尊重跟自己有所不同的信仰传统的独特之处。社工还必须能够理解和接纳范围很广的形形色色的个人价值观,即使它们与自己最深信不疑的信念有冲突(Hodge & Derezotes,2008;Nelson-Becker et al.,2016)。

一位习惯于安静虔诚的礼拜环境的社工可能会对非裔美国人教堂活跃、生气勃勃的气氛感觉不适。非基督徒社工可能会对强烈敬畏基督或崇敬圣母玛利亚的行为感到心烦。非天主教徒还可能会觉得玫瑰经念珠、十字架和其他宗教器物看起来非常迷信。敬拜祖先和焚香对不熟悉东方宗教传统的社工来说可能看起来特别奇怪。认识和接纳灵性活动意味着接纳它在老年人生活中独特的表现方式。

了解宗教传统与宗教活动

社会工作专业坚持从业人员在开始做案主的工作前必须建立起坚实的知识基础,包括了解人发挥功能的生理、心理和社会方面的要素。了解自己将要开展工作的案主群体的宗教传统与宗教活动也是一样的。大学通常会设有宗教比较课程，这些课程会将美国最常见的传统的犹太-基督教教派与其他宗教（如佛教、印度教和道教）做比较。了解这些宗教在基本宗教原理上的不同能让社工获取宝贵的知识基础，以便开展与自己宗教信仰传统不同的老年人的工作。所以，如果你的案主是特定的种族或宗教群体，那么应该找到有关这些特定宗教的资料或者参加一次宗教活动，以便对相关宗教事宜有更多的了解。如果你已经确定灵性和宗教是案主生活中重要的部分，并且你计划采纳一些特定的干预手法，那么直接询问案主其宗教方面的事宜。大多数老年人为自己的宗教传统感到骄傲，并且乐意帮助你更好地了解。

将灵性纳入老年社会工作实践中

把灵性生活纳入评估

老年人评估常常会涉及宗教归属或加入的教会方面的问题，它是识别老年人可以得到的社会支持系统的一部分。把灵性生活纳入评估意味着拓展老年案主和社工双方对宗教身份意义的理解，以及对灵性在老年人生活中的重要意义的理解。它使我们可以超越表象了解问题，探求其来龙去脉。

灵性生活的语言和非语言表现　听与看是社工确定灵性和宗教元素在当事人的生活中是否重要、是否能被恰当融入干预计划的重要手段。社工不仅要仔细倾听老年人怎样叙述眼下的问题，而且要认真倾听他们如何讲述过去的人生经历。老年人讲述自己人生经历所用的语言可能有许多灵性生活方面的比喻，比如把人生描述为一趟旅程或者探寻意义的奋斗过程。诸如"这是上帝的旨意"或者"主会供给我们"之类的话，清楚表明老年人借助灵性和宗教信仰获得安慰和理解（Lewinson et al.，2015）。积极参加宗教机构组织的活动的老年人常常会说起自己的牧师或拉比，并把他们看成是生命中重要的人物。老年人所说的话也能让社工洞察到他在宗教和灵性方面深藏的未能解决的冲突。这些冲突可能以这样的说法表现出来："为什么上帝让这样的事发生在我身上？""我在为今生所做的事受惩罚吗？"观察老年人家里是否有宗教物品，如雕像、十字架或其他宗教制品。一本磨损得很厉害的家用《圣经》或者一幅宗教画常常表明老年人的日常生活中有宗教或灵性活动。

简短的语言评估　医疗机构认证联合委员会（JCAHO）于 2001 年修订了其认证标准，规定在 JCAHO 认证的机构内的从业人员在接收流程中必须进行简短的灵性评估。这种评估针对所有年龄段的案主，而不仅仅是老年人。JCAHO 纳入这一简短评估，是为了确定案主的灵性状态如何影响对其提供的服务。例如：一些耶和华见证会成员不同意输血；一些穆斯林女性不喜欢男性护士或护理助理；正统的犹太人如果保持符合犹太教教规的饮食，那么可能会有特殊的饮食要求。在 JCAHO 的评估中，案主给出的答案也可能影响预先指示的内容或完成预先指示的意愿。更好地了解老年案主的灵性信仰和行为，也可能有助于确定教牧护理在健康照护设施中是否受到欢迎，或者是否根本不应该提供。JCAHO 主要关心的是，这个初步评估至少能够确定案主的教派或信仰传统（如果有的话），以及其他重要的灵性信仰（尤其是与案主处理疾病或疼痛的方式有关的信仰）和灵性实践。

霍奇提出了一份简短的问题清单，其中包含了 JCAHO 希望让案主参与的灵性和宗教评估的大部分内容（Hodge, 2006）。它包括以下问题：

- 灵性或宗教对你来说是否重要？
- 在处理问题时，你是否发现某种特定的灵性信仰和实践对你特别有帮助？
- 你是否加入了教会或其他类型的灵性团体？
- 有什么灵性上的需要或问题需要我帮忙吗？

霍奇认为，这些问题应该能够对案主的灵性状况进行充分探索，以帮助确定社会服务和健康照护机构需要规划或修改服务的地方（Hodge, 2006）。然而，最重要的一点是，医疗从业者至少需要进行一次超越老年人宗教信仰的对话，并真正探索老年人如何在医疗危机中使用自己的灵性信仰和实践。

另一个简短的评估工具是 FICA 灵性量表，它是为了在健康照护环境中快速而有效地评估案主的灵性状况而开发的（Borneman, Ferrell, & Puchalski, 2010; Saguil & Phelps, 2012）。这个工具包括关于个人信仰、灵性的重要性、个人的灵性团体，以及解决灵性需求的干预的直接问题。这个工具已经被证明在评估个人生活中灵性重要性的自我描述方面很有效，并且扩展了与医生和咨询专业人员讨论将灵性纳入治疗过程的方法。

还有一个简短的口头评估工具是 HOPE 灵性评估（HOPE Spiritual Assessment），其中，H 代表希望的首字母，O 代表有组织的宗教，P 代表个人灵性和实践，E 代表对医疗护理和临终问题的影响（Anadarajah & Hight, 2001）。这个工具是由医生开发的，是一个研究宗教信仰对于生理和心理健康结果的积极影响的产品。最近的研究也得出了同样的结论：宗教信仰与积极的健康结果之间存在正向的关系（Basu-Zharku, 2011; Koenig, 2012）。虽然大多数研究结果支持这种正向的关系，但当研究人员控制人口特征和参与有组织的宗教的水平时，这种正向的关系消失了（Schlundt et al., 2008）。使用简短评估工具的好处是能够快速筛选灵性和宗教是否重要。如果宗教或灵性信仰是老年人不适或痛苦的根源，或者老年人根本不认为宗教或灵性信仰与他生活中的相关问题有关，那么医生可以继续探索其他社会心理问题。

灵性家谱图　作为探索老年人宗教或灵性信仰的一部分，霍奇建议，可以使用灵性家谱图（Hodge，2005）。图 10-1 是一个灵性家谱图的例子。灵性家谱图与用来追踪家庭史或者在家庭治疗中用来识别代际家庭形态的家庭图谱如出一辙（McGoldrick，Gerson，& Shellenberger，1999）。大多数灵性家谱图能追踪到一个家族的至少三代。老年人可以用这一家谱图透露出的信息识别谁培养了自己宗教方面的情结，或者同化了灵性在其生命中的重要性。这会帮助老年人和社工了解宗教如何成为（或没有成为）滋养老年人家庭的能量。

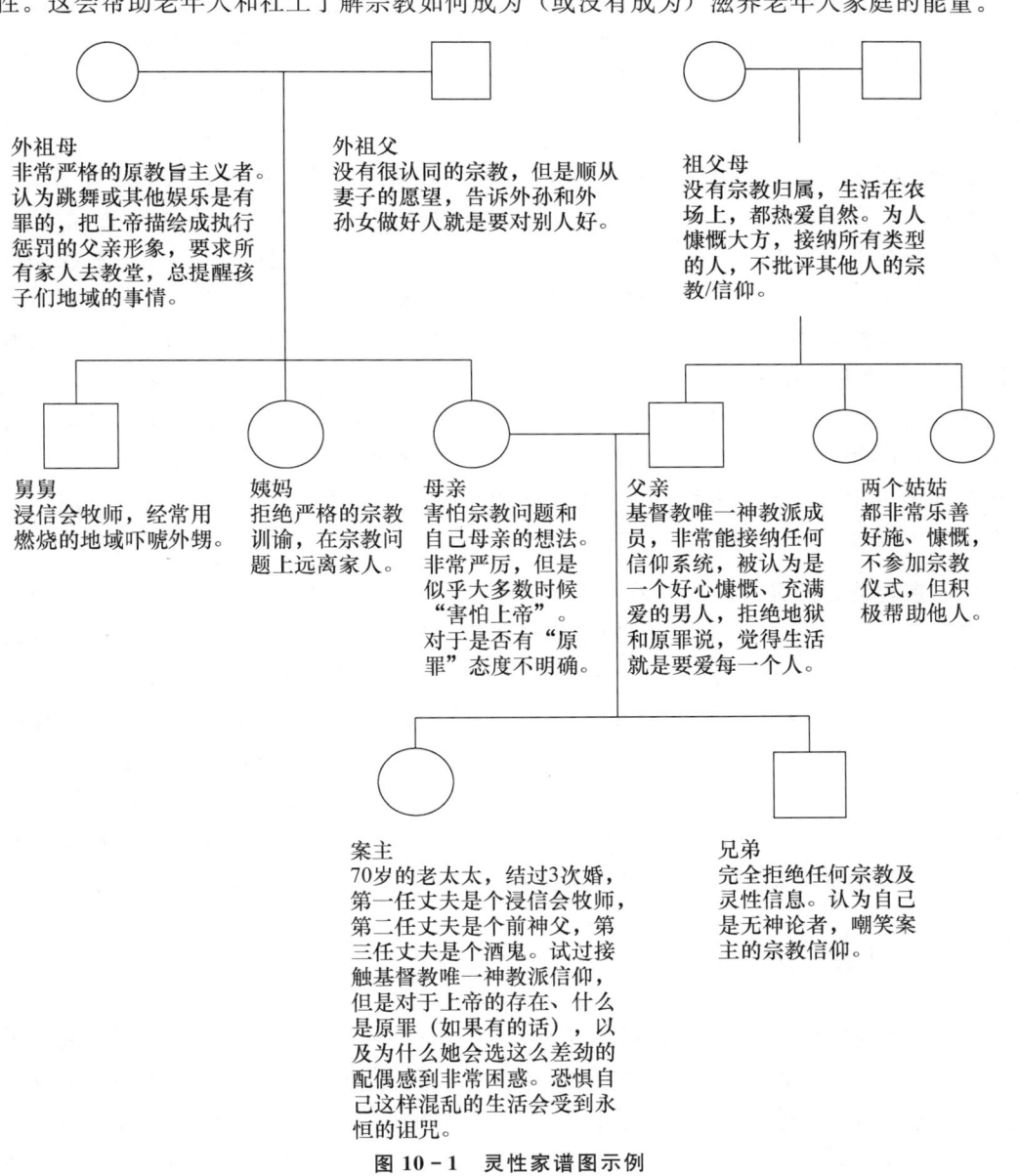

外祖母
非常严格的原教旨主义者。认为跳舞或其他娱乐是有罪的，把上帝描绘成执行惩罚的父亲形象，要求所有家人去教堂，总提醒孩子们地狱的事情。

外祖父
没有很认同的宗教，但是顺从妻子的愿望，告诉外孙和外孙女做好人就是要对别人好。

祖父母
没有宗教归属，生活在农场上，都热爱自然。为人慷慨大方，接纳所有类型的人，不批评其他人的宗教/信仰。

舅舅
浸信会牧师，经常用燃烧的地狱吓唬外甥。

姨妈
拒绝严格的宗教训谕，在宗教问题上远离家人。

母亲
害怕宗教问题和自己母亲的想法。非常严厉，但是似乎大多数时候"害怕上帝"。对于是否有"原罪"态度不明确。

父亲
基督教唯一神教派成员，非常能接纳任何信仰系统，被认为是一个好心慷慨、充满爱的男人，拒绝地狱和原罪说，觉得生活就是要爱每一个人。

两个姑姑
都非常乐善好施、慷慨，不参加宗教仪式，但积极帮助他人。

案主
70岁的老太太，结过3次婚，第一任丈夫是个浸信会牧师，第二任丈夫是个前神父，第三任丈夫是个酒鬼。试过接触基督教唯一神教派信仰，但是对于上帝的存在、什么是原罪（如果有的话），以及为什么她会选这么差劲的配偶感到非常困惑。恐惧自己这样混乱的生活会受到永恒的诅咒。

兄弟
完全拒绝任何宗教及灵性信息。认为自己是无神论者，嘲笑案主的宗教信仰。

图 10-1　灵性家谱图示例

图 10-1 的灵性家谱图中的老太太现年 70 岁，她来咨询是因为她深深地忧虑自己的灵性幸福。

她对这辈子选择的配偶都不满意，一直受到有执着信仰的男性的吸引（一位浸信会牧师和一位前神父），同时也忤逆了上帝的旨意。通过追根溯源，社工发现她对于正统宗教、罪与罚，以及上帝是审判之神还是慈爱之神，得到的信息非常含混，因而，社工可以帮助她重新查看自己对于宗教和灵性的理解。这一过程也能帮助这位老年人更深入地洞察为什么她会那样选择配偶，以及在剩下的岁月里她如何找到使其困扰少一些、收益多一些的关系。

灵性生态图 霍奇提出使用灵性生态图作为一种评估工具，以努力摆脱专注于家庭起源问题的灵性家谱图（Hodge, 2005）。这一方法的落脚点是识别灵性作为一种优势力量，在老年人当前功能发挥中扮演的角色。就像画常规的生态图一样，把老年人放在图的中心，环绕老年人的是生态系统中的各"要素"。按照霍奇的说法，这些要素包括仪式（有规定内容的灵性活动）、父母的灵性生活传统、老年人皈依的信仰团体（如果老年人有所归属的话）、老年人对超越人类的（有更大权能的）存在物（天使、精灵）的信念，以及老年人与某个灵性领袖的关系（Hodge, 2005）。这种直观的呈现方式有助于社工和老年人识别哪些要素是老年人应对生活挑战的力量源泉。这一方法的主要长处是，能实实在在地把大量有关老年人灵性生活的资料用简洁的方式组织起来，同时识别出老年人与生活中的灵性要素之间的关系。

用非宗教语言做灵性评估 诺兰认为，对于一些人，包括老年人，使用直接涉及灵性和寻求意义的问题来代替有关他们的宗教或家庭经历的问题可能更合适（Nolan, 2017）。举例来说，可以这样问："你的力量源泉是什么？""你的希望建立在什么之上？""什么让你的生命有意义？"这些问题探求的是老年人与他人的联结感及其对更伟大的力量的想法，而不是直接的宗教经历。对于没有宗教信仰或者感觉讨论如此深刻的个人生活方面的问题不舒服的老年人，这样的问题可能不那么有威胁，但又能让社工直接了解老年人的灵性生活。关键是，一位老年人的意义感和理解力可能来源于与有组织的宗教完全无关的信仰。社工需要能够识别这种灵性是如何支持老年人的。

灵性与社会工作干预方法

灵性干预与其他理论取向的调和 社工在评估自己的灵性发展历程时会提出的一个问题是，灵性和宗教能否与专业性的理论取向兼容。将灵性因素纳入老年人工作并不意味着要用灵性方法替代其他的干预方法，而是把它当作补充手段，用于那些将灵性和宗教作为情绪健康重要内容的老年人。纳尔逊-贝克尔建议，传统的社会工作方法可以加以调整，纳入灵性方法（Nelson-Becker et al.，2016）。比如，特别习惯在治疗过程中运用心理动力取向方法的从业人员，可以帮助案主洞察过去灵性和宗教方面的经历如何导致当前的内部冲突。运用认知行为疗法的从业人员，可以帮助老年人用新的有利于促进灵性成长的思维和行动方法，取代错误的思维方式和功能失调行为。对于那些采用发展观的从业人员，案主人生历程中的问题和危机可以被重新诠释为案主灵性发展的机会。

在人生回顾中纳入灵性要素　本书第六章描述了人生回顾疗法这个帮助老年人处理现今与过往冲突的重要工具。尽管传统的人生回顾不一定包括灵性方面的发展历程，但是这一疗法本身非常适宜被纳入这一话题，作为人生回顾中自然而然的一部分（Turesky & Schultz，2010）。灵性中涉及的最核心的元素（对自我的超越、对意义的求索和与他人联结的需要等）常常会在人生回顾中出现。通过对于生命经验的系统回顾，老年人通常能够认识到自己未解决的矛盾、未完成的事情，以及那些只有历经长久的岁月才能够理解的生命的部分。有些老年人把人生回顾看成是找到晚年生命意义的方法，而另一些老年人把它看成是一个整合过程，为行将去世做准备（Moschella，2011；Yount，2009）。一旦通过人生回顾确定了灵性问题，社工便可以使用传统或非传统的治疗方法处理和解决这些问题。

使用创造性的表达方式　如第七章所述，艺术和音乐本质上都是灵性表达的方式。绘画和雕塑是老年人表达灵性主题的有力方式，同时也提供了对情感和思想的视觉描绘。创作或听音乐可以接触到老年人可能意识不到或无法识别的内心情感状态。这两种方式都是老年人进行灵性方面表达的方式，也可以让老年人在讲述灵性方面的喜悦或悲伤的过程中前行。勒佐特提出的另一种创造性途径是诗歌或其他类型的书面表达（Lezotte，2010）。写作可以处理当前的或生命历程中的问题。老年人可能会发现，他们终于有时间和兴趣重新开始写作了——也许在几年前，他们在事业和家庭的忙碌中离开了写作。

对老年人来说，写回忆录可能是一种灵性体验，因为这要求他们叙述那些有助于定义他们是谁的事件和回忆，以及这些经历将如何塑造他们剩下的岁月。亚当斯建议，老年人要写下那些传达他们生活本质的故事——既包括关于原籍家庭、初恋和第一份工作的决定性经历，也包括带来巨大喜悦和巨大悲伤的经历（Adams，2006）。但她也提出，独特和离奇的记忆同样重要，可以给讲故事的人带来深刻的满足和享受。此外，一位老年人对于诸如"他或她的重要纪念日""他或她最自豪的成就"这样的问题的答案，可以让社工和老年人更好地识别这些记忆的重要性。回忆录可以帮助老年人确定他们想让别人知道的是什么，以及他们生命中最重要的遗产是什么——这两者都是他们灵性信仰的重要组成部分。在众多回忆录撰写指南中，勒杜（Ledoux，2003）和戈德堡（Goldberg，2007）的指南是非常优秀的，可以在个人或团体的写作过程中使用。

运用或教授冥想　冥想是一个经典的灵性干预方法的例子，运用这类方法并不要求一定有正式的宗教归属。大多数冥想技巧的正式目标是帮助个人"培养对当下的深刻意识"（Moore, 2104; Turesky & Schultz, 2010）。只要专注于此时此地，老年人就可以从过去或现在的挑战中解脱出来（Sorrell, 2015）。活在当下可以提高老年人欣赏当下事物的敏锐度。至少在一段特定的时间内，老年人唯一的任务就是"活着"。你可能会惊喜地发现，老年人可以彻底享受安静、放松的冥想体验。引导意象将冥想的身体放松与舒适的形象或自然体验结合起来。对一些老年人来说，这实际上可能是他们对更强大的力量的视觉描述，他们认为这种力量是舒适和安全的来源。将一个积极、放松的词或形象与渐进式的肌肉放松联系起来，是利用灵性能量改善身体或情绪功能的多种方法之一。

促进宽恕 在对老年人进行任何形式的灵性评估时，一个常见的主题是，他们需要宽恕他人或自己过去做的一些事情。宽恕并不意味着忘记或原谅某人所做的错事，而是意味着能够放下仇恨的念头，释放隐藏的消极和怨恨情绪（Allemand, Steiner, & Hill, 2013; Ingersoll-Dayton, Campbell, & Ha, 2009）。宽恕也不意味着与造成伤害的人和解，尽管这可能发生在一些老年人身上。在某些情况下，得罪这个老年人的人已经去世了。宽恕并不一定是一个相互的过程，尽管在某些情况下可能发生。韦德和沃辛顿所确定的共同要素如下（Wade & Worthington, 2005）：

- 定义宽恕，明确目标，建立对宽恕概念的共同理解。
- 为了达到宣泄的目的，记住和用语言表达伤害事件所带来的感觉。
- 被冒犯的个体建立对冒犯者的同理心，并教化冒犯者。
- 承认自己的局限性和过错，以建立对他人的同理心。
- 致力于原谅和保持这种原谅行为。

老年人可能会发现过去别人的一些越轨行为是不可原谅的，比如性虐待、身体伤害或遗弃。促进宽恕的目标不是抹杀那些受过伤害的老年人曾经的生命经历。曾经的那些事情会给老年人带来持续的困扰，从而致使老年人出现抑郁和焦虑的症状，促进宽恕是帮助这些老年人确定那些导致他们找不到生命中的平和与意义，以及对抗抑郁和焦虑的能力的障碍。在对老年人的治疗工作中，促进宽恕的过程是极具挑战性的。

鼓励老年人参加宗教团体 参加宗教团体可以使老年人通过成为宗教团体成员参与活动并获得他人的社会支持和灵性支持（Hodge, 2005）。许多教派会开办一些小组，专门向老年人提供心理教育，并发展和保持年老成员的社会网络。这些小组的活动可能是帮助照料患艾滋病或感染艾滋病病毒的婴儿，参与寄养祖父母项目、仁爱之家项目或其他社区服务项目。老年人需要继续成为其社区中有生产力和有用的成员，这是强烈的心理社会和灵性需求。

同社区教会携手工作 本章已经提过教会在种族或族裔社区中的重要性，这些教会既充当了灵性领袖，也提供了具体的社会服务。对想与特定种族或族裔社区建立联系的机构和社工来说，当地教会可以充当接触这一种族或族裔的老年人的宝贵的突破口。与当地教会携手工作，不仅可以合情合理地开展告知老年人现有服务的活动，而且可以有更方便的地点为行动不便或交通不便的老年人提供这类服务（Hodge，2005）。

在机构中拓展参加灵性和宗教活动的机会　住在老年公寓、养老院或医院里的老年人可能在最想得到信仰安慰的时候却与宗教活动隔离。即使一位老年人之前已经成功地通过一个长期的宗教社区维持了一个强大的社会支持系统，但是搬到一个长期照护机构生活可能在本质上使他完全脱离了这个支持系统。鼓励来自老年人的宗教社区的人，通过图片或视频与老年人保持持续的联系，并鼓励熟悉的牧师或拉比拜访老年人，可以非常有效地提醒老年人，他们没有被他们的宗教团体遗忘（Hodge，Bonifas，& Chou，2010）。这些关于宗教团体的微妙提醒对于那些记忆力严重丧失的老年人也可能有效。社工可以发挥重要作用，为这些机构中的老年人争取相应服务，鼓励机构为老年人提供参加宗教活动的机会，或者增加老年人接触神职人员或牧师的机会。当这些机构无法设立附属教堂时，可以考虑设立私人祈祷室，方便比较喜欢私下做礼拜的老年人。

灵性工作与宗教辅导或灵性指导的不同

在老年社会工作中认识和运用宗教与灵性要素不同于宗教辅导或灵性指导。社工做老年人工作的重点是通过个人辅导、为老年人接洽现有的服务，以及在老年人的环境中动员或建立支持性服务来增强或恢复老年人的社会功能。纳入认识和支持老年人的灵性的服务，目的是补充，而不是替代这些基本的社会工作任务。

尽管社会工作要完成的任务能与宗教辅导或灵性指导兼容，但两者不是一码事。宗教辅导的焦点是协助老年人在艰难困苦的时候用宗教信念看到希望。宗教辅导通常是由牧师或受过训练的神父做辅导，他们跟当事人一道在日常生活中发现上帝的存在。住院老年人、被收容在社会福利机构中的老年人或近期发生危机的老年人，如失去亲人的老年人，常常可以得到神父的辅导。这一辅导的内容完全是灵性方面的。它的前提假设是，在痛苦中找到上帝能够起到治疗作用，并使个人成长。灵性指导与宗教辅导的不同之处在于，它可以被描述为"聆听心灵之声"（Norris，2017）。个人常常会寻求灵性指导以帮助加深自己的灵性修为和与上帝的关系。灵性导师被视为个人灵性之旅的陪伴者而不是灵性或宗教方面的专家。虽然个人在遇到危机的时候会寻求灵性指导，但是灵性指导的重点不是解决问题，而是让个人更深刻地意识和感觉到在自己的生命中上帝无处不在。社工可能会发现这些灵性领域的专业人员对于开展老年人工作有重要的辅助作用，但是若没有经过专业训练，切不可认为自己可以充当宗教辅导员或灵性导师。

案例 10-1：约翰·埃斯特

约翰·埃斯特是一个 75 岁的黑人男性，在经历了一系列跌倒事件以后，最近他刚刚搬进一个长期照护机构。他已经做过两次髋关节置换手术，双腿已经站不稳，无法独自生活了。他现在在长期照护机构中使用助行器，但他不喜欢使用助行器，更喜欢使用拐杖，然而一根拐杖已不足以支撑他。他还患有一些慢性疾病，包括心脏病、黄斑变性和中度听力损失。埃斯特离婚了，但有两个成年儿子住在城市的其他地方。他的儿子经常给他打电话，但当他们发现他显然需要更多的帮助时，他们都没能把他带回家。自从搬到长期照护机构居住，他就非常沮丧，也不愿意参加任何活动。他觉得自己和朋友们完全断绝了联系，以前他和朋友们每天参加完当地天主教教堂的弥撒后，都会一起去喝咖啡。去教堂，做弥撒，而后一起喝咖啡，然后回家，这些占据了他一天的大部分时间。他的朋友们不太愿意经常来看他，因为他们觉得这里太压抑了。现在他看电视或读《圣经》，但不与他人互动。当被问到他对什么感兴趣时，他只是简单地回答："我想念我的朋友，想念我过去的生活。自从我的儿子们离开家，他们就是我的一切。我真的觉得上帝把我们聚在一起是为了互相支持。我们曾经一起去教堂。我感谢上帝赐予我们的一切。我现在什么都没有了。"

（1）根据这个案例的信息，你认为和埃斯特合作的首要任务是什么？

（2）你认为他需要什么样的社会支持？埃斯特似乎很虔诚，但你认为他的抑郁症与他不能参加每天的弥撒有关吗？让更多的人接触天主教会是埃斯特计划的一部分吗？

（3）社工怎样才能帮助埃斯特重新体验他在进长期照护机构之前的生活呢？

有关案例研究问题的参考答案，请参阅附录。

小结

尽管在 20 世纪的大部分时间里社会工作专业都在刻意回避灵性和宗教问题，但是目前该专业对老年人这些方面的功能又重新萌生了兴趣。灵性包括个人对于超越自我、寻求意义和与他人的联结的认识，所有这些都与晚年生活面临的重要社会生活与情绪方面的挑战息息相关。宗教多被理解为正式的组织上的归属，这一组织对至高存在物的信念和行为规范都有明确的典籍规条。虽然灵性和宗教这两个词常常混用，但是两者并不是一码事。

正规的宗教机构在向许多老年人，特别是有色人种老年人提供情感和工具性支持方面发挥着重要作用。积极参加本地教堂活动的有色人种老年人比没有宗教归属的老年人身心健康状况更好。从历史上看，教会为有色人种提供了获得社会地位和担任领导者的机会。

尽管对所有年龄的有色人种来说，他们在社区教会之外提升社会经济地位的机会已经有所改善，但是教会仍然是种族性社区中看得见的、有影响力的力量。

倘若灵性和宗教这两个主题对老年人有重要意义，而社工又能接触到老年人的灵性生活，那么灵性和宗教方面的评估就可以成为完整的心理社会评估中宝贵的要素。将老年人这方面的功能纳入工作使社工多了一套工具，这套工具可以帮助老年人更好地提升社会功能和情感功能。追寻生命意义以及让自己的"第三年龄"的价值发挥到极致的需要，能成为强大的推动力，让老年人在私下里和公开场所从事宗教活动。尽管社工认为自己做宗教辅导、劝人改变宗教信仰或者指导人的灵性生活不合适，但是他们可以帮助老年人与正式的宗教组织建立联系或者为老年人从事个人宗教活动提供方便。

学习活动

1. 在美国，有相当一部分老年人不属于主流宗教，而是属于萨泰里阿教、伊斯兰教、印度教或佛教。这些信仰团体的基本信仰体系是什么？这些信仰团体与主流宗教团体有何不同？宗教信仰是否对老年人有特定的帮助？如果在你所在的地区有一个这样的信仰团体，那么你可以去探索这个团体可以为它的老年成员做些什么。社区是否有探访计划或为老年人做特别安排来参加服务？该信仰团体的基本教义中是否像许多其他宗教团体那样，有照护老年人的具体指示？

2. 回顾一下你的社会工作课程，思考如何做心理社会评估。心理社会评估形式既可能是一个特定的形式，也可能是一系列的领域，建议社工在进行评估时去探索。评估内容是否涵盖灵性或宗教？如果涵盖了这两个主题中的任何一个，那么会问什么样的问题？你认为这些问题足以让你对灵性或宗教在老年人生活中的作用有深入的理解吗？如果评估内容不包括灵性或宗教，那么你对将这一维度纳入社会心理评估有何建议？你如何看待灵性和宗教问题对更传统的评估领域，如社会支持和社会心理功能评估的影响？

3. 调查当地的老年中心、健身中心或健康照护提供者是否将冥想作为他们的成员或案主整体健康计划的一部分。这些活动对老年人有吸引力吗？如果没有，那么这些机构会做些什么来接触这些人？这些机构是否提供包含强大的灵性和正念成分的太极或瑜伽运动？如果你在这些地方找到了一个项目，那么询问一下你能否在这个项目中与老年人交谈。他如何描述灵性成分？

4. 考虑在当地的辅助生活机构、独立生活机构或社区中心建立一个回忆录写作小组。这些机构的活动主管可以帮助你建立一个小组。老年人想写些什么呢？让老年人撰写这类文章会遇到哪些挑战？他们想要避免什么？当你阅读他们的作品时，你会认为他们的作品融入了灵性或宗教元素吗？你能识别出哪些主题？

参考文献

Adams, K. (2006). Life story writing for seniors. Retrieved from https://journaltherapy.com

Allemand, M., Steiner, M., & Hill, P. L. (2013). Effects of a forgiveness intervention for older adults. *Journal of Counseling Psychology, 60*(2), 279–286.

Anadarajah, G., & Hight, E., (2001). Spirituality and medical practice: Using the HOPE questions as a practical tool for spiritual assessment. *American Family Physician, 63*(1), 81–89.

Bartel, M. (2004). What is spiritual? What is spiritual suffering? *Journal of Pastoral Care Counseling, 58*(3), 187–201.

Basu-Zharku, J. O. (2011). The influence of religion on health. *Inquiries, 3*(1), 1–3.

Bengston, V. L., Copen, C. Putney, N. M., & Silverstein, M. (2009). A longitudinal study of the intergeneration transmission of religion. *International Sociology, 24*(3), 325–345.

Borneman, T., Ferrell, B., & Puchalski, C. M. (2010). Evaluation of the FICA tool for spiritual assessment. *Journal of Pain and Symptom Management, 40*(2), 163–173.

Chandler, E., (2012). Religious and spiritual issues in DSM-5: Matters of the mind and searching of the soul. *Issues in Mental Health Nursing, 33*(9), 577–582.

Chatters, L. M., Nguyen, A. W., & Taylor R. J. (2014). Religion and spirituality among older African Americans, Asians, and Hispanics. In K. E. Whitfield & T. A. Baker (Eds.), *Handbook of minority aging* (pp. 47–64). New York, NY: Springer.

Chatters, L. M., Taylor, R. J., Jackson, J. S., & Lincoln, K. D. (2008). Religious coping among African Americans, Caribbean Blacks and non-Hispanic Whites. *Journal of Community Psychology, 36*(3), 371–386.

Delgado, M. (2007). *Social work with Latinos: A cultural assets paradigm.* New York, NY: Oxford University Press.

Ellison, C. G., DeAngelis, R. T., & Guven, M. (2017). Does religious involvement mitigate the effects of major discrimination on the mental health of African American? Findings from the Nashville stress and health study. *Religions, 8*, 195. doi:10.3390/rel8090195

Erikson, E. (1963). *Childhood and society* (2nd ed.). New York, NY: Norton.

Gilligan, C. (1982). *In a different voice: Psychological theory and women's development.* Cambridge, MA: Harvard University Press.

Goldberg, N. (2007). *Old friend from far away: The practice of writing memoirs.* New York, NY, NY: Free Press.

Gone, J. P., & Trimble, J. E. (2012). American Indian and Alaska Native mental health: Diverse perspectives on enduring disparities. *Annual Review of Clinical Psychology, 8,* 131–160.

Harris, G., Allen, R., Dunn, & Parmelee, P. (2013). "Trouble won't last always": Religious coping and meaning in the stress process. *Qualitative Health Research, 23*(6), 773–781.

Harris, H., Ellor, J. W., & Yancey, G. (2017). DSM-5: The intersectionality of spirituality, culture, and aging. *Journal of Religion, Spirituality & Aging, 29*(1), 3–17.

Head, R. N., & Thompson, M. S., (2017). Discrimination-related anger, religion, and distress: Differences between African-Americans and Caribbean Black Americans. *Society and Mental Health.* Published electronically June 11, 2017.

Hill, T. D., Burdette, A. M., Angel, J. L., & Angel, R. J. (2006). Religious attendance and cognitive functioning among older Mexican Americans. *Journal of Gerontology. B, Psychological and Social Sciences, 61*(1), P3–P9.

Himle, J. A., Taylor, R. J., & Chatters, L. M., (2012). Religious involvement and prevalence of DSM-IV diagnosed OCD among African Americans and Black Caribbeans. *Journal of Anxiety Disorders, 26,* 502–510.

Hodge, D. R. (2005). Developing a spiritual assessment toolbox: A discussion of the strengths and limitations of five different assessment methods. *Health & Social Work, 30*(4), 314–323.

Hodge, D. R. (2006). A template for spiritual assessment: A review of the JCAHO requirements and guidelines for implementation. *Social Work, 51*(4), 317–326.

Hodge, D. R, Bonifas, R. P., & Chou, R., J. (2010). Spirituality and older adults: Ethical guidelines to enhance service provision. *Advances in Social Work, 11*(1), 3–18.

Hodge, D. R., & Derezotes, D. S. (2008). Postmodernism and spirituality: Some pedagogical implications for teaching content on spirituality. *Journal of Social Work Education, 44*(1), 103–123.

Hodge, D. R., & Wolosin, R. J. (2014). American Indians and spiritual needs during hospitalization: Developing a model of spiritual care. *The Gerontologist, 54*(4), 683–692.

Holland, T. (1989, Winter). Values, faith, and professional practice. *Social Thought,* 28–40.

Hope, M., Assari, S., & Cole-Lewis, Y. (2017). Religious social support, discrimination and psychiatric disorders among Black adolescents. *Race and Social Problems, 9,* 102–114.

Ingersoll-Dayton, B., Campbell, R., & Ha, J. J. (2009). Enhancing forgiveness: A group intervention for the elderly. *Journal of Gerontological Social Work, 52*(1), 2–16.

Kelley, M., & Chan, K. (2012). Assessing the role of attachment to God, meaning, and religious coping as mediators in the grief experience. *Death Studies, 36,* 199–227.

Keyes, C. L. M., & Reitzes, D. C. (2007). The role of religious identity in the mental health of older working retired adults. *Aging and Mental Health, 11*(4), 432–443.

Koenig, H. G. (2012). Religion, spirituality, and health: The research and clinical implications. *ISRN Psychiatry.* Published online. doi:10.5402/2012.278730

Kulis, S., Hodge, D. R., Ayers, S. L., Brown, E. F., & Marsiglia, F. F. (2012). Spirituality and religion: Intertwined protective factors for substance use among urban American Indian youth. *American Journal of Drug and Alcohol Abuse, 38,* 444–449.

Krause, N., & Bastida, E. (2011). Contact with the dead, religion, and death anxiety among older Mexican Americans. *Death Studies, 36,* 932–948.

Ledoux, D. (2003). *Turning memories into memoirs: A handbook for writing life stories.* Lisbon Falls, ME: Soleil Press.

Lewinson, T., Hurt, K., & Hughes, A. K. (2015). "I overcame that with God's hand on me": Religion and spirituality among older adults to cope with stressful life situations. *Journal of Religion & Spirituality in Social Work: Social Thought, 34*(3), 285–303.

Lezotte, E. (2010). *Spirituality and social work.* Boston, MA: National Association of Social Workers-Massachusetts Chapter. Retrieved from http://www.naswma.org

McGoldrick, M., Gerson, R., & Shellenberger, S. (1999). *Genograms: Assessment and intervention* (2nd ed.). New York, NY: W. W. Norton.

Mitchell, F. M. (2012). Reframing diabetes in American Indian communities: A social determinants of health perspective. *Health & Social Work, 37,* 71–79.

Moore, N. (2014). Adapting mindfulness meditation for the older adults. *Mindfulness, 5*(5), 610–612.

Moschella, M. C. (2011). Spiritual autobiography and older adults. *Pastoral Psychology, 60,* 95–98.

Murphy, C. (2016). Why are women generally more religious than men? Pew Research. Retrieved from http://pewresearch.org/fact/tank/2016/03/23/qa-why-are-women-generally-more-religious-than-men

Nelson-Becker, H., Canda, E., & Nakashima, M. (2016). Spirituality in professional practice with older adults. In D. Kaplan & B. Berkman (Eds.), *Handbook of social work in health and aging* (2nd ed., pp. 73–84). New York, NY: Oxford University Press.

Nolan, S. (2017). Searching for identity in uncertain professional territory: Psycho-spirituality as discourse for non-religious spiritual care. In G. Harrison (Ed.), *Psychospiritual care in health care practice* (pp. 175–187). London, UK: Jessica King Publishers

Noronha, K. J. (2015). Impact of religion and spirituality on older adulthood. *Journal of Religion, Spirituality & Aging, 27*(1), 16–33.

Norris, R. A. (2017). What is a spiritual director and why you should get one. Retrieved from https://chnetwork.org/2017/05/23/spiritual-director-get-one

Ortiz, L. (1991). Religious issues: The missing link in social work education. *Spirituality and Social Work Journal, 2*(2), 13–18.

Peteet, J. R., Lu, F. G., & Narrow, W. E. (2011). *Religious and spiritual issues in psychiatric diagnosis: A research agenda for DSM-V.* Arlington, VA: American Psychiatric Publishing.

Pew Research Center's Forum on Religion & Public Life. (2015). America's changing religious landscape. Washington, DC: Pew Forum. Retrieved from http://www.pewforum.org/2015/05/12/americas-changing-religious-landscape

Reid-Arndt, A., Smith, M., Yoon, D. P. & Johnstone, B. (2011). Gender differences in spiritual experiences, religious practices, and congregation support for individuals with significant health conditions. *Journal of Religion, Disability & Health, 15*(2), 175.

Roscigno, V. J. (2007). *The face of discrimination: How race and gender impact and home lives.* Lanham, MD: Rowman and Littlefield.

Saguil, A., & Phelps, K. (2012). The spiritual assessment. *American Family Physician, 86*(6), 546–550.

Schlundt, D. G., Franklin, M. D., Patel, K., McClellan, L., Larson, C., Niebler, S., & Hargreaves, M. (2008). Religious affiliation and health behaviors and outcomes. *American Journal of Health Behavior, 32*(6), 714–724.

Sessanna, L., Finnell, D. S., Underhill, M., Chang, Y. P., & Peng, H. L. (2011). Measures assessing spirituality as more than religiosity: A methodological review of nursing and health-related literature. *Journal of Advanced Nursing, 67*(8), 1677–1694.

Sheridan, M. (2009). Ethical issues in the use of spiritually based interventions in social work practice: What are we doing and why. *Journal of Religion & Spirituality in Social Work: Social Thought, 28*(1), 99–126.

Simpson, D. B., Cloud, D. S., Newman, J. L., & Fuqua, D. R. (2008). Sex and gender differences in religiousness and spirituality. *Journal of Psychology and Theology, 36*(1), 42–52.

Sorrell, J. M., (2015). Meditation for older adults: A new look at an ancient intervention for mental health. *Journal of Psychosocial Nursing and Mental Health, 53*(5), 15–19.

Taylor, R., J., Chatters, L. M., & Joe, S. (2011). Religious involvement and suicidal behavior among African Americans and Black Caribbeans. *Journal of Nervous and Mental Disease, 199*(7), 478–486.

Thilbault, J. M. (2010). Activating the resources of the soul: A psycho-spiritual intervention for pain and suffering in later life. *Journal of Religion, Spirituality & Aging, 22*, 245–253.

Turesky, D. G., & Schultz, J. M. (2010). Spirituality among older adults: An exploration of the developmental context, impact on mental and physical health and integration into counseling. *Journal of Religion, Spirituality & Aging, 22*, 162–179.

Wade, N. G., & Worthington, E. L. (2005). In search of a common core: A content analysis of interventions to promote forgiveness. *Psychotherapy: Theory, Research, Practice, Training, 42*, 160–177.

Williams, D. R., & Mohammed, S. A., (2009). Discrimination and racial disparities in health: Evidence and needed research. *Journal of Behavioral Medicine, 32*, 20–47.

Williams, R. A., Nesiba, R., & McConnell, E. D. (2005). The changing face of inequality in home mortgage lending. *Social Problems, 52*, 181–208.

Wink, P., Dillon, M., & Larsen, B. (2005). Religion as a moderator of the depression-health connection. *Research on Aging, 27*(2), 197–220.

Woodhead, L. (2012). Gender differences in religious practice and significance. *Travail, Genre & Societies, 27*. doi:10.3917/tgs.027.0033

Yount, W. R. (2009). Transcendence and aging: The secular insights of Erikson and Maslow. *Journal of Religion, Spirituality & Aging, 21*, 73–87.

Zhang, G., & Zhan, H. J. (2009). Beyond the Bible and the cross: A social and cultural analysis of Chinese elders' participation in Christian congregations in the United States. *Sociological Spectrum, 29*(2), 295–317.

Zuckerman, P. (2014). Why are women more religious than men? Retrieved from https://www.psychologytoday.com/us/blog/the-secular-life/201409/why-are-women-more-religious-men

第十一章

老年人的提前护理计划和临终护理

学习目标

- 在"善终"的背景下探索死亡对老年人的意义。
- 讨论提前护理计划的必要性,并提出一系列预留医疗指示,使老年人的家人和健康照护提供者知道老年人的愿望。
- 对比不同种族或族裔以及性少数群体老年人对预留医疗指示的态度和完成预留医疗指示的意愿差异。
- 确定姑息性治疗和临终关怀的目的,以及社工在这些护理环境中的作用。
- 思考在临终关怀中自我照护对社工的重要性。
- 分析老年人、朋友和家人面临所爱的人死亡时,作为情感反应的哀伤和丧亲之痛,并建议社会工作通过干预帮助处理这种哀伤。

章节概述

临终关怀是老年社会工作的一部分
开始关于提前护理计划的交流
预留医疗指示
姑息性治疗和临终关怀
死亡过程
社工在老年人濒临死亡时的作用
丧亲与哀伤
丧亲老年人的社会工作干预

临终关怀是老年社会工作的一部分

老年社会工作的重点主要是帮助老年人和他的家人在面对生命中的许多生理、心理、社会变化时，能够体验尽可能高质量的生活。然而，面对老年人比他们生命中的任何时候都更接近死亡这一严酷的现实，是做老年社会工作不可逃避的一部分。无论是对新手还是有经验的社工来说，这都是老年社会工作中最困难的挑战之一。帮助老年人及其家人应对失去亲人的痛苦，是在不断提醒人们死亡将如何影响每个人的生活，即使不是现在，也肯定会在未来的某个时刻来临。很少有人会免于遭受失去父母、伴侣甚至孩子的痛苦。本书在第一章中已讨论过，死亡焦虑是做老年人工作的一个重大挑战。对自己死亡的恐惧，或对自己所爱的人死亡的恐惧，会给社工带来相当大程度的不适感，许多时候甚至会打击社工考虑老年社会工作这一职业选择。本章开始探讨死亡对老年人的意义，这些意义不同于其他人的观点，包括所谓的"善终"。本章后面提出的预留医疗指示，是老年人可以确保他们对临终关怀的愿望将会被了解和尊重的方法之一。虽然社会工作专业一直提倡预留医疗指示，但出于实际情况和个人原因，只有一小部分老年人真正完成了预留医疗指示。社工需要思考在死亡的过程中到底发生了什么，以及老年人在这个过程中有什么情感、社会和心理需求。在此背景下，姑息性治疗和临终关怀被认为是一种深思熟虑的、人道的、有尊严的死亡方式，不仅适用于老年人，也适用于所有其他年龄的濒临死亡的人。一旦死亡发生，社工在处理丧亲情感的过程中起着重要的作用。丧亲的人会有一段悲伤和哀悼的时期。本章强调了社工在死亡和丧亲中所扮演的角色，包括社工面对这些问题时自我照护的重要性。

死亡对老年人的意义：什么是"善终"？

尽管老年人对于自己临近死亡或所爱的人将要离世的反应与其他年龄的人一样——痛苦和仓皇失措，但是也有迹象表明，老年人远不像其他年龄的人那样否认死亡这一现实。按照埃里克森的观点，老年阶段的发展任务是实现自我整合，避免自我绝望，它要求老年人在接近死亡的时候认定自己的生活是重要的、有意义的（Erikson，1963）。当老年人面对年老带来的生理、心理和社会生活方面的挑战时，不可避免地会思考自己的死亡。对一些老年人来说，子女长大成人并开始成家，提醒着他们下一代已经长大了。朋友和家人去世，提示着时光流逝，老年人越来越接近他们生命的终点了。对老年人来说，死亡并不是突如其来的事。大多数老年人思考这一问题已有很长时间。

有一些原因可能让老年人不那么害怕死亡。第一，老年人认为自己已经经历了人生的大部分阶段，从这个角度来看，他们能够接受死亡（Black & Csikai, 2015; Fleming, Farquhar, & Cambridge City over 75s Cohort Study Collaboration, 2016）。他们经历了从童年到成年的所有人生阶段，其间既遇到了机会也遭遇了挑战。他们有机会坠入爱河、成立家庭或是追求事业。预见死亡并不意味着自己的生活是在还没机会展开的时候就戛然而止了。第二，随着年龄的增长，老年人接受了越来越多的对待死亡的社会教育（Lloyd-Williams, Kennedy, Sixsmith, & Sixsmith, 2007; Hayslip & Peveto, 2005）。他们更可能理解最近去世的人——那些朋友或家人。与年轻人相比，老年人可能更多地思考自己的死亡，对死亡的焦虑更低、接受程度更高，并为自己的死亡做出实际的安排，比如写遗嘱、安排葬礼（Lloyd-Williams et al., 2007）。需要在此强调的一点是，接受死亡并不等同于对于死亡所带来的破坏性的情绪后果有免疫力，而是接受死亡并不是只发生在别人身上这一现实（Black & Csikai, 2015）。第三，老年人对死亡本身的恐惧远不及他们对痛苦、失去尊严和不人道的死亡过程的恐惧。虽然他们知道自己终将死去，但是他们深深地希望死亡的过程不是一个长期的、令人难以忍受的过程，因为这样会让他们自己和他们的家人深受折磨。

有些老年人可能真的欢迎而不是害怕死亡（Black & Csikai, 2015; Byock, 2004）。那些患有慢性疾病或者失去伴侣的老年人，可能会觉得失去质量的寿命的延长不是一种馈赠。跟身体不便做斗争或者在孤独中挣扎可能会减弱老年人生命的活力。尽管这些老年人或许从未想过终止自己的生命，但是他们可能希望死亡早一点到来。即便是不抑郁或没有生病，"我已准备好随时离去"也可能是老年人常见的感觉。他们可能对自己的生活深感满意，仍积极参加各种社会活动，但是感觉心里已经做好了死亡的准备。

"善终"这个词在医学界和辅助职业中随处可见。瓦雷奇支持一种普遍接受的定义，即"善终"是指"一个人以自己的方式死去，没有痛苦，在一个有人支持和有尊严的环境中死去"（Warraich, 2017, p. 13）。其他研究人员认为，死亡过程本身、情感健康、宗教信仰或灵性信仰都是促成善终的重要因素（Black & Csikai, 2015; Meier et al., 2016）。对一些人来说，这意味着尝试一切可能的医疗干预手段来维持生命，直到他们真的死去。对另一些人来说，这意味着待在家里接受临终关怀，与朋友和家人在一起，以及接受尽可能少的医疗干预。关键因素是，在死亡的过程中，当事人能够在治疗方案中拥有考虑什么或不考虑什么的发言权，这很重要。正如前面提到的，即使是那些不害怕死亡的人也害怕痛苦和不适，并希望得到他们在生命的最后几个月或几天里不会痛苦的保证（Lloyd-Williams et al., 2007）。保持一种控制感和尊严可能是一个包含法律事务的复杂的计划，包括遗产规划、预留医疗指示或葬礼安排。对另一些人来说，指定一个值得信任的家人或朋友来做这些决定就足以让他们心平气和。

不幸的是，当老年人很想谈论死亡以及他们对死亡的担忧，并想和其他人分享他们的临终愿望的时候，专业人员和家人更有可能不顾他们的担忧，善意地（其实是破坏性地）对他们说这样的话："你还能活很久呢！""你可能会活到100岁！"有的时候也可能是家人想谈论老年人的临终愿望，而老年人则拒绝，说："我感觉很好，还不需要谈论这些。"不管怎样，开始讨论提前护理计划，可能是确认和尊重老年人意愿过程中最具挑战性的一步。

开始关于提前护理计划的交流

根据"对话"项目的统计，90%的人认为谈论临终关怀很重要，但只有27%的人真的这么做了（Conversation Project, 2013）。尽管在接受加利福尼亚州卫生保健基金会调查的人中有82%的人表示，把他们对临终护理的愿望写下来是很重要的，但只有23%的人真的这么做了（California Health Care Foundation, 2012）。很明显，在人们认为应该做什么与是否采取行动之间是有差异的。尽管对老年人的家人、朋友或老年人自己来说，提出这个话题很困难，但对这个话题的讨论最好是在发生医疗危机之前，而不是在做出生死抉择的痛苦时刻进行。

对老年人的家人来说，询问一个可能与老年人一起工作的社工，如何与老年人开启临终计划这个话题是非同寻常的。同时，对一位老年人来说，去询问如何与他的家庭谈论这个话题也是如此。虽然一些专家建议，家庭聚会或度假是谈论临终计划的好机会，但有些家庭聚会充满了混乱和波动，可能是最不适合谈论这一话题的时候。在一次重要的生日之后，在一次医疗预约之后，或者在某个与老年人关系密切的人去世之后，老年人的家人或朋友与老年人进行一对一的谈话可能会比较不容易引起争议。在开始谈话之前可能需要进行几次微妙的尝试，这取决于谁（老年人的家人朋友还是老年人）开启谈话。询问老年人在遭受严重疾病或他认识的人去世时是否会想到自己的死亡，这是一种更间接的方法。询问老年人，以便于知道，关于未来医疗护理，或者万一他发生了什么事，无法就医疗决定进行沟通的时候，他希望你（作为家人或朋友）能为他做些什么。如果可以，那么设计一个谈话框架，让老年人知道家人或朋友询问这个问题，是因为他们想要有这个荣幸能够知道老年人的愿望，而不是因为他们希望老年人马上死去，这样关于对话的一些焦虑就可以消除。

"对话"项目（2018）推荐了一种缓慢而有节奏的方法，即通过老年人或其家人的细节陈述来提出提前护理计划的话题，比如："自从艾伦阿姨去世后，我一直在想一些事情。也许你能帮助我。"该项目还建议对这个话题进行简短的讨论，反复讨论足够多的时间，让老年人（或其家人）更愿意谈论提前护理计划的主题。一旦每个人都至少能够承认这一对话的重要性，关于了解老年人想要什么样的提前护理的具体想法就可以实现。

社工在讨论提前护理计划时的作用

在促使老年人决定开始谈论提前护理计划方面，社工可以发挥关键作用。社工最显著的作用是，其与老年人的家人（或老年人）一起探讨如何提起这个话题。如本章下一节所述，提供关于完成什么形式的预留医疗指示，以及解释各种形式的预留医疗指示之间的区别的信息是至关重要的，但还不够。在理想情况下，讨论提前护理计划的整个过程可以在健康照护环境内外，作为一般健康照护服务的一部分，规范化地自然发生。

作为综合护理或医院环境中正常的心理社会评估过程的一部分，社工可以在医疗危机发生之前向老年人咨询有关提前护理计划的问题（Daratsos & Howe, 2016; Holloway, 2009; Payne, 2009）。在医疗环境之外的地方，如老年中心、宗教组织或社区中心，老年人可能不太害怕谈及提前护理计划，更愿意诚实地表达他们对未来的护理愿望。通过仔细解释提前护理计划的目的（给老年人关于临终关怀的最大数量和类型的选择），探讨它的不同选择（机械辅助呼吸、营养、水化、缓解疼痛等等），在确保这确实是老年人自己的选择，而且家人的参与程度是老年人所希望的方面，社工能够发挥重要的作用（Peres, 2016; Stein, Cagle, & Christ, 2017）。许多老年人永远不会同意"被连接到机器上"，但临终决定包含的选择范围要广得多，不仅仅是呼吸机或管饲。讨论各种选择，让老年人有机会考虑他对具体治疗的感觉，而不是完全拒绝"人工手段"。讨论还有助于老年人阐明选择的范围是如何与个人和宗教价值观相一致或冲突的（Wang, Chan, & Chow, 2018）。这是一个很好的机会，帮助老年人了解提前护理计划，使家人在老年人不再能够参与临终护理的情况下，做出正确的决定（Braun, Karel, & Zir, 2006）。然而，重要的是，如果老年人不想完成任何预留医疗指示，那么也要尊重他的决定。

当有机会探讨临终选择时，老年人除了与社工交谈外，可能还需要与健康照护提供者进行深入的讨论。与老年人认识很久的医生或其他健康照护提供者为老年人提供一定程度的专业知识和信任，这可能会减轻老年人的恐惧和担忧。帮助老年人确定问题，安排与健康照护提供者的预约，是社工的另外一些任务（Souza & Gutheil, 2016; Wang et al., 2018）。

对于确保老年人及其家人开展这个艰难的讨论，社工在组织家庭会议和为老年人争取利益方面的技能是非常有用的。无论未来看起来有多遥远，谈论所爱之人的死亡都并不容易。然而，提前护理计划的真正目的，是在危机发生前谈论老年人想要什么，并澄清老年人及其家人对临终选择的看法。这也是家庭成员探索自己的文化传统、宗教信仰和个人价值观如何影响做出这些艰难决定的宝贵机会（Bullock, 2011; Heyman & Gutheil, 2006）。即使最终没有完成正式的提前护理计划文件，对临终偏好进行过认真的讨论，也可以使老年人的家人对做出关于老年人的艰难决定变得容易，因为他们知道他们的决定与老年人的偏好是一致的。研究发现，照护者——通常是家庭成员——如果协助年长的亲属完成了预留医疗指示，那么他们也更有可能完成自己的预留医疗指示（Luptak，2006）。本章的下一节将探讨被称为预留医疗指示的各种提前护理计划文件。

预留医疗指示

尽管老年人及其家人对于围绕死亡的确切事项控制不了太多，但是社会各界过去十年的努力已经让老年人有了更多的权利做出有关临终治疗意愿方面的决定。这些决定可以延长或者缩短死亡的过程。由于1990年《病人自决法案》（Patient Self-Determination Act）的通过，医院和其他医疗保险或医疗救助基金的定点机构要告知病人，他们有权利在疾病危及生命的时候决定自己想要接受什么样的医疗护理。法案的出台源于有关病人权利的争论日益高涨，即病人是否有权拒绝采用可延长生命但却对改善生命质量没什么作用的额外治疗手段。比如，当一个脑损伤的人没有希望恢复自主呼吸的时候，家人是否有权决定终止使用呼吸机？当康复无望的时候，人们是否可以拒绝输入维持生命的液体和营养物质以加速死亡？法案的出台就是要解答在疾病处于末期阶段时，医患双方对于无限期地维持生命有什么义务。这样的法案旨在支持病人自决和自主，也给人们一个机会指定另一个责任方在自己失去行为能力的时候代表自己做决定。

这一立法的最终结果是派生出了预留医疗指示，即由个人事先留给健康护理人员和家人有关生命尽头治疗方面的书面指示。预留医疗指示是在病人还有能力让其他人知道自己的意愿时完成的，而不是等到他已经病得太重、不能给出什么意见时才来做相关决定。研究显示，由于意识不清、认知障碍、失智或无法表达自己的意愿，被送入急症护理医院的老年人中多达70%无法做出个人治疗决定（Silveira, Kim, & Langa, 2010；White, Curtis, Lo, & Luce, 2006）。因此，在需要之前讨论提前护理计划的重要性，最大限度地增加了老年人在医疗决策中进行有意义的投入的机会。

本节讨论了几种预留医疗指示的形式：指导性指示（包括不抢救指示和生存意愿书）、持久性医疗授权书、五种愿望，以及医生对维持生命的治疗的指令。

指导性指示

指导性指示的一种情况是"不抢救指示"（DNR）。不抢救指示是关于不要抢救的指示，也就是说，当一个人停止呼吸或者心脏停止跳动的时候，他不想使用任何干预手段帮助他恢复呼吸，或者刺激心脏重新跳动。这通常意味着，不使用心脏按压的方式让心脏重新跳动，或者不使用包括任何机械呼吸方式的心肺复苏方法（CPR）。除非具有书面的不抢救指示，否则急救医务人员必须尝试让病人复苏。

当一个人目前的生活质量非常差的时候，或者虽然人工的手段能够帮助一个人恢复呼吸或者心脏的跳动，但是他存在一些显著的功能障碍，如患有骨质疏松症的老年人大面积骨折或者似乎已经没有大脑活动，在这样的条件下，不抢救指示可能是个人的一种选择。身患绝症或有非常严重的健康问题的人可能会与医疗服务提供者共同做出决定，当他们遇到紧急医疗情况时，不采取心肺复苏方法。无论老年人的健康状况如何，申请放弃抢救都完全是自愿的，并且他们可以在任何时候决定撤销放弃抢救申请。

不抢救指示必须能被急救医生和其他的医务人员看见才能起作用。一些急救技术人员在老年人的冰箱中专门设计的小瓶里找到了纸质的不抢救指示文件。也有一些老年人戴着写有"请勿抢救"字样的项链或手镯。在医院和长期护理机构，医疗服务提供者通过医疗记录封面上的通知可以知道老年人的意愿。然而，还有一些老年人对不抢救指示的愿望特别强烈，以至于他们把"不抢救"的字样文在胸前，这样医务人员就能清楚地看到他们的愿望。然而多年来，不抢救指示文身的合法性一直是争论的焦点，其合法性由州和地方的法律法规决定（Holt，Sarmento，& Kett，2017）。

指导性指示的另一种情况是生存意愿书，这是一个书面文件，陈述病人在失去行为能力的时候愿意还是不愿意接受采取某些医疗措施。该文件也被称为医生指示、保健声明或医疗指示（National Hospice and Palliative Care Organization，2018）。它既可以授权也可以不授权另外的人代病人做决定，这视情况而定。生存意愿书大多用来表达病人总体上的意愿，进而指导医疗决定。尽管各州之间关于生前遗嘱条款的执行情况并不一致，但是生存意愿书中对接受或者拒绝治疗的决定在美国各个州受宪法和普通法的保护（National Hospice and Palliative Care Organization，2018）。如果一个州承认生前遗嘱（并非所有州都承认），那么该州将会规定生前遗嘱何时生效，以及在疾病尚未被判定进入晚期的情况下，遗嘱是否可以强制执行。起草生前遗嘱不需要律师，但必须按照所在州规定的形式起草（National Hospice and Palliative Care Organization，2018）。建议社工咨询所在州的具体法律，进一步了解其所在州生前遗嘱的合法性、构成和执行情况。

持久性医疗授权书

持久性医疗授权书（the durable power of attorney for health care，DPAHC），也就是人所共知的医疗代理授权书或者法定代理人医疗授权书。它是一份法律文件，指定另一个人在病人失去行为能力的时候代其决定医疗护理方面的事宜。在一些州，即便疾病还没有被判定进入晚期，但当病人不能代表自己说话的时候，指定的医疗代理人也可以做出医疗护理方面的决定。持久性医疗授权书可以由当事人个人或者律师起草,一旦在有见证人的情况下签署,即成为一份法律文件。州法律规定了由谁来当见证人以及律师的作用。

生存意愿书的确切格式由州法律规定,任何想要立此意愿书的人都应该咨询所在州的立法机构。尽管生存意愿书在法律上可能会也可能不会被强制执行,但是它被视为法律文件(National Hospice and Palliative Care Organization,2018)。在大多数州,持久性医疗授权书并没有列出个人想要或者不想要的确切治疗。所以,仔细地与指定的医疗代理人沟通自己的意愿是十分重要的。不幸的是,老年人常常假定其家人会知道自己到时候想要怎样,因此虽然立下了持久性医疗授权书,但是没有详细、清楚地告诉医疗代理人自己对于生命尽头的医疗措施的意愿(Peres,2016;Souza & Gutheil,2016)。尽管对老年人及其家人来说,讨论这一问题不是件容易的事,但是要实现预留医疗指示的初衷,这是必不可少的。社工可以做些切实的工作,开启老年人的家人、老年人和医务人员对持久性医疗授权书的讨论,这样老年人的意愿就能得到尊重。理想的情况是生存意愿书和持久性医疗授权书都清楚地表达出了个人对于治疗的意愿。在同时有这两个文件的情况下,持久性医疗授权书优先于生存意愿书。

老年人及其家人需要知道这些文件之间的差别。生存意愿书会详细说明,如果病人无法明确表达自己的愿望,他希望得到什么样的治疗。持久性医疗授权书可以表达这些愿望,但更重要的是指定一个人来做出这些决定,这大概是因为持久性医疗授权书知道个人的愿望是什么,并致力于确保这些愿望得到实现。

五种愿望

融合了当老年人失去行为能力的时候,希望谁能够就他的临终照护做出决定的法律设计,以及他更倾向于在这个时刻接受哪种医学治疗的预留医疗指示,就是五种愿望预留医疗指示(www.agingwithdignity.org)。美国所有50个州都使用五种愿望预留医疗指示,并且五种愿望预留医疗指示在42个州和哥伦比亚特区满足了预留医疗指示的法律要求(Aging with Dignity,2011)。在不承认五种愿望为预留医疗指示的州,可以填写该表格并附在被视为法律预留医疗指示的文件后面。

愿望一是在老年人不能再做出医疗决定时,指定一个人扮演健康照护代理人的角色,这类似于持久性医疗授权书。愿望二详述了个人生命支持治疗的使用指南,包括在昏迷或永久性严重脑损伤的情况下如何做决定,这与生存意愿书中描述的内容类似。

五种愿望预留医疗指示的独特之处在于最后三个愿望,它们描述了个人希望朋友、家人和健康照护提供者在他临终时如何满足他的个人、精神和情感需求。愿望三提供了解决疼痛的指导方针,以及其他使身体舒适的措施,如发烧时使用凉布,或者提供按摩以促进身体舒适。愿望四提供了个人在死亡时是想独自一人,还是想与家人和朋友在一起的选择,以及如果可能的话,他是否更愿意在家里死去。最后,愿望五探索了个人希望别人知道他被爱的愿望,以及向他可能冒犯过的其他人请求原谅和同情的愿望。最后三个愿望集中在关于生命终结的个人选择上,这些选择远远超出了通常与预留医疗指示相关的法律安排。

探讨五种愿望的整个过程,为个人及其家人提供了广泛的讨论话题,解决了许多临终决定中常见的生活质量问题。许多家庭发现,在处理这样一个敏感话题的时候,这是一种更个性化、更人性化的方式。五种愿望预留医疗指示有28种语言的版本和盲文版本,可供大部分人广泛应用。

医生对维持生命的治疗的指令

医生对维持生命的治疗的指令(POLST)被加入了预留医疗指示中。2004年,POLST范式特别工作组成立,以回应那些没有尊重预留医疗指示的情况,或者现有的预留医疗指示不适用于一些患有严重疾病或虚弱的当事人的情况(National POLST Paradigm, 2018)。POLST的支持者强烈建议建立完整的POLST预留医疗指示的州登记制度,以防止个人的愿望在转换养老机构或在机构外居住时丢失或被忽视。传统的预留医疗指示适用于那些想要自我掌控最后谁为自己做决定的健康人群。但是,当他们不能这样做的时候,POLST是专门为那些"最有可能发生医疗危机(基于诊断可预测),但可能当前的护理标准(尽一切可能挽救别人的生命)不是他们所希望的"人所设计的(National POLST Paradigm, 2018, para 3)。POLST不是一项预留医疗指示,而是一个可操作的医嘱,能够帮助医务人员了解当事人当前需要什么护理。

尽管美国关于POLST范式的最终目标是形成标准化的形式和国家注册中心,但当前各州之间的POLST形式可能有所不同。例如,在马萨诸塞州,这种形式被称为马萨诸塞州生命维持治疗医嘱。表格要求病人就心肺复苏、有创或无创插管、转院、透析、人工营养和人工水化等方面做出具体决定(Massachusetts Orders for Life-Sustaining Treatment, 2018)。一些州还包括当事人关于使用抗生素作为挽救生命的措施的愿望。当事人(或当事人的代理人)和健康照护提供者需要在两个地方签名,以确保那些选择是在每个类别中都讨论过的。当事人可以在表单上标识"持久性医疗授权书",但这不是必需的。该表格会使用彩色纸张(通常是亮粉色或绿色)打印,以便容易在个人的医疗档案中被找到。

POLST的真正目的是确保当事人或当事人的代理人在需要做非常特殊的决定的时候,能够就可用于生命危急情况的选择与医务人员进行真正的交流。POLST需要与持久性医疗授权书相结合,以获得关于预留医疗指示的全面信息。建议社工了解有关使用POLST的州和地方的法律法规。

什么不是预留医疗指示？

需要指出的是，有许多法律文件经常与预留医疗指示混淆。授权书是指定某人在金融交易、购买人寿保险、经营业务和其他法律交易中代表当事人行事的法律文件。授权书是具有约束力的法律文件，强烈建议在起草时咨询律师。如果一份文件被认定为一份持久授权书，则即使在个人因疾病或受伤而精神上丧失能力的情况下，也需要保证该授权书仍然有效（Rice，2018）。然而，只有被预留医疗指示指定的个人能为当事人做出医疗决定。人们常常错误地认为，他们如果有一份有效的持久授权书，就具有了代表他人做出医疗决定的能力。起草持久性医疗授权书是一项完全独立的事务，虽然可以由律师完成，但不需要专业的法律咨询，只需要两个见证人的签字。

遗嘱是一份法律文件。个人会在遗嘱中明确陈述自己的遗愿，说明自己希望在死后如何分配财产或资产。遗嘱会确定个人遗产分配的执行人，但这与持久性医疗授权书不同，因为执行人的指定直到当事人死亡后才有效。表 11-1 比较了所有预留医疗指示以及其他非预留医疗指示的法律文件的功能和法律地位。

表 11-1 预留医疗指示和其他法律文件的解释

文件	功能	法律地位
不抢救指示	指示医务人员在病人心脏或呼吸功能停止后不要抢救。从医疗机构和医院可以获得不抢救指示的表格，各州的情况各不相同。没有年龄限制，自愿。	救护医生和其他的医务人员必须能够通过项链、手镯或医疗记录中签字的文件实际看到"不需要抢救"的指示。当事人可以随时撤销。
生存意愿书	向医务人员表明个人对临终护理的偏好（需要多少护理）。表格可从 www.caringinfo.com 或老年人照护律师处获得。自愿。	并非在所有州都合法，而且可以被持久性医疗授权书推翻。通常包含比持久性医疗授权书更具体的指示；可以在任何时候撤销，并且不需要律师。不同州之间通常不互相承认。
持久性医疗授权书	由医生和心理学家确定，在其他人无法做出医疗决定的情况下，由谁做出医疗决定。必须在当事人丧失行为能力之前完成。	所有州都有一些医疗代理条款，但形式各不相同。当事人可以在任何时候撤销。健康照护提供者必须有一份复印件，以便能够遵循当事人的意愿。如果无法获得持久性医疗授权书，那么医疗提供者必须使用所有可用的选择来挽救生命。最常使用在当事人被认为无行为能力的时候。可以在没有律师的情况下完成，但建议征询法律建议。
五种愿望	以非常具体的细节确定个人关于指定的健康照护代理人和所需的临终护理类型的愿望。在语言上比一份正式的持久性医疗授权书更柔和。广泛地确定了健康和个人护理选择。理念来自有尊严的老龄化。	截止到 2018 年 4 月，在 44 个州是合法的。作为一个健康照护代理协议，要求见证人签字，并且为临终护理提供更多的选择。一份完整的文件需要合格的个人签名。可以随时撤销。可以在没有律师的情况下完成。

续表

文件	功能	法律地位
医生对维持生命的治疗的指令	为那些有理由相信在可预见的未来会发生医疗危机的危重病人设计。根据情况，其可以确定病人对心肺复苏、插管、人工营养和人工水化以及使用抗生素的意愿。可以附在生前遗嘱或持久性医疗授权书文件中。通常印在颜色鲜艳的纸上，以便很容易地找到。该表格可从州办公室获得。	确切的形式因州而异，并不是所有州都遵守。当与持久性医疗授权书相结合时，能够更全面地反映老年人的偏好。国家规定与之相关的形式，并拥有管辖权。要求医生在两处签字，以确保病人和医生已经讨论过病人的选择。
授权书	个人确定其他可能代表他处理法律业务，包括金融和法律交易的人。不规定指定健康照护代理人做出健康照护决定。	授权书与医疗决策无关，是一份完全独立的法律文件。因为各州法律规定的授权书细节是不同的，所以它应该由律师起草。当被授权的人死亡时，该授权书即告无效。
遗嘱	确定个人死亡后财产的分配方式。指明谁将是遗产分配的执行人，并指导财产的处理。不包括关于健康照护的决策。	尽管网上有自己起草的版本，但应该由律师起草。遗嘱受州法律管理，与医疗决策无关。

完成预留医疗指示的障碍

尽管健康照护专业和社会工作专业积极展开行动，鼓励老年人（和年轻人）完成预留医疗指示，但如本章前面所述，其实际完成率低得惊人。据估计，在所有年龄的公众中，目前只有不到 1/3 的人完成了预留医疗指示（Benson & Aldrich，2012），尽管这个数字在老年人群体中有所增加，估计能达到 40%~60%。完成率最高的人群是受过教育、患有重病并能获得定期健康照护的老年白人女性。无论受教育程度或健康照护状况如何，有色人种老年人的完成率最低（West & Hollis，2012）。

一些障碍妨碍了预留医疗指示的完成。第一个也是最常见的障碍是缺乏对什么是预留医疗指示，以及如何获得和填写表单的理解（Benson & Aldrich，2012；West & Hollis，2012）。尽管老年人可能希望自己的临终偏好能够为人所知，并得到尊重，但显然很少有老年人知道，要想实现这一目标，具体需要什么样的法律文件。第二个主要障碍是否认和拖延（Benson & Aldrich，2012；Schickerdanz et al.，2009）。当老年人感觉良好、没有预料到健康危机时，很难让他们意识到预留医疗指示的重要性。也有一些老年人说他们"一直想和医生谈谈这件事"，但实际上并没有实施。一种常见的误解是，预留医疗指示是"拔掉插头"的文件，而不是探索老年人选择的文件，实际上，预留医疗指示可能与拒绝治疗完全相反，意味着使用所有的手段来维持生命。

第三个障碍是老年人担心一旦把偏好写下来,他们或他们的家人将在他们生命的最后时刻失去决策权(Benson & Aldrich, 2012; National Hospice and Palliative Care, 2018)。老年人担心写下自己的偏好意味着这些愿望将永远不会被重新考虑,或者无论疾病的严重性如何,这些偏好都将适用于所有的医疗照护决策。第四个也是最后一个障碍是,许多老年人根本不想"微观管理"自己的死亡(Black & Csikai, 2015; Hawkins, Ditto, Panks, & Smucker, 2005)。他们宁愿把这类决定留给医疗服务提供者和家人来做,但是他们可能仍然希望至少口头上能表明他们的偏好。霍金斯和他的同事发现,老年人更愿意让某个家人而不是全体家庭成员做出决定(Hawkins, 2005)。显然,教育老年人和他们的家人,以消除这些障碍,是一个重要的社会工作职能。然而,老年人的态度和想法并不是广泛完成预留医疗指示的唯一障碍。

围绕预留医疗指示的争论

各州法律上的差异 尽管预留医疗指示在美国生效已经几乎有30年的时间,但是它仍然存在很多争议。对于起草和执行生存意愿书和持久性医疗授权书的具体程序、内容和过程,各州在法律上有显著的差异。承认病人在生命尽头的医疗措施中的自决权的重要性要比建立执行的司法架构进展得迅速(Schickerdanz et al., 2009)。对于这些问题,国家的司法体系无疑会制定出解决办法。为了能够实现预留医疗指示,接受健康照护的老年人所在的州必须承认预留医疗指示,必要时必须正确地填写和见证,并在需要时向家庭和健康照护提供者提供预留医疗指示。如果不满足其中任何一个条件,可能就无法实现老年人的健康照护偏好。

家人的负担 预留医疗指示把医疗上的难题从医生那里转给了病人的家人。一些家人接受了这样的责任;而另一些家人不想承担做这种决定的负担。如果其中一名家人被指定做老年人医疗决定的代理人,而老年人又从未跟他讨论过对维持生命治疗的偏好,他的处境就会异乎寻常地艰难。家人在面对亲人的生死抉择时可能会在情感上陷入无所适从的状态。如果在健康照护危机发生之前有机会讨论治疗方案,那么老年人及其家人都会对预留医疗指示感到舒服得多(Black & Csikai, 2015; Souza & Gutheil, 2016)。

不可预见的情况 不管是生存意愿书还是持久性医疗授权书都不能提供充分、详尽的说明,以涵盖医护工作所有可能出现的变数,这使得在临床环境中对其进行解释极为困难(Jezewski, Meeker, Sessanna, & Finnell, 2007; Wang et al., 2018)。如果病人坚持不使用呼吸机或者管饲,那么他需要在持久性医疗授权书中详细说明水分和营养的补给问题,否则医院可能会依法通过静脉输液的方式继续给昏迷的病人输送营养。个人在失去行为能力前用书面形式提供的治疗意愿越详细,在执行的时候其意愿得到尊重的可能性就越大。

预留医疗指示中的种族、族裔和宗教影响因素 有些种族、族裔或宗教团体不接受预留医疗指示或者认为这样做不道德。尽管专业人员看重自决权和病人的权利，并对此充满热情，但是他们也要敏锐察觉这些人的价值观，这一点很重要。同白人相比，黑人更可能想要采用维持生命的治疗措施，进而导致预留医疗指示的完成率和临终关怀服务的利用率较低（Bullock，2011；Kwak & Haley，2005）。历史上，非裔美国人有理由不信任医疗保健系统，并认为他们可能得到的是不合格的健康照护（West & Hollis，2012）。韦斯特和霍利斯发现，老年美国黑人更容易接受由家庭做出的替代决定，缺乏对什么是预留医疗指示的教育，并表现出高度的恐惧和否认（West & Hollis，2012）。布洛克发现，许多没有完成预留医疗指示的老年美国黑人并不认为预留医疗指示会影响他们死亡体验质量的好坏（Bullock，2011）。她还发现，老年黑人比老年白人更害怕被取消生命维持治疗，即使这并不是老年人的意愿。对更强力量和奇迹的强烈信仰是老年黑人不支持预留医疗指示的另一个原因，他们认为预留医疗指示意味着"放弃"在生病期间康复的机会（Bullock，2011，p.92）。

与白人老年人相比，美国亚裔老年人完成预留医疗指示的可能性较小，完成率约为10%（Gao，Sun，Ko，Kwak，& Shen，2015）。这可能是由于亚洲文化中禁止讨论死亡的文化禁忌，有限的英语水平会影响老年人对预留医疗指示的理解，并使他们与健康照护提供者缺乏持久的关系（Wittenberg-Lyles，Villagran，& Hajek，2008）。在传统的亚洲文化中，只有当一个人面临绝症时才会谈论死亡，因为公开谈论死亡被认为是不好的预兆（Fang，Malcoe，Sixsmith，Wong，& Callender，2015）。传统上，当时机成熟时，老年人会将有关医疗的决定留给成年子女来做。

与白人老年人相比，西班牙裔老年人更不可能得到符合他们意愿的临终关怀，尽管很少有西班牙裔老年人完成预留医疗指示（Agency for Health Care Research and Quality，2016）。尽管84%的西班牙裔老年人更喜欢舒适护理而不是延长生命的治疗，但只有不到一半的人与其家人或健康照护提供者讨论过这个问题，只有24%的人完成了预留医疗指示（Kelley，Wenger，& Sarkisian，2010）。尽管西班牙裔老年人偏爱舒适护理，但他们更有可能使用积极的医疗手段，这是一个明显的矛盾（Hanchate，Kronman，Young-Xu，Ash，& Emanuel，2009）。西班牙裔家庭在老年人临终时更倾向于以家庭为中心的决策方式，他们更倾向于集体决策的方法，而不是指定一个单一的健康照护代理人。因而，家庭偏好的重要性可能会超过西班牙裔老年人的个人偏好（Del Rio，2010）。

性少数群体老年人 尽管性少数群体在健康照护体系中面临着异性恋规范的挑战，然而，女同性恋、男同性恋和双性恋人群与其健康照护提供者讨论临终照护意愿的可能性是异性恋人群的2.5倍，有30%的人完成了遗嘱，完成持久性医疗授权书的人是异性恋人群的 2 倍（Kcomt & Gorey，2018）。然而，跨性别老年人的完成率显然低一些，仅有 13% 的人完成了遗嘱，11% 的人确定了健康照护意愿。但是性少数群体老年人在完成预留医疗指示的时候仍然面临显著的困难。面对原生家庭的孤立和排斥，许多性少数群体老年人用他们一生的时间创建了"有选择的家庭"。因此，这些老年人的伴侣和朋友具有更大的意义，无论他们与老年人之间是否有法律上的联系，他们都需要被认为是老年人做出医疗选择的重要的支持系统（Bristowe et al.，2018）。虽然婚姻平等的合法化消除了性少数群体获得法律认可的关系的一些障碍，但与年轻的性少数群体相比，老年性少数群体更少有伴侣，因此也不太可能有一个重要的人作为健康照护代理人（Service and Advocacy for LGBT Older Adults，2014）。要找到一个愿意做健康照护代理人的朋友可能是非常具有挑战性的。当老年人血缘上的家人出现，并期望成为老年人临终决策的制定者，但是当老年人不希望他们参与其中时，可能会产生复杂的家庭动态关系（Lawton，White，& Fromme，2015）。在这种情况下，性少数群体老年人需要以异性恋者不需要的方式，与他们的健康照护提供者和代理人沟通。基于他们之前在健康照护系统的经验，即使他们的性取向是由社会历史因素造成的，他们也可能会拒绝与医生讨论自己的性取向。性少数群体老年人可能仍在为健康照护提供者能够接受他们的性取向而奋斗，这对在做临终决定时的信任至关重要。

案例 11-1：吉尔达·塞缪尔

吉尔达·塞缪尔是一个 90 岁的老太太，她最近搬进了养老院生活，因为在自己家里独居对她来说变得越来越危险。她曾经是一名教师，非常聪明，也非常幽默。她有 3 个孩子，都非常尊敬她，也非常关注她的照护问题，经常来探望她。她刚刚开始出现一些记忆问题，但正是她的身体健康状况让她不得不搬到养老院居住。她患有严重的骨质疏松症，有跌倒导致手臂和臀部骨折的病史，黄斑变性使她丧失视力。她的医生告诉她的孩子们，她的主要身体器官，如肾脏和肺，已经开始衰竭，他们需要和她讨论提前护理计划。塞缪尔曾多次表示，她不想连着管子和电线"人工生活"，但当被问及她是否想谈论完成预留医疗指示时，她跳过了这个问题。她最近对一名护士说："我知道我会在睡梦中死去，就像我母亲和她母亲那样。这是家族遗传，所以我不需要做那些书面工作。"她的孩子们不敢跟她提这个话题，因为每次提起这个话题她都显得很生气。实际上，她的孩子们知道他们需要为她无法做出决定的时候做好准备，而这似乎是迟早的事。

（1）是什么让塞缪尔成为需要考虑提前护理计划的高危人群？

（2）作为养老院的社工，你能和塞缪尔的家人做些什么准备工作来提出这个话题，而不让塞缪尔完全回避这个问题？你如何将塞缪尔对她孩子们的爱调动到制定提前护理计划的行动中？或者你可以做到吗？

（3）如果塞缪尔仍然不能完成预留医疗指示，那么她的孩子们该如何利用谈话，至少更好地理解塞缪尔想要什么临终护理呢？

姑息性治疗和临终关怀

姑息性治疗

尽管姑息性治疗与临终关怀不是同义词，但它们通常被认为是同一件事。姑息性治疗被认为是一种舒适疗法，侧重于控制疼痛和不适症状，而不是积极地治疗疾病以治愈疾病的治疗性医疗护理。姑息性治疗是由一个跨学科的团队协作完成的，团队经常包括一个社工——但不是每个团队都有。健康专业人员首要关注减轻疼痛的问题，致力于实现当当事人决定不再采取积极措施治疗疾病时，他们的余生将不会为痛苦和苦难所折磨。在姑息性治疗中，病人可能仍在接受治疗，但重点是舒适。姑息性治疗是"关心而非治愈"（Daratsos & Howe，2016）。尽管在姑息性治疗中，社工也可以处理个体的社会心理需求，但从最严格的定义来看，它还是属于一种医疗干预手段。

临终关怀

减轻痛苦（姑息性治疗）是临终关怀的一部分，但不是唯一的重点。临终关怀的重点是满足濒死个体及其支持系统的生理、心理和精神需求（Souza & Gutheil，2016）。临终关怀的哲学基础是，死亡既不应该加速也不应该推迟，而应该被当作生命历程中的一个正常事件来对待。临终关怀基于这样一种信念：每个人都有权利在没有痛苦和有尊严的情况下死去，而那些关心即将死去的人的人，需要也应该得到支持，来促进这一目标的实现（National Hospice and Palliative Care Organization，2018）。专栏11-1深入阐释了临终关怀的指导原则。

临终关怀服务

临终关怀通常开始于医生的转诊，医生有医学理由相信一个人的预期寿命少于6个月，尽管实际服务的时间长短差别很大。临终关怀的平均持续时间少于两个月（National Hospice and Palliative Care Organization，2018）。有些病人只接受过几天的临终关怀。根

专栏 11-1　临终关怀的指导原则

在向临终者提供照护时，临终关怀运动倡导的方法有四个指导原则（Reith & Payne, 2009）：
1. 临终者及其家人是主要的照护对象。临终者及其社会支持系统在临终者离世的过程中有一些特殊的需要。
2. 由跨学科人员组成的团队负责提供临终照护，团队成员包括身心健康方面的专业人员和满足精神需求的专业人员，他们承认临终者及其家人有生理、心理、社会和精神方面的全面需要。
3. 控制疼痛和不适症状是第一位的。有尊严地死去意味着临终者有权接受尽可能缓解疼痛和折磨的药物治疗和服务。
4. 提供丧亲后续服务以支持丧亲的家人。情感和社会支持不仅在丧亲的过程中十分重要，在家人失去所爱的人之后尽力重新组织自己的生活时也十分重要。

资料来源：Reith, M., & Payne, M. (2009). Social work in end-of-life and palliative care. Chicago, IL: Lyceum Books.

据病程和病情的严重程度，也有些病人可能要接受一年以上的临终关怀。一旦病人被转诊接受临终关怀，临终关怀服务通常在转诊后的一两天内就会开始。

提供临终关怀服务的场所既可以是医院的专门科室或养老院的专门设施，也可以是一个单独的机构，更常见的是在临终者的家里为其提供照护。临终者的家人常常继续担任临终者的主要照护人，但是有一个资源网络，可以协助其自始至终地提供照护。临终关怀是一种以家庭为中心的方法，其团队成员包括医生、护士、家庭保健护理员、社工、牧师、顾问和训练有素的志愿者。志愿者可以帮忙做家务、短时替换照护者或者是登门拜访，支持照护临终病人的人。临终关怀的理念是，给临终病人及其家人提供重要的支持网络，有助于防止濒临死亡的最后几天和几周时间里可能会发生的危险的社会隔离。

控制疼痛和不适症状　临终关怀的一项最重要的工作，是重视控制与不治之症有关的疼痛和不适症状。疼痛管理策略是在医生的监督指导下，保证能负责地使用有效缓解疼痛的药物。这项工作强调运用合适的剂量，在尽可能减少身体上的不适同时不会使病人完全失调。除药物治疗外，临终关怀常常还会补充使用许多其他的治疗方法以缓解身心不适。这些方法我们在第七章讨论过，包括音乐疗法、艺术疗法和动物辅助治疗。按摩和做运动也常被用来缓解临终病人及其家庭照护者身体上承受的压力。控制疼痛和不适症状的目的是找到方法，把药物治疗与其他的技术结合起来，最大限度地减少临终病人的痛苦。

保险覆盖面　老年医疗保健计划是联邦政府制定的针对老年人或残疾人的健康保险方案，尽管在有些情况下可能有小额的定额摊附，但是它涵盖了大部分的老年临终照护费用。老年医疗保健计划不支付医院或收容所的食宿费用，但是在私人保险中，这部分费用经常会作为主要医疗保险的一部分。在通常情况下，老年医疗保健计划一次授权临终关怀福利60～90天，但它不限制临终关怀福利的总天数，除非个人康复到足以不再被认为是临终病人（Raveis & Waldrop, 2016）。许多私人保险方案也涵盖了临终关怀的费用，认为相对于临终病人延长住在医院或养老院的时间所支付的费用来说，这一方法收益更大。

至于那些没被涵盖在任何一个这类医疗保险计划中的老年人，临终关怀组织常常能帮助他们落实额外的经济支持，从私人捐助者和基金会那里获得资助。临终关怀被广泛涵盖在公共保险和私人保险方案中，它运用人性化的方式解决有尊严地死亡这一问题，对临终老年人及其家人来说是富有吸引力的选择。

丧亲后续服务 当所爱的人去世后，临终关怀还会给哀伤的家人提供后续服务。传统上，协助家人安排葬礼和埋葬去世的人、处置去世的人的私人物品、提供持续的哀伤辅导等，都是丧亲后续服务的内容，这些服务会持续一年或更长的时间。丧亲后续服务认为，尽管照护濒临死亡的亲人不容易，但是处理亲人离世后的哀伤也需要得到社会支持和专业协助。

性少数群体老年人临终关怀的特殊困难 本章前面已经介绍了一些性少数群体老年人在完成预留医疗指示过程中面临的独特挑战，这些挑战在临终关怀和姑息性治疗的背景下仍然存在。与普通人群相比，性少数群体老年人更不可能拥有基于雇主的医疗保险（如果仍在工作的话），这可能导致他们难以获得和支付姑息性治疗或者临终关怀的费用（Farmer & Yancu，2015）。性少数群体老年人的性取向可能一辈子都不能被其他人接受，因此他们有理由害怕在生命的尽头（再次）受到不友好的对待，因为那时他们是最脆弱的。因此，他们可能不认为姑息性治疗或临终关怀是安全的选择。临终关怀工作者可能对社区中的"同性恋友好型"服务（如受过适当培训的家庭健康助手、临时护理提供者或心理健康从业人员）了解有限，可能无法协调临终关怀中的性少数群体老年人的社区服务（Lawton et al.，2015）。

法默和扬库建议，姑息性治疗和临终关怀可以调整政策和实践，认识到家庭类型的多样性，使用敏感和适当的关于性和性别认同的问题，并展示语言和营销的敏感性，以改善性少数群体老年人的临终体验（Farmer & Yancu，2015）。此外，通过营造更受欢迎的环境，为没有保险的性少数群体老年人提供更低成本的服务，为姑息性治疗和临终关怀医务人员提供敏感性培训，改善临终关怀在性少数群体中的形象，可以最大限度地减少异性恋障碍。

社工在临终关怀中的作用 社工是临终关怀团队中不可或缺的成员，因为他们在评估和加强个人和家庭的社会心理功能方面接受了专门的培训，而且他们了解更宽泛的体系在个人福祉中所起的作用。拉韦斯和沃尔德罗普从宏观、中观和微观三个层面识别了社工在临终关怀中的作用（Raveis & Waldrop，2016）。在宏观层面上，社工在了解卫生保健筹资条例、联邦和州关于临终关怀资格的政策，以及链接当事人与其他社区机构方面，发挥着关键作用。使用社会工作技能来协调家庭冲突，促进以目标为导向的团队与临终关怀团队的合作，以及为团队和家庭成员提供情感支持，这些都是社工重要的中观层面的作用。在微观层面上，社工在为个人和家庭提供咨询、进行危机干预以及为当事人死亡后的家庭制订需求计划方面可以发挥宝贵的作用。临终关怀是能够说明社工适合提供广泛的社会心理支持的一个很好的案例。

死亡过程

濒死的生理和心理表现

濒死的实际生理和心理表现因人而异，但有一些生理或行为症状，出现在死于持续疾病前的几个月和几周内是很常见的。当然，这个前提是，死亡会在一段时间内发生，而不是由心脏病发作或中风等急性死因引起的。

在死亡前1~3个月，当一个人有意识或无意识地认识到死亡不可避免时，他可能会开始疏离家人和朋友，这是分离过程的一部分（Morrow, 2018）。虽然这个时候可能是家人最需要与即将死亡的人亲近的时候，但作为估计自己的生命和准备离世的一部分，即将死亡的人会与家人疏离。这个人可能会比平时睡得更多，或者经常闭着眼睛安静地休息，这限制了他愿意说话的次数。在这个时候，社工应该鼓励这个人的家人和朋友仍然"在场"，通过触摸而不是语言来沟通。这个人可能不想吃饭，或者觉得食物不合胃口。

在死亡前一到两周，个体可能开始神志不清，大部分时间都在睡觉。他可能会感到困惑，或者看起来像是在和死去的人交谈（Morrow, 2018）。这可能会让他的家人非常不安，因为濒死的人会经历一些逝去多年的亲人的"探望"，并且他们认为这是非常真实的。然而，这是死亡过程中的常见现象，家人不应该忽视这些事件对死亡个体的意义。这一阶段的身体症状包括低血压、体温波动、出汗增多、皮肤颜色不自然、吞咽困难和呼吸不规律。

在即将死亡的几天内，个体可能会经历能量的激增，此时神志不清和困惑消失（Morrow, 2018）。这常常导致家人和朋友的错误期望，认为个体已经康复，不会像先前预期的那样死亡。然而，这种能量的激增通常是短暂的，随之而来的是越来越焦躁不安、呼吸不规律、循环不畅和某种程度的无反应。当这些症状出现时，死亡就即将到来了。

临终老年人的需求

身体方面的需求　不管老年人是否为迎接不可避免的死亡做好了准备，长期的身体上的不适或痛苦都可能是他们预见到死亡后最害怕的东西。根据马斯洛的需求层次理论，在满足任何更高层次的需求之前，满足生理需求是绝对必要的（Maslow, 1971）。如果生理需求没有得到满足，就不可能指望一个老年人讨论未完成的事情，或者他希望如何被记住。即使减少营养和水分摄入是老年人愿望中的一部分，我们也可以做很多事情来让他感到舒适。

濒临死亡的人需要知道大家正在采取一切措施来帮助他控制痛苦（Souza & Gutheil, 2016）。通常是到临终关怀以后，控制濒临死亡的人的痛苦的重要性才被当成一件事直接公开解决。社会害怕使用太多的控制痛苦的药物会造成药瘾，对临终病人来说这似乎很有讽刺意味。

尽管已经调整自己适应年老带来的躯体上的变化，但是濒临死亡的老年人仍然关心自己的身体形象和其他人对自己的印象。让老年人更有尊严地离世的一项重要工作是帮助他保持良好的个人卫生，并尽可能长久地保持能让人接受的外表。老年人在身体干净、衣着整洁的时候会感觉更好，不用担心自己的外表会令他人不快。像修指甲、按摩或理发这样简单的事情都可以增强老年人身体的舒适感。

情感和心理方面的需求 满足即将死亡的老年人的情感和心理方面的需求是社工面临的最重要的挑战之一。老年人需要尽可能长时间地保持对自己生命的某种掌控感（Souza & Gutheil, 2016）。如果老年人的身体许可、认知能力可以胜任，就可以让他们通过预留医疗指示参与决定临终治疗方案，或者是参与决定日常护理方案，以获得这种掌控感。做小到吃什么、穿什么或自己身边放什么之类的决定，对老年人来说都是重要的途径，这种途径可帮助他们保持哪怕是很少的独立感，并继续参与决定自己的照护事宜。

濒临死亡的老年人需要有机会在一个安全的、能接纳他们可能会有的多种多样的感受的氛围里谈论即将到来的死亡。接受濒临死亡的现实是个伤痛的过程，老年人可能会感到悲哀、愤怒、怨恨、害怕或恐慌（Pomeroy & Garcia, 2009；Worden, 2009）。从本质上说，老年人会为失去生命和机会、与所爱的人分离、对生命里的事无能为力而哀伤，这与老年人去世后其他人对他的哀悼反应差不多。老年人可能会回顾自己的人生并缅怀往事，这有助于他在人生最后的日子里找到生命的意义。这种人生回顾可能会促使老年人想有机会跟那些有未了之事的家人或朋友"了断感情账"。老年人在死亡过程中面临的主要情感和心理任务是在死亡过程中"寻找意义"。正如第三章所讨论的，解决"自我整合与自我绝望"的发展问题，可能是老年人为死亡做准备时最突出的困难（Erikson, 1963）。

社会需求 尽管濒临死亡的人及其家人、朋友常常都有抽离行为，但是濒临死亡的人仍然需要跟家人和朋友保持接触。他们需要"仍然活着"（Wright, 2003）。家人和朋友在跟濒临死亡的人待在一起时可能会感到不舒服，抽离是开始准备悼念的表现。由于疾病的蹂躏或者自己的哀伤，老年人也可能越来越不想让他人围绕在身边。当双方都抽离的时候，便失去了保持相互支持的机会，而这一点很重要。老年人需要见到自己的子女、孙子女、侄子或侄女等，这能提醒他们自己的部分生命会通过下一代延续下去。另一些老年人会大幅缩小他们的社交圈，以适应他们剩余的社会能量（Wright, 2003）。

灵性需求 在第十章中，灵性被定义为对自我的超越、对意义的求索和与他人的联结感。处理死亡的必然性并赋予死亡意义，也许是生命中最具挑战性的灵性体验之一。与更强大力量的关系（或缺乏这种关系），什么让他们的生命有价值，以及死亡对被留下的朋友和家人来说意味着什么，这些都是老年人在死亡过程中与灵性需求斗争的常见主题。即使是那些一生都没有很虔诚的宗教信仰或者不注重灵性生活的老年人，死亡也常常会让他们想要通过祷告、冥想或灵性辅导整理好自己的精神家园。研究表明，有强烈的信仰传统、相信有来世的老年人比不相信这些的老年人更有可能实现情感上的平静，真正接受死亡（Pomeroy & Garcia, 2009；Reith & Payne, 2009；Souza & Gutheil, 2016）。缺乏信仰传统或对来世的信仰并不意味着老年人无法解决灵性需求。根据自己的价值和信仰体系，老年人对灵性需求的定义也会有所不同。

社工在老年人濒临死亡时的作用

提供情感支持

对老年人及其家人来说，在濒临死亡的过程中，社工最显而易见的作用就是提供情感支持。老年人及其家人需要能敞开心扉谈论，同时认识到有人将要离开这个世界所带来的种种感受。这些感受可能会令人恐惧，而且恐惧感非常强烈。举例来说，某个濒临死亡的人的家人会非常生这个人的气，责备他没有及早求医问药或者坚持糟蹋自己的行为，诸如大量吸烟或酗酒等。这种强烈的愤怒似乎背离了老年人将要离世、家人感到哀伤和深深爱恋的真实感受。老年人也可能会抨击家里的照护者，看起来特别忘恩负义。伴随濒临死亡而来的情绪上的"过山车"是难以预料的，它会扰乱老年人及其家庭支持系统（Reith & Payne, 2009）。

老年人及其家人需要获准去谈论死亡。许多时候，老年人的家人甚至提起"死亡"这个词都可能有困难，更不太可能跟将要离世的老年人公开谈论这个话题。彼此都避免直接谈论死亡有可能会让双方在仍然有时间处理重要的情感方面的事宜时，错过机会。

然而，重要的是要强调，并不是所有的老年人都欢迎（或需要）激烈的情绪处理过程（Reith & Payne, 2009）。对一些老年人来说，死亡是一个非常私密的过程，是通过内心的对话来完成的。另一些老年人则发现，一种支持性的倾听关系可以帮助他们把死亡过程中发生的事情说出来。死亡并不是一个需要解决的问题，它需要每个人经历特定的阶段并完成一系列目标。

死亡是一个高度个人化的过程。社工的职责不是判定谁做得正确，谁需要专业干预。

处理生命中的遗憾，完成未完成的事，与重要他人重新建立联系，以及找到精神上的安慰（这是由个人定义的），这些都可以给濒临死亡的人及其家人和朋友带来巨大的安慰。社会工作在满足临终老年人的情感和心理需求方面最强大的作用之一，可能就是"存在"的力量（Franks，2010；Reith & Payne，2009）。

代表老年人及其家人争取权益

濒临死亡的老年人及其家人可能会心绪不宁，不能积极地为自己向健康照护提供者争取权益。社工可以发挥重要作用，代表老年人的家人跟其他专业人员打交道，更坚定不移地确保医务人员能敏锐地体察和理解老年人及其家人的需要。比如，如果一个家庭想要安排临终关怀照护，但医生却还没有提出这一建议，那么可能就有必要让健康照护提供者注意到这一问题，并鼓励老年人的家人提出来。老年人的家人或老年人出于对医生的顺从，可能会对质疑治疗过程犹豫不决，开不了口。尽管社工需要尊重医务人员的专长，但是老年人及其家人也有权在可能的情况下对治疗决定提出自己的意见。

提供资讯

社工为老年人及其家人争取权益的另一项重要工作是帮助他们得到有关病情、备选处置方案、预留医疗指示、临终关怀和支持性服务的资讯。社工在帮助老年人及其家人获取这些资讯方面扮演着重要的补充角色。健康照护提供者并非不想帮忙，而是可能太忙了，无暇确认老年人及其家人是否真的了解了这些资讯。老年人的家人可能陷入老年人濒临死亡所带来的情绪困扰之中，甚至不知道该从何着手。社工可以帮忙组织资料，让家庭了解清楚情况，并把难以应付的挑战分解成更容易掌控的事宜（Mackelprang & Mackelprang，2005；Souza & Gutheil，2016）。比如，如果老年人及其家人需要关于绝症的更详细信息，那么社工可以从医院的小册子或互联网的可靠来源处获得简单、容易理解的信息，以帮助家庭更好地了解。又比如，如果一个家庭正在考虑临终关怀服务，那么社工可以为其提供本地临终关怀组织的相关资讯，并细化做出这一选择的步骤。

老年人及其家庭可能得到了关于严重疾病的治疗选择，但不了解这些治疗的风险和好处。手术可能是在一些危及生命的情况下的一种选择，但是否适用于老年人可能是一个问题。临终关怀可以替代长期住院治疗，但家庭是否愿意放弃其他治疗，选择临终关怀？在医院环境中的姑息性治疗与在家中提供的临终关怀有什么不同？如果老年人改变了他对任何治疗的想法怎么办？在这些例子中，社工可以帮助家庭获得最好的信息，并帮助其做出决定。虽然社工不应取代健康照护提供者提供医疗信息，但他们可以帮助家庭获得其需要的信息。

社工的自我照护

做濒临死亡的老年人及其家人的工作是社工面临的一个最艰巨的挑战，对新手来说尤其如此（Quinn-Lee，Olson-McBride，& Unterberger，2014；Reith & Payne，2009；Souza & Gutheil，2016）。尽管社工可以帮助老年人及其家人，为他们提供情感支持，代表他们争取权益并为他们提供资讯，但是没有什么干预技术可以真的阻止死亡的来临。每天做病入膏肓的人的工作会激起助人者自身对死亡的焦虑，并给其身心健康带来巨大的压力（Quinn-Lee et al.，2014；Reith & Payne，2009）。社工要保持警惕，察觉压力是否已经变成问题的征兆，并在其给自己带来身体损害或让自己出现职业耗竭前，采取措施加以缓解，这非常重要。

无论是对有经验的社工还是对新手社工来说，专业监督都是自我照护过程中的关键部分。在社会工作的这样一个情感紧张的部分，有机会处理工作中的挫折和快乐，是保持心理健康的一个重要部分。当社工无法对抗严重的抑郁和焦虑，包括出现同情疲劳的情况时，有经验的督导能够发现社工的压力症状。

"同情疲劳"是一个经常被用来描述职业倦怠的术语。它被描述为"当在自我照护与照护他人方面出现不平衡时，专业照护者可能经历的情绪耗竭"（Pfifferling & Gilley，2000；Smith，2015）。曾经有爱心和同情心的专业人士，可能会开始对处于痛苦中的其他人缺乏关心或理解，对当事人及其家人做出负面评价，避免讨论当事人的痛苦或压力，仅仅因为他们不想听到另一个痛苦的故事——简而言之，他们可能正在经历同情疲劳。要避免这种情况，最重要的一步是，无论是通过自我意识还是通过专业监督，认识到同情疲劳的状况。重要的是，所有领域的社工，特别是与濒临死亡的当事人一起工作的社工，要通过充分的营养和锻炼来保持自己的身体健康。有氧运动、网球、慢跑、快走或者其他的运动都有助于缓解压力，奠定身体的耐力，这是具备情绪上的耐受力的重要因素。学习和运用渐进式肌肉放松术或者做做按摩，都会有助于缓解在处理压力性情绪和心理问题时身体上的紧张。对专业人员来说，建立自己的支持系统，必要的时候让其帮助自己处理不好的情绪，并让自己有机会谈论死亡之外的话题，十分重要。

研究者发现，能做濒临死亡的病人及其家人的工作而没被击垮，并且生活得很好的助人专业人员，包括护士和社工，是那些有自己的特定态度的人。对自己影响濒临死亡的病人的生命质量的能力有现实的认识，并对自己在自然界中的位置有切合实际的看法的专业人员，最能够平衡好工作上的要求与自己的身心健康（Smith，2015；Wagaman，Geiger，Shockley，& Segal，2015）。濒临死亡虽然不愉快，但却是生命历程中自然而然的一部分。知道自己已经在合理的限度内向濒临死亡的老年人及其家人提供了情感支持，接受现代医疗和人类肌体战胜疾病的局限，能帮助这些专业人员健康地接纳和处理死亡。

沃登提出了三个具体的建议，用来帮助专业人员处理绝症患者或他们的家人的工作（Worden，2009）。第一，作为助人专业人员，要强烈地意识到自己的局限性。与濒临死亡的个人及其家人一起工作，是一种不可避免的非常亲密的经历，在这种情况下，对他们产生深深的情感依恋是很正常的。要对工作强度进行预判，与老年人及其家人建立专业关系，而不是个人关系。第二，要认识到，作为助人专业人员，你也必须为失去逝者而感到悲痛。允许表达悲伤和哀悼成为这一工作的必要组成部分。第三，要知道什么时候需要寻求督导和他人的支持，来处理这些情感缺失。可能直到当事人真正死去，你才能意识到，你已经在情感上与当事人及其家人融为一体。

所有专业的临终关怀工作人员都知道，即使是调整得最好的、最有经验的、已经习惯了的专业人员，也偶尔需要离开一段时间，不接触死亡，这被称为"死亡饱和"。对护士来说，这常常意味着调换到另一个部门工作几周或几个月，脱离临终关怀，休整一下。对社工来说，这可能意味着做老年社会工作中其他方面的老年人及其家人的工作，这些工作跟死亡和濒临死亡没有那么紧密的联系。不管怎样，对社工来说，重要的是知道什么时间该从做病入膏肓的老年人的工作中抽身，做短暂的休整。

丧亲与哀伤

丧亲是指老年人的家人经历的一段必须学会应对失去生命中的重要成员的时期。丧亲的时候个人会感觉非常悲哀、万念俱灰或孤独，这就是所谓的哀伤体验。与社会和文化认可的仪式联系在一起的行为构成了哀悼，哀悼从葬礼和埋葬逝者开始，当个体能够重新组织自己的生活、处理哀伤并重新融入生活主流时，哀悼才告结束。

哀伤的表现

心理和情绪上的特点 陷入哀伤的人会强烈地感到，自己现在的感受无论是在强度还是在情绪波动所带来的混乱上，都是前所未有的，这让许多人认为自己快要崩溃了（Freeman，2005；Jeffreys，2011；National Hospice and Palliative Care Foundation，2018）。他们会表现出多种多样的情绪，包括震惊、否认、悲哀、愤怒、内疚、困惑和抑郁（Hall，2011；Jeffreys，2011）。他们可能在很长时间内都无所适从，或者不清楚该做些什么。所有这些症状都表明，遭遇所爱的人去世会使人在情绪上受到极深的震动。巨大的丧失之痛可能汹涌而来，让人一时处理不了，或者太痛苦，让人一时无法接受。哀伤的人常常表示难以清晰地思考或者相信自己的判断。他们常常感到自己像是坐在情绪的"过山车"上,一会儿感到悲哀,一会儿又感到愤怒。尽管如此,也有些人并未马上感觉到什么,说自己"心已经死了"。

哀伤的人常有的一个反应是出现幻觉(Jeffreys, 2011; Pomeroy & Garcia, 2009)。他们可能听到已去世的人的声音,或者是在人群里或家中某个房间看到已去世的人。这些幻觉可能是由熟悉的刺激引发的,诸如在已去世的人通常下班回家的时候听到关车门的声音,或者是闻到已去世的人的个人物品上的香水味道等,但也可能没有任何明显的刺激。有些哀伤的人会对此非常不安,担心自己要疯掉,但也有些人觉得这些能给自己莫大的安慰。社工不要摒弃这些感受,将其认定为病态反应,而是应该跟哀伤的人一起探讨这些感受对于他处理自己的哀伤有什么意义。

躯体症状 哀伤期人们对于哀伤的反应在身心特点上各有不同。睡眠不好是常见的反应,包括失眠或嗜睡(National Hospice and Palliative Care Organization, 2018)。哀伤的人常常很想睡觉,但却睡不好,会被跟所爱的人有关的梦或梦魇惊醒。睡眠不好就休息不好,这会导致丧亲的人感觉所有时候都疲惫或身体虚弱,活力被耗尽。睡眠不好可能还会伴有呼吸困难或者长时间气短,从而使疲惫感加重(Freeman, 2005; Jeffreys, 2011)。

有些哀伤的人会出现与过世的人在濒临死亡时一样的躯体症状或者患上其他疾病。比如,癌症遗属可能会担心自己患了癌症,并觉得自己同样的位置也有疼痛感。对那些倾向于用躯体症状诉说抑郁情绪而不是直截了当讲出来的老年人来说,这可能会特别成问题。一些科学研究的结果表明,哀伤会抑止免疫系统,哀伤的人真的更容易身体生病,尽管并没有证据表明这种作用是长期性的(Pomeroy & Garcia, 2009; Worden, 2009)。虽然身体生病在哀伤的人中更为常见,但是它最可能是睡眠不足、胃口不好和不断累积的情绪耗竭共同作用的结果。

行为上的表现 人们表达哀伤的行为有哭泣、躲避社会交往(或者是过度依赖他人)、敌对、坐卧不宁,以及对社会关系或社会活动失去兴趣。这些症状与在第五章讨论过的抑郁症的症状非常相似。鉴于这一原因,对老年人采取干预措施,弄清楚到底是严重抑郁症的症状还是丧亲的哀伤表现非常重要。抑郁症的诊断一般不适用于近两年有重要亲朋去世的老年人,因为老年人的症状更可能是丧亲的表现。

不建议近期丧偶的老年人和刚经历所爱的人去世的人在丧亲的头一年做重大的生活改变。对他们来说,要花些时间才能平复情绪并重新组织自己的生活。丧亲的人会有强烈的冲动想马上卖掉房子,搬得远远的,或者是做出一些重大举动以缓解悲痛。由于刚刚丧亲的时候人的判断力会暂时出问题,所以不建议老年人此时进行大规模的、昂贵的搬迁。

哀伤的阶段理论

也许关于"哀伤的阶段",最著名的理论是由伊丽莎白·库伯勒-罗斯提出的,她指出，每个人在接受自己或他人死亡的过程中，会经历一系列的情感和行为（Kübler-Ross，1969）。库伯勒-罗斯认为，个体在一种否认或不相信死亡的状态下开始哀伤的过程。一旦死亡的震惊消退，人们就会对自己或他人的死亡感到愤怒、怨恨或痛苦。她在工作中观察到，愤怒之后往往伴随着讨价还价，这是一种绝望但徒劳无功的尝试，试图通过承诺改变行为或撤销过去的错误来阻止这一垂死的过程。随着自己死亡（或他人死亡）的现实来临，随之而来的是抑郁。最后一个阶段是接受，一个人在理智上接受临近或即将到来的死亡。在现实中，它既不是一个渐进的过程，也不总是以这种可预测的顺序发生。过度依赖哀伤过程中可观察到的阶段（或为死亡做准备），会在个体没有经历或达到某个特定阶段时造成困惑和担忧。

鲍尔比的哀伤阶段论 鲍尔比提出了另一种流行的阶段理论（Bowlby，1980）。基于依附理论，鲍尔比提出，人类有一种本能的依附他人的需要，当死亡让个体与所依附的客体分离时，个体就会表现出一整套特定的行为。在丧亲的第一个阶段，个体处于震惊或麻木状态，除了迷惑和混乱，实际上感受不到太多其他的东西。他不明白这一丧失的意义和重要性。在第二个阶段，个体深深地渴望跟已去世的人重新建立联结，可能会沉浸在已去世的人的个人物品或照片中，追忆所爱的人成了丧亲的人大部分时间日思夜想的核心内容。当丧亲的人完全意识到所爱的人已经离去时，他会进入第三个阶段即涣散期或绝望期，特点是淡漠、深深的悲哀、愤怒、怨恨或绝望。在这一阶段，丧亲的人被迫面对失去所依附的客体的现实。鲍尔比提出的第四个阶段是重组期，在这一阶段，丧亲的人必须重新界定其对自我的认识，重新评估其生活情境。这一阶段的任务是学习新角色并掌握新技能，以便在失去所爱的人的情况下继续生活下去。

阶段理论的局限 在现实生活中，很少有人能如预计的那样经历这些阶段，甚至很难判断哀伤的人在某个时间处于哪个阶段（Jeffreys，2011）。人们可能会在同一时间表现出不止一个阶段的特点，也可能会毫无规律地反复表现出不同阶段的特点。并没有清楚的证据表明个体一定要经历每个阶段才能健康地了结自己的哀伤（Hall，2011）。阶段理论的好处在于向助人专业的人提供了一幅很好的画面，描述出哀伤过程的动态性和高度的个体性。正如前面说过的，丧亲是一个过程，而不是一个事件。阶段理论很重要，它让我们了解，不管顺序如何，否认和震惊、特别愤怒或抑郁，以及有意识地重新界定和组织自己的生活等元素，都是这一过程的重要组成部分。

沃登的哀悼四项任务 作为关于丧亲过程的阶段理论的替代理论，沃登将哀伤的过程重新定义为基于四项任务的行为目标，这些目标必须在治愈发生之前实现（Worden，2009）。任务一是接受失去的现实。为失去所爱的人而悲痛的人，必须在认知和情感上接受这个人已经去世的事实。这种失去不可否认，也不可被轻视。这意味着能够说这个人已经死了，认识到并内化这种特定失去的严重性。任务二是克服悲痛带来的强烈痛苦，而不是最小化伴随悲痛过程的情感和身体上的痛苦。面对这一任务的个人需要公开表达他们的悲痛，而不是试图减少或压制悲痛的外在表现。

任务三要求个人开始适应失去所爱的人之后的新环境。这些环境调整包括适应因失去所爱的人而产生的一种新的物质现实、一种新的内在现实（如发展一种独立于逝者的新身份）以及一种新的精神现实（其中包括信仰和态度的必要改变）。任务四是找到一种方法，在创造新生活的过程中，与去世的人建立持久的联系。个人与逝者的情感联系将永远存在。在很多方面，悲伤的人与死者之间的联系将继续存在，但联系的方式发生了改变（Worden，2009）。

持续纽带理论 沃登（Worden，2009）处理哀伤的最后一项任务与西尔弗曼和克拉斯（Silverman & Klass，1996）提出的持续纽带理论十分类似。他们提出，丧亲过程是人在一段时间里不断地去弄清楚丧失意味着什么，而不是解决丧失。举例来说，刚刚失去丈夫的寡妇可能会感觉生活失去了意义和重心，这让她觉得困惑，不知该做些什么。当没有丈夫的日子一天天、一周周地过下来以后，她可能就会比较习惯了，把生活的重心逐渐转移到其他的社会活动上，最初强烈的丧失感会有某种程度的减弱。她虽然可能仍然深深怀念丈夫，但是已经用跟其他人的活动填充了一些孤独的时间。在她调整自己适应寡居生活时，她经历着不断弄清楚失去丈夫一事的意义的过程。尽管这一丧失不可能彻底化解，但是随着时间的推移，哀伤的形式和作用会发生改变。海浪在海滩上随时间推移逐渐退去的视觉图像经常被用来描述连续纽带理论。

影响哀伤的因素

性别 研究显示，女性比男性更能有效地悼念逝者，度过哀伤过程（Doka & Martin，2010；Jeffreys，2011）。这可能部分归结于传统上女性比男性有更完备的社会生活系统。这既让她们能有一个富于支持性的环境来分担丧亲带来的深切感受，也让她们有更多的机会参与有助于回归社会主流的社会活动。

在许多婚姻中，可能是妻子而不是丈夫负责处理家庭的社会关系。当男性失去配偶后，他们会发现自己主要的社会网络都是由其他已婚夫妇组成的，这情形可能会让他觉得特别不舒服。因为社会传达的信息是男性的情感不要外露，男性要能控制自己的情感和局面，所以男性处理哀伤会更加困难（Doka & Martin，2010）。由于丧偶带来的高度的身心折磨，鳏夫更有可能追随配偶在短期内离世。女性可能会比男性更快地调整和适应丧偶后的生活，因为她们对此已有心理准备，预演过这一角色（Center for Human Potential，2018；Orzeck，2016）。女性要比男性更可能丧偶，这是事实。目睹其他女性挣扎地适应丧偶后的生活会让女性考虑自己的处境。不管是刻意去想有一天女性必须自己处理家庭理财方面的事，或者身为配偶处置一生积聚的财物，还是无意中想到这些，都可能会让女性在失去配偶前就早早考虑后果了。多卡和马丁提出，传统上女性更可能是"直觉性"悲痛者（Doka & Martin, 2010）。也就是说，女性的悲痛是以一波又一波的情感来表达的，反映了深沉的感情——更多的是感觉而不是思考。相反，男性更可能是"工具性"悲痛者，在这种情况下，人们更多地以身体和认知的方式体验悲伤——更多的是思考而不是感觉。男性可能更专注于身体活动，而不是处理情绪。研究人员的第一感觉是，这看起来像是对男性和女性的刻板印象，直觉性和工具性的悲伤方式可能在男性和女性群体中都能观察到。人们会以不同的方式哀悼，所以重要的是要接受一个人的哀悼方式不一定是正常或不正常的，而是一种深层情感的个人表达。

文化背景　哀悼过程嵌在特定的社会文化背景中，这一背景规定了或者至少容许用许多特定的仪式来昭示亲友的死亡，得体地表达情感（Jeffreys, 2011）。尽管各种族或族裔在这方面的文化传统有巨大的不同，但是只要有一套相应的行为期待，哪怕是对悼念时间的约定俗成，就有助于丧亲的人凭吊逝者。这些文化传统的核心可能是有关死亡的意义和有无来世的信念。如果该文化敞开怀抱拥抱死亡，视其为转入另一个世界、与自己在地球上生活时所有所爱的人重新团聚的过渡，那么死亡且喜且悲，有两面性。文化和宗教习俗也可能规定丧亲的相关事宜，决定举办葬礼和处理逝者遗体的方式。天主教、基督教新教、犹太教或伊斯兰教的葬礼高度仪式化，以本教的教义为指针。如果文化传统容许社区中其他人积极参与，那么丧亲的人或家庭就可以聚集广大的社会关系网中的成员，这些成员能在丧亲后的日子里为他们提供生活和情感上的支持。

一个典型的此类文化传统的例子是犹太教中常有的传统的悼念仪式（Getzel, 1995）。这些仪式有一个共同目的，即纪念逝者，安慰悲痛的家人和朋友。"头七"（shiva）指的是埋葬所爱的人之后头七天的时间，在这段时间里家人和朋友要深深缅怀逝者。"头七"的最后几天，朋友要拜访丧亲的家庭，分担他们的哀伤并提供情感上的支持和生活上的帮助。朋友和亲戚有责任为丧亲的家庭做饭和做其他家务，让他们有机会继续悼念逝者。此时，不期望丧亲的人做出重大决定或者很快摆脱哀伤。丧亲后的头一年，丧亲的人要戒除许多娱乐和社交活动，认为自我牺牲是人在亲人去世后的反应。传统的悼念期会持续一年。在亲人去世一周年纪念活动后，丧亲的人就要重归主流生活。尽管高度仪式化的悼念活动在犹太人家庭中已不像以前那么流行，但是，人们对健康地哀悼亲人仍有一些共识：认为要对丧亲的家庭提供特定的社会支持，丧亲的人应该有一段合理的时间专门悼念逝者，丧亲的人应该在一年之后能重归主流生活，继续生活下去。这些共识既包括个体对丧亲应有的反应，也包括社区对丧亲应有的反应。

模糊性丧失　哀伤过程还会受到所谓的"模糊性丧失"的影响。亲人在火灾或飞机失事中去世而没有留下尸体便是一个模糊性丧失的例子。虽然逝者的躯体已不在这世上，但是丧亲的人在心理上却认为他仍然活着（Pomeroy & Garcia, 2009）。类似地，一位患晚期阿尔茨海默病的老年人丧失所有认知能力已有很长时间，或许躯体还在，但是其亲人在内心里可能会觉得他早已不在了，这是另一种形式的模糊性丧失。这种类型的丧失让人难以捕捉死亡的真正意义。当没有清楚的证据表明濒临死亡的人或去世的人真的不在了时，要完成丧亲哀悼是个挑战（Boss，2007）。

被剥夺权利的损失 流产、与某人有婚外情的人死亡，或前配偶死亡等损失被称为被剥夺权利的损失（Doka，2002）。这些损失被认为是社会否定的损失或社会无法形容的损失，如死于艾滋病或自杀。无论如何，由于与之相关的耻辱感，经历此类丧亲之痛的人很难得到社会对其情感反应的支持（Attig，2004；Jones & Beck，2007）。对这种损失感到悲痛的人，可能很少（如果有的话）得到社会支持，其悲伤的过程漫长而孤独（Pomeroy & Garcia，2009）。

预支哀伤 患阿尔茨海默病的老年人的照护者常常会有所谓的"预支哀伤"，即在濒临死亡的人真的去世前就与其保持距离或脱离与其的关系（Doka & Martin，2010；Freeman，2005；Pomeroy & Garcia，2009）。随着老年人失去行为能力，照护者在阿尔茨海默病的每个阶段都会哀伤。照护者在老年人不再能自己照护自己、越来越依赖照护者的时候会哀伤。当老年人不再能认出所爱的人，照护者需要照护一个成了陌生人的老年人时，又会哀伤。所以，照护者的哀伤会伴随某种具体的丧失而起起落落，迫使他"一遍又一遍地经历哀伤"（Orzeck，2016）。

尽管在阿尔茨海默病或其他让人的重要功能逐渐丧失的疾病的病程中，照护者已经体会过了丧失的悲恸，但是这还是阻止不了所照护的人真的去世所带来的哀伤。预支哀伤的照护者常常对老年人有一种矛盾心理。当老年人最需要照护的时候，照护者却可能在照护过程中投入的感情较少。照护过程是个痛苦的过程，要在同一时间"坚持、放手、靠近"（Orzeck，2016）。

案例 11-2：霍华德·艾波卡特和沙琳·艾波卡特

霍华德和沙琳已经结婚 63 年了，有 5 个孩子。他们有 13 个孙子女和 11 个曾孙子女，都住在距离他们不超过一个小时车程的地方。沙琳患有阿尔茨海默病，不再认识霍华德和她的孩子们，但是她生理健康状况良好。霍华德已经照护她 4 年了，这个责任使他不堪重负。已经成年的孩子和孙子女们都很支持并愿意帮忙，但霍华德说这是他的工作，他能做到。事实上，他不想让成年的孩子再去看望沙琳，因为她已经认不出他们了。看到她不认识自己的孩子，他很伤心。他继续为她提供良好的身体护理，但只花很少的时间陪她。他不再表现出任何表达爱意的身体动作，只是在必须为她提供身体上的照护时触摸她。他一直在说："她快死了。抱着她又有什么区别呢？她分辨不出其中的区别。"

（1）你觉得霍华德怎么了？为什么这种情况会对霍华德、沙琳及其大家庭的成员都有害？沙琳知道表达爱意的身体动作与触摸的区别吗？

（2）如果霍华德能得到更多的帮助来照护沙琳，那么你觉得情况是会有所改变，还是根本不会有任何帮助？作为此类案例的社工，你如何让大家庭的成员参与进来？

社会支持网络 影响哀伤过程的一个最重要的因素是丧亲的人拥有的社会支持网络状况（Doka & Martin, 2010; Jeffreys, 2011; Pomeroy & Garcia, 2009; Worden, 2009）。朋友和家人可以支持和宽慰丧亲者，缓解丧亲者丧失所爱的人之后的孤独，促进丧亲者平稳地走过丧亲后的哀伤过程。而对老年人来说，社会支持尤为重要。老年人需要有人环绕在身边，倾听他们的诉说，准许他们充分感受与亲人去世有关的惊恐等正常范围内的情绪，还需要有人在哀悼期间为他们提供生活协助和情感支持。由助人专业的人提供的情感支持尽管在许多情况下有作用，但是不能替代家人和朋友提供的社会支持。

情绪健康状况和应对策略 哀伤过程还会受到老年人的情绪健康状况和调动以前的成功应对策略的能力的影响。情绪脆弱、处理任何改变都有问题的老年人，可能更难以成功调节自己，度过哀伤期（Pomeroy & Garcia, 2009）。一直对自己的生活基本满意，并在丧亲前有中等偏上的个人幸福感的老年人最可能成功度过哀伤期，最终重新加入主流生活。容易抑郁、焦虑或者一生都有心理健康问题的老年人，要化解哀伤可能会特别困难。

复杂的哀伤

尽管在缅怀逝者的过程中面临许多挑战，在情感上不可避免地会有伤痛，但是大多数老年人能从失去所爱的人的打击中走出心理困境，重建对重大丧失的认识，获得良好的调整，适应失去所爱的人的生活而不需要专业人员介入。然而，对老年社工来说，那些不能成功应对丧亲，被困在哀伤中的人便成了一个比较大的挑战。

未完结或未得到解决的丧亲感受被称作"复杂的哀伤"。它的特点是悼念和悲伤的时间拖长，丧亲者有自暴自弃或功能失调行为。比如，在哀伤过程中常见的愤怒情绪没有随着时间的流逝而减退，反倒增强了。有复杂的哀伤的人常常会滥用药物，以此麻痹自己或者驱散痛苦的感受。有复杂的哀伤的人可能会完全被内疚感击垮，认为自己原本可以做些事来阻止所爱的人逝去。复杂的哀伤与正常的哀伤的差别在于情绪反应的周期和强度不同。复杂的哀伤超出了正常的哀伤反应，对解决丧亲后的哀伤构成了障碍。

按照《精神障碍诊断与统计手册（第五版）》，复杂的哀伤的一些症状包括，对逝者的持续思念，强烈的悲伤和情感上的痛苦，难以积极地回忆逝者，因死亡而造成严重的身份混乱，以及与文化、宗教或年龄不相符的丧亲反应（American Psychiatric Association,

2013)。当悲痛的强度和强烈悲痛的持续时间导致了由于悲痛反应而产生的功能障碍时，丧亲之痛便成为心理健康的挑战。最大的困难是当复杂或长期的悲痛出现时，要确定这种情况是在逝者死后多久出现的，以防正常的丧亲表现被认为是病态的。对于重大的损失，如父母失去孩子或个人失去伴侣，想让哀伤过程在6个月到1年内结束，是不现实的。这就出现了这样一个问题：当悲痛行为引发严重的抑郁或焦虑时，是否有一些人永远不能完全从悲痛中摆脱出来。

丧亲老年人的社会工作干预

所有领域的社会工作都面临一个诱惑，即当某个人遇到艰难的情感上的挑战时，社工就想要带走这个人的痛苦。推动一个人进入社会工作专业的部分原因，是他们深深同情那些承受苦难的人，觉得很难对同类深深的悲哀、困惑或者愤怒袖手旁观。尽管如此，但哀伤有自己的发展历程。除了为失去亲人的家庭提供咨询和支持外，社工还可以扮演其他角色。

提供资讯

哀伤过程 老年人及其家人需要资讯，了解哀伤过程以及在处理重大丧失的过程中会经历些什么。他们可能想知道痛苦的感受会持续多久，自己可以做些什么使丧亲后的悲痛快些过去。社工可以充当教育者，帮助老年人及其家人把丧亲视为一个过程，一个涉及生活方式和态度的长期调整过程。这个过程是正常的，也是必需的。

了解哀伤过程中的不同阶段有助于丧亲者意识到自己非同寻常的或者麻烦的情绪可能被错误地理解为精神疾病。家人可能关心自己的老年亲属，认为"现在应该过了这道坎了"或者"需要继续自己的生活了"，而事实上老年人正在投入地悼念逝者。

沃登提出了一系列社工能够为丧亲者提供咨询的任务（Worden，2009）。帮助丧亲者"认识"损失，识别和体验损失的感觉，对于促进悲伤的个人真正意识到死亡已经发生是至关重要的。在理智上接受死亡已经发生，但在情感上与死亡的现实保持距离，痛苦要小得多。愤怒、内疚、焦虑和悲伤是哀伤时常见的情绪。这种强烈的情绪会让哀伤的人感到恐惧。大多数人期望悲伤，很少有人期望生气。

帮助丧亲者找到死亡的意义，并开始想象没有逝者的生活，帮助哀伤的人走向逝者死亡后的生活，这可能是哀伤过程中最大的挑战之一。这是哀伤的持续纽带理论的一个经典案例，它是一个不断协商的过程，以找到一种方法来保存对逝者的记忆和逝者的重要性，而逝者仍在生者的世界中发挥着作用。沃登将此描述为"逝者的情感转移"（Worden，2009，p.99）。要允许丧亲者花时间哀悼，让自己经历无数的情绪，而不是不断地怀疑他们的哀伤是否是正常的。当丧亲者经历强烈的情感反应，认为自己疯了的时候，处理悲痛的工作更加困难。最后，沃登建议，任何处理哀伤问题的专业人员，都应准备好识别并在必要时为那些因为悲伤而出现严重的精神健康问题，且未得到治疗的患者转诊。哀伤的情绪工作可能会暴露需要持续治疗或药物控制的个性或情绪问题。

丧葬事宜 老年人及其家人可能需要有关丧葬安排、执行遗嘱、转移财产或者其他的伴随亲人去世而来的重要事宜的具体资讯。社工应该发挥重要作用，帮助老年人及其家人理解决定丧葬事宜的复杂性。丧葬决定必须在相对而言较短的时间内做出，丧葬费用非常昂贵，而且有一套社会礼仪规范，除非以前做过此类安排，否则很少有人熟悉该怎么办。丧葬事宜是在老年人及其家人还处于死亡所带来的震惊中时，就要去做的一些从未有过的最艰难的（并且是不可逆转的）决定。社工可以发挥重要作用，给老年人及其家人提供决定丧葬事宜所需的资讯，帮他们筹办反映个人偏好的个性化的葬礼，了解自己在这件事中的角色，而不是完全交托给丧葬承办人，由其代为决定（Reese，2013）。那些正在为失去亲人而挣扎的家庭很容易受到外部压力的影响，他们不需要证明他们有多爱死去的家庭成员。如果这是他们希望做的事情，那显然是他们的选择，但很多时候，这些家庭在管理殡葬业的法律要求与他们确实有个人参与的葬礼过程的部分之间感到困惑。

支持性服务 老年人及其家人也需要得到支持性服务方面的资讯，帮助他们在所爱的人去世后重新组织自己的生活。这些支持性服务包括个人或家庭辅导、家政服务、理财服务、房屋修缮和维护服务、社会和娱乐性活动等。

在悲痛的过程中，家庭成员可能也需要专业帮助。亲人的死亡通常会使家庭陷入情感混乱，影响到所有成员。每个家庭成员与逝者都有一种独特的关系。那些与逝者有"未完成的事务"或有冲突关系的家庭成员可能需要额外的工作，以避免发展出复杂的或长期的哀伤。

帮忙加入支持性小组

丧亲之痛 大多数丧亲的人在亲人刚去世后需要有一段个人的调整期，在这段时期，支持性小组可能起不了什么作用（Daratsos & Howe，2016）。然而，当个人已经准备好，也对支持性小组有兴趣时，这类小组就能帮助丧亲者更好地度过哀伤期。支持性小组由几个处于不同阶段的都在哀悼逝者的人组成，它帮助这些人把与哀伤有关的搅扰人的种种情绪看成情有可原的正常现象（Daratsos & Howe，2016）。通过加入自助小组，老年人能从经历过类似丧失的人那里学到新的应对技巧，建立新的社会关系，接受真正能理解丧亲者的想法和感受的人的帮助（Souza & Gutheil, 2016）。哀伤的人很容易不理会他人说的支持性的话语，因为他们坚信没人能了解他们的感受。当然，确实没人能真的了解另一个人的感受，但是，由丧亲的人组成的小组却是远胜于一般人的更值得信赖的支持来源。

对于那些预支哀伤或者有复杂的哀伤的人，治疗性小组可能要比自助小组更合适。受过培训的治疗师可能更有能力帮助识别病态的哀伤反应，这些反应需要专业人员采取干预措施并为当事人提供支持。复杂的哀伤不一定会随着时间的流逝而减退，可能需要采取专门的治疗性干预措施，诸如运用在第六章描述过的认知行为疗法。

技能培训　除了用来帮助丧亲的人处理情感反应的自助小组外，技能培训小组是另一类有益的支持性小组。技能培训小组的重点是教丧亲老年人一些具体的技能。他们需要这些技能以便能在没有逝者的情况下重新组织自己的生活。这可能包括教过去一直依赖配偶做家务的丧偶老年男性如何做家务，或者教在婚姻中从未打理过钱财的丧偶老年女性基本的理财方法。技能培训可能简单到学习准备饭菜或是洗衣服，也可能复杂到学习管理投资和处理不动产。技能不一定复杂，重要的是给老年人机会，让他们对环境从不知所措到开始有所掌控。这是积极处理哀伤问题的方法，让老年人感到有力量控制日常生活。

临终关怀中的伦理考量

在社会工作实践中，很少有领域像临终关怀实践那样存在如此多的伦理冲突。在面对即将死去的人与从事这一领域的社工所面临的艰难决定时，这一职业对自决、维护尊严和最大限度地提高个人独立性的承诺往往会产生冲突。

自决　虽然完成预留医疗指示的好处似乎是不言而喻的，但当老年人拒绝完成这样一份文件，或不愿参与有关它的谈话时，社会工作专业绝对尊重老年人的权利。指定一个健康照护机构，或确定个人想要什么样的临终护理，是必须留给个人的选择。一些临终关怀和长期护理机构确实将完成预留医疗指示作为接受该组织护理的条件，但它错误地假设一个不想完成预留医疗指示的人不会选择该组织进行护理。无论老年人是否出于个人、宗教、道德或伦理方面的考虑而拒绝完成预留医疗指示，也无论健康照护提供者、家庭成员或社工如何看待这一决定，他们都必须尊重这一选择。

同样错误的假设是，如果可以选择，那么老年人在临终时会选择更少的特殊措施，而不是希望使用所有可能的延长生命的干预措施。家庭成员很容易说，"妈妈不会想要被连接到这些机器上"，但实际上他们从未和她讨论过。预留医疗指示让人们可以选择自己做这些决定，为了活下去而采取一切可能的医疗干预措施就是其中之一。对完成预留医疗指示，老年人的犹豫不决实际上可能是担心，一旦指定一个健康照护代理人，就相当于给予其他人提前"拔掉插头"的权利，或放弃决定自己医疗护理的所有权利。

拒绝社会心理服务的权利 姑息性治疗和临终关怀服务都会考虑到满足临终者及其家人的社会心理需求的重要性。社工已经成为跨学科团队的一个组成部分，专注于对临终过程的整体关注。然而，濒死的人及其家人并不会自动同意由专业人员"挖掘他们的心理、精神和社会问题"（Randall & Downie，2006，p.287）。社工的角色或权利并不是督促人们审视自己的生活，解决未完成的事务，或者在他们死前找到情感上的平静（Reese，2013）。即将死亡的人不需要解决一生的情感难题或家庭功能障碍。无论社工多么清楚这种干预可能有帮助，个人都仍然有权拒绝任何咨询服务。尽管提供服务是应该的，但所有姑息性治疗和临终关怀服务机构仍然尊重做出拒绝这种服务的决定的权利。

维护尊严和独立 社工深切关注和维护个人的尊严和独立，特别是在面对令人衰弱或外形损毁的疾病时。不难想象，痛苦和不适会促使一个人考虑结束自己的生命。这可能是个人的选择，但由社工做出这样的决定显然是不合适和不道德的。预留医疗指示不给个人提供结束自己生命的手段。在本书撰写之时，医疗协助自杀被定义为医生主动为个人提供自杀手段的行为，该行为仅在俄勒冈州、蒙大拿州、佛蒙特州、夏威夷州、加利福尼亚州、科罗拉多州和华盛顿特区是合法的。一个人请求医生帮助结束自己生命的条件是受到严格规定的，需要清楚地认识到做出这一决定的复杂性。虽然帮助一个人结束他的生命，似乎是对一个人的痛苦或疾病的同情和人道的反应，但做出这个决定，或鼓励这个决定，完全超出了社会工作的范围。

小结

处理濒临死亡和丧亲方面的问题是老年领域的社工面临的一个最艰巨的挑战。尽管如此，这些问题是生命历程中的正常组成部分。社工要调动力量，在老年人临终阶段和丧亲以后向老年人及其家人提供支持性服务。预留医疗指示让老年人有机会积极参与发表意见，决定当死亡不可避免的时候自己想要什么类型的治疗，以及治疗使用到什么程度。生存意愿书和持久性医疗授权书能让老年人有绝好的机会知道自己的意愿会在自己临近死亡的时候得到尊重。五种愿望将预留医疗指示的两个组成部分组合成一个文档。

对老年人和他们的家人来说，最有希望的选择之一是姑息性治疗和临终关怀，它们致力于通过一个由跨学科团队组成的广泛的网络支持服务，积极管理临终病人的疼痛和不适，来维护临终病人的尊严。社工在这类临终关怀中发挥着至关重要的作用，帮助家庭成员在这个困难时期满足心理社会需求。

社工在帮助逝者的朋友和家人处理所爱的人去世后的一系列情绪（称为哀伤）方面，发挥着重要作用。帮助丧亲者允许自己花时间去感受悲伤、愤怒、震惊、恐惧或其他无数的情绪，这对于丧亲者适应如何在没有逝者的情况下生活是很重要的。无法接受死亡的现实，无法接受不可避免的丧失的感觉，会导致复杂或长期的哀伤，这是超越丧失的严重情感障碍。

围绕临终问题与老年人及其家人合作，给社工带来了伦理挑战，他们往往必须面对自决的角色，以及在死亡过程中享有尊严和独立的权利的矛盾信息。

学习活动

1. 访问美国国家临终关怀和姑息性治疗组织（National Hospice and Palliative Care Organization）的网站 www.caringinfo.org，并下载你所在州的预留医疗指示文件。一些州只有持久性医疗授权书的形式，而另一些州也有生前遗嘱的形式。与年长的亲人或朋友进行一次对话，询问他们是否使用本章提供的一些建议完成了预留医疗指示，或者在"对话"项目网站（www.theconversationproject.org）上查看更详细的示例。你认为完成预留医疗指示对你来说有意义吗？你在填写表格时要考虑什么？

2. 调查出现在美国许多主要城市的"在我死前"艺术项目（http://beforeidie.city/about）。这些项目是如何开始的？在新奥尔良市的最初项目中，艺术家想通过创作艺术品来实现什么？你认为这种小规模的项目在你的学院或大学里可行吗？一个研究老年人（或死亡和濒死）的班级怎样使用类似的项目来提高人们对预留医疗指示重要性的认识？

3. 不同的种族或族裔，不仅对死亡的意义和完成预留医疗指示有非常不同的态度，他们的葬礼习俗也非常不同。选择一个种族或族裔，了解在其文化中葬礼（或追悼会）是如何进行的。这些习俗反映了什么文化和哲学原则？在不同种族或族裔的葬礼中，常见的活动有哪些？

4. 采访在姑息性治疗或临终关怀环境下工作的社工。他为什么选择这个领域的社会工作？这类工作的挑战是什么？这类工作的优势是什么？在这种情况下，社工如何处理自我照护的问题？

5. 策划一场演讲，为一组居住在社区或老年人连续护理机构的老年人介绍各种预留医疗指示的选择。确保你有所有相关文件的复印件，以便老年人了解或者带回家。虽然对老年人进行关于预留医疗指示的教育是非常重要的,但是你需要怎样的后续行动才能与那些真正想完成预留医疗指示的老年人保持联系呢?

参考文献

Agency for Health Care Research and Quality. (2016). National Health Care Quality and Disparities Report. Retrieved from https://www.ahrq.gov/research/findings/nhqrdr/nhqdr16/index.html

Aging with Dignity. (2011). *Five wishes*. Tallahassee, FL: Aging with Dignity. Retrieved from http://www.agingwithdignity.org

American Psychiatric Association. (2013). *The diagnostic and statistical manual of mental disorders (DSM-5)*. Washington, DC: American Psychiatric Association.

Attig, T. (2004). Disenfranchised grief revisited: Discontent hope and love. *Omega, 49*, 197–215.

Benson, F., & Aldrich, A. (2012). *Advance care planning: Ensuring your wishes are known and honored if you are unable to speak for yourself*. Washington, DC: Centers for Disease Control and Prevention.

Black, K., & Csikai, E. L. (2015). Dying in the age of choice. *Journal of Social Work in End-Of-Life & Palliative Care, 11*(1), 27–49.

Boss, P. (2007). Ambiguous loss theory: Challenges for scholars and practitioners. *Family Relations, 56*(2), 105–111.

Bowlby, J. (1980). *Attachment and loss (vol. 3): Loss, sadness, and depression*. New York, NY: Basic Books.

Braun, K. L., Karel, H., & Zir, A. (2006). Family response to end-of-life education: Differences by ethnicity and stage of caregiving. *American Journal of Palliative Care, 23*, 269–276.

Bullock, K. (2011). The influence of culture on end-of-life decision making. *Journal of Social Work in End-of-Life & Palliative Care, 7*(1), 83–98.

Bristowe, K., Hodson, H., Wee, B., Almack, K., Johnson, K., Daveson, B. A., . . . Harding, R. (2018). Recommendations to reduce inequalities for LGBT people facing advanced illness: ACCESSCare national qualitative interview study. *Palliative Medicine, 32*(1), 23–35.

Byock, I. (2004). *The four things that matter the most*. New York, NY: Atria Books.

California Health Care Foundation. (2012). Final chapter: Californians' attitudes and experiences with death and dying. Retrieved from https://www.chcf.org/publication/final-chapter-californians-attitudes-and-experiences-with-death-and-dying

Center for Human Potential. (2018). How men and women grieve differently. Retrieved from https://cfhp.com.au/grieving-differences-men-women

Conversation Project. (2013). New survey reveals "Conversation Disconnect": 90 percent of Americans know they should have a conversation about what they want at the end of life, yet only 30 percent have done so. Retrieved from https://theconversationproject.org/wp-content/uploads/2013/09/TCP-Survey-Release_FINAL-9-18-13.pdf

Conversation Project. (2018). Your conversation starter kit: When it comes to end-of-life care, talking matters. Retrieved from http://www.theconversationproject.org

Daratsos, L., & Howe, J. L. (2016). Social work practice in palliative and end-of-life care. In D. Kaplan & B. Berkman (Eds.), *The handbook of social work in health and aging* (2nd ed., pp. 589–596). New York, NY: Oxford.

Del Rio, N. (2010). The influence of Latino ethnocultural factors on decision making at the end of life: Withholding and withdrawing artificial nutrition and hydration. *Journal of Social Work at the End-of-Life and Palliative Care, 6*, 125–149.

Doka, K. (2002). *Disenfranchised grief: New directions, challenges and strategies for practice*. Champaign, IL: Research Press.

Doka, K. & Martin, T. (2010). *Grieving beyond gender: Understanding the ways men and women mourn*. New York, NY: Taylor & Francis.

Erikson, E. (1963). *Childhood and society* (2nd ed.). New York, NY: Norton.

Fang, M. L., Malcoe, L. H., Sixsmith, J., Wong, L. Y., & Callender, M. (2015). Exploring traditional end-of-life beliefs, values, expectations, and practices among Chinese women living in England: Informing culturally safe care. *Palliative and Supportive Care, 13*(5), 1261–1274.

Farmer, D. F., & Yancu, C. N. (2015). Hospice and palliative care for older lesbian, gay, bisexual and transgender adults: The effect of history, discrimination, health disparities and legal issues on addressing service needs. *Palliative Medicine and Hospice Care Open Journal, 1*(2), 36–43.

Fleming, J., Farquhar, M., Cambridge City over-75s Cohort (CC75C) study collaboration. (2016). Death and he oldest old: Attitudes and preferences for end-of-life care: Qualitative research within a population-based cohort study. *PLoS ONE 11*(4); e0150686.

Franks, J. A. (2010). The power of presence. *Journal of Palliative Medicine, 13*(3), 331–332.

Freeman, S. J. (2005). *Grief & loss: Understanding the journey*. Belmont, CA: Brooks/Cole.

Gao, X., Sun, F., Ko, E., Kwak, J. & Shen, H. W. (2015). Knowledge of advance directive and perceptions of end-of-life care in Chinese-American elders: The role of acculturation. *Palliative and Supportive Care*. doi:10.1017/S147895150067X

Getzel, G. S. (1995). Judaism and death: Practice and implications. In J. Parry & A. S. Ryan (Eds.), *A cross-cultural look at death, dying and religion* (pp. 18–31). Chicago, IL: Nelson-Hall.

Hall, C. (2011). Beyond Kübler-Ross: Recent developments in our understanding of grief and bereavement. *InPsych, 33*.

Hanchate, A., Kronman, A. C., Young-Xu, Y., Ash. A. S., & Emanuel, E. (2009). Racial and ethnic differences in end-of-life costs: Why do minorities cost more than whites? *Archives of Internal Medicine, 169*, 493–501.

Hawkins, N. A., Ditto, P. H., Panks, J. H., & Smucker, W. D. (2005). Micromanaging death: Process preferences, values, and goals in end-of-life decision making. *The Gerontologist, 45*(1), 107–117.

Hayslip, B., & Peveto, C. A. (2005). *Cultural changes in attitudes toward death, dying and bereavement*. New York, NY: Springer.

Heyman, J. C., & Gutheil, I. A. (2006). Social work involvement in end of life planning. *Journal of Gerontological Social Work, 47*(3-4), 47–61.

Holloway, M. (2009). Dying old in the 21st century: A neglected issue for social work. *International Social Work, 52*(6), 713–725.

Holt, G. E., Sarmento, B., & Kett, D. (2017). An unconscious patient with a DNR tattoo. *New England Journal of Medicine, 377*: 2192–2193.

Jeffreys, J. S. (2011). *Helping grieving people: When tears are not enough* (2nd ed.). New York, NY: Taylor and Francis.

Jezewski, M. A., Meeker, M. A., Sessanna, L., & Finnell, D. S. (2007). The effectiveness of interventions to increase advance directive completion rates. *Journal of Aging and Health, 19*, 519–536.

Jones, D. J., & Beck, E. (2007). Disenfranchised grief and nonfinite loss as experienced by the families of death row inmates. *Omega, 54*(4), 281–299.

Kcomt, L., & Gorey, K. M. (2017). End-of-life preparations among lesbian, gay, bisexual, and transgender people: Integrative review of prevalent behaviors. *Journal of Social Work in End-of-Life & Palliative Care, 13*(4), 284–301.

Kelley, A. S., Wenger, N. S., & Sarkisian, C. A. (2010). Opiniones: End-of-life care preferences and planning of older Latinos. *Journal of the American Geriatric Society, 58*, 1109–1116.

Kübler-Ross, E. (1969). *On death and dying*. New York, NY: Macmillan.

Kwak, J., & Haley, W. E. (2005). Current research findings on end-of-life decision making among racially or ethnically diverse groups. *The Gerontologist, 45*(5), 634–641.

Lawton, A., White, J., & Fromme, E. (2015). *End-of-life and advance care planning considerations for lesbian, gay, bisexual and transgender patients*. Milwaukee, WI: Palliative Care Network of Wisconsin. Retrieved from https://www.mypcnow.org/blank-nu7xp

Leming, M. R., & Dickinson, G. E., (2011). *Understanding dying, death, & bereavement*. Belmont, CA: Wadsworth.

Lloyd-Williams, M., Kennedy, B., Sixsmith, A., & Sixsmith, J. (2007). The end of life: A qualitative study of the perceptions of people over the age of 80 on issues surrounding death and dying. *Journal of Pain and Symptom Management, 34*(1). 60–66.

Luptak, M. (2006). End-of-life care preferences of older adults and family members who care for them. *Journal of Social Work in End-of-Life and Palliative Care, 2*(3), 23–43.

Mackelprang, R. W., & Mackelprang, R. D. (2005). Historical and contemporary issues in end-of-life decisions: Implications for social work. *Social Work, 50*(4), 315–324.

Maslow, A. (1971). *The farther reaches of human nature*. New York, NY: Viking, Penguin.

Massachusetts Orders for Life-Sustaining Treatment. (2018). *MOLST in Massachusetts*. Retrieved from http://www.molst-ma.org

Meier, E. M., Gallegos, J. V., Montross-Thomas, L. P., Depp, C. A. Irwin, S. A., & Jeste, D. V. (2016). Defining a good death (successful dying); Literature review and a call for research and public dialogue. *American Journal of Geriatric Psychiatry, 24*(4), 261–271.

Morrow, A. (2018). How to recognize when your loved one is dying. *Verywell Health*. Retrieved from https://www.verywell.com/the-journey-towards-death-1132504

National Hospice and Palliative Care Organization. (2018). Advance care planning. Retrieved from https://www.nhpco.org/advance-care-planning

National POLST Paradigm. (2018). What is POLST? Retrieved from http://polst.org

Orzeck, P. (2016). Identities in transition: Women caregivers in bereavement. *Journal of Social Work in End-of-Live & Palliative Care, 12*(1-2), 145–161.

Payne, M. (2009). Developments in end-of-life care and palliative social work: International issues. *International Social Work, 52*(4), 513–524.

Peres, J. (2016). A time and place: The role of social workers in improving end-of-life care. *Journal of Social Work in End-of-Life & Palliative Care, 12*(3), 185–194.

Pfifferling, J., & Gilley, K. (2000). Overcoming compassion fatigue. *Family Practice Management.* Retrieved from https://www.aafp.org/fpm/2000/0400/p39.html

Pomeroy, E., & Garcia, R. (2009). *The grief assessment and intervention workbook: A strengths perspective.* Belmont, CA: Brooks Cole.

Quinn-Lee, L., Olson-McBride, L., & Unterberger, A. (2014). Burnout and death anxiety in hospice social workers. *Journal of Social Work in End-of-Life & Palliative Care, 10,* 219–239.

Randall, F., & Downie, R. S. (2006). *The philosophy of palliative care: Critique and reconstruction.* Oxford, UK: Oxford University Press.

Raveis, V. H., & Waldrop, D., P. (2016). The history and development of end-of-life care. In D. Kaplan & B. Berkman (Eds.), *The Oxford handbook of social work in health and aging* (pp. 597–606). New York, NY: Oxford University Press.

Reith, M., & Payne, M. (2009). *Social work in end-of-life and palliative care.* Chicago, IL: Lyceum Books.

Reese, D. J. (2013). *Hospice social work.* New York, NY: Columbia University Press.

Rice, B. (2018). What is a power of attorney (POA)? Retrieved from https://www.legalzoom.com/articles/what-is-a-power-of-attorney

Schickedanz, A. D., Schillinger, D., Landefeld, C. S., Knight, S. J., Williams, B. A., & Sudore, R. L. (2009). A clinical framework for improving the advance care planning process: Start with patients' self-identified barriers. *Journal of the American Geriatrics Society, 57*(1), 31–39.

Service and Advocacy for LGBT Older Adults. (2014). Out & visible: The experiences and attitudes of lesbian, gay, bisexual and transgender older adults, ages 45-75. Retrieved from https://www.sageusa.org/resource-posts/out-visible-the-experiences-and-attitudes-of-lesbian-gay-bisexual-and-transgender-older-adults-ages-45-75-by-the-numbers-full-report/

Silveira, M. J., Kim, S. Y., & Langa, K. M. (2010). Advance directives and outcomes of surrogate decision making before death. *New England Journal of Medicine, 362*(13), 1211–1218.

Silverman, P., & Klass, D. (1996). Introduction: What's the problem? In D. Klass, P. Silverman, & S. Nickman (Eds.), *Continuing bonds: New understandings of grief* (pp. 3–27). Washington, DC: Taylor and Francis.

Smith, L. W. (2015). Compassion fatigue, burnout, and self-care: What social work students need to know. *Electronic Theses, Projects and Dissertations,* Paper 206.

Souza, M., & Gutheil, I., (2016). Providing services at the end of life: Focusing on the psychosocial aspects of dying. In D. Kaplan & B. Berkman (Eds.), *The handbook of social work in health and aging* (2nd ed., pp. 607–618). New York, NY: Oxford.

Stein, G. I., Cagle, J. G., & Christ, G. H. (2017). Social work involvement in advance care planning: Findings from a large survey of social workers in hospice and palliative care settings. *Journal of Palliative Care Medicine, 20*(3), 253–259.

Wagaman, M. A., Geiger, J. M., Shockley, C., & Segal, E. A. (2015). The role of empathy in burnout, compassion, satisfaction, and secondary traumatic stress among social workers. *Social Work, 60*(1), 201–209.

Wang, C, Chan, C. L., & Chow, A. Y. (2018). Social workers' involvement in advance care planning: A systematic narrative review. *BMC Palliative Care, 17*(5).

Warraich, H. (2017). *Modern death: How medicine changed the end of life.* New York, NY: St. Martins Press.

West, S. K., & Hollis, M. (2012). Americans ages 25–84: A cross-generational study. *Omega-Journal of Death and Dying, 65*(2), 125–137.

White, D. B., Curtis, J. R., Lo, B., & Luce, J. M. (2006). Decisions to limit life-sustaining treatment for critically ill patients who lack both decision-making capacity and surrogate decision-makers. *Critical Care Medicine, 34*(8), 2053–2059.

Wittenberg-Lyles, E., Villagran, M. M., & Hajek, C. (2008). The impact of communication, attitudes, and acculturation on advance directives decision-making. *Journal of Ethnic & Cultural Diversity in Social Work, 17*(4), 349–364.

Worden, J. W. (2009). *Grief counseling and grief therapy: A handbook for the mental health practitioner* (4th ed.). New York, NY: Springer.

Wright. K. (2003). Relationships with death: The terminally ill talk about dying. *Journal of Marital and Family Therapy, 29*(4), 439–454.

第十二章

与老年人照护支持系统的协作

学习目标

- 研究美国非正式的、无偿照护的范围,包括由谁来照护老年人,以及有哪些家庭和社会支持来照护老年人。
- 讨论有色人种老年人和LGBT老年人在寻找潜在的照护者时所面临的独特挑战。
- 探讨家庭会议的目的和过程,以协调对老年人的非正式照护。
- 描述因性别、种族或族裔和性取向而产生的照护差异。
- 确定造成照护者压力的因素。
- 详细说明能够为非正式照护者提供信息和支持的社会工作干预的种类。
- 讨论越来越多的祖父母抚养孙辈的现象,祖父母家庭固有的特殊压力源,以及能够支持这种独特的家庭结构的可能的社会工作干预。

章节概述

老年人的支持系统
美国的照护情况
照护他人的压力
面向照护者的社会工作干预
祖父母养育孙辈

老年人的支持系统

本书的大部分内容聚焦于做老年人个人的工作，以帮助他们面对伴随衰老而来的生理、心理和社会生活方面的变化所带来的挑战。对各位老年人来说，日复一日地应对这些挑战以及在必要的时候做出改变仍然是自己的首要任务。然而，老年人生活在一个复杂的社会系统中，这一系统会有效地促进或妨碍老年人保持高品质的生活和独立生活的能力，特别是在老年人面临健康状况和福祉下降的情况下。这个支持系统包括配偶或伴侣、原生家庭、选择家庭和朋友。有效调动支持系统要求从业人员有"家庭思维"，这远远超出了传统的家庭结构。"家庭思维"指的是把老年人看成是复杂的多代关系系统的一部分。在这个系统中，家庭是由关系的意义定义的，而不一定受血缘因素的影响。这一关系系统对老年人的生活有重大影响，是老年人与人交往并获得支持的基本来源。人出生在各色家庭中，在成年后又有了自己的家庭。这些系统需要得到支持和加强，因为它们在为老年人提供照护方面发挥了宝贵的作用。

本章首先对美国非正式照护的范围进行了概括描述，包括由谁提供这种照护和这种照护对美国经济的价值。研究探讨了家庭结构的影响，如配偶和成年子女是否可以被看作潜在的照护者。组织一次家庭会议是动员潜在的照护者来解决老年人当前和未来的需要的第一步。而举办这次会议的指导方针是要看在个人视角下，谁的个人网络更广泛，对制订一个照护计划更有帮助。

在这种背景下，本章还研究了性别、种族或族裔和性取向等因素，这些也会影响照护者的体验。本研究确定了照护者压力的挑战和调节因素，并讨论了可用于支持家庭照护者的潜在社会工作干预措施。这些干预措施包括促进照护者的自我效能感、心理社会干预、改善照护者与受照护者的关系、推动照护者的自我照护、照护者支持小组。

本章最后讨论了日益增多的祖父母抚养孙辈的现象。成年子女由于疾病、被监禁、死亡或残疾而无法照护自己的家庭，可能导致老年人意外地承担起养育或照护孙子女的角色，而且得不到多少支持。毁灭性的阿片类药物危机导致由祖父母支撑的家庭数量呈指数级增长，他们在抚养自己的孩子很久之后又要养育孙辈，同时还要努力平衡自己对支持性服务的需求。

美国的照护情况

尽管老年人可以得到大量的配套性正式支持服务，但是在所有有损伤的老年人中，3/4

的人只依靠朋友和家人照护，而没使用任何正式支持服务（National Alliance for Caregiving and AARP，2015）。在美国，有超过 6 500 万人正在照护患有慢性疾病、残疾或年龄较大的朋友或家人；在这些照护者中，65% 是女性，34% 年龄在 65 岁以上（AARP Public Policy Institute，2015）。这些照护者平均一周提供 20 个小时的照护，其中 1/5 的人每周提供的照护时间超过 40 个小时，相当于一份全职工作（National Alliance for Caregiving and AARP，2015）。他们照护的范围从诸如出行协助、购买日用品、打扫房屋和管理钱财等工具性支持，到帮助老年人完成最基本的日常活动。据统计，无报酬家庭照护者的总价值每年为 4 700 亿美元，是每年用于家庭护理和养老院服务的实际金额的两倍（AARP Public Policy Institute，2015）。

随着老年人在总人口中的数量不断增长以及有功能性残疾的老年人寿命的延长，对正式和非正式照护的需求都有望持续增长。不幸的是，由于"婴儿潮"一代生育率较低、地域流动性大、劳动力中女性人数增加以及移民限制更加严格，可用于照护日益增多的老年人的照护者人数只会增加到老年人人数增长率的 1/4（Osterman，2017）。这些人口方面的变化对于发展和提供正式支持服务以替代不断萎缩的非正式照护者队伍有深远的意义。

家庭结构和潜在的照护者

子女少的老年人　在美国社会中，包含父母和子女的这种刻板的家庭结构已不再是常态（Pew Research Center，2017）。随着以单亲父母、再婚父母和未婚父母为户主的家庭越来越多，没有孩子的成年人也越来越多。对一些人来说，这显然是在更方便、更有效的节育手段支持下所做出的选择。做出这一选择也可能是基于苛刻的职业、个人家庭历史中的负面经历，以及因对儿童福祉的切实关注而认为这个世界并不安全。无孩率随着教育水平的提高而上升，多达 40% 的"婴儿潮"一代女性从未生过孩子（Pew Research Center，2015b）。无子女可能会影响到晚年生活中的照护者或其他家庭支持系统的可用性。到目前为止，家庭成员在老年人照护者中所占比例最大，在美国提供了大约 80% 的照护者（Family Caregiver Alliance，2016；Redfoot, Feinberg, & Houser，2013）。

为有子女或没有子女的老年人调动支持系统的关键是评估他们可以利用的更广泛的社会网络。与朋友和邻居的非亲属关系、宗教机构或社会团体等社会机构内的重要关系以及兄弟姐妹等大家庭可能是提供支持和照护的丰富资源。"家庭思维"是指在传统家庭结构之外思考。

配偶或伴侣　年龄在 65 岁以上的男性中有 3/4 跟配偶一起生活，相比之下只有不到一半的同龄女性跟配偶一起生活（Federal Interagency Forum on Aging-Related Statistics，2016）。这在很大程度上归因于两性在预期寿命上的不同。女性更可能比配偶活得长久，这使她们在 65 岁之后独居的风险增高。到 85 岁时，只有不到 20% 的女性跟配偶一起生活。

65岁以上人群的离婚率自1990年以来增加了两倍,其中结婚时间较短但多次结婚的老年人离婚率最高,这些都损害了配偶或伴侣作为照护者的可用性(Pew Research Center, 2017)。"婴儿潮"时期出生的人在65岁以上离婚总人数中占大多数,这与"婴儿潮"时期出生的人的离婚率总是高于其他出生群体的事实一致。虽然在比较持久的婚姻中离婚率仍然较低,但有1/3的离婚夫妇已经结婚30年或更长时间(Pew Research Center, 2017)。以上这些情况带来的后果是,将有大量没有配偶或伴侣的老年人在健康状况下降时需要求助于大家庭成员或朋友作为照护者。

男女同性恋伴侣 2015年6月,美国最高法院基于保障婚姻平等,消除了各州对同性之间结婚的剩余障碍。2017年,有10.2%的LGBT人群与同性伴侣结婚,略高于美国最高法院裁决后的一年(Jones, 2017)。有关长期生活在一起的同性恋伴侣在晚年遇到的挑战的专门研究非常少,但是无论是异性恋配偶还是同性恋伴侣,无论婚姻状况如何,双方一起变老的动态过程以及面临的一方生病或伤残的问题都极其相似(Quam, Whitford, Dziengal, & Knochel, 2010)。由于性别定义的角色较少,年长的同性恋伙伴关系在家务任务的分配和决策方面往往比异性恋关系更公平。当前的老年同性恋伴侣可能不太愿意公开透露其关系的实质,因为无论婚姻平等与否,他们都害怕这样一来会遭到伴侣的亲朋好友的嘲笑或排斥。

然而,关键的区别在于老年男女同性恋者给婚姻关系带来的独特体验,以及他们所能获得的支持服务的差异。一生中对歧视的恐惧(或现实)、家人和朋友的支持水平、如果不合法结婚这种关系就缺乏法律保护,以及与传统家庭结构之外的支持系统建立联系的能力,这些都对处于婚姻关系内或婚姻关系外的老年男女同性恋者提出了特殊挑战(Scherrer & Fedor, 2015)。如果他们不是合法结婚的伴侣,管理财务和提前制定护理计划就会更复杂。在时机成熟时,需要仔细确定由谁来做法律和医疗保健委托人(Albelda, Badgett, Lee, Gates, & Schneebaum, 2009;Scherrer & Fedor, 2015)。如果他们在较晚的时候才明确了自己的性取向或性别认同,那么年长的男女同性恋者可能曾经有过异性婚姻,这使得他们没有很好地融入已经建立的LGBT社区,从而处于社会隔离状态(Barker, Herdt & de Vries, 2006)。如果一个年长的LGBT成年人在前一段婚姻中有孩子,那么他与这些孩子的关系可能会疏远或复杂。成年子女也可能会根据家庭历史,在对非同性恋父母与同性恋父母的忠诚之间左右为难。然而,LGBT老年人会为自己年迈的家人提供照护,如果没有配偶或伴侣,他们中约有11%的人可以得到家人的照护(Fredriksen-Goldsen et al., 2011),这一比例低于异性恋老年人。

跨性别老年人在寻找潜在的照护者方面面临更大的挑战。跨性别老年人在生活中进行社会过渡或医疗过渡的时间不同,经历也会有所不同(Pfeffer, 2012)。如果跨性别者在生命的早期就已经做出了转变,那么发展人际关系和建立支持系统所需的技能将在更长的时间内得到发展，而且有可能更加到位。如果这种转变是在晚年进行的，那么跨性别老年人不论在LGBT社区内部还是外部都很难找到被接受的机会。如果跨性别老年人既没有原生家庭成员，也没有配偶或伴侣可提供照料，那么不管他是否愿意，最终都很有可能住进养老院。

家庭成员的选择 如前所述，已婚并且育有子女的那种典型的传统家庭结构在美国已不再是常态。在单身成年人、LGBT成年人和其他人群中，选择家庭越来越普遍（DePaulo，2016）。"选择家庭"这个词被用来描述单身成年人、LGBT成年人等在原生家庭不愿意或不能作为支持网络时形成的类似亲属的网络，也就是说，选择家庭是作为生物家庭之外的支持系统形成的（Scherrer & Fedor，2015）。LGBT成年人和其他成年人认识到需要发展新的和可靠的社交网络（de Vries & Megathlin，2009）。被选择的家庭成员包括朋友和其他重要他人，他们可能与LGBT成年人有互惠关系。这种支持性的社会网络会减少孤独感且更有利于身心健康（Persson，2009）。在许多情况下，男女同性恋者更喜欢依赖那些能够公开接受自己性取向的伴侣或选定的家庭成员，而不是原生家庭成员（Price，2011）。

年迈的父母和成年子女 对许多老年人来说，他们主要的赡养者是他们的成年子女。逐渐上了年纪的"婴儿潮"一代已经相当活跃和独立，因此可能与成年子女形成一种"交换关系"，而不是一种照护关系。事实上，在成年子女离开家后的很长一段时间里，年龄较大的父母可能仍在为成年子女提供工具或情感支持。金钱问题、家庭不稳定、法律问题和成年子女的精神疾病都会使父母继续扮演照护者的角色。许多中年人既要为成年子女提供帮助，又要为他们自己年迈的父母提供支持。

皮尤研究中心发现，父母年龄在65岁以上的美国人中，只有1/4的人表示他们年迈的父母在跑腿、做家务或家居维修等方面需要帮助（Pew Research Center，2015a）。因为父母足够独立，所以很少有成年子女给父母提供经济或个人护理援助。因此，父母和成年子女能够真正享受彼此，并自主选择在一起的时间的质量和数量。当父母超过75岁时，成年子女对年迈父母的照护量开始显著增加（Pew Research Center，2015a）。在美国，父母超过75岁的成年子女表示，他们通过跑腿、做家务、家居维修和个人护理等方式来提供照护。向照护服务的过渡，标志着年迈的父母与成年子女之间关系的重大变化（Pew Research Center，2015a）。

家庭会议

对家庭和照护系统来说，家庭会议是一种工具，可以帮助他们应对老年人正在经历的不可避免的变化，并在制订计划以满足这些变化的需求的过程中共同努力。这里所考虑的家庭包括生物家庭、选择家庭以及参与老年人的护理决策的其他照护者。虽然家庭会议的目标是改善家庭成员之间的沟通，并制订适当的计划，但集中家庭精力解决问题的机会本身就是一种治疗方法。

计划家庭会议

一旦发现老年人需要额外的护理或服务，就必须考虑举行一次家庭会议，即使"家庭"的定义相对有限。制订护理计划和实施护理行为是极其困难的过程。然而，这种开放交流可以给所有在老年人生活中扮演重要角色的人分配任务，这样就不需要任何个人承担所有的责任。在可能的情况下，所有的直系亲属都应该参加家庭会议，同时也要邀请老年人的朋友、邻居或大家庭的成员参加，他们可能也会提供宝贵的观点或有价值的服务。不能参加现场会议的家庭成员可以参加电话会议或电脑会议。

是否让需要照护的老年人参加会议要视情况而定。除非老年人患有中晚期失智症，或者家庭会议很有可能会变成针对老年人的批斗会，否则决策过程需要老年人的参与并尽可能地尊重他们的偏好。毕竟，这个决策与老年人的生活息息相关，他有权利做一个积极的参与者。一旦家庭成员开始"为老年人做……"而不是"与老年人一起做……"，老年人就会很容易陷入习得性无助，把所有的决定权都让给别人。本书一直强调，当老年人感到对自己的处境失去任何控制时，就会不可避免地陷入严重抑郁（Milte et al., 2013）。上文中的例外情况是，老年人真的不能以任何方式参与针对自己的计划，或家庭动态会对老年人造成伤害或损害（Family Caregiver Alliance, 2003）。

家庭会议应该准备一份议程，而对老年人面临的挑战有密切了解的家庭成员是组织家庭会议的合适人选。以下关于家庭护理会议议程项目的建议改编自家庭看护者联盟（Family Caregiver Alliance, 2003）：

- 关于老年人身体和医疗状况的最新情况。
- 一份关于那些聚集在会议上的人对最新情况和需要照护的人的感觉（恐惧和希望）的记录。
- 个人在日常护理方面的需求是什么。
- 考虑护理费用和每个人可以提供什么帮助。
- 确定谁最适合满足老年人的财政、社会或医疗需求。
- 确定每个人希望在提供护理方面发挥什么作用。
- 明确主要护理者需要什么支持，包括短期和长期的临时护理。
- 如果疾病已知的话，那么可以预期一下疾病的发展进程。
- 列出需要做哪些任务，以及由谁负责每项任务。
- 阐明在家庭会议上如何协调各方信息。

会议第一部分的目的是通报情况，查明提出的问题，并初步探讨解决问题的可用（或不可用）资源。会议的第二部分（提供照护和探索家庭角色的选择）是会议的决策和解决问题部分。它旨在回答以下问题：老年人需要什么？我们有什么办法来满足这些需要？谁来制订计划？会议的最后一部分总结会议上讨论的内容和今后与缔约方沟通的计划。

很少能做到仅通过一次会议就充分解决与照护年长家庭成员有关的所有问题。后续可能需要举行一系列会议或定期会议，以确定老年人经常变化的需求。在任何家庭会议结束时都应该清楚，已经就老年人的计划达成了什么共识，以及谁负责执行该计划的任务。同时，可以将这些计划书面化，这样对未来就谁应该做什么事情感到困惑时会非常有帮助（Family Caregiver Alliance，2003）。

重要的是，也要预料到旧的家庭问题将在家庭会议中再次出现。在大多数家庭中，成员从小就扮演着某种角色（无论是否受欢迎）。在家庭危机中，当为一个年长的父母制订计划时，这些角色很可能会重新出现，并会创造出新的角色。虽然每个家庭都有所不同，但只有一个家庭成员扮演照护者角色的情况并不少见。同样，住得距离最远、参与照护最少的家庭成员可能会对父母需要什么指手画脚，这会让现有的照护者非常愤怒。在其他家庭中，有些兄弟姐妹只是拒绝在照护方面发挥任何作用，或者提出很久以前尚未解决的家庭问题，这使得一个家庭很难就如何继续照护老年人达成共识。一个外部促进者，如社工、牧师或护理经理，可能需要参加家庭会议，以帮助成员提前规划。

照护者和受照护者的角色

女性照护者 大多数（60％）的照护者是女性，主要是配偶、女儿或儿媳（National Alliance for Caregiving and AARP，2015）。自2006年以来，提供照护的男性比例稳定保持在40％左右（Family Caregiver Alliance，2016）；然而，一些研究表明，21世纪男性护理者的人数将不断增加，达到男女分布平等的水平（Baker，Robertson，& Connelly，2010；Scerri，2014）。常有的情况是，这些照护者除了照护老年人外还有全职工作，并且正在抚养孩子。女性可能在社会化的过程中就被教导她们更有责任照护年老亲属情感和身体方面的健康，按照对他人的责任的伦理道德观评判自己（Greenberg，Seltzer，& Brewer，2006；Sharma，Chakrabarti，& Grover，2016）。女性也更有可能跟年老的父母建立和保持较深的情感纽带，所以她们接受照护责任既是源于跟年长父母的情感纽带，也是源于其他家庭成员微妙的期待，两者起了同等作用（Sharma et al.，2016）。

成年儿子在父亲而不是母亲需要协助的时候更有可能参与照护活动，这可能是出于个人照护需要亲密接触的缘故（National Alliance for Caregiving and AARP，2015）。然而，男性参与提供照护多是协调社区提供的正式服务，而不是直接照护老年人（Schwartz & McInnis-Dittrich，2015；Wolff，Spillman，Freedman，& Kasper，2016）。

受照护者 老年男性更可能接受配偶而不是成年子女的照护，这与老年男性更有可能再婚的情况是一致的。上了年纪的妻子常常是其配偶的唯一照护者，不仅要承担所有家务，还要完成一些艰巨的任务，包括个人护理。老年男性更可能吃其他人做的现成饭，这不是因为他们做不了饭，而是因为他们不想学做饭。在其他传统的与性别有关的活动，诸如做家务和购物等中，情况也是如此（National Alliance for Caregiving and AARP，2015；Wolff et al.，2016）。这种情况可能会随着"婴儿潮"一代年龄的增长而改变，在这一人群中，女性更有可能成为劳动力，使得刻板的角色划分变得不常见。

上了年纪的女性会得到成年子女特别是女儿的照护，这比接受配偶照护的情况更常见。这些成年子女会比配偶更有可能扩大照护网络（包括使用正式服务），增加2~4个照护者（National Alliance for Caregivers and AARP，2015）。这并不是说上了年纪的丈夫不照护妻子，而是这样的情形出现的可能性较小，因为年纪在65岁以上丈夫仍健在的女性的数量不多。

LGBT老年人的照护问题

14%的男同性恋者表示他们是全职照护者，而女同性恋者的这一比例为3%，双性恋者的这一比例为2%（Espinoza，2011；MetLife Mature Market Institute，2010）。相比之下，在美国所有的照护者中，这一比例为16.6%（National Alliance for Caregiving and AARP，2015）。然而，作为照护者，男同性恋者提供的照护时间（每周41小时，而不是29小时）远比异性恋者提供的照护时间要长。LGBT老年人独处、独居的可能性是异性恋同龄人的两倍，生孩子的可能性是异性恋同龄人的1/4或1/5（MetLife Mature Market Institute，2010）。这些数字突出了LGBT老年人的脆弱性，尤其是在确定潜在照护者方面。LGBT老年人的担忧与异性恋老年人相比主要体现在，他们更担心的是没有足够的钱，独居，身体健康状况下降，以及没有人照护他们（Fredriksen-Goldsen et al.，2011）。

不同种族或族裔群体的照护问题

在西班牙裔、非裔和亚裔美国老年人得到的照护中，由家庭提供的非正式照护的量较多（National Alliance for Caregiving and AARP，2015）。非正式照护的量之所以多有两方面原因。一个是文化中对照护老年人的特定态度，另一个是老年人更有可能在需要他人照护前就已与其他家人住在一起。

西班牙裔美国老年人的照护情况 在所有西班牙裔美国人家庭中，超过1/4的家庭在向一位年老的成员提供照护（National Alliance for Caregiving and AARP，2015）。美国西班牙裔老龄化委员会提供的数据显示，2016年西班牙裔照护者中的81%为女性，其中大多数是照护父母或公婆（NHCOA，2017）。在所有西班牙裔美国人群体中，女儿是老年人的主要照护者，部分原因是西班牙文化给女性赋予了这些传统角色。最近，人们重新对儿子提供照护服务产生了兴趣，儿子在西班牙裔照护者中尽管相对而言不那么引人注目，但是构成了很重要的一块（NHCOA，2017）。

这些照护者中有一半与他们所照护的家庭成员生活在一起，并且提供的照护比白人时间更长（5年）。尽管西班牙裔美国人中各个分支群体有显著的差异，但是他们都非常注重家庭。传统的西班牙文化强调家庭需求的重要性高于个人需求，这就可以解释为什么西班牙裔的家庭照护水平更高（NHCOA，2017）。这一人群认为，要是老年人生病或者伤残，家人理当给予照护。这一期许建立在西班牙文化中的互惠观之上。一个人在孩提时代得到了父母的照护，因此应在父母能力不济的时候予以回报（Pharr，Francis，& Terry，2014）。但随着西班牙裔美国老年人的成年子女越来越背离本民族文化，老年人对于互惠性照护的期许与成年子女对这方面责任的认识会越来越有差距。西班牙裔美国人家庭充当照护者的意愿和可能性将会随着其就业和居住方式向其白人同伴靠拢而变得有限。西班牙裔照护者认为，平衡其他家庭和个人责任，与医疗保健提供者沟通，并在文化上寻找合适的服务是他们在照护过程中面临的最大挑战（NHCOA，2017；Pharr et al.，2014）。美国针对西班牙裔照护者的调查显示，有近3/4的西班牙裔照护者的压力水平与情感方面的负担息息相关，其次是经济和身体健康问题。这些发现表明，虽然西班牙文化对家庭成员照护年迈的亲属寄予了很高的期望，但这种期望也可能带来更大的情感脆弱性风险。

非裔美国老年人的照护情况 近20%的非裔美国人家庭在照护一位年老的家庭成员（National Alliance for Caregiving and AARP，2015）。由血亲和姻亲关系构成的强有力的亲缘系对非裔美国老年人来说是最重要的社会支持来源（Bennett，Sheridan，& Richardson，2014；Lindauer，Harvath，Berry，& Wros，2016）。血亲更有可能提供长期的工具性支持，而朋友和教会成员则是获得社会情感支持和短期支持的重要来源（Pharr et al.，2014）。超过一半的黑人照护者发现自己被"夹"在照护年长的家庭成员与他们自己的孩子之间（National Alliance for Caregiving and AARP，2015）。黑人照护者比其他种族或族裔的人更有可能帮助完成更复杂的个人照护工作，也更有可能在从事照护工作的同时有其他工作。

黑人社区的照护经验受到家庭中照护老年人的悠久传统的影响。虽然黑人照护者也可以获得正式服务，但照护者可能会认为服务提供者"有偏见、不敏感或贬低他们的文化体验的价值"（Collins & Hawkins，2016，p.92）。由于长期以来都在社会和政治上被不平等对待，加之人们普遍不相信以白人为主的医疗体系，黑人家庭可能会刻意决定不使用社区服务或寻求帮助来满足照护需求（Barnes & Bennett，2014；Chatters et al.，2011）。尽管在非裔美国人中，家庭给老年人提供的照护水平很高，但是本内特和他的搭档发现，低收入的非裔美国人家庭的成年子女尽管跟父母有很深的情感纽带，但是常常没有能力提供工具性支持。靠有限的收入生活以及低收入非裔美国人社区吸毒和酗酒的恶果让成年子女分心，妨碍了他们花更多时间、获取更多资源来照护老年人。

亚裔美国老年人和太平洋岛民的照护情况　　在50岁以上的亚裔美国人和太平洋岛民中，有2/3的人是移民，因此他们更有可能带着原籍国的态度，来看待成年子女有责任照护年长的家庭成员这一问题（AARP，2014）。许多亚裔家庭认为照护老年人是应该的（Pharr et al.，2014），这可以从亚裔美国人的照护率是白人的两倍多（42%对19%），以及亚裔照护者认为他们的子女以后会照护他们的态度上反映出来。亚裔美国家庭也更有可能把年长的家庭成员带到自己家里，而不太可能愿意把老年人送到养老院或辅助生活机构居住（AARP，2014）。

这种态度与其他有色人种的集体主义文化态度一致，这种态度也为家庭成员的照护提供了强有力的文化支持。照护可能是"嵌入文化中的，规定了它［被］毫无疑问地接受和实施，因此是否决定提供照护是一个没有意义的问题"（Pharr et al.，2014，p.4）。在他们的文化中，拒绝为年长的家庭成员提供照护是极有可能不被接受的。

照护他人的压力

照护工作的压力来源

关系缺乏互惠性　　若不考虑老年人患失智症的情况，照护工作的一个压力来源是照护者与接受照护的人之间的关系缺乏互惠性（Savundranayagam，Montgomery，& Kosloski，2011）。在正常的家庭关系中，家人会提供相互的、代际的支持。举例来说，一位成年子女可能会帮助老年人出行或购物，而老年人会帮忙照护成年子女的孩子。当老年人生了病或者有了伤残，开始依赖成年子女或其他照护者时，这一关系的互惠性就会被打破。成年子女发现自己要照护老年人，但对老年人能给予的回报不能寄予太大希望。至于那些患失智症的老年人，甚至难以对照护者做出情感反应和表示感激（Penning & Wu，2015；Pinquart & Sorensen，2011）。

若配偶中的一方需要照护患阿尔茨海默病的另一方，其婚姻关系的性质会随着病情的加重而发生急剧的变化（Wennberg，Dye，Streetman-Loy，& Pham，2015）。到阿尔茨海默病的中晚期，照护者一方会失去原来婚姻关系中存在的支持和情爱。随着患病的一方不太有能力回应自己的另一半，维持夫妻关系的个人吸引力消失了。琴瑟合鸣会很快变成独角戏。

正如本章前面所讨论的，女性比男性更有可能成为照护者。此外，女性倾向于表现出更强烈的情感,并在参与照护时投入情感,因此女性会有更大的心理负担(Stewart et al., 2014)。这里有一个隐含的假设,即女性会在需要照护配偶、伴侣或年迈的父母时承担照护责任。虽然女性可能认为照护配偶、伴侣或年迈的父母是一种义务,但研究表明,男性会从不同的角度看待照护。男性把照护看作完成任务和解决问题,而不会陷入复杂的情感网络(Phinney, Dahlke, & Purves, 2013; Schwartz & McInnis-Dittrich, 2015)。

社会隔离　　照护配偶的老年人,特别是独自照护丈夫的妻子,常常会变得与社会隔离,这是导致身心疾病的高危因素(Hong & Harrington, 2016; Sheridan, Burley, Hendricks, & Rose, 2014)。如果没有别人暂时代为照护的话,照护者难以离家外出。处在失智症晚期的老年人常常无法与他人沟通,迫使照护他们的人也生活在无声世界中。不管老年人是否患失智症,超过半数的照护老年人的人说自己与朋友或家人相处的时间明显变少,或者不得不放弃休假、爱好和其他重要的社交活动(National Alliance for Caregiving and the AARP, 2015)。即使是那些有支持系统的人也会由于照护老年人抽不开身,而不太容易获取他人的支持。

成年子女与父母的关系的动力　　照护年老的父母可能会重新引发成年子女与父母之间长久以来存在的问题,激化业已存在的需要处理的问题(Penning & Wu, 2015)。照护者与受照护者之间关系的好坏是如何看待照护安排所带来的压力的一个最重要的决定因素。成年子女(或者配偶)如果在受照护者生病或伤残前就跟他有深厚的感情,就不太可能有情绪上的压力或者认为照护责任是个负担(Lin, Fee, & Wu, 2012; Penning & Wu, 2015)。

在情感和生活上健康地独立,是青春期和成年初期面临的部分成长方面的挑战(Erikson, 1963)。成年子女如果在情感或经济上一直依赖父母,就会很难承担起照护父母的责任(Penning & Wu, 2015)。在心理上,他们难以接受不是父母给自己支持和安慰而是父母要依靠自己这一现实。布伦克那提出,要真正长大成人,在"孝"方面成熟是一个重要的挑战(Blenkner, 1965)。这方面的成熟要求成年子女把父母看成是拥有财富和过失的个体,而不只是他们的照护者。当成年子女在这方面不成熟或者在潜意识里不接受父母会需要帮助这一现实时,照护就可能会被他们看成是沉重的负担。

受照护者的特点　　受照护者自理能力的强弱是照护者是否会感到有很大压力的至关重要的决定因素。将照护失智老年人与照护非失智老年人的人相对比,两者有令人吃惊的差异(Wennberg et al., 2015)。同其他照护者相比,照护失智老年人的人更可能在个人时间上受到限制,出现身心疾病的可能性更大,更可能与其他家庭成员关系紧张,更需要调整自己的工作安排。照护者的压力直接与能否掌控此类行为所带来的挑战有关,阿尔茨海默病和其他类型的失智症常常伴有一些搅扰行为,诸如四处游荡、敲打东西或者出言不逊等(Alzheimer's Association, 2018; Ornstein & Gaugler, 2012)。照护抑郁老年人的人要比照护无抑郁问题的老年人的人压力更大（Wennberg et al.，2015）。眼睁睁地看着挚爱的人退缩到孤独的抑郁世界中会引发照护者强烈的情绪反应。抑郁老年人的悲伤、了无生气和对大部分事情毫无兴趣会影响照护者的心理状况，导致照护者婚姻和家庭关系的紧张。

老年人即使伤残也不接受照护，或者太轻易地完全依赖照护者，都会增加照护者的压力（de Vugt & Verhey，2013）。做到既不会照护不够，也不会照护过度，便能让照护者和受照护者双方都对照护关系更为满意。有意识地尽力保留哪怕是有限的自理能力，并能保持积极态度的老年人，同不这样做的老年人相比，不太可能抑郁，也不太会被人看成是负担。

专栏12-1列出了照护者面对压力时的症状。照护者面对压力时的症状与抑郁症的症状非常相似，但也同时包括自我强加或非自愿的社会隔离、严重疲劳以及对身心健康造成的明显后果。

> **专栏 12-1　照护者面对压力时的十种症状（2018）**
>
> 1. 否认疾病及其对患者的影响。
>   例如：妈妈在吃药和休息的时候身体很好。
> 2. 对阿尔茨海默病患者感到愤怒，或者对他不能做他过去能做的事情感到沮丧。
>   例如：爸爸假装他不能自己吃饭，是因为想要得到我对他的关注。
> 3. 远离曾经让照护者感到快乐的朋友和活动。
>   例如：我再也不去教堂了，因为人们只会告诉我，发生在我母亲身上的事情有多么令人难过——我不需要别人提醒我。
> 4. 对未来和面对新的一天感到焦虑。
>   例如：当爸爸无法自己起床的时候，我不知道我该怎么办。我已经尽力帮他洗澡了。
> 5. 抑郁症会破坏照护者的精神，影响照护者处理问题的能力。
>   例如：我不在乎会发生什么，其他人似乎也不在乎。
> 6. 筋疲力尽，几乎无法完成日常必需的任务。
>   例如：我很累，只是太累了。
> 7. 无休止的担心使照护者无法入眠。
>   例如：我很累，但我睡不着。我经常担心如果妈妈跌倒或走失会发生什么。
> 8. 易怒导致喜怒无常，引发负面反应和行为。
>   例如：不要再问我怎么样了！情况不是很好，你看不出来吗？
> 9. 即使是很熟悉的任务也因为无法集中注意力而很难完成。
>   例如：我可以帮爸爸预约所有需要预约的医生，但是我自己需要预约的医生却一个也记不住。
> 10. 健康问题开始对照护者的精神和身体造成损害。
>   例如：我浑身都痛，但医生说我的身体没什么问题。

照护者中的抑郁症

照护老年人最常见的心理方面的后果是照护者出现抑郁症状（Chen & Lukens,

2011; Penning & Wu, 2015; Robison, Fortinsky, Kleppinger, Shugure, & Porter, 2009)。在照护失智老年人的人中，抑郁症的发生比例高达 43%～52%，这一比例差不多是同龄人中非照护者的患病比例的 3 倍。没患失智症的老年人的照护者患抑郁症的比例也是同龄人中非照护者的患病比例的两倍（National Alliance for Caregiving and AARP，2015）。抑郁源自照护者感到有负担、与社会隔离、自责未能尽其所能提供照护，以及身心耗竭。

同有色人种照护者相比，白人照护者抑郁症的发病率似乎更高一些（Drentea & Goldner，2006），西班牙裔照护者除外（Hodge & Sun，2012）。有色人种照护者可能调整得更好一些，认为照护老年人是长大成人后应尽的责任，把这件事看成是义务或者角色期待而不是负担（Sheridan et al.，2014）。同白人照护者相比，有色人种照护者对照护工作的满意度更高一些，不那么认为照护老年亲属侵占了自己的个人生活。非裔照护者常常比白人照护者有更广泛的亲属网，这让他们能获得更多的可临时帮忙的人（Chow, Auh, Scharlach, Lehning, & Goldstein, 2010; Sheridan et al., 2014）。

西班牙裔和非裔照护者患抑郁症的原因常常是照护者感到自己做得不够或者力所不及，而不是个人时间受到限制（Giunta, Chow, Scharlach, & Dal Santo, 2004）。这些照护者感到，如果自己能有更多的时间或者更多的钱用于照护老年人，便会做得更好一些。然而，研究发现的一些种族或族裔方面的差异可能是由确定照护者是否抑郁所使用的测量工具不具有文化敏感性导致。有色人种照护者更有可能不说自己的情绪状态不好，而用身体不适来表达抑郁，但这些不适没被看成与照护老年人有直接关系（Pickard, Inoue, Chadiha, & Johnson, 2011）。

影响照护者压力的中介因素

大部分照护者说照护老年人只给他们带来很少的负面影响，对照护工作表现得很积极（Greenberg et al.，2006；National Alliance for Caregiving and AARP，2015；Sheridan et al.，2014；Wennberg et al.，2015）。照护老年人可能会给成年子女或配偶带来一种深深的使命感。即便原来的关系并不平和，为所爱的人服务也会让人觉得非常自豪。不管是对照护者还是受照护者来说，有机会解决一辈子的矛盾或者是未了的事宜都能起到宣泄作用。这些照护者也更有可能拥有强大的个人、家庭、社会或经济资源；比起配偶或成年子女，照护者更有可能是老年人的兄弟姐妹（Namkung, Greenberg, & Mailick, 2017）；其在成为照护者之前有更好的心理健康状况（Jessup, Bakas, McLennon, & Weaver, 2015）。

情绪方面的支持 能从照护老年人的过程中得到一些满足感的照护者都找到了行之有效的方式来调节压力给自己的个人生活和自己与受照护者的关系带来的影响。有配偶、伴侣或朋友等支持系统的照护者感受到的压力较少。美国照护者联盟与美国退休人员协会 2015 年的调查指出，有 2/3 的人认为跟朋友或亲属交谈是应对照护工作压力的一个重要方法，另有不到 16% 的人靠专业的精神健康辅导来获得支持。与亲密的人和家庭成员保持紧密的联系，似乎要比专业辅导所提供的支持更能有效地缓冲身为照护者遇到的挫折和对付出的要求。

工具性支持　除了善于利用家人和朋友调节，自述压力水平较低的照护者似乎更能发现在哪些情形下照护工作超出了自己的能力并请求外援（Greenberg et al.，2006；National Alliance for Caregiving and AARP，2015）。使用成人日间护理服务或者是偶尔使用短时托管服务都让照护者有机会防止压力上升为危机，从而危及自己和受照护者的健康和幸福。家人的援手或正规护理服务带来的工具性支持能让照护者有掌控感，调节负担过重、压得透不过气来的感觉。

其他调节因素　根据美国照护者联盟与美国退休人员协会 2015 年所做的调查，在所有照护者中，有 3/4 的人把祷告作为自己的一个应对策略。正如第十章谈到的，认识和动员灵性方面的资源可能对于照护老年人的人十分重要。另有 1/3 的照护者指出，活动或者兴趣爱好对他们保持身心健康有帮助，这是在面对照护责任时保护好私人时间的范例。任何活动，只要能让照护者哪怕是短暂脱离高强度的照护责任，似乎就都有益处。

面向照护者的社会工作干预

促进照护者的自我效能感

当照护者对自己是否有能力完成照护这一繁重工作产生怀疑时，照护者的负担就会加重。这种不确定或不安被称为缺乏自我效能感。自我效能感是指有成功地做某事的能力，以及产生良好结果的信心（Bandura，1997）。班杜拉认为，掌握经验（学习和实践某一特定行为的机会）和替代经验（观察他人的行为并确定自己做某事的能力）是发展自我效能感的主要预测因素。成年子女、配偶或伴侣很少有照护成年人的经验；因此，照护者的大部分工作属于在职培训，这就使得照护者缺乏自我效能感的沃土。他们可能会因为不确定他们所提供的照护的质量或受照护者是否满意他们所提供的照护而感到不安。来自受照护者和家庭成员的批评可能会加剧自我效能感的缺乏，加重照护者的负担。社工可以使用一些方法来提高照护者的自我效能感。

信息也许是能够支持照护者的最重要的资源。这些信息包括：老年人具体的健康问题、疾病的病程，以及如果病情不可避免地严重恶化，将会发生什么。此外，照护者还需要关于照护过程本身的信息：作为照护者需要做什么，社区中有哪些支持性服务，以及到哪里去获得特定类型的服务。贾奇、亚雷、洛曼和巴塞发现，提高照护者的知识和技能水平，比如教他们应对失智相关行为挑战的方法或如何雇用并监督家庭健康助手，可以显著提高照护者的自我效能感，从而减少照护者的负担（Judge, Yarry, Looman, & Bass, 2013）。

帮助照护者寻找和使用适当的财政资源也可以使照护者提高自我效能感，从而减轻照护者的负担。与照护者的实际收入相比，照护者对财务压力的感知与抑郁和焦虑的关系更强（Sun, Hilgeman, Durkin, Allen, & Burgio, 2009）。一些财政援助方案，如美国家庭照护者支持计划、照护者税收抵免和其他国家税收奖励方案的存在减轻了这一财务压力（Hong & Harrington, 2016）。

心理社会干预

家庭和个人咨询与适度改善的照护者负担有相关性（Brodaty & Arasaratnam, 2012），这可能是因为照护者有机会在照护者-受照护者关系之外分享挫折的重要性。能够在一个支持性的环境中谈论与照护相关的激烈的情感和身体挑战是缓解压力的一种重要方式。许多照护者认为，在照护过程中，最痛苦的部分之一就是社会隔离和没有人来处理他们的沮丧和恐惧。

照护者的放松训练、减少受照护者的行为挑战的训练、增加照护者的愉快活动和社会支持的策略都被证明可以减轻照护者的负担（Teri, McCurry, Logsdon, & Gibbons, 2005）。"增强阿尔茨海默病照护者的健康资源"（REACH）是一个由社工、护士和医生组成照护管理团队来评估每个照护者的情况，并为照护者和受照护者制订特定计划的项目（Nichols, Martindale-Adams, Burns, Graney, & Zuber, 2011）。干预措施包括对受照护者进行行为问题的技能培训、建立电话支持小组，以及最大限度地支持为照护者提供有针对性的教育项目。这些措施都会减少照护者的抑郁，改善照护者的自我照护能力以及使受照护者的行为问题显著减少（Basu, Hochhalter, & Stevens, 2015）。REACH 项目还显示，那些参与重大护理决策并与专业服务提供者沟通更频繁的照护者的自我效能感水平更高（Wennberg et al., 2015）。

体育活动是一种减轻压力和改善身体健康状况的手段，它可以是简单的散步、练习瑜伽或做伸展运动。无论参加哪种形式的体育活动都对照护者有益。关键是要在一天忙碌的照护护工作中坚持这些体育活动。这可能意味着照护者在护理时可以得到短暂的休息，如果可行的话，还可以让受照护者参与到体育活动中来。

改善照护者与受照护者的关系

跟受照护者长期有矛盾的照护者可能能从旨在改善关系的个人辅导中获益。辅导既可以是本章前面已经讨论过的配偶工作,也可以是向跟年长父母有矛盾、照护他们有挫折感的成年子女提供支持性辅导。

配偶或伴侣关系 本章前面已讨论过配偶或伴侣关系中角色和角色期待方面的变化,特别是当其中一方需要照护另一方的时候发生的变化。伴随阿尔茨海默病或中风等疾病而来的关系上的失衡和社会行为的改变会给延续了很长时间的关系带来一些严重的问题。即使是在一些失智症很严重的病例中,配偶间情感依恋的强度也并没有改变,而是照护者对疾病给配偶带来的变化感到困惑和害怕(Penning & Wu, 2015;Wennberg et al., 2015)。对于配偶或伴侣开始死亡的真实可能性的恐惧,会产生一种预支哀伤,照护者在配偶或伴侣真正去世之前就开始哀悼,导致过早的情感分离(Pomeroy & Garcia, 2009)。当受照护者最需要从照护者那里得到照护和关爱的时候,照护者已经准备好从情感上离开受照护者。这种情况经常发生在阿尔茨海默病患者身上,即配偶或伴侣不再觉得他们照护的人仍在他们照护的身体里。

如果可能的话,向照护者和受照护者提供支持性辅导有助于识别夫妻关系有什么变化,哪些仍保持原样,以及彼此对这些变化必须怎样做出调整以保持关系的稳定。如果受照护者不能参与咨询,那么或许照护者也可以有一个机会,以发泄他的沮丧。

子女与父母的关系 在照护者为成年子女的情况下,子女与父母关系的好坏是预测照护关系压力的一个最重要的指标(Pinquart & Sorensen, 2011)。关系好坏受两方面因素的影响,一是成年子女是否达到了"孝成熟",二是成年子女在情感上和实际生活中能否健康地自立。对于那些还没跟父母"断乳"或者与父母感情疏远的成年子女,可能需要做个人辅导或家庭辅导。致力于改善子女与父母的关系质量,好处在于可以改善双方对于照护他人和接受照护的感受,帮助成年子女及其父母在仍然有机会的时候解决一辈子的积怨。成年子女可能需要社工的肯定才能着手处理这一未了的心结。当受照护者看起来似乎也同样关心这件事时,社工可能就需要帮助成年子女弄明白情感上有哪些障碍影响了自己与父母的关系的质量。

关于身为配偶或伴侣的照护者是否比身为成年子女的照护者有更多的照护者负担,证据是不一致的。一方面,配偶或伴侣更有可能接受与照护者共同居住,共同承担照护带来的经济负担,并且他们自身年龄更大,有一些健康限制(Pinquart & Sorensen, 2011)。然而,如果照护被视为一段由爱和忠诚维系的长期关系的重要组成部分,那么配偶或伴侣可能会感受到较少的照护负担。另一方面,成年子女可能会把照护视为一种义务和责任,情绪不会很积极。而且，他们的家庭和工作都会因为有限的时间和精力而与照护责任产生冲突（Penning & Wu，2015；Wennberg et al.，2015）。

推动照护者的自我照护

社工可以做一些切实的事情，鼓励照护者照护好自己。本章的一个核心主题是照护关系中照护者感受到的压力。为了向一位伤病老年人提供最好的照护，照护者常常会忽略自己的幸福。在照护者中，抑郁、身体疾病、家庭关系紧张是经常出现的问题。即使是说出自己需要一些个人时间，或者是求别人短时间照护一下老年人，也有可能让照护者感到内疚。

照护者若能实事求是地评估自己的照护能力，并在需要的时候找人帮忙，便更可能感到自己可以掌控照护老年人这件事，这对于照护者认为自己是否幸福是个重要因素（Penning & Wu，2015）。获得掌控感的措施除了识别个人拥有的资源并动员其他照护者给予支持外，还包括愿意并能够预知将来照护老年人需要做些什么，并采取有针对性的行动以防止因照护事务不断增加而带来的失控。那些没因照护老年人而毁掉自己生活的照护者都学会了如何保持自己的幸福感。自我照护不只是花时间祷告、参加活动或者是有时离开受照护者，还是一种社工可以帮助照护者建立的思维模式。这一模式是把个人的照护责任放到人生长河的大背景中去看待，欣然接受别人的帮助，并对自己身为照护者的表现感觉良好。尽管赞扬和支持照护者是社工的专业职责，但是照护者也必须愿意接受和内化别人的正面反馈。与照护者合作，让他们有能力照护自己，允许他们照护自己，可以防止他们精疲力竭。

照护者支持小组

身为朋友、家人或者配偶照护一位老年人会得到回报，但也极具挑战性。不仅实际的照护工作会给照护者带来身心付出方面的困难，随着照护工作需要占用越来越多的时间，照护者还会面临与社会隔离的危险。照护者支持小组让成员有机会跟他人谈论照护压力，学习一些新方法来应对照护事宜带来的多种要求。这些照护者支助小组既可以设在社区，也可以是不断增多的线上照护者支持程序之一。

照护者支持小组的目的　照护者支持小组的主要目的是支持照护者，给他们提供情绪上的支持和具体的建议，让照护工作效率更高、更有收获。照护者常常希望别人知道自己身为照护者的复杂感受，这是可以理解的。照护者尽管可能非常愿意承担老年人日常的个人护理、做家务和管理钱财等事宜，但是也可能受内疚感的折磨，因为他们因此疏忽了自己的家人，工作也不能全力以赴。照护者支持小组能帮助成员正常看待这些感受，并把它们设法表达出来。刚开始照护老年人的人可能会被照护事宜压得透不过气来，不知道可以从哪里入手找到资源或者学习个人照护技能。照护者支持小组能帮助新照护者把需要其付出时间的接二连三的新要求理出头绪，重新掌控自己的生活。

照护者支持小组还能协助照护者预防、管理或者尽量减少受照护者的问题行为。巴苏、霍克豪特和史蒂文斯发现，当照护者对失智症带来的破坏性行为有了更好的了解时，不仅受照护者能得到更好的照护，照护者的负担也会更小（Basu, Hochhalter, & Stevens, 2015）。

小组成员资格 照护者支持小组的成员间的共同纽带是他们都在照护他人。然而，照护患失智症的老年人的人所面临的挑战和困扰更严重，所以如果小组成员照护的对象都差不多，就可能对他们更有益处（Alzheimer's Association, 2018）。没患失智症的老年人即使身体非常不便也仍然能与照护者交流，并能积极参与照护自己。受照护者若能尽量保持自理能力，感觉对照护者表达出了自己的感激之情，就会对受人照护这个事实感觉好一些。相反的情况是，失智症到了中晚期的老年人常常丧失了与人沟通的能力，生活除了基本的需求外再无别的内容，使照护关系没多少双向性。照护这两类老年人情况会非常不同。为每类照护者单开小组可能会更有效地处理各自独特的需要。照护者小组结束后内部形成的支持系统可能会成为成员的宝贵资源。

照护者支持小组还应该特别留意照护者所属的特定文化在意的事宜（Family Caregiver Alliance, 2016）。举例来说，有色人种照护者，特别是文化传统和文化期望令其照护老年人的人，可能对于在自己的种族或族裔群体外谈论家庭问题感到非常不自在。当年老的父母是移民或者深受传统孝道影响的时候，成年子女可能会羞于跟他人谈论自己的照护感受，他们感觉他人理解不了。建议为那些更愿意讲母语（母语非英语）的照护者及其家庭开办专门的由同一文化背景的人组成的小组。否则的话，花时间和精力翻译语言会严重影响成员全身心地投入小组的积极性。

照护者支持小组的活动 照护者支持小组可以围绕特定的主题开展活动，诸如时间管理、个人照护者技能、冲突化解，或者如何得到正式资源以补充非正式照护等。这些小组主要是心理教育性小组，向成员提供情绪上的支持以及对成员来说有用的具体信息。其他的照护者支持小组不这么结构化，重点是满足成员谈论照护老年人的努力和磨难方面的需要。这类小组面向负责实际照护工作但是仍对照护老年人感觉矛盾和混乱的人。不管照护者支持小组的重点是什么，特别重要的都是小组成员能有足够的时间相互交谈，有机会从有同样经历的人那里获得支持和理解。

小组领导者的角色 照护者支持小组的领导者要扮演多种角色。领导者要提供教育性内容，特别是当照护者需要病程相关知识的时候，让他们了解诸如阿尔茨海默病、中风或心脏病等疾病的知识。照护者可能对受照护者的状况能有多大程度的改善抱有不现实的想法。新照护者常常迫切地想得到更多的资讯，以确认自己和受照护者将来会面临什么问题。小组领导者还要充当小组成员的经纪人和倡导者。小组成员常常无法获取正式的支持性服务或者协调各方面的服务。小组领导者可以代表小组采取行动，或者直接做工作以获得其他的支持性服务，或者给成员赋权，让他们更有自信去获取这些服务。

小组领导者最重要的角色是充当支持者，并在必要的时候做辅导员。谈论照护老年人所带来的挫折感常常会暴露出长久以来照护者与受照护者之间的矛盾，这需要在照护老年人的早期阶段就加以处理。照护曾经虐待过自己的父母或者是非常挑剔、要求非常多的父母是件让人特别困扰的事。帮助照护者认识到让照护关系更为复杂的这些人际关系问题，有助于在它们给照护者和受照护者的福祉带来危害前便将其解决。

在线支持小组　脸谱网和其他在线平台使用的爆炸式发展，为那些难以参加户外活动的照护者带来了各种在线照护者支持小组。在线支持小组的好处与面对面的支持小组相似，而且其在访问方面更加方便。找到一个为照护老年人的人而创建的支持小组的最好方法是联系当地的社会服务机构，比如你所在地区的阿尔茨海默病协会。脸谱网上专门为患有失智症或其他健康问题的老年人的照护者创建的支持小组有几十个，照护者可以通过脸谱网直接加入这些支持小组。

案例 12 – 1：伊丽莎白·卡梅洛

伊丽莎白·卡梅洛已经 93 岁了，仍然住在自己的家里。她 95 岁的丈夫托尼·卡梅洛最近搬到了一家疗养院生活，因为他的阿尔茨海默病很严重，家庭医疗保健服务已经不能再很好地照护他。虽然伊丽莎白并不反对托尼搬走，但托尼使用的许多服务对她也很有帮助。这些服务是由她的女儿蒂娜协调的，蒂娜觉得在一个传统的意大利家庭里照护她的母亲是她的责任。蒂娜住在离她母亲大约 6 个小时车程的地方，她每天都会与母亲和家庭健康机构保持联系。蒂娜的兄弟迪恩和埃迪都会定期去看望他们的母亲，并提供经济支持。然而，他们并不认为自己还有责任去做其他的事情。他们这么做是有自己的理由的，因为他们觉得蒂娜作为一名社工，肯定很了解他们的母亲需要什么。

自从托尼进了疗养院，伊丽莎白的身体和精神健康状况都出现了明显的下降。她开始"解雇"家庭保健助理，或拒绝让他们进屋提供基本的身体护理和提醒她服药。她还会时常忘记自己已经把家庭保健助理"解雇"了，然后每天给蒂娜打 10~20 次电话来抱怨家庭保健助理没有出现。如此高频率的电话影响到了蒂娜的工作，她在努力平衡自己的生活与母亲的需要之间筋疲力尽。为此，蒂娜想把母亲送去父亲所在的那家疗养院，但两兄弟坚持认为母亲待在家里会更好一点。蒂娜只好向当地老龄机构的案例管理项目寻求帮助。

（1）这个家庭应该从哪里开始计划对伊丽莎白未来的照护方案？他们现在陷入了僵局。蒂娜想将伊丽莎白送去一家疗养院，来减轻她所承担的一些决策和管理责任，但她的兄弟并不同意。他们能兼顾每个人的想法和意见并达成共识吗？

（2）很明显，蒂娜正承受着巨大的照护负担。在确定母亲未来的照护方案之前，可以为蒂娜提供什么样的干预支持？你将如何接近迪恩和埃迪？

（3）在这种情况下需要考虑哪些文化问题？社工如何做到既尊重一个非常传统的意大利家庭的价值观，又促进蒂娜良好的自我照护以及制订伊丽莎白的照护计划？

祖父母养育孙辈

在老年人面临的所有生理挑战、心理挑战和社会挑战中，承担孙辈的养育责任是最困难的。在全美范围内，有270万祖父母正承担着养育孙辈的责任，他们大约养育了490万孙辈，占所有儿童总数的7%（Beltran，2015）。在这些祖父母家庭中，约有1/5的家庭收入低于贫困线（Generations United，2014）。当其他老年人可能早就放弃了与工作和养育子女有关的责任时，以祖父母为户主的家庭正在重新承担起养育儿童的职责，而这是他们拥有最少的个人、社会以及财政资源来满足照护儿童的需求的时候。在这些养育孙辈的祖父母中，有近2/3的人年龄在60岁以下，这些较年轻的祖父母几乎都仍在工作（Generations United，2014）。

养育孙辈的祖父母中一半以上是白人，1/4是黑人，19%是西班牙裔，这与这些种族或族裔群体在总人口中的总体代表性不成比例（AARP，2011；Generations United，2014）。黑人和西班牙裔老年人与白人老年人相比可能收入更低，健康状况更差。

祖父母在低收入和健康状况不佳的情况下，需要承担的日常责任不仅是为儿童提供食物、住所和衣服，他们还要提供情感方面的照护。对祖父母和孙辈的要求可能会因祖父母是如何负责孩子们的照护情况的而变得更加复杂。这些"大家庭"通常是由孩子父母的疾病、死亡、药物滥用、被监禁、虐待、疏于照护或遗弃造成的（Doley，Bell，Watt，& Simpson，2015；Fruhauf & Hayslip，2013）。不断滥用阿片类药物导致"大家庭"数量增加，并且它将会继续增加。"大家庭"往往是在处于危机时形成的，祖父母和孩子们都没有机会为他们的生活状况做准备。因此，这个新家庭中存在的艰巨挑战是孩子和祖父母都带着社会情感创伤进入这个新家庭。

对祖父母的挑战

老年人成为孙辈的主要照护者后，相较于不用照护孙辈的同龄人会经历更高水平的抑郁、焦虑和其他心理健康危机（Shakya，Usita，Eisenberg，Weston，& Liles，2012；Yancura，2013）。现在这个时代已经不再是当初他们养育子女时的那个时代了。如今的孩子面临来自同龄人和社会的压力，这些压力使得他们更早地变得性活跃、想尝试毒品和酒精，甚至辍学。对那些来自不稳定的家庭环境的孩子来说，多年前的育儿技巧已经不再适用了。研究还表明，抚养孙辈的祖父母患抑郁症的概率更高，部分原因是他们陷入了需要照护孙辈的处境，以及他们自己对失去自由、独立和社会联系的悲痛。

祖父母在承担起抚养孙辈的责任后会更有可能出现健康问题，或由于抚养孙辈的责任要求而加剧现有的健康问题（Yancura，2013）。1/4 的祖辈监护人有残疾（Beltran，2015）。在这一人群中存在的更严重的健康问题是在老年人中普遍存在的慢性健康问题，以及在第二章中讨论的压力躯体化机制。无助感、慢性疲劳、恐惧和孤立感，这些在祖父母养育孙辈时常见的症状可能表现为身体疾病。

这些家庭除了在身体和心理健康方面面临更大的风险外，还面临着住房、财政和法律障碍方面的风险。儿童不被允许进入为老年人提供的公共或私人住房，这迫使祖父母为了容纳孩子不得不放弃熟悉的住房，转而选择不太安全、更昂贵的住房。为了应对这一挑战，美国 13 个州已经开发了专门为祖父母设计的低收入住房，更多的州开始开发此类住房（Beltran，2015；National Association of Area Agencies on Aging，2018）。此类住房的浴室里装有扶手，插座也装了盖子，这样的设计是为了满足老年人和儿童的需要。这类住房还为儿童（日托中心和游乐场）和老年人（跑腿的货车和家政服务）提供各类服务。祖父母也可以在这里寻求到这些家庭所需的法律和社会服务。

在许多州，祖父母有资格获得经济援助，如过渡援助贫困家庭或寄养支付。补充营养援助计划、通过医疗援助或儿童健康保险计划提供的健康保险，以及社会保障和劳动所得税抵免制度，这些也是祖父母为照护孙辈所必需的（Shakya et al.，2012）。虽然社会服务体系可能认为所谓的亲属照料是一种照护无法与父母生活在一起的孩子的较便宜的方式，但对可能已经只能靠少量固定收入生活的祖父母来说，这并不便宜。生活在祖父母家的孩子中有 1/4 生活在贫困中，而与父母一起生活的孩子中有 1/5 生活在贫困中（Generations United，2014）。完全由祖母抚养的孙辈最有可能贫穷，几乎一半的孩子生活在贫困中。

祖父母在法律体系中也可能面临不确定的地位。除非他们有孩子的法定监护权——这往往涉及漫长的法庭程序——否则他们可能无法在没有父母许可的情况下为孩子注册学籍或获得医疗保健服务。如果父母难以接近或不合作，那么即使像确保适当的医疗保健这样简单的事情可能也无法实现（Generations United，2014）。

研究表明，很大一部分抚养孙辈的祖父母担心他们的孙辈患哮喘、抑郁症、焦虑症和行为障碍，因为他们在自己的家庭中不一定需要处理这些情况（Shakya et al.，2012）。其他的担忧还包括如何处理与孙辈的父母的关系，这种关系会引发祖父母对自己作为父母的失败以及未能给予子女足够的养育的内疚。如果祖父母生病、残疾或死亡，那么孙辈将如何生活是祖父母一直担心的问题（Doley et al，2015；Shakya et al.，2012）。

对孙辈的挑战

显然,当孙辈与祖父母的法律关系不明确时,孙辈才是不幸的受害者。当父母不能照护他们,与祖父母之间的照护关系又是非正式的时,谁来照护他们?谁可以授权处理他们的医疗保健或入学问题?他们能和祖父母一起住多久?这由谁来决定?他们还会和父母住在一起吗?如果祖父母去世了或无法照护他们怎么办?这些不确定会使孙辈产生高度的焦虑和抑郁。儿童成长在这种"大家庭"中,会更有可能经历这样或那样的心理健康问题,在学校表现出问题行为和学习困难,并会因拒绝和内疚感的扩大而产生情绪障碍(Dolbin-MacNab, 2006; Doley et al., 2015; Fruhauf & Hayslip, 2013)。

并不是所有这些问题都是由祖辈抚养直接导致的。孩子虽然最终需要由祖父母抚养,但会带着以前与父母一起生活的经历。如果父母去世了,他们原来的家庭就永远不在了,孩子会感到悲伤。如果父母被监禁,那么孩子必须处理伴随父母入狱或被监禁而来的耻辱,以及可能很长一段时间无法见到父母并与其保持某种关系的斗争。如果父母还活着,但是由于药物滥用、虐待、疏于照护或遗弃而不能照护他们,那么他们会因知道父母不能或不会照护他们而感到被拒绝的痛苦,这些孩子可能需要帮助。孩子还有可能会目睹祖父母与父母之间就谁有责任照护孩子的问题产生冲突(Fruhauf & Hayslip, 2013)。社工在工作中的作用需要涉及祖辈和孙辈两方面。

支持"大家庭"的社会工作角色

养育孙子女的祖父母有两个主要需求和一系列次要需求。首先,这些老年人需要了解哪些法律和财政支持可以为他们提供育儿、学校系统、临时护理和家庭咨询服务(Fruhauf & Hayslip, 2013)。其次,他们需要支持。他们需要有与其他有类似情况的老年人分享他们的快乐和挫折的机会。在面对自己的衰老和作为临时父母所面临的巨大挑战时,他们也需要鼓励。他们还需要专业的建议来告诉他们如何管理自己、缺席的子女和孙辈之间经常出现的混乱关系。

社工和其他专业人员有许多非常具体的方式来支持"大家庭"。第一,要认识到这些家庭面临的一系列复杂问题。虽然提供信息和支持是非常重要的,但社工也要认识到家庭可能需要如律师或家庭生活教育者等许多外部专业人员的帮助。与其他专业人员建立联系,以确保信息和服务的安全是不可避免的(Fruhauf & Hayslip, 2013)。"大家庭"可获得的各种服务和支持因州而异。"大家庭组织"是一个很好用的资源,可用来识别哪些特定的资源是可用的。这个由布鲁克代尔基金会、安妮·E. 凯西基金会和戴夫·托马斯收养基金会共同赞助的组织维护着一个网站,上面列出了可供祖父母使用的国家资源以及各州的资源。

第二,祖父母可能需要社工的支持,帮助他们应对复杂的儿童福利体系、学校或医疗体系。例如,虽然给孩子注册学籍这件事看上去很简单,但如果祖父母没有法律授权,事情就没那么简单了。这就需要社会和祖父母一起来确定即时或长期的解决方案。

第三,要对祖父母寻求帮助时可能遇到的困难保持敏感。祖父母应该因为他们所知道的而受到尊重。让祖父母自己意识到他们不知道什么或者他们需要什么远比让家庭以外的人"告知"他们更有效(Shakya et al.,2012)。仅仅能够做到倾听祖父母的沮丧感,就有助于他们允许自己承认自己哪里需要帮助。肯定他们的成功,帮助他们解决问题!

第四,在安全的背景下为祖父母提供支持(Yancura,2013)。通常,祖父母不信任公共或私人社会服务机构的原因是他们之前的经历并不愉快。如果他们对儿童服务机构的认识是,这是儿童被从家中带走的第一步,那么向这些机构寻求具体的帮助就太冒险了。如果他们觉得寻求育儿建议只会导致一些年轻的社工对他们试图做的事情吹毛求疵,那么拒绝寻求帮助是意料之中的。他们需要支持并承认他们在第二次养育孩子时的优势。

第五,帮助专业人员认识和验证更宽泛的家庭结构(Fruhauf & Hayslip, 2013)。如果缺席的父母还活着,而且有空,他们就需要继续参与孩子的生活,不管在祖父母或专业人员看来他们有多么困难。如果缺席的父母已去世,那么他们会存在于祖父母和孩子的认知结构中。社工则可能需要在悲伤的过程中与双方合作。

第六,社工和其他专业人员需要对文化因素的影响极其敏感。在一些文化中,把孩子送去亲戚那里抚养是很常见的,这些亲戚可能包括表兄弟姐妹、阿姨、叔叔或祖父母。虽然对信息和支持的需求仍然存在,但社会的污名已经不存在了。在美国,祖父母可能会将这种安排看作由于他们个人未能充分抚养自己的孩子而导致的失败。祖父母可能会觉得他们已经失败了一次,还可能会再次失败。

尽管面临种种挑战,但在足够的支持下,祖父母确实能在养育孙辈的过程中感受到快乐和满足。特别是许多祖母表示,她们觉得自己在用一生的智慧来养育孙辈(Generations United,2014)。她们觉得自己在养育自己的孩子的时候已经学到了很多,因此可以放松下来,更好地享受养育孙辈的生活。大多数祖父母认为,孙辈由他们抚养比由父母或养父母抚养要好。知道孩子是安全的,并且有家庭成员在照护,这比担心孩子会被疏于照护或遭到寄养家庭的冷漠对待要好得多。这些祖父母仍然是祖父母,但养育孙辈的角色带来了一系列乐趣——和孙辈在一起的乐趣,看到家族在未来会延续下去的乐趣,以及孙辈可以提供的无条件的爱。

案例 12-2:多蒂·库珀和查理·库珀

71岁的多蒂·库珀和查理·库珀最近在他们39岁的女儿埃莉因毒品罪被监禁后,接管了他们的两个外孙——6岁的泰勒和4岁的塔尼亚。埃莉被判在女子监狱服刑5年，她迫切希望与孩子们保持联系。孩子们的父亲在塔尼亚出生后就去世了，所以孩子们对他的记忆很模糊。因为多蒂和查理不相信埃莉会被定罪和判刑，所以他们在精神和身体上都没有准备好照护这些年幼的孩子，完全不知所措。然而，他们非常有活力，身体也很健康，并且愿意做他们需要做的事情来保护他们的孙辈。孩子们不反对和外祖父母住在一起，因为他们不用换学校，也不用和朋友失去联系。然而，他们经常表现出对母亲的想念。你是儿童与家庭部指派的社工，与多蒂和查理的"大家庭"一起工作。

（1）你认为这个家庭目前最迫切的需要是什么？你将如何对他们需要的服务进行优先排序？什么样的法律安排能为多蒂和查理保护孩子们提供支持？

（2）你怎样让孩子们的母亲埃莉一直参与外祖父母和外孙的日常，而且不会给孩子们造成一种错觉，即让孩子们认为这些生活安排是暂时的，而实际上并不是？

（3）根据第十一章中所描述的哀伤的损失框架，这个"大家庭"经历了什么损失？当这个"大家庭"试图为每个人找到稳定的生活时，哀伤会如何表现？

小结

当老年人的身体或认知受到限制需要照护时，老年人的支持系统即他的原生家庭、朋友和选择家庭，在他的生活中是无价的。在美国，这些支持系统负责了老年人80％以上的照护工作。家庭会议是一种技术，不仅能用来帮助家人处理长期照护家中长辈必须做的决定，而且能帮助他们认识和解决危及家庭良好运行的由来已久的矛盾。然而，尽管照护者有丰富的经验积累，但这些负担往往也会威胁到他们的身心健康。建立照护者支持小组，提供以照护者与受照护者之间关系为重点的支持性辅导，提高照护者的自我照护意识，都是社工的干预措施，可用来帮助缓解许多照护关系中存在的压力。

在美国总人口中，祖父母养育孙辈的比例越来越大。在老年人的健康状况和财务资源都在下降的现实情况下，老年人是照护者，而不是受照护者。这种新的家庭形式不仅给老年人带来了巨大的挑战，也给孙辈带来了巨大的挑战。社工可以为他们提供信息、支持和社区资源，对这些不堪重负的家庭来说是很重要的角色。随着阿片类药物的不断滥用，"大家庭"的数量将继续增长，需要对充足收入和适当住房的挑战做出创造性的反应。

学习活动

1. 调查你所在地区的照护者支持小组，并编制一份列表，分发给照护年长家庭成员的人。与阿尔茨海默病协会或其他与老年人合作的机构中的一个成员进行深入交谈，更好地了解这些群体。此外，通过脸谱网或其他在线平台调查在线照护者支持小组，包括那些隶属于社区机构的在线支持小组。确保这些在线支持小组是合法的，而不是由护理机构出于商业目的运行的。

2. 虽然大多数照护者是女性，但承担主要照护责任的男性也在不断增多。回顾专业文献，特别是回顾一下在男性照护者领域做过的研究。男性照护者的态度和照护方式与女性照护者有何不同？可以在社区中开发哪些服务来支持男性照护者？分别采访一位男性照护者和一位女性照护者，看一下他们的观点与你在专业文献中找到的是否符合。

3. 为你的社区编写一份照护者支持指南，包括有权使用哪些可提供财政援助、家庭保健服务、临时护理的项目——这些项目可以给照护者提供建造房屋、送餐和护理方面的支持。采访一个为老年人提供照护的人，了解他认为有利于支持照护者的各种服务（或干预）。

4. 电影《沉默的一代》（可从网上、学院或大学图书馆获得）讲述了 LGBT 老年人在协商照护和照护时的经历。这部电影强有力地揭示了 LGBT 老年人哪怕已经出柜很久，仍然在医疗和家庭护理系统中所面临的挑战。提前预览影片，安排更多的观众观看并讨论这部电影所揭示的内容。目前的医疗和家庭护理系统到底是如何迫使 LGBT 老年人"回到柜子里"的？

5. 你的社区里是否有专门给"大家庭"提供的住房？这有必要吗？你如何确定在你的社区里有多少"大家庭"？联系当地城市规划办公室的主管部门，看看是否有一些此类住房正在开发中。

参考文献

AARP. (2011). Grandparents raising grandchildren. Retrieved from https://www.aarp.org/relationships/friends-family/info-08-2011/grandfamilies-guide-getting-started.html

AARP. (2014). Caregiving among Asian Americans and Pacific Islanders age 50+. Retrieved from https://www.aarp.org/research/topics/care/info-2014/caregiving-asian-americans-pacific-islanders.html

AARP Public Policy Institute. (2015). Valuing the invaluable

2015 update: Undeniable progress but big gaps remain. Retrieved from https://www.aarp.org/ppi/info-2015/valuing-the-invaluable-2015-update.html

Albelda, R., Lee Badgett, M. V., Gates, G. J., & Schneebaum, A. (2009). *Poverty in the lesbian, gay and bisexual community*. Los Angeles, CA: The Williams Institute, UCLA School of Law.

Alzheimer's Association. (2018). Support groups. Retrieved from https://www.alz.org/apps/we_can_help/support_groups.asp

Baker, K. L. Robertson, M., & Connelly, D. (2010). Men caring for wives or partners with dementia: Masculinity, strain, and gain. *Aging & Mental Health, 14*, 319–327.

Bandura, A. (1997). *Self-efficacy: The exercise of control*. New York, NY: W. H. Freeman.

Barker, J. C., Herdt, G., & de Vries, B. (2006). Social support in the lives of lesbians and gay men midlife and later. *Sexuality Research & Social Policy, 3*, 1–23.

Barnes, L. L., & Bennett, D. A. (2014). Alzheimer's disease in African Americans: Risk factors and challenges for the future. *Health Affairs, 33*(4), 580–586.

Basu, R., Hochhalter, A. K., & Stevens, A. B., (2015). The impact of the REACH II intervention on caregivers' perceived health. *Journal of Applied Gerontology, 34*, 590–608.

Beltran, A. (2016). The state of grandfamilies in America, 2015. Retrieved from https://www.americanbar.org/groups/child_law/resources/child_law_practiceonline/child_law_practice/vol-35/january-2016/the-state-of-grandfamilies-in-america--2015/

Bennett, S., Sheridan, M. J., & Richardson, F. (2014). Caregiving as ministry: Perceptions of African Americans providing care for elders. *Families in Society: The Journal of Contemporary Human Services, 95*(1), 51–58.

Blenkner, M. (1965). Social work and family relationships in later life with some thoughts on filial maturity. In E. Shanas & G. Streib (Eds.), *Social structure and the family: Generational relations* (pp. 40–59). Englewood Cliffs, NJ: Prentice-Hall.

Brodaty, H., & Arasaratnam, C. (2012). Meta-analysis of nonpharmacological interventions for neuropsychiatric symptoms of dementia. *The American Journal of Psychiatry, 169*, 946–953.

Chatters, L. M., Mattis, J. S., Woodward, A. T., Taylor, R. J., Neighbors, H. W., & Grayman, N. A. (2011). Use of ministers for a serious personal problem among African Americans: Findings from the national survey of American life. *American Journal of Orthopsychiatry, 81*(1), 119–127.

Chen, W. Y., & Lukens, E. (2011). Well-being, depressive symptoms, and burden among parent and sibling caregivers of persons with severe and persistent mental illness. *Social Work in Mental Health, 9*, 397–416.

Chow, J. C., Auh, E. Y., Scharlach, A. E., Lehning, A. J., & Goldstein, C. (2010). Types and sources of support received by family caregivers of older adults from diverse racial and ethnic groups. *Journal of Ethnic & Cultural Diversity in Social Work, 19*(3), 175–194.

Collins, W. L., & Hawkins, A. D. (2016). Supporting caregivers who care for African American elders: A pastoral perspective. *Social Work & Christianity, 43*(4), 85–103.

DePaulo, B. (2016). Families of choice are remaking America. *Nautilus, 34*. Retrieved from http://nautil.us/issue/34/adaptation/families-of-choice-are-remaking-america

de Vries, B., & Megathlin, D. (2009). The meaning of friendship for gay men and lesbians in the second half of life. *Journal of GLBT Family Studies, 5*(1-2), 82–98.

Drentea, P., & Goldner, M. A. (2006). Caregiving outside of the home: The effects of race on depression. *Ethnicity and Health, 11*(1), 41–57.

de Vugt, M. E., & Verhey, F. R. (2013). The impact of early dementia diagnosis and intervention on informal caregivers. *Progress in Neurobiology, 110*, 54–62.

Dolbin-MacNab, M. (2006). Just like raising your own? Grandmothers' perceptions of parenting a second time around. *Family Relations, 55*, 564–575.

Doley, R., Bell, R., Watt, B., & Simpson, H. (2015). Grandparents raising grandchildren: Investigating factors associated with distress among custodial grandparent. *Journal of Family Studies, 21*(2), 101–119.

Erikson, E. (1963). *Childhood and society* (2nd ed.). New York, NY: Norton.

Espinoza, R. (2011). The diverse elder coalition and LGBT aging: Connecting communities, issues, and resources in a historic moment. *Public Policy and Aging Report, 21*, 8–12.

Family Caregiver Alliance. (2003). Holding a family meeting. Retrieved from https://www.caregiver.org/print/56

Family Caregiver Alliance. (2016). Caregiver statistics: Demographics. Retrieved from https://caregiver.org/print/23216

Federal Interagency Forum on Aging-Related Statistics. (2016). *Older Americans: Key indicators of well-being*. Retrieved from https://agingstats.gov/docs/latestreport/older-americans-2016-key-indicators-of-wellbeing.pdf

Fredriksen-Goldsen, K. I., Kim, H. J., Emlet, C. A., Muraco, A., Erosheva, E. A., Hoy-Ellis, C. P., . . . Petry, H. (2011). *The aging and health report: Disparities and resilience among lesbian, gay, bisexual and transgender older adults*. Seattle, WA: Institute for Multigenerational Health.

Fruhauf, C. A., & Hayslip, B. J. (2013). Understanding collaborative efforts to assist grandparent caregivers: A multileveled perspective. *Journal of Family Social Work, 16*, 382–391.

Grandfamilies.org (2017). State fact sheets. Retrieved from http://www.grandfamilies.org/State-Fact-Sheets

Giunta, N., Chow, J., Scharlach, A. E., & Dal Santo, T. S. (2004). Racial and ethnic differences in family caregiving in California. *Journal of Human Behavior in the Social Environment, 9*(4), 85–109.

Greenberg, J., Seltzer, M., & Brewer, E. (2006). Caregivers to older adults. In B. Berkman (Ed.), *Handbook of social work in health and aging* (pp. 339–353). New York, NY: Oxford University Press.

Hodge, D. R., & Sun, F. (2012). Positive feelings of caregiving among Latino Alzheimer's family caregivers: Understanding the role of spirituality. *Aging and Mental Health, 16*, 689–698.

Hong, M., & Harrington, D. (2016). The effects of caregiving resources on perceived health among caregivers. *Health & Social Work, 41*(3), 155–163.

Jessup, N. M., Bakas, T., McLennon, S. M., & Weaver, M. T., (2015). Are there gender, racial or relationship difference in caregiver task difficulty, depressive symptoms and life changes among stroke family caregivers? *Brain Injury, 29*, 17–24.

Jones, J. M. (2017). In U.S., 10.2% or LGBT adults now married to same sex spouse. *Gallup US Daily*, June 22. Retrieved from http://news.gallup.com/poll/212702/lgbt-adults-married-sex-spouse.aspx

Judge, K. S., Yarry, S., Looman, W., & Bass, D. M. (2013). Improved strain and psychosocial outcomes for caregivers of individuals with dementia: Findings from project ANSWERS. *The Gerontologist, 53*, 280–292.

Lin, I. E., Fee, H. R., & Wu, H. S. (2012). Negative and positive caregiving experiences: A closer look at the intersection of gender and relationships. *Family Relations, 61*, 343–358.

Lindauer, A., Harvath, T. A., Berry, P. H., & Wros, P. (2016). The meanings African American caregivers ascribe to dementia-related changes: The paradox of hanging on to loss. *The Gerontologist, 56*(4), 733–742.

MetLife Mature Market Institute, (2010). *Still out, still aging: The MetLife study of lesbian, gay, bisexual and transgender baby boomers.* New York: NY: Author.

Milte, C. M., Ratcliffe, J., Davies, O., Whitehead, C., Masters, S., & Crotty, M. (2013). Family meetings for older adults in intermediate care settings: The impact of patient cognitive impairment and other characteristics on shared decision making. *Health Expectations, 18*, 1030–1040.

Namkung, E. A.M., Greenberg, J. S., & Mailick, M. R. (2017). Well-being of sibling caregivers: Effects of kinship relationship and race. *The Gerontologist, 57*(4), 826–836.

National Alliance for Caregiving and AARP. (2015). *Caregivers of older adults: A focused look at those caring for someone age 50+.* Washington, DC: NAC and AARP Public Policy Institute. Retrieved from https://www.aarp.org/content/dam/aarp/ppi/2015/caregivers-of-older-adults-focused-look.pdf

National Association of Area Agencies on Aging. (2018). *Grandfamily housing.* Retrieved from https://www.n4a.org/content.asp?contentid=436

National Hispanic Council on Aging. (2017). *2017 status of Hispanic older adults: Insights from the field: Caregivers edition.* Washington, DC: National Hispanic Council on Aging. Retrieved from http://www.nhcoa.org/wp-content/uploads/2017/09/2017-Status-of-Hispanic-Older-Adults-FV.pdf

Nichols, L .O., Martindale-Adams, J., Burns, R., Graney, M. J., & Zuber, J. (2011). Translation of a dementia caregiver support program in a health care system: REACH VA. *Archives of Internal Medicine, 171*, 353–359.

Ornstein, K., & Gaugler, J. W. (2012). The problem with "problem behaviors": A systematic review of the association between individual patient behavioral and psychological symptoms and caregiver depression and burden within the dementia patient-caregiver dyad. *International Psychogeriatrics, 24*, 1536–1552.

Osterman, P. (2017). *Who will care for us? Long-term care and the long-term workforce.* New York, NY: Russell Sage Foundation.

Penning, M. J., & Wu, Z. (2015). Caregiver stress and mental health: Impact of caregiving relationship and gender. *The Gerontologist, 56*(6), 1102–1113.

Persson, D. I. (2009). Unique challenges of transgender aging: Implications from the literature. *Journal of Gerontological Social Work, 52*, 633–646.

Pew Research Center. (2015a). Caring for aging parents. Retrieved from http://www.pewsocialtrends.org/2015/05/21/4-caring-for-aging-parents/

Pew Research Center. (2015b). Childlessness. Retrieved from http://www.pewsocialtrends.org/2015/05/07/childlessness/

Pew Research Center. (2017). Led by baby boomers, divorce rates climb for America's 50+ population. Retrieved from http://www.pewresearch.org/fact-tank/2017/03/09/led-by-baby-boomers-divorce-rates-climb-for-americas-50-population/

Pharr, J. R., Francis, C. D., & Terry, C. (2014). Culture, caregiving, and health: Exploring the influence of culture on family caregiver experiences. *ISRN Public Health, 14*. Retrieved from http://dx.doi.org/10.1155/2014/689826

Phinney, A., Dahlke, S., & Purves, B. (2013). Shifting patterns of everyday activity in early dementia. *Journal of Family Nursing, 19*(3), 348–374.

Pfeffer, C. A. (2012). Normative resistance and inventive pragmatism: Negotiating structure and agency in transgender families. *Gender & Society, 26*, 574–602.

Pickard, J. G., Inoue, M., Chadiha, L. A., & Johnson, S. (2011). The relationship of social support to African American caregivers' help-seeking for emotional problems. *Social Service Review, 85*(2), 247–266.

Pinquart, M., & Sorensen, S. (2011). Spouses, adult children, and children-in-law as caregivers of older adults: A meta-analytic comparison. *Psychology and Aging, 26*(1), 1–14.

Pomeroy, E. C., & Garcia, R. B. (2009). *The grief assessment and intervention workbook: A strengths perspective.* Belmont, CA: Brooks/Cole.

Price, E. (2011). Caring for Mom and Dad: Lesbian women negotiating family and navigating care. *British Journal of Social Work, 41,* 1288–1303.

Quam, J. K., Whitford, G. S., Dziengel, L. E., & Knochel, K. A. (2010). Exploring the nature of same-sex relationships. *Journal of Gerontological Social Work, 53*(8), 702–722.

Redfoot, D., Feinberg, L., & Houser, A. (2013). The aging of the baby boom and the growing care gap: A look at future declines in the availability of family caregivers. *Insight on Issues 85.* Washington, DC: AARP Public Policy Institute.

Robison, J., Fortinsky, R., Kleppinger, A., Shugrue, N., & Porter, M. (2009). A broader view of family caregiving: Effects of caregiving and caregiver conditions on depressive symptoms, health, work and social isolation. *Journal of Gerontology: Psychological Sciences, 64,* 788–798.

Savundranayagam, M. Y., Montgomery, R. J., & Kosloski, K. (2011). A dimensional analysis of caregiver burden among spouses and adult children. *The Gerontologist, 51,* 321–331.

Scerri, C. (2014). The curvy side of dementia: The impact of gender on prevalence and caregiving. *Journal of Malta College of Pharmacy Practice, 20,* 37–39.

Scherrer, K. S., & Fedor, J. P. (2015). Family issues for LGBT older adults. In N. A. Orel & C. A. Fruhauf (Eds.), *The lives of LGBT older adults: Understanding challenges and resilience* (pp. 171–192). Washington, DC: The American Psychological Association.

Schwartz, A. J., & McInnis-Dittrich, K. (2015). Meeting the needs of male caregivers by increasing access to accountable care organizations. *Journal of Gerontological Social Work, 7–8,* 655–670.

Shakya, H. B., Usita, P. M., Eisenberg, C., Weston, J., & Liles, S. (2012). Family well-being concerns of grandparents in skipped generation families. *Journal of Gerontological Social Work, 55*(1), 39–54.

Sharma, N., Chakrabarti, S., & Grover, A. (2016). Gender differences in caregiving among family caregivers of people with mental illnesses. *World Journal of Psychiatry, 6*(1), 7–17.

Sheridan, M. J., Burley, J., Hendricks, D. E., & Rose, T. (2014). "Caring for one's own": Variation in the lived experience of African-American caregivers of elders. *Journal of Ethnic & Cultural Diversity in Social Work, 23,* 1–19.

Stewart, N. J., Morgan, D., Karunanayake, C. P., Wickenhauser, J. P., Cammer, A., Minish, D., . . . Hayduk, L. A. (2014). Rural caregivers for a family member with dementia: Models of burden and distress differ for women and men. *Journal of Applied Gerontology.* doi: 10.1177/0733464813517547

Sun, F., Hilgeman, M. M., Durkin, D. W., Allen, R. S., & Burgio, L. D. (2009). Perceived income inadequacy as a predictor of psychological distress in Alzheimer's caregivers. *Psychology of Aging, 24*(1), 177–183.

Teri, L., McCurry, S. M., Logsdon, R., & Gibbons, L. E. (2005). Training community consultants to help family members improve dementia care: A randomized controlled trial. *The Gerontologist, 45,* 802–811.

Wennberg, A., Dye, C., Streetman-Loy, B., & Pham, H. (2015). Alzheimer's patient familial caregivers: A review of burden and interventions. *Health & Social Work, 40*(4), e162–169.

Wolff, J. L., Spillman, B. C., Freedman, V. A., & Kasper, J. D. (2016). A national profile of family and unpaid caregivers who assist older adults with health activities. *JAMA Internal Medicine, 176*(3), 372–379.

Yancura, L. A. (2013). Service use and unmet service needs in grandparents raising grandchildren. *Journal of Gerontological Social Work, 56*(6), 473–486.

第十三章

支持原居养老的社区项目：老年友好社区、交通和住房倡议

学习目标

- 探索原居养老的概念，以及老年人希望在一个安全、熟悉的地方变老的愿望。
- 介绍世界卫生组织提出的对老年友好社区至关重要的八大宜居领域。
- 比较自然老化社区与基于乡村运动的社区所提供的服务的模式的差异。
- 思考老年人在交通方面面临的挑战，包括继续开车、公共交通和其他的交通选择。
- 讨论老年人可负担得起的住房的选择，包括私人住房、集体住房以及补贴住房模式。
- 研究老年人无家可归的问题，并讨论作为社区干预方式的永久支持性住房模式。

章节概述

原居养老

老年人的交通选择

老年人的居住选择

本章探讨了有助于促进原居养老的社区特征，包括构成老年友好社区的八大宜居领域[World Health Organization（WHO），2018]。面对数量日益增长的老年人，主要有两种社区模式能够为老年人提供服务，一种是自然老化社区，另一种是乡村运动社区。对老年友好社区来说，最重要的宜居领域之一是交通。能否成功地实现原居养老，取决于老年人能否在购物、接受医疗保健或参与社会活动方面，继续具有足够的流动性和独立性。然而，社区面临两难的境地，既要在道路上保护普通民众的安全，又要继续尊重老年人对独立和尊严的需求。为了应对这一挑战，社区制定了具有创造性的应对措施，如改造公共交

通、使用志愿者司机、补贴出租车和提供叫车服务。本章的后半部分探讨老年人对于可负担得起的住房的选择，特别关注能够让老年人安居的财政及支持服务，以及为低收入老年人在补贴住房和居住公共房屋方面提供选择。本章最后讨论了数量日益增加的无家可归的老年人。由于21世纪初经济衰退的长期影响造成许多城市地区的天价租金，以及停滞不前的收入，到2050年，将有多达9万名老年人无家可归。

作为社工，我们希望能够对老年人原居养老的愿望提供支持。但是这个养老的"地方"需要足够好的交通条件和可负担得起的房屋，以支持老年人成功老龄化。为了让有色人种老年人和低收入老年人也能够拥有平等的机会，社区层面的干预是非常必要的。

原居养老

在老年社会工作和很多老年服务网络中，主要的理念是强调促进原居养老的重要性。这种理念强调，当老年人在一个能让他们身心健康的地方变老时，他们的身体机能最好，这个地方通常是老年人所说的"家"（Trecartin & Cummings, 2018）。对老年人来说，家不仅仅意味着住房，更意味着隐私、独立、安全和自由，他们害怕在生命的最后离开自己熟悉的一切。然而，只有当环境能够满足老年人不断变化的身体和社会心理需求的标准时，老年人才能实现原居养老的理想。

原居养老并不适合每一个人

中高收入的老年人或许可以在浴室里增加安全设施，或者安装电梯，这样一来，在受限的空间里移动会更简单。当院子里的工作难以处理时，可以使用草坪服务。当个人照护需求发生变化时，可以安排家庭照护或家政服务。中高收入的老年人也可能更希望住在安全、稳定的社区，在那里他们感到舒适、受欢迎。在这些情况下，最好的原居养老地点可能确实是他们自己的家或公寓。

然而，对低收入的老年人来说，情况并非总是如此。他们可能居住在不稳定的社区和不符合标准的住房中，随着年龄的增长，这些住房将无法满足他们的需求（Phillipson, 2007）。他们可能无法修理一些基本的东西，比如管道或漏水的屋顶，更不用说根据需要安装任何适老性设备了。或许社区可以提供家庭照护或家政服务，但费用高昂。然而，他们可能也不存在能够搬到一个更好的地方去原居养老的选择。低收入的老年人可能只能居住在他们能够负担得起但不能满足他们需要的住房中。在美国，有150万老年人需要将他们月收入的至少50%用于支付房租，而大部分的住房却是不符合标准的（Johnson, 2015）。

因此，虽然原居养老是一个很好的概念，但是它可能更需要考虑个人与环境之间的契合因素。如果居住环境的特点能满足老年人的特定需要，并能弥补他们在资源方面的不足，那么即使是资源非常有限的人也能很好地（或最佳地）变老（Park，Han，Kim，& Dunkle，2017）。对一些老年人来说，这可能是一座具有适宜的环境的私人住宅。对其他老年人，包括那些低收入者来说，更合适的可能是其他一些非机构住房，包括老年人自己的住房或者统一护理社区。本章将探讨这些选择。在讨论之前，需要先讨论两个社区层面的原居养老方案：老年友好社区和乡村运动。

老年友好社区

根据世界卫生组织的预测，到 2030 年，世界上每 5 个老年人里，就有 3 个居住在城市地区（WHO，2018）。同时，60 岁以上的人口占比将会翻倍，从 11% 上升到 22%（WHO，2018）。为了帮助城市、郊区和农村地区的老年人在余生保持健康和独立，社区的物质环境和社会环境需要进行重大调整。

老年友好社区的八大宜居领域 八大宜居领域是世界各地老年友好社区设计中必不可少的因素，一场鼓励城市解决八大宜居领域的积极运动正在进行中（WHO，2018）。

领域 1：户外空间和建筑 所有年龄的人和无论能力如何的人，都需要聚集的空间，包括安全的公园和街道、户外座椅，以及使公共空间更加便利的调整措施。例如，在华盛顿，市政府办公室招募了一些老年人和本地的大学生去观察城市的街道，然后报告人行道破损或者不平整、路缘损坏或者交通信号灯时长不够老年人过马路等情况。这样做的目的是从一个老年人的角度，帮助城市来了解华盛顿的社区需要开展哪些工作，才能够更适合老年人生活。年轻的居民可能不会像老年人一样考虑过马路需要多长时间。更安全的街道能够帮助老年人更好地使用人行道和十字路口，保证他们在家以外的社区区域的安全。在这个街区步行项目中，居民可以使用一款名为 DC311 的智能手机应用程序来精确定位存在问题的地方并拍照，然后通过 311 城市报告系统直接向华盛顿交通运输部报告（Age-Friendly DC，2018）。这个项目从 2011 年开始执行，已经有将近 1 000 个维修问题得到了政府的关注。

领域 2：交通 汽车只是交通工具的一种形式，而且只适用于那些拥有汽车，并且随着年龄的增长还能继续开车的老年人。交通的概念比私家车宽泛得多，还需要公共交通、补贴出租车和其他形式的专业交通工具作为补充。然而，如果公交站不方便或不舒适，那么老年人可能会不爱使用公共交通。通过城市长凳项目和公交候车亭项目，纽约市致力于改善老年人最有可能上车的地方的 1 500 条公交站长凳和 3 500 个公交候车亭（New York City Department of Transportation，2018）。老年中心是老年人高度集中的地方。在离医院或社区保健中心 1/4 英里以内的区域，也成为改善长椅和休息场所的目标。在重新设计长椅时，规划者认为需要新的设计来适应不同的体型和高度。例如，重新设计扶手，以帮助老年人坐下和站立（AARP，2018）。经过改进的长椅也可以作为不同年龄段行人的休息场所。包括税收补贴或拼车计划的其他选择也可以改善老年人的交通出行。在本章的后面将详细探讨与交通有关的挑战和解决方案。

领域 3：住房 如果老年人想要在自己的房子里养老，那么为了适应老年人伴随年龄而来的变化，这些房子可能需要改造，或者需要为那些现有的房子不适合居住的老年人提供其他住房选择。例如，在俄勒冈州波特兰市，建筑规范的限制和市政费用被放弃，以适应大规模的辅助住宅单元（ADUs）的建设。辅助住宅单元是一种小型的、独立的住房单元，建在独户住宅内或同一地块上。位于现有物业范围内的辅助住宅单元可以是建在现有建筑的车库之上的低层公寓或单元（AARP，2018）。辅助住宅单元的类别还包括"小房子"，即独立于主房但建在同一地块上的小的、自给自足的单元。辅助住宅单元可以有多种用途。一对年长的夫妇可以在他们的地块上建造一个辅助住宅单元作为他们的住所，并将主屋出租以获得额外收入，或者反过来，辅助住宅单元用于获得额外收入，而年长夫妇继续居住在主屋。在其他情况下，辅助住宅单元可以建在老年人的成年子女的地块上，这样年老的父母可以靠近成年子女居住，但仍然保持一个单独的住所。波特兰项目的目的是为老年人提供住房，这些老年人居住在他们的社区中，以一种创造性的方式来维持他们的社会和支持系统，同时满足他们对一个更小但实用的生活空间的需求（Orange Splot，2018）。关注住房也意味着发展经济适用房，这将在本章后面详细探讨。

领域 4：社会参与 正如全书所强调的，对老年人来说，社会隔离及其导致的孤独与身体疾病一样危险。必须向老年人提供方便和负担得起的社会活动，以对抗社会隔离的负面影响。在得克萨斯州的布朗斯维尔，每年至少四次，市中心的大部分街道禁止机动车通行，以便居民和游客可以一起骑车、散步、慢跑甚至跳舞（CycloBia Brownsville，2018）。这个活动的想法来自一个被称为"ciclovia"的开放街道活动，在墨西哥和哥伦比亚的部分地区很常见。活动的目的有两个方面：一是改善城市各年龄段居民的健康状况，二是增强城市居民的整体社区意识。自 2012 年启动以来，该活动提供租赁自行车等服务，以鼓励城市居民尤其是老年人进行骑行娱乐和其他体育活动。组织者希望在活动结束后，城市居民也可以长时间保持这种形式的活动。对那些可能居住在市中心地区老房子里的老年人来说，社会活动能够促进各年龄段居民之间的互动。该活动还有另外一个好处，那就是鼓励城市居民在活动之外进行互动，并刺激市中心地区的商业活动。

领域 5：尊重与社会融合 有很多途径可以为年轻人和老年人提供互相学习、彼此尊重的机会，代际规划是其中之一。堪萨斯州威奇托市的"祖父母公园"（Grandparents Park）是为了满足一些老年人的需求而开发的。这些老年人表示，他们需要一个户外空间散步、锻炼或与孙辈或其他人一起玩耍。这个公园的另一个好处是能够提供一个空间,鼓励不同年龄段的人进行社交。威奇托市把一块空地变成了一个半英亩①的公园,公园附近有景观、围栏、步道和户外运动设施(City of Wichita, Kansas, 2018)。所有年龄的人都可以在公园组织特殊活动和其他活动,包括为了鼓励老年人进行体育锻炼和社交互动而开展的为期数周的步行项目。

领域 6:公众参与和就业 如果老年人选择工作,那么老年友好社区需要为他们提供能够持续在劳动力市场工作的机会或者能够发挥技能的志愿机会。无论如何,老年人都需要继续参与社区生活的方法,作为另外一种对抗社会隔离的方式。学生帮助老年人融合(SHINE)项目将天普大学和本地其他大学的学生志愿者与宾夕法尼亚州费城的老年移民配对,旨在帮助这些老年人适应美国文化。志愿者们接受将英语作为第二语言的教师的培训,并接受针对特定种族或族裔群体的文化和沟通技能的深入培训。这些志愿者向聚集在社区组织、老年中心或宗教场所的老年移民教授英语日常用语、生活技能、公民身份准备和健康知识(Project SHINE, 2018)。自 1985 年开始开展以来,SHINE 项目已经在全美 17 个不同的社区推广。它是为老年人和年轻人创造多重利益的公民参与项目的一个极好的案例。

领域 7:交流与信息 有很多方法能够促进老年人持续参与社会活动,其中之一就是促进老年人的交流,以获取智能手机和互联网渠道以外的社区信息。例如,纽约州的韦斯特切斯特对老年照护者教练进行培训,以指导和支持老年家庭照护者,因为这些照护者每天与老年人生活在一起,是最脆弱的人,而这些人里有很多本身就是老年人。照护者教练接受深入培训,内容包括衰老过程、照护者面临的挑战、照护过程中问题的解决,以及帮助照护者照护自己的方法(Westchester County Department of Senior Programs and Services, 2018)。照护者教练可以通过电话向照护者提供帮助,为照护过程提供支持,并为照护者提供有价值的信息。他们的作用被称作"好邻居作用",为照护者提供支持和信息(AARP, 2018)。正如第十二章所讨论的,照护负担可能对照护者和受照护者的健康状况都是一个风险因素。

领域 8:社区支持与健康服务 所有年龄段的居民,尤其是老年人,都需要在本地社区获得负担得起的保健服务,这样才符合老年友好社区的标准。保健服务包括诊所和医院等较大的保健提供者以及旨在促进整体身体健康水平的预防设施。一个很好的案例是艾奥瓦州得梅因举行的 50 & Better 高级健康博览会。该州最大的骨科医学院得梅因大学骨科医学中心组织了一场大规模的健康和社会活动,将社会活动与医学筛查结合起来(Des Moines University, 2018)。社会活动不仅包括舞蹈课、游戏、椅子瑜伽,以及对血压、

---

① 1 英亩约等于 0.04 平方米。——译者注

血糖、胆固醇、癌症、抑郁症、血管疾病和视力问题的免费检查，还包括诸如足部保健、营养评估、骨密度检查和药物审查等服务。当老年人收到各种评估结果以后，可以与这些医学专业的学生见面，这些学生负责回答老年人的问题或提出建议，以改善老年人的健康状况。健康博览会的服务对象是那些可能没有专业医生的老年人，或者健康保险的范围没有覆盖健康检查费用的老年人。这是通过筛查无症状早期健康问题，进而进行早期干预的一个很好的例子。它也为年轻的骨科医学专业学生提供了一个机会，成为他们临床训练的一部分，使他们能够获得处理老年疾病的直接经验。

这八个领域阐明了社区"对老年人友好"的真正含义。这一概念框架远远超越了只为坐轮椅的老年人或者步行的老年人设计的物理空间环境，还将社会心理因素（隔离、抑郁、参与和价值）作为社区一级倡议的重点。我们很快就会发现，推进老年友好社区的发展，实际上就是在打造"全年龄人群友好"的社区。

自然老化社区 自然老化社区（naturally occurring retirement communities, NORCs）是在地理上定义的地区，与周围社区相比，这些地区有更高比例的老年居民（通常有40%是65岁以上的房主和租房者）（Greenfield, 2010; Rivera-Hernandez, Yamashita, & Kinney, 2015）。根据美国人口普查数据乃至投票选举数据，一些州和社区已经敏锐地意识到哪些社区或地区老年人密度高，而其他一些州和社区才刚刚开始意识到这种年龄密度带来的优势和挑战。在自然老化社区，老年人的集中是非计划性的：这种人口密度的出现，是年轻人因找工作或者购买新住房而搬离社区的结果。然而，自然老化社区的形成确实有利于以更有效率的方式规划和提供服务，以支持社区中的老年人。

自然老化社区项目最初由一个领导机构，比如一个基于社区的非营利社会服务机构（如天主教社会服务机构或犹太教家庭服务机构）进行协调。领导机构负责与社会服务、保健服务、教育服务、娱乐服务和交通服务等服务的提供者发展伙伴关系（Greenfield, Scharlach, Lehning, & Davitt, 2012）。领导机构协调需要服务的老年人与服务提供者之间的关系，并管理财务。老年人既可以直接为一些服务付费，也可以通过其他资金来源补贴的方式获取服务，以减少服务费用。

除了增加老年人获得服务的机会外，自然老化社区项目模式还强调公民参与、赋权以及社会关系建设活动。公民参与被定义为生产性和社会性的活动，特别是促进公共利益的集体活动（Burr, Caro, & Moorhead, 2002; Greenfield, 2010）。公民参与包括社区的正式志愿服务，这种志愿服务能够提高老年人的心理健康和功能健康水平，减少抑郁症状（Morrow-Howell, 2010）。这种参与还有助于增强社区内老年人对所关注问题的批判性意识，这反过来又能够促进老年人更强的参与解决问题的意愿，从而提高自我效能感和个人自主性（Ohmer, 2008）。研究显示，"婴儿潮"一代尤其喜欢通过志愿服务和退休后的有偿工作来回馈社区（Harvard School of Public Health & the MetLife Foundation, 2006）。

参与社区活动也可以增强老年人的社会关系。例如，自然老化社区项目的领导机构可以组建兴趣小组,将在政治、文学或散步等方面有相似兴趣的老年人联系起来。体育或筹款等社会活动可以把那些可能永远不会互动的老年人聚集在一起。这部分强调了社会互动对老年人身体和心理健康的重要性。在共同的地理空间中保持参与和联系,扩大了老年人的社会支持系统。总之,作为老年人的集中地,自然老化社区项目可以在没有正式组织的情况下存在。然而,一旦有社会服务机构愿意开发项目,自然老化社区项目就可以扮演协调社会服务机构以及为老年人提供服务的角色。这与乡村运动的理念和结构是不同的。

乡村运动

乡村运动(village movement)是比较晚出现的一种以消费者为导向的老龄化模式,由马萨诸塞州波士顿市比肯山社区的一群五六十岁的人于 1999 年发起。他们想要找到在社区中能够帮助自己和他人原居养老的方法。比肯山社区是一个古老的波士顿社区,拥有鹅卵石街道和有 400 年历史的宏伟联排房屋。虽然该社区的一些老年人相当富裕,但另一些老年人的资源非常有限,他们要为支付高额的房产税和昂贵的旧房维护费用而苦苦挣扎。然而,他们却很希望留在他们觉得是家的地方养老。从运动一开始,比肯山的居民就致力于一种赋权模式,最大限度地提高老年人个人的能力,让他们自己决定自己的照护方式,而不是由善意的专业人员告诉他们应该做什么。几次会议之后,居民成立了比肯山村(BHV),这是一个独立的非营利机构,其董事会由居住在社区的老年人组成。与自然老化社区项目模式不同,BHV 的唯一使命是提高居民社会参与和公民参与的机会,并安排运输、家政和健康促进等支持服务。BHV 不是大型社会服务机构。BHV 由一名执行董事和开发、协调组织活动的专业人员运营,但董事会在 BHV 的运行方向上发挥着主要作用。该机构的收入来自会费,以及津贴、捐款和基金会筹款等外部资金。会费的收费标准在一个浮动的范围内,以确保收入较低的老年人也可以通过乡村运动模式获得服务。

BHV 激发了一场全国性的运动,旨在增强所有年龄和经济阶层的老年人的权能,使他们在年老时更积极地决定去哪里生活,以及如何生活(Gustke, 2014;Lehning, Scharlach, & Davitt, 2015)。2010 年,作为一个全国性组织,"村到村网络"成立,旨在通过提供指导和技术支持,鼓励乡村运动的可持续发展。如今,在美国 45 个州和哥伦比亚特区,有超过 200 个村庄使用村到村网络,超过 150 个村庄正在开发村到村网络(Village to Village Network, 2018)。乡村运动模式旨在从三个方面促进健康老龄化:通过寻找居民需要的资源和支持服务,提高居民的能力来管理他们自己的生活环境,提供开发或维护公民和社会支持的机会,提高或保持居民的身心健康水平(Graham, Scharlach, & Kurtovich, 2018)。

目前在美国各个村庄居住的老年人，绝大多数是白人，说英语，身体相对健康，在加入村庄时具有强大的社会联系（Graham et al.，2018；Lehning et al.，2015；Scharlach，Graham，Kurtovich，O'Neil，& Rosenau，2015）。因此，很重要的一点是，认识到这些村民可能不能代表一般的老年人口。总体而言，与一般老年人相比，这些村民在经济上更有保障，受教育程度也更高，但与其他居住在社区的非村民老年人相比，他们也表现出类似的身体和功能障碍。这表明，尽管这些村民有收入，但他们确实对支持服务有很大的需求。一个重要的特殊事实是，这些村民中的3/4是独居女性，尽管她们的教育水平和社会关系水平都很高，但她们更有可能面临经济问题（Graham et al.，2018）。

关于乡村运动模式的研究显示，乡村运动模式在减少老年人机构化和促进老年人的健康以及福祉方面是有效的。格雷厄姆和他的同事发现，在村庄生活一年后，受访者对原居养老更有信心，不太可能考虑搬迁，尤其是那些被认为最容易出现身体或功能损伤的老年人（Graham et al.，2018）。增加社会活动和公民参与是乡村运动的第二个目标，研究结果显示，在这些方面，村委会成员的作用是综合的。当他们加入村委会以后，他们感觉到与其他成员的社会联系增加了，并获得了与社区更强的联系感。然而，随着年龄的增长，人们的社会联系感会随着时间的推移而下降，研究人员认为这有两个原因：一是天花板效应（在这些成员加入村庄的时候，他们的社会联系基本上处于最高的水平，之后不太可能有比当时更多的社会联系了）。二是随着年龄的增长，老年人的身体健康水平逐渐下降。改善或维持成员身心健康的目标似乎在成员加入组织的至少一年内就已实现。成员能否成功地改善身体或心理健康状况，在很大程度上取决于他们是否真正参与了村庄所提供的健康和福利项目（Graham et al.，2018）。参加健康促进项目的老年人的健康状况得到了明显的改善；而没有参加健康促进项目的老年人的健康状况没有明显改善，通常还会出现与非村庄成员的老年人类似的健康状况下降的情况。

乡村运动的优势在于能够提供具体服务以支持老年人实现原居养老的愿望，同时，在社会隔离对老年人福祉构成重大威胁时，能够维持或发展健康的社会网络。社会网络通常通过村庄的正式组织形成，这些正式组织能够通过志愿服务以及分享社会兴趣的方式，为老年人创造直接与网络中其他人接触的机会。尽管具有这些重要的优势，但是乡村运动长久面对的一个威胁就是财政稳定性的问题。只有当大部分人能够全额支付他们的服务供给的时候，成员模式才可以正常运行。但是，如果低收入的老年人想要从这项运动中受益，那么浮动的收费标准是必不可少的。对长期计划来说，津贴和捐款等外部资金有时是不可靠的。在低收入和种族或族裔多样化的社区生活的老年人是最脆弱的，乡村运动能否在这些社区复制，是另一个令人担忧的问题。尽管存在一些局限，但乡村运动模式可被视为一种创新和成功的尝试，能够支持老年人在自己的社区实现原居养老的愿望，使他们有机会受益于支持服务，继续或增加的社会和公民参与，以及旨在促进身心健康的活动。

老年人的交通选择

世界卫生组织提出的"老年友好社区宜居指标"的其中一个领域是安全的、负担得起的交通。对许多老年人,尤其是住在农村和郊区的老年人来说,这意味着要尽量延长能够开车的年龄。众所周知,如果一个老年人有严重的身体或认知限制,那么出于对老年人本身和其他人的安全考虑,他不应该再继续开车。然而,对居住在郊区、小城镇和乡村等没有公共交通服务的社区的数百万老年人来说,开车仍然是唯一的选择。本节的第一部分首先从总体上讨论老年司机,包括与老化相关的身体和认知变化对老年人安全驾驶能力的影响,然后讨论老年司机的安全记录。接下来,介绍"明智驾驶"项目,这是一个全国性的评估司机的系统,进而讨论重新测试老年司机的重要性。本节的第二部分着重讨论美国各地使用的替代性交通选择。

老年司机

影响驾驶能力的与年龄相关的感官和身体变化 通过对老年司机的深入分析,研究人员已经能够判断出引发老年人车祸的高风险驾驶情况。这些驾驶情况包括左转弯、给道路上的其他司机让路、倒车以及通过复杂的十字路口(Emerson et al., 2012;Karthaus & Falkenstein, 2016)。有研究认为,这些驾驶的困难情况是老化导致的正常变化的结果。在所有由老化引起的显著变化中,视觉和空间灵敏度的下降是直接影响安全驾驶能力的最显著的感官变化之一(Tham et al., 2014)。老年人的视力不再像年轻时那么清晰和准确。老年人很难适应昏暗的光线、太阳的强光或光亮表面的反射光。视力,即看得清楚的能力,可能会受到白内障或青光眼等疾病发展的影响(McDonald,2014)。视觉处理速度和周边视力,这两者是在开车时准确扫描环境的能力中必不可少的。随着年龄的增长,正常的听力变化可能会使老年司机很难听到重要的交通噪声,如喇叭声或大型卡车和公共汽车产生的噪声。

执行功能,是能够完成一系列方向性活动或者一定程度的多任务处理活动的能力。这种功能在所有的老年人中都表现出一定程度的下降,而在老年失智症患者中则表现出明显的损伤。将汽车从停车场移动到街道上,规划从一个地点到另一个地点的路线,根据道路上的实时情况重新调整驾驶方式,判断速度,改变车道,预测意外的安全威胁,这些都属于执行功能。即使一个老年人有相当好的执行功能,在驾驶过程中做出决定的速度也会受到老化导致的身体变化的影响。

年龄较大的司机的神经运动功能的效率可能较低，导致协调性和灵活性较差，这直接影响了他们的驾驶能力，以及正确使用脚进行加速和刹车的能力（Hahn, Wild-Wall, & Falkenstein, 2011; Wild-Wall, Hohnsbein, & Falkenstein, 2007）。与年龄相关的身体灵活性的变化，特别是颈部的变化，使得老年司机很难环顾四周，由于看不清楚侧面和后视镜，他们很难评估驾驶威胁。

交通事故与老年司机 到2030年，美国将有7 000万65岁以上的司机（American Automobile Association, 2018）。有一种常见的误解，认为年长的司机比年轻的司机更容易发生交通事故。事实上，65岁以上的司机比其他任何年龄段的司机发生的交通事故都要少。然而，老年司机行驶每英里发生的交通事故比其他任何年龄段的司机都要多（American Automobile Association, 2018; National Highway Traffic Safety Administration, 2015）。除了每英里发生的交通事故更多外，老年司机在车祸中死亡的可能性是年轻司机的17倍，这可能是因为他们的身体更脆弱（American Automobile Association, 2018）。统计数据并没有说明涉及老年司机的"未遂交通事故"发生的数量，可能是由于其他年龄段司机的未遂交通事故发生的频率过高，从而掩盖了老年司机的未遂交通事故。值得注意的是，超过85%的老年司机不考虑他们的危险驾驶记录或交通事故记录，而认为自己是优秀甚至非常优秀的司机（Ross, Dodson, Edwards, Ackerman, & Ball, 2012）。研究人员发现，那些高估自己驾驶能力的老年司机，比那些承认自己有驾驶困难的老年司机更危险（Wood, Lacherez, & Anstey, 2013）。这些研究都显示，老年司机不太可能会自愿放弃他们的驾照。

开车对老年人的重要性 对那些在不安全的情况下仍继续开车的老年司机，应该怎么办？这对老年人本身，以及他们的成年子女来说，也是一个痛苦的困境。有很多这样的故事：成年子女想尽一切办法把车钥匙拿走，甚至把车开走，不想让他们年迈的父母继续开车，结果却被非常聪明的老年人挫败了，他们有备用钥匙，或者干脆再买一辆车。年轻的司机很容易对年长的司机做出判断，并建议老年人自动放弃驾照，或在某个年龄接受重新测试。对老年人来说，开车就等于能够自由行动。一旦不能开车，那么去看医生、完成一些简单的家务（比如买杂货）或者参加社交活动，即使不是不可能的，也会变得非常困难。对一个老年人来说，可能没有什么比保留开车的能力更能体现尊严和独立性了。对生活在农村或郊区的老年人来说，失去驾照就像是被判了社会隔离和身体隔离。开车不仅仅意味着到达某个地方，因为老年人的朋友或家人可以带老年人去任何他需要去的地方。失去驾照意味着一个人失去了决定去哪里和何时去的自由，这是一个人在十几岁或年轻时获得驾照所带来的最珍贵的东西。

专栏13-1列出了关于如何与老年人就开车问题交谈的建议。

专栏 13-1　与老年人谈论开车

谈论开车（或者不开车）可能是成年人与年迈的父母之间最难的对话之一。老年道路使用者安全信息交换所（The Clearinghouse for Older Road User Safety, 2016）为对话提供了以下建议：

1. 在需要之前进行对话。在一个老年人的驾驶能力开始恶化之前询问他，可以使这个话题在变得有威胁性之前被提出。问老年人："当我开始担心你的驾驶状况时，你希望我怎样和你说呢？"至少先提出这个话题。

2. 观察你年长父母的驾驶能力。观察他是如何开车的，包括他如何遵守交通规则，如何转弯，如何换车道，以及如何保持安全车速。为老年人提供具体的例子有助于说明你的担忧。

3. 了解其他可以帮助你的资源。这些资源可能包括医生、老年生活专家、老年律师或像"明智驾驶"这样的驾驶评估项目。第三者的参与可能会消除老年人的防御心理。

4. 承认这种讨论对你们双方来说都不舒服，进行一对一讨论，并做好父母产生强烈的情感反应的准备。这种讨论对成年子女和老年人来说都是令人焦虑的。坦率地承认，这对每个人来说都是一场艰难的对话，但为了老年人和其他人的安全，对话必须进行。成年子女不喜欢这样的对话，年长的父母也不喜欢听。

5. 提供替代交通工具的建议，以回应"如果我不开车，那么我哪儿也去不了"。如果驾车不再能够成为老年人的选择，那么有什么替代性的交通选择吗？了解社区能够提供的交通服务、志愿者司机服务或补贴出租车（或叫车）服务。是否有可能让其他家庭成员成为老年人的司机？

6. 避免与年长的父母发生冲突。不要在家庭会议上提出驾驶安全的话题，否则可能会让老年人觉得大家想要一起"对付"他。切勿指责老年人驾驶技术差，或要求老年人立即停止驾驶。不要直接对老年人说"交出钥匙"。

7. 知道什么时候该停止对话，要有耐心。如果讨论很激烈，那么在某些时候最好停止对话，改天再讨论这个话题。大家可能都需要一些时间冷静下来。

8. 在做任何决定时尽可能多地让老年人参与。以"我（我们）已经决定是时候让你停止开车了"开头，是成年子女做得最糟糕的事情。这很可能会立即终止对话。应该让老年人参与决定接下来的事情，探索可接受的替代性出行方式，并利用每一个机会为老年人提供支持，让他们认识到这是一个多么困难的决定。

资料来源：Clearinghouse for Older Road Use Safety. (2016). Ten suggestions on how to approach your aging parent's driving. Retrieved from https://www.roadsafeseniors.org/blog/10-suggestions-how-approach-your-aging-parent.

对老年司机驾驶能力的评估

评估真的能衡量驾驶能力吗？　由于老年人的视力、听力和身体灵活性都发生了变化，强制性地对老年司机进行重新测试的观点是很有说服力的。可能有人会认为，不适合开车的老年司机只是所有具有不安全性的司机中的一小部分，所以只要求老年司机进行重新测试，感觉具有歧视性。在某种程度上是这样的。所以，除了单纯的讨论之外，重要的是要看对老年司机进行重新测试应该包括哪些有意义的内容。

许多州要求所有的司机在更新驾照时都要进行视力测试。这似乎是一种有价值的筛选工具，可以判定老年人是否可以重新获得驾照。然而，一些州可以在线或通过邮件更新驾照，没有机会评估司机的视力。美国机动车部门的标准视力测试要求视力为 20/40。一些州对是否色盲进行测试,但这个测试并不会取消司机的驾驶资格。只有在测试了视力、确定明暗对比的能力、在弱光环境下看东西的能力和周边视力的情况下,视力筛查才有价值(Karthaus & Falkenstein, 2016)。即使有的话,这种程度的视力测试也很少在州机动车部门进行,因为这种测试所需的时间很长,费用也很高昂。因此,对老年司机进行视力测试是至关重要的,但只有当测试能识别出对驾驶有直接影响的更细微的视力变化的缺陷时,测试才有用。仅仅确定一个老年人的视力是否至少为20/40,以及他是否能分辨绿色、红色和黄色标识是远远不够的。

要求对超过一定年龄的司机进行重新测试的州通常会进行认知评估测试,如使用简明精神状态量表(第四章中已描述过)。该量表能有效识别严重的认知障碍,但无法识别更细微的执行功能问题。老年人的简明精神状态量表测试结果能显示出失智的不明显迹象,但是它无法显示多任务处理能力和快速决策能力的细微变化。另外的认知评估测试工具,如蒙特利尔认知评估量表(Nasreddine et al., 2005)和连线测验(Reitan, 1992),被认为在识别损害老年人驾驶能力的认知缺陷方面更可靠。因此,将测试老年人的认知功能作为重新批准驾照的一个决定标准是至关重要的,但前提是所使用的工具能够真实地测量安全驾驶所需的认知技能。

在讨论评估老年司机时,最后要考虑的是在真实交通或驾驶模拟器中测试实际驾驶能力的重要性。通过实际评估老年人处理大交通流量、安全左转弯、适当加速和刹车以及评估驾驶危险的能力,可以更准确地判断老年人能否安全驾驶。然而,这种类型的测试是非常昂贵的,并且对老年司机和评估员来说,都存在风险。

对老年司机进行有意义的重新测试需要花费大量时间和费用,包括对视力、听力、身体灵活性、认知限制和实际驾驶能力的评估。与州政府愿意提供的资助相比,对老年司机进行重新测试是一个更为复杂和昂贵的过程。众所周知,许多老年司机认为自己是非常好的或者优秀的司机,所以他们不太可能会主动停止驾驶。由谁来决定谁还能开车?我们如何平衡对公众和老年人安全的担忧与老年人不再开车可能会带来的社会隔离的危险?

"明智驾驶"项目 "明智驾驶"(Drivewise)项目提供了另一种决策过程:不是根据老年人的家人或朋友的意见,而是根据专业评估,来决定何时该停止驾驶。"明智驾驶"项目是由马萨诸塞州波士顿的贝斯以色列女执事医疗中心(Beth Israel Deaconess Medical Center)开发的,最初是为了应对医生和家属对老年司机的担忧。所有年龄段的司机都可以通过这个项目进行评估,这个项目对那些有神经、心理和身体问题(这些问题有的可能会影响安全驾驶能力,有的则不会)的老年人尤其有帮助(Beth Israel Deaconess Medical Center, 2018)。老年人既可以经由家人或健康照护提供者推荐参加该项目,也可以自愿接受驾驶评估。

驾驶评估包括以下部分:

(1)社会工作评估。社工会回顾个人的社会历史,并讨论驾驶对个人的作用,从而认识到驾驶在个人出行和生活质量方面的重要性。

（2）职业治疗评估。通过循证的标准化测试，评估个人的身体状况、视力和认知能力。职业治疗师非常适合评估一个人在驾驶时的身体灵活性、手眼协调能力和思维过程。

（3）行车评估。通过标准化的道路评估，职业治疗师和经过认证的驾驶教练使用适用于残疾司机的车辆评估司机的实际驾驶表现。行车评估在波士顿市交通非常繁忙的路段进行，评估内容包括在车流繁忙时左转、通过复杂的十字路口以及换车道等驾驶活动。

（4）社工跟进。社工将为司机提供一份详细的书面摘要，并就司机的驾驶能力提出建议。健康照护提供者也会收到一份报告副本。如果司机被建议不要继续开车，那么社工将需要为司机提供一些提高驾驶能力的教育材料，以及帮助他们寻找可代替汽车驾驶的交通工具。

驾驶评估是一个将生理、视力和认知能力评估与实际交通状况下的驾驶表现评估相结合的优秀案例。该项目是按服务收费的，但费用可能由私人保险公司支付。

社工在驾驶评估中的作用非常重要，尤其是在意识到驾驶在老年司机的生活中所起到的至关重要的作用方面。如果建议老年人停止开车，那么社工可以帮助他们找到其他的出行方式。出于安全考虑，建议老年人停止开车可能非常重要，但这一决定会产生潜在的社会和身体隔离。如果不帮助老年人确定哪些资源可以缓解这种社会和身体隔离，就是不负责任的社会工作实践。下面将探讨对于不能开车或不开车的老年人，有哪些替代性交通选择。

老年人的替代性交通选择

公共交通 对再也不能开车的老年人来说，最常见的选择就是公共交通。公共交通按固定路线及固定时间表提供公交车及地铁服务，不需要预约。因为公共交通的便利性和合理的收费，无论什么年纪，都有许多老年人积极地使用公共交通系统。事实上，美国大多数城市为老年人提供优惠，能够将公共交通的费用削减一半，使其成为最便宜的交通出行方式。然而，只有在老年人居住的地方附近有公交站或地铁站的情况下，使用公共交通才可行，而且公交站或地铁站的位置应该是安全的，服务运行频率应该能够满足全天和周末的交通需求，而且可以到达老年人想去的地方。即使这些条件得到满足，老年人也可能难以爬上公交车或地铁，或者在使用助行器或拐杖方面出现问题。虽然大多数公交车和地铁会为老年人或残疾人预留离门最近的座位，但这并不能保证他们一定会得到这些座位。在公共交通高峰时段，需要长时间站着等待，这些困难可能使得将公共交通作为一种可持续的交通方式变得不现实。

然而，公共交通的主要问题是可用性。在大多数老年人居住的郊区和农村地区，公共交通可能很有限或根本没有。《美国交通》2015 年发现，超过 1 550 万 65 岁以上的美国人生活在公共交通很缺乏或根本没有公共交通的社区。美国退休人员协会2018年发现，在50岁以上的人中，有60%在离家步行10分钟距离内没有公共交通，即使有，53%的受访者表示家附近没有人行道，即使步行也会产生安全问题。因此，虽然公共交通是一种宝贵的资源，但其对老年人的服务范围和实用性有限。

补贴出租车和叫车服务 当不能开车或没有公共交通时，出租车是一个合理的选择。然而，许多老年人对乘坐出租车持犹豫态度。老年女性可能不愿意把自己的住址告知陌生人，或者和不认识的人坐上一辆出租车，尽管出租车比优步和来福车等其他按需乘车的服务更安全，但是对这一行业的监管仍然很差。有些出租车司机可能会拒绝搭载老年人，因为他们担心乘车的老年人可能有健康问题，需要特殊处理，或者司机可能对老年人支付小费方面多少有先入为主的观念（National Center on Senior Transportation，2011）。通常来讲，老年人可能会避免使用商业出租车服务，因为商业出租车中缺少无障碍车辆。出租车可能不能容纳轮椅或助行器，老年人上下出租车时会面临困难。然而，老年人不愿乘坐出租车的首要原因还是经济承受能力。对经常出门、去约会或参加其他活动的老年人来说，出租车实在太贵了（National Center on Senior Transportation，2011）。

为了改变老年人认为出租车和出租车司机对老年人不友好的看法，田纳西州诺克斯维尔等地的社区开发了特殊培训，通过"老年人友好出租车认证项目"（Senior-Friendly Taxis Certification Program）改变司机对老年人和老龄化过程的态度。项目鼓励出租车司机提高驾驶技术，并致力于为老年人及残疾人提供更优质、更友善的服务。司机要接受背景调查、酒精和药物检查，并接受急救、心肺复苏和乘客援助方面的培训（Easter Seals Project ACTION，2010）。诺克斯维尔-诺克斯县社区行动委员会老龄问题办公室为参与该项目的司机设计了鼓励机制，包括支付检查和培训相关额外费用，以及在各自公司内获得更快晋升的途径（Knoxville-Knox County Community Action Committee，2009）。该项目被认为是出租车公司的一个明智的"老年人友好"商业决策。

为了应对出租车运输的费用，一些地区的老龄和残疾资源中心在美国大多数主要城市广泛推广出租车代金券项目（Community Transportation Association of America，2008）。例如，一个老年人可以花25美元购买一本价值50美元的代金券。代金券项目的好处是，老年人可以从选择的出租车公司获得快速和方便的出行服务，并保证出租车公司已经预付了出行费用。代金券项目由私人捐赠、联合劝募、信仰计划和社区行动计划提供支持。

优步和来福车等叫车服务公司已开始认识到设计适合老年人的服务的商业潜力。老年人可以通过智能手机应用程序直接使用这些服务。GoGoGrandparent等公司设立了热线，如果老年人不能或不想使用智能手机安排乘车，那么他们可以拨打热线，但是这种叫车服务会增加乘车成本（GoGoGrandparent，2018）。优步可以安排其他人为老年人叫车，用信用卡支付，并监控乘客和司机，直到老年人安全到达目的地。这种做法被称为"优步活动"。叫车服务对年龄最大的老年人来说可能是相当陌生的，但对"婴儿潮"一代来说却非常熟悉，这表明这些服务的使用将继续增长。

志愿者司机 由志愿者司机组成的交通网络是一个非商业性的交通项目，其为购物、医疗预约、娱乐和其他活动提供免费交通。在没有公共交通的农村地区，或公共交通不能到达老年人需要去的地方的地区，这是一个特别有吸引力的选择。这种项目通常由当地宗教组织或非营利组织进行支持和协调。

与叫车服务不同的是，志愿者司机通常与老年人配对，司机通过预约或在活动时与老年人待在一起，以确保老年人不会被困在目的地。志愿者司机可以为老年人提供社交服务，并在下车或提行李时提供帮助。当司机持续为老年人提供服务并与老年人建立关系时，他们也可以观察到老年人的健康和生活状况是否有所下降，或者这些老年人当时是否处于危险之中。

志愿者司机项目有多种模式。一些公司采用会员制模式，老年人购买该项目的会员资格，然后每次出行支付一小笔费用，比如新泽西州伍德里奇的 EZ 乘车项目（EZ Ride，2018）。EZ 乘车项目还提供优步乘车补贴和便捷的货车，这是一个庞大的综合交通服务包中的一部分。还有一些项目实行"时间银行"的运作模式，当一个志愿者司机让一个老年人搭车时，他能够获得积分，几年后该司机需要帮助的时候，可以使用这些积分获得帮助。马里兰州帕萨迪纳市的"关爱伙伴"（Partners in Care）项目正在使用这种模式，作为为老年人提供的一揽子综合服务的一部分（Partners in Care Maryland，2018）。还有一些志愿者司机项目通过地区老龄机构或老龄和残疾资源中心进行非正式运作，志愿者司机在这些机构登记，并在需要时使用机构的车辆或他们自己的汽车为老年人提供搭车服务。

辅助交通和叫车服务 1990 年通过的《美国残疾人法案》（Americans with Disabilities Act，ADA）要求，向不能使用固定路线的公交车或地铁的老年人和残疾人提供辅助交通服务。这些服务机构使用小型公交车，搭载老年人和残疾人，并将他们送往目的地，这些车通常也同时搭载其他乘客。辅助交通项目由当地公共交通系统协调，要求乘客在需要搭车时提前告知。辅助公交司机接受过专门的培训，以为老年人和残疾人提供帮助，例如帮助他们下楼梯、上下公交车或提行李。服务使用者必须被认为符合《美国残疾人法案》的要求，包括证明他们无法使用现有的其他交通选择。

叫车服务不同于官方认为的辅助交通运输。叫车服务面向所有需要交通工具购物、就医或参加社交活动的人，不限于老年人或残疾人。这些项目通常由非营利机构、政府机构或地区老龄机构提供。一些机构对这项服务收取少量费用，而另一些机构则以捐款为基础运作。在城市地区，可能一个机构运营几辆公交车，而且每周 7 天都提供服务。在农村地区，公交车可能每周只运营一到两天，但它为老年人提供了一种交通选择。

美国既没有一个综合计划,也没有单独计划来维护和发展老年人的交通项目(U. S. Government Accountability Office, 2014)。并不是只有老年人在没有交通工具时才会有困难。交通工具的可用性会影响所有年龄和收入的群体。未来的交通体系需要致力于构建一种公平和人道的方法来评估老年司机,以决定谁可以上路,谁不应该上路,并且需要同时考虑公众的安全,以及流动性对老年人的重要性。同时,还需要继续努力支持现有的公共交通项目,持续评估所有年龄组的需求,并为老年人和其他收入有限的人提供补贴。最后,地区老龄机构、老龄和残疾资源中心需要继续将资金投入一系列项目,为网约车和出租车服务、志愿者司机、专用公交车服务提供补贴,特别是在郊区和农村地区。获得安全和负担得起的交通服务是支持老年人成功老龄化的最关键因素之一。

老年人的居住选择

老年人的八大宜居领域中的第三个领域是安全和经济适用的住房(WHO,2018)。任何住房选择都需要关注三个主要方面。第一个是住房成本,对一个收入有限的老年人来说,很多住房可能是令人望而却步的。第二个是住房的地理位置,如与交通、购物、社会活动、朋友或家人等的接近程度。第三个是根据老年人不断变化的身体需要,住房是否是无障碍住房,或者可以调整为无障碍住房。本章的这一节探讨了各种可供老年人选择的住房,包括拥有自己的住房,有或没有住房券和补贴的租赁住房或公寓,各种集体住房,以及持续照护老化社区。

拥有住房

拥有自己的住房一度被认为是实现美国梦的终极象征。它是成年后安定下来的基准,为加入社会团体和组建家庭提供了理想的环境。私人住房提供了隐私和独立的空间。熟悉的社区为老年人提供基本服务,使他们在子女成年后的很长一段时间仍在这些社区生活。还清抵押贷款后,住房变得更加有吸引力,因为它能够调节生活成本,并且能够作为一项重要的金融资产。2018年,在美国65岁以上的老年人中,有近80%拥有自己的住房(U. S. Census Bureau, 2018)。尽管美国的住房拥有率令人印象深刻,但近35%的老年房主在退休后仍背负着抵押贷款债务,随着收入下降和与健康有关的成本增加,这成了他们繁重的负担(Consumer Financial Protection Bureau, 2014)。此外,住房拥有率因种族或族裔而异。在50岁以上的美国人中,82%的房主是白人,相比之下,53%的房主是黑人,62%的房主是西班牙裔,70%的房主是亚裔(Joint Center for Housing Studies of Harvard

University，2014）。这些住房所有权上的差异反映了有色人种为实现收入平等而进行的终生斗争。在有色人种老年人的生活中，当包括住房在内的金融资产可能提供最大的利益时，他们不太可能拥有这些资产。

帮助老年人原居养老的项目　对那些决定原居养老的老年人来说，最严峻的挑战之一是无障碍住房。在美国，几乎60％的家庭没有所谓的"通用设计"，包括可以通过轮椅的足够宽的门、电梯、没有台阶的入口或杠杆式门把手，以及其他设施（Joint Center for Housing Studies of Harvard University，2014）。一些州或联邦的项目可以帮助老年人改造房屋。"一起重建"项目在美国39个州设有分部，在一年时间里雇用了10万名志愿者，并为1万多个不同年龄段的家庭提供了房屋改造的材料（Rebuilding Together，2018）。南加利福尼亚大学伦纳德·戴维老年学中心（University of Southern California Leonard David Gerontology Center）采用了另一种住房改造方法，通过其行政认证的住房改造供应商项目（Executive Certified Home Modification Provider Program），为建筑商和社区成员提供了一系列关于老年人住房改造基础知识的在线课程（University of Southern California，2015）。也有一些州利用社区发展、集体拨款和家庭项目，使老年人更能负担得起改造房屋的费用（AARP Office of Policy Integration，2009）。

改善房屋的保温性能，更换漏风的窗户，安装挡风雨条和节能窗，是使房屋更经济的另一种方式（McLarty-Jackson & Walters，2007）。其他帮助老年人减轻房产经济负担的建议集中在财产税上。这些建议从简单的按照年龄减少财产税负担，到更加复杂的，为超过一定数额的财产税提供税收抵免的公式（Joint Center for Housing Studies of Harvard University，2014）。一些社区允许老年房主推迟缴纳财产税，直到房屋出售，或者让老年房主有机会通过社区服务或在市政府办公室兼职工作来缴纳财产税（City of Boston，2018）。地区老龄机构、老龄和残疾资源中心是适合开展调查项目的机构，这些项目帮助老年房主找到负担得起的资源来改造他们的房屋，或者确定他们是否有资格享受财产税减免。

房屋净值转换抵押贷款（反向抵押贷款）　如果一个老年人拥有自己的住房，那么这可能是他拥有的最有价值的资产。不幸的是，房屋的现金价值是最难估计的，即使它可能需要支付额外的维护费用或税款和维修费用。老年人的一个选择是拿出房屋净值转换抵押贷款，更好理解的说法为反向抵押贷款。下面探讨将反向抵押贷款作为一种选择，帮助老年人既保有他的房子，同时又获取现金价值。

房屋净值转换抵押贷款（HECMs）是一种反向抵押贷款。房屋净值转换抵押贷款是唯一一种在美国住房和城市发展部的支持下，由联邦政府通过联邦住房管理局担保的反向抵押贷款（Joint Center for Housing Studies of Harvard University，2014）。反向抵押贷款是一种以老年人的房子为抵押的贷款，只要老年人住在房子里，这种贷款就不必偿还。

老年人既可以一次性获得这笔钱，也可以每月定期获得这笔钱，作为持续的收入补充。当老年人卖掉房子、去世或永久离开家时，将需要偿还这笔钱以及利息和其他费用。换句话说，房屋净值转换抵押贷款是一种抵押房屋净值的贷款，不需要像传统的房屋净值贷款那样偿还。一个老年人在他的家中拥有的净值不断减少，减少的比例是按照每个月支付给老年人的贷款费用加上其他费用计算的。一些反向抵押贷款通常是由州和地方政府提供的，资金仅限用于房屋维修或支付财产税。也有一些反向抵押贷款允许老年人将这笔资金用于其他领域，如支付生活或医疗费用。即使老年人用完了他的房屋净值，但只要保持房屋维修状况良好，他就可以继续留在家里，贷款会支付房屋的财产税，也将继续支付房主的保险费用。

反向抵押贷款概念的局限性　你可能会想，为什么拥有自己的住房的老年人都不愿意使用房屋净值转换抵押贷款。对老年人来说，慎重考虑这个选择是很重要的，因为它确实有一些缺点。首先，当老年人去世或房子被卖掉时，第一项义务是偿还房屋净值转换抵押贷款，及其利息和其他与贷款机构相关的费用。这意味着，如果一个老年人把他的房子留给一个家庭成员，那么这个家庭成员也只能在支付房屋净值转换抵押贷款的所有费用后，才能获得房子剩余的价值。如果老年人活得够久，或者使用了相当多的房屋净值转换抵押贷款，他的房子可能就没有任何价值了。其次，房屋净值转换抵押贷款不是廉价贷款。在支付利息和其他费用后，老年人将永远无法获得房子的全部现金价值。这是老年人透支了房子的现金价值而仍然能够住在里面所需要承担的风险。最后，老年人必须维持足够的房屋所有者保险，维护房屋的良好状况，并履行当前的财产税义务。如果老年人无法满足这些条件，那么房屋净值转换抵押贷款可以终止服务。在这种情况下，老年人仍不得不卖掉房子，而且需要从卖房所得的资金中扣除房屋净值转换抵押贷款已经支付给他的所有款项。

62 岁及以上的美国人都可以使用房屋净值转换抵押贷款，但受到各州的严格监管（AARP，2010）。房屋净值转换抵押贷款的申请人必须接受至少一小时的有关房屋净值转换抵押贷款的财务咨询，以确保他们理解这个财务安排的复杂性。对那些想要获得房子的现金价值、近期内不想搬家，或者觉得不需要离开自己的家去其他家庭成员那里居住的老年人来说，当他们特别需要额外收入的时候，房屋净值转换抵押贷款可以作为在他们生命中的一段时间内增加收入的一种有用的资源。如果老年人房子维修得很差，无法负担税款或维修费用，或者真的想把房子留给家人，那么也许更好的选择是卖掉房子，搬到一个更便宜的地方居住。反向抵押贷款不是凭空而来的钱！本金预付款的利息和反向抵押贷款所涉及的费用事实上使这种反向抵押贷款成了一种相对昂贵的贷款。了解你所在州的国家老年单位所制定的相关规定和要求，作为探索是否要使用反向抵押贷款的部分依据，这是很重要的。

有补贴或无补贴的房屋租赁

与自有住房相比,租赁房屋或公寓有很多优势,如无须对住所进行持续的护理和维修,有更多的居住选择,以及只属于自己的隐私空间。对那些没有能力负担自有住房的老年人来说,租房是唯一的选择。那些一辈子都在租房的人认为,租的缺点是房东疏忽大意、存在被驱逐的风险、吵闹麻烦的邻居,以及许多城市地区飞涨的租金。在美国,一居室公寓的租金中位数为946美元,两居室公寓的租金中位数为1 174美元(Apartment List,2018)。这些数字有些误导人,因为在一些农村地区,一居室公寓的租金可能仅需500美元,而在纽约或旧金山等昂贵的地区则高达4 500美元。美国老年人平均每月的社会保障费是1 340美元,很少有老年人能在负担得起市场价格的公寓之外还有多余的钱来支付食物、水电和药品。

住房补贴租赁 美国住房和城市发展部开展了三个具体项目——住房选择代金券项目、多户住房补贴项目和公共住房项目,通过这些项目帮助了近100万老年人(Hawkins,2018)。

住房选择代金券项目是一个为低收入者提供私人市场住房代金券的项目。以租户为基础的代金券随个人转移,使低收入租户能够找到合适的住房。房东必须同意在该项目下出租房屋,且其房产必须达到健康和安全的最低标准。以项目为基础的代金券是与特定的住房单位挂钩的,无法随个人转移。对拥有这些代金券的人收取的租金数额取决于个人收入百分比(通常是30%),或者由运行住房选择代金券项目的当地公共住房管理局(PHA)确定最低数额。住房补贴由PHA直接支付给房东,租户个人支付租金与项目补贴金额之间的差额(U. S. Department of Housing and Urban Development,2018)。该项目长期面临资金不足的情况,被项目接受的人可能需要等待长达数年之久。尽管这对低收入的老年人有好处,但超长的等候名单,以及房东对向低收入者出租房屋的抵制,使得这个项目对需要根据医疗照护需求迅速变动的老年人来说,可能不是一个有吸引力的选择。

多户住房补贴项目,是针对老年人和残疾人的房租减免项目。美国住房和城市发展部通常与私人非营利性组织或非营利性消费合作社合作,为建造特殊住房提供低息或无息资本预付款。房租由美国住房和城市发展部补贴。这个项目面向62岁以上家庭收入较低(为地区收入中位数的50%)的老年人。这些公寓通常是一居室,配有扶手、坡道、防滑地板和紧急呼叫设备。一些公寓每天提供一顿热餐,还提供家政、个人护理、交通和社会服务。多户住房补贴项目的住房大约有300 000个住房单元是老年人在居住(Libson,2009)。对收入较低的老年人来说,这是一个理想的住房选择,但这些住房的空置率非常有限。

公共住房项目向所有低收入个人和家庭开放,公共住房通常在一些住房项目开发的不规则的庞大建筑群中。部分老年人将会在公共住房中安享晚年，而其他老年人则可能随时申请数量有限的公共住房。对老年人来说，公共住房在安全性、物质需求的正常配置，以及在城市中所处位置的方便程度等方面都存在问题。

安养照护

安养照护是一些老年人的一种选择，与在自有住房或公寓居住的老年人相比，这些老年人需要更多的帮助，但还没有达到需要养老院或其他长期护理机构提供照护的程度。这一选择旨在为老年人提供尽可能多的独立性，并在其需要时提供帮助。安养照护为老年人提供单间公寓、单人间或双人间，以及膳食、个人护理和健康相关服务。通常会有一名护士帮助老年人进行药物治疗或健康护理。安养照护设施包括从居民较少的小住宅到容纳数百居民的大型高层公寓式建筑（Argentum，2018）。联邦政府既不定义安养照护，也不会对其做出规定，所有许可决定都是由各州政府部门做出的。由于安养照护设施的规定差异，建议老年人及其家人在与安养照护项目签署协议或长期合同时，要非常谨慎，并提前对该项目的背景进行充分了解。在参加安养照护的老年人中，有 4/5 的老年人需要自费支付照护费用，每月的费用在 4 000 美元以上。老年医疗保健计划不覆盖安养照护服务，但长期护理保险可能可以负担一部分费用。尽管安养照护安置往往是长期照护安置的前兆，但是这种照护安排似乎没有像养老院一样引起老年人的恐惧和抵抗。

持续照护老化社区

并不是每一个老年人都想原居养老。当家人都不在家里了，曾经与家人一起生活的美好的家可能就不再具有实际意义了。一些老年人很乐意摆脱打理庭院、铲雪或扫落叶的责任。财产税和持续的维护费可能会促使老年人认真考虑离开家，进入一个更无忧无虑却仍然尊重他们独立性的生活环境。最重要的是，老年人需要参与制定决策。如果老年人能参与决定他们是否要离开家、什么时候离开、去哪里，那么他们可能更容易适应住房的变化。

老年人的一个选择是持续照护老化社区（CCRC）。持续照护老化社区也被称为持续照护老化设施、生命护理设施或生命护理社区（AARP，2017）。持续照护老化社区通常是一个大型的综合住房单元，对应不同的照护需求，是老年人的另一种选择。老年人在健康状况、能动性好的时候，可以选择搬到独立生活单元。在独立生活单元中，他们可能不需要支持服务，但可能会选择使用基本的家政服务或与其他居民共餐。能够为健康老年人提供的社会和娱乐活动范围非常广泛，包括锻炼设施、现场全方位服务的餐厅、特殊兴趣团体、宗教服务，也可以制定一个完整的活动时间表。对那些能够负担得起这种选择，并且正在寻求一种积极的生活方式的老年人来说，持续照护老化社区的独立生活单元可以提供丰富的、非常令人兴奋的机会结交新朋友，并享受退休后的休闲生活。

随着生理健康和心理健康需求的变化，老年人可能有必要搬到同一建筑群内的辅助生活单元。典型的辅助生活服务包括用餐、家政、交通、日常生活活动的个人帮助，以及改良的社交和娱乐活动（Ayalon & Greed, 2016）。持续照护老化社区也有成熟的养老院设施，可以满足最高的照护需求。在同一栋大楼里搬家，意味着老年人不需要搬迁到一个完全陌生的地方。他们与配偶、朋友和其他社会支持关系密切，同时又能获得所需的服务。这种连续体在同一住宅小区中提供了从最低限度的服务到完全照护的选择。

持续照护老化社区是老年人最昂贵的长期护理方案——对许多低收入的老年人来说，这个方案太贵了。持续照护老化社区可以由营利或非营利组织经营。无论如何，所有持续照护老化社区的基本财务机制都是相同的。老年人通过支付10万美元到100万美元不等的"入场费"来"购买"这个建筑群。这笔"入场费"购买了一份终身合同，使持续照护老化社区在法律上有义务为老年人在余生提供符合其需要程度的照护。除了"入场费"，还需要每月支付维护费，从每月400美元到2 500美元甚至更多不等。每月的维护费是由老年人选择的住房单元和进入社区时所需的服务水平决定的。对于"当前需要特别长期照护的风险"的预估也能够决定每月维护费的多少（Healthy Aging, 2007）。如果一个老年人在他相对健康的时候决定搬进持续照护老化社区，费用通常比在他的健康已经严重受损后才搬进此类设施要低。

持续照护老化社区的优势　持续照护老化社区的最大优势是，如果一个老年人不得不做出离开家的痛苦决定，那么他只需要搬迁一次。持续照护老化社区在法律上有义务为签署合同的个人提供护理，这样他们就不必担心以后在辅助生活单元或成熟的养老院找不到空位。独立生活单元为老年人提供了发展新友谊或与配偶一起生活的机会，而不需要考虑任何一方的健康状况，从而降低了他们一旦无法独立生活就会陷入社会隔离的可能性。持续照护老化社区的另一个优势是，老年人不再需要担心住宅或公寓的维护、应对不断上涨的财产税，他们能够对自己的生活安排感到安全。在持续照护老化社区中，当天气环境恶劣的时候，老年人可以通过隧道或人行道进入建筑群的不同部分，避免受到极热或极冷天气的伤害。然而，所有这些优势都是有代价的。

持续照护老化社区的劣势　持续照护老化社区的最大劣势是成本。对一个经济资源有限的老年人来说，这算不上一种选择。老年人需要一大笔钱——通常是通过出售他们的住房获得这笔钱——才能搬进这种设施。对一些老年人来说，不管收入如何，和许多其他老年人住在一起的想法都并不吸引人。对那些尤其喜欢年龄融合社区（那里有年轻人、中年人和老年人）的老年人来说，持续照护老化社区实际上会让他们感到压抑。这些老年人不想只和与自己年龄相仿的人在一起。搬进持续照护老化社区也是一项昂贵而严肃的法律决定。"入场费"是否可全额退还，费用如何根据需要的程度而改变，以及当一对夫妇中的一方死亡时，这项安排如何随之改变，不同的持续照护老化社区有不同的规定（AARP，2017）。

当老年人不想或者不能住在自己的房子里时，持续照护老化社区是一种极好的方式，可以将他们对生活的担忧降到最低。它为老年人退休后想要多活跃（或不活跃）的生活提供了真实的选择。然而，持续照护老化社区是昂贵的，需要大量的资金才能进入，并且还要能负担持续的维护费用。对于一些不想被其他的老年人排斥的老年人，这可能不是原居养老的最好选择。

无家可归的老年人

本章探讨了老龄化的概念，特别强调在支持老年人原居养老的愿望方面，那些负担得起的、可获得的住房和交通的重要性。然而，由于种种原因，越来越多的老年人发现自己根本没有家。2010年，有近4.5万的65岁以上的老年人无家可归，到2050年，这一数字预计将增长到9.5万（Sermons & Henry，2010）。流落街头或住在庇护所对人的生理、心理和社会影响十分严重，以至于研究者将50岁的无家可归者就定义为"老年人"（Brown et al.，2016）。50岁左右的无家可归者的健康状况与70岁的有居住地的人的健康状况是相似的（Henry J. Kaiser Family Foundation，2015）。

无家可归的老年人不太可能有享受社会福利的资格，从而加剧了他们的赤贫状况。诸如公共援助项目补充保障收入（SSI），要求个人信息，比如出生证明和永久住址（National Coalition for the Homeless，2009）。申请补贴住房或公共住房是很复杂的，即使是对那些没有无家可归困难的老年人来说也是如此。

年龄和体质的脆弱性使无家可归的老年人很容易受到伤害。2014年，1/3的针对无家可归者的暴力犯罪发生在50岁以上的人身上（Cimino et al.，2015）。有重大健康需求的老年人最终更有可能住进养老院、监狱或精神病院，而不是其他形式的永久性住所（U. S. Interagency on Homelessness，2016）。不幸的是，流落街头、在养老院或精神病院进进出出的循环可能会没完没了。

导致老年人无家可归的因素 大约一半的老年人在50岁之前就无家可归了，这意味着他们要在大街上养老。这些老年人更有可能有不良的生活经历，如创伤与药物和酒精滥用（Brown et al.，2016）。他们长期无家可归，给社会工作带来了一系列独有的挑战，其中最大的挑战是他们的身心健康严重受损。布朗等人发现，这些老年人往往一辈子贫困，没有社会关系，没有稳定工作的经验，以及一次次陷入戒除毒瘾失败的恶性循环（Brown et al.，2016）。

50岁以后无家可归的老年人在无家可归之前通常过着"传统的生活"（Crane et al.，

2005；Shinn et al.，2007）。他们有稳定的工作，很可能已婚或有伴侣，没有精神疾病或药物滥用史。对这群无家可归的老年人来说最大的影响是高昂的住房成本，这在本章前面已经讨论过。1/5 的老年人面临"严重的成本负担"，其定义是住房支出占老年人收入的 50% 或更多（Sermons & Henry，2010；Shinn et al.，2007）。在 2008 年的经济衰退中，一些老年人失去了他们的房子，丧失了抵押品赎回权，这是由高风险的住房贷款和房屋价值的急剧下降导致的。如果房屋不再是有价值的金融资产，那他们就只有很少的权益或者完全丧失权益。由于无力支付抵押贷款，有些老年人甚至连房租都支付不起，他们一夜之间无家可归。没有金融安全盈余，老年人会发现几乎不可能存下保证金和支付房租。他们由此开始了无家可归的危险循环。

高昂的健康照护费用是另一个可能导致无家可归的财政困境的原因。虽然老年医疗保健计划（将在第十四章中进行详细说明）支付了一些医疗费用，但它不是综合性的医疗保险。老年人在老年医疗保健计划和一些补充自付项目以及免赔额上的平均花费是每年 4 734 美元（Henry J. Kaiser Family Foundation，2014）。立即支付处方和医疗费用的需要可能会比支付抵押贷款或租金更加迫切。

对一些无家可归的老年人，尤其是那些社会支持系统较差的老年人来说，一些迟发性的精神疾病，如严重抑郁症或失智症等也会对他们产生影响。老年失智症可能导致老年人无力支付房租或抵押贷款，从而丧失抵押品赎回权或被驱逐（Brown et al.，2016）。如果不及时治疗，这些症状就会变得更加严重，并导致他们不断进出精神病院或养老院。

作为解决方案的永久支持性住房模式 永久支持性住房模式（PSH）是经济适用房和服务的组合，专门为那些没有持续的支持、不太可能住在永久住房中的老年人设计。无论对长期无家可归的老年人还是短期无家可归的老年人来说，这种模式都特别适用。房东和物业经理都接受过培训，对那些住在其中的困难的住户特别宽容 [Corporation for Supportive Housing (CSH) & Hearth，2011]。个案管理、以客户为中心的咨询、目标设定和服务计划、24 小时危机干预、交通服务、收款人服务和膳食供应，解决了那些导致无家可归的问题。服务总是与住房稳定的目标相平衡。超过 83% 的老年人进入永久支持性住房至少居住了一年（Larimer et al.，2009），这通常是多年来他们拥有的最长时间的稳定住房。

永久支持性住房模式与安养照护不同。安养照护设施提供的服务范围更广泛，其中有许多服务是特别针对医疗需求的。在永久支持性住房模式下，老年人要将收入的 30% 用于支付房租和水电费，他们有居住协议，可以随意进出公寓（CSH & Hearth，2011）。永久支持性住房模式之所以成功，可能是因为那些经过特殊训练的工作人员和志愿者对老年人的生理、心理和社会变化，以及在老龄化过程中面临的困难很敏感。老年人可能会对服务提供者产生深深的怀疑，因为他们担心自己最后会被送到养老院，或者有人会偷他们的钱。永久支持性住房模式还可以通过探访护士服务和临终关怀服务，处理一些老年人即将经历的医疗或认知能力下降问题。专栏 13-2 描述了目前在美国运行的永久支持性住房模式的几个例子。

> **专栏 13-2 一系列永久支持性住房项目**
>
> 1. 安娜·毕索奈特住宅（马萨诸塞州波士顿）：这是一栋有 40 个单元的四层公寓楼，靠近公共交通和零售店。该项目与一个老年护理组织合作，提供医疗护理，目标是让老年人尽可能长时间地留在社区生活。
> 2. 多梅内克住宅（纽约州布鲁克林）：这是一栋有 72 个单元的新建筑，该项目提供现场医疗教育和家庭保健服务，其中包括为低收入和以前无家可归的老年人提供公寓。
> 3. 梅森湾老年社区（加利福尼亚州旧金山）：这个七层的综合开发项目开发了 51 个单元的老年住宅作为永久支持性住房。该建筑包括一个成人日间健康中心、咖啡厅、餐厅和计算机实验室。
> 4. 公园公寓（伊利诺伊州基瓦尼）：该建筑结合了普通的老年人住房与为无家可归或有残疾的老年人提供的永久支持性住房。居民与专案经理密切合作，专案经理以保持住房稳定为目标，进行深入的拓展和护理管理。
> 5. 波蒂克高级家庭社区（加利福尼亚州圣迭戈）：这个开发项目有 200 套单间公寓，面向无家可归的老年人。服务包括娱乐、专案管理、就业援助和健康照护。

资料来源：Corporation for Supportive Housing (CSH) & Hearth. (2011). Ending homelessness among older adults and elders through permanent supportive housing. Boston, MA: Hearth Inc.

小结

这一章介绍了原居养老的概念，以及真正的老年友好城市的样子。大多数人会支持这样的观点，即老年人应该有尽可能多的选择，来决定他们在哪里度过晚年，尽一切努力让自己的家或公寓触手可及、负担得起，方便获得各种服务和资源。这对一些老年人来说是可能的。对那些住在不合标准、难以进入、有时甚至非常昂贵的房子里的人来说，在其他地方养老可能是个更好的主意！无论如何，负担得起和方便的交通和住房是成功老龄化所需要的两个最重要的条件。这一章探讨了老年人和他们的家人将面临的最困难的决定之一，即无论是出于自愿还是非自愿，限制老年人开车都是一个困难的选择。然而，在实施任何限制驾驶的强制措施之前，社区需要探索其他交通选择，包括调整公共交通（如果有的话）、志愿者司机、辅助交通工具、货车服务以及补贴出租车和网约车服务。

安全和负担得起的住房是创建老年人友好社区所需的第二个关键条件。由于老年人收入有限，目前租赁市场房租的爆炸式增长已经超出了许多老年人的承受能力。根据不断变化的生理需求，老年人的住房和公寓必须是无障碍的。老年人可能需要通过房屋改造补助金和安全的反向抵押贷款来获得经济援助，以支付留在自己家里生活的费用。对中低收入的老年人来说，住房选择代金券项目和多户住房补贴项目可以提供一定程度的安全保障。最后，对支付不起任何住房的老年人来说，其后果就是无家可归。老年人艰苦的街头生活，造成和加剧了老年人的身心健康问题。永久支持性住房在创造住房稳定性的同时，能够满足长期或短期无家可归的老年人的无数需求，显示出巨大的发展前景。

学习活动

1. 联系你所在地的老龄机构或老龄和残疾资源中心，看看在你所在的地区是否有针对老年人的交通项目，如果有的话，都有哪些。如果有公共交通系统，那么它为老年乘客做出了哪些调整？志愿者司机是否经常带老年人去看医生或做其他杂事？优步或来福车也为老年人提供交通服务吗？你认为这些选择足够吗？如果不够，那就如何将现有资源用于解决老年人的交通问题起草一项计划，或就如何将未来的公共资金用于解决这一问题提出建议。

2. 通过世界卫生组织确定的老年友好社区的八大宜居领域来评估你自己的社区。开发一种评估工具，以确定你的社区在哪些方面做得很好，在哪些方面可以改进。采访当地老龄机构或城市规划办公室，确定当地是否正在考虑建设老年友好社区。如果没有这种计划，那么社区对到 2030 年 1/5 的居民将超过 65 岁这个问题如何处理？

3. 安排一名你所在社区的银行信贷员与你的同学讨论反向抵押贷款。即使是最小的城镇也有银行，即使是最小的银行也有精通反向抵押贷款的职员。当你对这类贷款有了更多的了解后，在老年人接受反向抵押贷款之前，你想让他们了解些什么？与当地老年中心或老龄委员会的人沟通，安排你或银行的人向老年房主做一个有关反向抵押贷款的正式介绍。

4. 找找在你的社区中是否存在乡村运动的例子。该运动是如何被组织、资助和管理的？该运动在你的社区取得了哪些成就，还有哪些挑战？如果不存在村庄，那么从人口统计学角度来看，社区中有哪些部分可以被确定为自然老化社区？当地政府部门、老龄机构或老龄和残疾资源中心是否正在努力将老年人集中起来，以提高对老年人支持服务的认识？

5. 即使你没有意识到他们的存在，但每个社区都有无家可归的老年人。如果有的话，社区需要为无家可归的个人或家庭提供什么服务？针对长期无家可归或者最近才无家可归的老年人，都有哪些具体的服务？在你的社区中，存在哪些社会和人口障碍（例如，住房成本或生活成本）导致老年人无家可归？你如何看待在宏观层面上，社会工作对于解决无家可归问题的作用，不仅仅是为无家可归的人提供服务？

参考文献

AARP. (2010). Reverse mortgages fact sheet. Retrieved from https://www.aarp.org/money/credit-loans-debt/info-2003/revmortfactsheet.html

AARP Office of Policy Integration. (2009). *The policy book: AARP public policies 2009–2010.* Washington, DC: AARP.

AARP. (2017). About continuing care retirement communities. Retrieved from https://www.aarp.org/caregiving/basics/info-2017/continuing-care-retirement-communities.html

AARP. (2018). AARP livable communities. Retrieved from https://www.aarp.org/livable-communities/

Age-Friendly DC. (2018). Age-Friendly DC. Retrieved from https://agefriendly.dc.gov

American Automobile Association. (2018). Facts and research. Retrieved from https://seniordriving.aaa.com/resources-family-friends/conversations-about-driving/facts-research

Apartment List. (2018). Apartment List Rental Data. Retrieved from https://www.apartmentlist.com/rentonomics/rental-data/

Argentum. (2018). Assisted Living Federation of America. Retrieved from https://www.argentum.org/?s=assisted+living+federation+of+America

Ayalon, L., & Greed, O. (2016). A typology of new residents' adjustment to continuing care retirement communities. *The Gerontologist, 56*(4), 640–650.

Beth Israel Deaconess Medical Center. (2018). Helping drivers make the best choices. Retrieved from https://www.bidmc.org/centers-and-departments/neurology/programs-and-services/cognitive-neurology/programs/drivewise-and-driveadvise

Burr, J. A., Caro, F. G., & Moorhead, J. (2002). Productive aging and civic participation. *Journal of Aging Studies, 16*(1), 87–105.

Brown, R. T., Goodman, L., Guzman, D., Tieu, L., Ponath, C., & Kushel, M. B. (2016). Pathways to homelessness among older homeless adults: Results from the HOPE HOME study. *PLOS ONE.* doi:10.137/journal.pone.0155065

Cimino, T., Steinman, M. A., Mitchell, S. L., Miao, Y., Bharel, M., Barnhart, C. E., & Brown, R. T. (2015). Disabled on the street: The course of functional impairment in older homeless adults. *JAMA Internal Medicine, 175*(7), 1237–1239.

City of Boston. (2018). Senior property tax work-off. Retrieved from https://www.boston.gov/departments/elderly-commission/senior-property-tax-work-program

City of Wichita, Kansas. (2018). Grandparents park. Retrieved from http://www.wichita.gov/ParkandRec/CityParks/Pages/Grandparents.aspx

Community Transportation Association of America. (2008). Resources on transportation voucher programs. Retrieved from http://web1.ctaa.org/webmodules/webarticles/articlefiles/resources_transportation_voucher_program.pdf

Clearinghouse for Older Road User Safety. (2016). 10 suggestions on how to approach your aging parent's driving. Retrieved from https://www.roadsafeseniors.org/blog/10-suggestions-how-approach-your-aging-parent's-driving

Corporation for Supportive Housing (CSH) & Hearth. (2011). *Ending homelessness among older adults and elders through permanent supportive housing.* Boston, MA: Hearth Inc.

Consumer Financial Protection Bureau. (2014). Snapshot of older consumers and mortgage debt. Retrieved from https://files.consumerfinance.gov/f/201405_cfpb_snapshot_older-consumers-mortgage-debt.pdf

Crane, M., Byrne, K., Fu, R., Lipmann, B., Mirabelli, F., Rota-Bartelink, A., . . . Warnes, A. M. (2005). The causes of homelessness in later life: Findings from a 3-nation study. *Journal of Gerontology B: Psychological and Social Sciences, 60,* S152–S159.

CycloBia Brownsville. (2018). CycloBia. Retrieved from https://www.cyclobiabrownsville.com

Des Moines University. (2018). Senior health fair. Retrieved from https://dmu.edu/event/senior-health-fair

Easter Seals Project ACTION. (2010). Taxi toolkit: The ADA and good business practices for the taxi industry. Retrieved from http://projectaction.easterseals.com

Emerson, J. L., Johnson, A. M., Dawson, J. D., Uc, E. Y., Anderson, S. W., & Rizzo, M. (2012). Predictors of driving outcomes in advancing age. *Psychology of Aging, 27,* 550–559.

EZ Ride. (2018). About us. Retrieved from https://www.ridgefieldpark.org/sites/ridgefieldparknj/files/uploads/communitycars_2015_new_print.pdf

GoGoGrandparent. (2018). GoGoGrandparent: How it works. Retrieved from https://gogograndparent.com

Graham, C., Scharlach, A. E., & Kurtovich, E. (2018). Do

Villages promote aging in place? Results of a longitudinal study. *Journal of Applied Gerontology, 37*(3), 310–331.

Greenfield, E. A. (2010). Identifying the boundaries and horizons of the concept of civil engagement for the field of aging. In B. O'Neill & S. F. Wiscon (Eds.), *Civil engagement in an older America* (pp. 7–14). Washington, DC: The Gerontological Society of America.

Greenfield, E. A., Scharlach, A., Lehning, A. J., & Davitt, J. K. (2012). A conceptual framework for examining the promise of the NORC program and Village models to promote aging in place. *Journal of Aging Studies, 26*, 273–284.

Gustke, C. (2014). Retirees turn to virtual Villages for mutual support. *The New York Times*. Retrieved from https://www.nytimes.com/2014/11/29/your-money/retirees-turn-to-virtual-villages-for-mutual-support.html

Hahn, M., Wild-Wall, N., & Falkenstein, M. (2011). Age-related differences in performance and stimulus processing in dual task situation. *Brain Research, 1414*, 66–76.

Harvard School of Public Health & the MetLife Foundation. (2006). Reinventing aging: Baby boomers and civic engagement. Retrieved from https://assets.aarp.org/rgcenter/general/boomers_engagement_1.pdf

Hawkins, C. (2018). HUD-sponsored senior housing programs. Retrieved from https://seniorliving.org/lifestyles/hud-senior-housing-programs

Healthy Aging. (2007). *Help Guide*: Continuing care retirement communities. Santa Monica, CA: WISE & Healthy Aging. Retrieved from http://www.helpguide.org/elder/senior_housing_residential_care_types.htm

Henry J. Kaiser Family Foundation. (2015). Poverty among seniors: An updated analysis of national and state level poverty rates under the official supplemental poverty measures. Retrieved from https://www.kff.org/medicare/issue-brief/how-many-seniors-live-in-poverty/

Johnson, R. W. (2015). Housing costs and financial challenges for low-income older adults. Retrieved from https://www.urban.org/sites/default/files/2000312-housing-costs-and-financial-challenges-for-low-income-older-adults.pdf

Joint Center for Housing Studies of Harvard University. (2014). *Housing America's older adults: Meeting the needs of an aging population*. Cambridge MA: Author. Retrieved from http://www.jchs.harvard.edu/research/housing-americas-older-adults

Karthaus, M., & Falkenstein, M. (2016). Functional changes and driving performance in older drivers: Assessment and interventions. *Geriatrics, 1*(2), 12. doi:10.3390/geriatrics1020012

Knoxville-Knox County Community Action Committee. (2009). Knox County CAC Transit. Retrieved from http://www.knoxcac.org/newweb/programs-services/knox-county-cac-transit

Larimer, M. E., Malone, D. K., Garner, M. D., Atkins, D. C., Burlingham, B., Lonczak, H. S., . . . Marlatt, G. A. (2009). Health care and public service use and costs before and after provision of housing for chronically homeless persons with severe alcohol problems. *The Journal of the American Medical Association 301*(13), 1349–1357.

Lehning, A. J., Scharlach, A. E., & Davitt, J. K. (2015). Variations on the village model: An emerging typology of a consumer-driven community-based initiative for older adults. *Journal of Applied Gerontology*, 1-4. DOI: 10.1177/0733464815584667

Libson, N. (2009). *Section 202 supportive housing for the elderly. In 2009 advocates' guide to housing and community development policy*. Washington, DC: National Low Income Housing Coalition.

McDonald, R. B. (2014) *Biology of aging*. New York, NY: Garland Science.

McLarty-Jackson, A., & Walters, N. (2007). *Energy and telephone assistance in the states: Public programs that help low-income households*. Washington, DC: AARP Public Policy Institute.

Morrow-Howell, N. (2010). Volunteering in late life: Research frontiers. *Journals of Gerontology: Psychological and Social Sciences, 65*(4), P461–P469.

Nasreddine, Z. S., Phillips, N. A., Bédiriann, V., Charbonneau, S., Whitehead, V., Collin, I., . . . Chertkow, H. (2005). The Montreal Cognitive Assessment, MoCA: A brief screening tool for mild cognitive impairment. *Journal of the American Geriatric Society, 53*, 695–699.

National Center on Senior Transportation. (2011). Taxis for senior transportation. Retrieved from http://www.seniortransportation.net https://www.nadtc.org/resources-publications/taxis-for-senior-transportation/

National Coalition for the Homeless. (2009). Homelessness among elderly persons. Retrieved from http://www.nationalhomeless.org/factsheets/Elderly.pdf

National Highway Traffic Safety Administration. (2015). *2015 older population traffic safety fact sheet*. Washington, DC: U.S. Department of Transportation. Retrieved from https://crashstats.nhtsa.dot.gov/Api/Public/Publication/812372

New York City Department of Transportation. (2018). CityBench. Retrieved from http://www.nyc.gov/html/dot/html/pedestrians/citybench.shtml

Ohmer, M. L. (2008). The relationship between citizen participation and organizational processes and outcomes and the benefits of citizen participation in neighborhood organizations. *Journal of Social Service Research, 34*, 41–60.

Orange Splot. (2018). Space efficient housing initiative. Retrieved from http://www.orangesplot.net/space-efficient-housing-initiative

Park, S., Han, Y., Kim, B., & Dunkle, R. E. (2017). Aging in place of vulnerable older adults: Person-environment fit perspective. *Journal of Applied Gerontology, 36*(11), 1327–1350.

Partners in Care Maryland. (2018). Transportation. Retrieved from https://www.facebook.com/PartnersinCareMaryland/

Phillipson, C. (2007). The "elected" and the "excluded": Sociological perspectives on the experience of place and community in old age. *Ageing and Society, 27*(3), 321.

Project SHINE. (2018). Building bridges across ages and cultures. Retrieved from https://www.aarp.org/livable-communities/network-age-friendly-communities/info-2015/domain-6-shine-program-philadelphia.html

Rebuilding Together. (2018). Rebuilding together started with the simple act of neighbors helping neighbors. Retrieved from https://www.rebuildingtogether.org/history

Reitan, R. M. (1992). *Trail making test*. Tucson, AZ: Reitan Neuropsychology Laboratory.

Rivera-Hernandez, M., Yamashita, T., & Kinney, J. M. (2015). Identifying naturally occurring retirement communities: A spatial analysis. *The Journals of Gerontology: Series B. 70*(4). 619–627.

Ross, L. A., Dodson, J. E., Edwards, J. D., Ackerman, M. L., & Ball, K. (2012). Self-rated driving and driving safety in older adults. *Accidents: Analysis and Prevention, 48*, 523–527.

Scharlach, A. E., Graham, C. L., Kurtovich, E. O'Neil, C., & Rosenau., M. (2015). *Creating age-friendly communities through the expansion of Villages: Year three technical report*. Long Beach, CA: Archstone Foundation.

Sermons, M. W., & Henry, M. (2010). The demographics of homelessness series: The rising elderly population. Retrieved from https://endhomelessness.org/resource/the-rising-elderly-population/

Shinn, M., Gottlieb, J., Wett, J. L., Bahl, A., Cohen, A., & Baron Ellis, D. (2007). Predictors of homelessness among older adults in New York City: Disability, economic, human and social capital and stressful events. *Journal of Health and Psychology, 12*, 696–708.

Tham, Y. C., Li, X., Wong, T. Y., Quigley, H. A., Aung, T., & Cheng, C. Y. (2014). Global prevalence of glaucoma and projects of glaucoma burden through 2040: A systematic review and meta-analysis. *Ophthalmology, 121*, 2081–2090.

Transportation for America. (2015). Aging in place: Stuck without options. Retrieved from http://t4america.org/docs/SeniorsMobilityCrisis.pdf

Trecartin, S. M., & Cummings, S. M. (2018). Systematic review of the physical home environment and the relationship to psychological well-being among community-dwelling older adults. *Journal of Gerontological Social Work, 61*(5), 567–582.

University of Southern California. (2015). Home modification education for states (HOMES) program. Retrieved from https://homemods.org/homes/

U.S. Census Bureau. (2018). Annual homeownership rates for the United States by age group: 1982–2017. Current Population Survey/Housing Vacancy Survey. Washington, D.C.: U.S. Government Printing Office. Retrieved from https://www.census.gov/housing/hvs/data/charts/fig07.pdf

U.S. Government Accountability Office. (2014). *Transportation for older adults: Measuring results could help determine if coordination efforts improve mobility. Report GAO-15-158*. Washington, DC: U.S. Government Printing Office.

U.S. Interagency Council on Homeless. (2016). The president's 2016 budget: Fact sheet on homelessness assistance. Washington, D.C.: U.S. Government Printing Office. Retrieved from https://www.usich.gov/resources/uploads/asset_library/2016_Budget_Fact_Sheet_on_Homelessness_Assistance.pdf

Village to Village Network. (2018). About Village to Village Network. Retrieved from https://vtvnetwork.clubexpress.com/content.aspx?page_id=22&club_id=691012&module_id=248579

Westchester County Department of Senior Programs and Services. (2018). Caregiver coaching. Retrieved from http://seniorcitizens.Westchestergov.com/caregiver-coaching

Wild-Wall, N., Hohnsbein, J., & Falkenstein, M. (2007). Effects of ageing on task preparation as reflected by event-related potentials. *Clinical Neurophysiology, 118*, 558–569.

Wood, J. M., Lacherez, P. F., & Anstey, K. J. (2013). Not all older adults have insight into their driving abilities: Evidence from an on-road assessment and implications for policy. *Journal of Gerontology A, 68*, 559–566.

World Health Organization. (2018). Age-friendly cities and communities. Retrieved from http://who.int/ageing/projects/age-friendly-cities-communities/en

第十四章

老年人的收入计划、健康保险和支持服务：未来的挑战和机遇

学习目标

- 讨论社会保障和补充保障收入，这是老年人的两个主要的收入替代计划。
- 介绍为老年人服务的政府健康保险计划——老年医疗保健计划和老年医疗补助计划的基本细节。
- 描述1965年《美国老年人法案》授权的提供支持性服务的项目，如家庭护理、营养计划和独立选择等，包括对老年护理定位器的讨论。
- 在为老年人服务的项目有限的背景下，老年移民正在与传统的老龄化挑战做斗争。探索老年移民所面临的独特问题。
- 思考在21世纪人口老龄化社会中，社会工作职业所面临的挑战和机遇。

章节概述

社会保险和公共救助项目

老年人收入支持项目

老年医疗保健计划：老年人的健康保险

老年人的就业相关项目

为老年人提供的支持服务

未来有哪些挑战和机遇？

社会保险和公共救助项目

本书探讨了社工在与老年一起工作时所扮演的各种角色，包括治疗师、小组领导者、家庭顾问，以及在健康、保护服务、住房和交通环境等方面的倡导者。在这些角色中，通常在老年人和他们家庭成员的要求之下，社工有提供服务的直接职责。但是有一些老年人的需求是社工无法直接满足的，包括收入支持、健康保险和支持性服务，例如家庭健康照护、家政服务或者送餐上门服务。社工在评估老年人是否需要这些支持方面起着至关重要的作用。这就是为什么本书一直强调全面的生理、心理、社会评估的重要性。在现实中，社工往往需要将评估中确定的困难与收入支持、健康保险或支持性服务联系起来，以帮助老年人尽可能长时间地保持独立。一旦知道老年人需要什么，就该探索到哪里去寻找财政资源、医疗保健服务或其他服务来满足这些需要。

本章首先描述老年人有资格参加的最常见的收入支持项目：老年人、遗属和残疾保险（DLD-Age，Survivors，and Disability Insurance，OASDI），也就是众所周知的社会保障以及补充保障收入（Supplemental Security Income，SSI）。虽然你可能在为老年人提供特定的支持性服务，但他们经常会有关于社会保障或补充保障收入的问题。重要的是，社工要对这些项目有基本的了解。对那些社会保障或补充保障收入无法满足收入需要的老年人来说，可能有必要继续工作。现有的项目可以帮助老年人找到工作，或者充分利用他们可能有资格参加的其他福利项目，帮助他们增加收入。

社工还需要了解老年医疗保健计划（特别是 D 部分，即处方药覆盖计划）以及老年医疗补助计划（即面向所有年龄的低收入个人的医疗保健筹资计划）的基本知识。2010 年的《患者保护和平价医疗法案》扩大了老年医疗保健计划和老年医疗补助计划的保健覆盖范围以及老年人的选择。

本章的后半部分探讨了能够帮助老年人日常生活活动的一般性家庭照护服务。这些是在为老年人工作时，最常需要的服务类别。这些服务通常通过老龄化服务网络以及联邦、州和地方支持服务网络进行协调，这些网络是由 1965 年《美国老年人法案》及其后续修正案进行授权的。本章的最后讨论了 21 世纪老年人和社会工作专业将面临的挑战和机遇。

老年人收入支持项目

当老年人丧失工作能力或者退休以后，最紧迫的需求就是财政需求。针对老年人的收入支持项目有两类。社会保障是一种社会保险项目，该项目的参与资格不是资产测试，而是是否向该项目付费。非常富有的老年人会得到社会保障支票，就像那些终身低薪的员工一样。相比之下，补充保障收入是一个公共援助项目，这意味着人们的收入和财产必须是有限的，才能符合资格。资产或需求测试可能会因为老年人有太多的收入或太多的金融资产，而限制他们参与该项目。下面首先讨论老年人退休时最广泛使用的社会保障福利。

社会保障退休和遗属福利

老年人、遗属和残疾保险 1935年的《社会保障法案》及其后续的修正案包括广泛的社会保险和公共援助项目，但只有一个退休项目与法案相关。老年人、遗属和残疾保险包括退休员工的收入，已故员工的遗属的收入补偿，以及残疾员工的收入。每个合法员工的工资都要被征收6.2%的工资税，由雇主缴纳另外的6.2%（Social Security Administration，2018a）。但是为社会保障而纳税的个人收入是有上限的。2018年，只有12.72万美元的收入被征税，因此高工资人群无须为超出上限的收入向该项目缴纳税款（Social Security Administration，2018a）。每年，社会保障局都会调整并公开这些金额（www.ssa.gov）。

收缴的工资税将被存入一个信托基金，用于支付该项目当前的需求，并且在员工退休时，这部分资金也是退休福利可用资金的一部分。一个人必须工作40个季度或者10年，才能拥有自己的社会保障账户。若一个人年纪较大，且没有工作足够的年限，在其配偶退休后，其仍有资格通过其配偶的账户领取福利。到了法定退休年龄66岁时，就有资格领取退休金，但对1960年及之后出生的人来说，法定退休年龄将逐渐提高到67岁（Social Security Administration，2018a）。在62岁退休的人，可获得低水平的福利。如果在达到法定退休年龄前就开始每个月领取福利，那么退休金就会大幅减少。将要退休的老年人应在预期退休日期前至少三个月联系当地的社会保障局。

2018年，美国退休员工的平均退休金为每月1 340美元（Social Security Administration，2018a）。当消费者价格指数上升时，社会保障金额还会根据生活成本进行调整。退休时提供的支持取决于个人一辈子的收入。这就是那些一辈子从事低工资工作的员工在退休后仍然面临经济困难的原因。但是，社会保障福利公式保证工资较低的员工获得相对于其收入的更高的工资替代率，以便为退休前的收入提供更"充分"的替代。

较低的终身收入、较高的残障率和移民对有色人种老年人的社会保障福利产生了负面影响。除了向该项目支付更少的费用外，西班牙裔和黑人男性的预期寿命更短，因此享受福利的时间也更短（Martin & Murphy，2014）。女性也存在同样的公平问题，她们的工资往往较低，在职总年限也较短。然而，女性的寿命往往比男性长，因此依赖较低收入的时间更长。虽然丧偶女性可以根据其丈夫的收入获得更高的福利，但50%的未婚女性获得的社会保障福利收入占其总收入的90%（AARP，2017）。正如本书一直提到的，女性和有色人种的经济困境会伴随他们步入老年。在收入保障方面，年龄并不是最重要的平衡因素。

社会保障的未来 有必要澄清的是，社会保障福利从来不是老年人的唯一收入来源，"唯一收入来源"是许多老年人及其家人的一种流行但有害的误解。社会保障最初只是退休保障"三腿凳"中的一条腿。以就业为基础的计划，如401（k）计划和个人金融资产被认为是另外两条腿。然而，事实证明，对许多老年人来说，在工作期间为退休储蓄额外的资金即使不是不可能的，也是很困难的。2017年，2/3的社会保障福利领取者将社会保障福利作为唯一收入来源（AARP，2017）。

与就业相关的养老金正在迅速消失，许多被401（k）计划替代。401（k）计划是自愿项目，结合了员工以及——在某些情况下——雇主的贡献。然而，如果员工不选择参加该计划，那么他们也会选择退出目前相当于养老金的计划。美国的个人储蓄也处于历史最低水平。据估计，"婴儿潮"一代的已婚夫妇的平均金融资产（不包括房屋净值）约为92 000美元（Hopkins，2016）。这一群体即将退休，他们没有足够的资产（除了房子）来补充社会保障福利。虽然当前和"婴儿潮"一代的退休人员很有可能将依靠社会保障福利作为他们退休计划的一部分，但下一代退休人员的未来有些黯淡。社会保障理事会报告称，2018年，向受助人支付的义务款项的估计成本超过了向该项目支付的工资税（Board of Trustees，Federal Old-Age and Survivors Insurance and Federal Disability Insurance Trust Funds，2018）。这意味着需要动用保管累积工资供款的信托基金来履行该项目的财务义务。这并不表明该项目已经破产，而是表明在2018年，该项目的成本超过了它的收入。这一体系的快速枯竭是由于越来越多的"婴儿潮"一代退休，他们中的第一批人在2008年有资格提前退休。社会保障理事会还预测，到2034年，信托基金将耗尽，如果没有干预措施来增加工资税或大幅减少福利，该项目就将破产（Board of Trustees，Federal Old-Age and Survivors Insurance and Federal Disability Insurance Trust Funds，2018）。

关于如何改革社会保障制度有许多提议，尽管每一个提议都遭到了一些利益集团的反对。一些提议建议将该项目完全重组并私有化，纳入与当前401（k）计划类似的退休收入计划。也就是说，不再由联邦政府征收工资税，而是由员工自己直接控制那些最初被指定为工资税的资金的至少一部分。个人可以与私人理财规划师合作，自行决定如何投资他们的退休储蓄。对精明的投资者来说，这可能确实是一个明智的金融选择。但是，关于让每个人（尤其是那些金融知识有限的人）来做这类金融决策是否明智的问题，引起了激烈的争论。这种做法将所有责任（和风险）都转移到了个人身上，这违背了1935年《社会保障法案》的初衷（Schulz & Binstock，2006）。立法的初衷是提供一套"社会保险"体系，以保护退休人员、已故员工的遗属和残疾人免于承担经济风险。

另一个提议是将6.2%的工资税从适用于当前127 500美元的收入水平，扩展到更高水平，或直接提高工资税。目前，收入超过这一数额的个人无须支付额外的工资税。然而，如果个人需要支付更多的工资税，那么雇主也需要支付更多的工资税，因而他们对这一提议表示了强烈的反对。其他的选择包括提高所有人的工资税，逐步将退休年龄提高到70岁，降低新退休人员的福利水平，降低更有可能有储蓄和投资的高工资人群的福利水平（AARP，2017；Schulz & Binstock，2006）。所有这些选择都是有争议的，因此到目前为止，政客们（尤其是在选举年）对社会保障的"问题"的保持缄默。尽管存在缺陷，但社会保障的收入是老年人收入支持计划的重要组成部分。如果这个项目要在未来几代人中继续存在，那么不管那些选择是否受欢迎，政策制定者都将被迫做出决定。

对那些已经进入劳动力市场的老年人来说，社会保障是他们经济保障计划的重要组成部分。然而，并不是每个老年人都能够工作足够的年限，有资格领取退休金，甚至根本就没有工作过，这使得这些老年人没有资格领取退休金。为这些老年人设计的基于需求的项目是补充保障收入。

补充保障收入　在1972年之前，州和地方的公共福利部门向贫困的老年人和残疾人提供联邦补贴。联邦和州政府官员意识到，由于该项目与当地的"福利"办公室有关，因此低收入老年人没有充分使用该项目。那些一生都在努力工作、照护家人的老年人，退休后却发现自己一贫如洗。因为羞于申请福利，很多人不愿意参加该项目。为了将针对老年人和残疾人的公共援助项目从传统福利体系中分离出来，1972年，补充保障收入作为《社会保障法案》的一部分获得批准。这个项目为老年人和残疾人提供额外收入（在某些情况下，这是老年人唯一的收入），联邦支付的最低数额可能由州基金补充。低社会保障福利或没有社会保障福利的老年人可能有资格参加该项目，补充保障收入福利可以与社会保障福利相结合。2018年，全美范围内的补充保障收入基本补贴为每人750美元，每对夫妇1 025美元，许多受益人只有资格获得部分补贴（Social Security Administration，2018b）。无论全额或部分福利水平如何，补充保障收入最重要的好处之一是，受助人自动有资格加入老年医疗补助计划，这是比单独的老年医疗保健计划更全面的健康保险。老年医疗保健计划和老年医疗补助计划都将在本章后面介绍。

显然，如果社会保障福利和补充保障收入是老年人的唯一收入来源，那么二者都不足以使他们脱离贫困。对那些幸运的老年人来说，在他们的工作生涯中，他们有足够的资源通过储蓄或投资为退休而储备资金，他们可能有足够的收入过上舒适的生活。但对许多其他人，包括女性和有色人种来说，情况并非如此。额外的收入支持可以通过能源援助计划、房产税减免、补充营养援助计划、或其他由国家资助的专门为低收入老年人设计的项目来提供。老年人应该在当地的社会保障办公室申请社会保障福利和补充保障收入。

退伍军人福利 美国目前有 1 240 万 65 岁以上的退伍军人（U. S. Department of Veterans Affairs，2018）。这些退伍军人参加过第二次世界大战、朝鲜战争、越南战争，以及波斯湾战争。退伍军人不分年龄，都有资格享受各种福利，包括在服役期间受伤的伤残补偿、医疗保健、低息住房贷款、保险、康复培训、就业推荐和丧葬荣誉。老年退伍军人如果在战争期间服役、光荣退役、符合严格的收入和资产要求，那么可能有资格领取养老金。虽然这些养老金数额不大（大约每月 1 200 美元），但可能是没有资格领取社会保障福利或没有个人财务资产的退伍军人的唯一收入。

有两个特殊的项目可以支付老年退伍军人额外的现金福利：援助和出勤项目及回国项目（Senior Veterans Service Alliance，2018）。援助和出勤福利可以提供给那些不能进行日常生活活动，装有假肢或矫形设备，有身体或精神残疾，对其安全构成威胁的退伍军人。回国福利则适用于不能离开其直接住所或被收容的退伍军人。

老年退伍军人还可能有资格享受美国退伍军人管理局通过退伍军人管理局医院提供的老年保健和长期护理。这个广泛的医院网络为美国各地的退伍军人提供服务，但对一些生活在农村地区或行动不便的退伍军人来说，可能并不方便。尽管退伍军人管理局是一个联邦机构，但这些项目的细节，以及获得额外养老金福利所需的证明材料要求，在一定程度上因州而异。退伍军人管理局是一个庞大的、官方的、政治性的组织，因此它成立了很多保护组织，如退伍军人服务联盟，以指导老年退伍军人在这个复杂的系统中获得需要的帮助。

老年医疗保健计划：老年人的健康保险

A 部分和 B 部分

1965 年，为 65 岁以上的人和一些残疾人提供的老年医疗保健计划被添加到《社会保障法案》中。该项目由员工和雇主支付的工资税和计划受益人支付的保险费共同资助。该项目不包括所有的健康照护费用，如果没有其他补充医疗保险，就无法支付所有的健康照护费用。大多数 65 岁以上的老年人有资格享受老年医疗保健计划的 A 部分（医院保险），大多数人不需要支付保险费，除非他们有非常高的收入或没有工作足够的时间来获得免费保险。A 部分帮助支付住院护理、当需要康复服务时的短期家庭护理和短期家庭照护的费用。该项目有免赔额和共同支付要求，所以它绝对不是免费的健康保险。B 部分（医疗保险）帮助支付门诊护理费用，并要求每月支付一定数额的保险费，2018 年为每月 134 美元（U. S. Centers for Medicare & Medicaid Services，2018）。

是否参加 B 部分是可以选择的，但是如果老年人在符合条件的时候没有参加 B 部分，那么他们可能会被要求在参加时支付额外的罚款。在提供服务之前，B 部分也有一个扣除项目，大部分服务需要共同支付。2010 年的《患者保护和平价医疗法案》（The Affordable Care Act of 2010）为参加老年医疗保健计划的个人提供了免费的结肠癌、前列腺癌和乳腺癌筛查，以及免费的年度健康检查。B 部分注重预防和治疗，是对老年人健康的一项重大投资。

C 部分及补充保险

老年医疗保健计划的 A 部分和 B 部分的组合涵盖了大约 80% 的医疗保健费用。剩下的 20% 可以通过医疗保险优势计划（C 部分）或类似于常规健康保险的补充政策来覆盖。

老年医疗保健计划的 C 部分，即医疗保险优势计划，为符合条件的老年人提供了加入健康维护组织或选择医疗保健提供者的机会。这个项目由受益人支付的保险费和老年医疗保健计划支付的按人头计算的费用提供资金。医疗保险优势计划的目的是降低老年人和老年医疗保健计划的医疗保健总成本。如果向医疗保健提供者支付一定数额的费用，以便为老年人提供保健，那么明智地提供保健并促进疾病预防，而不是仅仅专注于治疗现有的疾病，符合这些提供者的最大利益。老年人必须同时参加 A 部分和 B 部分才能参加医疗保险优势计划。老年人选择这一选项的动机是，通常这种保险要么有较低的保费，要么有较低的免赔额——但不是两者同时都有。对于健康的老年人，一个低保费的计划可以在需要紧急医疗保健时提供保险，即使该计划有较高的免赔额。对于有更多保健问题的老年人，支付更高的保险费可能会使他们获得更全面的覆盖，并降低免赔额。

每次就诊或住院都可能有一个标准的自付额，但这些金额比仅 A 部分和 B 部分所规定的金额低很多。对这种安排而不是传统的非管理或护理，消费者的满意程度是不一致的，而且对不同的保健计划的满意度差别很大。一些参加了医疗保险优势计划的老年人在选择医疗保健提供者时感到非常受限制，或者认为该计划没有覆盖某些昂贵的医疗保健程序（Wacker & Roberto, 2019）。

医疗保险优势计划的实际数量已经下降，因为管理式医疗机构发现，在目前的支付结构下，它们无法承担为老年人提供医疗服务的实际成本（Wacker & Roberto, 2019）。对管理式保健组织来说，具有最低保健需求的老年人可能对其具有吸引力，但患有慢性疾病的体弱老年人则对其没有吸引力。2010 年《患者保护和平价医疗法案》（Patient Protection and Affordable Care Act of 2010）对医疗保险优势计划部分的修改，可能会减少这类计划的数量。医疗保险优势计划由私营保险公司提供和管理，但受到国家健康保险委员会的严格监管。保险的具体内容、保费成本以及保险覆盖范围在各州之间差别很大。

替代医疗保险优势计划的另一个方案是补充保险计划，该计划覆盖了 A 部分和 B 部分未覆盖的 20% 的医疗保健费用，其运作方式非常类似于通过私人市场购买保险。这项计划对希望在选择医疗保健提供者方面有更多的自由，希望为退休旅行提供保险，并且能够支付更高的保费的老年人很有吸引力。这是一种更加灵活和全面的保险，但它的价格也更高。这项计划由较大的保险公司提供，但受到国家健康保险委员会的严格监管，各州的福利、成本和费用水平也各不相同。

D 部分：处方药覆盖计划

老年医疗保健计划中最具争议的部分可能是 D 部分。2003 年，处方药覆盖计划被添加到该计划中，并于 2006 年开始实施。医学进步帮助老年人在严重的疾病（如心脏病、高血压和癌症）中生存下来，但这些医学进步付出了高昂的代价。单是处方药的花费就会超过一个老年人每月的总收入。一些健康计划提供了良好的补充健康保险或处方药覆盖计划，以帮助一些老年人支付处方费用。然而，许多中低收入的老年人可能不得不在食物、暖气和药物之间做出选择。D 部分是为了满足这群老年人的需要而开发的。

除非老年人参加了被认为"可信的"国家处方计划，或者是有同等的处方覆盖范围的计划，否则参加老年医疗保健计划的老年人需要直接或通过覆盖处方药的医疗保险优势计划参与 D 部分计划。保费因计划、地区和个人收入而异。收入越高的人支付的保费越高（U. S. Centers for Medicare & Medicaid Services，2018）。当该计划于 2006 年开始实施时，制定了一套复杂的公式，任何 D 部分计划都可以为处方支付不同的金额，其中包括被称为"甜甜圈洞"的重大覆盖缺口。在这一计划下，老年人可以获得一定数额的保险，大约为 3 600 美元，但是直到花费在药物上的总金额达到"灾难性"水平时才可以获得保险。在达到"灾难性"水平后，D 部分计划几乎完全覆盖了处方费用。这个"甜甜圈洞"中的药物成本可以在经济上摧毁那些药物花费很高的低收入老年人。2010 年的《患者保护和平价医疗法案》解决了这个问题，该法案在 2020 年之前逐步关闭了这个"甜甜圈洞"。虽然 D 部分不打算涵盖所有处方药的费用，但它确实为老年人提供了帮助，以支付高昂的药物费用。

不幸的是，该计划的复杂性并不仅限于覆盖的金额。D 部分由一系列私人公司管理，这些公司提供不同的计划，不仅在保费金额上不同，在计划覆盖的药物方面也不同，这被称为公式主义（U. S. Centers for Medicare & Medicaid Services，2018）。老年人必须根据他们居住的州有哪些计划以及这些计划覆盖哪些药物，来决定他们将选择什么样的计划。从老年医疗保健计划的网站（www.medicare.gov）上可以找到每个计划的说明、保费和自付费用，以及公式。你可以咨询所在州的老龄工作部门，以获取关于 D 部分计划在它们所在的州是如何被管理的最全面的说明。

老年医疗补助计划或医疗援助

老年医疗保健计划是联邦政府管理和规范的项目，而老年医疗补助计划——也被称为医疗援助——是一个国家管理的项目。老年医疗补助计划从联邦政府获得资金，但是每个州对该计划的细节规定有很大的自由。然而，所有的补充保障收入领取者都有资格参加老年医疗补助计划。参加老年医疗补助计划的资格取决于个人的收入和资产。如果一个老年人收入有限，其他经济来源又少，他就可能有资格参加这个项目（U.S. Centers for Medicare & Medicaid Services, 2018）。与老年医疗保健计划不同的是，老年医疗补助计划没有免赔额，可能有一小部分门诊服务和处方药的共同支付，这取决于国家的计划。老年医疗补助计划确实能为长期护理买单，包括支付养老院的费用，老年医疗保健计划则做不到。老年人可以获得的最好的健康保险可能是将老年医疗保健计划和老年医疗补助计划相结合，但这只适用于收入和资产有限的老年人，而且可供老年人获得医疗保健的地点的选择也可能非常有限。

然而，老年人不可能通过简单地放弃他们所有的储蓄、处置资产来获得参加老年医疗保健计划的资格。在申请过程中，负责管理老年医疗保健计划的州办公室会检查该老年人在申请老年医疗保健计划之前的五年里，处理过哪些金融资产，这被称为"回顾"。如果该老年人已经"花掉"了金融资产来满足他的即时需要，那么他可能是合格的。但是，如果一个老年人将金融资产赠予了他人，包括家庭成员，他可能就不合格。老年医疗保健计划的这一规定旨在防止老年人为了让该计划承担医疗保健的所有费用而自我贫困，尤其针对那些确实有资产，但宁愿把它们留给家人，而不愿把它们花在自己的医疗保健上的老年人。老年人想在死后给家人留下一些钱，甚至他们觉得有义务供养家人，这都是可以理解的。但是，当老年人有能力支付自己的医疗保健费用，但却指望联邦和州政府承担他所有的经济责任时，就存在一个公平和公正的问题。

值得一提的是，为老年人的医疗保健需要进行规划和提供服务是一个极其复杂的过程。不幸的是，医疗保健费用是不可预测的，也是无止境的。一些老年人到临死前都几乎不需要医疗保健，但这些人是例外。随着老年人继续活到八九十岁，甚至更老，我们无法预测需要多少钱。"婴儿潮"一代能活多久？有多少人需要养老院或家庭医疗保健？需要什么措施来覆盖老年医疗保健计划 D 部分尚未覆盖的部分？老年医疗保健计划和老年医疗补助计划能像现在这样维持下去吗？尽管 2010 年《患者保护和平价医疗法案》的条款在一定程度上减少了老年人的医疗保健费用，但该法案的具体条款仍存在争议，并受到不断变化的政治环境的影响。

老年人的就业相关项目

劳动力市场上的老年人

所有的老年人都会退休,这样的想法是一种误导。数以百万计的人由于选择或需要而留在劳动力大军中。2018年,美国老年员工占劳动力总数的22.4%。在可靠性、对工作质量的承诺和成熟的判断力等方面,雇主对老年员工的评价很高(James, Besen, Matz-Costa, & Pitt-Catsouphes, 2010)。随着"婴儿潮"之后出生率的下降,年轻员工的数量正在减少,年长员工的作用可能更加重要。

由于种种原因,老年人可能会继续工作或在退休后重返工作岗位。一些老年人继续工作,是因为他们还没有准备好离开那些能给他们带来高水平个人或社会满足感的工作岗位。多年的经验和技能发展的价值,可以继续为他们在经济和智力方面带来回报。对另一些人来说,始于2007年的经济衰退大幅削减了他们的退休存款,他们别无选择,只能继续工作,为退休存钱,因此退休的时间比预期要晚。还有一些老年人在短暂退休后重返劳动力市场,因为他们厌倦了休闲的生活方式,或者想要再次感受到自己的参与感和工作效率(James et al., 2010)。无论如何,即使是中等收入或较高收入的老年人,退休也是不可避免的,这一观点正受到经济学家和老年人自身的质疑。

然而,对终身收入较低、退休时几乎没有资产的老年人来说,离开(或重新回到)工作岗位不是一个选择。尽管他们可能真心喜欢自己的工作,但就业的主要动机是经济原因。不幸的是,55岁以上、有过低工资工作经历的老年人的失业率高达13%(National Council on Aging, 2018)。年纪大的人失业的时间比年轻人更长,这迫使他们把为退休积攒的储蓄花光。如果他们生病或残疾,根本不能工作,那么他们的经济状况可能会变得令人绝望。

高级社区服务就业计划

高级社区服务就业计划(The Senior Community Service Employment Program,SCSEP)由美国国家老龄委员会发起,美国劳工部(U. S. Department of Labor)提供资金支持。该计划实施于1965年,目的是为55岁以上的低收入失业人士在社区服务组织中寻找兼职工作。高级社区服务就业计划为应聘儿童保育、食品服务、教师助理、维修或卫生保健等职位的申请人提供培训。在接受培训和就业安置之后,参与该计划的人平均每周工作

20个小时，可以拿到最低工资，在找到一个更长期的工作以前，他们可在这些工作岗位上工作大约6个月（National Council on Aging, 2018）。高级社区服务就业计划最近制定了一个培训老年工作者的方案，以便向老年人和残疾人提供非医疗直接护理，以满足对家庭保健工作者日益增长的需求。该计划几乎服务于美国的每个地区。目前，美国国家老龄委员会有27个区域办事处（www.NCOA.org）。

为老年人提供的支持服务

在对老年人的收入支持和健康保险计划进行基本了解以后，就可以开始探索老年人可能需要的其他类型的服务，以保持他们的独立性和尊严。家庭护理一般是指帮助老年人进行日常生活活动的非医疗服务（Administration on Aging, 2018a）。这些服务可能包括家政服务、个人护理、陪伴、家庭健康照护、成人日间保健、住家帮助或社会活动。对照护老年人的人来说，家庭护理服务可能还包括临时照护或照护者支持计划。虽然在没有社工或老年生活专家的情况下，家庭也可以获得大部分的服务（在第一章中已描述），但通过老龄化服务网络（一个由国家老龄国家机构和地区老龄机构专门设计的网络，旨在帮助老年人和他们的家人获取他们需要的服务）获得这些服务可能会更有效。地区老龄机构（AAA）在一些州也被称为老龄和残疾资源中心。这些机构得到了1965年《美国老年人法案》的授权。

1965年《美国老年人法案》授权的支持项目

现有的老龄化服务网络主要是由1965年《美国老年人法案》及其后来的修正案立法授权的。该法案由林登·约翰逊总统签署，最初的立法授权负责监督老年人服务的主要联邦机构联邦老人局和国家老龄机构一起管理用于社区规划、服务和老年人服务培训的联邦资金。《美国老年人法案》已经修订过十几次，最近一次修订是在2016年，目前已覆盖了大范围的服务和服务网络（Administration for Community Living, 2017）。

《美国老年人法案》第一章提出了旨在改善老年人福祉的10个主要政策目标。这些目标用以指导之后那些专门授权满足身体和心理健康需要的服务的主题。从理论上讲，这些主题支持各种住房选择、社区服务、就业倡议和促进老年人退休后继续参与社区生活的项目。第二章设立了老龄管理部门和各州的老龄部门，两者都为了确保发展老龄服务，为美国各地的老年人服务。针对第二章的修正案包括，为了服务老年美国印第安人，为处理老龄问题的原住民单位授权，并重新制定最佳做法，以满足农村地区老年人的特殊需求

(Wacker & Roberto, 2019)。

《美国老年人法案》最大的部分是第三章——州和社区项目的拨款，内容涵盖支持性服务，如病例管理、老年中心服务、家庭服务、交通服务、信息服务和转诊服务（National Committee to Preserve Social Security and Medicare，2018）。美国的州或地区已经设立了州老龄机构。在一些州，这些机构是现有的州人力服务机构或规划办公室。另一些州则设立了专门的部门来履行这一职责。地区老龄机构或老龄和残疾资源中心根据州的特点，制定符合该地区特点的服务。这些地区老龄机构与老龄和残疾资源中心，可以是政府或非营利机构的部门。在小州或老年人口较少的州，州老龄机构可能也是地区老龄机构或老龄和残疾资源中心。在大州或老年人口较多的州，可能会有很多地区老龄机构与老龄和残疾资源中心。在大多数情况下，地区老龄机构或老龄和残疾资源中心不直接提供服务，而是通过与社区机构签订分包合同来提供服务。上面提到的服务并不全面，可能不能准确地代表任何特定的地区老龄机构或老龄和残疾资源中心能够提供的服务内容。请联系你当地的地区老龄机构或老龄和残疾资源中心，了解你所在地区的详细信息。

第三章还包括C部分（联邦政府对营养计划的单独拨款，包括集体膳食和家庭送餐）和D部分（强调为老年人提供疾病预防和健康促进服务）。更好的营养和健康风险评估及筛查在促进老年人的良好健康状况方面发挥着至关重要的作用，从而可以尽量减少老年人对特殊保健服务的需求。《美国老年人法案》的理念不是仅仅在老年人生病或残疾时提供服务，而是旨在促进老年人的健康，这样他们就不会过早地需要服务，可以成功地实现原居养老。

对第三章最重要的增补是2000年被批准的E部分，即国家家庭照护者支持计划（National Family Caregiver Support Program，NFCSP）。地区老龄机构与老龄和残疾资源中心自成立以来，一直为照护其老年成员的家庭提供支持和信息服务，而国家家庭照护者支持计划为家庭照护者授权和提供资助，照护者由此可以获得额外的信息和指导、照护支持服务和培训，以及临时照护。这个项目对数百万提供无偿照护的家庭成员来说是无价的，这是本书第十二章深入讨论的话题。

第四章是培训、研究、可自由支配的项目和计划，为老龄化领域的培训和研究工作提供资金。第四章资助的项目包括就业、家庭暴力、住房、老年女性的需要、以消费者为导向的护理和休闲在老年人生活中的作用等方面的特殊利益项目。该计划允许开发新项目以及创新项目，为《美国老年人法案》的其他主题没有覆盖（或没有资助）的老年人提供服务。社区服务就业（第五章）侧重于为失业或技能有限的老年人提供社区就业机会。最近，它将重点放在提高老年人的技术和技能方面，在电脑和其他高科技设备使用普遍化的时代，这是绝对必要的。

第六章是美国原住民奖助金，它承认美国原住民、阿拉斯加原住民和夏威夷原住民的独特需求。虽然地区老龄机构与老龄和残疾资源中心需要满足这些人口在其各自地区的特殊需求，但提供这些服务需要的资金往往远远超过现有资金。对本地原住民群体来说，也许与满足服务需求同样重要的是，控制提供给这些居民的服务类型。部落领袖更有可能得到老年原住民的信任，在决定哪些服务对他们来说重要或不重要的问题上，他们会做出种族敏感的决定。老年原住民在经历其利益长期不受尊重的动荡历史之后，不太可能信任联邦政府。

第七章是弱势老年人的权利和保护活动，包括四个主要组成部分，涉及最弱势老年人的利益。其中一个组成部分是长期护理监察员方案，这是一个接受和调查有关养老院和其他长期护理服务的投诉的州办公室。第七章的另两个组成部分包括防止虐待、疏于照护和剥削老年人方案以及老年人权利和法律援助方案，目的是认识到老年人容易遭受的各种形式的虐待。国家对保险和公共福利的宣传、咨询和援助方案是第七章的第四个组成部分，其目的是帮助老年人学会比较和评估医疗补充保险（补充保险计划）的价值，比较人寿保险和养老金计划，认识到并且获得他们有资格获得的好处。

独立选择

《美国老年人法案》在2006年授权的另一个附加项目是"独立选择"（Choices for Independence）计划，它反映出人们越来越关注所谓的以消费者为导向的护理选择。以消费者为导向的护理，支持老年人对自己的护理做出知情选择的权利，并扩大其可选择的范围。这种权利和实践的前提是老年人有能力支付服务费用。他们或他们的家人，始终有权决定服务的细节，因为他们有经济责任。然而，对依赖医疗援助的老年人来说，他们的选择可能仅限于国家认为对他们来说最好的选择。

独立选择项目是基于几个以消费为导向的示范项目（《美国老年人法案》第四章）而产生的"最佳实践"，如老龄和残疾资源中心发起的"拥有你的未来长期护理意识项目""现金和咨询演示项目"，以及"证据为本的老年疾病预防项目"（Administration on Aging, 2018a）。这些项目强调了增强老年人对长期护理选择的决定权的重要性，提供了更多关于这种护理的选择，并鼓励老年人改变行为以减少他们患病或受伤的风险。该计划向各州提供竞争性配套资助，以在该战略框架内发展、实施和评估各州自己的计划。

例如，在一些以消费者为导向的护理项目中，获得医疗援助的老年人有权雇用和解雇自己的家庭保健助理，这使他们对谁提供这项服务有更大的控制权。他们可以选择有偿雇用自己的家人作为照护者，从而减少家庭在照护老年家庭成员时经常承担的经济负担。在其他项目中，老年人可能被允许利用社区服务决定他们的护理计划，并留在自己的家里，而不是当他们的需要到达一定程度时被自动送到养老院。尽管以消费者为导向的项目作为示范性项目已经存在多年，但是将以消费者为导向的护理整合到《美国老年人法案》中，是一项重大的进步，它为低收入老年人提供了与拥有更多资源的老年人一样的机会，使其成为他们护理决策的一部分。与当地的老龄机构进行沟通,以确定在你所在的地区有哪些(如果有的话)以消费者为导向的选择,这很重要。

为老年人寻找服务:老年护理定位器

关于《美国老年人法案》的概述是有意为了让读者基本了解法律授权的老年人服务范围。对居住在你所在区域的老年人来说,要想找到合适和有效的服务,还需要非常具体的探索工作。如果你知道你所在的地区有老龄机构或老龄和残疾资源中心提供服务,请直接与它们联系,以获得地区服务的信息。一些关于老龄化的州级单位有它们自己的帮助热线或网站,将帮助你确定在你所在的州的老年人可以得到什么服务。如果你不知道是老龄机构或老龄和残疾资源中心,还是哪个州级单位为你的社区服务,请拨打1-800-677-1116,这是老年护理定位器——由老龄管理部门与美国卫生和公众服务部提供的公共服务。老年护理定位器是为了帮助老年人、他们的家人以及专业人士导航复杂的服务而设计的。老年人可能很容易被数量众多(或缺乏)的服务淹没,因此老年护理定位器的工作人员都经过了专门的培训,他们会花时间,耐心地在看似无穷无尽的选择中进行筛选。你也可以通过 www.eldercare.gov 在线访问该服务来找到适当的老龄机构或老龄和残疾资源中心(Administration on Aging, 2018b)。

老年护理定位器对不熟悉卫生保健或社会服务的老年人的家人可能特别有帮助。对许多家庭来说,为他们年长的家庭成员寻求帮助可能是他们一生中第一次接触社会服务机构。如果他们的长辈面临的是一个迫在眉睫的危机,那么他们可能会非常焦虑,而且找到一项合适和负担得起的服务的复杂性可能令人生畏。有时,家庭成员可能想在社工或其他专业人员提供帮助之前,自己先行探索。重要的是要理解处于危机中的家庭需要空间和支持的结合。

国家福利拓展与登记中心

美国国家老龄委员会发现的问题之一是,老年人没有充分参加他们有资格参加的项目(National Council on Aging, 2018)。这些项目包括处方药补贴计划、补充营养援助计划和低收入老年人家庭能源援助计划。这些福利的现金价值可以显著改善老年人的经济状况。例如,对独居的老年人来说,补充营养援助计划福利的平均金额是每月 119 美元(National Council on Aging, 2014)。然而,只有 40% 符合条件的老年人参加了该计划。处方药补贴计划可以为老年人提供大约 4 000 美元的处方药购买力(Social Security Administration, 2018b)。让老年人知道他们有资格参加这些项目,并在申请过程中提供协助,是国家福利拓展与登记中心的工作重点(National Council on Aging, 2018)。

老年移民:"异地养老"

在美国,超过12%的老年人是在国外出生的,其中既有刚刚移民到美国与家人团聚的老年人,也有成年后到美国,在美国生活了很长时间的老年人(Grieco et al.,2012)。据预测,到2050年,在国外出生的美国老年人数量将翻两番,从460万增加到1 600万以上,这主要是由于拉丁美洲移民的大量增加(Population Reference Bureau,2013)。

在过去10～15年里,老年移民有一种通常被称为"异地养老"的经历(Batalova,2012;Sadarangani & Jun,2015)。原居养老被认为是老年人的理想选择,与此相反,老年移民很少有机会选择在哪里、如何度过晚年。他们常常被扔进一个他们难以掌握其语言的世界,为市场带来很少的劳动力技能,而且面临很高的生理和心理健康风险(Rote & Markides,2014)。成为美国公民可能使老年移民有资格享受许多在美国出生的老年人所能享受的福利,但语言和识字要求的限制,可能会阻碍他们成为美国公民。老年移民患严重抑郁症的概率高于在美国出生的老年人,部分原因是语言障碍导致的隔离和依赖性(Moon & Hoang,2016)。这些老年人也可能与家人住在一起,或者住在负担得起住房的低收入社区,但与他们互动的人往往是有限的。不能开车和无法使用公共交通工具加剧了这种隔离。正如本书所讨论的,社会隔离是对老年人的心理健康最具影响力的因素之一。牢固、高质量的社会关系对良好的心理健康状况至关重要,这一点对在国外出生的老年人同样适用。

重度抑郁倾向和文化适应压力的双重打击,使这些老年人的身体健康状况的恶化风险很高(Blair,2012;Kim,Jang,& Chiriboga,2012)。没有成为公民的老年移民不受《患者保护和平价医疗法案》的强制性覆盖,因此往往无法参加老年医疗保健计划。无论其公民身份如何,老年人若想参加老年医疗保健计划,就必须为该计划贡献40个季度(10年)的资金,这使得许多老年移民没有资格参加老年医疗保健计划。成年移民必须等待至少5年,才能有资格获得医疗保健援助。这使得许多老年移民的健康状况恶化,却完全没有医疗保险能够覆盖到他们。

穆恩和黄建议,在发展老年移民服务时需要考虑几个因素。首先,有必要了解老年移民的社会历史背景(Moon & Hoang,2016)。当前的年龄较大的移民基本来自中东和拉丁美洲等饱受战争蹂躏的地区,逃离了政治和经济困境后,他们很有可能贫穷和遭受重大创伤。他们的心理社会需求与20世纪晚期移民到美国的老年移民有很大的不同,后者的家庭成员虽然可能仍然是低收入的,但已经形成了一个重要的社会网络。其次,不管移民的社会历史背景如何,西方以个人主义看待生理和心理健康问题的观点,与许多移民的集体主义文化并不相符。即使社工认为大家庭是问题产生的一部分原因,也必须将大家庭包括在社会工作干预之中。大家庭既可能会产生问题,也可能会解决问题。这需要社工转变基本的范式,以便成功地与这一群体合作。

尽管存在这些挑战,但老年移民已被证明是非常有灵活性的,而这种灵活性可以被视为一种保护因素(Li, Xu, & Chi, 2017)。许多老年移民能够通过独立生活、重建经济独立性、在家庭之外发展社会网络来恢复一定程度的生活效率(Li et al., 2017; Rote & Markides, 2014)。一些研究人员发现,老年移民实际上可能活得更长,因为移民的选择过程首先意味着他们必须更健康、更强壮,才能实现移民(Rote & Markides, 2014)。

未来有哪些挑战和机遇?

在本书中,老年人在面临的生理健康、心理健康、家庭、精神和住房状况的变化中的困难显而易见。社会工作作为一种职业,需要公众的承诺,通过社会政策和项目倡议,以确保老龄化服务网络能够响应 21 世纪"逐渐变老"的变化。尽管快速老龄化社会带来的挑战令人生畏,但对社会和社会工作行业来说,也有非常令人兴奋的机遇。

代际差异

老龄化服务网络的直接压力来自当前的老年人群体和"婴儿潮"一代的老年人。那么,接下来的几代人呢?当前这一代中老年人有什么义务(如果有的话)来供养下一代?随着家庭规模缩小,技术创新增多,教育和培训的重要性日益受到重视,年龄增长对 X 一代、Y 一代和千禧一代意味着什么?这些年青一代可能会工作更长时间,但当他们退休时,社会保障退休福利还会存在吗?出生队列的影响将塑造老年人未来需要的服务类型和他们的期望。虽然没有人敢预测,未来还会存在什么样的毒品、酒精、生理或心理健康问题,但我们知道,60 年后变"老"的人现在还活着。如果我们知道这一点,那么我们怎么能预测需要什么呢?

对稀缺资源的竞争也提供了一个机会,迫使现有的社会保障计划进行大规模改革,并重新考虑长期的退休财务计划。当该体系在最低收入与最高收入的老年人之间持续存在显著的不平等时,当前针对老年人的收入计划的"一刀切"模式是否可行?相反,针对老年人的社会保障和其他支持项目是否应该进行经济状况调查,以便那些有能力支付更多费用的人确实能比低收入者支付更多费用?我们怎样才能既满足老年人的经济需要,又不使年青一代在未来破产呢?

未来的健康照护

正如本章所示,解决社会保障体系的问题的办法是有的,即使它们可能不为所有利益集团所接受。我们知道,我们可以通过做出一些艰难的经济选择来修复这个体系,即使这些选择在政治上不受欢迎。然而,就规划当前和未来的老年人的医疗保健需求而言,选择并不明确。医疗保健需求及其相关费用是无止境的。没有人能预测谁会生病,谁会需要机构护理,或者未来常规措施和特殊措施的成本是多少。解决方案是一个单一支付系统吗?在这个系统中,是否联邦政府就像处理公共教育或道路维修一样,为其公民提供医疗保健?如果是这样的话,这意味着美国人需要支付越来越多的工资税。联邦政府只有公民以税收的形式缴纳的资金。是否不论移民身份或对生活方式的选择,每个人都有资格享受健康照护?谁来做这些决定?把这么多钱花在即将结束生命历程的老年人身上,而不是花在刚刚开始生命历程的儿童和青少年身上,这公平吗?

然而,这些关于未来的问题可能会迫使美国认真考虑为每个人提供医疗保健的替代方法,这也可能是一个巨大的机会。健康照护系统可以像单一支付系统一样简单,这样虽然昂贵但很全面。它也可以像国家监管的医疗服务提供系统一样复杂,能根据不同地区的特殊医疗需求进行调整,这样可能更便宜但覆盖面也更小。健康照护是否与免费公共教育一样是一项权利?或者,就像住房一样,它会不可避免地因个人的经济地位变化而发生巨大变化吗?如果答案是肯定的话,那么这些决定中的哪些应该(或不应该)以个人的年龄为基础?

美国的健康照护系统也需要重新考虑如何提供健康照护。在第一章中讨论的综合医疗的发展趋势表明,如果生理和心理健康保健系统能够更紧密地合作,那么所有年龄的人都不太可能被健康照护系统遗漏。如果明确认识到大多数健康问题都有复杂的生理、心理、社会解决办法(特别是对老年人来说),就可以更有效地提供照护服务。对老年人来说,髋骨骨折不仅仅是骨折,而是一个改变人生的事件。伴随着毁灭性的跌倒而来的虚弱引发的抑郁,最终可能比医疗紧急情况更危险。健康和心理卫生专业人员必须共同努力解决这类问题。决定如何提供和资助健康照护可能是决策者面临的最紧迫的挑战,我们不能等到当前的系统不再工作时再考虑其他选择。

支付医疗保健的困境导致了一个极其困难的伦理问题:生命质量的重要性在什么时候能够优先于生命的长度,尤其是当维持生命需要复杂而高成本的干预手段的时候?当药物能延长生命时间却不能提高生活质量的时候,人们还应该继续活下去吗?也就是说,当确定所有的治疗手段都已用尽时,人们是否应该选择结束自己的生命?每个人都应该根据自己的评估做出这样的决定吗?在生命历程快要结束时,用高昂的花费来维持生命是否公平(因为这意味着可能没有钱治疗年轻人,尤其是那些刚出生的高危婴儿)?当在现在和将来提出这些问题时，社工对所有人的生命尊严、自我决定的重要性和社会正义的职业道德承诺都将受到威胁。谁有决定权——还是任何人都有决定权？

老年友好项目

第十三章中讨论的"老年友好"项目，将会给城镇和社区的财政和后勤带来挑战。增加公共交通，改善人行道和道路等基础设施，以及提供更人性化的公共空间，都需要大量的财政投资，这对任何城镇和社区来说都是一个持续的挑战。然而，所有这些领域的改善都有利于每个人，而不仅仅是老年人，因此需要从包容而不是排他的角度来看待这个问题。公共交通的发展既有利于老年人在社区周围移动，也有利于其他年龄段的人使用公共交通工具去上学和工作。骑自行车的孩子在更好的道路上骑行更安全。有了公园和海滩等干净、可用的公共空间，年轻的家庭更快乐、更健康。投资对老年人有益的举措可以产生对所有年龄段的人都有益的结果。

老年社会工作的未来

在21世纪，老年社会工作实践中是最令人兴奋的一个方面还有待发展。本书中所提出的许多问题的解决办法尚待制定和实施。在社会工作实践中，没有哪个领域比针对老年人面临的传统（和非传统）挑战，更迫切地需要新方法和创新的方法了。老龄化不是一个社会问题，而是一个发展阶段，当我们面对自己和家人的老龄化时，需要创造性的个人反应，需要一个强有力的政策和项目来应对人口的生理、心理、社会需求。然而，社会工作行业有理由充满希望。为老年人服务的下一代社工将创造出以前没有想象过的新方法。正如罗伯特·勃朗宁所说："最美好的事莫过于与我白头偕老！"

学习活动

1. 在美国的每一个州都有一个国家卫生信息援助项目（a State Health Information Assistance Program，SHIP），可以为每个人提供老年医疗保健计划咨询，咨询内容涉及他们是否有参加的资格，参加项目能够获得什么好处，如何获得信息以决定哪些项目对个人最具有优势，以及如何投诉。找到你所在地区的 SHIP 办公室，并安排 SHIP 顾问为你的班级提供更深入的医疗保险和医疗援助培训。成为一名受过训练的志愿 SHIP 顾问，或将这件事作为你的老年工作的一部分，这是非常宝贵的经验。你所在地区的 SHIP 办公室可以为你提供你所在地区未来培训的信息。

2. 如果你住在美国原住民或其他土著居民居住的地区，那么找出部落地区为这些老年人提供服务的老龄机构或老龄和残疾资源中心。这些老年人面临哪些独特的挑战？在部落赌博合法的州，看看这些额外收入是否被指定用于帮助老年人。

3. 在你所在的社区中选择一个特定的老年移民群体，并探究这些老年人面临什么样的住房、财务、健康和就业问题。这些老年移民是加入了来自同一国家的现有群体（或家庭成员），还是不得不建立自己的社会支持网络？对已经在这个国家生活了很长一段时间的移民和刚刚来到这个国家的移民来说，他们面临的挑战有什么不同？哪些问题是来自政治动荡国家的老年移民所特有的？当前限制移民的提案对老年移民有直接影响吗？

4. 使用老年护理定位器（https://eldercare.acl.gov）和你所在地区的地区老龄机构或老龄和残疾资源中心的信息和推荐资源，开发一个你所在地区老年人可用的服务资源目录。目录包括关于住房资源、交通、家庭保健、能源援助、食品和营养方案、法律援助和家庭保健服务的信息。寻找老年中心或宗教组织帮助你分发目录。

参考文献

AARP. (2017). Social security. Retrieved from https://www.aarp.org/retirement/social-security

Administration for Community Living. (2017). Older Americans Act. Retrieved from https://www.acl.gov/about/acl/authorizing-statues/older-americans-act

Administration on Aging. (2018a). *Home health care*. Washington, DC: Author. Retrieved from https://acl.gov/sites/default/files/news%202017-03/Home_Health_Care.pdf

Administration on Aging. (2018b). Elder care locator. Retrieved from https://www.usa.gov/federal-agencies/eldercare-locator

Batalova, J. (2012). Senior immigrants in the United States. Retrieved from https://www.migrationpolicy.org/article/senior-immigrants-united-states

Blair, T. (2012). "Community ambassadors" for South Asian elder immigrants: Late-life acculturation and the roles of community health workers. *Social Science & Medicine, 75*, 1769–1777.

Board of Trustees, Federal Old-Age and Survivors Insurance and Federal Disability Insurance Trust Fund. (2018). *Status of the Social Security and Medicare programs: A summary of the 2018 annual reports*. Washington, DC: U.S. Government Printing Office. Retrieved from https://www.ssa.gov/oact/tr/2018/tr2018.pdf

Bureau of Labor Statistics. (2017). Older workers: Labor force trends and career options. Retrieved from https://www.bls.gov/careeroutlook/2017/article/older-workers.htm

Grieco, E. M., Acosta, Y. D. de la Cruz, P., Gambino, C., Gryn, T., Larson, L. J., . . . Walters, N. P. (2012). *The foreign-born population in the United States: 2010*. Washington, DC: U.S. Census Bureau.

Hopkins, J. (2016). Baby boomers' wealth is in their homes. *Investment News*. Retrieved from https://www.investmentnews.com/article/20160410/FREE/304109992/baby-boomers-wealth-is-in-their-homes

James, J. B., Besen, E., Matz-Costa, C., & Pitt-Catsouphes, M. (2010). *Engaged as we age: The end of retirement as we know it* [Issue Brief 24]. Boston, MA: Sloan Center for Aging and Work at Boston College.

Kim, G., Jang, Y., & Chiriboga, D. A. (2012). Personal views about aging among Korean American older adults: The role of physical health, social network, and acculturation. *Journal of Cross-Cultural Gerontology, 27*, 139–148.

Li, J., Xu, L., & Chi, I. (2017). Challenges and resilience related to aging in the United States among older Chinese immigrants. *Aging and Mental Health*. doi:10.1080/13607863.2017.1377686

Martin, P. P., & Murphy, J. L. (2014). *African Americans: Description of Social Security and Supplemental Security community survey*. Office of Retirement and Disability Policy, Research and Statistics Note, No. 2014-01. Washington, DC: Social Security Administration Office of Research, Evaluation and Statistics.

Moon, A., & Hoang, T. (2016). Older immigrants and refugees. In D. Kaplan & B. Berkman (Eds.), *The Oxford handbook of social work in health and aging* (pp. 565–574). New York, NY: Oxford University Press.

National Committee to Preserve Social Security and Medicare. (2018). Older Americans Act. Retrieved from https://www.ncpssm.org/documents/older-americans-policy-papers/older-americans-act

National Council on Aging. (2014). *Seniors & SNAP best practices handbook*. Retrieved from https://www.ncoa.org/economic-security/benefits/food-and-nutrition/senior-hunger-snap/seniors-snap-best-practices-handbook

National Council on Aging. (2018). Senior Community Service Employment Program (SCSEP). Retrieved from https://ww.ncoa.org/economic-security/matureworkers/scsep

Population Reference Bureau. (2013). Elderly immigrants in the United States. *Today's Research on Aging, 29*. 1–8.

Rote, S., & Markides, K. (2014). Aging, social relationships, and health among older immigrants. *Generations, 38*(1), 51–57.

Sadarangani, T. R., & Jun, J. (2015). Newly arrived elderly immigrants: A concept analysis of "aging out of place." *Journal of Transcultural Nursing, 26*(2), 110–117.

Schulz, J. H., & Binstock, R. H. (2006). *Aging nation: The economics and politics of growing older in America*. Westport, CT: Praeger.

Senior Veterans Service Alliance. (2018). Services & the Veterans Pension Benefit (Aid & Attendance). Retrieved from https://www.veteransaidbenefit.org/

Social Security Administration. (2018a). *2018 Medicare costs*. Retrieved from https://www.medicare.gov/drug-coverage-part-d/costs-for-medicare-drug-coverage/monthly-premium-for-drug-plans

Social Security Administration. (2018b). SSI federal payments amounts for 2018. Retrieved from https://www.ssa.gov/oact/cola/SSI.html

U.S. Centers for Medicare & Medicaid Services. (2018). *Medicare, part B. (Medical insurance)*. Washington, DC: Author. Retrieved from https://www.cms.gov/newsroom/fact-sheets/2018-medicare-parts-b-premiums-and-deductibles

U.S. Department of Veterans Affairs. (2018). Veterans: Elderly veterans. Retrieved from https://www.benefits.va.gov/persona/veteran-elderly.asp

Wacker, R. R., & Roberto, K. A. (2019). *Community resources for older adults: Programs and services in an era of change* (4th ed.). Thousand Oaks, CA: Sage.

第四章

案例 4-1：艾丽斯·金桑太太

（1）金桑太太所面临的挑战是由最近的中风引起的身体上的限制、日常生活能力和工具性日常生活活动的限制、轻度抑郁，以及她和丈夫的轻微社会隔离。她的优势包括高水平的智力、牢固和支持的婚姻和大家庭、稳定的心理健康和认知功能。

（2）她改善生活的目标似乎是在中风后尽快"恢复正常"，改善她和丈夫的社会联系，并尽可能长时间地继续独立生活。在这种情况下，社工可能会同时与金桑夫妇以及她的医生交谈，探讨在她的康复过程中，她实际可以期待什么。如果她从医生那里得知，她的视力有望得到改善，说话能力也会有轻微改善，那么她就可以确定，她的精力应该集中在这些方面。如果她的身体机能不太可能改善，那么她也需要知道。改善她和丈夫的社会联系是一个非常现实的目标，也许也是社工可以为这对夫妇提供最大帮助的领域。改善社会联系可能会改善她和丈夫的心理健康和总体幸福水平。打开与她的成年子女的沟通渠道也会带来一些好处，包括增加对这对夫妇的支持程度，减轻一些隔离，并让家庭成员参与这对夫妇的长期计划。

（3）金桑太太的非正式支持系统包括她的丈夫和成年子女、教堂（如果她能去教堂的话）以及她的信仰。为了支持继续独立生活的目标，可以增加的正式服务包括临时照护（这样丈夫可以更经常地外出）、家政服务，以及专门的交通工具。

（4）值得继续关注的指标是她和丈夫的情绪健康。为这对夫妇提供更正式的服务，以缓解金桑先生感受到的一些压力，并且促进成年子女的更多参与。一次家庭会议，可以让成年子女确定他们可以以及不能向父母提供的帮助，由此可以明确父母需要什么样的正式支持。这个案例的首要任务是想办法让金桑太太继续去教堂。她的信仰对她来说很重要，社会联系也很重要。解决这一挑战对于解决她的轻度抑郁以及让金桑先生有时间恢复他的一些社交活动是非常宝贵的。

第五章

案例 5-1：艾黎恩·汤森太太

（1）汤森太太的症状包括定向障碍、认知功能障碍、在熟悉的地方迷路，以及在面对女儿的担忧时变得焦躁不安，这些都表明她患有失智症。这些症状在过去的几年里慢慢地在汤森太太身上显现出来，因为她已经从能成功地独立生活退化为需要更多的支持。

（2）对她来说，比较紧迫的问题要么是安排非常密集的住家支持，要么是迅速做更有条理的生活安排，如辅助生活或长期护理。严重的问题是她的尿失禁和不按要求服药，这可能危及她的生命。

（3）社工干预的下一步将是与汤森太太的女儿合作，为汤森太太安排一次体检和一次完整的精神状态检查。这可能需要临时住院以稳定汤森太太的病情，以便准确评估她的病情。

案例 5-2：查尔斯·柯里先生

（1）柯里先生对曾经喜欢的东西失去了兴趣，情绪低落，睡眠模式紊乱，体重减轻，身体疲劳，这些都可能是抑郁症的表现。

（2）长期患病和最近失去妻子是支持这一诊断的最强风险因素。自从妻子去世后，柯里先生独自生活，这可能造成或加剧了他的社会隔离。

（3）柯里先生的儿子是这个案例中最重要的资源。两人的关系维持得很好，这将有助于把儿子的担忧转化为行动计划。医生可能会建议柯里先生在康复期间服用小剂量的抗抑郁药。当柯里先生病情稳定时，他可能会从一些关于他的抑郁症的个人咨询中受益，可能不需要住院就可以从社区得到支持。也可以动员他在俱乐部的支持系统来与他接触，而不是等着他联系他们。

案例 5-3：罗莎·梅托女士

（1）梅托女士表现出许多谵妄的症状，在考虑将失智症作为唯一的诊断之前，应该对这些症状进行研究。她表现出偏执、心烦意乱和焦虑不安，以及对社工的身体和言语上的虐待。这是谵妄的典型症状，而且这一系列症状似乎发展得非常迅速。

（2）梅托女士最明显的风险因素之一是最近的感染和抗生素的不按要求使用。未经治疗且通常无症状的感染可导致谵妄。

（3）梅托女士需要立即就医。应该立即联系她的支持系统的成员，让他们参与到保障她的福祉的计划中来。谵妄是一种无法用社工提供的社会心理干预来治疗的疾病。她需要立即接受医疗服务。

第六章

案例6-1：缅怀往事疗法案例

（1）蒂娜花时间和布莱克太太建立了一种舒适的关系，并确定了布莱克太太生活中积极、快乐的经历，她可以将之动员起来，以缓解布莱克太太的轻度到中度抑郁。对布莱克太太来说，深入回忆关于家庭旅行的记忆是她处理失落感和孤独感的"安全"过渡。

（2）很可能，这种话题转移是她作为寡妇仍在经历的悲伤过程的一种表达。她的儿子们都还活着，并与她保持联系。显然，她很想念已故的丈夫，对他们夫妇的旅行也有许多非常珍贵的回忆。

（3）当没有真实的照片或视频可用来刺激老年人的记忆时，包括其他家庭成员（如两个儿子）在内的对话可以帮助刺激积极的回忆。旅行电影或视频、明信片、他人的度假照片或电视上的旅游节目都可以用来和老年人谈论他们自己的旅行经历。

案例6-2：一个模拟存在疗法的案例

（1）这种方法的优点是其成本低、易于应用，以及有经验证据支持其有效性。它的缺点是可能会加剧老年人的困惑和焦虑。它依赖于对老年人的某种程度的欺骗是有效的，可能会加剧老年人的困惑和焦虑。

（2）成年子女对父母给他们读书或摇晃他们的记忆是模拟存在疗法的其他例子。一些成年子女发现，用非常亲切的语言来营造一种舒适感，包括恰当的亲吻和拥抱，对他们和年长的父母来说都是一种安慰。重点是，通过模拟与所爱的人面对面对话，可以与焦躁不安或困惑的老年人建立一种令人欣慰的联系。

第七章

案例7-1：玛丽·马林

（1）探索玛丽·马林以前在艺术、音乐或任何补充与替代干预方法方面的经验和兴趣是很重要的。她会演奏乐器吗？她是喜欢欣赏艺术，还是尝试过绘画、制作雕塑或陶器？她进行艺术创作是因为认为自己有一些艺术或创造性的天赋，还是仅仅为了快乐？她早年有没有养过宠物，或者有过和其他动物相处的经历？在她被动或主动参与一些创造性活动时，是否存在身体或感官上的限制？同时也要准备好接受这样一个事实，作为社工，你可能会认为其中一种方法可以治疗玛丽·马林，但她可能根本不感兴趣。

（2）如果你能找出一个玛丽·马林可能会觉得有吸引力的补充与替代干预活动，那么可以试试小组的方法。例如，一群住在养老院的其他居民可能会参加养老院组织的音乐表演。不要求居民离开住处可能会帮助他们更容易接受参与，因为这样做需要花费更少的精力。找出至少两个有兴趣学习绘画或制作陶器的居民，让玛丽·马林轻松地与其他居民进行自然互动。

（3）缅怀往事疗法可以与大多数音乐或视觉艺术很好地结合在一起。将艺术表现集中在过去的积极记忆上，为这些积极情感的表达提供了一个自然的出口。传统的谈话疗法，如认知行为疗法，可以与其他形式的艺术表现相结合，特别是当有负面情绪需要处理时。任何创造性的宣泄强烈情感的途径都可以强化传统方法的积极效果。

第八章

案例 8-1：梅勒妮·莱特

（1）为了指导泰解决他母亲的饮酒问题，最好尽可能多地了解她喝了多少酒，如果最近她的饮酒量增加了，那么问清楚她为什么要饮酒（除了酒精的止痛作用），以及她是如何应对生活中的重大变化（比如她丈夫去世和她离开原来的家）的。询问泰他母亲以前吸食大麻的情况也可能有助于确定他母亲是否一直在吸食大麻（无论出于何种原因）。

（2）与泰讨论饮酒的危害，尤其是考虑到他的母亲濒临患糖尿病、关节炎带来严重疼痛、独居以及年事已高这些情况，泰有必要重新审视母亲的饮酒行为是否是对的。认真考虑一下你是否真的认为这是一个问题，或者是否真的认为这是对的。

（3）首先，泰需要和母亲沟通，并保持沟通畅通。虽然背着她向她的支持系统寻求帮助是很诱人的，但关于饮酒的决定还是由她直接做出的。秘密行动只会比直接问她更让她生气。如果梅勒妮·莱特需要帮助，那么她必须向她的医生或朋友寻求帮助。泰可能可以向母亲提出这个问题，并在现实地改变她的行为之前给她一段时间自己思考。

第九章

案例 9-1：辛迪·斯普林格女士

（1）从案例中的信息来看，尚不清楚斯普林格女士的决策能力是否得到了可靠的判定。除了体格检查外，还应通过应用简明精神状态量表、简易智力状态评估量表等（见第四章）来确定其能力。如果确定了她有能力做决定，而且她只是做出了对她的健康有害的决定，那么社工什么也做不了，尽管社工希望监测她的健康状况和福祉。也许在未来，因为医疗问题，斯普林格女士可能会同意治疗或符合不能自己做决定的标准。如果她被认定为无行为能力，那么就有必要寻找一个有行为能力的家庭成员或朋友来替她做决定，或者寻求某种程度的监护。

（2）在做出决定之前，与斯普林格女士进行一次对话是很重要的，在对话中，社工要指出她选择的生活方式会对她的健康状况造成的后果。如果她能向社工重复这些后果，那么很可能这就是她打算做出的选择，在她的健康状况进一步恶化之前，她不太可能改变自己的行为。如果她不明白后果，那么向她详细解释是很重要的。她可能只是不相信（或无法理解）自己面临着一个关于是否继续流浪的生死抉择。

（3）如果斯普林格女士被证明不能就自己的健康和福祉做出明智的决定，那么她可能适合被不完全监护。

第十章

案例 10-1：约翰·埃斯特

（1）根据案例中的信息，与埃斯特合作的首要任务是解决他严重的抑郁症。抑郁症不仅影响他的总体幸福感，而且是他适应长期照护机构的障碍。当务之急是让他承认抑郁症的存在并和他一起探索如何解决。

（2）埃斯特可能需要一些朋友的联系和支持，这取决于他认为什么是他的抑郁症的解决方案。事实上，埃斯特的朋友们不喜欢去机构看望他，因为他们觉得那里很压抑，这加剧了他的抑郁。与埃斯特和他的朋友们会面可能有助于确定他如何继续与他们互动——也许可以在机构之外。因为现在还不清楚埃斯特想念的是每天去做弥撒还是和他的朋友们在一起，所以不能说让埃斯特通过做弥撒更接近天主教会本身就是解决办法。与埃斯特进行一次富有同理心和深思熟虑的讨论，可以帮助社工弄清楚这个问题。

（3）如果埃斯特能和他的朋友们重新联系上，那么这也许能减轻他的抑郁。埃斯特的调整需要一些时间，但与朋友们保持联系会有助于缓解这种调整带来的不适。在长期照护机构找到其他有相同兴趣的人也会对此有所帮助。

第十一章

案例 11-1：吉尔达·塞缪尔

（1）塞缪尔患有严重的骨质疏松症，有跌倒史，视力下降，再加上开始出现记忆问题，这些都使她成了跌倒的高危人群，严重到足以危及生命。而肾脏和肺部的问题使她更有可能患上致命疾病。老年人的肾脏开始衰竭可能是死亡过程已经开始的最严重迹象之一。

（2）作为一名社工，你可以与塞缪尔的家人见面，并回顾本章中提出的一些建议，以制定提前护理计划来开始对话。塞缪尔的家人应该尊重塞缪尔可能不想进行这场对话这个事实，提出这个问题可能需要克服一些阻力。鼓励塞缪尔的家人让塞缪尔相信他们可以帮她做出正确的决定这个事实，但如果是这样的话，他们需要更深入地讨论他们的母亲真正想要什么。诸如"妈妈，我知道你相信我们能做出正确的决定，但如果我们能谈谈你想要的'人工生活'是什么样的，那么将对我们做决定更有帮助。这涵盖了很多东西。我们知道你爱我们，我们也爱你，但我们还是需要谈谈"的话或许能帮塞缪尔的家人开启话题。

（3）如果塞缪尔仍然不想完成预留医疗指示（这是她的权利），那么即使是简短的关于她想要的"人工生活"是什么样的对话，也可以缓解塞缪尔的家人的不确定性和焦虑。关于临终选择的对话通常需要进行好几次。

案例 11-2：霍华德·艾波卡特和沙琳·艾波卡特

（1）霍华德可能会出现很多问题，包括预支哀伤、照护者倦怠或抑郁。预支哀伤通常在潜意识层面运作，霍华德可能没有意识到他在预期沙琳的死亡时正在"放开"她。虽然这可能感觉像是在真正死亡之前就摆脱了一些哀伤，但它剥夺了亲人表达爱和情感的机会，而这是哀伤过程中非常重要的一部分。虽然患有阿尔茨海默病的老年人无法用他人理解的方式沟通，但他们仍然需要身体接触来保持情感健康，尤其是在配偶或伴侣一直很深情的情况下。当沙琳被剥夺了这种爱时，她可能会开始表现出不良的行为反应。是的，她知道其中的区别。

（2）鉴于霍华德的某些行为可能是照护者倦怠的结果，提供更多的帮助可能会有助于缓解这种情况。如果成年子女和孙辈都能参与照护，他们就有机会继续表达对母亲和祖母的爱，霍华德就可以从照顾妻子的工作中退后一步，集中更多的个人精力以更好地照护妻子。

第十二章

案例 12-1：伊丽莎白·卡梅洛

（1）也许这个家庭最好的起点是和卡梅洛一起开一次家庭会议，由专业的个案经理作为协调人。在会议上，他们可以确定卡梅洛的需求是什么，它们是如何得到满足（或没有得到满足）的，所有家庭成员希望看到什么，以及谁需要负责护理计划的哪些部分。案历中的信息既没有说明卡梅洛想要什么样的治疗，也没有说明她是否有能力自己做出决定。在家庭会议上，最重要的是找出既能照护卡梅洛又能减轻蒂娜负担的方法。

（2）很明显，蒂娜正承受着巨大的照护压力。即使在离家6个小时的地方，蒂娜也可以（在线或面对面参加）参加照护者支持小组，这可能会减轻她的即时压力。老年护理经理可以帮助蒂娜确定她可以让她的兄弟们承担的任务，至少在一个更持久的计划被制订出来之前是这样的。也许找一位老年护理经理来协调家庭保健助理的日程安排，或者找一位住家护理员是可能的解决办法。

（3）照护者支持小组、与照护有关的任务的重新分配，以及蒂娜自我照护的计划，都是支持蒂娜的干预措施。直接接触迪恩和埃迪是最好的办法。他们可能一直站在后面，因为他们不想犯错误，或者只是不知道该怎么做。由于家庭成员是社工或医疗保健提供者就认为他们最适合协调护理，这是一种危险的假设。蒂娜不是在扮演她的职业角色，而是在扮演她的家庭角色。蒂娜是那个需要向迪思和埃迪寻求更多帮助的人。

尽管你可以理解，在非常传统的意大利家庭中，女儿通常被认为是承担照护责任的人，但卡梅洛和蒂娜的身体和精神健康都基于找到一个更好的系统来协调照顾卡梅洛，并确保迪恩和埃迪的支持和参与。这种关切的紧迫性应首先体现在同这个家庭的合作方面。如果被要求完成非常具体的任务，那么迪恩和埃迪可能会更合作。但他们不会主动去做，直到被要求。

案例 12-2：多蒂·库珀和查理·库珀

（1）良好的社会工作实践从探索这个"大家庭"如何满足最基本的食物、住所、衣服和安全需求开始。多蒂和查理的房子或公寓对孩子们来说安全吗？如果不安全，那么需要做什么调整？有适合孩子们睡觉的地方吗？如果没有，那么需要做些什么？多蒂和查理能提供足够的营养膳食吗？如果不能，那么他们是否有资格享受补充营养援助计划或其他营养计划？孩子们有健康方面的问题吗？多蒂和查理呢？一旦孩子们的迫切需要得到满足，阐明孩子们在与多蒂和查理的关系中的法律地位是很重要的。如果美国儿童和家庭部参与，那么多蒂和查理至少可以获得实际监护权或临时监护权。一旦监护权被承认，这个"大家族"就可能有资格享受一系列公共福利来缓解多蒂和查理的经济压力。

（2）多蒂和查理需要被鼓励在埃莉被监禁期间定期去探望她。虽然探访监狱对这个家庭的每个人来说都是痛苦的，但对孩子们和埃莉来说，保持联系是必不可少的。如果有强烈的迹象表明这个家庭将来会重聚，那么多蒂和查理需要确保母子之间的纽带得以维系，但不能以牺牲对孩子们的诚实为代价。他们需要得到保证，他们有外祖父母的爱和保护，如果他们的母亲准备好了，那么他们还有希望再次生活在一起。

（3）这个家庭的所有成员都遭受了重大丧失。多蒂和查理失去了他们的独立和自由，他们的女儿被监禁，失去了某种程度的经济稳定，甚至可能失去了对自己生活的掌控感。孩子们失去了与母亲的直接联系，失去了熟悉的生活环境，失去了他们唯一熟悉的家庭，失去了一种纯真、信任和稳定的感觉。虽然对这些孩子来说，如果他们的母亲沾染了毒品，那么外祖父母家可能最终会成为一个更稳定的环境，但最初的母子关系对这些孩子来说是相对更熟悉和更安全的。悲伤已经通过孩子们的行为表现出来了。而对多蒂和查理来说，悲伤可能会表现为身体症状，以及对他们的女儿甚至孩子们深深的怨恨和愤怒。

索引

＊本书索引部分请至中国人民大学出版社官网（http://www.crup.com.cn）下载，输入书名即可查询。

译后记

　　学者凯瑟琳·麦金尼斯-迪特里希所著的这本书是一本非常全面的老年社会工作读物。本书完全采用了社会工作专业的视角介绍开展老年社会工作的知识与方法，广泛涉及了与开展老年社会工作相关的社会背景知识，同时介绍了老年人随着年龄增长，其生理、心理和社会适应方面所产生的变化，以及应对这些变化的方法。本书为开展老年社会工作提供了更加全面的指导，这也是我乐于翻译此书的动力。

　　本书的目标读者群是社会工作专业的学生，以及从事一线老年社会工作的专业人员。本书的作者持有社会工作师资格证，多年从事老年社会工作的教学和研究工作，并且具有丰富的一线老年社会工作经验，因此她对开展老年社会工作会面临的问题的阐述非常具有启发性。对于认知与情绪问题、虐待老年人问题、临终问题等老年人群体所面临的一些特殊问题，作者都从社会工作专业的角度，详细论述了干预措施和方法，相信阅读本书的人一定能够受益匪浅。

　　本书的翻译是集体合作的成果，首先要感谢中国人民大学的隋玉杰教授，隋玉杰教授是本书第二版的翻译者，感谢隋玉杰教授提供了本书第二版的完整翻译稿，让我在翻译的过程中节省了大量的时间，也有了更多的参考。还要感谢吉林大学的张竞月老师、中国人民大学的毛珊同学和吉林大学的王文秀同学，她们对我所做的工作给予了非常多的鼓励、帮助和支持，她们为本书提供的反馈意见，使本书能以更好的面貌呈现在读者面前。我还要感谢本书的编辑盛杰。她细致的工作为本书增色不少，也让我有机会弥补许多疏漏之处，在此我深表谢意。

　　翻译本书的过程于我而言是个学习的过程，在这个过程中，我对老年社会工作有了更深刻的理解。但是翻译的过程需要严谨的态度和求实的精神，以及扎实的专业知识和文字功底，虽然译者尽心翻译、认真校对，但是由于时间和水平有限，疏漏之处在所难免，敬请读者不吝赐教。

吕楠

2022 年 4 月 8 日于中国人民大学

Authorized translation from the English language edition, entitled Social Work with Older Adults: A Biopsychosocial Approach to Assessment and Intervention, 5e, 9780135168073 by Kathleen McInnis-Dittrich, published by Pearson Education, Inc., Copyright © 2020, 2014, 2009 by Pearson Education, Inc.

All rights reserved. No part of this book may be reproduced or transmitted in any form or by any means, electronic or mechanical, including photocopying, recording or by any information storage retrieval system, without permission from Pearson Education, Inc.

CHINESE SIMPLIFIED language edition published by CHINA RENMIN UNIVERSITY PRESS CO., LTD., Copyright © 2023.

本书中文简体字版由培生集团授权中国人民大学出版社在中华人民共和国境内（不包括中国香港、澳门特别行政区和中国台湾地区）独家出版发行。未经出版者书面许可，不得以任何形式复制或抄袭本书的任何部分。
本书封面贴有Pearson Education（培生集团）激光防伪标签。无标签者不得销售。

图书在版编目（CIP）数据

老年社会工作：生理、心理及社会方面的评估与干预：第五版/（　）凯瑟琳·麦金尼斯－迪特里希（Kathleen McInnis-Dittrich）著；吕楠，隋玉杰译．－－北京：中国人民大学出版社，2023.6
（社会工作实务译丛/刘梦主编）
ISBN 978-7-300-31727-4

Ⅰ.①老… Ⅱ.①凯…②吕…③隋… Ⅲ.①老年人-社会工作-研究 Ⅳ.①C913.6

中国国家版本馆CIP数据核字（2023）第090208号

社会工作实务译丛
主编　刘　梦　副主编　范燕宁
老年社会工作：生理、心理及社会方面的评估与干预
（第五版）
［国籍不详］凯瑟琳·麦金尼斯－迪特里希（Kathleen McInnis-Dittrich）　著
吕　楠　隋玉杰　译
Laonian Shehui Gongzuo

出版发行	中国人民大学出版社			
社　　址	北京中关村大街31号		邮政编码	100080
电　　话	010-62511242（总编室）		010-62511770（质管部）	
	010-82501766（邮购部）		010-62514148（门市部）	
	010-62515195（发行公司）		010-62515275（盗版举报）	
网　　址	http://www.crup.com.cn			
经　　销	新华书店			
印　　刷	北京七色印务有限公司			
开　　本	787 mm×1092 mm　1/16		版　次	2023年6月第1版
印　　张	28.25　插页2		印　次	2023年6月第1次印刷
字　　数	591 000		定　价	128.00元

版权所有　侵权必究　印装差错　负责调换